S'AÉRER EN TERRE TOULOUSAINE !

Autour de Toulouse s'étend une région riche dont la cité des Capitouls s'alimente au quotidien : cinq départements, cinq contrées au tempérament bien affirmé. Toulousaines et Toulousains, visiteurs de passage dans la ville rose, ce guide a été pensé pour vous. Notre bataillon de vaillants défricheurs est parti en éclaireur pour dégoter les bons plans qui méritent le détour. Week-end de ski ? Fête médiévale ? Visite insolite ? Partez à la découverte ! En Haute-Garonne, le Lauragais attend vos chaussures de marche, le Frontonnais vous tend ses grappes, le Comminges met la montagne à vos pieds. La verdoyante Ariège offre une rencontre avec nos ancêtres dans le secret de ses grottes préhistoriques. Région gourmande, le Gers vous plonge au cœur de la Gascogne et de ses villages de caractère. La somptueuse cathédrale Sainte-Cécile d'Albi vous attend dans le Tarn entre une visite du vignoble de Gaillac et une virée castraise pour explorer le pays d'Autan. Enfin, les vertigineuses gorges de l'Aveyron qui dessinent le Tarn-et-Garonne promettent de belles heures de canoë-kayak, avant quelques emplettes pour savourer les produits du terroir... Bonnes tables, lieux de séjour pour tous budgets, ateliers d'artisans, activités sportives, visites culturelles : votre *Petit Futé* vous propose ses adresses préférées, pour vivre la région toulousaine au gré de vos envies. Nous vous souhaitons de belles excursions et, parce que nous sommes avant tout dans le Sud-Ouest, de belles rencontres !

PEFC
10-31-1895
Certifié PEFC
Ce produit est issu de forêts gérées durablement et de sources contrôlées.
pefc-france.org

Balade dans les rues de Fo

© MEHDI33300 - SHUTTERSTOCK.C

SOMMAIRE

4 INSPIRER

Les bonnes raisons d'y aller, les mots-clés à connaître, une sélection d'établissements coups de cœur. Voici un aperçu de la destination !

4 : Les bonnes raisons d'y aller
7 : Les 12 mots-clés
9 : Interview audio / vidéo
10 : Top 5 : Se restaurer
11 : Top 5 : Se loger
12 : Top 5 : Activités

13 ARIÈGE

Grottes, châteaux, musées, montagnes enneigées… l'Ariège vous offre un patrimoine historique exceptionnel et une nature sauvage.

17 : Pays de la haute Ariège
30 : Pays de Foix
44 : Pays de Mirepoix Lavelanet
51 : Pays de la Basse Ariège
64 : Pays de la Lèze
67 : Pays du couserans

77 GERS

Gers et Gascogne se confondent pour former un territoire riche de traditions, où l'on célèbre la gastronomie et la vie !

81 : Gers

119 HAUTE-GARONNE

La Haute-Garonne se vit en plein-air pour ses grands espaces, au gré d'édifices de caractère pour ses visites culturelles, au fil de l'eau pour une plongée en pleine nature, mais aussi au cœur de ses fêtes de village !

123 : Haute-Garonne

189 TARN

Au milieu de la nature tarnaise faite de vallées sauvages et de monts escarpés, s'élèvent des cités médiévales, dont la plus célèbre est la belle Albi.

193 : Tarn

237 TARN-ET-GARONNE

Entre les bastides étincelantes, les cités médiévales, les vignobles… les activités culturelles et sportives ne manquent pas dans le Tarn-et-Garonne !

243 : Causses et Gorges de l'Aveyron
253 : Quercy Vert Aveyron
262 : Grand Montauban
287 : Grand-Sud Tarn-et-Garonne
294 : La Lomagne tarn-et-garonnaise
299 : Les deux-rives
309 : Quercy-Sud-ouest
323 : Terres des Confluences
341 : Quercy Caussadais

351 ORGANISER SON SÉJOUR

352 : S'y rendre
353 : Séjours et circuits
354 : Se loger
356 : Se déplacer
357 : S'informer
360 : Index

LES BONNES RAISONS D'Y ALLER

LECTOURE, VILLE D'ART ET D'HISTOIRE

Découvrez le riche patrimoine architectural de l'une des plus anciennes cités du Gers.

MARCIAC, SUR UN AIR DE JAZZ

Une bastide au cœur du pays de d'Artagnan, douceur de vivre entre musique et armagnac.

ALBI LA FLAMBOYANTE

Sur les rives du Tarn, une cité épiscopale inscrite au patrimoine mondial de l'UNESCO.

SOMMAIRE

4 INSPIRER
Les bonnes raisons d'y aller, les mots-clés à connaître, une sélection d'établissements coups de cœur. Voici un aperçu de la destination !

4 : Les bonnes raisons d'y aller
7 : Les 12 mots-clés
9 : Interview audio / vidéo
10 : Top 5 : Se restaurer
11 : Top 5 : Se loger
12 : Top 5 : Activités

13 ARIÈGE
Grottes, châteaux, musées, montagnes enneigées... l'Ariège vous offre un patrimoine historique exceptionnel et une nature sauvage.

17 : Pays de la haute Ariège
30 : Pays de Foix
44 : Pays de Mirepoix Lavelanet
51 : Pays de la Basse Ariège
64 : Pays de la Lèze
67 : Pays du couserans

77 GERS
Gers et Gascogne se confondent pour former un territoire riche de traditions, où l'on célèbre la gastronomie et la vie !

81 : Gers

119 HAUTE-GARONNE
La Haute-Garonne se vit en plein-air pour ses grands espaces, au gré d'édifices de caractère pour ses visites culturelles, au fil de l'eau pour une plongée en pleine nature, mais aussi au cœur de ses fêtes de village !

123 : Haute-Garonne

189 TARN
Au milieu de la nature tarnaise faite de vallées sauvages et de monts escarpés, s'élèvent des cités médiévales, dont la plus célèbre est la belle Albi.

193 : Tarn

237 TARN-ET-GARONNE
Entre les bastides étincelantes, les cités médiévales, les vignobles... les activités culturelles et sportives ne manquent pas dans le Tarn-et-Garonne !

243 : Causses et Gorges de l'Aveyron
253 : Quercy Vert Aveyron
262 : Grand Montauban
287 : Grand-Sud Tarn-et-Garonne
294 : La Lomagne tarn-et-garonnaise
299 : Les deux-rives
309 : Quercy-Sud-ouest
323 : Terres des Confluences
341 : Quercy Caussadais

351 ORGANISER SON SÉJOUR

352 : S'y rendre
353 : Séjours et circuits
354 : Se loger
356 : Se déplacer
357 : S'informer
360 : Index

LES BONNES RAISONS D'Y ALLER

LECTOURE, VILLE D'ART ET D'HISTOIRE
Découvrez le riche patrimoine architectural de l'une des plus anciennes cités du Gers.

MARCIAC, SUR UN AIR DE JAZZ
Une bastide au cœur du pays de d'Artagnan, douceur de vivre entre musique et armagnac.

ALBI LA FLAMBOYANTE
Sur les rives du Tarn, une cité épiscopale inscrite au patrimoine mondial de l'UNESCO.

© ALBERTOLOYO - ISTOCKPHOTO.COM

CORDES-SUR-CIEL, DANS LES NUAGES

Le panorama offert par ce village médiéval animé se payera au prix d'une belle montée !

© IVAN NL - SHUTTERSTOCK.COM

ABBAYE SAINT-PIERRE DE MOISSAC

Un haut lieu de l'art roman, étape majeure sur le chemin de Saint-Jacques-de-Compostelle.

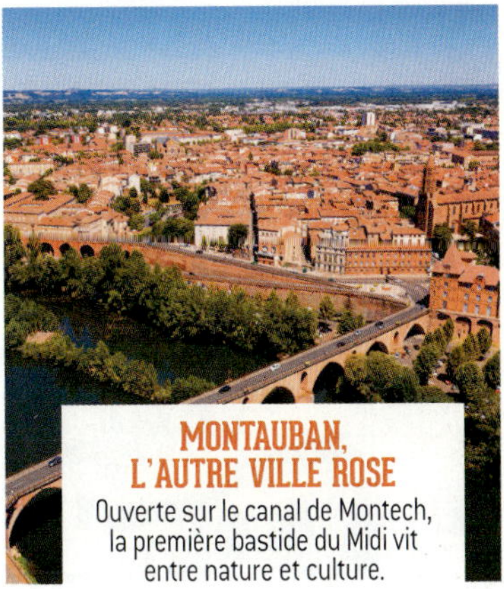

© JACKF - ISTOCKPHOTO.COM

MONTAUBAN, L'AUTRE VILLE ROSE

Ouverte sur le canal de Montech, la première bastide du Midi vit entre nature et culture.

© YVON52 - ISTOCKPHOTO.COM

CHÂTEAU DE FOIX, L'HISTOIRE VIVANTE

Suivez un parcours immersif pour découvrir le Moyen Âge comme si vous y étiez.

LES BONNES RAISONS D'Y ALLER

LUCHON, LES GRANDS ESPACES

Sports d'hiver, sports d'eaux vives, randonnée, parapente : venez prendre un bol d'air !

© SUZANNE PLUMETTE - STOCK.ADOBE.COM

© RICHARD SEMIK - SHUTTERSTOCK.COM

SAINT-BERTRAND-DE-COMMINGES

Au pied des Pyrénées, une cité suspendue riche d'une Histoire millénaire.

MIREPOIX, ÉTONNANTE CITÉ MÉDIÉVALE

Rues pavées, maisons à colombage et ambiance unique au cœur des Pyrénées cathares.

© MEHDI33300 - SHUTTERSTOCK.COM

LES 12 MOTS-CLÉS

#BASTIDE

Une place centrale souvent occupée par une halle, des galeries nommées « couverts », des rues organisées selon un plan symétrique et répondant à des règles strictes : ce sont les villes neuves telles qu'on les bâtissait dans le Sud-Ouest aux XIIIe et XIVe siècles. De nombreux villages d'aujourd'hui ont conservé en leur cœur leur bastide d'origine.

#CANAUX

À partir de Toulouse, le canal du Midi part à la rencontre de la Méditerranée et le canal de Garonne file vers l'océan. Cet ensemble, nommé canal des Deux-Mers, est ponctué de splendides ouvrages : écluses, biefs, rigoles, pente d'eau, ponts-canaux… Un itinéraire long de 700 km de Royan à Sète, très apprécié des bateliers et des cyclotouristes.

© THIEURY - SHUTTERSTOCK.COM

#CONVIVÉNCIA

Le Midi toulousain donne à la convivialité des accents occitans. Cette terre d'accueil est le point de rencontre de nombreuses cultures qui vivent ensemble depuis longtemps. Parcourez festivals, marchés, fêtes de village, bars à tapas mais aussi vignobles et ateliers d'artisans pour une immersion totale dans la joie de vivre de la langue d'Oc !

#EAUX VIVES

De nombreux sites autour de Toulouse favorisent les activités qui se pratiquent en rivière ou dans les torrents. Canoë dans les gorges de l'Aveyron entre Bruniquel et Saint-Antonin-Noble-Val, canyoning en Ariège, paddle sur le Tarn, rafting sur la Garonne… En immersion totale avec la nature, une autre façon de parcourir de somptueux décors.

#ETOILES

Comme peut en témoigner Thomas Pesquet, la terre toulousaine est au cœur de la conquête du ciel. Les chasseurs d'étoiles se donnent rendez-vous chaque année à Fleurance (32) pour le festival de l'astronomie. Il existe aussi de nombreux lieux d'observation dans toute la région, dont certains allient soirées découvertes et accueil en chambre d'hôtes.

#GASTRONOMIE

Cassoulet, canard et saucisse de Toulouse ? La gastronomie méridionale, c'est bien plus ça ! Découvrez la truite du lac d'Oo, le poulet jaune du Gers, l'ail rose de Lautrec, l'azinat ariégeois, le chasselas de Moissac… Peu de risques d'être déçu si l'on s'en remet à un restaurateur qui cuisine les produits de son terroir dans un menu du marché.

© VERONIKA KOVALENKO - SHUTTERSTOCK.COM

#GROTTES

Si les accros de spéléo savent que le massif d'Arbas abrite le plus grand réseau de France (100 km de cavités et 1 000 m de dénivelé), les apprentis explorateurs pourront se tourner vers la plus clémente Montagne Noire. Ailleurs, d'autres cavernes sont accessibles à la visite : rendez-vous à Labouiche (09) pour naviguer sur une rivière souterraine.

#PASTEL

La culture du pastel des teinturiers (*Isatis tinctoria*) arrive en terre toulousaine au XIVe siècle. De cette plante, on tire le pigment « bleu pastel ». Durant trois siècles, les moulins pasteliers produisent la « cocagne », boule de feuilles écrasées qui a fait prospérer la région. Est-elle à l'origine du mythe du pays de Cocagne ? On le dit…

LES 12
MOTS-CLÉS

#PRÉHISTOIRE

De très beaux sites de la région vous emmènent aux sources de l'humanité. En Ariège, découvrez la grotte du Mas-d'Azil, l'émouvante grotte ornée de Niaux et le Parc de la Préhistoire à Tarascon-sur-Ariège, qui redonne vie à nos ancêtres. Le musée de l'Aurignacien (31) et le sentier paléontologique de Sansan (32) complètent ce voyage dans le temps.

© ANIBAL TREJO - ADOBE

#PYRÉNÉES

C'est la toile de fond de la région toulousaine. Le Parc national des Pyrénées est le plus ancien de France. Parcouru d'est en ouest par le GR 10, le massif accueille 4 000 espèces sauvages et 160 végétaux endémiques. La diversité des écosystèmes est entretenue par le pastoralisme. Terrain de jeu hiver comme été, il abrite 23 stations thermales.

#VIA TOLOSANA

Les randonneurs la connaissent sous l'appellation GR 653, la « voie de Toulouse » est l'un des quatre chemins en France qui mènent à Saint-Jacques-de-Compostelle. Cet itinéraire relie Arles aux Pyrénées-Atlantiques, où il deviendra espagnol. Il traverse des paysages présentant de nombreux attraits patrimoniaux et réserve des panoramas inoubliables.

#VIGNOBLES

Entre le Quercy et les Pyrénées ariégeoises, le pays toulousain est un véritable jardin viticole, élaboré par les moines le long du chemin de Compostelle. Armagnac, Côtes-de-Gascogne, Vins de Fronton, Gaillac : la région offre une collection de crus uniques, avec des rouges de caractère et des blancs secs. De nombreux domaines peuvent se visiter.

© MARIOB149 - SHUTTERSTOCK.COM

VOUS ÊTES D'ICI, SI…

- Pour vous, montagne flirte avec Espagne, car c'est dans les Pyrénées que vous profitez de la glisse et de l'air pur. D'ailleurs, pour passer un week-end de fiesta entre amis, vous rejoignez volontiers les bars à tapas barcelonais.
- Vous savez que les meilleurs bons plans shopping se passent au Pas-de-la-Case, en Andorre.
- Vous tombez souvent sur vos voisins sur les plages du Pays basque, de l'Aude ou de la Costa Brava.
- Pour vous, même si vous n'en mangez que deux fois par an, il est évident qu'aucun cassoulet ne vaut celui de votre grand-mère.
- Vous menez volontiers la guerre aux Bordelais mais, imprégné par la langue d'Oc, vous défendez avec eux la *team chocolatine*, *boudu* !
- Vous mettez vos courses dans des poches, que vous placez dans la malle de la voiture. Si on vous impressionne, vous êtes *espanté*, si vous vous dépêchez vous vous *bouleguez* et si on vous prend pour un *jobastre*, vous *rouméguez*. Pompon sur la Garonne : si quelqu'un entonne le *Se Canto*, vous vous joignez à lui de bon cœur !

AUTOUR DE TOULOUSE

Avec Sandrine, auteure du guide

Interview

Curieuse et globe-trotteuse, Sandrine pose ses bagages en Haute-Garonne en 2015, conquise par l'art de vivre à la Toulousaine. Passionnée d'Arts et d'Histoire, elle se régale à parcourir les villages de sa région d'adoption en quête de découvertes. Auteure et traductrice, elle enfile volontiers ses chaussures de rando entre deux chapitres pour se ressourcer au cœur des panoramas environnants.

TOP 5

SE RESTAURER

La réputation de la cuisine du Sud-Ouest n'est plus à faire ! Bienvenue au pays des bonnes tables, où l'on aime cuisiner les produits du terroir pour vous régaler tantôt avec esprit canaille, tantôt avec raffinement. Voici une sélection d'adresses appréciées par notre équipe.

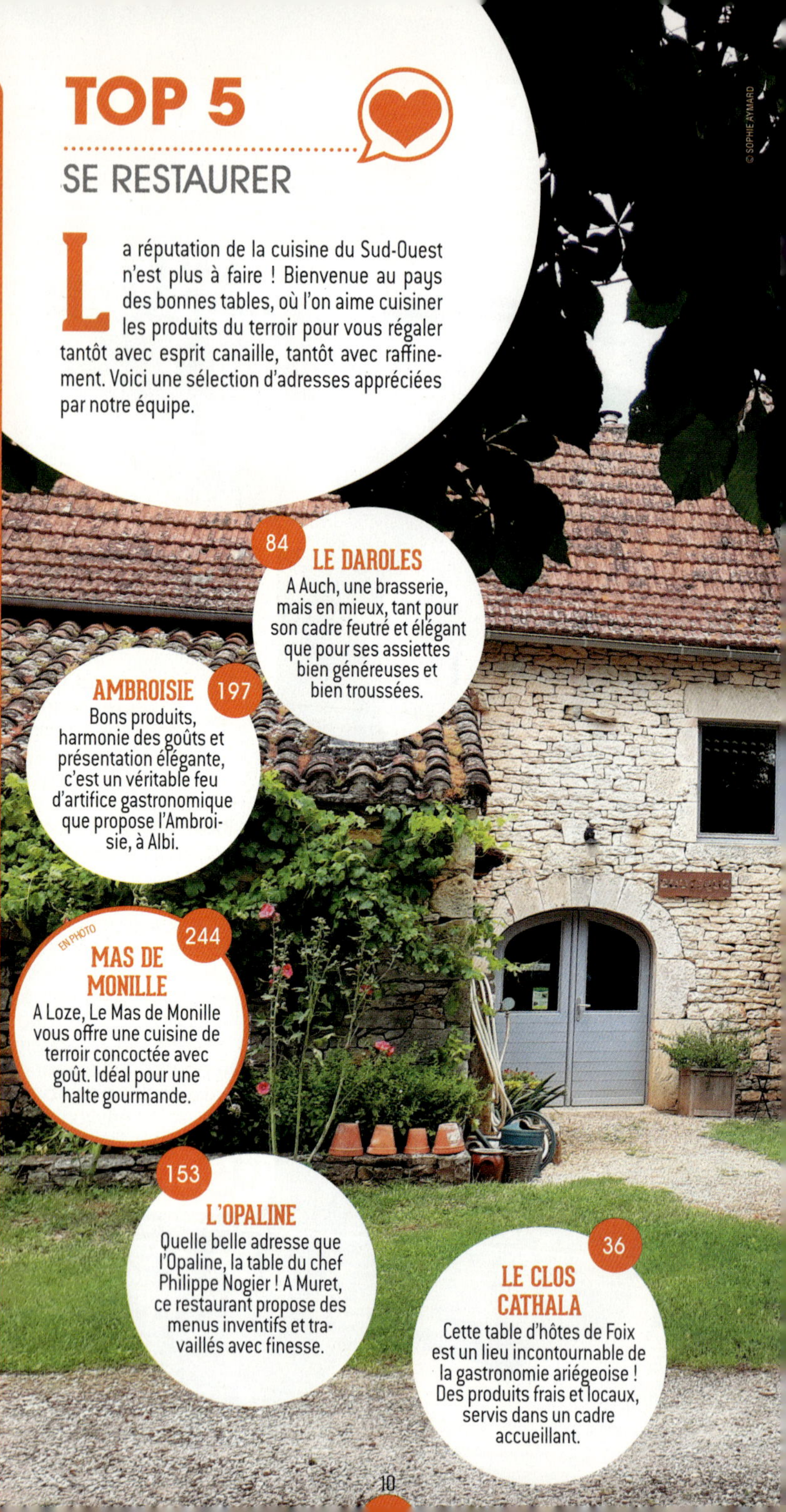

© SOPHIE AYMARD

84

LE DAROLES

A Auch, une brasserie, mais en mieux, tant pour son cadre feutré et élégant que pour ses assiettes bien généreuses et bien troussées.

197

AMBROISIE

Bons produits, harmonie des goûts et présentation élégante, c'est un véritable feu d'artifice gastronomique que propose l'Ambroisie, à Albi.

244

EN PHOTO

MAS DE MONILLE

A Loze, Le Mas de Monille vous offre une cuisine de terroir concoctée avec goût. Idéal pour une halte gourmande.

153

L'OPALINE

Quelle belle adresse que l'Opaline, la table du chef Philippe Nogier ! A Muret, ce restaurant propose des menus inventifs et travaillés avec finesse.

36

LE CLOS CATHALA

Cette table d'hôtes de Foix est un lieu incontournable de la gastronomie ariégeoise ! Des produits frais et locaux, servis dans un cadre accueillant.

TOP 5

SE LOGER

Les hébergements de charme et de caractère ne manquent pas, autour de Toulouse ! De l'hôtel de luxe à la chambre d'hôte, vous trouverez facilement un lieu accueillant pour profiter agréablement de votre séjour. Découvrez ces quelques suggestions proposées par nos enquêteurs.

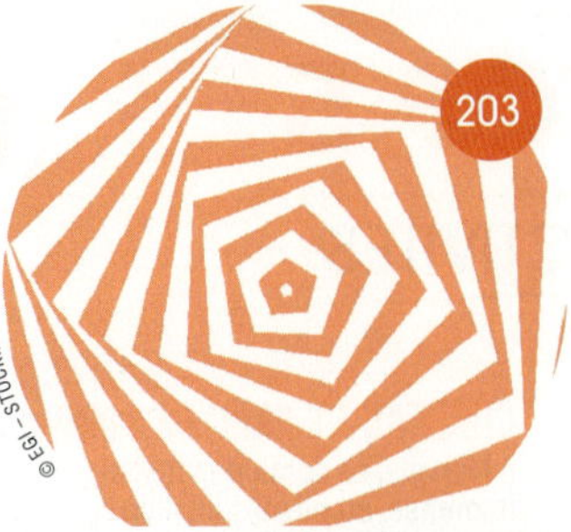

© EGI – STOCK.ADOBE.COM

203

CHÂTEAU LARROZE

Des chambres spacieuses et claires vous attendent dans ce petit château du XIXe siècle à Cahuzac-sur-Vère.

© BRUNO CASASSUS

84

HÔTEL DE FRANCE

Cette vénérable institution auscitaine, ancien relais de poste du XVIIIe siècle, est sans aucun doute le plus bel hôtel du Gers.

© CASTEL BOIS MARIE

270

CASTEL BOIS MARIE

Maison de maître logée dans un grand parc bicentenaire près du coeur de Montauban, Castel Bois Marie offre des prestations de qualité !

LE MOULIN PASTELIER

Cet ancien moulin pastelier, situé à Bélesta est un lieu paisible à choisir pour un séjour authentique dans une magnifique bâtisse en pierres.

© EGI – STOCK.ADOBE.COM

169

© LE CHÂTEAU DE LONGPRÉ

60

LE CHÂTEAU DE LONGPRÉ

La famille Cantos a fait de ce domaine historique situé à Varilhes un hôtel-restaurant de luxe, charme et romantisme.

TOP 5

ACTIVITES

Riche en sites de visites culturelles, en terrains de jeu pour les activités de plein air et en animations, la région toulousaine vous garantit des week-ends et des vacances bien remplis ! Nos ambassadeurs vous proposent ici un aperçu de leurs idées de sorties et de découvertes.

CHÂTEAU ET PARC DE MERVILLE

A Merville, ce domaine familial immense, établi au sein d'un splendide parc de 30 ha qui a reçu le label Jardin remarquable, promet une belle visite.

© LABYRINTHE DE MERVILLE - DOMINIQUE VIET

© DAVIDD31 - SHUTTERSTOCK.COM

LA PASSERELLE DE MAZAMET

Installée à 70 m de haut, au-dessus des gorges de l'Arnette, la passerelle mesure 140 m de long : impressionnant !

© FRED - STOCK.ADOBE.COM

PROMENADE BUCOLIQUE AU FIL DU CANAL DE MONTECH

Au départ de Montech, cet itinéraire praticable de 11 km à pied ou à vélo vous mènera au sud de Montauban en quelque 10 km.

GROTTE DE LOMBRIVES

Située à Ussat, la grotte propose de nombreuses activités : randonnées guidées ou spéléologiques, ateliers pour les enfants, apéros-concerts...

© GROTTE DE LOMBRIVES

© ELUSA

VILLA GALLO-ROMAINE DE SEVIAC

De cette ancienne villa gallo-romaine du IVe siècle de 6 500 m², les archéologues ont mis au jour de somptueuses mosaïques. A voir à Montréal !

ARIÈGE

Montagnes, faune, flore, histoire, culture, gastronomie... Cette liste de mots, non exhaustive, résume bien l'esprit de l'Ariège. Nous sommes toujours entre traditions et modernisme dans un pays qui prend le temps d'avoir le temps et dont le patrimoine historique, exceptionnel, couvre 14 000 ans d'histoire au cœur d'une nature sauvage et toujours respectée. Vous découvrirez des grottes peintes, authentiques (pas des reproductions) ou gigantesques, des châteaux riches d'un passé extraordinaire et d'une histoire qui se conte dans les récits, des musées sur la vie d'antan, des montagnes enneigées, des rivières, des isards, des moutons, des vaches, un dahu, des grands chiens blancs, de la charcuterie, de l'Azinat, un ours qui fâche, plein de râleurs, des amoureux de la nature... Venez vous perdre dans ce pays niché entre France et Andorre pour recevoir tout ce que l'Ariège et les Ariégeois ont à vous proposer. Et il y en a...

Ariège
HAUTE-GARONNE
Vers Toulouse
Lézat-sur-Lèze
D919
St-Ybars
Vers Carbonne
D626
le Fossat
D628
Daumazan-sur-Arize
Carla-Bayle
D919
Artigat
Vers Montesquieu
Vers Tarbes, St Gaudens
Ste-Croix-Volvestre
Fabas
Camarade
Sabarat
Pailhès
LE MAS-D'AZIL
Barjac
D627
Montagnes
D119
Caumont
Lorp-Sentaraille
D117
Durban-sur-Arize
La Bastide-de-Sérou
Montjoie-en-Couserans
Montgauch
St-Lizier
D117
Vers Luchon
Forêt de Moulis
ST-GIRONS
Rimont
Alzen
D618
Balaguères
Moulis
Salat
D17
Augirein
D618
Audressein
D618
D18
Castillon-en-Couserans
D618
Massat
Bethmmale
Sentein
D704
Oust
Cominac
D17
Seix
D32
Ercé
D117
Garbet
Pic de Maubermé
2 880 m
Mont Valier
2 839 m
D8
D3
AULUS-LES-BAINS
Salau
Guzet-Neige
Auzat
Mont Rouch
2858 m
D108
Pic d'Estats
3 145 m
ESPAGNE
30 KM

Autoroute
Nationale 4 voies
Nationale
Départementale
Ville
Sortie d'autoroute
Forêt domaniale
Vers Toulouse
Mazères
D624
D11
Vers Belpech
Vers Castelnaudary
Vers Carcassonne
D820
Vernet
Montaut
A66
Lapenne
D11
N20
MIERS
D6
D625
D119
Ariège
Vals
St-Jean-du-Falga
Rieucros
D119
Mirepoix
D12
Coutens
Rieux-Pelleport
D626
Varilhes
D625
N20
Dun
Camon
AUDE
D7
St-Jean-de-Verges
Aigues-Vives
Plantaurel
Lac de Montbel
Montbel
D1
FOIX
Laroque-d'Olmes
D620
La Bastide-sur-l'Hers
Montgaillard
Lavelanet
Lesparrou
D117
Nalzen
D117
Vers Perpignan
St-Paul-de-Jarrat
N20
D9
Bélesta
Faougax-et-Barrineuf
Tarascon-sur-Ariège
Montségur
Cazenave
Les Monts-d'Olmes
Omolac-Ussat-les-Bains
Montaillou
Les Cabannes
Vers Belcaire
Axiat
Aston
N20
Ariège
D613
Vers Axat
Gestiès
Lordat
Unac
Siguer
Luzenac
Rouze
Ascou
Pic de Raljéscou 2 288 m
AX-LES-THERMES
Ascou-Pailhères
D25
Quérigut
Bonascre
Orlu
Pic du Thoumasset 3 078 m
N20
Vers Mont-Louis
l'Hospitalet
ANDORRE
Vers Andorre
Col de Puymorens
PYRÉNÉES-ORIENTALES

PAGES

17 PAYS DE LA HAUTE ARIÈGE
17 AX-LES-THERMES ★
21 LUZENAC
22 TARASCON-SUR-ARIÈGE
27 ORLU
28 NIAUX
29 VICDESSOS

30 PAYS DE FOIX
30 FOIX ★★
40 CELLES
40 LA BASTIDE-DE-SÉROU

44 PAYS DE MIREPOIX LAVELANET
44 MIREPOIX
49 LAROQUE-D'OLMES
50 VALS
50 LAVELANET

51 PAYS DE LA BASSE ARIÈGE
51 PAMIERS ★
57 SAINT-JEAN-DU-FALGA
58 SAVERDUN
60 VARILHES
62 MAZÈRES

64 PAYS DE LA LÈZE
64 CARLA-BAYLE
65 LE MAS-D'AZIL ★★
66 SAINT-YBARS

67 PAYS DU COUSERANS
67 SAINT-GIRONS ★
72 CASTILLON-EN-COUSERANS
73 SEIX
75 SAINT-LIZIER

AX-LES-THERMES ★

À 720 mètres d'altitude, située aux confluents de trois rivières : l'Oriège, l'Ariège et la Lauze, la petite ville d'Ax-les-Thermes est une destination de rêve pour les amoureux de la nature et du bien-être. Au creux de la vallée, ce sont les eaux thermales connues depuis l'Antiquité qui vous séduiront avec leur qualités curatives et leur chaleur relaxante. Au-dessus les stations de ski vous enchanteront par la qualité de leurs installations et la beauté des paysages montagneux. Au cœur de la cité, le bassin des Ladres, construit au Moyen Âge par Louis IX, est toujours fréquenté de nos jours et mérite un détour pour une pause relaxation.

OT DES PYRÉNÉES ARIÈGEOISES - POINT INFO AX LES T.

6, avenue Théophile-Delcassé
✆ 05 61 64 60 60
www.pyrenees-ariegeoises.com
Ouvert du lundi au vendredi de 9h à 12h30 et de 14h30 à 18h ; le dimanche de 9h à 12h30.

L'office de tourisme des Pyrénées ariégeoises regroupe le secteur du Donezan, des Vallées d'Ax, de Tarascon, d'Auzat et du Vicdessos. Trois autres points d'information sont assurés en haute saison à Ax 3 domaines, Pays de Beille et Luzenac. Pour Ax 3 domaines, en haute saison d'été et d'hiver, le point d'accueil se situe sur le domaine de Bonascre. En hiver, de l'ouverture à la fermeture de la station, le point d'accueil ouvre également les week-ends hors vacances scolaires.

L'APARTÉ €€

5, rue Gaspard-Astrié
✆ 06 03 97 55 05
Fermé en novembre. Ouvert du jeudi au mardi de 11h30 à 21h30. Menus de 14 € à 39 €. Terrasse. Vente à emporter. Wifi.

Ce restaurant est situé dans une petite rue axéenne. Le décor est dans un style très théâtral. Valérie, la « metteur en sauce », est la charmante hôtesse qui œuvre aux fourneaux dans un souci de saveurs et de qualité. Tout est fait maison... même les yaourts. L'amour et la passion pour l'art, et pas uniquement celui des papilles, sont omniprésents. « *Le monde est un théâtre où chacun doit jouer son rôle* » a écrit Shakespeare. Ici, les rôles de l'équipe sont bien attribués pour le plaisir du gourmet-gourmand qui souhaite un aparté.

L'ATELIER €€

Bonascre
✆ 05 61 01 97 09
Ouvert pendant la saison de ski. Ouvert tous les jours et les jours fériés. Terrasse.

Bâtiment tout en bois sur le plateau de Bonascre. La cuisine de Julien est pleine de qualité et de saveurs qu'on ne s'attend pas à trouver dans une station de ski, habitués aux snacks et pizzas. Cuisine créative, conviviale. Spécialités de flammeküeche alsaciennes, Burgers au fromage d'Ariège ou à la sauce aux cèpes. Pour rester dans l'esprit montagne, les spécialités fromagères, raclette au morbier et patates à volonté, mont-d'or ou camembert cuits au four. La décoration est sobre, murs rouges et bois, une grande table centrale et l'accueil est sympa, chaleureux.

Ax-les-Thermes, au bord de l'Ariège.

AU CANON €€

2, place du Breilh

✆ 06 13 99 80 09

Ouvert tous les jours. Terrasse. Animations. Terrasse couverte et chauffée.

C'est un « néo bistrot », qui associe restaurant, bar et ambiances festives et musique live. L'entrée se fait en traversant la grande terrasse chauffée, en bois, dans le plus pur style montagnard. On sent une influence lyonnaise dans le « canon », les minots et la salade Gnaffron. La cuisine est de qualité, goûteuse et les présentations sont originales. La maison mise sur la qualité et Ils l'affichent avec beaucoup d'humour sur leur menus « La cuisine maison est élaborée à partir de produit frais et locaux 100% terroir et 0% surgelés, sauf les glaces ».

AGENCE DÉVELOPPEMENT TOURISTIQUE ARIÈGE PYRÉNÉES

2, boulevard du Sud - **FOIX**

✆ 05 61 02 30 70

www.ariegepyrenees.com

Le site Internet qui est parfait pour aider les touristes à glaner la moindre information utile pour partir à la découverte de notre beau département à vélo, en rando... Vous pouvez ainsi télécharger toutes les brochures possibles, réserver directement en ligne un hôtel, un gîte, un camping ou une chambre d'hôtes, vous informer sur les découvertes gastronomiques et culturelles, les sports, l'aventure... Bref, une étape indispensable pour qui veut découvrir l'Ariège.

CASA MAURICIO €€

3, avenue Delcassé

✆ 05 61 02 91 27

http://casamauricio.fr

Menus de 11,90 € à 26,90 €. Formule du midi : 13,90 €. Accueil des groupes.

Cette vraie bodega tenue par Lionel Muller est la reine des tapas et des spécialités espagnoles en Ariège ! Vous avez le choix entre une vingtaine de tapas, des moules à la vinaigrette aux farcis au fromage de chèvre en passant par les gambas à l'ail... Parmi les brochettes il y a la fameuse pique à Maurice avec agneau et magret de canard. Citons aussi la paella, la zarzuela, le cassoulet d'oie, le confit de canard, la seiche grillée à la plancha, les salades XXL, la daurade catalane... Ambiance musicale ibérique. Service traiteur. Et *Viva España !*

LE P'TIT MONTAGNARD €€

6, place Roussel

✆ 05 61 64 22 01

www.leptitmontagnard.fr

Ouvert du mardi au dimanche. Menus de 19,80 € à 28,90 €. Menu enfant : 8,50 €. Formule du midi : 13 €. Terrasse.

Michel et Sébastien Gomes vous réservent un accueil chaleureux et convivial dans un cadre montagnard fait de bois et de pierre. Le chef concocte différentes spécialités ainsi que des plats régionaux : poêlée de foie gras aux pommes et raisins flambée, fondue savoyarde, papillotes de saumon, azinat ou cassoulet. La terrasse peut accueillir une vingtaine de personnes, bien située sur la place du marché. Service sur des planches à découper. Le P'tit Montagnard peut aussi se déplacer sur toute la haute Ariège en sa qualité de traiteur.

LA MAISON LACUBE - LE RESTAURANT DE L'ÉLEVEUR €€

3, place des platanes - **LES CABANNES**

✆ 05 34 09 09 09

www.lamaisonlacube.com

Ouvert tous les jours et les jours fériés. Réservation impérative. Menus de 27 € à 32 €. Formule du midi : 14,50 €.

Véritable institution ariégeoise, à la fois ferme, restaurant et boutique de produits fermiers, dont la vocation est de rapprocher agriculteurs et consommateurs, on retrouve ou découvre, à côté des viandes et produits servis au restaurant, une belle sélection des savoir-faire des amis fermiers et artisans locaux. La carte propose plats traditionnels mais aussi plus exotiques avec des burgers pour les ado, de pain du boulanger du village et de fromage fermier.

LA PETITE FRINGALE €€

6, rue Joseph-Rigal

✆ 05 61 01 36 40

Ouvert tous les jours. Menus de 16 € à 35 €. Chèque Vacances, Chèque Restaurant. Accueil des groupes. Terrasse.

Le restaurant est situé de l'autre côté de la rue. La salle, à la décoration chargée (ethnique ? Inde ? un peu de tout...), est très sympa. L'accueil est décontracté, le service est actif et rapide, le rapport qualité/prix excellent. Le restaurant propose également des fondues, raclettes et autres spécialités montagnardes, mais également des spécialités ariégeoises comme l'Azinat, les produits étant bien sûr locaux. Une adresse sans prétention, qui mérite largement sa place dans ce guide pour une petite ou une grosse fringale.

LIBRE
DE TENTER UNE ÉCHAPPÉE
Plateau de Beille
Lat. 42.72485 - Lon. 1.69116
ariegepyrenees.com
PYRÉNÉES
ARIÈGE
Libres comme l'Air

LA TABLE DU SUD-OUEST €€

8, rue Joseph-Rigal
✆ 06 51 93 29 31

Ouvert du mardi au dimanche. Réservation impérative. Menu unique à 14,50 €. Plat du jour : 13 €. Vente à emporter.

Une adresse sympa dans la rue piétonne d'Ax qui sent bon l'ail et le piment d'Espelette pour une cuisine résolument Sud-Ouest. Le chef nous vient du Lot et a fait ses armes dans des établissements bordelais. Tapas à l'apéro, raclette basque, chipirons à la plancha (calmars), garbure, piquillos, gardiane de taureau régaleront votre palais de parfums originaux et différents. Les frites sont fraîches et les desserts maison. La petite salle décorée en rouge basque, arbore des grappes de gousses d'ail et de piments. L'accueil est sympa et souriant. Pensez à réserver !

LE TETRAS €€

Domaine du Saquet
✆ 05 61 64 28 33
www.letetras.fr

Ouvert toute la saison de ski. Ouvert tous les jours et les jours fériés le midi de 9h à 16h30. Terrasse.

Cette cafétéria d'altitude, située précisément au Saquet, est une véritable institution montagnarde. Le bâtiment est niché au bord de la montagne et propose un panorama grandiose. Par beau temps, l'immense terrasse en bois, exposée plein sud, invite aux bains de soleil et la grande salle est un refuge bien accueillant quand la météo se dégrade bien que l'on puisse rester abrité sous la couverture amovible de la terrasse. On y mange bien, les produits sont toujours de qualité et l'on peut y faire aussi une pause pour une simple boisson.

LE CHALET €€€

4, avenue de Turrel
✆ 05 61 64 24 31
www.le-chalet.fr

Ouvert du mardi au dimanche. Menus de 32 € à 60 €. Menu enfant : 15 €. Chèque Restaurant. Terrasse.

L'établissement situé au bord de l'Oriège, est à deux pas du centre-ville, tout près principal centre thermal d'Ax les Thermes. Magali et Frédéric Debeves sont les heureux propriétaires du Chalet. Du prélude gourmand à la symphonie de desserts c'est un vrai régal. La célèbre émission de TF1, masterchef, a diffusé des recettes concoctées par Frédéric. Le chalet c'est aussi une belle adresse pour y séjourner et profiter de l'espace détente en bains bouillonnants et des nombreux soins du corps proposer pour votre plus grand bien être.

COUTEAUX FOURCHETTES €€€

7, rue de l'Horloge ✆ 06 78 93 58 98
http://couteauxfourchettes.wix.com/ax-les-thermes

Ouvert tous les jours. Menus de 20 € à 40 €. Formule du midi : 16 €. Chèque Vacances, Chèque Restaurant.

Ce restaurant est situé dans la rue de l'Horloge, passante et animée. L'ambiance est agréable, le cadre, avec ses murs gris et ses chaises modernes rouges, plutôt *design*. L'endroit pourrait sembler froid mais des lambris donnent une chaleur naturelle et plaisante. Les menus annoncent la couleur. Nous allons vers un mélange de cultures culinaires, de découvertes et de voyages. Des sushis au magret et foie gras, du jambon serrano, du saumon fumé, une pause glacée saveur sangria, des sauces aigres-douces... et des menus aux titres révélateurs.

LE LOUZAT €€€

Bonascre
✆ 06 74 24 38 20
www.lelouzat.fr

Ouvert pendant la saison de ski. Ouvert tous les jours. Carte : 30 € environ. Menu enfant : 10 €. Terrasse.

Agréable terrasse ou en partie couverte. Les plats proposés sont originaux et de qualité. Confit de canard de chez Samarran, saucisse de la maison Garcia. On ne vient pas là que pour déjeuner, c'est aussi l'occasion de profiter du lieu, éloigné du tumulte de la station. Participez à une soirée insolite ! Après le repas du soir, testez la descente à ski à la tombée de la nuit encadrée par des pisteurs et d'une moto neige. L'idée est originale et la sensation de skier de nuit sur des pistes désertiques est unique : un goût d'aventure presque surnaturel.

EAU NEUVE - LA COMPAGNIE DES PYRÉNÉES

MÉRENS-LES-VALS
✆ 08 06 09 00 30
www.eauneuve.fr

L'évènement de l'année ! Une eau de source est produite et embouteillée en Ariège. Elle s'appelle Eau Neuve mais s'écrit 09 à l'image du 09 de notre département. L'eau provient de la source de Pédoures qui culmine à 1332 m d'altitude et l'une des grandes originalités de cette eau de montagne consiste dans sa bouteille faite en carton et qui contient 88 % de matières végétales. La politique de la maison est de ne prélever que 15% des ressources et de travailler avec 100% d'énergie verte

RESTAURANT LES THERMES

Allées Paul-Salette
✆ 05 61 64 31 24
Ouvert tous les jours. Crepes de 2,20 € à 6,20 €. Menu enfant 7€. Menus de 14,50 € à 30 €. Moules à volonté 14€.

L'emplacement est idéal pour une pause ensoleillée sur la terrasse après une journée de ski, un moment de détente aux bains du Couloubret tout proches ou simplement pour répondre à l'envie de boire un verre, se régaler d'une crêpe ou d'une coupe glacée. L'établissement est également un restaurant qui vous proposera une cuisine d'hiver comme la raclette ariégeoise ou une fondue bourguignonne et des plats bien traditionnels comme les cuisses de grenouilles, la blanquette de veau ou le hachis Parmentier. Idéal pour se reposer, snacker ou se restaurer.

LES BAINS DU COULOUBRET

Promenade Paul Salette
✆ 05 61 02 64 41
www.bains-couloubret.com
Basse saison : ouvert tous les jours de 14h à 19h30. Haute saison : tous les jours de 10h à 20h30. Boutique.

3 000 m² consacrés aux jeux d'eau et au bien-être. Colonnades d'un rouge pompéien et faïences multicolores raffinées forment le magnifique décor de ce centre, installé dans les anciens Thermes, au cœur d'Ax, dont la façade néo-classique a été conservée. Les Bains proposent sur 2 niveaux, en toute saison, la découverte des plaisirs de l'eau, bassins d'eau thermale chaude avec buses de massages, cols de cygne, vapeurs pour le sauna et hammam. A l'extérieur, deux bassins sont agrémentés de divers jeux d'eau : contre-courant, geysers, jets massants...

STATION DE SKI AX 3 DOMAINES

✆ 05 61 64 20 06
www.ax-ski.com
Ouvert tous les jours et les jours fériés de 9h à 17h.

Du plateau de Bonascre au pic du Saquet s'étend le plus grand domaine skiable d'Ariège et le plus complet des Pyrénées, site admirable où la neige et le soleil sont mariés pour l'éternité au sein d'une nature sauvage. Les 3 Domaines réunissent les versants de Bonascre, du Saquet et des Campels et communiquent entre eux en un seul et vaste tapis de glisse. Grâce à la qualité de ses équipements pour handicapés Ax bénéficie du label Handisport. Une télécabine relie la ville à la station.

LUZENAC

Luzenac est un petit village situé au cœur d'une vallée. Petit village quelconque ? Eh bien non ! Luzenac est très connue en Ariège, en France et dans le monde. Sa mine de talc est la plus grande carrière de talc d'Europe, rien que ça ! Le village accueille une immense usine chargée d'exploiter le précieux minerais blanc. Et bien sûr, il ne faut pas oublier son équipe de football (eh oui, on ne joue pas qu'au rugby) qui est renommée et qui a défrayé la chronique, il y a quelques années car faute de stade, l'équipe n'a pu accéder à la ligue 2. Fabien Barthez, le goal champion du monde de l'équipe de France en a été même un des co-dirigeant.

CARRIÈRE DE TALC DE TRIMOUNS ★★

✆ 05 61 64 68 05
Visites du lundi au vendredi hors jours fériés de mi-mai à mi-octobre. Tarifs : Adultes 6,60 € - Enfants : 4 €

Au-dessus du village de Luzenac, bourg où se situe l'usine d'exploitation, à 1 800 m d'altitude, se trouve la plus grande carrière de talc d'Europe. On peut visiter cette mine à ciel ouvert qui offre ses gisements blancs taillés en gradins, en car, avec un guide officiel. Dans cet immense cirque au paysage lunaire, des machines d'une taille titanesque œuvrent à extraire la roche la plus tendre et la plus douce qui soit, d'avril à novembre. Un voyage étonnant.

ARIÈGE

TARASCON-SUR-ARIÈGE

Du confluent des deux rivières Ariège et Vicdessos jusqu'aux frontières de l'Espagne et l'Andorre s'étendent les vallées de Tarascon, Vicdessos et Auzat où des sommets de 3 000 mètres d'altitude culminent. Des centaines de grottes qui ont permis le développement des civilisations préhistoriques jalonnent cette région. Les grottes de Niaux, la Vache et Bedeilhac en sont encore les témoins aujourd'hui. La ville de Tarascon-sur-Ariège autrefois fortifiée, s'est développée depuis le Moyen Âge autour de ses marchés et foires, les ruelles escarpées abritent de pittoresques maisons tandis que les tours du Casteilla et Saint-Michel dominent.

GROTTE DE LOMBRIVES ★★★

USSAT

✆ 0649444500

www.grottedelombrives.com

Ouvert toute l'année. Horaires variables. Adulte 12 €, enfant 8 €, pass famille 34€. American Express, Chèque Vacances.

Lombrives, ce sont des randonnées guidées de 2h, des explorations spéciales et des ateliers pour les enfants, des randonnées spéléologiques à la demi-journée, des apéros-concerts au sein de l'une des grottes les plus vastes d'Europe. Le site fait partie d'un réseau karstique de 14 km, ce qui en fait une des plus vastes grottes d'Europe. Abris pour les Magdaléniens, lieu de sépulture à l'âge de Bronze, refuge pour les protestants... Vous trouverez à Lombrives les traces de nos ancêtres, mais aussi de nombreuses signatures et symboles mystérieux laissés par les hommes qui la fréquentèrent. On se passionne pour les nombreuses histoires, légendes et mythes contés par les guides. On découvrira notamment la signature du futur Roi Henri IV, les raisons de sa venue à Lombrives sont incroyables. On admirera le tombeau de la princesse Pyrène qui selon les Grecs de l'Antiquité, marque la genèse de la création des Pyrénées. Le réseau est immense, ce n'est pas une simple grotte naturelle, mais des grottes à parcourir au fil de nombreuses salles différentes et remarquables. A chaque nouveau virage c'est un émerveillement. Dans l'exceptionnelle galerie de la Carène, on peut s'engouffrer à l'intérieur d'une faille sismique, admirer son esthétique extraordinaire sur près de 80 m. La Cathédrale est une salle dont la hauteur sous plafond atteint plus de 80 m, l'acoustique y est exceptionnelle. Des concerts y sont donnés toute l'année. A noter, les très belles concrétions, parmi lesquelles le Mammouth ou la Sorcière.

PARC DE LA PRÉHISTOIRE ★★

Route de Banat ✆ 05 61 05 10 10

www.sites-touristiques-ariege.fr

Ouvert de début avril à début novembre. Fermé lundi hors vacances. Adulte 11,50 €, enfant 8 €, pass famille 36 €.

Rendez-vous dans l'un des plus beaux sites de l'Ariège à la découverte de la vie quotidienne des Magdaléniens dans un environnement d'animaux géants, bisons, mammouths ou mégacéros, sorte de cerf de taille préhistorique. Comparez les défenses de mammouths à la corne de rhinocéros laineux, faites un bras de fer avec le bison, mesurez-vous à la vitesse d'un lion des cavernes. Des animations et des ateliers immersifs, ouverts à tous, sont organisés tous les jours, permettant de plonger en immersion dans la Préhistoire : l'atelier de fouilles archéologiques, l'atelier d'art pariétal : en conditions de lumière préhistorique testez vos aptitudes à la peinture préhistorique, ou encore essayez-vous à la chasse avec le maniement du propulseur. Dans un campement reconstitué qui évolue en fonction des saisons, vous assisterez à des démonstrations de taille du silex et d'allumage du feu à la méthode Cro-Magnon. De nombreuses autres activités vous attendent dont le labyrinthe des sons, le panorama de la chasse ou le sentier des traces. Côté animations, Ca bouge chez les préhistophiles, Chasse aux œufs de mammouth fin mars (les œufs sont bien sûr en chocolat) et, en juin, La Nuit de la Préhistoire et les Journées nationales de l'archéologie. Autour des lacs, un restaurant, une boutique, une aire de pique-nique sont également à votre disposition. Bien plus qu'un simple parc d'attractions, vous découvrez une (pré) histoire, un environnement à travers un musée interactif où culture et nature évoquent le mystère des origines.

RÊVE ET MAGIE DU RAIL

Route Arignac

✆ 05 61 05 94 44

www.rma-revemagiedurail.com

Basse saison : ouvert du lundi au samedi de 14h à 17h. Haute saison : tous les jours de 14h à 18h.

Rail, Modélisme Ariégeois vous propose de découvrir sa maquette « Rêve et Magie du Rail ». C'est une réalisation exceptionnelle qui a été présentée un peu partout en France et à l'étranger. Employant les techniques les plus modernes du son, de la lumière et de l'animation, c'est un vrai spectacle son et lumière. Vous vivrez le temps d'un rêve : le jour, la nuit, l'orage... l'insolite parfois qui vous rappelleront une aventure humaine riche. Des centaines de personnages, la plupart peints à la main, représentent des scènes de la vie courante.

Partir à vélo autour de Toulouse, c'est respirer l'authenticité et découvrir des sites variés permettant d'explorer un patrimoine historique et naturel merveilleux !

Découvrez la ville rose à vélo et roulez sur la voie verte du canal du Midi, classé au patrimoine mondial par l'UNESCO, pour profiter de la fraîcheur des allées de platanes et des eaux vertes et calmes. Et puis pour les amateurs de VTT, les bords de Garonne au nord de la ville offrent un terrain très agréable tout comme les petits chemins à travers les coteaux qui montent jusqu'au parc de Pech-David.

Toulouse et sa région, c'est aussi un patrimoine historique remarquable à l'instar de la basilique Saint-Sernin du XIe siècle, l'un des plus grands édifices romans d'Occident mais aussi ses petits villages pittoresques. Les environs de la « Ville rose » comptent pas moins de 14 villages classés parmi « les plus beaux villages de France ». De Bruniquel et ses deux châteaux aux briques roses d'Auvillar au village fortifié de Puycelsi, niché au cœur de superbes remparts, il y a de quoi rouler à leur découverte.

Parcourir la ville de Toulouse et ses alentours à vélo c'est aussi l'occasion de faire une pause gastronomique et de découvrir des produits du terroir réputés, dont les locaux sont très fiers. Après une bonne journée de vélo, ils se feront un plaisir de vous les faire découvrir avec un accueil toujours chaleureux et authentique !

Veloenfrance.fr vous emmène autour de Toulouse !

La Fédération française de cyclotourisme vous accompagne autour de Toulouse avec le portail veloenfrance.fr qui vous fera profiter de circuits spécialement conçus pour leurs attraits touristiques. Ce site gratuit et simple d'accès rassemble plus de 4 000 circuits route et VTT dans toute la France. Vous y trouverez un large choix d'itinéraires plus ou moins longs ainsi que plusieurs bonnes adresses pour se restaurer et goûter les spécialités culinaires.

© JL Armand - *À vélo dans les vignes*

Les quais de Toulouse

Toulouse et ses alentours vous proposent des centaines de circuits où chacun trouvera donc la formule qui correspond à son niveau et à ses envies !

Circuit : Vignobles et collines

Route	**04:30**
Fronton	**Facile**
55 km	**287 m**
Haute-Garonne	

Ce circuit de caractère vous emmène à Fronton, parmi les plus anciens vignobles. Les vins des Côtes du Frontonnais ont gagné leurs lettres de noblesse en 1975 en devenant Appellation d'origine contrôlée (AOC). Après avoir pédalé à travers les vignes, vous arriverez à Montjoire, place forte de l'époque médiévale et découvrirez ensuite la belle forêt de Buzet, autre zone verte de l'agglomération toulousaine. Vous longerez le Tarn, sans vraiment l'apercevoir, jusqu'à Villemur-sur-Tarn où vous retrouverez la rivière. Vous rejoindrez le vignoble en suivant la route de Sayrac, puis Villaudric sera le dernier village du frontonnais avant de revenir à votre point de départ.

Sur veloenfrance.fr, vous pouvez aussi trouver les contacts des clubs qui sauront vous conseiller et vous accompagner pour rouler toute l'année à vos côtés.

COMITÉ DÉPARTEMENTAL DE CYCLOTOURISME 31

6 Impasse Borde-Blanque,
31490 - Brax
06 89 94 25 52
codep.cyclohg@laposte.net
haute-garonne.ffct.org

FÉDÉRATION FRANÇAISE DE CYCLOTOURISME

CAMPING DES GROTTES €€

Domaine de la Hille
ALLIAT
✆ 05 61 05 88 21
www.campingdesgrottes.com
Camping Qualité. Restauration. Vente. Animations.

Situé au cœur du parc naturel régional des Pyrénées ariégeoises, le camping bénéficie de sa situation privilégiée dans un cadre naturel qui mêle quiétude et convivialité. Sous la tente ou chalet de 2 ou 3 chambres. Il y en même un qui peut accueillir 10 personnes ! Ces chalets sont cosy et dotés de tous le confort (micro-ondes, réfrigérateur, cafetière, télévision, barbecue…). De nombreux services sont mis à votre disposition (épicerie, snack, bar, pizzeria, Wifi, laverie…). En été, espace aquatique avec piscine chauffée et couverte et des toboggans !

YELLOH ! VILLAGE LE PRÉ LOMBARD €€

✆ 05 61 05 61 94
www.prelombard.com
Ouvert d'avril à mi-octobre. 3,5 ha. 210 emplacements. Chèque Vacances. Club enfants. Sdb bébés. Animaux acceptés Wifi

Dans un environnement naturel et préservé, entre rivière et montagne, ce camping 4 étoiles propose des emplacements spacieux et ombragés, 3 ha de verdure. Aux côtés des tentes, un quartier de mobile-homes, chalets et caravanes agencés tels de véritables chez soi de plein air. Côté animation terrains multisports, boules, club jeux pour enfants et ado, tournois sportifs, soirées animées, ambiance cabaret, karaoké… Confort, ambiance et accueil sympa !

HÔTEL TERRANOSTRA €€

7, place Jean Jaurès
✆ 05 61 05 52 06
www.terranostra-ariege.com
Chambre double de 45 € à 56 €. Wifi. Parking gratuit à proximité.

Au centre de Tarascon, l'hôtel propose un grand choix de chambres décorées avec goût, spacieuses, confortables, insonorisées et climatisées et plusieurs studios meublés. La chambre double de luxe est un havre de paix avec spa, bureau, salle de bains (baignoire et douche), bouilloire, grand écran tv. Wifi gratuit dans tout l'hôtel. Un petit-déjeuner buffet continental et copieux vous sera proposé le matin. A noter une chambre totalement adaptée pour des personnes en situation de handicap. Le restaurant agréable est également un bar à vin réputé.

HOSTELLERIE DE LA POSTE €€

16, avenue Victor-Pilhes ✆ 05 61 05 60 41
www.lhostellerieposte.com
Logis de France. Ouvert toute l'année midi et le soir. Menus de 18,80 € à 39 €.

L'Hostellerie de la poste, situé au bord de la rivière est un ancien relais de poste au charme rustique et authentique. Vous dégusterez votre repas dans la grande salle réchauffée par une imposante cheminée, s'il fait un peu frisquet.. ou vous pourrez opter pour la vaste terrasse couverte offrant une vue panoramique d'exception sur la vallée avec les montagnes comme fond d'écran ! Au menu, de quoi vous faire plaisir : foie gras poêlé au muscat, *azinat* spécialité locale à base de choux et de charcuterie de pays, agneau au four, cassoulet.

© PHOVOIR

La tour du Castella - Tarascon-sur-Ariège.

LE MANOIR D'AGNÈS €€€

2, rue Saint-Roch
© 05 61 02 32 81
www.manoiragnes.com

Ouvert toute l'année. Chambre double de 105 € à 130 €. Petit déjeuner : 12 €. Lit supplémentaire : 27 €. Wifi.

Quel beau bâtiment ! Un véritable manoir anglais au cœur de la Haute-Ariège. Disposant d'un parking privé, l'hôtel, 3 étoiles, est entouré d'un parc centenaire. Mais attention, si le cadre évoque les grandes années 1900, nous sommes tout de même au XXIe siècle et les chambres disposent de tout le confort et toutes les technologies modernes : ascenseur, wifi, climatisation, écran plat, etc. La rencontre de la tradition et de la modernité. Le manoir propose également un restaurant. Le chef Jean Carzola est aux commandes pour surprendre vos papilles.

LES 3 BUFFETS €€

Route de Saurat
© 05 61 02 69 09

Ouvert du lundi au samedi. Formule du midi : 14,50 € (1/4 de vin compris). Chèque Restaurant. Terrasse.

Située à l'entrée de Tarascon, 3 buffets en version à volonté : entrées, plats chauds et desserts. Ici, on travaille en famille. Bernard Servat et son cousin sont en cuisine et l'accueil incombe à sa compagne qui, par la même occasion, encaisse le prix unique du repas. Vous n'aurez que l'embarras du choix. L'accent est mis sur la qualité. Les produits sont frais, les grillades savoureuses et les plats proposés succulents. Les entrées et les desserts sont faits maison et, foi de renard qui s'en lèche les babines, on sent la différence. Excellente adresse futée !

LE BELLEVUE TERRA NOSTRA €€

7, place Jean-Jaurès © 05 61 05 52 06
terranostra-ariege.com

Ouvert toute l'année. Tous les jours. Vin au verre. Chèque Vacances, Chèque Restaurant. Terrasse.

Ce restaurant agréable en plein cœur de Tarascon, est le lieu de rencontre des touristes comme des habitués qui viennent déguster un vin méconnu dans la vinothèque avec de succulentes tapas ou pizzas, viandes, poissons... Esprit chic et haut de gamme, décoration design. Plats copieux avec une inclinaison vers l'Espagne. Spécialités, paella maison, la fideuà du pays Valencien, des parillades de légumes, de grandes assiettes à l'espagnole et un clin d'œil italien avec un choix de bruschettas à déguster en salle ou sur la magnifique terrasse qui donne sur l'Ariège.

LE VIEUX CARRÉ €€

Place Sainte-Quitterie
© 05 61 05 08 30
www.levieuxcarre.fr

Ouvert toute l'année. Carte : environ 26 €.

Ce restaurant familial propose un voyage subtil mélange entre tradition et culture pyrénéennes. Parmi les plats proposés, l'intéressante ardoise du jour et des spécialités à base de morue. Les truites sont bio et viennent des Pyrénées. Le service est efficace et toujours agréable. L'établissement travaille à base de produits frais et régionaux. Le restaurant étant situé à quelques mètres de l'Espace François Mitterrand, l'été, de la terrasse, vous profitez de tous les concerts et des animations qui se déroulent à l'extérieur. Un lieu «carrément» à recommander.

LES SAVEURS DU MANOIR €€€

2, rue Saint-Roch
✆ 05 61 02 32 81
www.manoiragnes.com
Fermé dimanche soir et lundi non férié. Menus de 20 € à 52 €.

On ne peut passer sans voir cette superbe bâtisse et son parc depuis la RN20 qui vous conduit (ou vous ramène) d'Andorre. Aux commandes du restaurant : Jean Carzola, qui n'a vraiment pas à faire ses preuves tant sa cuisine est un bonheur pour les papilles. Renard l'a déjà croisé au hasard d'autres établissements réputés ; nous serons donc obligatoirement satisfaits. Les plats conjuguent raffinement, surprise et originalité. Vous dégusterez un feuilleté de sot-l'y-laisse de dinde à la crème de champignons ou cet original filet de pigeon et ris de veau aux morilles.

LES TRÉSORS DE PYRÈNE

6, avenue de la République
✆ 05 61 65 69 02
Ouvert du lundi au samedi.

Cette boutique nous émerveille par ses trésors. C'est le petit paradis de la gastronomie et de l'artisanat des Pyrénées. Une véritable caverne à prix doux où l'on trouve tout pour faire plaisir ou se faire plaisir. Les trésors sont salés, sucrés, fruités ou réalisations d'artisans locaux. Poteries, sabots, savons, peignes en corne, pierres naturelles à aiguiser, confitures, miel, vins, bières, apéritifs, foie gras, biscuits, bonbons, tout est fabriqué en Ariège ou dans les Pyrénées. On découvrira des bougies et des figurines fabriquées à partir du talc de Luzenac.

HYPOCRAS

1, Chemin de la Croix-de-Quié
✆ 05 61 05 60 38
www.hypocras.com
Téléphoner pour le magasin.

Connaissez-vous le point commun entre la famille Séguélas, Henri IV, Gaston Phoebus et le Roi Soleil ? Un précieux breuvage artisanal, composé d'épices délicates et orientales : une recette digne des alchimistes. Hypocras, comme Hippocrate. Cette boisson était utilisée comme un tonique voire un aphrodisiaque ! Aujourd'hui cette délicieuse boisson se déguste en apéritif ou se cuisine dans de nombreuses recettes. A découvrir bonbons à l'Hypocras, et la gelée, délicieuse avec le fromage. C'est doux, c'est bon, c'est parfumé, c'est original, c'est 100 % naturel...

ORLU

Ce village est célèbre pour sa « dent », dont le véritable nom est le pic de Brasseil. C'est une gigantesque paroi de granit, à la fois magique et vertigineuse dont l'altitude varie en fonction des endroits entre 1 100 m et 2 222 mètres (que des 2). Le pic offre de nombreuses possibilités d'escalade et la vallée et le point de départ de nombreuses randonnées. Au XIXe siècle et au début XXe, Orlu était un centre très important de forges à la catalane. A Orlu, tout est prêt pour les loisirs : piscine, boulodrome, tir à l'arc, tennis, pêche, ski… et par-dessus tout, la majestueuse, belle, profonde et mystérieuse montagne dont nul ne se lassera.

LE SAPIN ROUGE €€

ARTIGUES
5 chambres. Chambre double à partir de 57 €. Petit déjeuner inclus. Minimum 2 nuits. Restauration.

© LE SAPIN ROUGE

Audrey et Mika ont lâché leurs métiers d'opticien et de cadre supérieur pour ouvrir un hôtel et gites dans cette ancienne école de 1891. A quelques encablures de la station de ski de Mijanes, au pied du col de Pailhères les chambres sont cosy et l'ambiance familiale. On peut s'y reposer mais on peut aussi on s'y régaler d'une cuisine traditionnelle, issue de produits locaux. Vous dégusterez, par exemple, le hachis Parmentier de canard aux cèpes ou la fameuse entrecôte fumée au foin. Sur place, location de VTT à assistance électrique.

EDF - CENTRALE HYDRAULIQUE D'ORLU

Les Forges d'Orlu

Ouvert toute l'année. Gratuit. Réservation obligatoire au 05 61 03 06 06. Visite guidée.

© EDF

L'énergie de l'Oriège fut utilisée dès le Moyen Âge. Son avatar moderne est la troisième centrale de l'Ariège par la taille, en fonction depuis 1958. Elle exploite les eaux du lac Naguilhes. Doté d'un parcours de visite à la fois technique et ludique, l'espace EDF d'Orlu reflète l'environnement dans lequel se déroule la production d'électricité en Ariège. Il plonge le visiteur au cœur du fonctionnement de l'usine hydroélectrique, avec une vue directe sur la salle des machines.

RÉSERVE NATIONALE D'ORLU

✆ 05 61 64 21 70

Ouvert toute l'année. Tous les jours.

Aux confins des Pyrénées ariégeoises et catalanes, dans le massif du Roc Blanc-Carlit, la réserve couvre 4150 ha de hautes montagnes de 930 à 2765 mètres d'altitude. On peut y observer près de 800 isards, marmottes, aigles, hermines, faucons, aigle royal, grand tétras. On diversifie la faune en favorisant de nouvelles espèces (gypaète), et on préserve celles qui sont présentes (lagopède, grand tétras, desman, vautour, aigle royal). Dans un cadre superbe, de nombreuses randonnées sont possibles. Idée de balade : la vallée d'En Gaudu à 1h de marche du parking.

MAISON DES LOUPS ★

Les Forges d'Orlu

✆ 05 61 64 02 66

www.maisondesloups.com

Haute saison ouvert tous les jours et jours fériés de 10h15 à 19h. Adulte : 10,50 €. Enfant de 3 à 12 ans : 8,50 €.

A quelques kilomètres d'Ax-les-Thermes, ce village de Haute-Ariège abrite, depuis 1997, une Maison des Loups, un parc animalier de 6 hectares où évoluent en semi-captivité 25 loups venus de plusieurs régions du monde. Le domaine s'est agrandi avec Le Parc des Loups du Canada et celui des loups arctiques. Le nourrissage des loups, commenté sous forme de conférence, est un des moments forts de la visite. Le visiteur peut observer les meutes depuis des tours d'affût en bois, situées sur le sentier de découverte. Des panneaux explicatifs vous en apprendront beaucoup sur ces animaux mythiques. Plusieurs sentiers nous invitent à découvrir la montagne : le botanique, l'ornithologique ainsi que celui de traces d'animaux. Vous pourrez participer à l'activité moulage d'empreintes afin de fabriquer une trace en argile de ses mains, à partir d'une boule d'argile avec explications pour réaliser une trace fidèle. Dans le parc, un animateur vous aidera à réaliser une belle empreinte d'argile qui deviendra dure après le séchage. De nombreuses empreintes sont disponibles : loup, bien sûr, mais aussi ours, sanglier, cerf, et les animaux de la ferme comme poule, lapin, canard. Sans oublier les moments de tendresse avec la chèvre de Monsieur Seguin et les Trois Petits Cochons. Le tunnel de vision permet d'approcher la meute de loups du Canada au plus près lors d'une distribution de friandises. Le sentier pieds nus permet de ressentir le pouls de la terre. Un circuit court et adapté est prévu pour les personnes à mobilité réduite.

NIAUX

La réputation de Niaux et de ses grottes dépasse nos frontières par l'ampleur de ses salles et la variété de ses décors. Elle compte, avec Altamira et Lascaux, parmi les plus belles cavernes préhistoriques du monde. Cette cathédrale souterraine, située à près de 1 km de l'entrée de la grotte, fut fréquentée durant la période magdalénienne, 12 000 à 11 000 ans avant J.-C. Le Salon Noir révèle des peintures réalisées il y a environ 140 siècles. Sont représentés des chevaux, un cerf, des bouquetins et surtout des bisons dont certains portent sur le flanc des signes énigmatiques. La grotte et son Salon Noir restent l'un des sites incontournables de la Préhistoire.

GROTTE DE NIAUX ★★★

D56

✆ 05 61 05 10 10

www.sites-touristiques-ariege.fr

Voir calendrier d'ouverture sur le site Internet. Réservation obligatoire. Adulte : 14 €. Enfant : 10 €. Visite de 1h15.

Par l'ampleur de ses salles et la variété de ses décors, la grotte de Niaux compte, avec Altamira et Lascaux, parmi les plus belles du monde. Dans le salon Noir, vous serez subjugué par les œuvres d'art préhistoriques. Plus de 100 dessins évoquent les grands mammifères de la faune magdalénienne que vous pourrez découvrir en fac-similé au parc de la Préhistoire à Tarascon. La grotte de Niaux, chef-d'œuvre de l'art pariétal, est une des rares grottes ornées à être encore ouverte au public et reste un des sites incontournables de la Préhistoire.

LA PETITE AUBERGE DE NIAUX €€

41, route du Montcalm ✆ 05 61 05 79 79

www.auberge-de-niaux.com

Du mardi au dimanche midi, du mardi au jeudi et le samedi soir, le vendredi soir. Menus de 16 € à 19,50 €

Encerclés par les montagnes, Fabien Questroy et sa compagne sont au piano de cette excellente table. Les plats brillent par la qualité de leurs produits fabriqués par les meilleurs artisans ariégeois et leur décoration soignée. Vous dégusterez par exemple la truite d'Aston, l'agneau ariégeois, l'Azinat… La maison propose une mountjhetade (ou mounjetado en occitan), la version ariégeoise du cassoulet, copieuse et surement un des meilleurs cassoulets de la région. Une excellente adresse.

SPÉLÉO CANYON ARIÈGE - RODOLPHE STURM

Route de la Brexane ✆ +33 6 30 31 24 52

www.speleo-canyon-ariege.com

Fermé du 1er juin au 30 septembre. Initiation, perfectionnement, formation : Speleo et canyoning. Ouvert tous les jours.

De l'aventure en toute sécurité. Ces explorateurs et formateurs internationaux, vous accueilleront tout l'été pour vous faire partager leur passion de la spéléo et du canyoning dans les meilleures conditions possibles de plaisir, de convivialité et de sécurité. Tout est fourni et les équipements sont complets, chaussures, topo-guide, manuel de canyon… Très bonne adresse pour vivre une expérience unique et inoubliable au cœur du parc des Pyrénées ariégeoises seul ou en petits groupes.

VICDESSOS

Le pays d'Auzat et de Vicdessos qui s'étend le long du Vicdessos jusqu'au Montcalm, « Toit de l'Ariège » (3 077 m), offre un patrimoine naturel et historique des plus riches. La détente s'annonce en douceur au fil de randonnées pédestres suivant le cours des sentiers, des lacs, des torrents et des rivières, car l'eau y est partout. Pêchez au fouet sur le Vicdessos, en aval d'Auzat, soit avec la « grise à corps jaune », soit avec la « nymphe », toutes deux très efficaces dans ces eaux. L'histoire n'est pas en reste avec les châteaux cachés mais pas oubliés de Montreal de Sos ou de Miglos qui montre l'occupation des lieux depuis le Moyen Âge.

LA VIA FERRATA

Rue du Centre

✆ 06 81 01 16 49

www.lesviaferrataduvicdessos.com

Ouvert toute l'année. Haute saison : tous les jours. Sur réservation le reste de l'année.

C'est la plus importante via ferrata des Pyrénées avec plus de 700 m de dénivelé et plus de 1 300 m d'itinéraire. Des falaises aménagées, assurées par un câble, échelles métalliques, passerelles et ponts permettent de vivre une expérience inoubliable. 2 parcours, l'un aménagé pour une pratique familiale, l'autre réservé à une pratique plus sportive. Cette activité à mi-chemin entre la randonnée et l'escalade procure des sensations extrêmes tout en donnant la possibilité de profiter des superbes points de vue sur la vallée et les sommets.

MONTCALM AVENTURE

Bexanelle

✆ 05 61 05 19 37

www.montcalm-aventure.com

Ouvert toute l'année. Tous les jours.

Découvrez les diverses activités ludiques et sportives de la montagne, sensations et plaisirs garantis. Canyoning, spéléo, via ferrata, parcours aventure, escalade, randonnées, raquettes. Cette vallée authentique vous offrira un voyage inoubliable entre tourisme et séjour découverte. Encadrés par des moniteurs professionnels tous diplômés d'Etat qui vous proposeront des activités adaptées en fonction de votre niveau et de vos compétences, et pour tous les publics. Que vous soyez débutants ou experts, le Bureau des Sports d'Aventure a une activité pour vous.

FOIX ★★

Les premières traces de présence humaine dans cette ville remonteraient à la Préhistoire, et plus particulièrement dans les grottes du roc de Foix. Bien des siècles plus tard, c'est autour de l'abbaye Saint-Volusien connue en 849 et du château élevé en l'an mille que la cité s'est développée, mêlant intimement son histoire à celle de cette majestueuse sentinelle qui domine la ville. Le premier seigneur à porter le titre de comte de Foix fut Bernard Roger, fils du comte de Carcassonne. Mais c'est au XIVe siècle que le destin de la ville fut marqué par un Gaston Phoebus, dont la chevelure blonde ou le soleil, lui valut le surnom de Fébus en occitan.

ÉGLISE SAINT-VOLUSIEN ✝ ★

Ouvert toute l'année. Tous les jours et les jours fériés. Gratuit.

Des travaux ont été entrepris pour supprimer les crépis et refaire le dallage ce qui a permis de retrouver la crypte de l'église primitive. Volusien, évêque de Tours, exilé par les Wisigoths en Ariège, est devenu le saint patron de Foix. Fondée au IXe, l'abbaye acquiert un très vaste domaine de la vallée de l'Ariège jusqu'à Ax. Détruite en 1580, une église gothique est édifiée au XVIIe. De l'époque médiévale, elle garde sa crypte, la base du mur sud de la nef et un beau portail. À l'intérieur, les belles stalles du XVIIe proviennent de St-Sernin à Toulouse.

CHÂTEAU DE FOIX ★★

Rue du Rocher ✆ 05 34 09 83 83

www.grands-sites-ariege.fr

Basse saison : ouvert tous les jours. Haute saison : tous les jours. Gratuit jusqu'à 5 ans. Visite guidée. Boutique.

A ne pas manquer ! Grand musée interactif permettant une immersion totale dans le temps et l'histoire en associant patrimoine et nouvelles technologies. Ce château semble plus accroché aux nuages que posé sur la terre ferme, au confluent de l'Arget et de l'Ariège. Cette situation lui a valu bien des jalousies et surtout des sièges redoutables. Les trois tours qui se découpent avec autorité dans le ciel fuxéen appartiennent à des époques différentes. Ce château constitue un symbole de l'ancienne puissance des comtes de Foix et un monument qui défie les siècles.

AGENCE DÉVELOPPEMENT TOURISTIQUE ARIÈGE PYRÉNÉES

2, boulevard du Sud

✆ 05 61 02 30 70

www.ariegepyrenees.com

Le site Internet qui est parfait pour aider les touristes à glaner la moindre information utile pour partir à la découverte de notre beau département à vélo, en rando... Vous pouvez ainsi télécharger toutes les brochures possibles, réserver directement en ligne un hôtel, un gîte, un camping ou une chambre d'hôtes, vous informer sur les découvertes gastronomiques et culturelles, les sports, l'aventure... Bref, une étape indispensable pour qui veut découvrir l'Ariège.

ARIÈGE

© PHOVOIR

Le château et les toits de Foix.

RIVIÈRE SOUTERRAINE DE LABOUICHE

Avenue Labouiche
BAULOU
✆ 05 61 65 04 11
www.labouiche.com
Ouvert du 1er avril au 11 novembre. Adulte : 11,40 €. Enfant : 9,40 €

Une excursion insolite et très spectaculaire sur 1,5 km, en barque de 12 personnes à 60 m sous terre sur la plus longue rivière souterraine navigable d'Europe. Cette croisière dévoile des paysages souterrains de toute beauté et vous conduit de salles en galeries, de concrétions en gours. La visite guidée et commentée dure 75 minutes en 2 portions séparées par une petite marche. Point restauration, de juin à fin août. Boutique, aire de pique-nique.

L'ARCHE DES CHAPELIERS €€

25, rue des Chapeliers
✆ 05 61 01 44 94
www.chambres-foix.com
Chambre double 80 € ; suite 90 €. Basse saison : chambre simple 72 €. Petit déjeuner inclus. Lit supplémentaire : 35 €.

Dans le centre historique de Foix, Sonia, une passionnée d'histoire locale et régionale, vous invite à franchir le porche de cette superbe maison de 1762. Situé au pied du château, le bâtiment offre deux très belles chambres, spacieuses et lumineuses, bien équipées, accessibles par un bel escalier. Les petits déjeuners élaborés à partir de produits locaux, d'artisans et du marché se prennent sur une terrasse. Voilà l'endroit idéal pour se poser en Ariège et rayonner à la découverte des richesses et du patrimoine du département.

AUBERGE LES MYRTILLES €€

Col des Marrous
✆ 05 61 65 16 46
www.auberge-les-myrtilles.com
Logis. Fermé de novembre à mars. Bain bouillonnant, sauna.

Doté de 8 chambres tout confort et d'un gîte perdu au milieu des sapins en haut du Col des Marrous. Cette auberge forestière peut s'enorgueillir de son superbe panorama sur les Pyrénées. La cuisine navigue entre les spécialités ariégeoises et savoyardes. Toute l'année, comble de la détente, les résidents peuvent bénéficier de l'accès à la piscine couverte chauffée avec sauna et bain bouillonnant. La décoration intérieure mêle modernité et antiquités aux boiseries de l'Auberge. Caroline vous installera en terrasse face aux Pyrénées.

FORGES DE PYRÈNE - VILLAGE INOUBLIÉ ★

route de Paris - **MONTGAILLARD**
✆ 05 34 09 30 60
www.forges-de-pyrene.com/
Du 10 juillet au 31 octobre. Ouvert du mardi au samedi de 10h à 18h. Adulte 6,20 €, enfant 6,80 €, pass famille 32 €.

Cette collection de 56 métiers et plus de 4 000 outils est la plus grande collection des métiers d'autrefois. Les Forges de Pyrène sont comme un livre d'histoire. Le musée vous invite à entrer dans le secret des vieux métiers regroupés autour de plusieurs thèmes : les métiers ambulants, ceux de l'agriculture et de l'élevage, de la vie domestique, de l'habitat, de l'habillement. Les granges animées vous invitent à découvrir les différents ateliers vivants autour de la place du village : le forgeron, l'école 1900, le four à pain, la forge à martinet… Vous découvrirez la dernière forge à martinet en activité, classée monument historique, qui a gardé son aspect d'antan ainsi que son ambiance sombre et mystérieuse. Vieille de 450 ans, avec une existence attestée dès le Moyen Age, la Forge de Montgailhard est à l'origine de la fabrication de barres de fer. A ne pas manquer, la démonstration du fonctionnement de la forge à martinet. Vous partagerez aussi un moment d'émotion à l'espace Âges de la vie où Baptistou raconte sa vie d'Ariégeois à son arrière-petite-fille. Un voyage dans le temps inoubliable... dans un village inoublié. Ici, tout est conçu pour un bon accueil : un grand parking et un chenil gratuit, une aire de pique-nique au bord d'un plan d'eau, un espace de jeux pour les enfants, un auditorium pour vos évènements et même une galerie d'art. Dernières nouveautés : sentier découverte à parcourir en famille et le musée du fer entièrement rénové.

BRIT HÔTEL €€

✆ 05 61 05 36 10
www.brithotel.fr
Accueil 24h/24. Parking inclus. Animaux acceptés. Wifi. Restauration.

Au cœur de l'Ariège, les 46 chambres de l'hôtel des Balladins sont l'étape rêvée avant l'ascension des Pyrénées. Morgan Varin et son équipe chaleureuse vous attendent dans cet hôtel situé à quelques encablures du centre-ville de Foix. Des chambres très confortables, au décor sobre et lumineux avec possibilité d'un troisième lit. Le buffet du petit déjeuner est à volonté.... parking sécurisé et fermé. Petite anecdote, si le hasard vous conduit à Foix au début de l'automne vous pourriez assister au brame du cerf depuis votre chambre !

CAMPING ARIEGE LA ROUCATEILLE €€

15, rue du Pradal
✆ 05 61 64 05 92
www.camping-roucateille.com
Camping Qualité. Ouvert toute l'année. Réservation recommandée. Animaux acceptés.

À 5 min de Foix, 1h de Toulouse et 1h de l'Andorre, toute l'équipe vous invite dans un cadre familial, naturel et authentique à des vacances en toute sérénité. 2021, venez découvrir les nouveaux services ! Piscine extérieure chauffée au bord d'une cascade, bar à vin extérieur où vous pourrez venir déguster des boissons et tapas de la région, wifi gratuit dans tout le camping, balades et randonnées, location de vélos électriques et bien d'autres surprises. Un endroit futé.

CAMPING DU LAC MERCUS €€

1, promenade du Camping
MERCUS-GARRABET ✆ +33 5 61 05 90 61
www.campingdulacmercus.com
Nombreuses formules sur le site web. Chèque Vacances. Wifi.

Dans une ambiance chaleureuse et familiale, Angèle et Olivier, vous accueillent dans ce lieu de villégiature labellisé Camping Qualité, situé au bord d'un plan d'eau, à seulement quelques kilomètres de Tarascon, Foix et de la principauté d'Andorre, autant de lieux à découvrir et à visiter au cours de balades sportives et culturelles. Vous pourrez également partir en randonnées pédestres et découvrir de nombreux châteaux et grottes pittoresques, typiques de la région. Désormais vous pourrez bénéficer d'un service restauration sur place.

HÔTEL PYRÈNE €€

rue Serge Denis
✆ 05 61 65 48 66
www.hotel-pyrene-foix.fr
Ouvert toute l'année. 20 chambres. Basse saison : chambre double de 52 € à 95 €. Petit déjeuner : 8 €. Wifi.

Fabienne Rouzaud est à la tête de l'établissement connu de tous les fuxéens et a réalisé de conséquentes rénovations au niveau de la déco et du mobilier. Jardin, piscine et court de tennis offrent à la clientèle un espace détente. La clientèle professionnelle n'est pas oubliée par l'adjonction de bureaux dans les chambres. Au cœur de l'Ariège, pays de l'authentique et de la douceur de vivre, à la sortie de Foix, la médiévale (1 km), en retrait de la nationale 20, au rond-point de Roquefixade, ce 3 étoiles brille par son rapport qualité-prix, une étape de qualité.

LE CLOS CATHALA €€€

lieu dit Cathala ✆ 05 61 68 12 15
www.closcathala.com
Suite de 100 € à 250 €. Petit déjeuner inclus. Parking. Séminaires. Réceptions et mariages. Wifi gratuit.

Au XVIIe siècle, un Capitoul toulousain (sorte d'élu municipal de l'époque) fit bâtir ce magnifique domaine au cœur de la forêt le gratifiant d'une vue époustouflante sur les montagnes et sur un panorama à 360 degrés. Jean-Claude Pereira et Géraldine Portoles en sont maintenant les heureux propriétaires et nous proposent une maison d'hôtes, familiale composée de gîtes et de cinq chambres d'hôtes haut de gamme dans un confort et une décoration soignés. Accueil et service au top dans un endroit chic et cosy. Plaisir du palais dans un palais de verdure. On adore !

HÔTEL-RESTAURANT LONS €€

6, place Georges-Dutilh
✆ 05 34 09 28 00
www.hotel-lons-foix.com
Chambre simple de 99 € à 95 € ; chambre triple de 108 € à 128 €. Chèque Vacances. Animaux acceptés. Wifi. Restauration.

Cet établissement est un monument dans le paysage gastronomique ariégeois, un lieu de rencontres pour décideurs, hommes d'affaires, chefs d'entreprises, leaders d'opinion… Situé au bord de l'Ariège, cet ancien relais de poste est tenu depuis près de 40 ans par la famille Lons dont les quatre enfants Une partie des chambres a vue sur la rivière et l'autre sur la place Duthil. Le restaurant est de plain pied avec une terrasse vitrée en vue sur la rivière. Un buffet de hors-d'œuvre vous ouvrira l'appétit avant les truite, cassoulet, confit, plat du jour.

LE HAMEAU DU COMTE DE FOIX €€

8, rue de la Rivière - **MERCUS-GARRABET**
✆ 07 85 88 33 72
www.lehameauducomtedefoix.fr
Ouvert toute l'année. De 390 € à 480 € la semaine selon saison. Gites de France.

En pleine nature, 11 chalets vous accueillent entre Foix et Tarascon sur Ariège pour des vacances sportives, mais aussi relaxantes, calmes et confortables loin du tumulte des villes et de l'agitation de notre vie citadine. Les chalets sont de type T2 ou T3 pour 2 à 4 personnes ou 4 à 6 vacanciers. Ils sont de style pyrénéen en bois et pierre ave leur belle terrasse et ont tous le confort qu'on puisse espérer : lit 160, four, réfrigérateur-congélateur, micro-ondes, lave-vaisselle.

MIAM'ZELLE FOOD €

Marché le vendredi
www.miamzellefood.life

Ouvert le vendredi. Marché de Foix. Vente à emporter.

Après nous avoir régalé à La Cantine, Laetitia Bicheyre est de retour. Mais elle ne régalera pas uniquement les Fuxéens car la voilà désormais au volant de son estafette rose de 1977 sillonnant les marchés d'Occitanie. La liste des délices orignaux et savoureux et longue. Le burger Pyrène est à découvrir. Une richesse de goûts et de textures originales et créatives. Imaginez avant de goûter : pain maison, steak, chèvre frais, ketchup de myrtilles, lard fumé, mesclun, gelée au thym. Les produits sont frais, locaux, de saison et issus de circuits courts.

MONSIEUR POKÉ €

21, rue Delcassé
✆ 06 73 52 54 04

Menus de 8,50 € à 10 € (petit ou grand bol). Vente à emporter.

De nomade à sédentaire, tel est le parcours de ce Monsieur Poké qui a échangé son food-truck contre un établissement dans la cité comtale. Mais au fait : *qu'es aquò* un poké ? Un monstre japonais qu'il faut attraper ? C'est un bol hawaïen à emporter, composé de poisson ou de poulet marinés accompagné de crudités et de riz. Une sorte de super salade composée mais parfumée et goûteuse. Saumon, avocat, mangue, oignons frits, concombre et sauce soja par exemple. C'est bon, c'est sain, c'est frais, c'est poké ! Salle design, éclairée, ambiance surf. Bon vent.

Ô SAVEURS €

25, rue Saint-Jammes
✆ 09 74 56 15 30
www.osaveurs-foix.com

Ouvert toute l'année. Du lundi au samedi de 11h30 à 15h. Chèque Restaurant. Vente à emporter.

Voici une adresse qui propose salades ou sandwiches et frites à emporter à deux pas de la mairie. Laurent, ancien maître d'hôtel, est arrivé de Toulouse avec son savoir-faire et son exigence. Produits frais en provenance de producteurs locaux et du fait maison ! Ultime preuve de qualité, le certificat conforme par le laboratoire de l'hygiène alimentaire LABHYA. Toutes les sauces et marinades sont des créations. Salades, pâtisseries et sandwiches ou le fameux burger ariègeois avec du magret. Petite terrasse dans la rue. Formules très sympas pour les lycéens.

LES 1001 NUITS €€

4, rue des Salenques ✆ 06 89 88 29 91
www.mille-et-une-nuits.eatbu.com

Ouvert toute l'année. Du jeudi au mardi le midi ; du jeudi au mardi le soir. Menus de 13 € à 25 €. Menu enfant : 10 €.

D'autres contes comptent désormais parmi les comtes de Foix. Qui n'a jamais entendu parler des 1001 nuits ? Des tapis persans ornent les murs. Ce restaurant ne vous racontera pas d'histoires tant sa propriétaire Mahtab est passionnée et passionnante. Elle est iranienne, mariée à un Ariégeois et raconte avec délices l'Iran, sa culture et la cuisine de son pays. Les plats sont savoureux et le buffet d'entrées est un moyen intelligent de partir à la découverte de plusieurs spécialités douces ou épicées aux parfums d'Orient. Les produits utilisés sont frais et bio.

LE 19ÈME €€

2, rue Théophile-Delcassé
✆ 05 61 65 12 10

Ouvert du lundi au samedi le midi. Chèque Restaurant. Vente à emporter. Wifi.

Immenses salles, couleur taupe tendance et bar vert design. Les nombreuses tables favorisent une convivialité de proximité avec les autres convives. Laure sait s'entourer d'un personnel compétent et souriant qui participe à la convivialité de l'endroit, les gens viennent surtout au XIXème siècle pour la cuisine faite maison. Nous sommes dans une maison qui, depuis plus de 25 ans, est attentive à transformer le moment passé ici en un moment de détente et de plaisir. La terrasse ombragée vous permet de voir couler l'Ariège et profiter de la vue sur le Pech.

LES 4 SAISONS €€

11, rue de Lafaurie
✆ 05 61 02 71 58

Ouvert le lundi, le vendredi et le samedi le soir ; du lundi au samedi le midi. Chèque Restaurant.

L'établissement propose des crêpes, galettes et surtout des cuissons sur pierre. On pose sur la table une pierre, rectangulaire préalablement chauffée et sur laquelle on pose des aliments prédécoupés et finement émincés. La cuisson est donc personnalisée et, surtout, sans aucune matière grasse. Les viandes sont accompagnées de quatre délicieuses sauces. Si vous préférez des galettes de sarrasin, vous découvrirez quelques originalités telles la galette au jambon serrano ou la galette ariégeoise : aiguillettes de canard, formage de Bethmale, pomme de terre.

BAR AUBERGE MIRANDA €€

36, rue Labistour
© 05 61 65 07 40

Fermé le soir sauf réservation. Ouvert du lundi au samedi le midi. Terrasse.

Vous allez aimer voyager dans le temps chez Philippe Montié. Bâtisse du XVIIe avec ses colombages. Les plafonds de bois dominent un comptoir massif reposant sur de véritables fûts ; aux murs d'anciennes photos et des peintures représentant les blasons des cités ariégeoises. Vous pourrez vous désaltérer en salle ou sur l'une des 2 terrasses et découvrir une cuisine de terroir simple et authentique : des salades composées, plats du jour. Nous vous invitions à découvrir la carte des bières belges. Une adresse incontournable l'authenticité et les parfums d'antan.

LE BISTRONOME €€

19, rue des marchands
© 05 61 64 00 64
www.le-bistronome.fr

Ouvert du mardi au vendredi ; le vendredi et le samedi. Plat du jour : 12,90 €. Chèque Restaurant. Terrasse.

Voilà un lieu de grande bistronomie. Dans le coeur du centre historique vous découvrirez une cuisine faite maison, originale, élaborée avec talent à base de produits frais par Jean-Christophe qui a l'expérience d'une cuisine étoilée. La présentation des assiettes est soignée et l'accueil sympa à souhait. La salle, malgré sa petite taille, peut accueillir une vingtaine de couverts et surtout, en été, vous profiterez de l'agréable terrasse pas vraiment sur la rue car comme le restaurant est en retrait il n'y a aucune nuisance.

AUX BUFFETS FUXÉENS €€

Galerie marchande Intermarché
© 05 34 09 80 00
www.auxbuffetsfuxeens.fr

Ouvert du lundi au samedi le midi. Pour le bar. 1 buffet au choix + plat du jour : 10,90 €. Terrasse.

L'établissement fait partie de l'Intermarché de Foix, directement accessible depuis la galerie marchande. L'ambiance est plutôt celle d'une brasserie traditionnelle, présentation sous forme de buffets pour les entrées et les desserts. Il y en a pour tous les goûts et tous les appétits, de la simple formule buffets d'entrées et de desserts à des menus pour les appétits ariégeois avec grillades ou poisson. Le rapport qualité-prix est excellent. Les produits utilisés proviennent des producteurs et des fournisseurs choisis pour leur qualité et leur proximité.

CAFÉ DU COMMERCE €€

9, place Saint-Volusien
© 05 61 65 02 56

Ouvert du lundi au vendredi le midi. Brasserie à midi. Menus de 12,50 € à 25 €. Menu enfant : 9 €. Terrasse.

Ce bar à vin restaurant est situé place Saint Volusien. La terrasse donne une belle vue sur la cathédrale et sur cette place très animée. La façade, verte et bois à l'ancienne, rappelle les bars de villages. Les tables sont en hauteur et les chaises colorées oranges et vertes. C'est un lieu convivial et festif où l'on aime le rugby et les copains. Soirées à thème (Saint-Patrick et fête de la Musique, par exemple) ou les rencontres entre amis en semaine. Cuisine simple et familiale. Tous les plats sont maison, les frites sont faites à la graisse de canard.

CAFÉ GROS €€

27, cours Gabriel-Fauré
© 05 61 65 00 07

Ouvert du mercredi au dimanche. Terrasse. Wifi.

LE pub de Foix. Tout y est, la moquette, la bière, les tables, l'ambiance et une centaine d'accessoires une moto, un uniforme de *horse guard*, le nécessaire pour jouer au cricket, et en levant la tête on découvrira un skiffs pour les courses d'aviron comme on peut voir sur la Tamise. Il faut un certain temps, revenir souvent, pour faire le tour du décor. Les traditionnels sons de cloche, annonçant la fermeture du pub sont également présents. Côté cuisine, c'est simple, sans prétention, bon et efficace. C'est une brasserie et les assiettes sont copieuses et bonnes.

LA CIBOULETTE €€

route St Pierre-de-Rivière
© 05 61 01 10 88
www.laciboulette.net

Ouvert le lundi, le mardi et du jeudi au samedi le soir ; le dimanche midi et soir. Terrasse.

Thierry Derchot et sa compagne Leela Inga, et son délicieux accent moldave, vous invitent dans un tour du monde des saveurs et des découvertes. Sa cuisine est à la fois traditionnelle et exotique. Produits frais, plats faits maison, fusion des saveurs au sein d'un même mets. En été jardin et terrasse ombragée au bord de la rivière. Si vous voulez faire durer le plaisir, vous pouvez loger dans l'une des 3 chambres d'hôtes. Adresse originale reposante et gastronomique. Le lieu accueille le centre Osho Vipassana pour des retraites et des stages de méditation.

ARIÈGE

LE CLOS CATHALA €€

lieu dit Cathala
✆ 05 61 68 12 15
www.closcathala.com
Ouvert toute l'année. Du mardi au dimanche le midi ; du mardi au samedi le soir. Menus de 18 € à 35 €. Jardin.

Aux commandes de la table d'hôtes, Géraldine Portoles, qui n'est pas une inconnue de nos guides car elle nous a régalés aux Remparts de Mirepoix, faisant de cet établissement un lieu incontournable de la gastronomie ariégeoise. Les salles sont accueillantes, le jardin relaxant et la cuisine est à la hauteur de nos attentes, en produits frais, locaux ou du jardin ; la carte changeant tous les jours selon l'inspiration et dans l'esprit d'une table d'hôtes. Une nouvelle adresse qui prend son envol pour devenir une grande adresse.

LE GUARANA €€

3, rue de la Faurie
✆ 06 05 89 12 99
Ouvert du mardi au samedi. Menu unique à 14 €. Menu enfant : 10 €. Terrasse.

La guarana est le nom d'une plante brésilienne, connue pour son pouvoir énergétique. Cette énergie dynamisante est ressentie une fois la porte du restaurant, franchie notamment grâce à l'accueil de Giuliana. La carte propose des spécialités italo-brésiliennes. En cuisine Reda. Le couple a vécu quelque temps en Espagne, en Italie, au Brésil, au Maroc, le résultat est une cuisine délicieuse et recherchée. En été la terrasse dans la rue piétonne permet de profiter de l'ambiance du centre historique. Est-ce nécessaire de préciser que la réservation est conseillée ?

ET POURQUOI PAS ? €€

25-27, rue de la Faurie
✆ 05 81 29 68 51
https://et-pourquoi-pas-restaurant.eatbu.com
Haute saison : ouvert du vendredi au lundi et le mercredi le soir ; du mercredi au lundi le midi.

Cet établissement de la rue la Faurie propose une cuisine originale. Les menus du jours sont variés et associent des parfums quelques fois exotiques sans oublier les classiques régionaux tel le magret de canard et ses frites maison. La carte propose également un menu surprise où le chef vous concoctera quelques spécialités. On se régalera également du demi-pigeonneau, élevé par un producteur local, et farci au foie gras avec son accompagnement de petits pois et de girolles. À noter, un des rares restaurants ouvert à Foix le dimanche et le lundi.

LE JEU DE L'OIE €€

17, rue Lafaurie
✆ 05 61 02 69 39
Ouvert tous les jours. Réservation recommandée. Chèque Vacances, Chèque Restaurant. Terrasse. Chiens acceptés.

A 2 minutes du château, ce restaurant disposant de 2 salles et d'une terrasse en été, conjugue à merveille restauration de qualité et prix très abordables. La salle du premier étage est des plus cosy. Outre les grands classiques que sont l'entrecôte, l'onglet, le magret de canard, le cassoulet, tous viennent de producteurs locaux.

En dehors de la liste alléchante des desserts tous faits maison. L'ambiance y est simple et conviviale et la carte change tous les 3 mois : pas étonnant qu'il soit prudent de réserver ! Une adresse à découvrir !

AU GRILLADOU €€

7, rue de la Faurie
✆ 05 61 64 00 74
www.restaurant-foix-augrilladou.fr
Haute saison : ouvert tous les jours le midi et le soir. Menus de 15 € à 25 €. Chèque Vacances, Chèque Restaurant.

Au cœur du vieux Foix, dans une rue piétonne, une cuisine du sud, et tant à l'intérieur qu'en terrasse l'environnement coloré, chaud et parfumé nous le rappelle. Le chef vous proposera des plats simples, élaborés sur place avec des produits frais, locaux. Vous vous délecterez des salades, qu'elles soient campagnarde, montagnarde ou chèvretine à moins que vous ne préfériez manger des pâtes fraiches maison, la gamme déclinée est impressionnante ou bien commander une de ses célèbres et délicieuses pizzas qui vous feront voyager. Une valeur sûre.

L'ATLAS €€

14, place Pyrène
✆ 05 61 65 04 04
Ouvert du lundi au vendredi le midi ; le lundi, le mardi et du jeudi au samedi le soir. Terrasse.

L'Atlas rencontre les Pyrénées sur la place Pyrène. La cuisine est savoureuse et copieuse, l'accueil toujours souriant d'Atika, toujours de bonne humeur. La salle est lumineuse mais intimiste le soir, au décor bordeaux chatoyant, sans surcharge et pierres apparentes ; dès les beaux terrasse. Les pâtisseries sont maison et sont à accompagner d'un thé à la menthe. Tout est délicieux et les épices sont dosés avec justesse. Plateau découverte pour un assortiment de salades et de croustillants, salade Chakchouka et le couscous où l'on choisit viandes, brochettes.

NO NAME €€

1, avenue Lakanal
✆ 05 61 65 59 93
Ouvert du lundi au samedi le midi ; du mardi au samedi le soir. Chèque Restaurant. Terrasse.

Le bâtiment en pierre de taille du début du XIXe siècle est célèbre à Foix, il se dresse fièrement en haut des allées de Vilotte. Bar restaurant en journée avec une belle terrasse protégée de la rue et discrète, exposée plein sud, pour déjeuner au soleil mais également un lieu de fête le soir. La salle est spacieuse sur 800 m^2 et très lumineuse, idéale pour les groupes ou séminaires et pour des soirées endiablées ! Musique, DJ, soirées.. Un des rares lieux qui bougent pour les soirées fuxéennes où l'on peut manger tard et se régaler d'un hamburger ariégeois.

LE PATIO €€

27, Rue Théophile Delcassé
✆ 05 61 65 83 10
www.lepatio-foix.fr
Ouvert tous les jours. Menus de 12 € à 29,50 €. Menu enfant : 7 €. Terrasse. Wifi.

Voilà une bonne adresse idéalement située au centre de Foix, avec vue imprenable sur le château, parfaite pour un déjeuner en famille ou un dîner romantique. La superbe terrasse ensoleillée jouxte un jardin d'enfants, sécurisé, pour se régaler pendant que les bambins hurlent et jouent sans déranger l'assistance. L'accueil est au niveau de la qualité du service, sobre et élégant, et le rapport qualité-prix excellent. Cailles, truites, magrets, foie gras… l'originalité des plats proposés dans le menu démontre une volonté gastronomique de nouveautés.

PÂTISSERIE MAZAS

16, allées de Villote ✆ 05 61 65 01 83
Ouvert tous les jours et les jours fériés à partir de 8h et jusqu´à 19h30.

Cette maison familiale a plus de 50 ans et une vingtaine d'employés et travaille à base d'ingrédients naturels et de qualité supérieure. Outre les délicieux chocolats maison, elle confectionne croustades, forêts noires, bavarois, éclairs et autres gourmandises. Pour ses chocolats qu'elle est seule à fabriquer à Foix, elle utilise le chocolat Valrhona. Parmi les insolites on aime particulièrement les glaces 'esquimo' maison sans oublier les sculptures en chocolat, véritables œuvres d'art. Désormais fabrication et vente de pains bio et label rouge.

PEPPO'S PIZZA €€

19, rue Bayle
✆ 05 61 01 89 93
www.peppos-pizza.fr
Ouvert toute l'année. Tous les jours. Pizzas de 4,50 € à 12 €. Chèque Restaurant. Terrasse. Vente à emporter.

Deux frères napolitains, Diego et Luca De Peppo, au commande de cette pizzeria aux goûts exceptionnels en face de l'entrée du jardin public. Accueil chaleureux aux accent chantants de l'Italie. Les deux « fratelli » proposent de vraies pizzas artisanales à la mode napolitaine. Tout est authentique ! Les ingrédients arrivent directement du sud de l'Italie, la pâte est fabriquée à la main avec des techniques traditionnelles et elle cuira dans un véritable four à bois napolitain. Les pizzas sont faites avec une base à la tomate ou une à la crème. *Forza napoli !*

CHARCUTERIE ROUCH

Place Saint-Volusien ✆ 05 61 65 04 62
www.charcuterie-rouch.fr
Ouvert du mardi au samedi de 7h30 à 12h30 et de 15h30 à 19h30.

En Ariège, il y a des institutions comme le château de Foix, la mounjetade, la chasse et... la charcuterie Rouch en boutique et sur les marchés. Depuis 1870, la maison élabore dans les règles de l'art une charcuterie fraîche, sèche ou cuite confectionnée avec des cochons reçus entiers et élevés dans le Sud-Ouest. La boucherie, elle, est exclusivement ariégeoise. Les charcuteries traditionnelles et spécialités ariégeoises de la maison Rouch sont élaborées dans un laboratoire à proximité de Foix. D'autres bonnes maisons charcutières sont également à tester à Foix.

SAVEURS DU LIBAN €€

35, avenue de Lérida
✆ 07 82 51 03 36
www.saveursduliban.fr
Ouvert tous les jours de 11h à 13h30 et de 18h à 20h. Menus de 15 € à 18 €. Vente à emporter.

Nouvelle adresse de plats à emporter à quelques encablures du centre-ville. C'est une cuisine libanaise qui est proposée par Samy Fakhoury. Vous découvrirez une sélection de mezzés chauds et froids ainsi que des desserts libanais. Tous les classiques et les succès de la cuisine du pays du cèdre sont à votre disposition. Bonne pioche pour se faire une idée gustative : le plat combiné et le plat repas qui proposent une découverte de saveurs et de parfums orientaux avec houmous, moutabal, fatté, hamra, brochette ou chawarma, pain libanais, dessert.

LE SIAM €€

34, cours irenee cros
✆ 05 61 05 27 38
Ouvert du mardi au samedi. Menu unique à 19,80 €. Formule du midi : 14,80 €. Chèque Restaurant.

Nous vous invitons à franchir la porte de ce restaurant au décor sobre et à l'accueil très agréable. La qualité est au rendez-vous dans cet établissement spécialisé en cuisine thaïlandaise, vietnamienne et chinoise. Ici pas de plats surgelés ou importés. Tout est réalisé en cuisine à base de produits frais et de qualité par Isabelle Denduang Thonsomboon. Poissons frais et légumes de la région. Les plats sont adaptés aux goûts européens mais si vous le souhaitez Isabelle cuisinera comme en Thaïlande, pour les amateurs. Le meilleur restaurant asiatiques ariégeois.

LE VERTIGO €€

21, rue Peyrevidal
✆ 05 61 64 95 36
Menus de 24,90 € à 35,90 €. Plat du jour : 9,50 €.

Piloté par Ramon Montandon, le Vertigo est une référence culinaire du centre-ville de Foix. La cuisine est traditionnelle et ariégeoise. Vous découvrirez du foie gras, l'assiette ariégeoise (charcuteries de chez Rouch, fromages et verre de vin), du bœuf, de l'agneau, des compositions terre ou mer, des trios de viandes... les ingrédients sont de grande qualité. Le chef travaille des produits locaux et frais. Les vins sont exposés sur les murs. En été, agréable terrasse. Terriblement bon et efficace. L'accueil et le service sont à la hauteur de l'ensemble.

LE MÉDIÉVAL €€€

42, rue des Chapeliers ✆ 05 34 09 01 72
www.restaurantlemedieval.com
Ouvert du mardi au samedi ; le dimanche et les jours fériés le midi. Réservation recommandée. Menus de 22 € à 44 €.

Au cœur de la vieille ville. La petite salle du rdc est claire, aux meubles modernes et poutres apparentes sur un plafond blanc. Eric Lemoine officie en maître en cuisine et Marie-Paule vous accueille en salle, alliant sourire et professionnalisme hors pair. Nous sommes ici dans un excellent restaurant qui accorde une place importante au poisson avec une carte mise à jour au gré des saisons. Les viandes ne sont pas oubliées, bœuf et volailles. Les assiettes jouissent d'une présentation soignée et, vous n'en douterez pas, tout est délicieux. Desserts raffinés.

DECATHLON

Zone Industrielle Foix-Nord
✆ 05 61 02 06 30 - www.decathlon.fr
Ouvert du lundi au samedi de 9h à 19h30. Sans interruption.

Ce magasin de 4 000 m² propose des équipements et accessoires pour quasi tous les sports, spécialisé dans les sports de nature et de plein air tels le ski, l'alpinisme, la randonnée, l'escalade, la course à pied, la pêche et beaucoup d'autres ! Le magasin offre une large gamme de produits permettant de satisfaire le débutant comme le confirmé. Vous serez conseillé par des pratiquants, véritables spécialistes dans leur catégorie, qui sauront répondre à chacun de vos besoins. Été comme hiver, le magasin est au rythme des saisons et organise des événements sportifs.

LE PHOEBUS €€€

3, cours Irénée-Cros
✆ 05 61 65 10 42
www.ariege.com/le-phoebus
Ouvert du mardi au samedi le soir ; du mardi au vendredi et le dimanche le midi.

Véritable institution le paysage gastronomique ariégeois. L'établissement est dirigé par le chef Didier Lamotte toujours souriant. Ce restaurant est cité dans de nombreux guides.Tout n'est que raffinements et délices. Le nom des menus donne le ton : priorité au plaisir, goût de l'harmonie, l'essentiel... Surprises, passion, imagination, confiance, accueil sont les vertus de ce grand restaurant. Le service est toujours irréprochable, et l'agréable salle offre la plus belle vue sur le château de Foix. Grand chef, grande table, grands moments de pur plaisir.

BOULANGERIE HÉBRARD

18, rue de la Faurie
✆ 05 61 65 10 52
Ouvert du lundi au samedi de 8h à 19h.

Foix compte beaucoup de boulangeries, mais celle-ci brille par son passé, son originalité et la qualité de son pain. Cette boulangerie existe depuis plus d'un siècle et se caractérise par la devanture en bois telle une échoppe du Moyen Age. La boutique est petite, elle sent bon le pain, les croissants, la farine… Thierry Massat, le boulanger qui depuis 20 ans est aux commandes, œuvre devant son four à bois de 1901. Et ce qui en sort n'est que délice et douceurs : pains au levain et viennoiseries cuites au bois et la ravaille (pain mal foutu), un pain de tradition.

COUTELLERIE SAVIGNAC

15, rue des Marchands
✆ 05 61 02 90 70
www.couteau-savignac.com
Ouvert du mardi au samedi de 10h à 12h et de 14h30 à 19h. Livraison possible (vente en ligne).

La maison Savignac remonte à la deuxième moitié du XVIIIe. Les ancêtres de la famille étaient maîtres couteliers et fabriquaient des capucins, couteaux traditionnels, simples et très diffusés à l'époque. De nos jours, le capucin a évolué et est devenu un modèle exclusif, nommé « l'ariégeois ». Toute la production est locale. Les manches peuvent être en ivoire ou bois de cerf ou en os de mammouth stabilisé. Tous ces modèles sont prisés des collectionneurs. Découvrez la boutique ou commandez en ligne sur le site Internet. En face, le magasin dédié aux idées cadeau.

SAVIGNAC MAISON

14, rue des Marchands
✆ 05 61 02 90 70
Ouvert du mardi au jeudi et le samedi de 10h à 19h ; le vendredi de 9h à 19h.

Tout le monde connait la coutellerie Savignac... et bien, c'est en face ! Le bâtiment a un charme fou, à la fois moderne, rétro et médiéval. La vitrine est magistrale et l'intérieur est dominée par une belle verrière dans le pur esprit des années folles. Il faut descendre pour plonger dans une cave voutée médiévale qui nous rappelle les racines moyenâgeuse de Foix. Tout est décoré avec goût, à la hauteur des objets proposés et dédiés aux arts de la table. Qualité rime avec originalité. Il y a un choix incroyable d'articles et accessoires pour la maison et la déco.

CELLES

A 2 km du village, au milieu des bois, se trouve une chapelle qui pourrait rivaliser avec le site prestigieux de Lourdes et drainer des millions de touristes car la Vierge y est apparue, à Jean Courdil, un jeune adolescent, le 28 mai 1686. Ce jour-là, il aperçut une colombe qui se transforma ensuite en une fillette de six ou sept ans, qui lui demanda de ne pas avoir peur puisqu'elle était la Sainte Vierge. Des processions et des pèlerinages eurent lieu en ce site désormais célèbre et l'on attribua à la source miraculeuse de nombreuses guérisons inexplicables. Une association a été créée afin de tenter de redonner à ce sanctuaire son lustre d'antan.

LA BASTIDE-DE-SÉROU

Située entre le massif de l'Arize et le Plantaurel, cette bastide fut fondée en 1254 par le comte Roger IV de Foix. Parmi les vestiges et monuments, on ne peut éviter la halle et ses trois mesures à grains en pierre, l'église du XVe siècle qui abrite deux superbes sculptures en bois dont l'exemple rare d'une Vierge allaitant, les ruines du château démoli au XVIIe siècle et la tour de Loup. Mais La Bastide-de-Sérou c'est aujourd'hui une ville très dynamique où il fait aussi bon d'y vivre que d'y venir en touriste. Ses atouts sont nombreux : pêche, baignade, vtt, parapente, golf, et dégustations de fromages de montagne, miels et confitures.

ÉCOMUSÉE

Vidallac
ALZEN
✆ 05 61 02 74 51
www.ecomuseealzen.fr
Ouvert tous les jours et les jours fériés.

Cet écomusée accueille grands et petits pour découvrir une ferme vivante, un jardin avec des variétés locales et des légumes d'autrefois, un four à pain, une habitation typiquement ariégeoise qui témoigne du quotidien des paysans du siècle dernier, une boutique, une table paysanne à base de produits bio et fermiers. A la boutique vous pourrez acheter des créations artisanales locales et pyrénéennes... Enfin, selon les saisons, diverses expositions et animations thématiques vous parleront des outils agricoles, du jardinage, des champignons, de la faune...

CAMPING L'ARIZE €€

Route de Nescus ✆ 05 61 65 81 51
www.camping-arize.com
Fermé de novembre à avril. Exposition : mi-ombragé. Chèque Vacances. Aire pour camping-cars. Wifi.

Camping 4 étoiles, en pleine nature, en bordure de l'Arize. Le dépaysement et le calme sont assurés. Des soirées festives, des clubs animés pour les enfants pour de vraies vacances. Pour vous divertir et vous détendre ping-pong, pétanque, volley, basket, aire de jeux, barbecue, plancha, animations, petits concerts, plats à emporter et même pain frais le matin sont à votre disposition. La piscine vient d'être refaite et elle est désormais chauffée. Tarifs spécifiques pour les golfeurs qui pratiqueront à quelques minutes du camping. Egalement chalets, mobil-homes.

INTERVIEW

CHARCUTERIE ROUCH

150 ANS DE TRADITION ET DE MODERNITÉ

Sébastien Rouch, un nom célèbre en Ariège, réputé pour des produits de qualité.

Racontez-nous l'histoire de votre société.

Officiellement, j'ai intégré l'entreprise à 21 ans après des études au Ceproc et des expériences professionnelles à Paris et Béziers. L'histoire de l'entreprise commence en 1870. Je suis la 5e génération de charcutier et ce métier est ancré dans mon ADN. Aujourd'hui je travaille au côté de mon épouse Emma et d'une trentaine de salariés. Notre laboratoire de fabrication situé à Ferrières nous permet d'approvisionner nos deux magasins de Foix et celui de Pamiers. Nous sommes également présents sur les marchés grâce à notre camion magasin.

Quelles sont vos valeurs primordiales ?

Je suis particulièrement exigeant sur la qualité de nos produits, l'accueil de nos clients et le bien-être de mes employés. J'adore fabriquer, valoriser un produit nu. J'achète toujours la viande sur pied directement aux éleveurs. Le métier a évolué sur des recettes traditionnelles. L'équipe découpe devant les clients en toute transparence. Il est indispensable d'adapter et de rénover nos locaux et de se mettre au goût du jour.

Comment avez-vous vécu cette période de pandémie ?

Il a fallu réagir et s'adapter. Sur notre site, nous proposons maintenant des produits frais que nous expédions par Chronofresh.

Qu'aimez-vous dans notre beau département ?

Etre à la fois proche de la montagne, de la mer, et de Toulouse. J'aime aussi sa capacité à proposer des circuits courts vers les éleveurs, un véritable atout pour nos productions locales.

CHARCUTERIE ROUCH

Place Saint-Volusien
✆ 05 61 65 04 62
www.charcuterie-rouch.fr

© CHARCUTERIE ROUCH

© CHARCUTERIE ROUCH

© CHARCUTERIE ROUCH

FERME DES REPTILES

Brouzenac

✆ 05 61 65 82 13

Fermé en janvier. Adulte : 9,50 €. Enfant : 7 €.

Plus de 200 reptiles vous attendent dans ce lieu original et unique en Ariège. A la sortie de La Bastide-de-Sérou, en direction de Saint-Girons, vers Allières, Pierre pratique dans cette ferme, ouverte depuis 1995, l'élevage et l'exposition de reptiles. Du boa nain au caïman en passant par la tortue hargneuse, vous y découvrirez plus de 70 espèces de tous les continents. La particularité du lieu est de proposer des visites guidées, pendant lesquelles vous comprendrez mieux le mode de vie des reptiles, vous assisterez aux diverses manipulations et démonstrations comme les repas des couleuvres aquatiques. Les plus courageux pourront même mettre un boa ou un python autour de leur cou. Un parc de 600 m² présente librement des tortues géantes d'Aldabra, des tortues d'Afrique et des tortues méditerranéennes et asiatiques. Des bassins accueillent les tortues aquatiques et notamment la cistude d'Europe. Un parcours extérieur est dédié aux lézards : iguanes, té jus, varans. Dans la salle, les dernières améliorations du lieu concernent l'accueil de la tortue feuille Mata-Mata, le vivarium des caïmans et les vivariums des venimeux dont le fascinant mamba vert. Accueil des jeunes en tant que soigneurs du jour avec l'équipe d'entretien. Ils participent aux soins et nourrissage de l'exposition, des salles d'élevage et de la nurserie. Ils manipulent avec un soigneur divers reptiles. La journée s'achève avec attestation de stage et remise des photos de la journée. Il faut venir avec un pique-nique pour le repas avec les soigneurs.

LE CLUB HOUSE - RESTAURANT €€

Lieu-dit Le Bourtol

✆ 05 61 65 84 82

Haute saison : ouvert du lundi au samedi le midi et le soir. Formule : 13,50 €. Terrasse. Boutique.

Ambiance ranch moderne dans ce restaurant situé à l'entrée du centre équestre Equizone. On remarque de suite la belle terrasse ombragée et le cadre bucolique : campagne, verdure, chevaux. L'accueil jovial et souriant de Marisol Pires annonce la couleur : on va passer un moment sympa. Arnaud James confirmera cela avec une cuisine goûteuse, de qualité à base de produits sélectionnés. Le burger est à recommander chaudement. Une très bonne adresse, originale qui vaut le détour.

EARL EQUIZONES

✆ 05 61 64 62 11

www.equizones.com

Ouvert toute l'année. Tous les jours. Balade 2h. Rando à la journée. Poney club Cours d'équitation. Dressage.

C'est dans un superbe site que l'on trouve Equizones. Cette école d'équitation propose des stages et cours personnalisés et revendique une équitation de la légèreté, sous la houlette de Sandra, gérante, titulaire du BEES 1, de l'ATE et du BAFA. Si l'obstacle et le dressage sont deux disciplines-phares, le centre fait la part belle à la rando de 2 heures, demi-journée, ou journée, ça serait dommage de s'en priver, dans le Parc Naturel Régional des Pyrénées Ariégeoises. L'école propose de nombreuses prestations. Voir tarifs sur site web.

ÉCOGOLF ARIÈGE PYRÉNÉES

Unjat ✆ 05 61 64 56 78

www.ecogolf-ariege.fr

Tous les jours de 8h à 18h. Green fee 18 trous : de 45 € à 55 €. Green fee compact : 15 €. Baptême : 15 €.

Premier écogolf de France, c'est un lieu écoresponsable, déployé sur 6ha dans un splendide cadre naturel. Il dispose d'un parcours de 18 trous, d'un *Pitch and Putt*, et d'un circuit de 14 ateliers aménagé sur le *practice*, équipé de 30 tapis dont 10 postes couverts. Vous pouvez donc *swinguer* sur 3 parcours pour tous publics. Une zone sur herbe, un *putting green* et un *green* d'approche complètent l'équipement. Tous les niveaux sont enseignés, dans une ambiance familiale et intergénérationnelle. Avant ou après l'effort, le bar-restaurant Les Terrasses de l'Écogolf.

LAC DE MONDÉLY

Plan d'eau artificiel dont la vocation est de constituer des réserves utilisables pour le soutien des étiages de la Lèze. En toute saison, au cours de votre balade, vous croiserez d'importantes traces et indices de populations animales qui peuplent les bois alentour. La forêt est composée d'arbres naturels ou artificiels, riches en champignons. Vous pourrez aussi observer de nombreuses populations d'oiseaux migrateurs sans oublier les espèces sédentaires. La faune piscicole du lac est quant à elle composée de truites, goujons et vairons.

MIREPOIX

Le nom de la cité est lié à celui de la famille des Lévis et remonte au XIIIe siècle. En 1209, Guy de Lévis, lieutenant du chef croisé Simon de Montfort lors de la croisade contre les Cathares, reçut le fief de Mirepoix auquel le nom de la famille fut désormais associé. En 1289, la ville fut emportée par une inondation et reconstruite sur la rive gauche de l'Hers selon un plan en damier. Depuis cette année, la bastide médiévale fait partie des Grands Sites de Midi-Pyrénées. Ne manquez pas la cathédrale à nef unique, 2e plus large d'Europe, les couverts médiévaux les mieux conservés du sud de la France et la maison des consuls et ses sculptures uniques.

MIREPOIX ET LES 40 POTIERS

✆ 05 61 67 21 41

www.tourisme-mirepoix.com

Plus de 40 potiers, artisans, venant de toute la France, vous présentent leurs productions et leurs réalisations : poterie culinaire, sculptures, pièces uniques, bijoux en faïence, grès, terre vernissée, porcelaine, oeuvres d'art… Couleurs, formes, techniques et textures sont à l'honneur. Vous déambulerez au milieu des artistes et des artisans sur la superbe place des Couverts. Animations pour le public, tour à la corde, four… Ateliers pour enfants.

CHÂTEAU DE LAGARDE

LAGARDE

✆ 06 82 34 41 28

www.chateaudelagarde.com

Fermé d´octobre à février. Haute saison : ouvert tous les jours. Gratuit jusqu'à 10 ans. Visite guidée.

Lagarde est célèbre par son château que Simon de Montfort donna aux Lévis en 1215. Complètement transformé en 1637. Au XVIIIe siècle, c'était une somptueuse demeure. Il fut détruit à l'époque de la Révolution. 120 ans après avoir été classé Monuments historiques, le château a fait l'objet d'un chantier de restauration. On l'appelle « le Versailles des Pyrénées ». Il se raconte au coin du feu que le roi Louis XVI aurait reproché au duc de ne pas être assidu à la Cour. Ce dernier aurait répondu : « On voit bien que Sa Majesté ne connaît pas Lagarde. »

OFFICE DE TOURISME DU PAYS DE MIREPOIX

Place Maréchal-Leclerc

✆ 05 61 68 83 76

www.tourisme-mirepoix.com

Haute saison : ouvert tous les jours de 9h15 à 12h15 et de 14h à 18h.

Voilà un office de tourisme qui remplit toutes ses missions avec un professionnalisme que nous nous devions de souligner. La première que l'on attend de ce type d'établissement est l'accueil des touristes, répondre aux demandes d'informations, conseiller un hébergement, un restaurant, une activité de loisir, etc. La deuxième est le lien entre l'office et les professionnels de la branche touristique de la région. Dans les deux cas les missions sont accomplies et réussies !

ARIÈGE

© GUMBAO - SHUTTERSTOCK.COM

Mirepoix.

PAYS D'ART ET D'HISTOIRE

Office de tourisme

Ouvert toute l'année.

Laissez-vous conter le pays des Pyrénées cathares par des guides conférenciers et des animateurs de l'architecture et du patrimoine. Émilie et Sébastien, guides conférenciés, vous accompagne dans Mirepoix pour des visites guidées à la découverte de son riche patrimoine afin de comprendre la ville. Organisées toute l'année sur réservation pour les groupes et en saison pour les individuels à l'office de tourisme. Tous les mercredis soir des mois de juillet et août, laissez-vous tenter par une visite guidée aux flambeaux de la bastide de Mirepoix.

TERRES DE BARRÉJAT €€

Barrejat

✆ 05 61 60 04 12

www.terresdebarrejat.com

Chambre double de 48 € à 69 €. Gîte à 1150€ la semaine. Animaux acceptés. Restauration (table d'hotes 25 €).

Dans leur ancienne ferme, Nadine et Stéphane vous accueillent en gîtes et chambres d'hôtes de charme. Aménagées avec soin, les chambres d'hôtes sont claires, spacieuses et possèdent toutes salle d'eau et wc privatifs. Le gîte est totalement équipé et l'ensemble peut ainsi accueillir une grande famille. Un petit déjeuner gourmand vous sera servi dans la salle à manger ou sous les arbres. Vous pourrez y déguster confitures et tartes maison, fruits, pains frais et viennoiseries. Le jardin et la piscine vous offriront des moments de répit...

LE CHAPELIER FOU - THE MAD HATTER €

34, place Maréchal-Leclerc

✆ 05 61 69 38 86

Ouvert toute l'année. Terrasse. Animaux acceptés, Wifi.

« Hello darling. Dou iöu wante tou ite un angliche brique feuste ? »... Difficile de retranscrire notre accent français si sexy... Le fox devient aussi fou que le chapelier d'*Alice au pays des Merveilles*. Ce salon de thé, petit restaurant situé sous les couverts, à côté de la halle, propose un snack traditionnel anglais. Petits déjeuners (breakfast), bagels, hamburgers... C'est pas cher, c'est un peu dépaysant, loin de la culture occitane et franchement très sympa. See you soon !

LA FERME AUX BISONS

Coufetery - **LAPENNE**

✆ 05 61 67 60 74

www.lafermeauxbisons.com

Haute saison ouvert tous les jours de 10h30 à 18h. Adulte : 14 €. Enfant de moins de 12 ans : 10 €.

Sur ce domaine de 70 ha vivent des bisons, des daims, des yacks, des cerfs et autres espèces animales. Au cours d'une visite d'environ 1h15, sur 5 km de piste à bord d'une remorque tirée par un tracteur, vous observez cette faune au naturel. Sur place : salle d'exposition, salle pédagogique, aire de pique-nique, buvette, boutique et ferme-auberge. Egalement vente des pâtés, rillettes, daubes, civets, saucissons de la ferme. Accueil adorable de Aida Aleix et de son père Marc au volant du tracteur/remorque bâché par temps de pluie et de soleil. Une visite insolite !

LE CLOS SAINT-MARTIN €€

Chemin de Cazal - **COUTENS**

✆ 05 61 60 45 70

www.leclossaintmartin.restaurantmirepoix.fr

Ouvert du vendredi au mardi le midi ; le vendredi et le samedi le soir. Menus de 31 € à 55 €. Formule du midi : 15 €.

Cette belle bâtisse aux volets bleus a été aménagée à l'image même de la maîtresse des lieux, Mélanie Zervos, artiste, qui l'a décorée dans une ambiance classe et chaleureuse. Mélanie a fait ses armes dans des établissements prestigieux, aux côtés de chefs tels que Robert Abraham et Nicolas Coutant. Elle propose donc de garnir votre assiette avec une cuisine raffinée et originale qui met en avant les producteurs ariégeois. Durant les beaux jours, vous profiterez du jardin merveilleusement fleuri et arboré, à la façon d'une guinguette chic.

LE GRAIN DE SEL €€

17, rue de Vigarozy
✆ 05 61 68 30 71
Ouvert du mercredi au lundi le midi ; le vendredi et le samedi le soir. Menus de 20 € à 32 €. Terrasse.

Une excellente adresse à Mirepoix tenue par une chef réputée. Vous vous régalerez d'une cuisine régionale, familiale et traditionnelle à base de produits frais, dont le boudin aux pommes venant de Raissac. Petit clin d'œil dans les toilettes, le miroir qui est un ancien joug. A l'entrée on vous rappellera qu'ici «on cuisine». Et pas seulement, on épluche, on cisèle, on émince, on poche, on fleure, on déglace... Nous sommes ici au cœur d'une affaire de famille. La maman de Sylviane, Noëlle, est au service et participent également sa fille Eugénie, et Lionel.

L'AUTRE JARDIN €€

28, cours du Colonel-Petitpied
✆ 05 34 02 15 37
www.lautre-jardin-mirepoix.net
Ouvert du dimanche au mardi et le vendredi le midi et le soir ; le samedi soir.

Voilà une adresse qui a su faire son chemin dans le paysage gastronomique de Mirepoix. Emmanuelle et Sébastien ont choisi de quitter leur vie citadine pour se lancer dans la grande aventure de la restauration et ont créé un endroit accueillant, chaud, au décor moderne fait de tables hautes et de chaises perchées. La cuisine ravit nos papilles de plats élaborés à partir de produits frais et de saison. La carte se renouvelle sans cesse au gré des arrivages. À l'extérieur, un grand jardin isole du brouhaha de la place des Couverts pour profiter du calme estival.

HÔTEL-RESTAURANT LE COMMERCE €€

8, rue de l'Evêché ✆ 05 61 68 10 29
www.le-commerce.fr
Logis. Haute saison : ouvert du dimanche au vendredi et les jours fériés. Réservation recommandée. Menus de 19 € à 37 €.

Les traditions sont respectées dans cet établissement où la fibre de la restauration et de l'hôtellerie remonte à plusieurs générations. C'est Frédéric qui est en cuisine et Laurent en salle. Les recettes se sont transmises de génération en génération. La dernière lignée est restée fidèle aux fondamentaux comme l'omelette aux cèpes, le canard, le cassoulet, le foie gras, les gésiers et nombre de plats intemporels de la cuisine ariégeoise. L'hôtel compte 36 chambres confortables.

CHEZ LLOBET €€

3, place Philippe-de-Lévis
✆ 05 61 69 44 34
Ouvert toute l'année. Tous les jours de 12h à 13h ; le vendredi et le samedi le soir de 19h à 21h.

Voilà une adresse familiale comme on les aime : Madame en cuisine, Monsieur, Olivier Llobet, au service. Situé à côté de la cathédrale, il y règne une ambiance de vieux café d'époque. Le menu est unique et la carte, changeant régulièrement est présentée sur une grande ardoise. La cuisine est régionale, familiale et très variée (tripes, couscous, confits, salades). Les desserts sont maison et tout est copieux et d'une très grande qualité. L'accueil est franc, direct et très sympathique. En été, on peut déjeuner sur la terrasse. réservation impérative !

L'IMPÉRIAL €€

9, cours Colonel-Petitpied
✆ 05 61 60 26 25
http://resto.mirepoix.free.fr
Ouvert du mercredi au lundi. Menus de 10 € à 23 €. CB non acceptée. Chèque Restaurant. Terrasse. Vente à emporter.

Accueil toujours souriant de la maîtresse des lieux. Situé sur le boulevard extérieur avec un vrai décor asiatique aux couleurs rouge et safran, bercé par une musique discrète, nous vous invitons à découvrir ce restaurant spécialisé dans la cuisine chinoise et vietnamienne. La carte est impressionnante par le nombre de plats proposés. L'établissement propose également la vente à emporter des plats proposés en salle, avec une réduction de 10 %. La carte est variée, les plats sont délicieux et le service est efficace et rapide.

LE PRÉLUDE €€

25, place du Maréchal-Leclerc
✆ 05 61 68 11 26
Haute saison : ouvert du mercredi au lundi le midi et le soir. Réservation recommandée. Terrasse. Animations.

On entend le chant mélodieux des plats qui défilent dans la grande salle et sur la terrasse dès le soleil revenu. On sent dans les menus et la cuisine une influence espagnole venant de l'autre côté des Pyrénées. Gambas, plancha, tapas, charcuterie ibérique... Les produits sont frais et la cuisine est délicieuse mais surtout créative... Aucune fausse note, tout est délicieux, les plats du jour sont soignés sans bémol, l'accueil de Laurence et Marie, charmant. Soirées concerts, ambiance musicale. Bon vent à ce Prélude en majeur.

© MAISON DES CONSULS

© MAISON DES CONSULS

© MAISON DES CONSULS

LA MAISON DES CONSULS €€€

6, place des Couverts ✆ 05 61 68 81 81
www.maisondesconsuls.com
Ouvert toute l'année. 7 chambres (+ 2 suites). De 95 € à 175 € selon chambre et saison.
La Maison des Consuls, désormais 4 étoiles, est une demeure historique située sur la place médiévale de Mirepoix. Pour la moitié, ses chambres, équipées de meubles anciens, donnent sur les Couverts avec une vue exceptionnelle sur la cathédrale. Les chambres sont superbes avec un confort et des matériaux nobles, mêlant l'authentique aux dernières technologies. Dotées de belles salles de bains spacieuses et modernes, elles sont toutes différentes et chacune fait référence à un Mirapicien illustre. Somptueux ! Possibilité planches de charcuterie et fromages de pays.

© HOTEL DES CONSULS

© MAISON DES CONSULS

LES MINOTIERS €€

Avenue Maréchal-Foch
© 05 61 69 37 36
www.lesminotiers.com
Ouvert tous les jours le soir ; du dimanche au vendredi le midi. Menus de 18 € à 48 €. Accueil des groupes. Terrasse.

© MINOTIERS

Le chef vous propose une cuisine préparée avec des produits frais et régionaux, aux accents du terroir. Tous les jours, arrivage de poissons frais. La carte des vins compte au total, plus de 140 références. Une petite boutique vous permet d'acheter quelques produits régionaux. Cet établissement, 3 étoiles et 3 cheminées, a résolument choisi le registre de l'élégance pour l'accueil et la décoration et celui de la qualité originale pour l'assiette. Une adresse sûre et incontournable à Mirepoix où le Renard n'a jamais été déçu que ce soit en famille ou professionnel.

RELAIS DE MIREPOIX €€€

8, rue du Maréchal-Clauzel
© 05 61 60 19 19
www.relaisdemirepoix.com
Ouvert le dimanche, le lundi, le jeudi et le vendredi le midi ; du jeudi au samedi le soir. Menus de 25 € à 36 €.

Ancien hôtel particulier, vieux de 500 ans. La cour intérieure dégage une impression de luxe et de temps passé. Le soir, le restaurant propose des tapas succulentes. On les dégustera en saison dans la cour magistrale. L'établissement a été repris et son concept revu par Karl et Emma Lashford. Le chef, Karl, a fait ses preuves au Waterside Inn à Bray, au Ritz et au Gavroche à Londres. Il n'y a pas de carte mais deux menus pour le déjeuner et le dîner, chacun proposant un choix de plats différents composés principalement de produits du terroir.

LES MARCHÉS

Ouvert le lundi et le jeudi de 7h à 13h.

On parle occitan avant 10h et «english» ensuite. Les produits régionaux foisonnent, les producteurs locaux y sont à l'honneur et la présence des artisans tels le rémouleur, le fabricant de sandales en cuir à vos mesures vous transportent dans ses marchés d'autrefois qui fait que nous ne sommes pas surpris de voir et d'entendre quelques troubadours à l'angle d'une arcade. C'est un marché étonnant où vous pourrez aussi acheter des plantes, des chaises, des motoculteurs et les animaux de la basse-cour. Le jeudi matin, petit marché de producteurs locaux.

LE SAINT MAURICE €€

11, place Maréchal-Leclerc
© 05 61 68 25 81
Ouvert tous les jours et les jours fériés. Chèque Vacances, Chèque Restaurant. Terrasse. Wifi.

Sympathique brasserie située sous les couverts de Mirepoix tenue par David et Jessica. Elle dispose d'une superbe terrasse qui est chauffée en hiver. La cuisine est régionale, sérieuse et de qualité. On y trouve les plats traditionnels d'une cité touristique mais sans le coup de bambou réservé trop souvent à cette clientèle. Vous dégusterez un cassoulet maison, du magret de canard, du confit… Le service est toujours souriant et symptahique. Une adresse agréable pour déjeuner ou simplement boire un coup et profiter de l'animation de la place.

TERRE ET MER

27, cours Colonel-Petitpied
© 09 83 40 24 02
www.terreetmer-mirepoix.fr
Ouvert du mardi au samedi de 8h à 12h30 et de 16h à 19h ; le dimanche de 8h30 à 12h.

Marie-Laure et Cécile ont organisé la rencontre de la terre et de la mer à Mirepoix. Elles ont privilégié les circuits courts et les petits producteurs locaux, dans la mesure du possible. Les poissons sont pêchés et non pas élevés et d'origine française. Le magasin est vaste, coloré et très lumineux. L'utilisation de paniers pour présenter les légumes, accentue le sentiment d'authenticité et de qualité. Tout les prix sont écrits sur des ardoises donnant un côté maraîcher et les conseils prodigués par les deux vendeuses sont toujours écoutés et appréciés.

ARIÈGE

SITES TOURISTIQUES ARIÈGE
L'AVENTURE COMMENCE ICI
WWW.SITES-TOURISTIQUES-ARIEGE.FR
6
SITES
IMMERSIFS
POUR S'ÉVADER
EN ARIÈGE !
ÉVADEZ-VOUS
CHANGEZ
D'ÈRE !
CHÂTEAU DE FOIX
PARC DE LA PRÉHISTOI
TARASON-SUR-ARIÈGE
PALAIS DES ÉVÊQUES
SAINT-LIZIER
GROTTE DU MAS-D'AZIL
GROTTE DE NIAUX
GROTTE DE BÉDEILHAC

ÉQUITERRE

Domaine de Tapia
DUN
✆ 05 61 60 62 22
www.equiterre.fr
Ouvert toute l'année. Du mardi au dimanche.

Ce centre équestre spécialisé dans l'enseignement éthologique vous fera découvrir le cheval autrement. La rencontre de l'homme et de l'animal en pleine nature. Sur près de 100 ha évoluent poneys, ânes et chevaux, dans un environnement sauvage et préservé. Elise vous enseigne la confiance, l'écoute et le respect de l'animal. Elle propose des stages, ateliers et camps d'été pour adultes, enfants et adolescents. Avec sa douceur, sa gentillesse et sa perpétuelle bonne humeur, Elise transmet de vraies valeurs partagées entre éthologie équine et éthologie humaine.

LAROQUE-D'OLMES

Laroque d'Olmes, qu'on appelle plus généralement « Laroque », a brillé dans le temps par ses usines de textiles qui tournaient nuit et jour. On se souvient encore des eaux colorées de la rivière locale, le Touyre, par les encres directement rejetées. Dans ces temps là, on ne se souciait pas du tout de l'environnement, tout ça a bien changé. La rivière est propre, les truites heureuses et la ville a gardé un charme « industriel ». L'église est à visiter. Depuis Mirepoix, la route vous mènera vers Lavelanet, la station de ski des Mont d'Ormes et le château de Montségur. L'ancienne voie ferrée est également une étape de la voie verte en Pyrénées cathares.

NATURE CATHARE €€

LÉRAN
26, rue de la Tannerie
✆ 06 49 76 19 98
https://www.naturecathare.utelys.app/home
Chambre double de 100 € à 120 €. Petit déjeuner inclus. Wifi. Restauration. Spa.

© RAPHAEL KAN

Cette ancienne fabrique de peignes en corne va avoir une nouvelle vie. Le bruit des machines et la poussière de la corne sont désormais remplacés par un superbe établissement de gîte, de chambres et de table d'hôtes. 4 chambres vraiment confortables, un grand dortoir, l'ensemble pouvant accueillir 22 personnes. Spa, piscine intérieure chauffée, sauna, soins énergétiques. Tout n'est que détente et calme. Possibilité location salles de réunion. La table d'hôtes, aux chandelles, propose une cuisine faite avec des produits locaux, bio et fermiers en circuits courts.

ARIÈGE

FOUNT DE COUSTENO €€

✆ 06 71 47 10 14
www.cousteno.fr
660 € la semaine. Nombreuses promotions. Wifi.

Bilbon et Frodon Saquet ont-ils déménagé de la Comté pour s'installer en Ariège ? On dirait bien quand on découvre ce village de hobbits à Limbrassac. Je vous rassure, les maisons sont à taille humaine et pas à l'échelle de nos amis aux pieds poilus. Le propriétaire des lieux, tel Gandalf, a fait apparaître ce village extrêmement original en pleine nature dans le calme et la beauté de cette contrée. Les habitations sont lumineuses, confortables et spacieuses pour 4 personnes avec terrasse et petit jardin, telles les maisons imaginées par Tolkien. Original !

LA MAISON DE LA MONTAGNE

centre village
MONTFERRIER
✆ 05 61 01 05 87
Ouvert du mardi au dimanche de 7h à 19h.
Ouvert le dimanche.

Une affaire de famille et en famille. La montagne a désormais une nouvelle maison au centre de Montferrier. Ce véritable commerce de proximité tenu par Didier et Annick se situe dans le bâtiment qui abritait l'office de tourisme. Vous y trouverez des produits artisanaux et locaux, de qualité et responsables. Le lieu fait également office de dépôt de pain, journaux, colis… et c'est également un bar. Elle accueille quelques expositions. Une belle initiative pour faire revivre les villages qui ont tendance à s'endormir doucement. Bon vent à cette maison.

VALS

Riche site archéologique occupé vers le IIIe siècle av. J.-C., puis par les Romains et les Mérovingiens. Une superposition de trois églises dans lesquelles vous découvrirez de superbes fresques romanes restaurées récemment s'érigent au centre du village. C'est vers le VIIIe siècle qu'a été fondée l'église rupestre (monument unique en France), taillée dans le roc et construite sur trois niveaux. C'est par une étroite faille d'une quinzaine de mètres que l'on pénètre au cœur du rocher, presque dans une crypte. Quelques marches donnent accès à l'église romane supérieure. Encore un niveau plus haut, la tour demi-ronde abrite une chapelle dédiée à saint Michel.

ÉGLISE RUPESTRE DE VALS ✝ ★

✆ 05 61 68 83 76

www.tourisme-mirepoix.com

Ouvert toute l'année. Tous les jours à partir de 9h et à partir de 19h. Gratuit. Restauration.

Creusée dans un bloc de rocher, cette église rupestre est un joyau d'où il émane une atmosphère toute particulière. A l'intérieur vous pourrez admirer de superbes fresques romanes d'origine catalane. Ces dernières datent du XIIe siècle et présentent des similitudes avec celles de la Catalogne espagnole voisine. Trois périodes de la vie de Jésus sont illustrées. La construction de cette église en trois niveaux en fait son originalité. Un bar-musée archéologique est situé au pied de l'édifice qui vous prolongera le temps de la découverte.

LAVELANET

La ville, au cœur de l'antique pays d'Olmes, est le fief du textile malgré les assauts répétés de la crise économique qui ont frappé cette région de plein fouet. La tradition du textile marque de longue date le pays d'Olmes puisqu'elle remonte au tout début de notre ère. Parmi les monuments intéressants figure l'église de l'Assomption, un vaste vaisseau gothique à quatre travées avec un chœur octogonal. Mady de la Giraudière, peintre naïf de grand talent et native de Lavelanet, a représenté les différentes stations du chemin de croix. L'église de Saint-Sernin de Bensa, dans le quartier du même nom était une possession de Saint-Sernin de Toulouse.

MUSÉE DU TEXTILE ET DU PEIGNE EN CORNE 🏛 ★

65, rue Jean-canal ✆ 05 61 03 01 34

www.museedutextileariege.fr

Ouvert tous les jours sauf le lundi. Pour les groupes ouvert toute l'année sur réservation uniquement. Chèque Vacances.

Filature, tissage, tricotage, apprêts, teinture, peigne en corne, tels sont les différents départements de ce musée installé dans une ancienne manufacture de draps. Ce Musée du Textile et du Peigne en corne nous conte l'histoire de ces deux activités traditionnelles en Pays d'Olmes. Le visiteur découvrira la reconstitution d'une filature de montagne du début du XIXe siècle, d'anciennes machines ainsi que le travail du jais, du peigne en corne et des documents sur la mémoire ouvrière.

AGENCE INTERCOMM DU TOURISME - MAISON DE LAVELANET

32, rue Jean-Jaurès ✆ 05 61 01 22 20

www.paysdolmes.org

Ouvert du lundi au samedi. Et le dimanche matin ainsi que les jours fériés en juillet et août.

Au cœur du Pays des Pyrénées Cathares, couronné par le château de Montségur, lové au pied du Massif de Tabe, et derrière la crête du Plantaurel, la nature et l'histoire se sont conjuguées pour créer des sites grandioses et des lieux évocateurs des siècles passés. Les hôtesses sauront vous guider, selon vos envies et au gré des saisons, pour découvrir hébergements et gastronomie, sites historiques et naturels, artisanat, et loisirs dans ce pays d'Art et d'Histoire.

LE VOYAGE CULINAIRE €€

52 bis, avenue du Général de Gaulle

✆ 05 81 29 63 60

Ouvert du lundi au samedi le soir ; du mardi au vendredi et le dimanche le midi. Menus de 11 € à 27 €.

Tel le nain d'Amélie Poulain, Globolo, le taille-crayon, et son globe terrestre ont fait le tour du monde. Pour preuve toutes les photos affichées au mur, prises lors de ce grand voyage par les anciens propriétaires du restaurant. Isabelle Augusto a lancé son concept, changé le nom mais a conservé la mascotte, omniprésente dans la décoration et l'esprit du restaurant. Chaque plat invite au voyage vers son pays d'origine. La carte est fraîche et simple, les produits sont locaux et les légumes sont du jardin. On dégustera tapas, grillades.. sur la terrasse ombragée.

ARIÈGE

PAMIERS ★

Entourée de canaux depuis le Moyen Âge, c'est une invitation à découvrir la ville historique en traversant les nombreux ponts qui relatent leurs secrets. A moins que vous ne préfériez la visiter par le chemin de Saint-Jacques-de-Compostelle qui vous guideront vers les nombreux sites et monuments historiques : la cathédrale Saint-Antonin, la chapelle du Carmel, le palais de justice, la porte Nerviau, la tour de la monnaie et celle des augustins et des cordeliers, l'église Notre-Dame-du-Camp. Du plateau du Castella, qui comme son nom l'indique est l'emplacement de l'ancien château, vous pourrez admirer la ville et la chaine des Pyrénées.

CATHÉDRALE SAINT-ANTONIN

Place du Mercadal

Ouvert toute l'année. Tous les jours et les jours fériés. Gratuit.

De l'édifice du XIIe, seul subsiste le portail roman orné de chapiteaux historiés représentant des scènes bibliques ainsi qu'un bas-relief sur le premier martyre de saint Antonin. Au XIVe, on entreprit d'agrandir et de renforcer l'église du Mercadal : on éleva le clocher, qui ne reçut son dernier étage qu'en 1426. L'édifice, à une seule nef, est simple et majestueux. Avoir les boiseries intérieures, les tapisseries, tableaux et orfèvreries qui devaient lui rendre son caractère prestigieux et le grand orgue provenant de la Daurade de Toulouse.

LE CARMEL

Ouvert toute l'année. Tous les jours. Gratuit.

Ce magnifique bâtiment du XVIIe siècle, caché en plein cœur du centre-ville historique de Pamiers, derrière la Cathédrale est un lieu magique à visiter. Il règne une atmosphère particulière, mélange de sérénité et de mystère, dans ce site chargé d'histoire. Bien que les sœurs aient quitté le Carmel en 2008, chaque pierre des 4 000 m² du bâtiment semble raconter leur vie vouée à la religion. Le Carmel a été racheté par la municipalité en 2012, il se visite grâce aux visites de l'Office de tourisme des Portes d'Ariège Pyrénées.

JARDIN MEDIEVAL ET VERGER CONSERVATOIRE

Sentier balisé « le chemin de Cailloup »

✆ 05 61 67 52 52

www.pamierstourisme.com

Ouvert toute l'année. Gratuit.

Le jardin médiéval dont la vocation était utilitaire, est composé de plantes médicinales, aromatiques et condimentaires. A tout ceci, s'ajoutent un potager, un verger et un espace fleuri. Il a été implanté près de l'église médiévale. Le verger conservatoire comprend quant à lui une vingtaine de variétés anciennes (locales et régionales) de pommiers. Vous y découvrirez notamment la court-pendu des Pyrénées, la pomme de Foix, la massoucade, la couteras, la caramille...

ARIÈGE

© PHOVOIR

Les toits de Pamiers.

MUSÉE ET CAMP DE CONCENTRATION DU VERNET D'ARIÈGE ★★

LE VERNET ✆ 05 61 68 36 43
www.campduvernet.eu
Ouvert le lundi, le mardi, le jeudi et le vendredi. Gratuit. Visite guidée. Boutique. Sur rdv.

Le Mémorial du Camp d'Internement du Vernet-d'Ariège rappelle l'existence d'un camp de concentration de réfugiés espagnols de février à septembre 1939, transformé en camp d'internement répressif et à partir de 1942 en camp de déportation de Juifs. Les bâtiments du camp n'existent plus seuls subsistent le château et les poteaux marquant l'entrée du camp, ainsi que les baraques des gardes. Il est situé à mi-chemin entre Pamiers et Saverdun et peut se visiter librement toute l'année.

LE PLATEAU DU CASTELLA ★

Ouvert toute l'année. Tous les jours. Gratuit.

Au pied de la montée qui vous mènera sur le plateau du Castella, vous apercevrez sur votre droite la stèle de Gabriel Fauré, réalisée par le sculpteur appaméen Méric en 1927. Compositeur et musicien de renommée internationale, Gabriel Fauré est né à Pamiers le 12 mai 1845. Sa maison natale est visible au n° 17 de la rue Gabriel-Péri. Sur le plateau du Castella, au Moyen Age, était construit le château de Pamiers qui a donné son nom à la ville. D'ici vous aurez une belle vue panoramique sur la ville et la chaîne des Pyrénées.

CAMPING DE PAMIERS €€

RN 20
✆ 05 61 65 11 58
www.vap-camping.fr
Fermé du 15 novembre au 13 mars. 90 emplacements. Chèque Vacances. Animaux acceptés. Restauration. Animations.

Sur 6 ha ombragés, au bord de l'Ariège, ce camping est idéalement situé aux portes de la prestigieuse ville de Foix. Sur des emplacements de 100 m² délimités, avec branchement électrique 4 A, vous pourrez vous installer pour une nuit, un week-end, une semaine ou plus si affinités. Court de tennis à votre disposition et si le soleil vous réchauffe un peu trop, plongez dans la piscine, de 10h à 19h, du 1er juin au 30 septembre. Alors, n'oubliez pas, Foix, son château… et son camping ! 4 campings et un complexe de gîtes pour vivre idéalement vos vacances.

OFFICE DE TOURISME DES PORTES D'ARIÈGE PYRÉNÉES

Boulevard Delcassé ✆ 05 61 67 52 52
http://pap-tourisme.fr/
Ouvert du lundi au vendredi de 10h30 à 13h30 et de 14h30 à 18h ; le samedi de 14h à 18h.

Étape indispensable pour qui veut un maximum d'informations sur les restaurants, hébergements, animations et découvertes touristiques dans ce grand territoire recouvrant Pamiers, Mazères et Saverdun. A découvrir, aux portes d'Ariège sur l'aire de Periès à Saverdun, la Boutique du Terroir qui propose des paniers cadeaux, des souvenirs et des produits artisanaux Tel : 05 61 67 25 30. Mazères - rue Gaston de Foix - 09270 Mazères ✆ 05 61 69 31 02

HÔTEL DE FRANCE €€

5, cours Joseph Rambaud
✆ 05 61 60 20 88
www.hotel-de-france-pamiers.com
Petit déjeuner buffet ou en chambre. Wifi gratuit. Restauration (possibilité restauration en chambre). Canal +.

L'Hôtel de France a vu le jour au XIXe siècle et la famille de l'actuel propriétaire l'a repris en 1949. Trois générations à la tête de cet établissement confortable et de standing, rénové avec goût. L'équipe s'adapte pour être toujours aux petits soins et mets son dynamisme au service de sa clientèle. Tout est prévu pour le plus grand confort connexion Internet ADSL, Canal+ et Bein Sport, Prise RJ45, wifi partout… Le petit déjeuner est élaboré à partir de produits maison ou locaux, café en torréfaction, lait fermier, confiture maison, beurre artisanal...

LE COSY ARIÉGEOIS €

10, rue Saint-Antonin
✆ 06 67 85 69 64
Ouvert toute l'année. Du lundi au vendredi le midi ; du mercredi au vendredi le soir. Formule du midi : 10 €.

Marianne et Thomas proposent un endroit cosy dans le quartier de Loumet, sympa, chaleureux, convivial… un peu comme à la maison. Le but est qu'on s'y sente bien. Et c'est gagné. Nous sommes dans un endroit unique et original, restaurant *hashtag* coffee shop… Un endroit où l'on peut manger, boire un Nespresso (*what else* ?), une bière artisanale de La Brouche, un smoothies ? Tout cela à base de produits frais et de qualité. Le stationnement est facile, la petite terrasse en bordure de canal est forte agréable. Des soirées musicales sont prévues.

LA PIZZA ROYALE €

41, rue Victor-Hugo
✆ 05 61 67 58 00
www.lapizzaroyale.fr

Ouvert tous les jours le soir ; du lundi au samedi le midi. Vente à emporter.

La Pizza Royale existe depuis plus de vingt-cinq ans à Pamiers. La qualité est forcément au rendez-vous car les recettes proviennent de la fameuse pizzeria de La Tour-du-Crieu réputée pour ses pizzas savoureuses. La carte vous propose pas moins de 35 pizzas blanches ou à la sauce tomate dont les délicieuses pizzas indienne, ariégeoise ou aux Saint-Jacques à emporter pour savourer chez vous ou chez des amis. Patio sympa et calme pour déguster tranquillement. Vous pouvez même vous faire livrer gratuitement à Pamiers et dans les alentours. Adresse super futée non ?

LA BASCULE €€

1, place de Milliane
✆ 05 61 69 73 34
www.restaurantbistrotlabascule.fr

Ouvert du mardi au dimanche le midi ; du mercredi au samedi le soir. Menus de 13,50 € à 33 €. Vin au verre. Terrasse.

A la fois bar, restaurant, et bistro, l'établissement géré par Christian et Corinne Soulié, est situé sur la place de Milliane, ce qui offre des facilités pour stationner. La cuisine est résolument traditionnelle et régionale. Vous aurez le choix dans différents menus ou prendre un « Plat bistrot ». La carte propose aussi un choix de poissons. C'est un endroit sympathique et vivant. Belle terrasse ombragée donnant sur la place avec autour un espace détente, un parc de jeu pour les petits et pour finir une belle balade digestive le long du canal.

BISTRO RÉGENT €€

33, route de Foix
✆ 05 36 12 01 00
www.bistro-regent.fr/pamiers

Ouvert toute l'année. Tous les jours le midi de 11h45 à 14h30 et le soir de 18h45 à 22h45. Chèque Vacances.

Christophe Goncalves est à la tête de ce Bistrot, qui rejoint les 130 établissements de la chaîne. A la direction, Sébastien s'est entouré d'une équipe dynamique pour nous régaler dans un esprit très bistrot, à la déco épurée mais élégante présentant des photos des lieux ariégeois immanquables. La cuisine est savoureuse et le rapport qualité-prix est excellent. On se régalera de grillades de bœuf, canard, saumon accompagnées de la fameuse sauce (secrète) charmelcia. La salade et les frites sont à volonté. A noter une ouverture 7 jours sur 7.

LA BOUCHERIE €€

avenue de la Bouriette
✆ 05 34 02 56 80
www.la-boucherie.fr

Ouvert tous les jours. Grillades de 8,90 € à 26,50 €. Burgers de 12,40 € à 14,40 €. Terrasse. Wifi, parking.

Ici on aime la viande ! Et la bonne viande ! Les connaisseurs apprécieront l'araignée de bœuf ou le célèbre trésor du louchebem, mot qui veut dire boucher en « jargon des bouchers ». A noter que le producteur travaille exclusivement pour l'enseigne, d'où une qualité régulière et inégalée de viandes essentiellement françaises. Belle et grande salle aérée et décorée avec goût. Verrière moderne et salle de groupe pour les déjeuners d'affaires. Un espace enfant pratique. Les beaux jours, on déjeunera sur la grande terrasse. Gamme de fromages du voisin Xavier.

LE MAS SAINT-ANTONIN €€

4, rue Bernard-Saisset
✆ 05 61 60 62 57

Ouvert du lundi au samedi le midi ; du mercredi au samedi le soir. Accueil des groupes. Terrasse. Cheminée, parking.

Véritable cuisine italienne managée par Antonio et Laurent, deux beaux-frères bien sympas, avec de l'huile d'olive, de la mozzarella, du mascarpone, des raviolis à la truffe, des parfums uniques… On comprend pourquoi la réservation est conseillée à midi, voire indispensable, car le rapport qualité-prix est exceptionnel. C'est vraiment l'adresse où, si on est pressé, on peut vraiment très bien manger et dans un délai fort raisonnable tant l'équipe en salle est organisée et efficace. La salle est grande, lumineuse ; ambiance jeune, décontractée et sérieuse.

LE MOULIN €€

1, rue d'Emparis
✆ 05 61 68 22 41

Ouvert du mardi au dimanche le midi ; du mardi au samedi le soir. Menus de 22 € à 29 €. Terrasse. Wifi.

Gérés par une équipe professionnelle et talentueuse, rencontrée au Poêlon à Montgaillard. La déco a changé, plus élégante avec des chaises noires à bordure de bois marron. Serviettes en tissu, même pour le déjeuner. Le Renard s'est régalé d'un menu du jour savoureux : ravioles de Saint-Jacques sauce safranée avec des poireaux, une blanquette de veau qui fondait en bouche et en dessert des fraises Melba, très parfumées, délicieusement accompagnées d'une chantilly faite maison. Que le meilleur vent fasse tourner les ailes de ce moulin !

KURAMA €€

6, rue jules amouroux
✆ 09 87 00 10 25 - www.restaurant-kurama.fr
Ouvert du mardi au samedi le midi et le soir. Menus de 12,50 € à 25 €. Terrasse. Vente à emporter.
Le chef est d'origine japonaise et possède une solide expérience de la cuisine traditionnelle de l'Empire du Soleil Levant. On peut voir la cuisine se faire sous nos yeux car le maître de cuisine travaille derrière le comptoir pour réaliser ses spécialités de poisson cru ou de brochettes sur charbon de bois. Toutes les spécialités nippones sont cuisinées tels les ramen, Doonburri, assiettes de nouilles, makis et sushis copieux et de belle taille, les assortiment de brochettes succulentes au saumon bœuf, porc, poulet, et une surprenante au fromage.

LE PIC À VIANDES €€

46, avenue de la Rijole
✆ 05 61 67 47 26
Ouvert du mardi au samedi le midi ; du jeudi au samedi le soir. Réservation recommandée. Formule : 16,90 €.
Le restaurant se situe directement dans le prolongement du Comptoir Appaméen des Viandes, spécialisé dans l'abattage et la découpe, géré par la famille Amardeil, bien connue des Ariégeois en tant que grossiste, véritables professionnels de la viande dans tous ses états. Un véritable chef œuvre en cuisine en la personne de Grégory Rodriguez, qui avait fait le bonheur des gastronomes dans son restaurant la Table de la Ramade. La salle est immense, la déco design en rouge et noir et teintée de blanc. De grandes baies vitrées apportent de la lumière.

PIZZERIA LE DON CAMILLO €€

33, avenue de la Bouriette
✆ 09 74 19 08 09
www.doncamillo-pamiers.fr
Ouvert toute l'année. Tous les jours le soir. Rooftop 19h à 23h. Mercredi au samedi midi. Chèque Restaurant. Terrasse.
Large choix de pastas et de pizzas, des plus classiques à l'Ariégeoise, avec confit ou la très originale pizza Burger ! Gainni et Lorenzo Palmério sont aux commandes de ce restaurant familial. Parquet de verre à l'entrée, verrière soutenues par des murs en pierres apparentes, rooftop qui peut être privatisé pour des événements. L'accueil est chaleureux et sincère, gage de qualité et de sérieux. À découvrir, la Volcano, une pizza au foie gras et magret de canard. Les ingrédients des pizzas et des autres plats privilégient les producteurs locaux ou italiens.

ARIÈGE

RESTAURANT DE L'HÔTEL DE FRANCE €€

5, cours Joseph-Rambaud ✆ 05 61 60 20 88
www.hotel-de-france-pamiers.com
Ouvert du lundi au jeudi le midi. Menu enfant : 13 € (jusqu'à 12 ans). Formule du midi : 20 € (entrée + plat + dessert).

C'est le restaurant de l'Hôtel. Le chef, Philippe Raja, toujours au petit soin pour ses clients et exigeant sur la qualité de ses denrées, vous propose une cuisine à base de produits achetés par lui-même sur le marché de Pamiers, à des producteurs locaux ou régionaux et utilise différentes techniques de cuissons contemporaines comme la cuisson à basse température permettant de meilleurs saveurs et de l'onctuosité. Accueil toujours très pro. Endroit idéal pour un déjeuner d'affaires.

LA CAVE CHEZ XAVIER

zone du Chandelet
✆ 05 34 02 12 29
Ouvert du mardi au vendredi de 9h à 12h et de 14h à 19h ; le samedi de 9h à 12h30 et de 14h à 19h.

Une adresse gourmande qui propose un grand choix de vins et de fromages affinés. On effleure ici l'excellence tant la qualité, le professionnalisme, le conseil et le savoir-faire sont mis en avant par Jérôme et Cédric deux Appaméens. Superbe rayon de fromages régionaux, jambon Serrano, porcs de Bigorre, thés, épices, chocolats, truffes et même des huîtres. C'est ici le lieu des gourmets et des épicuriens. On adore la boîte à fromage en cadeau. Côté cave à vin, près de 1 000 vins et 800 spiritueux. Belle et grande terrasse, idéale pour les *afterworks*.

FLOCONS D'ARIÈGE

10, chemin du Crieu
✆ 05 61 60 01 05
Ouvert du lundi au samedi de 8h à 12h et de 14h à 18h.

Cette confiserie artisanale et spécialité de terroir est constituée d'une tendre enveloppe de meringue parfumée à la vanille fourrée d'un onctueux praliné noisette, de la taille d'une noix et très légère. Le praliné est fabriqué à partir de noisettes locales. L'Ariège est un gros producteur de ces fruits secs. On trouve les Flocons dans les pâtisseries, boulangeries et épiceries fines du département et à Toulouse. Variantes : les Flocons à la violette et les Flocons à la pâte à tartiner, un régal de Flocons délicatement croustillants, délicieusement fondants...

CAVES DEYMIER

Route de Mirepoix
✆ 05 61 67 23 24
Ouvert du mardi au samedi de 8h45 à 12h15 et de 14h30 à 19h15.

Spécialiste des champagnes, vins fins, spiritueux, colis cadeau, voici la plus grande cave de l'Ariège et surtout de Midi-Pyrénées ; une véritable institution depuis 1950. On y trouve tous les vins de France et d'ailleurs mais surtout la surprise en rentrant dans le magasin d'un aussi grand choix et du conseil personnalisé si appréciable de nos jours ! Maison boutique dotée d'un grand parking, son espace intérieur est très agréable. Sur 300 m, ce sont en tout près de 2 000 références de vins et alcool à des prix tout à fait corrects.

GLOBE TROTTER BRASSERIE

Route de Toulouse
✆ 06 48 22 61 47
www.globetrotterbrasserie.com
Ouvert du mercredi au dimanche. Restauration. Animations.

Tout commence par une histoire d'amour, Charlotte, Loïc et la bière ! Nos 2 tourtereaux aiment les voyages, le terroir, les produits sains et la gastronomie. Après un tour du monde et de nombreuses découvertes, les voilà en Ariège. Leur concept est à la fois ingénieux et bénéfique pour l'environnement. Les bières sont brassées chaque semaine et vendues sur place. Pas de bouteilles. Vous venez et repartez avec le growler consigné et fourni par la maison. La cuisine est saine, fraîche, à base produits bio ou naturels. Carte à midi, planches à déguster le soir.

CENTRE ECOLE DE PARACHUTISME SPORTIF

Aérodrome de Pamiers
✆ 05 61 68 72 00
www.parachutisme-pamiers.fr
Ouvert toute l'année. Tous les jours.

Association fondée en 1984 et qui achètera son premier avion 5 ans plus tard. Actuellement ce centre totalise plus de 30 000 sauts par an. Il vous sera possible de faire monter votre adrénaline grace aux différentes prestations proposées : sauts en tandem, initiation chute libre, parachutisme. Depuis l'aérodrome des Pujols, vous pourrez également en prendre plein les yeux grace aux baptêmes de l'air, vols d'initiation, survols des châteaux cathares, formation vol à moteur et voltige.

SAINT-JEAN-DU-FALGA

Charmant village qui semble, à tort, noyé dans les méandres de la ville de Pamiers. Mais ce n'est pas une «banlieue» comme on pourrait l'imaginer, c'est un vrai village de 3 000 habitants avec une nouvelle équipe municipale extrêmement dynamique et présente auprès de ses concitoyens. Le village est une fusion de différents hameaux et a pris sa véritable identité après la Révolution. L'église Saint-Jean-Baptiste est à visiter et la chapelle du cimetière date du XIIe siècle (malheureusement fermée au public). A noter, produits bio et locaux de qualité au marché du mercredi matin. Le village lui-même propose école, crèche, sports...

CHÂTEAU DE FICHES

Route de Saint-Félix-de-Rieutort - **VERNIOLLE**
© 05 61 02 87 49
www.chateaudefiches.com
Ouvert toute l'année. Haute saison : du mardi au jeudi et le dimanche de 14h à 17h. Visite guidée. Animations.

Cette grande bâtisse du XVIe, située à 1,5 km de Verniolle abrite une merveille. Un magnifique bestiaire daté de la fin du XVIe se déroule sur les plafonds peints : lion, éléphant, chameau, singe et même une sirène se succèdent sur les panneaux. La cuisine intacte depuis quelques siècles a gardé tout son charme et le temps semble s'y être arrêté. Une promenade où douceur, charme et nostalgie se mêlent. Expositions temporaires, Escape Game : La Malédiction du Bestiaire. Il vous faudra briser le sortilège de la sorcière dans le temps imparti.

ASIE GRILL WOK €€

37, Avenue des Pyrénées
© 05 34 03 22 67
https://asie-grill-wok-grand-buffet.eatbu.com
Ouvert du mardi au dimanche le midi et le soir. Formule du midi : 13,50 €. Vente à emporter.

Un des plus grands restaurants asiatiques de l'Ariège a ouvert ses portes depuis 6 mois proposant des plats venant de toute l'Asie. David et son équipe s'affairent pour proposer un immense choix de plats, entrées, desserts extrêmement garnis à base de produits frais. Sushis, nems, samoussa, porc au caramel mais également des produits plus locaux tels les fromages et jambon à la coupe… Vous pouvez même composer votre propre wok qui sera cuisiné sous vos yeux. Et à volonté. Un régal pour les papilles mais également pour les yeux car la présentation est esthétique.

COMPTOIR DES VIGNES

265, rue Clément Ader
VERNIOLLE
© 06 83 39 10 74
www.comptoirdesvignes.fr
Ouvert du mardi au jeudi de 10h à 12h30 et de 14h30 à 19h ; le vendredi et le samedi de 10h à 13h et de 14h à 19h.

Adrien Bourgeois, œnologue, diplômé et fort d'expériences dans de grands domaines, est au top pour vous conseiller tout ce qu'un épicurien se doit d'apprécier : vins, bières locales, spiritueux, épicerie fine, thés, cafés, produits gourmands et locaux. Sur 150 m² de surface, vous aurez le choix parmi 400 références de vins, 100 de whisky et rhums, une quarantaine de thés ou d'infusions et une dizaine de cafés. Comme il est bon d'apprendre et s'améliorer continuellement, la Cave vous proposera tout au long de l'année de nombreuses soirées de dégustation.

© RAPHAEL KAN

© RAPHAEL KHAN

ARIÈGE

LE COSI FAN TUTTE €€

2, place de l'Hôtel-de-Ville
VERNIOLLE
✆ 05 61 68 88 89
Ouvert toute l'année. Formule du midi : 8,90 €. Pizzas de 7,50 € à 14 €. Terrasse.

Cette adresse au nom de l'opéra de Mozart est menée de main de maître par David Seral, bien connu des futés pour sa célèbre Pizzeria du Château à Foix. Décor plutôt cosy et très actuel avec une grande terrasse qui donne sur la place de l'église. En cuisine, Patty est aux commandes et travaille avec des producteurs locaux (le canard de Lemasson, les charcuteries de chez Cazaux...). La carte propose des plats très élaborés. La carte sera renouvelée à chaque saison. Le restaurant propose également des pizzas, basées sur les recettes de Foix dont la fameuse Guiseppe.

BRASSERIE GALEMYS

30, avenue des Pyrénées
✆ 06 48 86 53 84
www.galemys.fr
Ouvert le jeudi et le vendredi de 17h à 23h ; le samedi de 16h à 23h.

Galemys propose des découvertes et dégustations de bières maison, mais également des bières « invitées ». La sélection se fait sur la qualité des produits qui s'accordent également avec l'esprit et les valeurs de notre brasseur. On assortira nos papilles avec des plateaux de charcuteries et de fromages ariégeois. Si vous souhaitez vous perfectionner dans la connaissance de la bière, il est possible de participer à des ateliers de dégustation. Super spot pour des afterworks, pour passer une soirée ou lors des retransmissions de matches. Location de tireuse.

V&B

6 a, rue des Mille-Hommes
✆ 05 61 68 57 33
www.vandb.fr/magasin/pamiers
Ouvert le lundi de 15h à 20h ; du mardi au samedi de 10h à 13h et de 15h à 20h. Animations. Concerts.

Le concept est de proposer un bar ouvert à tous, multi générationnel, dans le pur style anglais de l'afterwork pour se retrouver en fin de journée. L'ambiance est dans un style bois irlandais aux tons verts et rouges. Il y a même la cloche qui retentit pour le dernier service de 20h. Les jours de matches, on assiste aux retransmissions autour d'une Guinness ou d'une blanche de Bruxelles. Certains soirs, c'est musique avec des concerts live, toujours autour d'une bonne bière à découvrir. Si vous ne savez que choisir, les barmans sont d'excellents conseils.

BRASSERIE GALEMYS

30, avenue des Pyrénées
✆ 06 48 86 53 84
www.galemys.fr
Ouvert du jeudi au samedi.

Alexandre Dupuy a découvert la brasserie en Irlande à l'occasion d'un stage. Une passion était née ! Formation et diplômes en poche, il ouvre sa propre brasserie au nom du Desman des Pyrénées ou rat-trompette. Galemys produit ses bières et propose les bières invitées du mois. Ainsi la maison entend accueillir au fil des saisons le top des meilleurs brasseurs artisanaux de France. Si vous souhaitez vous perfectionner dans la connaissance de la bière, il est possible de participer à des ateliers dégustation. Vous pouvez aussi louer sur place une tireuse.

SAVERDUN

Saverdun, dont le château fut bâti fin XIIe-début XIIIe siècle sur un promontoire dominant l'Ariège, devint le centre d'un premier village fortifié, d'où le nom celtique qui signifierait « forteresse sur la hauteur ». Saverdun garde quelques traces de ce passé, malgré les agressions successives dont la cité fut l'objet. Aujourd'hui la vielle de Saverdun est le centre d'une riche production agricole surtout dans la plaine irriguée ; elle s'efforce d'enrichir des activités commerciales, artisanales et industrielles, constituée essentiellement de PME-PMI. Elle est dotée d'équipements culturels, de lieux de promenade, berges de l'Ariège, sentiers de randonnée...

LA GRIGNOTHEQUE €€

49, allée du Balouard
✆ 05 81 30 64 46
Ouvert du mardi au samedi le midi et le soir. Menus de 15 € à 23 € (30 € soir). Terrasse. Terrasse au calme et ombragée.

Ambiance design, chic et sympa. Après avoir franchi le sas d'entrée, vous choisirez de vous installer à une table classique ou de vous percher sur un tabouret et table en hauteur. Nous avons apprécié la corbeille à pain façon cabas, les frites présentées dans un support torsadé et une feuille de papier imitation journal, dans la pure tradition des *fish and chips*. Les assiettes sont rectangulaires, les serviettes en tissu et le menu change toutes les semaines. Le contenu de l'assiette est à la hauteur de la décoration. Les desserts sont copieux.

ARIÈGE

O CABALOU €€

ZI de la Lure
✆ 05 82 95 45 87
www.ocabalou-09.fr

Ouvert du mercredi au lundi le midi ; du mercredi au dimanche le soir. Menus de 13,50 € à 36 €. Terrasse.

La cuisine est familiale, locale, traditionnelle et à base de produits frais. Le service et l'accueil sont très agréables, sourires, décontraction. On est tout de suite à l'aise, prêt à dévorer la suggestion du chef, Nicolas Cabac. Vous vous régalerez, selon les saisons, de civet de sanglier, foie gras maison, souris d'agneau rôtie à l'ail ou du délicieux œuf cocotte à la fondue de poireau et foie gras. Les petites têtes blondes, ou brunes, ne sont pas oubliées. Brochette ou parmentier de poisson pour initier leur goût aux bonnes choses. En été, terrasse ombragée.

L'OUSTALOU €€

9, rue du Lion-d'Or ✆ 05 61 69 60 90
www.loustalou09.com

Ouvert du samedi au jeudi le midi. Menus de 20 € à 32 €. Entrée+plat 15 €. Chèque Restaurant. Terrasse.

Situé au centre-ville, ce restaurant a une façade agréable et vous ne pourrez pas le manquer grâce à sa terrasse couverte. Christian et Vincent ont fait de « la cuisine, c'est du fait maison » le slogan de leur restaurant. Ils prennent le temps de prendre le temps et ils ont bien raison tant les habitués sont ravis de ce qu'il y a dans leur assiette. Les vins sont bio et la carte vous précise l'origine des produits utilisés dans la préparation du plat. Une adresse futée répertoriée dans les Tables gourmandes par le Club des bons vivants.

BOUTIQUE DU TERROIR DES PORTES D'ARIÈGE

Aire de Periès
✆ 05 61 67 52 52

Ouvert du dimanche au vendredi de 9h30 à 12h30 et de 13h30 à 17h30.

L'office de tourisme propose une boutique du terroir. Vous y trouverez des produits régionaux fabriqués en Ariège et dans les environs : confitures, miel, biscuits, jus de fruits... De quoi satisfaire vos papilles grâce aux nombreux producteurs du pays ! Y est aussi proposé de l'artisanat local : peigne à corne, couteaux, bijoux, laine ; un coin souvenirs et librairie, et un corner cosmétiques avec, par exemple, du lait d'ânesse... Tout pour repartir avec un peu d'Ariège avec vous !

PIERRE BAYLE

Rue de la Crémade
✆ 05 61 60 30 38
www.pierrebayle.fr
Ouvert du mardi au vendredi de 6h à 20h ; le samedi de 7h à 20h ; le dimanche de 7h à 13h.

Bienvenue dans l'antre des délices. C'est ainsi que vous accueille cet artisan-chocolatier qui partage nom et prénom avec le célèbre philosophe. Rien de ce qui peut attiser notre gourmandise ne lui est inconnu. Entremets et pâtisseries, confiseries, glaces, sorbets et parfaits et bien sûr les chocolats ! Les meilleurs cacaos en provenance du monde entier ! Cet artisan réalisera également sur commande des douceurs et desserts pour tous les événements. Une boutique en ligne permet de se faire rapidement livrer en douceurs et autres plaisirs du palais.

AUBERGE DU LAPIN BLANC €€

13, avenue de Foix
✆ 09 73 25 74 73
Ouvert du mardi au dimanche le midi ; du jeudi au samedi le soir. Formule du midi : 13 €.

Dans cette auberge, on aime la lecture et les rêves. Une bibliothèque de livres voyageurs invite au partage et des machines volantes, dont celle du voyage en ballon de Jules Verne, ornent les murs. Renard s'est régalé au menu du midi d'une aile de raie à la grenobloise avec de succulentes câpres. La carte propose une cuisine régionale réalisée avec soin et à base de produits locaux. Pour l'anecdote, on raconte que pendant la Seconde Guerre mondiale, « lapin blanc » était le nom de code d'une agent double, une sorte de Mata Hari ariégeoise.

VARILHES

Varilhes est un chef-lieu de canton de 2 793 habitants situé à 350 m d'altitude. L'agglomération la plus ancienne semble située à l'emplacement de l'église de Vals. Mais c'est autour du château fort (entre l'Ariège et la route nationale dans le vieux bourg actuel) que se développe la ville. Lors de la croisade des Albigeois, le château de Varilhes est abandonné puis brûlé par ses défenseurs et occupé par les troupes de Simon de Monfort (1211). Actuellement ce petit coin charmant propose à la fois tous les services et les commerces nécessaires ainsi que des activités comme la pêche, boulodrome, karting, piscine...

PIZZA GIULIANNA €€

15, avenue Jacques Carrié
✆ 09 81 05 31 35
Ouvert tous les jours. Menu unique à 9 € (prix unique). Formule : 13,50 € (pizza+boisson+glace). Vente à emporter.

La petite Giulianna peut être fière de ses parents qui se sont lancés dans l'aventure d'une nouvelle pizzeria à emporter. Jason et Marion ont réussi leur pari ! Les pizzas sont.. comment dire.. deliziosi ! ! Notre Pizzaïolo a fait son baptême du four à Sète. Pizzas traditionnelles mais également des plus originales telles la provençale aux aubergines. On choisit la base de la pizza, sauce blanche ou tomate. Concept original, les pizzas sont de taille unique, c'est à dire grande et à prix unique ! Des paninis sont également proposés.

CENTRE D'HISTOIRE DE LA RÉSISTANCE ET DÉPORTATION ★

18, avenue des Pyrénées (à côté de la gare)
✆ 05 61 69 02 60
www.resistance-ariege.fr
Ouvert toute l'année. Haute saison : du lundi au samedi. Gratuit. CB et chèques non acceptés.

Ce musée fait revivre une époque tragique de notre histoire, vue à travers les horreurs de la déportation. Des maquettes, des photos de très nombreux déportés ariégeois, des objets provenant des camps, des tenues de déportés, des articles de presse. Ce lieu est fréquenté par les élèves car la vérité et la force des témoignages exposés valent toutes les leçons d'histoire. Une visite pour ne pas oublier que l'être humain peut sombrer dans la folie la plus criminelle.

LE CHÂTEAU DE LONGPRÉ €€€

D624 ✆ 05 34 02 09 50
www.chateaudelongpre.fr
Ouvert toute l'année. Chambre double de 130 € à 180 € ; suite de 210 € à 280 €.

La famille Cantos a fait de ce domaine historique un hôtel restaurant de luxe, charme et romantisme. La décoration a été faite avec goût dans un style mêlant marbre, nacre ou cristal. Les chambres et suites ont leur propre personnalité. Le restaurant propose 2 salles. D'un côté la grande verrière et une vue incroyable sur les montagnes et de l'autre la salle à manger du château. Aux fourneaux de la table semi-gastronomique, le Chef G.Keller. Cuisine inventive, produits locaux sélectionnés. Espace tea time, lounge avec cocktails et espace séminaire.

LE SAINT MICHEL €€

32, avenue Jacques Carrié
✆ 05 61 60 08 00
www.restaurant-le-saint-michel.fr

Ouvert du lundi au vendredi le midi ; le vendredi et le samedi. Menus de 12 € à 15 €. Menu enfant : 12 €.

Le chef concocte une cuisine de terroir, traditionnelle, à basse de produits locaux ariégeois, telles la rosace de magret avec foie gras et sauce morille, la cassolette de crevettes papillon pimentées. Nous n'avons pas non plus résisté aux profiteroles pantagruéliques ! L'ambiance dans le restaurant est à la hauteur du chef et de sa cuisine : excellente. Les pizzas se dégustent sur place, ou à emporter, mais si vous préférez rester au chaud, tout est prévu. Livraison dans un rayon de 5 km autour de Varilhes. A noter : un traiteur réputé pour son professionnalisme.

MAZÈRES

Ancien site néolithique, occupé par les gallo-romains puis les mérovingiens, Mazeres devint Bastide en 1253 par acte signé entre le comte de Foix et le monastère de Boulbonne. C'est là que les comtes de Foix installèrent leur résidence et firent construire leur château totalement détruit aujourd'hui. Mazeres fut célèbre aussi grâce à la culture du Pastel, et devint un grand centre commercial incontournable par la fabrication des textiles. Aujourd'hui l'hôtel Ardouin témoigne de cette période, construit au XVIe siècle un magnifique escalier vous conduira à une échauguette d'où vous pourrez admirer la ville, ses caves abritent d'anciens vestiges.

DOMAINE DES OISEAUX

Route de Calmont ✆ 05 61 69 12 97

Ouvert toute l'année. Accès libre. Visite guidée payante sur réservation avec un spécialiste en ornithologie.

Le site est magnifique, et unique en Midi-Pyrénées. Etendu sur près de 100 hectares, il constitue une halte migratoire et un lieu de reproduction privilégié pour la faune ornithologique. Chaque année, au printemps et à l'automne, des dizaines de millions d'oiseaux survolent les Pyrénées pour rejoindre leur destination. Ce domaine constitue une aire de repos et de restauration sur le chemin de leur migration. Sur cette zone humide avec ses 30 hectares de lacs, près de 160 espèces avicoles ont été répertoriées, premier lieu d'observation en Midi-Pyrénées. Ici est implanté un centre de soins pour les oiseaux qui ont été blessés. Lorsqu'ils sont aptes, ils sont réintroduits dans la nature. 6 km de sentiers ont été créés pour vous permettre d'observer échasses blanches, grues cendrées, goélands leucophées, colverts... Deux observatoires sont aménagés à l'affût des allées et venues des oiseaux et un système de surveillance vidéo permet de suivre l'évolution des oiseaux sur un écran géant. Jumelles, longues-vues et autres appareils permettent d'approcher de plus près les oiseaux du domaine. Un guide fournit toutes les explications nécessaires. Il est évidemment conseillé de faire le tour des lacs à pied. Le domaine abrite également une volière d'élevage de cigognes blanches en vue de leur réintroduction. Visitez un petit musée paysan, une grange aux outils agricoles et domestiques anciens ainsi qu'un verger-conservatoire et un pigeonnier restauré. Visite guidée avec repas à la ferme, ou dormez sur place au Domaine de Garabaud.

MUSÉE D'ARDOUIN

Hôtel d'Ardouin
✆ 05 61 60 24 62
www.ville-mazeres.fr

Ouvert toute l'année. Haute saison : du mercredi au dimanche. Visites de groupes toute l'année sur rendez-vous.

Ce musée présente l'histoire de Mazères depuis le néolithique jusqu'à notre histoire contemporaine. Un jardin fait dans le plus pur esprit de la Renaissance borde ce beau bâtiment. On découvrira une exposition sur la culture et l'histoire du pastel, des reproductions d'armes médiévales, une exposition permanente « Barbares en Gaule du Sud ». Elle présente les objets issus des fouilles d'une nécropole mérovingienne. Le visiteur est appelé à devenir un véritable apprenti archéologue afin de découvrir quelles étaient les personnes qui ont été enterrées là.

LA FERME Ô DELICES €€

Route de Calmont ✆ 05 61 60 65 30
www.fermeodelices.com

Ouvert du mardi au dimanche le midi. Lundi soir et mardi soir uniquement sur réservation. Jardin. Terrasse.

Dans le cadre bucolique du Domaine des oiseaux, cette ferme-auberge est située à 3 km de Mazères et à 30 min de Toulouse. Elle propose une grande salle de restaurant et une véranda chauffée pour déguster une cuisine du terroir raffinée pleine de soleil. La carte change tous les 4 mois. Même les « petits » auront un menu adapté et équilibré. 4 chambres d'hôtes vous accueillent avec salle de bain et WC individuels, wifi, salon de lecture et clim. 4 thèmes différents pour la décoration : A la ferme, Sous l'oranger marocain, Nuit zen attitude ou encore Conte de fées.

CHARCUTERIE FONTÈS

11, rue Gaston-de-Foix
✆ 05 61 69 42 36
www.charcuterie-fontes.com
Entreprise du Patrimoine Vivant. Ouvert du mardi au samedi. Ouvert le dimanche (matin).

Une adresse du « patrimoine vivant » plus que centenaire. La charcuterie Fontès, et son fameaux Galavard du Terrefort, porc lourd élevé en Ariège bénéficie de cette distinction. Christian Fontès travaille avec 3 éleveurs de ce Galavard transformé à la charcuterie en jambon sec, saucisse, plats cuisinés régionaux. Les productions de Christian Fontès sont également disponibles à la charcuterie Vié à Pamiers. Ceux qui n'aiment pas le cochon peuvent faire provision d'excellents foies gras d'oie ou de canard, de confits, de magrets, de cou farci...

MARCHÉ

35, boulevard des Comtes-de-Foix
Ouvert le jeudi.

Marché traditionnel et volailles vivantes tous les jeudis sur la place et sous la halle. Mazères a gardé l'église du XIIIe siècle avec peintures de chœur ainsi qu'une belle halle datant de 1846. A 3 kilomètres au Sud-Est de Mazères se trouvait l'abbaye de Boulbonne, créée en 1129 et qui bénéficiait d'une telle renommée à l'époque cathare qu'elle était considérée comme le Saint-Denis des comtes de Foix, en référence à la glorieuse basilique Saint-Denis. Boulbonne fut un intense foyer de vie culturelle, religieuse, politique et économique.

THOMAS FRONTEAU COUTELIER D'ART

28, rue Boulbonne
✆ 07 60 70 59 56
www.thomas-fronteau-coutelier.fr
Ouvert du lundi au samedi.

Formé par un Meilleur Ouvrier de France, Thomas Fronteau œuvre au cœur de la ville et crée des pièces de coutellerie uniques. Couteaux d'art pliants, fixes, couteaux de cuisine ou encore le joyau de ses créations : le Fébus en hommage au comte de Foix qui avait sa résidence à Mazères. Toutes ses réalisations sont poinçonnées de l'emblème de Mazères : "la main armée pour te servir" et vous pourrez aussi les faire personnaliser par une gravure. Il propose également un service d'affûtage.

CARLA-BAYLE

Cette ancienne citadelle fortifiée au XIVe siècle par Gaston Fébus devint, aux XVIe et XVIIe siècles, un farouche bastion huguenot (protestant), assiégé et démoli trois fois, renaissant aussitôt de ses ruines. Ce petit bourg changea de nom au XVIIIe pour honorer la mémoire de son plus illustre enfant, le philosophe Pierre Bayle. Lieu d'histoire et de mémoire, le Carla-Bayle perpétue les messages de tolérance et de libre-pensée chers à Bayle. A Carla-Baye, il faut se promener le long du rempart sud qui offre un point de vue incomparable sur les Pyrénées (table d'orientation). Le temple mérite lui aussi un détour. Après avoir été démoli au XVIIe siècle, vendu sous la Révolution et racheté à la Restauration, il fut rebâti en 1894. Il constitue l'un des joyaux du patrimoine carlanais et incarne l'attachement indéfectible de ce village à la foi huguenote. Enfin, vous goûterez au charme tranquille de ses ruelles anciennes tout en découvrant des maisons de caractère. Des artistes et des artisans y sont installés : de très nombreuses galeries d'art ainsi que des ateliers sont ouverts au public. L'été, des expositions et des manifestations sont organisées et font de ce village un des hauts lieux de la peinture, de la sculpture, de la gravure… C'est l'occasion de dénicher le bijou rare, l'aquarelle coup de cœur, etc. Un marché fermier se tient tous les dimanches à Carla-Bayle.

MAISON PIERRE-BAYLE

✆ 05 61 68 53 53

www.carla-bayle.com

Ouvert toute l'année. Basse saison : du samedi au lundi et le mercredi de 14h à 17h30. Visite guidée (sur réservation).

Musée aménagé dans la maison natale du philosophe, restaurée dans la tradition architecturale de l'époque. Durant la visite de 45 minutes, on découvre la vie et l'œuvre du philosophe considéré comme un précurseur de la tolérance entre les peuples. Ecrivain philosophe à la recherche de la vérité, c'est ce précurseur de toute la critique moderne que vous fait découvrir ce musée, ainsi que l'histoire du protestantisme en France aux XVIIe et XVIIIe siècles. La maison Pierre-Bayle a été classée Maison des Illustres, un label européen.

LA FERME DU TALUS €€

Le Taux - **CASTEX**

✆ 06 81 49 25 28

https://lafermedutalus.fr

Chambre double de 55 € à 83 €. Lit supplémentaire : 25 €. Parking. Wifi. Restauration (dîner sur réservation 28€/pers).

Entre les vallées de l'Arize et de la Lèze, Carole vous accueillera dans ses chambres et à sa table d'hôtes qui vous séduiront par la vue époustouflante à 360° notamment sur les Pyrénées Ariégeoises, dans un environnement naturel et bio. 4 chambres confortables pouvant accueillir jusqu'à 10 personnes, menus régionaux, produits du jardin ou produits locaux et de qualité et bien sûr, tout est fait à la maison par la maîtresse des lieux. La grande salle commune est à votre disposition avec BD, jeux de société… C'est sain, c'est naturel, c'est reposant !

L'OUSTAL DEL CARLAT €€

✆ 05 34 01 52 68

www.loustaldelcarlat.com

De 399 € à 1 197 € la semaine selon saison. Wifi gratuit. Restauration. Lave-linge.

Superbe résidence de tourisme au bord du lac du Carla-Bayle, sur un panorama à couper le souffle. Rien de tel pour passer d'agréables vacances entre nature et culture, collines et peintures, résidence de vacances et résidence d'artistes au sein de ce village réputé pour sa beauté et son bouillonnement artistique. Maison en duplex, triplex, baignades surveillées, cuisine équipée, piscine extérieure chauffée Tout pour réussir des vacances, originales, confortables, reposantes et distrayantes, loin du tumulte des plages bondées dans un environnement sain et culturel.

MARIE CUBA CAFÉ €€

Place de l'Église

ARTIGAT

✆ 05 34 02 53 13

Ouvert toute l'année. Tous les jours. Menus de 15 € à 25 €. Formule du midi : 14 €. Terrasse. Parking, Wifi.

Un nom associant une belle église en briques et une île des Caraïbes. Ambiance brasserie latino, décoration design, caliente, sièges bleus et plafond coloré. On dégustera des rhums, bières et autres douceurs et on se délectera d'une cuisine variée et succulente avec des produits frais et savoureux, permettant un large choix allant des plateaux d'huîtres, au burger version Bethmale. L'ambiance est à la fête avec concerts et soirées thématiques. En journée, on se garera facilement sur le parking ombragé et on profitera de la grande terrasse.

LE RESTO DU LAC €€

Base de loisirs
✆ 09 80 79 63 95
https://lerestodulac.business.site/
Ouvert du mardi au samedi le midi et le soir. Terrasse. Parking, Wifi.

Situé dans la base de loisirs et au bord du lac, la guinguette propose des samedis soir concerts et des apéros animés. Endroit idéal et familial, pour se détendre et se divertir, boire un coup, snacker, craquer pour une pizza, une glace... profiter des apéros tapas et déjeuner ou dîner d'une cuisine traditionnelle : salade ariégeoise, magret de canard et buffet froid à volonté en été. L'hiver gastronomique sera consacré aux tartiflettes et autres fondues ! Les plus petits pourront profiter de l'aire de jeux. Belle terrasse avec vue sur le lac.

L'AUBERGE PIERRE-BAYLE €€€

Rue Principale ✆ 05 61 60 63 95
www.aubergepierrebayle.com
Ouvert du mardi au dimanche. Menus de 14 € à 36 €. Chèque Vacances, Chèque Restaurant.

Tables gourmandes d'Ariège-Pyrénées. Cet établissement tenu par Fanette et Fernand de Oliveira est accroché sur la colline et offre une vue panoramique agréable sur le lac et les Pyrénées. Le chef se plaît à proposer un grand choix de produits régionaux talentueusement préparés. Ici, la cuisine est traditionnelle et créative. Plats préparés avec passion et générosité, qui allient plaisir des yeux et des papilles. Le plaisir n'est pas que dans l'assiette mais également sur les murs avec une exposition régulière de peintures et de photos.

TERR'APIS

Ferme Charron
✆ 05 67 44 41 11
www.terrapis.fr
Visite guidée sur rendez-vous. Dégustation des produits. Vente également via le site internet.

Caroline Davelu a le souci du beau, du bien et du respect. Au-delà d'un métier et d'un savoir faire, c'est une passion qui habite cette productrice sachant transmettre toutes les valeurs fondamentales de la vie à travers ces trésors inestimables que sont les produits de la ruche. Miels bio et produits de la ruche, gelée royale, propolis, pollen (un vrai régal), vinaigre d'hydromel vieilli en fût de chêne, bougies en cire d'abeille, pain d'épice... Tous les produits sont issus des ruches et labellisés bio (miel sans pesticides ni résidus chimiques).

LAC DE CARLA-BAYLE

✆ 05 61 68 53 53
www.carla-bayle.com
Ouvert toute l'année.

Carla-Bayle, cité d'art, est un village attentif à son activité touristique. Afin de satisfaire pleinement les visiteurs et de diversifier les activités, un lac de 15 ha a été créé il y a des années au pied du village. De nombreuses activités nautiques sont donc possibles : baignade (surveillée en été), barque, mini-golf, jeux pour enfants, sentier VTT et de rando... Vous pourrez également vous détendre en pêchant. Outre la truite dont regorgent ses eaux, diverses variétés de poissons sont présentes. Sur place, vous trouverez aussi un snack et une buvette.

LE MAS-D'AZIL ★★

Célèbre pour sa grotte préhistorique de 2 100 m², le Mas-d'Azil l'est aussi par le rôle prépondérant qu'il a joué dans les guerres de religion. Le protestantisme y fit son apparition dès 1540 et s'y implanta rapidement. Cette place devint l'un des hauts lieux de la nouvelle religion dans le Midi. De nos jours, le village du Mas-d'Azil est un lieu de calme et de détente, où l'histoire et la nature se marient harmonieusement. Il faut voir son église Saint-Etienne datant du XVIIe siècle, son vieux pont du XVe siècle et son insolite dolmen du cap del Pouech, ses sentiers de randonnée. Déambulez aussi dans ses ruelles bordées de maisons à colombages.

CALVAIRE DE RAYNAUDE

Office de tourisme du Mas-d'Azil et des vallées de l'Arize
✆ 05 61 68 97 25
Ouvert toute l'année. Tous les jours et les jours fériés. Gratuit.

Le Calvaire de Raynaude est une des curiosités à voir dans les environs du Mas-d'Azil. Cet édifice religieux, une église dominée par un cimetière, est aussi surprenant qu'imposant à quelques kilomètres de la grotte. Son chemin de croix est véritablement monumental et serpente dans la colline. Nous devons cette réalisation très originale à un prêtre, l'abbé Rousse. Chaque station du chemin est une véritable petite chapelle bâtie. L'église est dédiée à Marie Immaculée, à saint Joseph et à sainte Anne et a été consacrée en 1895.

LES DOLMENS

Ouvert toute l'année. Tous les jours et les jours fériés. Gratuit.

L'Ariège compte quinze dolmens dans tout le département. Les onze dolmens à découvrir sont dans un secteur relativement réduit. Tous semblables par leur architecture, ils diffèrent de part leur taille et leur implantation. Les matériaux et ossements humains découverts lors des fouilles ont permis de dater ces édifices de l'âge de bronze, et de donner des indications sur les rites funéraires de cette époque. Un sentier de randonnée pédestre permet d'en découvrir trois qui sont parmi les plus spectaculaires et les mieux conservés.

GROTTE ET MUSÉE DU MAS D'AZIL ★★

✆ 05 61 05 10 10

www.sites-touristiques-ariege.fr

Voir calendrier d'ouverture sur Internet. Adulte 9, enfant 5,5 €, pass famille 24 €.

Curiosité géologique et géante de la Préhistoire cette grotte vous emporte dans sa magie par l'immensité des cavités, la mise en lumière moderne et les vestiges préhistoriques qu'elle recèle. Votre visite se déroule en trois temps : le centre d'interprétation pour découvrir la vie des premiers hommes qui ont occupé le site, la visite guidée pour revivre les fouilles des archéologues et, à 1,5 km, le musée avec une collection d'objets préhistoriques provenant de la grotte.

MUSÉE DE L'AFFABULOSCOPE

Quartier Castéra

✆ 05 61 69 72 10

www.museeaffabuloscope.fr

Fermé d´avril à novembre. Ouvert tous les jours. Gratuit jusqu'à 10 ans. Adulte : 7 €. Tarif réduit : 4 €.

Claudius de Cap Blanc crée des objets uniques et combien originaux. Il est un concepteur-affabulateur génial et aussi un artisan de tout premier plan qui travaille à merveille le bois, le cuir, le cuivre… Vous verrez, dans ce temple de l'imaginaire « l'embouteilleur de nuages », le « redresseur de torts » ; vous apprendrez comment vivait l'ethnie des Pankous qui s'est éteinte en 1927, sur un coin de notre planète ; vous saurez comment, au cours des millénaires, les hommes ont tenté de porter secours aux défaillances de leur virilité...

XPLORIA - LA FORÊT À REMONTER LE TEMPS

Route de Sabarat

✆ 05 61 60 03 69

www.xploria.com

Haute saison : ouvert tous les jours et les jours fériés de 10h à 19h. Gratuit jusqu'à 2 ans. Boutique. Animations.

La découverte ludique et scientifique de l'histoire de la biodiversité terrestre. Au fil de la forêt, partez à la découverte de l'évolution de la faune et de la flore. Les passerelles en bois, les portes du temps, les reconstitutions grandeur nature d'animaux disparus, les espaces botaniques et les illustrations géantes de mise en situation vous immergeront dans l'histoire de la Terre. Soirées contes, atelier dessins préhistoriques, semaine du brame du cerf, expo temporaires...

SAINT-YBARS

Le village domine la vallée de la Lèze. Saint-Ybars est un ancien lieu de peuplement gallo-romain devenu, au Moyen Age, la petite cité Villa Sancti-Eparcii, en l'honneur de saint Eparche. Une statue de ce dernier, en pierre polychrome du XVe siècle, figure au-dessus de l'église, mêlant les styles de l'art roman et gothique. L'église fut fortifiée au XIIIe siècle, son ancien donjon carré fut remplacé par un clocher hexagonal, identique à celui des Augustins de Toulouse en 1527. La dernière tour de l'ancien château de Saint-Ybars, construit au XIIIe siècle par Roger IV, a disparu en 1842 et ses pierres ont servi à l'édification de l'actuelle mairie.

AUBERGE LE PÉRISSÉ €€

Route de Gaillac

✆ 05 61 69 18 42

www.aubergeduperisse.com

Du jeudi au dimanche midi et soir. De juin à septembre : ouvert le mer. Menus de 22€ à 29€. Formule du midi : 13€ à 15€

On entre dans un univers champêtre environné par les charmes extérieurs de la campagne. On y déguste une cuisine régionale empreinte d'un esprit d'authenticité avec une cuisine élaborée, soignée et moderne. Cédric, pâtissier de métier, réalise de délicieux gâteaux très travaillés, et côté cuisine, tout est bien entendu maison. Cet établissement vaut le détour aussi bien pour l'accueil, l'environnement que pour la qualité des plats proposés. Aux beaux jours, on aime la possibilité de manger en terrasse sous le regard des Pyrénées.

SAINT-GIRONS ★

Capitale du Couserans, Saint-Girons est située au centre d'une remarquable région composée de dix-huit vallées, tout au long desquelles on peut découvrir une nature verdoyante parsemée de ruisseaux, de torrents qui font le bonheur des habitants, des promeneurs et où les pêcheurs peuvent tout à loisir taquiner la truite. La ville se veut une cité dynamique associant un commerce actif, des industries, des sports tels que le kayak, la randonnée, le parapente ou le ski, et des sites culturels. Saint-Girons et le Couserans vivent aussi de petites et moyennes entreprises, telles des papeteries, fromageries, entreprises du bâtiment, carrières...

HORIZON VERTICAL

Ancienne gare
✆ 05 61 96 08 22
www.horizonvertical.net
Haute saison : ouvert du lundi au samedi. Tarifs complets sur le site internet. Réservation obligatoire.

De l'initiation au perfectionnement, tout est compris : l'encadrement par des guides brevetés d'État, une assurance individuelle, le matériel. L'équipe d'Horizon Vertical vous fera découvrir et partager ses multiples passions : canyon, escalade, parcours aventure en falaise, spéléologie... Ces activités vont de l'initiation au stage de perfectionnement et concernent tous les âges, tous les gabarits et tous les niveaux, en groupes ou individuels. Sportifs chevronnés, ils ont ouvert des canyons tous niveaux. Les activités sont assurées à partir de quatre personnes.

ESPACE ARISTIDE BERGÈS

LORP-SENTARAILLE
✆ 05 61 66 13 97
Ouvert tous les jours. Sur RDV. Visite guidée (sur rendez-vous). Boutique.

Créé par une association d'anciens ouvriers et de passionnés de l'imprimerie, l'Observatoire du Papier des Arts Graphiques et de la Communication est situé dans une ancienne usine à papier inscrite au titre des Monuments historiques. Le musée présente toute l'histoire du papier dans tous ses états. C'est le seul musée de France où l'on peut voir une ligne de fabrication contemporaine du papier en continu. Vous découvrirez également plus de 120 machines et outils à imprimer présentant les quatre procédés d'impression existants.

MAISON DE LA MÉMOIRE PAYSANNE

BALAGUÈRES
✆ 05 61 96 84 11
Ouvert toute l'année. De 15h30 à 19h. Gratuit. Visite guidée.

Les fondations de cette maison remontent au XVIe. Le maître des lieux vous propose une visite guidée avec pour ambition de reconstituer le cadre de vie des Couserannais entre 1700 et 1900. Plusieurs années de recherches ont été nécessaires pour dénicher un millier d'objets et d'outils qui témoignent du savoir-faire des habitants et qui apportent un éclairage original sur leur quotidien d'alors. Cela mérite un coup de chapeau et une visite que vous n'oublierez pas de si tôt.

© PHOVOIR

Saint-Girons, capitale du Couserans.

ARIÈGE

HORIZON 117 €€

Avenue du Général-de-Gaulle - **LORP-SENTARAILLE**
✆ 05 61 66 26 80
www.horizon117.com

Logis. Fermé le dimanche soir sauf juillet et août. Chambre double de 68 € à 85 €. Wifi. Restauration.

Tenu par Francis et Maryse Puech, cet établissement est une institution depuis près de 50 ans. Hôtel-restaurant d'allure extérieure moderne, doté d'un grand jardin avec tennis, piscine, jardin, sauna. La grande salle avec sa cheminée à la tête de cerf stylisée et la véranda, pour se restaurer devant une cuisine traditionnelle de qualité à base de produits du terroir. La carte change au gré des saisons et on y retrouve la provenances des produits ariégeois et locaux. Une excellente adresse, une cuisine goûteuse. Magnifique vue sur les Pyrénées et le mont Vallier.

HÔTEL LE VALIER €€

29, avenue d'Aulot
✆ 05 61 66 22 25
www.hotellevalier.com

Ouvert toute l'année. Chambre simple à partir de 65 € ; chambre double de 65 € à 75 €. Wifi gratuit.

Cet hôtel se trouve face au parc des expositions, à deux minutes à pied du marché de Saint-Girons (le samedi matin) et du centre-ville historique. Il constitue une possibilité de halte reposante dans la capitale du Couserans. Les chambres, douillettes, proposent une décoration très soignée et offrent un confort qui est une invitation pressante à passer une excellente nuit dans la cité couserannaise. A noter : un accueil comme on les aime, simple et chaleureux et, d'autre part, que «Valier» s'écrit avec un seul «l» comme le saint et le mont du même nom.

LA MAISON BLANCHE €€

17, Chemin de la Mole - **LORP-SENTARAILLE**
✆ 06 12 52 36 00
www.couseransmaisonblanche.com

Chambre simple 55 € ; chambre double 60 € ; chambre triple 70 €. Petit déjeuner inclus. Enfant moins de 2 ans : 5 €.

Alain et Agnès, amoureux de leur Couserans natal, vous accueillent en toute simplicité dans leur maison familiale. Ils vous feront découvrir leurs passions : le cheval pour Agnès et la montagne et la photographie pour Alain. Les chambres d'hôtes se situent dans la commune de Lorp-Sentaraille, patrie de d'Aristide Bergès, l'arrière-grand-oncle d'Agnès. Vous pourrez profiter de la table d'hôtes sur réservation, avec ses petits plats du terroir. Vous aurez la possibilité de partir en balade avec Agnès qui est accompagnatrice de tourisme équestre.

DOMAINE DU CHÂTEAU DE BEAUREGARD €€€

Avenue de la Résistance ✆ 05 61 66 66 64
www.chateaubeauregard.net

Basse saison : chambre double 65 €. Haute saison : chambre double de 85 à 105 €. Petit déjeuner buffet : 13 €.

Cette bâtisse du XIXe siècle a été aménagée avec goût et respect des temps passés. Dix superbes chambres vous attendent, toutes différentes, toutes meublées de mobilier ancien, claires et spacieuses. Les salles de bains occupent les quatre tourelles du château. Le parc, d'une superficie de 2,5 hectares, abrite des arbres centenaires. Une piscine nichée dans la roseraie vous attend. La table, elle aussi est de qualité. Ne ratez pas le spa, il est absolument exceptionnel.

L'OUSTALET €

6, rue Jules-Desbiaux
✆ 05 61 66 57 24

Basse saison : ouvert du mardi au samedi. Haute saison : du lundi au samedi. Vente à emporter. Pas de chiens.

Charmante pizzeria dans le centre-ville. L'entrée est étroite, telle une grotte aux murs blancs. La salle est petite et on demandera à la patronne si l'on peut s'asseoir près des fenêtres aux rideaux vichy bleu. Non pas pour s'échapper, encore faut-il savoir nager, mais pour profiter de la très belle vue sur la rivière, le Salat. Au menu, pizzas, salades copieuses, lasagnes, spaghettis ou raviolis, entrecôte pour les viandes et un délicieux osso buco. Les pizzas sont de qualité et le service agréable, tout en sourire. Possible de commander des pizzas à emporter.

LE BOUCHON €€

4, place des Poilus
✆ 05 61 96 00 18

Haute saison : ouvert tous les jours le midi et le soir. Chèque Vacances, Chèque Restaurant.

C'est la plus belle terrasse au cœur de Saint-Girons. Sous le soleil, loin des voitures et face à une bouquinerie. Grande salle de restaurant, un bar classiques et de beaux tableaux exposés. Une véranda, toute en longueur, endroit idéal pour goûter aux rayons de soleil de l'hiver. L'accueil est décontracté et très sympa. Une sculpture d'une vache en bois trône à l'entrée. La carte réserve de belles surprise et les plats proposés brillent par leur originalité. Clin d'œil pour les gourmands, les desserts sont copieux, grande assiette, grande cuillère !

© RAPHAEL KAN

© RAPHAEL KAN

© RAPHAEL KAN

CAVE PINCE MONNEREAU

32, rue de la République ✆ 05 61 66 02 00
www.pincemonnereau.fr
Ouvert du mardi au jeudi de 9h à 12h30 et de 14h30 à 19h ; le vendredi et le samedi de 9h à 13h et de 15h à 19h30.

C'est une véritable institution saint-gironnaise implantée depuis 1923. A l'intérieur vous serez accueillis, guidés, conseillés (et instruits) par une véritable œnologue de choc, Cassie Tafin. Elle mettra tout en œuvre pour que vous trouviez la dive bouteille si chère à Panurge et forcément à Rabelais. Si vos goûts ne vous mènent pas vers un des nectars de Bacchus, vous vous régalerez d'un des nombreux thés ou cafés proposés. A noter un grand choix également en épicerie fine et produits originaux et de grande qualité à consommer sans modération.

© RAPHAEL KAN

© RAPHAEL KAN

PAO MAGNY, ARTMAGNY TRAITEUR CRÉATEUR DE SAVEURS

50, allée des tilleuls ✆ 06 83 01 83 86
www.paomagny-traiteur.fr
Ouvert le lundi et le mardi ; du mercredi au dimanche de 10h à 22h. Ouvert le dimanche (lundi et Mardi sur réservation).

Pao Magny, s'est lancé dans une nouvelle aventure et propose désormais ses talents en tant que traiteur avec une cuisine créative et inventive toujours pleine de sensibilité. Il se spécialise dans les mariages, cocktails, baptêmes, séminaires, repas de famille, réunions professionnelles de 10 à 500 personnes, de Saint-Girons à Toulouse. Le maître régalera vos yeux et vos papilles.

L'AUBERGE D'ANTAN €€

Avenue de la Résistance ✆ 05 61 64 11 02
https://chateaubeauregard.net/restaurant-auberge
Du mardi au vendredi et le dimanche midi, du mardi au samedi soir. Menus de 32 € à 42 €. Formule du midi : 16 €.

L'Auberge d'Antan, la bien nommée, nous conduit dans d'autres temps. Le menu débute par une garbure, tirée directement du chaudron qui mijote dans la cheminée, à côté des palombes rôtissent lentement. Du four à pain sortent des gratins fumants, et l'auberge a même sa propre cave pour maturer les viandes ! La décoration est authentique, le service impeccable. Dans le rôle de l'aubergiste, Yannick Bartet, dans le rôle du chef, Laurent Bubola. En dessert, attardez-vous sur la crème brûlée aux myrtilles. Majestueuse terrasse. Un pour tous, tous à l'Auberge !

PAO MAGNY, ARTMAGNY TRAITEUR CRÉATEUR DE SAVEURS €€

50, allée des tilleuls ✆ 06 83 01 83 86
www.paomagny-traiteur.fr
Ouvert du lundi au samedi.

Pao Magny, le créateur de saveurs, s'est lancé dans une nouvelle aventure et propose désormais ses talents en tant que traiteur avec une cuisine créative et inventive toujours pleine de sensibilité. Il se spécialise dans les mariages, cocktails, baptêmes, séminaires, repas de famille, réunions professionnelles de 10 à 500 personnes, de Saint-Girons à Toulouse. Le maître régalera vos yeux et vos papilles grâce au service à domicile sur un plateau avec sa signature créateur de saveurs.

LE SAINT-GI €€

14, rue du Pujol
✆ 05 61 04 99 13
Haute saison : ouvert du mercredi au lundi le soir ; du jeudi au mardi le midi. Formule du midi : 13 €. Terrasse.

Situé dans une petite rue du centre, le restaurant fleure bon l'authenticité et un côté traditionnel. Le cadre est agréable avec un bar central circulaire, les murs sont jaune et rouge, un poêle chauffe la pièce. Les tables en bois donnent un côté rustique qui accentue le bien-être ressenti. L'établissement propose un menu le midi et une carte le soir. Le déjeuner commence toujours par une assiette de soupe. Mathieu officie dans la cuisine ouverte pendant qu'en salle le service est efficace et rapide. La carte est alléchante. Adresse futée !

LA TABLE DE L'OURS €€

Palétès ✆ 05 61 66 10 31
Fermeture décembre et janvier. Ouvert tous les jours. Suggestion 15 €. Burger du chef : 16 €. Terrasse. Animations.

Ce restaurant fait partie de l'immense complexe de loisirs de Palétès, regroupant salles de banquets, terrasse panoramique de 170 places, piscine, tennis et de l'hébergement en toutes saisons. La salle est claire avec une cheminée. Marco est le propriétaire des lieux et propose une cuisine variée, goûteuse, élaborée à partir de produits frais et locaux. Certains légumes arrivent directement du jardin. Le repas commence comme dans le temps, par une soupe offerte par le Chef. Les bières pression sont choisies pour leur qualité. A l'extérieur grand barbecue.

CROUSTADES MARTINE CRESPO

38, rue Pierre Mazaud ✆ 05 34 14 30 20
www.croustade.com
Du mardi au vendredi de 9h à 12h30 et de 14h30 à 18h, samedi de 9h à 13h et de 14h30 à 18h, dimanche de 9h à 12h30.

Martine Crespo a su faire revivre les goûts du Couserans de ses aïeux. Avec une pâte feuilletée et des fruits frais, elle compose des pâtisseries légères, dorées et appétissantes sont toutes faites au beurre. Outre les croustades aux pruneaux, pommes, noix, poires ou même chocolat, cette boutique offre un choix important de tartes de saison. En été, on se régale de l'aubergine basilic. A découvrir aussi : la croustade foie gras et hypocras. Le petit chef d'oeuvre gourmand du Couserans.

HORIZON 117 €€€

Avenue du Général-de-Gaulle
LORP-SENTARAILLE ✆ 05 61 66 26 80
www.horizon117.com
Haute saison : ouvert tous les jours le midi et le soir. Menus de 26 € à 40 €. Formule du midi : 16 €.

Tenu par Francis et Maryse Puech, l'établissement est une institution ! Un hôtel-restaurant d'allure extérieure moderne, doté d'un grand jardin avec court de tennis, piscine, jardin d'enfant et un sauna. La grande salle rustique avec cheminée et la véranda, deux lieux pour se restaurer devant une cuisine traditionnelle de qualité à base de produits du terroir. La carte change au gré des saisons et on y retrouve la provenances des produits ariégeois. Magnifique véranda. Une excellente adresse. Magnifique vue sur les Pyrénées et le Mont Vallier.

ARIÈGE

LA BRASSERIE ARTISANALE D'ARIÈGE PYRÉNÉES

6 ter, avenue René-Plaisant
✆ 05 61 96 60 01
www.biere-ariege.com
Ouvert du mercredi au vendredi de 15h à 19h ; le samedi de 10h à 12h30 et de 15h à 19h.

La Blonde Brouche, l'ambrée Carabell, la blanche Plume et la Magie Brune, voici quelques bières brassées par Pierre-Jean Faux depuis 2005. La recette : 100 % pur malt, eau de source des Pyrénées, pas de stérilisation ni de filtration. Bien sur à consommer avec modération... ou avec qui vous voulez. La brasserie a obtenu en 2016 la médaille d'or lors de la manifestation «Aurignac sous pression». Nouveauté : toutes les bières sont passées en bio depuis février 2021 !

CRÈMERIE DU COUSERANS

3, rue de la République
✆ 05 61 66 50 30
Ouvert du mardi au vendredi de 9h à 12h30 et de 15h à 19h ; le samedi de 8h à 13h et de 15h à 19h.

Anne et Clément Rouzaud tiennent cette crèmerie située dans le centre de Saint-Girons. Vous y dénicherez de délicieux fromages, à acheter à l'unité ou en plateaux. Vous succomberez forcément au goût délicat d'un brillat-savarin truffé, d'un pont-l'évêque, d'un livarot ou d'un praz-vechin au lait cru. Vous découvrirez des assemblages originaux faits maison, tels le brie de Meaux aux noix ou ce surprenant et succulent petit fiancé des Pyrénées marié avec du cacao. Sont aussi proposés des yaourts fermiers ainsi que des bouteilles de vin à accorder avec les fromages.

MARCHÉ

Ouvert le samedi de 7h à 13h.

Le marché de Saint-Girons est autant réputé que le marché ancestral de Mirepoix. Vous y trouverez tous types de produits artisanaux, manufacturés localement qui descendent souvent directement des montagnes avoisinantes. Fromages de vache, chèvres, mélange de laits, artisans d'art, produits divers (et d'été), volailles, confitures, charcuteries variées et délicieuses... Outre les Saint-Gironnais locaux, une population de néo-ruraux colorée, en provenance des villages alentour, enchante le marché et procure une ambiance toujours au top.

SILKO ASINUS

22, rue Pierre Mazaud
✆ 05 61 04 65 91
www.asinus.fr
Ouvert du mercredi au vendredi de 15h30 à 18h ; le samedi de 9h30 à 13h. Boutique en ligne.

La boutique vous propose un large choix de produits élaborés à partir du lait d'ânesse, certains bénéficiant de la licence Ecocert. 13 variétés de savon, fabriqués artisanalement par un savonnier ardéchois, aux parfums originaux tels avoine, cannelle, concombre... des shampoings, des crèmes pour le visage, des laits de toilette ou de douche, des crèmes pour le visage ou le corps... et découvrir également les délicieux bonbons. Car le lait d'ânesse facilite la digestion et est particulièrement riche en minéraux et en vitamines.

CASTILLON-EN-COUSERANS

Ce nom de Castillon-en-Couserans fait songer au château féodal qui se dressait sur un monticule dominant la ville. De ce monument qui fut pendant de longues années la résidence des comtes de Comminges, il ne reste que la chapelle du calvaire dénommée Saint-Pierre, datant du XIIe siècle et fortifiée au XVe siècle. Celle-ci abrite des peintures romanes aux thèmes iconographiques rares. Comme beaucoup de ses frères, le château fut rasé sur les ordres de Richelieu. Dans l'église du village, de construction plus récente, on peut admirer deux bois polychromes du XVIe siècle, un Christ aux mains liées et une pietà inspirée de celle d'Audressein.

CHAPELLE SAINT-PIERRE

✆ 05 61 96 72 64
www.ot-castillon-en-couserans.fr
Ouvert toute l'année. Tous les jours. Visite guidée.

C'est du nom de son château que Castillon, village étagé en terrasses avec ses vieilles maisons à échoppes, ses rues piétonnes bordées de murets de pierre sèche, tire son nom. Point d'implantation d'un château fort et de ses remparts, ne subsistent aujourd'hui que la chapelle castrale et quelques pans du mur d'enceinte. Intérieur : peintures murales du XIIIe à l'iconographie rare, trous acoustiques et fresque gothique du Pendu Dépendu attestant du Piémont pyrénéen comme voie de pèlerinage vers Saint-Jacques-de-Compostelle.

LA MAISON DU VALIER €€

Les Bordes-sur-Lez ✆ 05 61 01 01 01
www.maison-du-valier.fr
Ouvert pour les vacances de Noël et réveillon du 31 décembre. Ouvert tous les jours. Chèque Vacances, Chèque Restaurant.

Ce gîte-auberge est un morceau de paradis dans cet éden pyrénéen. Vous êtes à 933 m, dans un écrin de montagne et de verdure au cœur du parc naturel régional. Le bâtiment a été harmonieusement conçu et se fond dans le paysage, en bois et pierres. Accueil chaleureux par Annie et Bernard. Cette chaleur, vous la retrouverez également dans l'ambiance cosy de leurs chambres et dans l'amour que met Bernard pour partager et concocter des plats à base de produits régionaux et artisanaux que vous dégusterez dans la grande salle de restauration avec vue sur la rivière.

NOSTE COURTIU €€

Route des Pyrénées - **ORGIBET**
✆ 05 61 02 60 17
http://noste-courtiu.fr
Ouvert du mercredi au dimanche le midi ; du vendredi au dimanche le soir. Chèque Vacances, Chèque Restaurant.

Au cœur du village d'Orgibet, une cour vous attend. C'est la traduction de Noste Courtiu. C'est un lieu de vie qui devrait être obligatoire dans ces petits villages de montagne. Une belle terrasse en bois, une salle petite mais chaude de part l'accueil qui vous sera réservé. La cuisine est faite à partir de produits locaux et régionaux et se distingue par sa présentation et sa qualité. Bœuf aux girolles, tarte aux oignons et réduction d'hypocras, assiette ariégeoise et son opposée, la végétarienne… En saison, musique, art et animations sont au programme.

FROMAGERIE LE MOULIS

Lieu-dit « Luzenac » - **MOULIS**
✆ 05 61 66 09 64
www.le-moulis.com/nos-fromages
Ouvert du mardi au vendredi de 9h à 12h et de 14h à 17h ; le samedi de 9h à 12h.

Caché jalousement dans la vallée du Couserans, la fromagerie «Le Moulis» travaille encore à l'ancienne pour affiner ses fromages. Marie-Jo Coudray perpétue la tradition fromagère que lui a léguée son grand-père, artisan depuis 1934. Le Moulis est une tomme de vache à pâte pressée reconnaissable entre toutes à sa belle croûte couleur muscade. Sa pâte non cuite est souple et onctueuse. Affiné entre 8 et 10 semaines, il est brossé plusieurs fois par semaine afin qu'il exprime tous ses arômes. La fromagerie propose aussi du Moulis au lait chèvre ou de brebis.

SEIX

Niché au cœur des Pyrénées, à 510 m d'altitude, Seix est édifiée dans un cadre de forêts et de prairies verdoyantes, ouvert sur toutes les vallées environnantes. Seix tient une place prépondérante dans la dynamique du pays. Sa position géographique centrale offre aux randonneurs un grand choix d'excursions, aux pêcheurs de nombreux cours d'eau, aux promeneurs la visite des vallées du Haut-Couserans... Le sportif trouvera sur place une large panoplie d'activités comme le parapente, le VTT, le rafting… Au cœur du village, remarquez les plaques mentionnant la devise : *Que som de Seish, cap de paur*, soit en français : « Je suis de Seix, je n'ai pas peur ».

CHÂTEAU DE SEIX

Montée du Château
✆ 05 34 09 88 30
www.patrimoine-du-couserans.com
Haute saison : ouvert tous les jours. Adulte : 2 €. Enfant : 1 €. Pass'famille : 5 €.

Centre d'interprétation du patrimoine culturel, le château de Seix évoque les logiques qui ont façonné le territoire actuel des vallées du Haut Salat. Ce château date des XVIe et XVIIe siècles. Un parcours scénographique permet au visiteur d'appréhender ces processus dans les contextes où ils s'inscrivent. Les liens entre homme et espace sont soulignés et interrogent notre perception de la montagne aujourd'hui pour l'intégrer à notre XXIe siècle. Il vous est même possible de piloter un hélicoptère virtuel au-dessus des Pyrénées !

EGLISE NOTRE-DAME DE VIC D'OUST

OUST
✆ 05 61 96 00 01
www.haut-couserans.com
Ouvert tous les jours. Visites commentées en été. Fiches descriptives en vente à l'office de tourisme.

Les églises romanes du Haut-Salat témoignent de l'unité du style de l'art roman pyrénéen. L'extérieur de ces églises, peu remanié depuis le Moyen Age, illustrent les techniques de constructions des architectes romans. En revanche, leur décoration intérieure fut retravaillée aux XVIe, XVIIe et XVIIIe siècles. Vic-d'Oust, en particulier, possède un ensemble rare, par son unité et sa conservation, de décorations et d'œuvres d'art de l'époque baroque.

ARIÈGE

OFFICE DE TOURISME DU HAUT-COUSERANS

Place de l'Allée
✆ 05 61 96 00 01
www.haut-couserans.com
Ouvert tous les jours.

Trois vallées principales sillonnent le Haut Couserans, les vallées du Salat, de l'Alet et du Garbet. L'office de tourisme du Haut-Couserans se déclinent en 4 sites d'accueil, Aulus-les-Bains, Seix, Oust et Guzet, chacun vous donnera toutes les informations sur les hébergements, les campings, les village de vacances, les disponibilités des locations de particuliers, les hôtels, les gîtes d'étapes et les résidences de tourisme et de nombreux renseignements sur la station de Guzet.

AUBERGE DU HAUT-SALAT €

Place de l'Allée
✆ 05 61 66 88 03
www.aubergeduhautsalat.com
9 chambres. Chambre double de 43 € à 50 €. Parking fermé. Animaux non-acceptés. Wifi gratuit. Restauration.

Thierry et Cristiana vous accueillent dans leur charmant hôtel-bar-restaurant, situé sur la place du village. Ils vous proposent des chambres agréables et confortables, et une cuisine traditionnelle des plus savoureuses. Côté cuisine, aucune déception, car l'originalité et les saveurs sont bien au rendez-vous. Les plats sont copieux et goûteux et l'on déjeune ou dîne volontiers à cette table lorsqu'on est de passage. L'établissement met à votre disposition ses chambres aux hauts plafonds, spacieuses, revêtues de parquet, dans un style montagnard.

HOSTELLERIE DE LA POSTE €€

Rue Principale - **OUST** ✆ 05 61 66 86 33
www.hotel-poste-ariege.com
Haute saison : chambre double de 60 € à 77 €. Animaux acceptés. Wifi.

Anne-Marie et Philippe ont conservé dans leur établissement l'esprit d'autrefois de l'ancien relais de poste, avec une décoration très rustique qui lui donne un cachet et un charme fou, presque désuet. La nature est omniprésente et vous vous délecterez de la vue sur les montagnes depuis la terrasse et la piscine. Les chambres sont confortables et la cuisine délicieuse. Vous vous régalerez, en terrasse aux beaux jours ou dans la salle à manger avec sa grande cheminée. Vous dégusterez le magret de canard à la mangue et banane ou la hure de poireaux au foie gras

CHALET DE BEAUREGARD €

✆ 05 61 66 75 99
www.chaletdebeauregard.com
Ouvert tous les jours. Menus de 20 € à 32 €. American Express, Chèque Vacances, Chèque Restaurant. Terrasse. Animations.

Une auberge d'altitude située sur le domaine de Guzet, on y accède par télésiège en hiver et par piste en été. C'est au col d'Escot que Paul Fontvieille, a choisi d'ouvrir ce chalet et propose des sandwichs gascons aux saveurs ariégeoises. Cette construction a des allures de chalet pyrénéen : des bardages de bois habillent l'extérieur de l'établissement et des objets rappellent l'histoire du massif. La carte créative a été réfléchie pour sublimer les produits de l'Ariège. Le service est assuré en salle ou en terrasse face à un panorama exceptionnel.

LES ÉPICIERS D'USTOU

USTOU
✆ 05 61 64 93 94
Ouvert du mardi au dimanche de 7h30 à 20h.

Cette épicerie située en montant vers la station de ski est l'endroit idéal pour s'approvisionner en produits locaux et en articles de première nécessité. Elle est ouverte 6 jours sur 7, sans interruption de tôt le matin à tard le soir. Vous y trouverez l'essentiel d'un commerce de proximité, muti-services. Epicerie, dépôt de bon pain, viennoiseries tous les matins, primeur, fromages, gaz, presse.. mais également un côté traiteur avec de juteux poulets rôtis et des plats d'ici ou d'ailleurs bons et de qualité. Un coin randonneur est prévu et un service de colis.

FROMAGERIE LE ROGALLAIS

5, quartier de la Tuilerie
✆ 05 61 96 54 06
https://www.lerogallais.com
Ouvert du lundi au samedi de 9h à 12h30 et de 14h30 à 15h ; le dimanche de 9h à 12h30.

La fabrication du rogallais, fromage de vache, de brebis ou de chèvre mais aussi au savant mélange des trois laits et à la croûte naturelle, a été transmise de père en fils depuis cinq générations, en fille devrait-on dire car maintenant, Marie-Lise Coumes est aux commandes. Devant la salle de fabrication, les secrets du travail du lait vous seront dévoilés. Vous apercevrez de la cave d'affinage, uniquement vue de l'extérieur. Ne repartez pas sans un bon morceau de cette production : fromage de chèvre, vache, brebis, ou alors un bon beurre de baratte.

SAINT-LIZIER

Depuis le VIe siècle et jusqu'à la Révolution française, les évêques du Couserans ont élu domicile à Saint-Lizier et ont bâti le somptueux édifice, « le palais de évêques », que l'on peut découvrir de nos jours et qui fait office de musée départemental de l'Ariège. La cité, fondée par les Romains, est classée parmi les Plus Beaux Villages de France et fait partie des Grands Sites de Midi-Pyrénées. Le paysage et la vue sur les Pyrénées sont grandioses. Cet ensemble de richesses fait de Saint-Lizier une étape incontournable dans la découverte de l'Ariège. Depuis 1998, ses principaux monuments sont inscrits sur la liste du patrimoine mondial de l'Unesco.

Vue générale de Saint-Lizier.

CLOÎTRE ROMAN ★

Place de l'Eglise

Ouvert toute l'année.

Il faut voir le cloître, d'une saisissante beauté lorsque le soleil joue entre les colonnes. L'édifice qui jouxte l'église, est surmonté d'une galerie à piliers de bois ajoutée au XIVe siècle, ce qui est rare dans cette région, et comprend quatre galeries d'arcades en plein cintre avec des chapiteaux richement sculptés. De proportions harmonieuses, ce cloître dégage une très grande impression de sérénité et encourage à la réflexion et la spiritualité. Les chapiteaux de la galerie nord sont d'un style rappelant celui de l'église toulousaine de la Daurade.

ÉGLISE DE SAINT-LIZIER - ANCIENNE CATHÉDRALE ✝ ★

Place de l'Église

Ouvert toute l'année. Tous les jours.

Bâtie au XIe et consacrée en 1117, elle renferme un magnifique ensemble de fresques romanes. Le cloître est surmonté d'une galerie ajoutée au XIVe. Le trésor des Evêques présente un ensemble d'orfèvrerie dont la pièce maîtresse est le buste de Saint-Lizier en argent. Étape du Chemin du Piémont, Saint Lizier est un souvenir vivant de la grande époque du pèlerinage de Compostelle. Le clocher octogonal, date du XIVe. La nef intérieure possède des fresques romanes remarquables.

PALAIS DES ÉVÊQUES - NOTRE-DAME-DE-LA-SÈDE ★

Route de l'Evêché

✆ 05 61 05 10 10

www.sites-touristiques-ariege.fr

Fermé en janvier, février hors vacances scolaires. Horaires variables. Adulte 5 €, enfant 3 €, pass famille 15 €.

Les évêques ont bâti ici ce palais somptueux et sa riche cathédrale, embellis du XIe au XVIIIe siècle. Le site abrite le musée départemental riche de collections couvrant 2 000 ans d'histoire locale, de l'Antiquité à nos jours. Y sont présentés : la présence romaine en Couserans, de la cité gallo-romaine à l'évêché du Couserans, le Palais des Evêques, histoire et architecture, Vivre dans une vallée pyrénéenne au début du XXe siècle. La visite inclut la cathédrale.

AU PAYS DES TRACES

8, route de Miguet

✆ 05 61 66 47 98

www.paysdestraces.fr

Haute saison ouvert tous les jours de 13h30 à 18h30. Adulte : 12 €. Enfant de 3 à 12 ans : 10 €.

Catherine et Jean-Louis, naturalistes chevronnés, accompagnés d'une équipe de passionnés font découvrir cette science. Indices de présence d'animaux, empreintes et adaptations morphologiques, étude des oiseaux, insectes et reptiles. Visite de la grotte du loup, la sépulture préhistorique du troglodyte, le parc animalier végétal avec indices de la faune pyrénéenne. Atelier de moulage de traces, simulation d'avalanche. Sans oublier le village à mouler et un parcours d'observation d'ossements préhistoriques. Exposition Les traces sous toutes leurs formes.

ARIÈGE

PHARMACIE DU XVIIIE SIÈCLE

✆ 05 61 96 77 77

Haute saison : ouvert tous les jours et les jours fériés. Visite sur réservation pour les groupes. Visite guidée.

Dans l'hôtel-Dieu, une magnifique pharmacie du XVIIIe remarquablement préservée et restaurée qui présente des faïences, une trousse de chirurgien militaire, de nombreux ouvrages de médecine, une herboristerie, une collection de bouteilles, de flacons, des bocaux et autres pots du XVIIe. N'hésitez pas à demander des informations sur l'histoire du mystérieux vinaigre des 4 voleurs ou l'huile des petits chiens ou élixir de longue vie. La pharmacie n'est accessible qu'en visite commentée.

REMPARTS GALLO-ROMAINS

Ouvert toute l'année. Tous les jours. Gratuit.

Ces remparts antiques ceinturent la cité sur 750 mètres pour une hauteur de 4 à 5 mètres et sont flanqués de 6 tours rondes ou carrées. Ils enclavent une superficie de 3,5 hectares. Cette muraille aurait été construite au IIIe ou au IVe siècle après Jésus-Christ et repose à même le socle rocheux. Ce vestige est le mieux conservé de la ville antique. Son état remarquable est dû à sa réutilisation médiévale et moderne qui ont contribué à son entretien régulier. Il est même considéré par les spécialistes comme un des mieux conservés du Midi de la France.

VILLA BELISAMA €€

Rue Notre-Dame

✆ 06 72 87 63 71

www.ariege.com/chambresdhotes/belisama

Ouvert de mai à octobre. 3 chambres. De 85 € à 100 € pour deux personnes. Table d'hôte 30 € sur réservation.

Cette maison à colombage dont l'assise date du XIIe, fut embellie en 1699 par un chanoine. Le jardin, véritable belvédère, permet d'embrasser un panorama grandiose sur la chaîne des Pyrénées Un salon de lecture avec cheminée et une importante bibliothèque spécialisée où Jean-Michel, amateur d'art roman vous fera découvrir un Couserans oublié, celui des grottes préhistoriques, des musées, des verriers, la forêt du roi ou le superbe cloître de la cathédrale. Au petit déjeuner : pain bio, confitures, gâteaux maison. La piscine privée est mise à votre disposition.

LE CHALET DE CHANTERAINE

✆ 05 61 66 11 33

www.lechanteraine.com

Alain Chevalier et Marie-France tiennent ce chalet depuis plus de 35 ans. Le chef aime travailler le poisson avec des brochettes, le pot-au-feu du pêcheur ou des encornets farcis au coulis de poivron. Pour les carnivores : le foie gras aux pommes, des escalopes de magret au miel et xérès ou le filet de bœuf aux morilles. C'est une cuisine traditionnelle servie en de copieuses assiettes. Vous êtes convié à la légendaire douceur de vivre du Pays de Cocagne. Bonus : un jardin aménagé pour les enfants et une terrasse ombragée pour accueillir les gourmets.

LE CARRÉ DE L'ANGE €€€

Palais des Evêques

✆ 05 61 65 65 65

www.lecarredelange.com

Ouvert du mardi au samedi le soir ; du mardi au dimanche le midi. Menus de 20 € à 47 €. Terrasse.

Restaurant gastronomique, 2 fouchettes Michelin, dirigé par Paul Fontvieille, et situé dans le cadre prestigieux du Palais des Evêques. Chaque plat est travaillé avec soin et inventivité dans le plus grand respect des produits bio et locaux et des saveurs du terroir. Voici une cuisine haut de gamme, élégante, savoureuse. Couverts design, verres en cristal gros volume, et des couteaux typiquement pyrénéens.... On peut aussi s'attarder sur la terrasse et sa vue magistrale, s'offrir une glace, savourer un thé installé dans des fauteuils grand confort.

MAISON JOUGLA - LES DÉLICES DE PASCALE

Pont Du Baup

✆ 05 61 66 36 35

www.maisonjougla.com

Ouvert du mardi au jeudi et le samedi de 9h à 12h ; le vendredi de 9h à 12h et de 14h30 à 18h.

Depuis 2012, Pascale et Bernard Jougla sont des producteurs artisanaux de confitures, gelées, chutneys, crèmes, marmelades. Plus de 60 saveurs et parfums différents, 100 % naturels. Les cuissons se font « au chaudron », à l'ancienne : le but principal est de retrouver le fruit. Bernard ne travaille que des fruits de qualité, majoritairement bios et en circuits courts. Le succès est au rendez-vous : ils ont remporté pas moins de 6 médailles au Concours Général Agricole 2019 !

GERS

Il émerge de ce paysage de piémont une identité culturelle forte intimement liée à son histoire. Né de la formation des Pyrénées, les collines et vallons du Gers ont très tôt été habités. Les Romains amènent avec eux la culture de la vigne et le confit en méthode de conservation. Les Vascons importent leurs traditions, leur langue et l'alambic. Les guerres d'unification de la France dessinent un territoire de châteaux forts et de villages fortifiés. Les Guerres de Religion laissent un pays exsangue et balafré. Il faut attendre le XIXe siècle pour que le Gers s'engage sur un chemin apaisé. L'ancienne Gascogne cultive ses terres fertiles, élève des oies et des canards et veille sur ses fûts d'Armagnac. Elle fait perdurer son folklore joyeux et sa langue chantante à l'occasion de festivals animés. Mais elle offre aussi un visage pastoral et bucolique que le cinéaste Etienne Chatilliez a ainsi résumé : « Le bonheur est dans le pré ».

LOT-ET-GARONNE
LANDES
Vers Nérac
Vers Roquefort
Fourcès
CONDOM
Barbotan-les-Thermes
Castelnau-d'Auzan
MONTRÉAL
D15
Cazaubon
Séviac
LARRESSINGLE
MAULÉON-D'ARMAGNAC
D15
Magnan
GONDRIN
VALENCE-SUR-BAÏSE
Douze
D626
D29
D931
Castex-d'Armagnac
Estang
Bretagne-d'Armagnac
Mansencôme
Vers Villeneuve-de-Marsan
D30
EAUZE
Lias-d'Armagnac
Beaucaire
Toujouse
Bourouillan
Ramouzens
Panjas
D626
D35
D939
Salles-d'Armagnac
LANNEPAX
Laujuzan
Manciet
D32
D6
Arblade-le-Haut
Dému
VIC-FEZENSAC
le Houga
Vers Mont-de-Marsan
Luppé-Violles
Nogaro
Avéron-Bergelle
N124
Jegun
D931
BÉTOUS
St-Martin-d'Armagnac
Forêt d'Aignan
Préneron
D20
Barcelonne-du-Gers
Aignan
D935
Termes-d'Armagnac
Bouzon-Gellenave
Belmont
Bernède
Baïse
Biran
St-Mont
Riscle
Lupiac
Vers Pau
Ribérette
D3
D34
Ségos
D946
D935
Tasque
Cannet
Peyrusse-Grande
D939
MAUMUSSON-LAGUIAN
Plaisance
Barran
Projan
Viella
Adour
D946
Bassoues
Montesquiou
Beaumarchés
l'Isle-de-Noé
Vers Lembeye
D14
D3
Pouylebon
Vers Tarbes
MARCIAC
SAINT-JEAN-LE-COMTAL
MIRANDE
D3
Tillac
N21
PYRÉNÉES-ATLANTIQUES
Forêt de Berdoues
Betplan
Miélan
St-Michel
Villecomtal-sur-Arros
Laguian
St-Elix-Theux
Vers Bayonne
Vers Tarbes
Basse-Darré
D2
HAUTES-PYRÉNÉES
Gers

TARN-ET-GARONNE
Autoroute
Nationale 4 voies
Nationale
Départementale
Ville
Sortie d'autoroute
Forêt domaniale
Vers Agen
Ste-Mère
Miradoux
Vers Valence
N21
D23
D40
Gers
SAINT-AVIT-FRANDAT
LECTOURE
Mauroux
St-Clar
Castelnau-d'Arbieu
Urdens
Tournecoupe
Vers Montauban
Vers Toulouse
Estramiac
Pessoulens
Céran
D654
D241
Bajonnette
Solomiac
Miramont-Latour
Monfort
Sarrant
D165
Mauvezin
D654
COLOGNE
Montaut-les-Créneaux
Arrats
D928
St-Cricq
Thoux
MONTÉGUT
Marsan
D654
Vers Grenade
N124
l'Isle-Arnée
Aubiet
GIMONT
Ségoufielle
Pessan
L'ISLE-JOURDAIN
Pujaudran
Pavie
D626
D40
D12
N124
Vers Toulouse
Auterive
Castelnau-Barbarens
D4
Cazaux-Savès
Endoufielle
D929
D149
Noilhan
Saramon
Polastron
D634
Gers
D626
Save
SAMATAN
Vers Muret
Moncorneil-Grazan
LOMBEZ
Simorre
D119
D632
D27
Masseube
Villefranche
Espaon
Garravet
D12
Vers Lannemezan
Vers Toulouse
HAUTE- GARONNE
N117
15 KM
A utor oute A64

PAGES

GERS

81 GERS
81 AUCH ★★★
88 CAZAUBON
90 CONDOM ★★
95 EAUZE ★
97 GIMONT
98 L'ISLE-JOURDAIN
102 LECTOURE ★★
107 LOMBEZ
109 MARCIAC ★
112 MIRANDE
114 VALENCE-SUR-BAÏSE
116 VIC-FEZENSAC ★

© ANNA HAYWARD

Cathédrale et Halle à Lombez.

AUCH ★★★

Du haut de sa colline, la cathédrale d'Auch émerge de l'horizon et gagne en importance au fur et à mesure qu'on se rapproche. Préfecture du Gers, capitale de la Gascogne, Auch est traversée par la rivière qui porte le nom du département. A fleur d'eau, la ville offre un visage moderne, avec de larges avenues dénuées de charme. Elle gagne en cachet à mesure que l'on prend de la hauteur. Le dédale de ruelles étroites, les « pousterles » qui relient ville haute et basse dégagent une atmosphère médiévale séduisante. L'imposante cathédrale Sainte-Marie, longue comme un terrain de football, signe la fin du gothique et le début du style Renaissance.

LES ALLEES D'ETIGNY ★

Cette vaste esplanade construite en 1863 débouche sur le palais de justice. On y accède depuis la place de la Libération par un escalier de pierres au milieu duquel trône la statue d'Antoine Mégret d'Etigny, intendant de la généralité de Gascogne. En contrebas, sur la droite, vous trouverez l'ancien couvent des Cordeliers et la maison de Gascogne, ancienne halle aux Grains. Surplombant la rue, cette promenade était l'endroit où il fallait être vu. Les allées offrent en plus un vaste parking ombragé et gratuit bien pratique pour stationner en centre-ville.

CATHÉDRALE SAINTE-MARIE ✝ ★★★

Rue Arnaud-de-Moles ✆ 06 30 41 19 38

Ouvert toute l'année de 9h à 12h et de 14h30 à 17h30. Ouvert de 9h30 à 19h en été. Entrée au chœur + audioguide : 5 €.

Au sommet de la vieille ville, la cathédrale symbolise la puissance des archevêques qui l'ont fait édifier au XVe siècle. Avec ses 100 mètres de long et 40 mètres de large, la cathédrale Sainte-Marie est la dernière cathédrale gothique bâtie en France et peut-être la plus spectaculaire. Ses dimensions impressionnantes en font un édifice hors normes qui a nécessité 200 ans de labeur. Par conséquent, plusieurs époques architecturales traversent cette cathédrale. Son gothique flamboyant originel évolue vers un style Renaissance et emprunte même une esthétique baroque dans la partie réservée aux chanoines. Les 113 stalles du chœur sont finement ornées de 1 500 scènes et personnages sculptés dans du chêne massif. Les artisans en ont fait surgir un véritable livre d'histoires. Aucune stalle n'est identique. Des épisodes de famine, des scènes bibliques et mythologiques, des références légendaires se relayent pour former une frise fascinante. Le chœur est fermé par un retable de marbre blanc et noir réalisé au XVIIIe siècle par Pierre Souffron II. La cathédrale d'Auch renferme un autre trésor. La nef est surmontée de 18 fenêtres fermées de vitraux somptueux. Signés par Arnaud de Moles, on ne sait que peu de choses de ce maître verrier du XVIe siècle. Effets de transparence, maîtrise de la lumière et des couleurs vives et chaudes qui jouent avec le soleil : cet ensemble achevé en 1513, surprend par sa thématique et son aura hypnotique. Classée au patrimoine mondial de l'humanité de l'Unesco, la cathédrale est fascinante.

© PECOLD - SHUTTERSTOCK.COM

Auch.

GERS

ESCALIER MONUMENTAL ★

Au bas des marches claires, vous comprenez très vite qu'il porte bien son nom : monumental, cet escalier l'est assurément. Il se déploie avec emphase, magistral avec ses 374 marches comprenant des doubles volées. Achevé en 1863, il reliait la ville historique à la nouvelle sur 35 m de dénivellation, autant dire que son ascension est incontournable ! Inscrit aux monuments historiques et rénové en 2008, c'est indubitablement l'une des plus belles réalisations architecturales auscitaines, avec trois paliers successifs où de belles rencontres vous attendent. Au premier, les toits se succèdent déjà sous vos yeux et une magnifique statue du plus illustre des gascons, le célèbre d'Artagnan, né Charles de Batz de Castelmore. Altier et vêtu de cape et d'épée, il est l'œuvre de Michelet. Lors de cette ascension, ne manquez jamais de regarder vers la droite car la chaîne des Pyrénées n'est jamais vraiment cachée. Elle se déploie derrière la ligne des collines tandis qu'à gauche la ville, ses rues, la cathédrale et la tour d'Armagnac se distinguent au cœur de la verdure. Une fontaine dans le creux du mur vous attend bien plus haut et devant elle, l'intrigant Observatoire du temps tapisse le sol. Le texte biblique du déluge y est gravé, le temps de le traduire, vous pouvez reprendre votre souffle qui, n'en doutez pas, sera coupé au sommet. La vue y est indescriptible, de là vous imaginez sans effort ce qu'était la ville au temps des Romains et rien que cet instant de magie vaut tous ceux que vous avez fait pour franchir cet escalier.

© BRIGITTE MERLE

HÔTEL DE VILLE

Place de la Libération
✆ 05 62 61 66 00

Visite libre du théâtre et de la salle des Illustres du lundi au vendredi de 8h à 17h.

Ce grand bâtiment dominant la place de la Libération dont la construction a été impulsée par le célèbre Intendant d'Etigny abrite quelques belles surprises. Un magnifique théâtre à l'italienne dont il a financé toute la décoration, accueille tout au long de l'année des spectacles variés. A l'étage se trouve la fameuse salle des Illustres sur les murs de laquelle sont exposés les portraits des Gersois qui ont marqué l'histoire du Gers. Ces peintures sont l'œuvre de Gustave de Lassalle-Bordes, artiste local et assistant de Delacroix, sous Napoléon III.

MAISON HENRI IV

22, rue Espagne
✆ 05 62 05 22 89
www.auch-tourisme.com

Ce n'est pas la maison proprement dite qui est remarquable, mais son escalier. Sans être monumental, il est assez exceptionnel, tant par sa forme que par la qualité de son œuvre. Il résume à lui seul la période de transition entre les escaliers à vis du Moyen Âge et la rampe droite qui pointe au XVIe siècle. Sa base en pierre de taille et ses arches en bois sont visibles depuis la cour intérieure. Pour la petite histoire, sachez qu'Henri de Navarre, le futur roi Henri IV, a séjourné dans cette demeure en 1578 en compagnie de Catherine de Médicis.

LE PARC DU COULOUMÉ

✆ 05 62 05 22 89

Accès libre.

Ancien champ d'aviation puis hippodrome, ce parc fut d'abord une peupleraie dans les années 60. Transformé au fil des ans, il est devenu un parc à l'anglaise avec ses petits chemins aménagés et ses bancs pour se poser. En fond de parc, un château privé du XVIe siècle surgit des arbres. Le jardin a été conçu comme une promenade bucolique. Les 257 essences répertoriées sont signalées par des pancartes. Une grande pelouse permet de s'amuser puisque 3 aires de jeux très complètes y sont proposées : de quoi profiter en famille des merveilles de la nature !

MUSÉE DES AMÉRIQUES ★

9, rue Gilbert Brégail
✆ 05 62 05 74 79
www.ameriques-auch.fr
Ouvert de 10h à 12h15, de 14h à 17h15, jusqu'à 18h d'avril à septembre. Entrée : 5 €. Fermé en janvier.

Institué sous la Terreur dans l'ancien couvent des Jacobins, le musée d'Auch est l'un des plus anciens de France. Réparti sur trois niveaux, il conserve plus de 20 000 objets. Le musée des Amériques est le second plus grand fonds d'art précolombien après celui musée du Quai Branly - Jacques Chirac à Paris. Cette collection démarre grâce à l'intérêt d'un certain Guillaume Pujols, un Auscitain exilé en Amérique du Sud passionné d'archéologie. Il ramène de ses voyages une centaine de pièces. Lorsqu'il devient conservateur du musée d'Auch en 1911, il décide de les exposer au public. Il lègue au musée ses magnifiques collections préhispaniques provenant du Pérou et du Mexique et d'art sacré latino-américain. Ne manquez pas la «Messe de Saint-Grégoire», un tableau réalisé avec des plumes à Mexico en 1539. La deuxième collection du musée rassemble des œuvres qui couvrent une période qui s'étend de l'Antiquité au Moyen Âge. Les œuvres de l'Egypte antique proviennent d'un legs de Charles Palanque. A noter également une statue monumentale de l'empereur Trajan ou un superbe olifant en ivoire sculpté du XIe siècle. Le musée n'oublie pas l'histoire locale avec les arts et traditions populaires de Gascogne ou encore avec les beaux-arts. Le fonds constitutif du musée provient de la collecte d'œuvres effectuée dans les édifices de l'Etat et les maisons des émigrés du Gers. Mais les toiles les plus séduisantes sont peut-être celles du peintre italien Mario Cavaglieri, qui a su saisir l'âme et la lumière de la région.

MUSÉE DU TRÉSOR DE LA CATHÉDRALE

Place Stalinis
✆ 05 62 05 95 03
www.tresor-cathedrale-auch.jimdo.com
Ouvert tous les jours de 10h à 13h et de 14h à 16h de juin à septembre. Entrée : 6 €.

Le trésor de la cathédrale d'Auch est conservé dans une forteresse imprenable, la tour d'Armagnac. Du haut de ses 40 mètres, il s'agit ni plus ni moins de l'ancienne prison de l'évêché. Trois anciens cachots ont été ouverts aux visiteurs et complètent la découverte des collections du trésor. Ce sont plus de 200 objets d'art religieux qui ont été rassemblés sur 300 m² d'espaces aménagés. Au-delà de leur utilité dans la pratique du culte ou de leur expression de la dévotion religieuse, les tableaux, sculptures et pièces d'orfèvrerie sont mis en valeur comme de véritables œuvres d'art. Le trésor est présenté dans les salles basses de l'ancienne chanoinie, les vestiges de l'église primitive du XIe siècle et la partie inférieure de la tour d'Armagnac qui se visitent au même titre que les œuvres exposées. Ainsi, la cheminée monumentale ornée de blasons, les colonnes à chapiteaux ou les poutres en chêne attirent l'attention. Lieu d'exposition mais aussi centre d'interprétation de la cathédrale, de son histoire et de son architecture, ce musée présente également les bâtiments de l'ancien tribunal ecclésiastique, ses salles d'audience, les vestiges de la salle capitulaire et bien sûr les fameux cachots, dont un aménagé dans un mur de 7,8 m d'épaisseur ! Sur place, des vidéos, des tablettes et des bornes interactives vous permettent de découvrir cet écrin patrimonial et tout le travail de restauration qui a pu être accompli. Des applications d'aide à la visite sont téléchargeables.

LES POUSTERLES ★

La pousterle auscitaine désigne une ruelle escarpée parfois aménagée d'escaliers. Ces ruelles médiévales pittoresques permettaient aux habitants de la ville fortifiée de s'approvisionner en eau sur les berges du Gers. Construites au XIVe siècle lors de l'aménagement du centre-ville, elles sont l'occasion d'une belle et vertigineuse balade. La ville compte 5 pousterles qui relient ville haute et basse : la Pousterle du Nord, la Pousterle de Las Oumettos (les petits ormes), la Pousterle des Couloumats (les pigeons), la Pousterle de l'Est et la Vieille Pousterle.

LA PRÉFECTURE ★

Place du Préfet-Claude-Erignac
Ne se visite pas.

L'ancien palais des archevêques date du XVIIIe siècle. Il est adossé au flanc nord de la cathédrale Sainte-Marie et s'impose au travers de sa façade classique à pilastres cannelés d'ordre corinthien. Ce superbe édifice peut se visiter mais uniquement pendant les journées du patrimoine. Ses jardins étaient autrefois réputés pour une succulente variété locale de fruits, la poire d'Auch. Cette poire était tellement célèbre qu'elle est même représentée sur les vitraux de la cathédrale et les archevêques la vendaient jusqu'en Pologne.

GERS

TOUR D'ARMAGNAC ★

✆ 05 62 05 95 03
www.tresor-cathedrale-auch.jimdo.com
Ouvert de 10h à 13h et de 14h à 18h de juin à septembre. Entrée : 6 €.

A l'angle de la place Salinis et de la cathédrale, impossible de manquer cette impressionnante tour de plus de 40 mètres de haut qui abrite aujourd'hui le musée du Trésor de la cathédrale. Elle est érigée au XIVe siècle, sous l'impulsion de l'archevêque qui a besoin d'une prison. Sous l'Ancien Régime, elle devient le dépôt des archives de la cathédrale. Mais, dès 1792, elle retrouve ses fonctions originelles. Sous la Terreur, les condamnés y sont emprisonnés et lors du coup d'Etat de décembre 1851, on y enferme les opposants à l'instauration du Second Empire.

HÔTEL DE FRANCE €€

1, place Libération
✆ 05 62 61 71 71
www.hoteldefrance-auch.com
Compter de 83 € à 103 € pour une chambre double, selon la saison.

Véritable institution, ancien relais de poste, l'hôtel de France est niché dans un bâtiment vieux de trois siècles. Que la chambre soit de « tradition », de « prestige » ou « privilège », elle sera toujours raffinée. Personnalisées, elles témoignent avec charme et caractère de la longue histoire de l'hôtel. Murs de verre, plafond avec fresques murales et puits de lumière forment un ensemble rare. Ce splendide hôtel, où les petits déjeuners sont composés de produits frais, propose également deux restaurants qui s'inscrivent dans cette volonté de perfection.

LE CONSULAT €€

2, rue des Pénitents-Bleus
✆ 06 16 84 56 42
Compter 70 € pour une chambre double, petit déjeuner compris.

Cette belle demeure du XVIIIe siècle fut un temps le consulat d'Italie. Benjamin de Gramont en a fait un lieu d'accueil très agréable idéalement situé dans le cœur historique de la capitale gasconne. Les trois chambres sont décorées avec soin, dans un raffinement exquis. Cet ancien brocanteur n'a pas eu de mal à dénicher des meubles en parfaite harmonie avec le cachet de la demeure. La cour distille son charme avec son figuier et sa terrasse. Une très belle adresse, à l'élégance rare à réserver à ceux qui apprécient les jolies choses.

HÔTEL LE ROBINSON €€

Route de Tarbes
✆ 05 62 05 02 83
www.hotelrobinson.net
Compter de 60 € à 68 € pour une chambre, selon le confort et la période.

Entouré d'arbres et dans un cadre paisible, l'hôtel le Robinson se trouve à 5 minutes en voiture du centre ville. L'immeuble des années 70 a été entièrement rénové pour donner place à des chambres claires et spacieuses relevées de couleurs peps. Le petit-déjeuner est servi dans une salle chaleureuse, parfaite pour démarrer la journée. Vous disposerez d'un accès Internet et d'un parking gratuit. Cet établissement abordable est géré par la sympathique Aurélie qui veille sur ses clients comme le lait sur le feu et leur assure un hébergement de qualité.

DOMAINE LE CASTAGNE €€

910, chemin de Naréoux
✆ 05 62 63 32 56
www.domainelecastagne.com
Compter 15 € au camping ; de 87 € à 95 € pour une chambre d'hôte ; de 80 € à 450 € pour un gîte de 2 à 15 personnes.

Situé aux portes d'Auch, le Domaine le Castagné est un petit paradis gardé par deux châteaux surplombants les collines environnantes. Véronique vous y accueille et veille à votre confort pour la durée de votre séjour. Il lui tient à cœur que chaque séjour soit reposant et agréable. Entre les chalets, les gîtes, les cottages, les emplacements de camping et les chambres d'hôtes, le large choix d'hébergement satisfait tous les budgets. De nombreuses activités sont également proposées : piscine, bain à remous, mini-golf, bateau à pédales sur le lac.

LE DAROLES €€

Place de la Libération
✆ 05 62 05 00 51 - www.ledaroles.com
Ouvert tous les jours de 8h à minuit. Compter 40 € pour un repas.

Cette adresse donne toutes ses lettres de noblesse au concept de la brasserie. Située juste en face de la mairie, sa devanture imposante domine une belle terrasse. La porte franchie, vous pénétrez dans une brasserie cossue habillée de gris orage. Il faut bien ça pour honorer la cuisine créative de l'établissement qui met en avant les produits nobles : huîtres de chez Joguet, porc Xintoa du Pays basque, agneau de lait, bœuf de Galice... Tout y est excellent, du service à la cuisine. C'est vraiment l'un des établissements emblématiques de la ville d'Auch.

LE FRANCE €

5, rue de la République
✆ 05 62 05 01 15

Ouvert tous les jours de 6h30 à 2h. Compter 20 € pour un repas.

Qu'il est plaisant de s'attabler à la terrasse du France à l'ombre de la cathédrale Sainte-Marie. La carte propose les généreuses spécialités gasconnes, tels que le canard décliné sous toutes ses formes ou la salade de pommes de terre poêlées au magret et bloc de canard. Les menus et suggestions du jour jouent la créativité avec une cuisine plus légère et pleine de peps comme cette grillade de porc, poivrons, courgettes grillées, pickles d'oignon rouge. Jean-Jacques et son équipe vous accueillent à toute heure pour un café, un repas, une glace... Un vrai plaisir.

HÔTEL DE FRANCE - LE 9E €€

2, place de la Libération
✆ 05 62 61 71 71
www.hoteldefrance-auch.com

Ouvert tous les jours de midi et soir. Compter 25 € pour un repas.

La brasserie de l'Hôtel de France propose une restauration accessible sans cesse renouvelée. Le menu-carte s'appuie sur des produits de saison venus de toute la région et sur l'inspiration débridée du chef. Entre ses mains, l'incontournable foie gras devient «carpaccio de foie gras à l'huile de noisette et balsamique», le petit pois fond sous la langue en «crème de petits pois, chèvre de la Ferme de Serre mariné à l'huile de noix». Le 9 (le neuvième) présente un rapport qualité-prix qu'on ne peut que saluer et nous vous le recommandons vivement.

RESTAURANT DE L'HIPPODROME €

5, rue Fédérico-Garcia-Lorca
✆ 05 62 07 99 74
www.hippodrome-auch.fr

Ouvert tous les midis du lundi au vendredi. Compter 15 € pour une formule complète.

Le cadre de la zone industrielle est trompeur. N'hésitez pas à franchir la porte de ce restaurant au cadre soigné et contemporain. L'établissement tenu par Florian et Aurore allie convivialité, simplicité et bon goût. La carte évolue tous les jours au gré des produits du marché. Salades, poisson et viande grillés font partie des suggestions fixes. Pâtissier de métier, le chef propose un buffet de desserts où le banoffee trône en véritable star. Incontournable pour les gourmands.

JEFF ENVOIE DU BOIS ! ! ! €€

12, place de la Libération
✆ 05 62 61 24 00

Ouvert du mardi au samedi de 12h à 13h45 et de 19h30 à 21h du jeudi au samedi. Compter 40 € pour un repas.

Dans le pur esprit bistronomique, ce restaurant propose une cuisine sophistiquée dont les spécialités évoluent au fil des saisons. Régis Cazaux et Thomas Lloret ont su élever l'établissement au rang des incontournables. La recherche de la qualité et la créativité n'ont pas échappé au célèbre « Guide rouge » qui a intégré la table à sa sélection auscitaine en 2021. Régis a élaboré une très belle carte de vins orientée nature pour accompagner les compositions du chef.

LA BODEGA €€

7, rue Dessoles
✆ 05 62 05 69 17

ouvert tous les jours de 11h à 23h en été. Compter 18 € pour un repas.

Depuis plus de 25 ans, la Bodega mêle avec brio les produits gersois et espagnols. On doit ce duo très efficace à l'irrésistible Antoine Cabréra, patron et chef de cette adresse emblématique nichée dans une rue piétonne. A la carte : porc noir, seiches grillées en persillade, chorizo grillé, mais aussi confit, magret ou salade gasconne. Très réputé pour sa généreuse entrecôte du midi, l'établissement fait souvent salle comble. En soirée, commandez une sangria pour amorcer une soirée sous le signe des tapas. Une adresse aussi sympa que délicieuse.

LE PARC À HUÎTRES €€

6, allée Lucie-Aubrac
✆ 05 62 70 07 40
www.leparcahuitres.fr

Ouvert le midi du mardi au samedi et le soir du jeudi au samedi. Compter 25 € pour un plateau de fruits de mer.

Le Parc à Huîtres est l'une des rares oasis gersoises où l'iode et l'océan s'invitent dans l'assiette. Le restaurant est doublé d'une boutique de produits de la mer dont les poissons et crustacés varient au gré des marées. Une dizaine de variétés d'huîtres sont proposées en permanence en provenance de Bretagne, de Vendée, de Normandie et même d'Irlande. Le soir, elles sont servies avec de petites saucisses, comme à Arcachon. Vous pouvez vous attabler autour d'un magnifique plateau à composer vous-même ou l'emporter chez vous.

PÉPITA 32 €€

14, avenue de l'Yser

✆ 05 62 63 44 11

Ouvert du mardi au samedi de 9h à 13h30 et de 17h à 20h30.

En poussant la porte de Pépita 32, c'est Nicolas qui vous accueille. Salma est aux fourneaux et, devant vous, couscous royal aux trois viandes, axoa de veau et paella cuisent doucement... Ces spécialités que vous retrouvez toute l'année ne sont pourtant pas les seules, d'autres plats traditionnels s'ajoutent à la carte suivant les saisons. En hiver, daube, choucroute, cassoulet et bouillabaisse s'invitent tandis qu'en été, place au poulet à la basquaise ou au curry, au chili con carne, à la brandade de morue, aux tajine de veau, d'agneau, aux fruits secs...

LA TABLE D'OSTE €€

7, rue Lamartine

✆ 05 62 05 55 62

Ouvert du lundi au samedi tous les midis, le vendredi soir et le samedi soir en été. Compter 35 € pour un repas.

Avec sa petite salle de restaurant et sa terrasse où la convivialité est de mise, La Table d'Oste propose une savoureuse cuisine gasconne. Le «Hambur-Gers» en est un joli exemple. Un magret coupé en deux entoure une tranche épaisse de foie gras de canard poêlé. Le cassoulet est préparé avec des haricots tarbais, réputés plus fins, et des saucisses confites. La planche met en avant le savoir-faire des artisans et producteurs locaux : foie gras, charcuterie, fromage, croustade. Tant pour l'accueil que la cuisine, Patrick et Camille sont des hôtes parfaits.

HÔTEL DE FRANCE - LA GRANDE SALLE €€€

Place de la Libération

✆ 05 62 61 71 71

www.hoteldefrance-auch.com

Ouvert du mercredi au samedi, midi et soir et le dimanche midi. Compter 55 € pour un repas.

Vincent Casassus perpétue la tradition de la gastronomie instaurée ici par André Daguin en sublimant le meilleur du terroir gersois. On retrouve à sa carte le pigeonneau de la ferme Au Grit rôti et fumé ou l'esturgeon du pisciculteur Tarsaguet. Et en dessert, ne manquez pas le soufflé à l'armagnac, la grande spécialité de la maison. Bruno vous accueille dans son nouvel écrin qui a su conserver les éléments d'époque en lui insufflant un grand élan de modernité. Une très belle adresse.

IRISH ROCK CAFÉ

1, place Betclar

✆ 05 62 05 02 01

Ouvert tous les jours de 12h à 14h30 et de 18h à 2h, le dimanche soir uniquement.

Dans le centre historique d'Auch, ce pub fait honneur à l'Irlande en proposant des soirées animées avec *happy hour*, des retransmissions de matchs et des repas roboratifs. Au menu, des produits variés : pizzas, flammekueches, burgers, viandes grillées et l'incontournable *fish & chips*. Les végétariens se rabattent sur de généreuses salades composées. L'esprit festif investit les lieux dès l'heure de l'apéro pour s'éterniser tard dans la nuit. Tous les week-ends, les DJ s'invitent et font danser les 20-35 ans... mais pas seulement !

BOUCHERIE DE L'ABATTOIR

768, route d'Agen

✆ 05 62 60 13 14

www.boucheriedelabattoirauch.fr

Fermé le lundi. Vente en gros, demi-gros et au détail.

C'est le chemin le plus court entre les éleveurs du Gers et votre assiette. Les viandes proviennent directement des coopératives de producteurs et question qualité, difficile de trouver mieux ! Les bouchers travaillent exclusivement les blondes d'Aquitaine du label La Vache de nos voisins. Le porc est du Sud-Ouest, l'agneau Label Rouge du Pays d'Oc et les volailles du Gers. Pour l'innovation pâté à cuire ou encore des saucisses basquaises, un savoureux mélange bœuf-porc relevé d'épices et de poivrons. En été, c'est chipolatas thym-citron, merguez et chorizo.

LE COMPTOIR DE TISTOU

9, place de la République

✆ 05 62 64 16 96

www.foie-gras-ramajo.com

Ouvert tous les jours de 10h à 19h de mai à août et en décembre, de 10h à 12h30 et de 14h à 19h les autres mois.

Impossible de rater cette boutique de produits régionaux qui profite de l'un des meilleurs emplacements d'Auch, au pied de la cathédrale. La famille Ramajo élève canards et oies à Dému, qu'elle transforme en produits fins typiques du terroir. Les conserves et plats cuisinés mettent à l'honneur les foies gras bien entendu, mais aussi le cou farci, la garbure, le cassoulet... Un rayon frais propose saucisses, magrets frais et séchés ou cœurs de canard toujours très appréciés. A l'étage vous pourrez débusquer alcools locaux et produits de producteurs gersois.

CAZAUBON

Cazaubon est un bourg médiéval comme le Gers en compte tant avec ses maisons à colombages, sa place à couverts, son église imposante et ses arènes. Il est fréquenté pour sa station thermale installée dans le hameau de Barbotan-les-Thermes. Henri IV, Michel de Montaigne ou le cardinal de Richelieu comptent parmi les visiteurs les plus célèbres de cette cure spécialisée dans le traitement des troubles circulatoires. La tour-clocher de l'étonnante église Saint-Pierre du XVe siècle fait office de porte d'entrée de la ville. Une infrastructure d'accueil et des équipements de loisirs importants font de Barbotan une destination plaisante pour tous les âges.

LA FERME DE JEAN-MARIE €€

Route de Gabarret ✆ 05 62 08 31 31
www.chainethermale.fr/residence-la-ferme-de-jean-marie.html

Compter entre 45 € et 51 € pour une chambre simple. Hébergements réservés aux curistes solos.

La Ferme de Jean-Marie à deux kilomètres de la station thermale de Barbotan appartient à la Chaîne thermale du soleil. La résidence occupe une somptueuse maison de maître. Vous y jouirez d'un cadre partagé agréable (parc, jardin avec transats, salon avec bibliothèque) tout en profitant de votre indépendance. Les appartements sont équipés d'une kitchenette, de la télévision, d'un téléphone direct et d'une salle d'eau. Les plus spacieux bénéficient d'une loggia pour profiter des belles après-midi ensoleillées. Navette gratuite pour les thermes et le supermarché.

L'AIR DU TEMPS €€

24, avenue des Thermes
✆ 05 62 69 52 06

Compter 60 € pour une chambre double. Forfait curiste à partir de 1 100 €.

L'établissement profite du calme d'un vaste parc d'un hectare à proximité des thermes et du lac de l'Uby. Le casino n'est quant à lui qu'à quelques centaines de mètres de L'Air du temps. 22 chambres modernes et de plain-pied vous attendent avec leur insonorisation irréprochable et leur équipement de confort – dont salle d'eau et toilettes privatifs. L'hôtel offre un accès des plus commodes aux handicapés moteurs ou personnes à mobilité réduite. Un salon de jardin, auquel on accède par une large porte-fenêtre, vous permettra de profiter d'un cadre 100 % naturel.

HÔTEL BEAUSÉJOUR €€

6, avenue des Thermes
✆ 05 62 08 30 30
www.hotel-barbotan.com

Compter de 70 € à 85 € pour une chambre double. Forfait curiste entre 850 € et 999 €.

Cette belle maison blanche aux volets bleus s'inspire largement de l'architecture landaise avec son toit en pente. Les hôtes, Yannick et Sylvie font de leur maison la vôtre. Les chambres sont coquettes, paisibles et confortables, tout comme les studios. Dans un décor tout en douceur, on profite d'une vue sur la campagne environnante ou sur la piscine. Un service de restauration de qualité, gourmand tout en étant équilibré, est proposé aux hôtes. Les séjours de longue durée, pour les curistes, sont particulièrement agréables, eu égard à l'accueil chaleureux.

DOMAINE DU MÉGNON €€

Le Sentex ✆ 05 62 69 50 38
www.lemegnon.com

Compter de 265 € à 490 € pour une semaine. Gîtes 2 ou 4 personnes. Forfait curiste sur demande.

Au cœur d'un vaste parc d'un hectare planté de chênes et de cèdres plus que centenaires se dissimule aux regards une très belle maison bourgeoise. Les propriétaires ont aménagé deux gîtes dans les dépendances aux magnifiques poutres de chênes apparentes. La Pitchounette (61 m²) est faite pour accueillir 2 personnes. Elle vous séduira par son côté loft campagnard avec une grande cheminée, des colombages, des meubles chinés chez les brocanteurs. Le second gîte, la Mirabelle, est proposé avec le même bon goût. Il peut accueillir 4 personnes sur 2 niveaux.

LES RIVES DU LAC €€

Les Rives du Lac
✆ 05 62 09 53 91
www.camping-uby.com

A partir de 17,50 € par jour pour un emplacement électrifié. Location chalets et mobil-homes.

Le camping Sunélia planté sur les rives du lac de l'Uby est un site très apprécié pour la pêche. Le complexe propose une large gamme d'hébergements en plus des emplacements pour les tentes et camping-cars. Certains ont vue sur le lac. Les services sont nombreux, dont une supérette qui vend pain frais, viennoiseries, pizzas, snacks et légumes frais. L'espace aquatique privé et surveillé est ouvert de mi-juin à mi-septembre. Des activités sont prévues pour les plus jeunes. Le camping est très prisé de la clientèle néerlandaise.

CHÂTEAU BELLEVUE €€€

19, rue Joseph-Cappin
✆ 05 62 09 51 95
www.chateaubellevue.org
Compter entre 96 € et 118 € pour une chambre double, selon la catégorie.

Cette somptueuse demeure du XIXe siècle domine de son charme un parc de 3 hectares. Ses 20 chambres ont chacune un style affirmé à la délicatesse campagnarde un peu désuète. Elles sont aussi confortables qu'agréables. Ici, on pense au confort avant tout. Salon, bar, bibliothèque, grande piscine de plein air, terrasse plein sud, téléphone, coffre-fort, sèche-cheveux, télé écran plat, vue imprenable, produits d'accueil écologiques, peignoir, linge de toilette, lit top confort… et un excellent restaurant au rez-de-chaussée. Un séjour luxueux en perspective !

LA COCCINELLE €€

33, avenue des Thermes
✆ 05 62 03 77 07
www.facebook.com/barbrasseriecoccinelle
Ouvert de 8h à 18h30, jusqu'à 22h le jeudi, vendredi et dimanche, 2h le samedi. Fermé lundi. Compter 30 € pour un repas.

La brasserie est devenue le haut-lieu des soirées de Barbotan. Chaque année, à la fin de l'hiver, le lever de rideau est accueilli avec enthousiasme par les locaux. Vous aurez le choix parmi de nombreuses formules dont un menu gascon avec son magret entier de canard grillé (350 g) ou la spécialité maison de foie gras poêlé aux pommes. Les habitués optent souvent pour une pizza préparée à la commande et les vacanciers viennent déguster une glace en terrasse dans l'après-midi. Les assiettes sont bien troussées et joliment présentées.

ARMAGNAC VEUVE LAFONTAN

Cutxan
✆ 05 62 69 77 10
www.armagnac-veuve-lafontan.com
Visite du lundi au vendredi, sur réservation téléphonique.

Du doux paysage gersois, voici une adresse qui en a tout puisé. Veuve Lafontan élève la distillation de vin au rang d'excellence. Béatrice Mandon ne produit que des armagnacs d'exception. Déguster ses armagnacs, c'est découvrir des trésors de diversité et de complexité et une palette aromatique authentique. Les eaux-de-vie sont élevées dans des pièces en chêne pédonculé de 200 à 400 litres. La salle des trésors renferme une collection d'exception avec une gamme de millésimés allant de 1888 à 1969 conservés dans des bonbonnes.

CHÂTEAU GARREAU - ÉCOMUSÉE DE L'ARMAGNAC

MAULÉON-D'ARMAGNAC ✆ 05 58 44 84 35
www.chateau-garreau.fr
Ouvert du lundi au vendredi en hiver, toute la semaine d'avril à octobre. Horaires variables. Entrée : 5 €.

© CHATEAU GARREAU

Bienvenue à la Ferme version Vignobles et Découvertes. L'écomusée œuvre pour la promotion de la liqueur emblématique et du terroir d'Armagnac. A découvrir : le musée du vigneron qui décline la vie d'un paysan-vigneron à travers ses outils, le musée des Alambics qui met en valeur une collection de 11 alambics différents et s'est doté d'un nouveau diaporama. Et un chai souterrain centenaire remarquable où est vieilli l'Armagnac que vous pouvez visiter (visite du Prince).

LA FERME DU ROSIER SUR LE TOIT

Le Bourdieu
✆ 05 62 08 18 64
Visite et boutique ouvert à la demande. Appeler avant.

Cette ferme élève canards gras et porc fermier en plein air. L'exploitation familiale, gérée par Delphine et Nicolas, dispose d'une conserverie. Vous y trouverez donc toute la déclinaison du canard, frais ou cuisiné, et bien sûr le traditionnel foie gras. Mais aussi de la viande de porc, ainsi que des boudins, des saucisses ou du jambon… C'est un élevage de tradition, que les propriétaires vous feront visiter avec plaisir (prendre rendez-vous par téléphone).

GERS

MARCHÉ DE CAZAUBON

De 8h30 à 13h le mercredi à Barbotan et le vendredi à Cazaubon.

Le marché se tient deux fois par semaine. La rue des Thermes est piétonnisée le mercredi matin à Barbotan, tandis que la place des Promenades est investie par les producteurs le vendredi matin à Cazaubon. Marché de plein air, il est principalement consacré à l'alimentation, mais vous rencontrerez quelques producteurs d'armagnac ou de bières de micro-production. Les produits phares de la région abondent sur les étals, dont l'incontournable foie gras, mais aussi de délicieux fromages fermiers bio. Un passage par ce marché s'impose si vous êtes dans les parages.

BARBOTAN-LES-THERMES

Groupe Chaîne thermale du Soleil
© 08 25 00 19 77
www.chainethermale.fr/barbotan-les-thermes.html

Tous les jours du lundi au samedi du 17 mai au 4 décembre 2021 (sous réserve).

L'établissement de Barbotan-les-Thermes tient son architecture des anciens séchoirs à tabac du Sud-Ouest. À l'intérieur, des éclairages tamisés distillent une lumière douce propice à la détente. Un cadre relaxant pour une double orientation thérapeutique : la rhumatologie et la phlébologie. Une tourbe végéto-minérale extraite sur place, malaxée avec l'eau thermale, ainsi que les applications de kaolin ont un excellent effet sédatif sur les douleurs, tandis que les kinésithérapeutes peuvent suivre individuellement les curistes. Des soins de remise en forme sont proposés à la demi-journée ou en court séjour : bain hydroxeur, baignoire à bulles et jets d'eau, matelas aquatique, hydromasseur séquentiel diffusant des affusions d'eau thermale sur tout le corps, ondée thermale hydromassante, vaporarium ou encore douche au jet. Une salle de gym avec appareils de cardio permet de se raffermir les muscles. Une équipe très complète de soignants et de para-médicaux vous accompagne tout au long de votre cure : médecin thermal, infirmier, kiné, nutritionniste, sophrologue, psychologue, sonothérapeute, podologue, maître-nageur et éducateurs spécialisés pour encadrer les activités sportives. Le centre travaille même avec une animatrice du rire. Des mini-cures sont également proposées aux personnes pressées, comprenant l'hébergement et la restauration dans les établissements de la Chaîne Thermale du Soleil. Cette formule permet de bénéficier des bienfaits de l'eau thermale sans avoir besoin d'une prescription médicale.

CONDOM ★★

Le nom Condom viendrait du latin *condatomagus qui signifie* « marché du confluent ». Le ruisseau de la Gèle arrose la ville avant de se jeter dans la Baïse. L'ancienne cité épiscopale, étape incontournable du chemin de Compostelle, compte quelques sites d'intérêt. La cathédrale Saint-Pierre est un agréable exemple de gothique tardif, tout comme son cloître. Le musée de l'armagnac et les hôtels particuliers du XVIIIe siècle rappellent que la ville a été la plaque tournante du négoce de l'armagnac. Les abords de la Baïse ont été agréablement aménagés. On peut y effectuer une croisière qui permet de découvrir le lien entre la ville et la rivière.

CATHÉDRALE SAINT-PIERRE ★★

Place Saint-Pierre

Accès libre. Pas de visite pendant les offices. Messe le dimanche à 10h30.

Condom devient évêché en 1317, profitant de l'installation de la papauté en Avignon. L'église Saint-Pierre existe déjà et est rattachée à l'abbaye bénédictine fondée en 1011. En mauvais état, elle est complètement rasée en 1368, pour laisser la place à une cathédrale digne de ce nom. La nouvelle cathédrale est achevée en 1400, mais la qualité de sa construction laisse à désirer, car à peine un siècle plus tard, le clocher s'effondre. L'évêque Jean Marre entreprend de la restaurer de fond en comble et les travaux sont achevés par son successeur en 1531. Montgomery l'aurait volontiers rasée en 1569 lorsqu'il s'empare de Condom. Mais les habitants de la ville se cotisent pour réunir une rançon de 30 000 livres. Seuls le chevet de la cathédrale et la chapelle de la Vierge semblent remonter à l'abbatiale du XIVe siècle. Tous les autres éléments ont été remaniés ou reconstruits par la suite. La cathédrale de style gothique méridionale présente une nef unique bordée de nombreuses chapelles latérales. Ses dimensions en imposent : 90 mètres de long (seulement 10 mètres de moins que la cathédrale d'Auch) et un clocher qui culmine à 40 mètres. Les ornements intérieurs remontent pour la plupart au XIXe siècle, comme le jubé sorti de l'atelier des frères Virebent, les vitraux ou l'orgue. Ce dernier a connu bien des vicissitudes, avant d'être classé en 1974. Le cloître datant de 1521 jouxte la paroi nord de la cathédrale. Il a été très abîmé lors des guerres de Religion et accueille désormais des concerts en été.

OFFICE DE TOURISME DE LA TÉNARÈZE

5, place Saint-Pierre
✆ 05 62 28 00 80
www.tourisme-condom.com

Ouvert de 9h30 à 12h30 et de 14h30 à 18h30 avr. à oct ; de 10h à 12h30 et de 15h à 17h30 nov. à mar. Fermé dimanche.

L'équipe de l'Office de Tourisme vous aidera à créer le carnet de route de votre séjour et vous accompagnera pour vous livrer les bons plans et les adresses immanquables. Son but est de vous faire vivre des expériences qui vous ressemblent. L'Office de tourisme organise des visites guidées de la cathédrale (payantes) et des rallyes touristiques de la ville à destination d'un public familial. Elle relaie également les informations de la région Ténarèze.

ANCIEN CARMEL DE CONDOM €

35, avenue Victor-Hugo
✆ 05 62 29 41 56
www.lanciencarmel.com

Compter 25 € pour une nuit en gîte d'étape, petit déjeuner compris. Ouvert du 1er avril au 31 octobre.

À deux pas du GR65, l'Ancien Carmel de Condom, dont la première pierre remonte à 1280, est un gîte d'étape et un lieu de vie alternatif, solidaire et de réinsertion pour des retraités et des personnes ayant connu des difficultés. Une escale très conviviale avec possibilité de repas en réfectoire à base de produits du potager et locaux. Immense potager, vergers, jardins fleuris, mare, zone boisée, poules, oies et canards.Tout à fait dans l'esprit d'une démarche globale et d'un tourisme durable, l'Ancien Carmel est membre de Terra Gers.

LES ANGELOTS €€

3, quai Laboupillère ✆ 05 62 28 82 02
www.lesangelots.fr

Chambre simple de 45 € à 60 € ; double de 50 € à 65 € ; triple 83 €. Demi-pension : 23 €. Petit déjeuner inclus.

C'est une belle maison bourgeoise des années 1810, avec plafonds hauts, moulures, rosaces, stucs, parquets cirés et d'origine. Située au bord du canal et non loin du parc de Gauge et de la cathédrale, elle propose des chambres et suites aussi spacieuses que confortables. Décorées dans les tons pastel, elles procurent une agréable sensation de douceur de vivre. Les propriétaires proposent des formules pour les pèlerins et d'autres pour les touristes notamment sous forme de coffrets-cadeaux qui combinent nuitées ici et découvertes culinaires ou touristiques.

LES BRUHASSES €€

Route d'Eauze ✆ 05 62 68 38 35
www.lesbruhasses.fr

Chambre simple de 89 € à 99 € ; double de 94 € à 104 €. Demi-pension : 35 € (table d'hôtes). Petit déjeuner inclus.

Cette remarquable demeure familiale du XVIIIe siècle, chargée d'histoire, ne manquera pas de vous séduire, avec ses deux tours d'angle qui lui donnent des allures de petit manoir campagnard ! Exposées plein sud, les chambres sont lumineuses et donnent toutes sur le parc de trois hectares arboré et fleuri. Chez Hélène et Jean Royer, on est fier de recevoir « à l'ancienne ». Les repas, entièrement réalisés à base de produits locaux et de qualité deux à trois fois par semaine, selon les possibilités du couple et la demande, sont pris en commun avec les hôtes.

Les grands moulins de Condom.

VILLA GALLO-ROMAINE DE SEVIAC ★★

Séviac
MONTRÉAL
✆ 05 62 29 48 57
www.elusa.fr

Ouvert tous les jours de 9h à 12h et de 14h à 18h ; de 14h à 17h en nov. et mar ; Entrée : 5 € ; tarif réduit : 4 €.

La villa gallo-romaine de Séviac a rouvert ses portes le 4 juin 2018 transfigurée par d'importants travaux de restauration des mosaïques et la construction d'un bâtiment de couverture. Situé à proximité du village de Montréal-du-Gers, le site de la villa de Séviac est connu depuis la seconde moitié du XIXe siècle. La villa a été découverte par hasard en 1860 par un paysan qui creusait les fondations de sa future ferme. Le site a fait l'objet de fouilles régulières jusqu'en 1996. Elles ont permis de dégager une luxueuse villa gallo-romaine de l'Antiquité tardive, aménagée dans la seconde moitié du IVe siècle sur une villa plus ancienne. Le modèle de la villa a été décrit par les auteurs latins comme étant à la fois un lieu de résidence rural et une exploitation agricole. Elle était dédiée à l'approvisionnement des villes. La *villa* de campagne s'opposait au *domus* des villes. Celle de Séviac était cœur d'un ensemble agricole et viticole qui a pu atteindre 300 hectares. D'une surface de 6 500 m², cette villa est aujourd'hui considérée comme l'une des plus vastes résidences du sud-ouest de la Gaule. Elle se distingue par son exceptionnel ensemble de mosaïques et ses vastes thermes. Les mosaïques découvertes sur le site ne constituent qu'une partie du décor original. Si elles couvrent aujourd'hui 625 m², elles devaient probablement orner la villa sur près de 1 500 m² dans la première moitié du Ve siècle. Posées en plusieurs campagnes depuis la seconde moitié du IVe siècle, elles ornaient les espaces importants tels que les thermes, les galeries et les salles d'apparat. Par leurs décors, géométriques puis végétaux, elles sont représentatives de l'Ecole d'Aquitaine, une école stylistique de mosaïstes actifs dans le Sud-Ouest de la Gaule entre la fin du IVe et le VIe siècle. L'ensemble est d'une telle ampleur qu'il a été classé Monument historique en 1978. La villa de Séviac se caractérise également par l'existence de vastes thermes, qui s'étendent au début du Ve siècle sur près de 520 m². Plusieurs réaménagements marquent l'importance que leur accordent les propriétaires successifs. Les premiers thermes sont modestes et datent de la première moitié du IIe siècle. Ils sont restructurés de manière ostentatoire lorsque la villa tardive est aménagée, après 350, avec des revêtements en marbre, les sols des bassins et les salles chauffées. Une piscine ornée de mosaïques et de marbre est alors construite et est toujours visible aujourd'hui.

CAMPING MUNICIPAL L'ARGENTE €€

Chemin de l'Argenté
✆ 05 62 28 17 32
campingdecondom.jimdo.com

Compter de 5,90 € à 7,30 € pour un emplacement électrifié. Camping ouvert du 1er juin au 31 août.

Au bord de la Baïse, rivière emblématique de Condom, et non loin du centre-ville, ce camping classé trois étoiles vous attend à proximité de la base de loisirs. Ses espaces ombragés sont particulièrement appréciables lorsque le soleil est à son zénith. Supermarché, terrains de sport (tennis, handball) et centre de loisirs aqualudiques se trouvent à proximité immédiate. Mais le plus plaisant est l'atmosphère bucolique dégagée par la rivière, l'écluse du Gauge et l'ancien moulin.

LE GÎTE DE GAUGE €€

Chemin de Gauge
✆ 05 62 28 30 26
www.gitedegauge.com

Compter entre 290 € et 390 € pour la semaine, selon la saison. Gîte 4 personnes.

Cette adresse est dédiée à tous ceux qui ont envie de couper les ponts et de respirer un grand bol d'air frais et de quiétude. Dans ce coin proche de la nature, mais non loin du centre-ville, en bordure de la Petite Baïse vous profitez d'une atmosphère bucolique. Un chemin de halage permet de se promener jusqu'à l'écluse. Le gîte rural de Gauge propose des chambres agréables, familiales. Jeux pour les enfants, lecture pour les parents, si vous recherchez la tranquillité, arrêtez-vous chez Jacques et Mimi Cano, où la bonne humeur est de mise !

LE LOGIS DES CORDELIERS €€

2 bis, rue de la Paix ✆ 05 62 28 03 68
www.logisdescordeliers.com

Compter de 48 € à 70 € pour une chambre double selon la catégorie et la saison.

Le Logis des Cordeliers est un îlot de verdure et de silence au cœur de Condom. Cette bâtisse invite à la détente, au bien-être, tout comme la belle piscine. L'intérieur est aussi agréable que l'extérieur, avec de grandes chambres confortables. Elles disposent toutes de salles de bains, et certaines sont agrémentées d'une belle terrasse croulant sous les rosiers grimpants. Un parking privé est mis à votre disposition, mais vous pouvez aussi louer un box si vous craignez particulièrement pour votre véhicule. L'accueil charmant augure d'un beau séjour à venir.

LES TROIS LYS €€€

38, rue Gambetta
✆ 05 62 28 33 33
www.lestroislys.com
Compter de 70 € à 120 € pour une chambre double, selon la catégorie et la saison.

À l'image de l'élégante façade de cet hôtel particulier du XVIIIe siècle, les 12 chambres et suites dégagent un cachet des plus plaisant. On apprécie la décoration individualisée qui s'exprime dans tous les styles : moderne, design, classique… La bâtisse n'est qu'à quelques dizaines de mètres de la place principale de Condom et son église Saint-Pierre. Son entrée donne sur la rue Gambetta, bordée de boutiques et de commerces de bouche. Sa piétonnisation est la garantie de nuits calmes. L'endroit allie le charme de l'ancien au confort contemporain.

LE BALCON €€

1, place Saint-Pierre
✆ 05 62 28 44 06
Ouvert de 12h à 14h et de 19h à 21h du mardi au samedi. Compter 20 € pour un repas.

Situé au premier étage d'un immeuble du XIIIe siècle, à côté de la cathédrale, le Balcon est un restaurant qui ravira vos papilles. Ses recettes sont inventives et puisent régulièrement dans un répertoire exotique. Ainsi, le vendredi c'est sushi, le lait de coco s'invite avec le poulet fermier et le pad thaï revient souvent à l'ardoise des suggestions du jour. Les plats sont travaillés avec des produits frais achetés chez des producteurs locaux. Ici, vous dégustez une cuisine à la fois simple et raffinée. Le Balcon, un endroit où passer un excellent moment.

RESTAURANT DA FULVIO €€

11, rue Charron
✆ 05 62 28 15 26
www.restaurant-dafulvio.fr
Ouvert de 12h à 14h30 et de 19h à 21h30 ; café ouvert de 7h à 22h. Compter 15 € pour un repas.

Le restaurant de Laurent est conçu pour satisfaire tous les goûts et tous les appétits. S'il est possible de s'attabler à toute heure à la grande terrasse et à la brasserie, le service de restauration ne s'effectue qu'aux heures des repas. On se régale de pizzas qui ont fait la réputation de la maison, mais aussi de hamburgers, de plats gascons et de grillades. Le chef marie ses deux amours, l'Italie et le Gers, dans des recettes parfumées. Stefania, venue tout droit de Florence, se charge des pizzas qu'elle fait cuire dans un four traditionnel à bois.

ARMAGNAC COUREAU

Route de Mézin ✆ 05 62 28 02 05
www.armagnac-coureau.com
Ouvert le mardi de 14h30 à 19h, du mercredi au vendredi de 9h30 à 12h30 et de 14h30 à 19h, le samedi de 9h30 à 12h.

Le domaine Coureau fait partie de ces adresses dont le succès s'est bâti sur le bouche à oreille. Christiane a récemment repris le flambeau de cette maison qui veille sur ses pièces de chêne depuis 5 générations. Elle continue la vente directe, qui a toujours été le mode de distribution privilégié de l'Armagnac Coureau et ambitionne d'apporter quelques touches de modernité, comme la promotion des eaux-de-vie sur Internet. La maison s'est spécialisée dans la production d'armagnacs hors d'âge qu'apprécient de nombreux clients fidèles à la maison comme Tony Blair.

CAVE DE CONDOM

59, avenue des Mousquetaires ✆ 05 62 28 44 33
www.valdegascogne.coop
Ouvert le lundi de 14h30 à 18h, du mardi au samedi de 9h à 12h30 et de 14h30 à 18 ; jusqu'à 19h du 1er avr. au 30 sept.

Fondée en 1950, la cave de Condom dispose d'un vignoble de 1 356 hectares. Elle produit des flocs, l'incontournable armagnac bien sûr, les vins de côtes de Gascogne, sans oublier le Saint-Mont. Après avoir porté l'enseigne « Terres de Gascogne », cette cave a fusionné avec une autre entreprise prospère pour donner le groupe « Val de Gascogne », lequel s'est rapproché de Plaimont Producteurs. La coopérative fait vivre des cépages locaux oubliés comme le manseng noir du Moonseng et commercialise le très rare Saint-Mont issu de vignes pré-phylloxériques.

CHÂTEAU GENSAC

Gensac
✆ 05 62 28 43 94
www.gensac.com
Ouvert du lundi au vendredi de 10h à 17h ; du lundi au samedi de 10h30 à 18h30 en été.

Le Château Gensac permet non seulement de déguster des vins et armagnacs d'exception mais aussi de lever un coin de voile sur la somptueuse demeure du XIIIe siècle. Le domaine s'étend sur 300 hectares de prairies ou s'égayent des pur-sang en semi-liberté. Ici, on cultive des cépages bien connus comme le tannat, le merlot, le sémillon ou le petit manseng. Mais aussi des variétés plus rares comme le fer servadou ou le petit courbu. Le Château distille également son armagnac dans un chai ultramoderne situé à côté de la chapelle privée du XIVe siècle.

FLEURONS DE LOMAGNE

3, place Saint-Pierre
✆ 05 62 68 20 95
www.fleuronsdelomagne.com
Ouvert du lundi au samedi de 9h à 12h30 et de 14h à 19h et le dimanche de 9h à 12h30.

Les Fleurons de Lomagne font la part belle aux producteurs locaux soucieux de leur environnement et de la qualité de leurs produits. En boutique, on trouve une variété de spécialités présentées dans un lieu convivial et au prix le plus juste. Séverine, Laureen et Katia vous conseillent et vous proposent tune gamme très élargie de produits régionaux : foie gras, confiseries, vins de pays, armagnac, biscuits apéritifs... Les paniers gourmands s'emparent de la vitrine à l'approche de Noël. Voilà une idée originale de cadeau qui ravira les gourmets.

MAISON AURIAN

Chemin de l'Écluse-d'Autiège
✆ 05 62 28 34 15
www.aurian.fr
Ouvert du lundi au vendredi de 10h à 12h30 et de 13h à 16h.

Chez Aurian, on est distillateur et négociant en vin et armagnac depuis 1880. Dans son chai d'embouteillage, Philippe Aurian, quatrième du nom, propose des armagnacs merveilleusement fondus. Ce maître liquoriste diffuse ses productions artisanales dans toute la France : crème de mûres et de cassis à l'armagnac, crème de pêches de vigne, crème de fraises des bois, liqueur d'armagnac à l'orange, pour n'en citer que quelques-uns. Également des vins apéritifs, quelques bonbons et des pruneaux à l'armagnac. De quoi repartir les mains pleines d'excellents produits.

MARCHÉ DE CONDOM

Place du Bataillon de l'Armagnac
Le mercredi et samedi de 7h30 à 13h30.

Le marché de Condom se tient en contrebas de la place Saint-Pierre sous la halle très années 50. Les producteurs locaux investissent les étals deux fois par semaine pour proposer aux Condomois une belle sélection de produits typiques : fruits et légumes, volailles, conserves... Le marché est essentiellement alimentaire. En été, vous trouverez plus de chalands, bien sûr, et plus de marchands également qui échangent dans la bonne humeur. Mieux vaut venir tôt pour avoir le choix. Un marché de moindre importance se tient également le samedi matin.

CENTRE DE LOISIRS AQUALUDIQUE

Avenue des Mousquetaires
✆ 05 62 29 17 48
www.cc-tenareze.fr/centreAqualudique
Ouvert tous les jours de 11h30 à 20h en juillet et août. Entrée : 2,20 € ; enfant : 1,30 €.

Un agréable cadre vous accueille, avec notamment un bassin de natation de 25 mètres et un bassin « ludique » comprenant des toboggans, des remous et une pataugeoire pour les petits. En cas de petit creux, un snack, une buvette et une aire de pique-nique vous attendent. Ce centre aqualudique se trouve à côté du camping municipal de l'Argenté et de la base de loisirs de Gauge, associée à la Baïse. Attention, en raison de la Covid-19, modalités d'accès à vérifier sur le site Internet.

PARACHUTISME OCCITAN

Aérodrome d'Herret
✆ 05 63 39 54 27
www.parachutismeoccitan.com
Compter 260 € pour un saut en parachute et 70 € pour un baptême de l'air en planeur.

Les amateurs de sensations fortes vont adorer le saut en parachute en tandem proposé par le club de Parachutisme Occitan. L'avion grimpe entre 3 000 et 4 000 mètres d'où votre instructeur vous incitera à sauter dans le vide. La chute à 200 km/h dure une quarantaine de secondes. Votre tandem ouvre la voile à 1 500 mètres d'altitude et pendant 8 minutes, vous pouvez profiter de la beauté du Gers vu du ciel avant de vous poser délicatement (on l'espère) au sol. Un club de vol à voile et un autre d'ULM permettent de varier les plaisirs célestes.

PLAN D'EAU VIVE DE LA BAÏSE

Base de loisirs
✆ 05 62 28 24 88
Ouvert toute l'année. Nombreuses activités en juillet et août. Location de canoë-kayak.

Vous pouvez pratiquer le canotage et le canoë-kayak en amont du barrage et pêcher dans une rivière de deuxième catégorie. Ce plan d'eau vive est indissociable de la base de loisirs de Gauge dont il fait partie. L'été, le plan d'eau de la Baïse, situé au cœur de la plaine de Gauge, vous propose des activités sportives, ludiques gratuites ou non (canoë, voile, tir à l'arc, golf, équitation, natation, etc.) encadrées qui s'adressent aux vacanciers comme aux Condomois.

EAUZE ★

Nous sommes dans l'ancienne Elusa, la ville des Elusates, ce peuple aquitain ou proto-basque qui lutta contre les légions de Jules César, avant de capituler et de devenir la capitale de la province de Novempopulanie. Cité administrative importante, elle fut l'un des premiers évêchés de France, dès le Ve siècle. En raison de ses richesses, la cité fut violemment pillée par les Vikings, et son siège épiscopal rasé. Cathédrale, cloître, maisons à colombages, la ville est chargée d'histoire. Aujourd'hui, Eauze vit principalement de la viticulture et du négoce de l'armagnac. Fêtes et festivals en nombre en font une ville animée toute l'année.

OFFICE DE TOURISME DU GRAND ARMAGNAC

2, rue Félix-Soules

✆ 05 62 09 85 62

Ouvert du lundi au samedi de 9h à 18h ; tous les jours en été.

Point d'accueil et d'information pour les visiteurs, l'office de tourisme d'Eauze assure une mission d'accueil, d'animation et de promotion touristique locale. De nombreuses manifestations (concerts, marchés, festivals, feria, etc...) sont organisées dans la ville et tout au long de l'année. L'Office de tourisme pourra vous renseigner sur l'agenda en cours. Cette année, elle a mis sur pied des visites guidées thématiques de la ville entreprises en groupe de 5 personnes maximum.

CATHÉDRALE SAINT-LUPERC ✝

Place d'Armagnac

www.tourisme-eauze.fr

Accès libre. Pas de visite pendant les offices.

La cathédrale d'Eauze n'a hérité de son titre qu'en 1864 alors que sa construction remonte au XVe siècle. La ville à la christianisation précoce était un évêché au IVe siècle. L'évêque d'Eauze a participé au Concile d'Arles en 314 aux côtés d'autres évêques venus de Rouen, Autun, Lyon ou Apt. On ne sait trop où étaient construits l'ancienne cathédrale et le palais épiscopal. Ceux-ci ont été pillés, rasés, détruits lors du passage des Vikings dans la région au IXe siècle. L'église a été commanditée par Jean Marre, le prieur d'Eauze et futur évêque de Condom. Les travaux démarrent en 1467 pour s'achever en 1521. Elle présente un plan d'église typique du gothique méridional : une nef unique bordée de chapelles basses, un chœur terminé par des absides à pans coupés. Elle est dédiée à Saint-Luperc, un martyr local dont l'histoire n'a été écrite qu'au Xe siècle par les Bénédictins du monastère d'Eauze. L'église ne comprend que peu d'éléments notables. Quelques tableaux, statues et les fonts baptismaux sont répertoriés dans la base de données Palissy qui recense le patrimoine immobilier de l'Etat. Plus originales sont les neuf vignettes peintes dans l'abside centrale. Elles représentent 8 scènes de la vie de Jésus. La neuvième illustration représente un Christ pantocrator (par opposition au Christ en croix ou en enfant). Cette longue fresque peinte est encadrée par deux fenêtres à vitraux qui datent de la grande campagne de restauration entreprise au XIXe siècle. Tout comme l'orgue néogothique de la maison Daublaine et Callinet.

GERS

© PHILIPPE GRAILLE - FOTOLIA

Le village d'Eauze.

LA DOMUS DE CIEUTAT - CENTRE D'INTERPRÉTATION ★★

Allée Julien-Laudet
✆ 05 62 09 71 38
www.elusa.fr

Ouvert de 10h et 12h et de 14h à 18h en basse saison et de 10h à 13h et de 14h à 19h en été. Entrée : 5 €.

Entre 2001 et 2012 des fouilles ont été menées à Eauze au sein d'une réserve archéologique de 20 ha. Elles ont mis au jour les vestiges d'une *domus*. Cette maison à péristyle aurait été édifiée au IIIe siècle sur une superficie de 1600m². Quelques années plus tard, vers l'an 350, le propriétaire aurait décidé de l'agrandir pour porter la surface bâtie à 2700m². Légèrement surélevée par rapport aux rues, la demeure bénéficie d'une position dominante dans le quartier aristocratique dans lequel elle a été construite. Elle s'organise autour de deux cours à péristyle entièrement tournée autour de ses jardins. Elle dispose d'un petit espace de thermes privés et d'une grande salle de réception. Son caractère ostentatoire est évident. Le soin apporté par les propriétaires successifs à la décoration de la demeure, en particulier au niveau des sols et des murs des pièces de réception, marque probablement la volonté d'exhiber leur pouvoir et leur richesse. La *domus* est bordée le long de ses façades nord et est par des portiques ou trottoirs couverts. Un centre d'interprétation a pris possession de l'ancienne gare d'Eauze, à l'entrée du site archéologique. Cet espace permet de découvrir l'ampleur de la cité antique d'Elusa à travers une scénographie moderne et ludique et transporte le visiteur au cœur de la vie urbaine et rurale à l'époque gallo-romaine. Domus de Cieutat, Villa de Séviac et Musée archéologique sont regroupés sous la bannière d'ELUSA Capitale antique.

HOURCAZET €€

Lieu-dit Hourcazet
✆ 05 62 09 99 53
www.hourcazet.com

Chambre simple 65 € ; chambre double 75 €. Petit déjeuner inclus. Lit supplémentaire : 10 €.

Claude propose quatre chambres d'hôtes de charme, confortables (entrée indépendante, télévision, sanitaire) et coquettes, avec petit déjeuner copieux sucré et salé servi dans le jardin ou bien sur la terrasse. Deux des chambres peuvent être louées ensemble pour créer un espace familial complet. Sur place vous pourrez vous servir de la cuisine. Au cœur des vignes et entourée d'un vaste parc fleuri arboré de chênes centenaires, cette ancienne ferme à colombages et son annexe entièrement rénovées et décorées avec goût, proposent dans un décor champêtre.

FERME DE MOUNET €€€

Route de Parleboscq
✆ 05 62 09 82 85
www.ferme-de-mounet.com

Compter entre 600 € et 1 600 € la semaine. Gîte 8 personnes.

La Ferme de Mounet s'étend sur 60 hectares à proximité immédiate d'Eauze. Les deux gîtes de cette gentilhommière de la fin du XVIIIe siècle sont spacieux et partagent une piscine. Ce sont des maisons individuelles installées sur le domaine, et retapées avec pragmatisme. Tout a été prévu pour que vous passiez des vacances agréables et ludiques : billard, appareils de fitness, bibliothèque et un grand jardin de 5 000 m² pour le gîte principal. La Ferme de Mouret compte également quatre chambres d'hôtes abritées dans la gentilhommière.

CAFÉ DE FRANCE €€

2, place d'Armagnac
✆ 05 62 09 80 31
www.cafe-de-france-eauze.com

Ouvert tous les jours de 9h30 à 21h. Compter 31 € pour un repas.

Le Café de France occupe une des plus belles maisons de la ville qui arbore fièrement les armes du royaume de Navarre et du vicomté de Béarn. Il s'agit de l'ancienne maison de Jeanne d'Albret datant du XVe siècle. Dans ce cadre chargé d'histoire - Henri IV y séjourna-, vous pourrez vous restaurer ou vous désaltérer à toute heure. L'établissement propose une cuisine de brasserie chic : foie gras, magret ou aiguillettes de canard, pièce du boucher... Il est aussi possible de déjeuner léger avec une salade, une pizza ou un hamburger.

AU MOULIN DU POUY €€

Allée Jean Desqué ✆ 09 50 75 76 58
www.restaurant-eauze.com

Ouvert du mardi au dimanche le midi. Le soir sur réservation. Menus de 17,50 € à 32 €. Formule du midi : 14,50 €.

Françoise Perry et Jean-Pierre Blondeel vous accueillent dans un cadre bucolique et verdoyant au Moulin du Pouy, ancienne guinguette d'après-guerre remise au goût du jour. Vous apprécierez la cuisine familiale de terroir de Françoise, qui a à cœur de travailler des produits frais, de saison et locaux ! Au menu du jour, un confit de canard du Sud-Ouest avec sa sauce persil et ses pignons de pin ou une galantine fermière sauce champignons, à accompagner d'un vin de la région soigneusement sélectionné, et en dessert, une tourte aux pommes macérées dans l'armagnac.

LA VIE EN ROSE €€

22, rue Saint-July
✆ 05 62 09 83 29
www.restaurant-la-vie-en-rose.com
Ouvert midi et soir, sauf mardi soir et mercredi. Compter 28 € pour un repas.

Table de poche gastronomique, La Vie en Rose régale Eauze et ses habitants depuis une vingtaine d'années. Le chef apporte beaucoup de soin à la préparation de ses plats élaborés avec des produits locaux et frais. Aux beaux jours, la terrasse prend possession de la place qui se trouve juste en face. Et s'il fait trop chaud, la salle est climatisée. La maison est ambassadeur Tariquet, un des domaines viticoles les plus célèbres du Gers. Si besoin, le restaurant est privatisable, pour les évènements festifs ou les repas d'affaires.

GIMONT

Bastide fondée en 1265 à l'instigation de l'abbaye cistercienne de Planselve, elle s'accroche à la colline qui surplombe la Gimone. La rue principale se glisse curieusement sous une halle en bois du XIIIe siècle tandis qu'une quinzaine de courtes rues la traverse perpendiculairement. Quelques édifices sont à découvrir, tel que l'église et son clocher octogonal en brique, la chapelle de Cahuzac du XVIe siècle, les vestiges de l'abbaye cistercienne de Planselve et bien sûr sa halle du XIVe siècle. Métropole gourmande et patrie du foie gras, son marché au gras se tient le mercredi de novembre à mars, le même jour que le marché hebdomadaire.

CONSERVATOIRE DE LA VIE AGRICOLE ET RURALE

Rue Pierre-de-Marcassus
✆ 05 62 67 82 79
Ouvert sur rendez-vous uniquement. Entrée : 4 € ; tarif réduit : 2, 50 € et 1,20 € pour les -12 ans.

Ce musée privé retrace la vie dans les campagnes gersoises entre 1850 et 1950. Dans une bâtisse du XIXe siècle, vous pourrez découvrir plus de 1 000 outils utilisés autrefois pour les travaux de la ferme ou ceux de la maison. On y découvre les objets nécessaires à la culture de la vigne et à la production du vin, ceux qui mènent du blé au pain, ceux permettant la récolte des châtaignes. Une pièce de ferme a été reconstituée avec son tournebroche et son four à croustade.

MUSÉE CANTONAL ★

Place du Marché
✆ 05 62 67 77 87
Ouvert l'été du mardi au samedi de 10h30 à 12h30 et de 17h30 à 19h30 et le dimanche matin ; sur rendez-vous hors saison.

Situé près de la halle centrale, dans l'ancien local qui servait à abriter les poids et mesures en usage au marché, le musée cantonal présente une intéressante collection d'objets des périodes préhistorique, gallo-romaine et médiévale. Pierres, fossiles, céramiques, mosaïques : chacun y trouvera son compte, le joyau du musée restant une superbe poutre centrale à fleur de lys qui fait bien des envieux. On y devine le passé de bastide de Gimont, et la gloire du bon vieux royaume de France… La visite sera rapide, mais très sympathique !

GÎTE DU TOUNET €€

Chemin du Tounet
✆ 06 77 88 52 21
www.gitedutounet.com
Compter de 300 à 750 € par semaine. Gîte 6 personnes.

Cette maison en position dominante offre de belles vues sur les vallons de Gascogne. Elle a été entièrement retapée en 2011, dans le respect des matériaux d'origine et des considérations environnementales. Le chauffage est assuré par une pompe à chaleur, les enduits sont faits au plâtre ou à la chaux, les menuiseries sont traitées à l'huile de lin, et la charpente faite avec les pannes d'un ancien moulin a été soigneusement conservée. Vous aimerez la cuisine parfaitement équipée pour passer des vacances sans prise de tête : lave-vaisselle, four, micro-onde.

BRASSERIE FORNO VIVO €€

2, rond-point de Cahuzac
✆ 05 62 06 53 81
www.brasserie-pizzeria-gimont.fr
Ouvert du mardi au samedi de 11h à 14h et de 19h à 22h, et le dimanche de 11h à 14h. Compter 28 € pour un repas.

Dans une ambiance conviviale et familiale, la Brasserie Forno Vivo propose une cuisine gasconne et italienne préparée sous vos yeux avec des produits frais. Confectionnées avec générosité, les pizzas traditionnelles cuites au feu de bois parfument la salle de restaurant. Ici, la reine de la cuisine italienne est pétrie, façonnée, composée, garnie avec savoir-faire et finesse, à la croisée des chemins italiens et gascons. La brasserie a profité de gros travaux d'aménagement en 2018 suite aux inondations récurrentes après orage.

GERS

LES DÉLICES D'ALIÉNOR - CROUSTAD'OC

Boulevard du Nord
✆ 05 62 67 87 89
www.delices-dalienor.com
Ouvert du lundi au vendredi de 9h à 17h.

Lorsque l'on a mordu une fois dans la dentelle délicate et croustillante d'une croustade ou d'une tourtière landaise, goûté à la saveur fondante du beurre et de la pomme parfumée, détecté la fine touche de l'armagnac… on ne l'oublie plus ! Cette pâtisserie locale vient grossir les rangs des délices gersois. Les parfums sont variés : pomme, poire, pruneaux, fruits rouges et une très originale croustade poire et chocolat qui est tout simplement délicieuse. A savourer sans modération.

MARCHÉ AU GRAS DE GIMONT

Halle au gras
✆ 05 62 67 77 87
www.gimont.fr/agenda.vdom
Le mercredi et dimanche matin à partir de 10h, de novembre à mars.

Les marchés se tiennent deux fois par semaine à Gimont, entre novembre et mars. Les amateurs et professionnels se retrouvent sous la Halle au Gras qui respecte toutes les normes sanitaires en vigueur. Les produits sont contrôlés par les services vétérinaires. Les carcasses sont exposées sur de longues tables, nettoyées, mais entières, à l'exception du foie vendu séparément. Le marché démarre au sifflet et les plus aguerris se précipitent sur les plus beaux produits. Les restaurateurs du Toulousain se pressent pour se fournir à cette source de premier choix.

L'ISLE-JOURDAIN

L'Isle-Jourdain, capitale informelle de la Gascogne toulousaine, est la cité gersoise la plus proche de Toulouse. Elle est à l'origine, un fief mouvant, lorsque la forêt de Bouconne double encore la Garonne pour former une barrière entre Gascogne et Haut-Languedoc. Relais antique de la voie romaine qui reliait Bordeaux à Jérusalem, la ville s'appelait Ictium avant d'être rebaptisée Ics au Moyen-Âge. Son nom actuel provient de la dynastie des seigneurs Jourdain, partis en croisade aux côtés du Comte de Toulouse. Le comté est vendu au début du XVe siècle au comte de Clermont puis racheté par Jean IV, comte d'Armagnac. Au gré des fortunes successorales, le comté atterrit dans le giron d'Henri de Navarre et est rattaché à la couronne de France lors de son accession au trône sous le nom d'Henri IV. L'Isle-Jourdain est alors un fief protestant. La ville connaît une période trouble et violente durant les guerres de Religion. À la révocation de l'Édit de Nantes, château comtal, fortifications et temple sont détruits. Les efforts réalisés en matière touristique ont conféré à la ville le titre de station verte de vacances. De nombreuses activités sportives sont proposées et le plan d'eau de la base de loisirs est dotée d'équipements ludiques dont un téléski nautique. Le site d'Airbus de Toulouse a conduit de nombreux sous-traitants à s'installer à L'Isle-Jourdain. Les deux villes ne sont qu'à 30 minutes l'une de l'autre. La commune connaît donc une forte croissance démographique : c'est désormais la 2e ville du département.

BASE DE LOISIRS DE GIMONT

Boulevard du Nord
Ouvert de fin juin au 31 août de 12h à 20h. Entrée piscine : 1,50 € et 1,10 € pour un enfant.

Le lac de Gimont est un plan d'eau de 2 hectares réservé aux pêcheurs et aux promeneurs. En bordure, il comprend quelques équipements de loisirs comme une piscine et des courts de tennis. Une aire de camping-car permet de stationner en effectuant le paiement à la borne. Pas vraiment aménagé, le lac est surtout un petit paradis pour les pêcheurs. On en remonte gardon, tanche ou sandre. Il est également possible de pêcher dans les rivières de l'Arrats et de la Gimone.

ASINERIE D'EMBAZAC ★

Route de Goudourvielle ✆ 05 62 07 02 10
www.embazac.com
Basse saison mercredi de 15h à 16h. Haute saison ouvert mercredi, jeudi, week-end de 15h à 18h. Sur réservation.

Bénédicte et Jean-François se consacrent aux ânesses laitières. Respectueux de l'environnement, les produits sont certifiés bio et les animaux sont nourris avec du fourrage et un mélange de céréales. Venez visiter la ferme et assister à la traite. Vous pourrez déguster quelques gouttes de ce lait si vertueux et regarder le façonnage des savons au lait d'ânesse frais. Au Mag'Âsin, vous trouverez cosmétiques, gélules de lait d'ânesse lyophilisé, pâte à tartiner, foie gras au lait d'ânesse. Ils disposent également de chambres d'hôtes et d'un gîte d'étape.

COLLÉGIALE SAINT-MARTIN ★

Rue du 14-Juillet
www.paroissestbertrand.blogspot.fr
Ouvert de 8h à 20h. Pas de visite pendant les offices.

La collégiale de l'Isle-Jourdain a connu une histoire turbulente à travers les siècles. Le premier bâtiment du site était un prieuré attesté dès 1177. Érigée en collégiale en 1318 par le pape Jean XXII, l'église héberge un chapitre de 12 chanoines répondant à l'autorité d'un doyen. L'église est détruite en 1580 par les protestants venus avec Henri IV occuper la ville. Une nouvelle église est construite dont ne demeure que la tour à l'heure actuelle. Elle servait de tour de guet en raison de sa hauteur. Cela n'empêche pas Georges du Bourg, le gouverneur de l'Isle-Jourdain, d'envoyer ses hommes raser la nouvelle église en 1585. Après la promulgation de l'édit de Nantes en 1598, le chapitre fait construire une collégiale provisoire qui devient interdite au culte en 1779, car jugée trop dangereuse. Une quatrième version est construite sur le même site entre 1779 et 1785 dans un style néo-classique et sur les plans de l'architecte toulousain Arnaud Raymond. Le financement se fait en lançant une cagnotte à laquelle participent l'archevêque de Toulouse et le roi Louis XIV en personne. La Révolution française met un coup d'arrêt à l'aménagement de la collégiale. Il faut attendre 1820 pour que celle-ci reçoive ses ornements intérieurs et son mobilier. La collégiale présente la particularité assez rare de ne pas posséder de clocher. Elle se présente sous la forme d'une croix latine à nef unique. Le chœur et la nef possèdent peu ou prou les mêmes dimensions, offrant à cet intérieur une harmonie plaisante.

MAISON CLAUDE-AUGÉ ★

Place de l'Hôtel-de-Ville
✆ 05 62 07 30 01
https://tourisme-gascognetoulousaine.fr/maison-claude-auge
Visite gratuite le samedi matin entre 10h et 12h d'avril à novembre ou sur rendez-vous.

Les vitraux, mosaïques, papiers peints de cet hôtel particulier traduisent l'éclectisme en vogue au début du XXe siècle. La maison marque surtout la fierté des Lislois pour le destin de Claude Augé, l'enfant du pays devenu directeur des célèbres Éditions Larousse. L'association des Amis de Claude Augé organise des visites de la demeure au style très parisien. L'escalier d'honneur est éclairé par une superbe verrière Art nouveau. La maison compte aussi deux semeuses, la célèbre icône de la maison Larousse. Saurez-vous les trouver ?

MUSÉE EUROPÉEN D'ART CAMPANAIRE ★

Place de l'Hôtel-de-Ville ✆ 05 62 07 30 01
https://tourisme-gascognetoulousaine.fr/musee-campanaire
Ouvert du mardi au samedi de 10h à 12h et de 14h à 18h. Entrée : 4,50 € ; tarif réduit : 2 €.

L'ancienne halle aux grains abrite le Musée européen d'Art campanaire. La collection comprend un millier de cloches dont le « carillon de la Bastille ». Il s'agit de la cloche de l'ancienne prison parisienne, sauvée de justesse lors des premiers jours de la Révolution française en 1789. Les autres sonnailles, grelots, tambours de bois ou de bronze sont archivés en sept zones thématiques. Le parcours retrace la fabrication et l'évolution des cloches et carillons du monde entier.

OFFICE DE TOURISME GASCOGNE TOULOUSAINE

Au bord du lac
✆ 05 62 07 25 57
www.tourisme-gascognetoulousaine.fr
Ouvert du lundi au samedi de 10h à 12h30 et de 14h à 17h30 jusqu'à 18h et le dimanche en été.

Un petit tour par l'office de tourisme de la Gascogne toulousaine est indispensable pour connaître les activités proposées sur les lieux touristiques de la communauté de communes. Flyers et dépliants rendent compte d'une multitude de circuits touristiques, randonnées et hébergements propices à des escapades gourmandes, culturelles, sportives et ludiques. Il organise une visite guidée gratuite de la ville tous les jeudis à 10h en juillet et août, et sur réservation pour les groupes.

CAMPING MUNICIPAL DU PONT TOURNÉ €

Boulevard de la Marne
✆ 05 62 07 25 57
www.mairie-islejourdain.com
Compter 2,20 € pour un emplacement ; 4 € pour un adulte ; 1,60 € pour un enfant. Du 1er juillet au 31 août.

Ce petit camping municipal est une bonne solution pour passer des vacances sous la tente, en caravane ou camping-car, à petit prix. Idéalement situé en bordure de la base de loisirs et à seulement quelques minutes à pied du centre-ville. Enjambez le pont Tourné du XIIIe siècle et accédez à toutes les activités proposées sur la base de loisirs : ski nautique, kart, paddle, Pédalo, grimp'arbres, mini-golf, tennis, pêche, randonnée, jeux pour enfants... et la piscine.

L'ÉCHAPPÉE BELLE €€

2, place Gambetta
✆ 05 62 07 50 05
www.echappee-belle.fr

Compter de 98 € à 128 € pour une chambre double selon la catégorie et 168 € pour une junior suite.

La rénovation complète a conduit les propriétaires à opter pour un style contemporain. Les chaises en plastique sont moulées, les vasques de bain sont en Corian®, le lin se décline en version brute, et les photos format géant habillent les têtes de lit. Chaque photographie est différente et confère à la chambre sa personnalité : champ de coquelicot, forêt, hall de gare, vaste prairie... il s'agit toujours d'une invitation à l'échappée belle. Le confort a été pensé dans ses moindres détails pour un séjour agréable, de la climatisation, à la literie haut de gamme.

HOSTELLERIE DU LAC €€

Avenue Corps-Franc-Pommiès
✆ 05 62 07 03 91
www.hostelleriedulac.fr

Compter de 59 € à 70 € pour une chambre double, selon la saison.

Un peu à l'écart du bourg de L'Isle-Jourdain, l'Hostellerie du Lac est l'endroit parfait pour faire étape dans un environnement proche de la nature. Vous profiterez de la piscine extérieure et des nombreuses activités proposées à la base de loisir. L'hôtel est, pour son prix, coquet et confortable. Les chambres donnant sur le lac disposent de balcons ou de petites terrasses. Vous pouvez également privatiser l'entièreté du lieu pour des formations, des séminaires ou des repas de mariage. Le restaurant dispose d'une agréable terrasse donnant sur le lac.

LE LOUBET €€

Le Loubet
✆ 05 62 07 48 32
www.leloubet.com

Chambre simple 70 € ; chambre double 70 €. Petit déjeuner inclus. Lit supplémentaire : 35 €.

Les amateurs de calme et d'espace tomberont sous le charme du Loubet : cette ancienne ferme de 1848 a été entièrement restaurée par ses propriétaires. L'aménagement des deux chambres, dont un appartement, a été réalisé avec beaucoup de goût et d'harmonie. La tonalité est champêtre, le papier peint fleuri et les couleurs pastel. Pour les longs séjours vous trouverez de quoi cuisiner et de quoi vous occuper, ainsi que vos enfants. Le petit déjeuner traditionnel est inclus mais les gourmands profiteront d'une formule encore plus copieuse sur demande.

LE PIGEONNIER DE GUERRE €€

Route de Ségoufielle ✆ 05 62 07 29 17
www.terroir-gers.com

Compter de 70 € à 85 € pour une chambre double, petit déjeuner compris.

Au sommet d'un coteau, un superbe pigeonnier de caractère datant du XVIIe siècle et une maison de campagne vous attendent. Les Bajon prennent soin de cette belle propriété et en ont transformé une partie de la ferme en chambre d'hôtes. Pigeonnier, orangeraie, étable et tours sont offerts aux hôtes de passage. Le tout est restauré avec des matériaux de choix : enduits naturels, cheminée de briques, poutres en chêne massif. Les meubles et bibelots ont été chinés dans les brocantes du coin donnant un résultat chaleureux et authentique.

LES ROULOTTES D'ENCAZEAUX €€

Paguère d'Encazeaux
✆ 05 62 07 21 15
www.lesroulottesdencazeaux.com

Pour 4 personnes. De 450 € à 780 € la semaine selon saison. De 75 € à 130 € la nuit. Cinquième personne : 10 € par nuit.

Ces deux véritables roulottes-gîtes de 20 m² sont installées sur l'exploitation agricole de Christine et Pascal. Vous profitez de la vue sur la vallée de la Save et du calme de la campagne gersoise. À votre arrivée, les lits sont faits. À disposition linge de toilette et de table, et vaisselle. Les propriétaires vous renseignent sur les excursions à faire alentour. Si vous aimez les chevaux, allez aux Écuries d'Encazeaux juste à côté. Les cavaliers sont d'ailleurs les bienvenus ici.

LES OLIVIERS €€

14, place Gambetta
✆ 05 62 07 17 60
www.restaurant-lesoliviers.fr

Ouvert du mercredi au dimanche de 12h à 15h et de 19h30 à 22h30.

Le restaurant Les Oliviers jouit d'une bonne situation et propose une cuisine semi-gastronomique inventive. La salle aux murs de briques et au mobilier design diffusent une ambiance qui joue sur les contrastes. Le midi la carte puise dans un répertoire brasserie tandis que le soir le chef revisite avec passion les plats du terroir. Curieux et inventif, il prépare des mets savoureux à base de produits de saison en grande partie achetés au marché. Il arrive que le chef décide à la dernière minute de son plat du jour en parcourant les étals.

GERS

L'ÉCHAPPÉE BELLE €€€

2, place Gambetta
✆ 05 62 07 50 05
www.echappee-belle.fr
Ouvert de 12h à 14h et de 19h30 à 22h. Compter 32 € pour un repas.

Le cadre résolument contemporain de cette brasserie gastronomique fait écho au parti pris moderne de la carte. Thierry Lair a fait ses gammes chez Bernard Bach, le double étoilé du Gers. Cela se ressent dans la finesse et l'originalité de ses créations qui revisitent les grands classiques avec des saveurs plus lointaines. L'incontournable foie gras du Gers s'accompagne d'un coulis de piquillos au Floc de Gascogne blanc. Côté plat nous avons aimé la rencontre du gibier et des épices indiennes avec le filet mignon de sanglier relevé au poivre de Tellicherry.

MAISON DUCAUZE

1 et 8, place Saint-Bertrand
✆ 05 62 59 01 93
Ouvert du mercredi au samedi de 8h à 13h et de 14h30 à 19h30, et le dimanche de 8h à 12h30.

La Maison Ducauze veille à n'introduire que des produits nobles dans ses créations. Depuis plus de 10 ans, Frédéric Ducauze met en scène son talent redoutable au service de recettes toujours plus savoureuses et innovantes. Passionné et imaginatif, il se joue des cacaos de qualité pour exalter leur caractère comme dans les Grattons Lislois, de délicieux éclats de fruits secs et de céréales pris dans trois chocolats. Chaque mois une nouvelle pâtisserie s'invite à la vente, des créations éphémères très attendues. Il n'y a pas à dire, c'est la crème de la crème !

L'ATELIER D'ÉRIC

11 ter, rue de la République
✆ 05 62 64 05 01
Ouvert du mardi au vendredi de 10h à 13h30 et de 16h à 19h15, et le samedi de 8h à 14h.

Éric Glorennec est avant tout un artisan-cuisinier qui met son savoir-faire au service des habitants de L'Isle-Jourdain. Mariages, fêtes, réceptions, mais aussi repas du soir, toutes les occasions sont bonnes pour s'arrêter ici. Les produits disponibles sont nombreux : verrines, « saveurs du monde », foie gras, sushis, saumon fumé, produits d'épicerie fine et plats à emporter. Les origines du chef se retrouvent dans quelques spécialités d'exception comme le pâté de campagne de Roscoff ou de la tartelette de coquilles Saint-Jacques.

CAFÉS DI-COSTANZO

17, rue du Commandant-Cousteau
✆ 05 62 07 40 92
www.cafesdicostanzo.com
Ouvert du mardi au vendredi de 10h à 12h45 et de 15h à 19h30, et le samedi de 9h30 à 13h et de 15h à 18h30.

Plus de mille professionnels de la restauration et de l'hébergement font confiance au café Di-Costanzo. Émilie et Étienne ne sont pas de simples torréfacteurs mais de vrais esthètes. Dans la boutique installée à côté de la brûlerie, vous trouverez des cafés en grains ou fraîchement moulus mais aussi des capsules compostables compatibles avec les machines Nespresso. La traçabilité est assurée depuis la fève et son lieu de production soigneusement sélectionné. Les grains doivent être consommés dans les deux mois pour une meilleure expérience.

COMPTOIR DE NOS FERMES

13, place Gambetta
✆ 05 62 07 27 93
www.terroir-gers.com
Ouvert du mardi au jeudi de 9h30 à 14h et de 16h à 19h, jusqu'à 19h30 vendredi et samedi.

Le Comptoir de nos Fermes joue la carte du terroir en offrant une large gamme de produits régionaux sélectionnés dans les fermes des environs. On y retrouve les violettes de Toulouse, du miel, du pain d'épice, des amandins aux pruneaux, des calissons à la violette, des confitures… ainsi qu'une gamme de céréales et légumineuses respectueuses des sols et de l'écosystème. On s'y procure également les produits stars de la région tels que le foie gras, le magret de canard et une sélection d'armagnacs et de côtes-de-gascogne à consommer avec modération.

FERME DE LAS CRABÈRES

Route de Toulouse
✆ 05 62 07 27 02
www.las-craberes.fr
Ouvert du lundi au samedi de 9h à 12h30 et de 14h30 à 19h. Visite de la ferme sur rendez-vous.

Après 35 années passées à engraisser les canards, Francis Mauco a transmis son élevage à Jean-Christophe Dardenne. Le jeune éleveur-producteur reprend le flambeau dans le respect des techniques héritées de la tradition locale. Les canards sont élevés en plein air, puis gavés au maïs en grain avant abattage et transformation. La ferme cuisine de délicieuses conserves comme les haricots aux manchons confits et met en bocal des foies entiers. Le planning d'abattage est publié sur le site Internet afin d'anticiper ses commandes de magrets et aiguillettes.

GERS

BASE DE LOISIRS DE L'ISLE-JOURDAIN

Office de tourisme
✆ 05 62 07 25 57
www.tourisme-gascognetoulousaine.fr
Activités aquatiques d'avril à octobre. Entrée piscine 4 €. Location vélo électrique 25 €/jour.

La base de loisirs de L'Isle-Jourdain s'étend sur près de 25 hectares à l'ouest de la ville. Deux lacs artificiels alimentés par la Save permettent de se livrer à un grand nombre d'activités très variées. Il est possible de se procurer des vélos à assistance électrique toute l'année à l'office de tourisme ou de parcourir à pied les chemins de randonnée. Ils sont au nombre de 4 et proposent des thématiques différentes : parcours cyclo ; parcours de découverte artistique et des fresques murales de L'Isle-Jourdain ; parcours de visite clé en main du centre-historique ; rallye de découverte du patrimoine pour les enfants. Le skate-parc et les courts de tennis, situés entre les deux lacs, sont eux aussi accessibles toute l'année. Le mois d'avril marque le lancement de la saison. La piscine chauffée affiche une température idéale de 28 °C pour se remettre à l'aquagym, à l'aquabike ou prendre des cours de natation. Le téléski nautique voit revenir les accros à l'adrénaline et au wakeboard. Les figures s'effectuent à l'aide de structures posées sur le lac. Il faut attendre le mois de mai et que l'eau du lac se soit un peu réchauffée pour que la location de paddles et de pédalos démarre. C'est aussi le mois choisi par Bambou Gers pour la réinstallation de ses tyroliennes, passerelles et plateformes dans les arbres. Le minigolf anime journées et débuts de soirée en juillet et août. L'office de tourisme est votre interlocuteur privilégié pour tout renseignement sur ces activités.

GOLF LAS MARTINES

Route de Sainte-Livrade
✆ 05 62 07 27 12
www.golf-lasmartines.com
Ouvert tous les jours de 9h à 17h. Compter 30 € pour un 9-trous le week-end et 900 € pour l'abonnement annuel.

Inauguré en 1986, plus technique que physique mais adapté à tous les niveaux, ce golf se trouve à quelques kilomètres au nord de L'Isle-Jourdain, sur la route de Ségoufielle. Ses 9-trous se pratiquent en Par 35 avec un premier trou en 5 coups. Il sait se mettre à la portée des plus jeunes par ses tarifs, et dispense un enseignement de qualité assuré par Mathias Günzel. Des stages et challenges sont organisés régulièrement à la belle saison. Le restaurant, ouvert le midi, occupe une authentique et ravissante toulousaine en brique.

LECTOURE ★★

Lectoure est l'une des plus anciennes cités du Gers. Plus de cent sarcophages découverts dans la plaine, des milliers de vestiges gallo-romains, des puits gaulois mis au jour en attestent. À l'époque, la ville s'étalait dans la plaine, avant de migrer sur le plateau pour échapper aux pillages. Elle domine majestueusement la plaine du Gers et se pare de reflets d'or au coucher du soleil. Une visite de Lectoure vous mènera du bastion à l'ancien hôpital et château des comtes d'Armagnac, en passant par la cathédrale, l'ancien Palais de l'évêché, la halle ou la Fontaine Diane. On y rend hommage au Maréchal Lannes, l'enfant du pays qui participa aux campagnes napoléoniennes. Installé dans l'ancien évêché, le Musée Eugène-Camoreyt offre aux regards la plus importante collection d'autels tauroboliques remontant à l'époque romaine. Le musée d'Art sacré dans le clocher de la cathédrale regroupe les objets de culte et de piété, ainsi qu'un riche patrimoine religieux. La ville accueille l'Été photographique, un évènement culturel de premier plan organisé par le Centre d'art et de la photographie de juillet à septembre. Lectoure, c'est aussi un passage obligé pour les pèlerins qui empruntent le GR65 vers Compostelle. Les brocanteurs et antiquaires qui ont investi la cour de l'hôpital et les boutiques de la rue principale sont en passe de transformer le bourg en une nouvelle Isle-sur-la-Sorgue. Des puces se tiennent en complément tous les dimanches d'été sur l'esplanade du bastion.

CATHÉDRALE SAINT-GERVAIS-SAINT-PROTAIS ✝ ★★

Rue Nationale
✆ 05 62 64 00 00
www.gascogne-lomagne.com
Visite du Trésor sur réservation. Se renseigner à l'office de tourisme.

Erigée à partir du XIIIe siècle, la cathédrale a connu de nombreuses modifications. Façade, nef et clocher sont détruits en 1473. La nouvelle tour-clocher s'élève à 45 mètres. L'intérieur abrite un musée d'art sacré exposant objets liturgiques, reliquaires, images pieuses, sépultures et chasubles. Il est possible de grimper au clocher en compagnie d'un guide de l'Office de tourisme et d'admirer le plan bien ordonné de la ville. L'orgue donne lieu à des concerts en été.

BASILIQUE SAINT-GÉNY ✝ ★

Monastère Saints-Clair-et-Maurin
✆ 05 62 68 52 94
www.monasteresaintgeny.fr
Ouvert au public en certaines occasions (contacter la communauté). Gratuit.

Dans la ville basse, cette magnifique chapelle laissée sans usage a été acquise par une communauté monastique dépendant de l'Eglise orthodoxe serbe. Elle a été reconsacrée en 2000 en présence de 600 personnes. Désormais, le site accueille le père Antoine ainsi qu'une dizaine de religieux. La basilique abrite les reliques du martyr lectourois saint Gény, une icône miraculeuse de la Mère de Dieu de Chilandar, des ostensoirs, des ciboires, un sarcophage, une iconostase sculptée et, plus insolite, une très belle icône représentant le roi Louis XVI. Juste à côté de la basilique se tient un petit musée renfermant une importante collection de santons. Elle peut être visitée en prenant rendez-vous auprès du Père Antoine. Le monastère de Saint-Gény a été fondé au Xe siècle par Guilhem Sanche de Gascogne. L'évêque Gothescalc y fit étape lors de son pèlerinage pour Compostelle en 950. L'évêque parti du Puy en Velay est considéré comme le premier pèlerin pour la ville de Galice. Les pèlerins continuent d'être accueillis à la Maison Béthanie qui jouxte le monastère. La chapelle actuelle remonte au XVIe siècle. Elle fut reconstruite sur les fondations de l'ancienne église, elle-même bâtie sur le tombeau de l'ermite Saint-Gény. Les guerres de Religion qui ont fortement sévi dans cette région ont laissé des pans entiers de territoires dévastés, dont beaucoup ont mis du temps à se relever. Il ne reste d'ailleurs plus aucun bâtiment d'origine du prieuré, complètement mis à sac. Seuls quelques puits et un mur d'enceinte subsistent.

BLEU DE LECTOURE 📷

55, rue Alsace-Lorraine
✆ 05 62 28 14 93
www.bleu-de-lectoure.com
Visite de l'atelier tous les jours, sur réservation.

Dès la Renaissance, le Sud-Ouest de la France se lance dans la production intensive de l'*Isatis Tinctoria*, autrement dit, le pastel, cette plante qui, une fois broyée et fermentée, donne un bleu éclatant à nul autre pareil. La Gascogne devient alors un pays de Cocagne, les «cocagnes» dénommant les boules de pastel. Dès lors, Toulouse s'impose comme le cœur d'un commerce européen d'un commerce florissant, du moins jusqu'à la découverte de l'indigo et bien pire encore... des teintures synthétiques. Heureusement une petite forme de résistance s'est organisée pour permettre au bleu dit de Lectoure de perdurer au pays. Ici, vous découvrirez l'histoire du pastel et son processus de transformation en teinture naturelle. Cette fabrique qui avait été fondée en 1994 a bien failli cesser toute activité et disparaitre en 2016, avant d'être sauvée in-extremis et de renaître tel un phénix sous la houlette de l'ancien patron et deux de ses employées associées dans sa sauvegarde. Passionnés et déterminés à sauver un outil et valoriser un savoir-faire local, ils entrainèrent dans l'aventure un agriculteur qui poursuit la production de la plante tinctoriale. Ils ont déménagé leur atelier à l'entrée de la ville et développé une gamme de produits bio. On trouve dans leur boutique une large gamme de vêtements, foulards, savons, produits de beauté, peinture qui ont tous pour point commun, vous vous en doutez, le pigment naturel proche du bleu du ciel. Merci à Henri, Cécile et Séverine de faire perdurer la tradition du bleu pastel de Lectoure !

GERS

© BERNARD GIRARDIN - STOCK.ADOBE.COM

Lectoure.

CENTRE D'ART ET DE PHOTOGRAPHIE ★

8, Cours Gambetta
✆ 05 62 68 83 72
www.centre-photo-lectoure.fr
Expositions gratuites du mercredi au dimanche de 14h à 18h.

Le centre d'art de Lectoure est l'un des sept centres reconnus par le ministère de la Culture consacrés à la photographie en France. Il accueille des artistes en résidence, qui exposent par la suite le fruit de leur travail. Tous les étés, le centre d'art et de photographie de Lectoure est aussi à l'origine d'une formidable exposition : l'Eté Photographique. Les œuvres d'artistes contemporains, photographes, vidéastes, sculpteurs, plasticiens investissent plusieurs lieux dans la ville.

MUSÉE EUGENE CAMOREYT

Place Général-de-Gaulle
✆ 05 62 68 55 19
www.lectoure.fr
Ouvert du mercredi au lundi de 10h à 18h. Visite guidée obligatoire : 4 €.

Les origines de ce musée remontent au XVIe siècle et il compte certainement parmi les plus anciens établissements de ce genre en France. C'est à la suite de la découverte d'autels de culte dits « tauroboliques » que le tout premier musée est inauguré. Les 20 stèles des IIe et IIIe siècles sont trouvées à l'occasion de travaux de réfection du chœur de la cathédrale Saint-Gervais Saint-Protais en 1540. Elles sont alors transportées à la maison commune qui se tenait à la place de la halle actuelle. Deux autres stèles seront trouvées plus tard dans le bastion. Après l'incendie de la halle, l'Hôtel de Ville prend ses quartiers dans le palais épiscopal. Les stèles y sont transportées et installées au sous-sol en compagnie d'autres pièces remontant à l'antiquité, comme un somptueux sarcophage en pierre. Ces stèles étaient gravées et datées à l'occasion du sacrifice d'un boeuf ou d'un bélier en l'honneur de la déesse Cybèle. En complément de cette visite, trois salles peuvent être vues. La première est dédiée au maréchal Lannes, la deuxième à l'amiral Boué de Lapeyrère tous deux enfants du pays. La troisième salle mérite une attention toute particulière. Il s'agit de l'ancienne pharmacie d'Astaffort remontant au XIXe siècle et qui fut donnée à la ville en 1970. On peut y voir de vieux piluliers, des bocaux mystérieux et pleins d'objets insolites. La salle des Illustres à l'étage (accès libre et gratuit) présente aux visiteurs le portrait des principaux généraux et amiraux nés ou formés à Lectoure et dans les environs.

LES CAPUCINS €€

1, rue des Capucins
✆ 05 62 28 88 73
www.capucins-lectoure.fr
Chambre simple de 50 € à 65 € ; double à partir de 65 € ; triple à partir de 90 € ; suite de 65 € à 75 €.

L'ancien couvent des Capucins de Lectoure est un lieu paisible, propice à l'échange où chacun s'encourage, se réconforte et témoigne de son expérience. La superbe décoration, les murs en pierres, les parquets et tomettes au sol confèrent un charme fou à la maison. Les chambres, la suite et le studio sont tous confortables et bien équipés, avec entre autres des kitchenettes. Le soir, sur la terrasse ou à l'abri de la demeure, l'atmosphère fleure bon l'authenticité et la convivialité de la Gascogne, à l'image de sa propriétaire.

LE MARQUISAT €€

côte du Marquisat
✆ 05 62 68 71 27
www.lemarquisat.com
2 chambres. Chambre simple 46 € ; double 62 €. Petit-déjeuner inclus. Gîtes à partir de 245 € la semaine. Restauration

À 5 minutes du centre-ville de Lectoure et du centre thermal, Le Marquisat est un lieu idéal pour se ressourcer. Dans une belle bâtisse en pierre blanche perchée sur le coteau sud, vous serez chaleureusement accueilli par Annie et Jean-Yves. Pèlerins,, voyageurs, curistes pourront se détendre dans des chambres d'hôtes simples et confortables avec entrée indépendante. De plus, un salon-bibliothèque douillet, une piscine et un beau jardin vous invitent à la détente. Les gîtes, tous équipés, offrent une vue imprenable sur la campagne gersoise.

CAMPING LE LAC DES 3 VALLÉES €€€

✆ 05 62 68 82 33
www.lacdes3vallees.fr
Compter de 20 à 74 € pour un emplacement pour 2 personnes. Fermé du 6 septembre à la Pentecôte.

Ce camping grand luxe et tout confort profite d'un immense terrain de 300 hectares, de trois lacs, dont un réservé à la baignade des chiens et de nombreuses animations et activités. Parc aqualudique, espace de pêche, terrains de sport, piscine avec toboggans, mini-club pour les enfants et les ados, salle de fitness, spectacles, la famille Dumas sait recevoir. Une boutique, un restaurant, un snack et une pizzeria vous permettront de passer une semaine (ou plus) en toute autarcie.

COLLÈGE DES DOCTRINAIRES €€€

148, Rue Nationale ✆ 05 62 68 50 00
www.doctrinaires.fr

Compter de 1 080 à 1 290 € pour un studio 2 personnes, pour 21 nuits.

L'ancien lycée de la ville a été converti en hôtel-résidence de luxe destiné aussi bien aux curistes qu'aux touristes de passage. Après deux ans de travaux de transformation et le forage d'un tunnel reliant l'hôtel aux thermes, l'hôtel a ouvert ses portes en 2019. L'architecte Sébastien Desroches a veillé à préserver l'esprit des lieux de cette bâtisse du XVIIe siècle. La pierre est à l'honneur dans les parties communes, et une cheminée monumentale réchauffe le salon. Les 44 chambres-appartements offrent des prestations exclusives et surtout beaucoup d'espace.

AUBERGE DES BOUVIERS €€

8, rue Montebello
✆ 05 62 68 95 13
https://aubergedesbouviers.eatbu.com

Ouvert le midi du mercredi au dimanche et le soir du mardi au samedi. Compter 50 € pour un repas.

Le chef Bastien Boulard a quitté sa Normandie natale pour animer les fourneaux de cette auberge médiévale. Les repas sont servis dans une salle aux poutres apparentes, aux fenêtres vitrail et à la grande cheminée en pierre qui donne toute son âme à la pièce. Les plats évoluent au fil des saisons, faisant la part belle aux produits nobles et de qualité souvent teintés de saveurs iodées. Les assiettes, généreuses, font montre d'une grande technicité au service d'une inspiration mêlant classicisme et originalité. Elles s'accompagnent d'un beau choix de vin.

LE BASTARD €€

2, Rue Lagrange
✆ 05 62 68 82 44
www.hotel-de-bastard.com

Ouvert le midi du mercredi au dimanche et le soir du mardi au samedi, fermé le dimanche soir en été. Compter 41 €.

Dans cette belle demeure du XVIIIe siècle, le chef Xavier Billot travaille les produits du terroir avec originalité. Il met en avant des produits marqués par la saisonnalité, tels que le potimarron ou la Saint-Jacques en hiver. Foie gras, canard ou soufflé aux pruneaux et à l'Armagnac sont présents toute l'année pour le plus grand plaisir des touristes de passage. La table historique de Lectoure s'attache à proposer une cuisine bourgeoise servie sous les parasols en été. Elle est d'ailleurs reconnue et récompensée par plusieurs labels et guides de qualité.

RACINE €€

123, rue Nationale
✆ 05 62 28 07 41
www.racinerestaurant.fr

Ouvert du mardi au vendredi de 12h à 15h ; le vendredi de 19h30 à 21h ; le samedi de 19h à 21h. Réservation impérative.

Lionel et Laurence ont investi ce petit restaurant au printemps 2019. Le succès a été immédiat. Seulement 20 tables et une formule à l'ardoise, avec des plats qui connaissent une durée de vie de 8 jours maximum. Lionel a fait ses classes chez les plus grands de Bruxelles. Il y a acquis une technique et une volubilité qui emportent tout. Les saveurs se télescopent, aériennes, pour créer des instants de grâce. Lectoure possède désormais son bistro gastronomique qui affiche complet midi et soir. Pensez à réserver quelques jours à l'avance.

CIGALE E FOURMI

31, rue Nationale
✆ 05 64 25 05 06

Entrée + Plat ou Plat + Dessert : 15€. Menu complet : 18€. Bar.

Emilie et Damien Lemontagner ont repris cette brasserie en juillet 2020. Ils ont profité du confinement pour redonner un peu de lustre à la salle. Situé en retrait de la rue principale, derrière la tour d'Albinhac, le restaurant profite de la terrasse la plus agréable de la ville. Il fait bon s'attabler sous les grands parasols et se laisser porter par l'inspiration du chef. Ses plats soigneusement travaillés adoptent des attitudes bistrotières comme cette royale de potimarron et chips de jambon de pays ou l'araignée de bœuf au gâteau de pommes de terre.

MAISON BAUDEQUIN

13 bis, rue Nationale
✆ 09 80 75 20 25

Ouvert du mardi au samedi de 9h à 18h30 et le dimanche de 10h à 12h30 ; tous les jours sauf dimanche en été.

La Maison Baudequin est plus qu'un salon de thé, c'est aussi une pâtisserie familiale et un chocolatier. On pourra tout à son plaisir y prendre son petit déjeuner, un dix-heures ou le goûter de l'après-midi, accompagné d'un chocolat chaud bien crémeux, la spécialité maison. De bons gâteaux faits maison sont servis en parts. Cheesecake, *carrot cake*, tartes aux fruits, au chocolat... vous aurez l'embarras du choix et le plus délicat sera de ne pas succomber à chacun d'entre eux en une seule fois. Quelques tables sont installées sur la rue en été.

LA CAVE LECTOUROISE

25, rue Nationale

✆ 05 62 68 51 40

Ouvert du mardi au samedi de 10h à 12h et de 15h30 à 19h et le dimanche matin. Fermé lundi et mardi en hiver.

Gérard a laissé les clés de sa cave au printemps 2021 à Romain. Malgré son jeune âge, il impressionne par ses connaissances techniques et ses qualités de dégustateur. Il propose une belle sélection de vins de la région (Chiroulet, Pellehaut, Côte d'Heux, Uby...) et pourra vous expliquer toutes les subtilités des côtes-de-gascogne, dont certains domaines méritent vraiment d'être découverts. Armagnacs hors d'âge, folle blanche, champagnes millésimés, alcools d'exception et une exploration poussée du Languedoc permettent toujours de dégoter un flacon intéressant.

DOMAINE D'ARTON

Arton

✆ 05 62 68 84 33

www.arton.fr

Visite du lundi au samedi de 9h à 13h et de 14h à 18h. Le dimanche sur rendez-vous.

Propriété familiale située sur la route de Miradoux, le domaine d'Arton s'étend aujourd'hui sur une cinquantaine d'hectares. Victoire et Patrick de Montal cultivent leur vignoble de manière traditionnelle, dans le respect de la vigne et de la matière brute. Ils produisent une large gamme de vins, blanc sec, doux ou moelleux, rosé, rouge, et aussi le fameux spiritueux gascon : l'armagnac. Ajoutez-y de l'eau-de-vie de poire, de prune ou de pêche de vigne, et vous aurez une belle vue d'ensemble. Didier Billes se fera un plaisir de vous faire découvrir le domaine.

MARCHÉ DE LECTOURE

Tous les vendredis de 8h à 12h30, jusqu'à 13h en été.

Le vendredi matin l'effervescence est à son comble rue Nationale, l'artère traversant la ville d'un bout à l'autre. Les marchands investissent la rue, et vous trouverez de tout : produits du terroir, vêtements, rempailleur, plantes, marchand de tapis ou de matelas... En été, le marché s'agrandit, rejoint par les camelots venant répondre à la demande touristique. Le dimanche matin, des producteurs locaux investissent le parvis de la cathédrale. On y trouve notamment le fameux melon de Lectoure et un producteur d'huile d'olive du Gers.

CHEMIN DE SAINT JACQUES DE COMPOSTELLE

Ouvert toute l'année.

Certains tronçons des chemins de Saint-Jacques-de-Compostelle en France sont inscrits sur la liste du patrimoine mondial de l'Unesco. Celui qui mène de Lectoure à Condom fait partie des 7 tronçons classés de la *Via Podensis* qui sillonne du Puy-en-Velay à Saint-Jacques-de-Compostelle. Long de 27 kilomètres, il faut compter 6 heures 45 pour le parcourir. Il passe par des chemins de terre qui traversent prés et arrière-cours de fermes et des petites routes de campagne à peine fréquentées. Le chemin traverse les villages pittoresques de Marsolan et de Castelnau-sur-l'Auvignon. A la chapelle d'Abrin, il se dédouble. Les randonneurs les plus fervents optent pour le détour par le village de La Romieu qui compte une somptueuse collégiale et un cloître également répertoriés au patrimoine mondial de l'Unesco. Ce détour nécessite de marcher 5 kilomètres de plus. Il est bien sûr possible de faire étape à La Romieu. Arrivé à Condom, vous pourrez visiter la cathédrale Saint-Pierre. Le chemin se poursuit ensuite vers Montréal-du-Gers et emprunte le pont d'Artigues du XIIe siècle, là encore inscrit au patrimoine mondial de l'Unesco. Nous vous recommandons le petit détour de 15 minutes vers l'adorable village fortifié de Larressingle. Le chemin de Saint-Jacques-de-Compostelle est fréquenté de Pâques à la Toussaint, avec un pic indéniable durant l'été. Il devient alors nécessaire de réserver son hébergement, surtout si vous souhaitez profiter du tarif pèlerin.

LA FERME DES ÉTOILES

MAUROUX

✆ 05 62 06 09 76

www.fermedesetoiles.com

Ouvert toute l'année.

Cette belle demeure gasconne, à l'écart du village de Mauroux, labellisée Oasis Nature, est le repère idéal pour profiter d'un ciel d'exception dans de bonnes conditions. Le site dispose d'un télescope de 620 mm de diamètre, d'un planétarium numérique de 7 m et autres instruments, et propose un large panel d'activités, séjours d'astronomie, dîners-veillées du samedi, séjours astronautiques grâce à un simulateur de vol numérique. La ferme propose des chambres d'hôtes et des astrobulles sous les étoiles disposées dans le parc. Repas de terroir et piscine en été.

MONTGOLFIÈRES DE GASCOGNE

Bordes

✆ 05 62 64 69 92

www.montgolfieres-gascogne.fr

Compter 235 € pour un vol. Sur réservation et selon la météo.

Cela fait plus de 25 ans que Guy fait voler ses montgolfières bleues et blanches au-dessus de Lectoure. Tôt le matin, alors que le soleil étire ses rayons sur la plaine du Gers, ou en fin de journée quand le ciel s'empourpre, les vues offertes depuis la montgolfière sont magiques. Vous profiterez de la vue saisissante de la ville vue du dessus et de ses alentours vallonnés. Dépêchez-vous de vous inscrire, Guy part en retraite à la fin de l'été 2021.

VALVITAL - THERMES DE LECTOURE

125, rue Nationale

✆ 05 62 68 56 00

www.valvital.fr/stations-thermales/lectoure/accueil-lectoure.html

Ouvert de 14h à 19h (hors cure). Entrée : 12 €. A partir de 20 € pour un soin.

Installé dans un hôtel particulier du XVIIIe siècle, ce centre thermal est l'un des plus beaux de France. La source sulfatée, chlorurée et sodique de Lectoure est reconnue pour son efficacité sur les pathologies rhumatismales. Les soins sont prodigués le matin dans le cadre des cures médicalisées. L'après-midi, le centre s'ouvre au public. Piscine et bains à jets, soins de beauté relaxants ou détoxifiants, hammam et aquagym vous redonneront tonus et vitalité.

LOMBEZ

Village monastique puis cité épiscopale du XIVe au XVIIIe siècle, Lombez a eu pour évêque Fénelon au XVIIe siècle mais aussi le cardinal Jacques Colonna, ami de Pétrarque. Le poète italien résida à Lombez en 1330 et écrivit ces quelques lignes : « Cet homme illustre et incomparable, Jacques Colonna, alors évêque de Lombez, [...] m'emmena en Gascogne et je passai au pied des Pyrénées un été presque céleste [...] ». La construction de l'imposante cathédrale Sainte-Marie débute au XIVe siècle, mais elle ne sera consacrée qu'en 1770. La plus toulousaine des églises gersoises impressionne avec son architecture de briques rouges, ses contreforts et ses arcs.

OFFICE DE TOURISME DU SAVÈS

10, Place de la Cathédrale

✆ 05 62 62 37 58

www.tourisme-saves.com

Horaires variables selon la saison.

L'office de tourisme de Lombez est couplé avec celui de Samatan et l'équipe se partage entre les deux bureaux. Vous trouverez ici toutes les informations utiles pour un séjour plaisant en Savès. Que vous veniez le temps d'un week-end ou pour de longues vacances, que vous soyez en quête d'activités sportives ou culturelles, que vous soyez à la recherche d'une chambre d'hôtes romantique ou d'un hébergement insolite, l'office de tourisme de Lombez aura la réponse.

GERS

Vue sur Lombez.

CATHÉDRALE SAINTE-MARIE ★★

Place de la Cathédrale

Ouvert toute l'année. Grand-messe à 10h le dimanche.

Elle se distingue dans ce pays du Savès gersois où les églises arborent traditionnellement des clochers-murs. La cathédrale Saint-Marie est comme un phare visible tout autour de Lombez avec son magnifique clocher haut perché dans les tons rosés. On la doit au pape Jean XXII en Avignon qui décide de renforcer la puissance et les actions de l'église dans la région en créant cinq évêchés nouveaux sur les terres de l'archevêché de Toulouse. C'est ainsi qu'en 1317, l'abbaye bénédictine Notre-Dame de Lombez est élevée au rang d'évêché, ce qu'elle demeurera jusqu'à la Révolution. L'aspect architectural de forteresse de la cathédrale avec ses contreforts massifs et son chemin de ronde s'explique par la lutte contre les hérésies et la guerre de Cent ans. Sa construction durera deux siècles, du XIV au XVe, en commençant en 1346 par le clocher haut de 42 m de type méridional inspiré par ceux des églises Saint-Sernin et des Jacobins de Toulouse. Classée Monument Historique depuis 1846 pour son architecture, elle abrite plusieurs éléments de mobilier également remarquables. Signalons en particulier dans le baptistère la cuve baptismale en plomb du XIIIe siècle entourée de vitrines où sont exposées un trésor religieux du XIXe siècle ; dans le chœur de la grande nef des vitraux du XVIe siècle ; également dans le chœur les stalles et le trône épiscopal en bois sculpté du XVIIe siècle, les grilles en fer forgé du XVIIIe siècle ; enfin en tribune au-dessus du porche les orgues de Guillaume de Monturus du XVIIIe siècle.

VISITE GUIDÉE DU CENTRE HISTORIQUE

10, place de la Cathédrale

✆ 05 62 62 37 58

Départ devant la cathédrale à 16 ou 17h le dimanche. Visite guidée.

Lombez est marquée par son passé d'évêché ayant bénéficié de l'installation du Saint-Siège en Avignon. La Révolution française stoppa cette prééminence religieuse, mais Lombez en garde les vestiges. Cette visite guidée s'attarde sur la cathédrale et vous présente la halle couverte du XIXe siècle, le moulin à eau, l'ancien couvent des capucins, l'église Saint-Jérôme et la confrérie des pénitents, l'ancien palais épiscopal, la porte nord des remparts, l'ancien tribunal devenu mairie…

CITY BREAK €

2, rue de la République

✆ 07 50 80 91 75

Compter de 240 à 320 € pour une semaine. Gîte 4 personnes.

Ce gîte de caractère se trouve au cœur de la vieille ville de Lombez, au-dessus d'un institut de beauté. Son aménagement moderne et confortable permet un séjour agréable à un prix très raisonnable. Proche de la nature, tout en respirant l'âme de la cité, vous profiterez ici du calme dans un cadre douillet. La cuisine comprend tout le matériel nécessaire, dont un lave-vaisselle. Les chambres sont un peu petites, mais charmantes avec leur parquet ancien et la cheminée. L'adresse est parfaite pour une escapade en famille ou à deux.

LE PARC DE PÉTRARQUE €€

11, rue Notre-Dame

✆ 05 62 62 32 70

www.leparcdepetrarque.com

Compter 54 € pour une chambre double, petit déjeuner compris.

Coup de cœur et accueil chaleureux pour cette maison de maître du XVIIIe siècle implantée dans le parc privatif de l'ancien évêché déployé sur 4 ha, avec étang et prairie. Pétrarque, premier poète humaniste, a dit avoir passé un « été céleste » à Lombez. La maison propose 5 chambres de caractère aux enduits et pigments naturels et meubles anciens. On aime celle de l'écrivaine, nommée en hommage à la grand-mère du propriétaire, écrivaine et critique littéraire. Nombre d'écrivains viennent se ressourcer ici. A voir la collection d'affiches et de tableaux d'époque.

LA RÊVERIE €€

48, boulevard des Pyrénées

✆ 05 62 61 83 75

www.maisondhotes-lareverie.com

Ouvert toute l'année. 3 chambres. Petit déjeuner inclus. Chambre double à partir de 67 €. CB non acceptée. Wifi.

Ancien relais de poste, comme en témoignent encore les anciennes écuries, puis hôtel particulier, la demeure, installée près du vieux Lombez, est devenue une maison d'hôtes en 2012 grâce à Agnès et Eric qui l'ont entièrement rénovée. A disposition : deux chambres et une suite parentale. Celles-ci donnent sur la charmante cour où il fait bon prendre son petit-déjeuner en été. Le tout est charmant, avec vieux parquets, couleurs pastel et boutis moelleux jetés sur les lits. La Rêverie porte bien son nom : on y rejoint les bras de Morphée en toute sérénité !

MARCIAC ★

La bastide royale de Marciac fut fondée en 1281 selon un plan typique à damier. La place centrale est desservie par deux rues perpendiculaires à chaque angle et accueillait une halle dédiée au commerce. La halle fut détruite en 1871, ne laissant qu'une vaste place – la plus grande du Gers – qui permet d'accueillir une scène à l'occasion du festival Jazz in Marciac. Tout autour, les élégantes façades percées d'arcades rassemblent commerces et lieux de restauration. L'église Notre-Dame-de-l'Assomption, édifice gothique du XVe siècle au clocher-porche carré, est constituée d'une triple nef et d'un chœur pentagonal abritant des sculptures du XIVe siècle.

LES TERRITOIRES DU JAZZ ★

Place du Chevalier-d'Antras
✆ 05 62 08 26 60
www.marciactourisme.com
Ouverture du mardi au samedi de 10h à 18h en juillet-août. Adulte : 6 €. Enfant (jusqu'à 18 ans) : 3 €.

Si vous pensiez que le jazz s'écoutait les yeux fermés, au musée qui lui est consacré il s'agit de les ouvrir bien grands ! Unique en Europe, tant par son thème que par les moyens techniques dont il est équipé, ce magnifique espace propose un voyage à travers toutes les expressions de cette musique qui a vu le jour en Afrique. La prouesse technique, la profusion et la pertinence des documents, la qualité de leur présentation, l'originalité de l'ensemble entraînent le visiteur, casque à infrarouge sur les oreilles, dans un parcours magique d'une durée de 45 min.

JAZZ IN MARCIAC

✆ 08 92 69 02 77
www.jazzinmarciac.com
Du 24 juillet au 16 août 2021. Billet : de 20 à 70 € selon les concerts.

La renommée de ce festival dépasse depuis longtemps les frontières du Gers. Il accueille depuis 1978 les pointures de la musique jazz. Ibrahim Maalouf, Marcus Miller, Hugh Coltman, Gregory Porter, Melody Gardot, Sting, Nora Jones sont autant d'artistes à avoir fait vibrer l'air gersois de leurs notes. La scène installée à la sortie du village peut accueillir 5 000 spectateurs, tandis que sur la place de la bastide se jouent des concerts gratuits. En journée, ce sont les grands de demain qui entonnent quelques notes de musique dans le cadre d'un festival «off».

OFFICE DE TOURISME COEUR SUD-OUEST

21, place de l'Hôtel-de-Ville
✆ 05 62 08 26 60
www.marciactourisme.com
Ouvert tous les jours de 9h30 à 12h30 et de 14h à 18h en été, du lundi au vendredi hors saison.

Beaucoup des activités de cet Office de Tourisme tournent autour du festival Jazz in Marciac qui rayonne au niveau international. L'effervescence est à son comble en juillet et août. Hébergement, billetterie, visite guidée du Musée du Jazz, parcours ludiques pour les enfants, animations en partenariat avec le vignoble de Saint-Mont, expositions artistiques dans la salle dédiée, l'Office de Tourisme se démène pour valoriser Marciac et son territoire.

MUSEUM D'HISTOIRE NATURELLE

19, place de l'Hôtel-de-Ville
✆ 05 62 09 38 03
Ouvert du lundi au vendredi de 9h à 12h et de 13h30 à 17h. Entrée : 2 €.

Afin de conserver la belle collection d'oiseaux créée par son père, Joseph Abeilhé en a fait don dans les années 1930 à la commune de Marciac. Les 300 oiseaux empaillés et œufs sont exposés dans des vitrines dont l'allure obsolète fait tout le charme des lieux. Outre l'ornithologie amplement mise à l'honneur, l'entomologie, la géologie et la paléontologie font également partie de la collection. Coquillages, mammifères naturalisés ou reptiles complètent l'ensemble.

LES VÉLOS D'ADRIEN

2 ter, rue des Cinq-Parts
✆ 06 51 32 38 62
Réservation par téléphone tous les jours. Mise à disposition entre 9h30 et 10h30 et restitution entre 18h30 et 19h30.

Passionné par les vélos, Adrien les a collectionnés, restaurés et parfois même transformés. Il a amassé pas moins d'une centaine de vélos en tous genres qui, à sa disparition en 2009, semblaient voués à l'oubli. C'était sans compter sur la détermination de Jeannot et Rémi Lacour qui ont lancé un service de location de deux-roues. Vélo de ville, VTT, VTC et même tandem sont disponibles pour arpenter les environs. En été, les compères louent des rosalies aux abords du lac. Ces gros quadricycles peuvent prendre 4 à 6 personnes à bord, pour des balades de 30 minutes.

© MARTIN GRAILLE DRONE - STOCK.ADOBE.COM

Vue aérienne du village.

LA BAGUENAUDE €€

9, rue de Juillac ✆ 05 62 09 57 03
www.labaguenaude.fr

4 chambres (de 25 à 42 m2). Chambre double de 75 € à 120 €. Petit déjeuner inclus. Lit supplémentaire : 25 €.

C'est une magnifique maison du XIXe siècle où règne un esprit riad dans l'architecture avec cour intérieure, fontaine et un très beau jardin, atypique en plein centre, et à l'abri des regards puisque de hauts murs le ceinturent. En été, c'est la piscine avec transats. Les chambres, aménagées avec soin, sont un subtil mélange d'ancien et de faste contemporain où tableaux, sculptures d'artiste, têtes de lit modernes et fauteuils Louis XV se marient dans un goût sûr et très agréable. Les espaces communs sont propices à la détente et l'ambiance très chaleureuse.

HOTEL DES COMTES DE PARDIAC €€

28, place de l'Hôtel-de-Ville
✆ 05 62 08 20 00
www.hotel-marciac.com

Compter de 64 € à 80 € pour une chambre double.

Eric et Cyrille sont les propriétaires de ce bel hôtel pour lequel ils ont quitté l'Allier. Idéalement placée au cœur du village, la magnifique bâtisse semble rayonner sur Marciac. Les chambres refaites récemment intègrent la modernité et surtout une literie plus confortable. Agencées autour d'une coursive, elles surplombent le jardin verdoyant et le patio de 500 m². L'accueil est impeccable, le cadre enchanteur et les équipements parfaits : le bonheur, laissez-vous le «comtez» !

LA PETITE ÉCOLE €€

29, rue Henri-Laignoux ✆ 06 89 64 22 36
lapetiteecolemarciac.pagesperso-orange.fr/index_m.html

Chambre double de 75 € à 110 € ; chambre triple de 80 € à 115 €. Petit déjeuner inclus. Lit supplémentaire : 20 €.

Cette ancienne école pour filles, ouverte dans les années 1920 par des religieuses a été réhabilitée et transformée en trois chambres d'hôtes et deux gîtes. Séverine vous y accueille et on aime d'emblée la cour avec terrasse et le petit salon de jardin qui donnent le ton, fort charmant ! La décoration des lieux est à la fois sobre et moderne, ici les chambres d'hôtes fonctionnent quasiment dans l'esprit hôtelier et votre indépendance est totale. Les gîtes proposés sont également très pratiques et ils permettent de séjourner à plusieurs sans contraintes.

CAFÉ DE L'HÔTEL DE VILLE €

16, place de l'Hôtel de Ville
✆ 05 62 03 26 08

Ouvert du mardi au samedi de 8h à 22h, le dimanche de 8h à 18h.

L'intérieur du Café de l'Hôtel de Ville s'est métamorphosé pour renouer avec le style Belle Époque des fondateurs, ancêtres des propriétaires actuels. Plusieurs espaces s'offrent à vous : la terrasse installée sous les arcades de la place de l'Hôtel de Ville, derrière les lourdes portes vitrées dans l'un des fauteuils du café, sur une banquette de la salle de restaurant, accoudé au bar comme les habitués, dans le petit salon en enfilade ou encore à l'une des deux autres terrasses pour profiter des beaux jours et de la douceur des soirs d'été.

LES COULISSES €€

29, place de l'Hôtel-de-Ville
✆ 05 62 08 45 83
Ouvert midi et soir du mardi au samedi et le dimanche midi, tous les jours en haute saison. Compter 23 € pour un repas.

Dans un cadre de brasserie parisienne aux accents gascons, vous apprécierez la bonne cuisine et la bonne humeur de Pierre Cardonne, le propriétaire. Il mise sur des produits de qualité issus du terroir pêchés chez les producteurs locaux ainsi que sur de belles propositions de poissons et coquillages. Trilogie de foie gras, confit de canard et purée grand-mère, filets de rouget, bar de ligne ou noix de Saint-Jacques s'invitent régulièrement à la carte. On ne peut que saluer le talent de ce chef inventif dont le tour de main n'a d'égal que la gentillesse.

LA FABRIQUE €€

23, chemin de Ronde
✆ 05 62 69 44 47
www.lafabrique-bistrot.fr
Ouvert le midi du mardi au dimanche et le soir du jeudi au samedi, tous les jours en été. Compter 30 € pour un repas.

La Fabrique fait partie des établissements les plus sympas de Marciac. La carte créative et inspirée affiche des tarifs très abordables. Florian, le chef, ne travaille qu'avec des produits frais, locaux, issus des fermes voisines quand c'est possible. Régionale, la cuisine l'est assurément mais revisitée au goût du jour, comme en atteste cette délicieuse assiette autour du foie gras présenté en samoussas servis avec une compotée d'oignons ou ce grenadin de veau en croûte de cacahuètes. Les poissons frais sont également de la partie et suivent les arrivages.

LA PÉNICHE €€

Route du Lac
✆ 05 62 09 38 46
www.restaurant-marciac.com
Ouvert toute l'année. Tous les jours le midi et le soir. Fermé le dimanche et le lundi soir en hiver.

Cette véritable péniche, qui a navigué sur le canal du Midi, est aujourd'hui reconvertie en restaurant. Le lac de Marciac sert de cadre fabuleux à cet établissement original. Ce lieu magnifique est idéal pour déguster un foie gras dans la tradition, des aiguillettes au foie gras, des Saint-Jacques accompagnées de jambon Serrano et poivrons ou encore des ris de veau aux morilles. Le poisson, cuit à la plancha, est excellent. En été, le service se fait en terrasse au bord de l'eau. Accueil chaleureux. Réservation recommandée, évidemment !

LA PETITE AUBERGE €€€

16, place de l'Hôtel-de-Ville
✆ 05 62 09 31 33
Ouvert tous les midis et le soir le lundi, vendredi et samedi. Fermé le jeudi. Compter 35 € pour un repas.

La Petite Auberge est une véritable institution à Marciac. Dans une ambiance conviviale et familiale, la fidèle clientèle se réjouit des bons petits plats concoctés par Sylvie Chapart et son équipe. Avec plus de 30 années d'existence, les «Délices de mamie», le ris de veau à l'ancienne, le magret de canard en cocotte ou le T-Bone de bœuf sont devenus des incontournables. Le cadre typique de murs de pierres, poutres apparentes et cheminée participent au succès des lieux. En été, on apprécie la terrasse installée sous les arcades.

CABARET DE LA PEÑAC

22, place de l'Hôtel-de-Ville
✆ 06 87 79 06 05
Ouvert vendredi et samedi de 19h à 2h, selon programmation. Fermé du 15 juillet au 31 août. Entrée : 4 € minimum.

Ce café-concert associatif fait bouger la ville et ses habitants en dehors du festival de jazz. Pia et l'équipe de bénévoles organisent des repas-concerts à thème. Au menu, jazz, salsa, rock, funk ou flamenco... La scène est ouverte aux joyeuses musiques du monde. Les menus sont élaborés au plus près du style de musique de la soirée. Dans une démarche affirmée d'économie sociale et solidaire, les produits privilégient le circuit court et les petits producteurs. La Peñac propose également des soirées ciné-débat, des projections de documentaires et divers ateliers.

PISCINE LUDIQUE DE MARCIAC

✆ 05 62 03 70 66
www.marciactourisme.com
Ouvert tous les jours de 13h30 à 19h. Fermé d'octobre à mai.

Ludique, elle l'est assurément avec sa piscine de plein air chauffée mais aussi un bassin avec rivière à contre-courant, une cascade parapluie, un geyser, des jets d'eau massants. Les tout-petits ont droit à leur pataugeoire et, comme le site est surveillé, vous pouvez profiter tranquillement du solarium pendant que les enfants s'amusent. L'espace comprend aussi une aire de jeux et un stand snack avec boissons fraîches et glaces à déguster les yeux plongés dans le lac.

MIRANDE

Cette bastide fut fondée en 1281 sur l'emplacement du village de Saint-Jean-de-Lézian. Les ruelles médiévales conduisent vers la place centrale ceinte d'arcades et au centre de laquelle trône un kiosque à musique. Au bout de la rue de l'Evêché, le clocher-porche de l'église Sainte-Marie enjambe la rue, une construction unique en France. La bourgade compte aussi des vestiges de fortifications, les tours de Rohan, d'Astarac et du Bourreau ou une halle du XIXe siècle. Dès sa fondation, la ville a été surnommée Mirande-la-Jolie en raison de son damier parfait. Les rues se coupant à angle droit délimitent des îlots carrés de 50 mètres de long.

ÉGLISE SAINTE-MARIE ★

✆ 05 62 66 54 95

Accès libre.

Massive, l'église Sainte-Marie semble écraser la ville sous son poids. Mirande obtient le titre d'évêché en 1410 et se lance dans la construction d'une cathédrale. Mais elle perd son titre dès 1413. Sainte-Marie fut donc consacrée en tant que simple église paroissiale. Elle tire sa singularité de son étonnant clocher-porte. Les contreforts qui soutiennent la tourelle, probablement à vocation militaire, enjambent la rue. Le portail principal de l'église se cache sous le jambage de pierre, derrière une belle grille en fer forgé. Le Christ, entouré de ses apôtres, surmonte le tympan. La Vierge a été sculptée dans le pilastre qui sépare les deux portes d'entrée. Elle est encadrée par Ecclesia et Synagoga, une allégorie fréquente dans l'art chrétien du Moyen Âge. Ecclesia symbolise le christianisme et se reconnaît à sa couronne, alors que Synagoga qui se tient les yeux bandés représente l'aveuglement du peuple juif qui n'a pas su reconnaître le caractère messianique de Jésus. L'accès à l'église s'effectue par une porte latérale, surmontée d'une statue de saint Jean-Baptiste. La nef sans transept, typique de l'architecture méridionale, est bordée de chapelles. Parmi les éléments remarquables, vous noterez l'autel-tombeau en marbre noir et jaune classé et surmonté d'un tableau de l'Assomption de la Vierge peint par Antoine Coypel. Les deux vitraux représentant la Vierge à l'Enfant et l'Archange Saint-Michel terrassant le dragon sont attribués à Arnaud de Moles, l'auteur des vitraux de la cathédrale d'Auch.

MUSÉE DES BEAUX-ARTS ET DES ARTS DECORATIFS ★

13, rue de l'Evêché ✆ 05 62 66 87 09

www.tourisme-mirande-astarac.com

Ouvert du lundi au vendredi de 9h à 12h et de 14h à 18h et le samedi de 10h à 12h et de 15h à 18h. Gratuit.

C'est en 1832 que le notable mirandais Joseph Delort crée ce musée. Il présente une collection intéressante de portraits des écoles italiennes, flamandes et françaises du XVe au XIXe siècle. Parmi la collection hétéroclite, on remarque les émouvants dessins de Gervais Caze, qui a croqué la Grande Guerre des tranchées à l'hôpital ou la canne de Toussaint Louverture. Figure également une belle collection de faïences décoratives anciennes provenant des principaux ateliers du Sud-Ouest.

DOMAINE D'ESCAPA €€

Lieu-dit Clarens ✆ 05 62 59 37 51

www.domaine-escapa.fr

Compter de 111 € à 161 € en roulotte ou en chalet ; de 253 € à 264 € pour une cabane ; de 151 € à 162 € pour un tipi.

Ce domaine de 40 ha de prairies et de bois s'est spécialisé dans l'hébergement insolite. Les carrés des étoiles sont des gros cubes de bois percés de hublots sur les murs et au plafond permettant d'observer la Voie lactée depuis son lit. Les tipis très confortables sont équipés d'une salle de douche et d'une kitchenette. Les cabanes cachées dans la forêt, et pour certaines perchées dans les arbres, comprennent une terrasse sur laquelle trône un bain à remous. Les roulottes enfin, se déclinent en version 2 personnes, 5 personnes et personne à mobilité réduite.

AU PRÉSIDENT €€

Route d'Auch

✆ 05 62 66 64 06

www.aupresident.fr

Chambre simple de 50 € à 55 € ; chambre double de 55 € à 60 € ; chambre triple de 70 € à 75 €. Petit déjeuner inclus.

Le Président est l'assurance de trouver un calme bienfaiteur, tout en étant proche des commodités. Dès la première moitié du XIXe siècle, la maison appartenait au président du tribunal d'instance de la commune ! Autant dire que le cachet est à la hauteur de la fonction et si vous appréciez les magnifiques demeures, à l'architecture de caractère, celle-ci est pour vous. Les chambres sont tout aussi charmantes, indépendantes et bien équipées. Le matin, on profite des confitures et gâteaux maison de votre hôte tandis que pour les repas la cuisine est ouverte.

© PHILIPPE GRAILLE - FOTOLIA

Le clocher de l'église de Mirande.

VALENCE-SUR-BAÏSE

Entre Condom et Castéra-Verduzan, le bourg de Valence-sur-Baïse est l'une des bastides les plus agréables de la Gascogne. Son cœur se situe en hauteur, bien au-dessus de la Baïse et de la ville basse qui s'y est – tardivement – formée, autour du port fluvial. L'Auloue arrose également la commune. Si l'abbaye de Flaran, de l'autre côté de la Baïse, date de 1151, il faut attendre 1274 pour que la bastide de Valence soit fondée à quelques kilomètres de là et placée sous le patronage d'une certaine ville espagnole. L'abbé de Flaran et le comte d'Armagnac étaient à la baguette, et une tournure défensive a été donnée à cet éperon rocheux naturel.

AUBERGE DE LA HALLE €

7-9, rue de l'Ecole
✆ 05 62 66 76 81

Ouvert tous les midis du lundi au vendredi.

L'auberge se trouve à côté de la halle où se tient le marché le lundi matin. C'est d'ailleurs là que vous croiserez Max, le chef, qui y puise toutes les semaines inspiration et produits frais. Cela fait 30 ans qu'il les transforme pour proposer une cuisine faite de bons petits plats traditionnels. Tête de veau aux joues de bœuf en daube, salade de fruits frais au riz au lait, les suggestions sont aussi appétissantes qu'enlevées. Le chef n'hésite pas à faire un clin d'œil à la cuisine régionale. Vous profiterez ici du charme des lieux et d'un excellent accueil.

LA CROUSTADE MIRANDAISE

11, avenue d'Etigny
✆ 05 62 67 68 79

Ouvert vendredi et samedi toute la journée et le dimanche matin. Le lundi matin, au marché, sous la halle.

La Croustade Mirandaise est tellement célèbre que sa vente en novembre dernier a eu les honneurs du 13 heures de Jean-Pierre Pernaut. Christophe Pérès a repris fabrique et boutique pour perpétuer la tradition de la croustade, de la tourte et du tourteau. Les inconditionnels viennent de Tarbes ou de Pau pour croquer dans cette pâtisserie typiquement gersoise, faite d'un empilement de fines feuilles de pâte beurrée sur des lamelles de pommes fondantes. Il existe des variantes au pruneau, ou poire-chocolat, mais les puristes l'apprécient arrosée d'armagnac.

DOMAINE DE VALENTÉES

Quartier Valentées
✆ 05 62 66 78 47
www.parfumdetradition.com

Ouvert du mardi au jeudi de 8h à 12h30 et de 13h30 à 17h30, le vendredi matin. Présent le lundi matin au marché.

Cette exploitation est rattachée au lycée agricole de Mirande. Les travaux pratiques sont réalisés grâce aux élevages de canards et de poulets, de porcs noirs et de vaches mirandaises. Apprendre le métier d'agriculteur se fait sur le terrain, pour le plus grand bonheur des amateurs de bons produits à se procurer à la conserverie. Avec six ateliers de culture, d'élevage et de transformation, les apprentissages aident les jeunes à se lancer dans le métier. Foie gras, gésiers, pâtés, magrets fourrés au foie gras, daube ou cassoulet sont vendus sur place.

ABBAYE DE FLARAN ★★

✆ 05 31 00 45 75
www.abbayedeflaran.fr

Ouvert de 9h30 à 12h30 et de 14h à 18, en continu jusqu'à 19h en été. Entrée : 5 € ; gratuit -18 ans.

L'Abbaye de Flaran est un monastère cistercien fondé en 1151, deux siècles avant la ville de voisine de Valence-sur-Baïse. C'est l'une des abbatiales les mieux conservées d'Occitanie et elle figure à ce titre sur la liste des Monuments historiques. Elle a réussi à traverser les innombrables troubles de l'Histoire sans trop souffrir et permet aujourd'hui d'apprécier la totalité de ses bâtiments et jardins monastiques. Elle est néanmoins razziée en 1569 par les troupes protestantes de Montgomery. L'église est en partie incendiée, le chevet est détruit, les galeries du cloître son saccagées et les archives sont brûlées. Les travaux de restauration débutent 4 ans plus tard. Seuls 3 moines y résident encore à la Révolution. Ils sont expulsés et l'abbaye est mise en vente pour être transformée en domaine agricole. Le grain est stocké dans la salle capitulaire tandis que l'église sert de chai d'armagnac. En 1913, le Metropolitan Museum of Art de New York marque son intérêt pour le cloître. Il faut toute la mobilisation de la société archéologique du Gers pour que celui-ci ne finisse au Musée des Cloisters. Un incendie criminel ravage l'abbaye en 1970 et le Conseil Départemental rachète un monument très abimé en 1972. Il entreprend les travaux nécessaires pour lui redonner sa splendeur et en fait son Conservatoire du patrimoine. Le dépôt de la collection Simonov en 2004 qui rassemble un catalogue de chefs-d'œuvre du XVIe au XXIe siècle achève de donner à l'Abbaye de Flaran une dimension de pôle artistique majeur.

ÉGLISE SAINT-JEAN-BAPTISTE

Place de l'Hôtel-de-Ville

Visite interdite pendant les offices.

Harmonieuse et aux dimensions équilibrées, suscitant l'admiration pour ses tourelles et sa haute façade, l'église Saint-Jean-Baptiste projette son ombre sur la place de l'Hôtel-de-Ville. Après avoir traversé une période de déshérence, l'église a subi d'importants travaux de restauration au XIXe siècle. Un très beau retable du XVIIIe siècle dédié à la Gloire de Saint Jean-Baptiste peut être admiré dans la nef. 60 marches permettent d'accéder à un belvédère reliant les deux tours.

MAISONS FORTES

Rue Jules-Ferry

La pierre de Valence-sur-Baïse fait ressortir le caractère et l'authenticité de la bastide médiévale. Dans le dernier tiers du XIIe siècle, le centre-bourg s'est doté de plusieurs « maisons fortes », qui sont autant de châteaux miniatures en pleine ville, avec tours et échauguettes. L'une des plus remarquables se situe sur une large portion de la rue Jules-Ferry et de la rue Louis-Pasteur : c'est l'antique demeure de la famille de Faulong, dont plusieurs générations ont fourni d'illustres officiers de cavalerie : une vocation, de père en fils !

LA FERME EN SCÈNE

Cossou

✆ 06 09 99 71 18

www.lafermeenscene.fr

Uniquement sur réservation.

Ce centre équestre a l'habitude d'accueillir des groupes et autres scolaires. Mais également les familles voulant découvrir des animaux de la ferme, en prendre soin pendant une heure, et profiter des animations spéciales Pâques et Noël. Il est aussi possible de fêter son anniversaire avec jeux à poneys, gâteau... Des cours et stages d'équitation pour se perfectionner, des balades nature contées et En scène les poneys, un séjour familial, alliant l'équitation et le théâtre. Pas besoin d'être cavalier ou comédien, ce séjour est ouvert à tous de 7 à 13 ans.

MUSÉE DE L'HISTOIRE DU COSTUME

Le Cluzet

✆ 05 62 28 01 94

Ouvert sur rendez-vous uniquement. Entrée : 6 € ; tarif réduit : 3 €.

Dans un lieu-dit à l'écart de Valence-sur-Baïse, Monika Mucha vous propose de venir découvrir sa riche collection de costumes d'époque. Costumière de spectacles, elle a amassé au fil des ans de superbes créations personnelles et acheté des costumes de personnalités. On y croise les corsets des Dorris Sisters, célèbres danseuses du Moulin Rouge, une robe de gala toute en strass et plumes d'autruche de la diva Régine Crespin ou encore des peaux de bête.

GERS

L'église de l'abbaye de Flaran.

SENTIER BOTANIQUE

✆ 05 62 28 51 89

www.tourisme-gers.com/valence_sur_baise/sentier_botanique-75691.html

Accès libre toute l'année.

Le chemin a été aménagé en contrebas des remparts sud de la ville au détour des jardins en terrasses. Autrefois cultivé, l'espace avait repris au fil des ans des allures de vaste pelouse en friche où s'invitaient quelques plantes échappées des jardins voisins. Aménagé par l'Office national des forêts, le jardin compte de nombreuses espèces locales : figuiers, opuntias, lauriers, laurentins, palmes nains. De nouvelles espèces arboricoles ont été ajoutées afin de parfaire le caractère éducatif du lieu : ginkgo biloba, cormier ou frêne.

MARCHÉ DE VALENCE-SUR-BAISE

Le mercredi de 8h à 13h et marché bio de 17h à 20h d'avril à octobre.

Au marché de Valence-sur-Baïse, on choisit, on négocie, on achète dans une ambiance conviviale le meilleur des saveurs gersoises. On trouve ici des denrées alimentaires et toutes sortes de produits locaux et de qualité. Des fruits, légumes, pâtisseries, conserves, vins, fromages variés sont exposés sur les étalages colorés des producteurs et marchands. D'avril à octobre, le marché joue les prolongations avec les producteurs 100 % bio qui se se donnent rendez-vous de 17h à 20h.

PIZZERIA LA VIE EST BELLE €

6, place de l'Hôtel-de-Ville

✆ 06 13 66 09 45

Ouvert tous les jours de 11h à 14h et de 18h à 22h. Fermé lundi et mercredi soir. Compter 15 € pour un repas.

L'intérieur tout de bois procure une touche chaleureuse et presque montagnarde en pleine Gascogne. Tout aussi chaleureuse en été : la grande terrasse installée sous les couverts de la place centrale de Valence-sur-Baïse. À l'ombre des arcades, vous pourrez, dès le retour des beaux jours, admirer le portail de l'église Saint-Jean-Baptiste qui se trouve juste en face de vous. Le choix de pizzas est vaste, allant de la classique «margherita» à la gasconne garnie de canard.

VIC-FEZENSAC ★

Les toutes premières traces de vie sur le site de Vic-Fezensac dateraient du Néolithique, entre 8000 et 5000 av. J.-C.. Elles ont été trouvées sur le site de Saint-Jean-de-Castets, sur la route de Riguepeu. Aujourd'hui, avec ses maisons à colombages, son église du XIIe siècle et son marché aux arches de pierre, Vic-Fezensac conserve quelques trésors pittoresques gersois. Marquée par l'empreinte de la tauromachie, les toros sont à l'honneur lors de la feria de Pentecôte. Le festival Tempo Latino fait vibrer la ville au rythme des danses latines en juillet. En été, un marché de nuit rassemble producteurs locaux et camelots pour animer les soirées.

LA FERME DE FLARAN €€

Route de Condom

✆ 05 62 29 39 83

www.fermedeflaran.com

Ouvert tous les jours de 12h à 13h30 et de 19h à 21h. Compter 63 € pour un repas.

Vous êtes les bienvenus dans la ferme de Gérard Tête, même s'il s'agit plutôt d'une table gastronomique doublée d'un relais de campagne chaleureux et confortable. Les plats imaginés puisent dans un répertoire classique et sont sublimés par les produits de la région et les légumes du potager. Ris de veau aux morilles, foie de veau persillé, magret grillé au miel, poire pochée à la verveine ou tarte Tatin font partie des incontournables de la carte. Le chef a également conçu un menu végétarien afin de satisfaire toutes les exigences.

ARÈNES JOSEPH-FOURNIOL

18, Avenue Edmond Berges

✆ 05 62 06 34 90

www.vic-fezensac-tourisme.com

Visite possible via l'office de tourisme. Corrida à la Pentecôte et les 10 et 11 juillet.

Les arènes de Vic-Fezensac s'animent lors de la feria de Pentecôte et des Ganaderias de juillet, et les 7 000 places sont alors prises d'assaut. Elles furent construites en 1929 par la volonté et l'engagement de 70 aficionados. Deux courses landaises marquent alors son inauguration. La toute première novillada s'est jouée le 20 septembre 1932, devant 3 500 personnes, et 1933 est l'année de la première corrida formelle. Vic est désormais une étape incontournable de la temporada franco-espagnole. Une statue grandeur nature de Ruiz Miguel vous accueille à l'entrée.

ÉGLISE SAINT-PIERRE ✝ ★

Rue Saint-Pierre
✆ 05 62 64 47 00
Accès libre.

Construite sur les restes d'une église primitive établie dès le IVe siècle, l'église Saint-Pierre présente une hétérogénéité architecturale. En 1160, l'église primitive est rasée pour accueillir une nouvelle église, plus grande, qui répond à l'essor de la ville de Vic. Les travaux démarrent en 1190 et intègrent le cloître roman, qui a été brûlé par Montgomery en 1569. On peut encore voir les ouvertures, bouchées, sur la façade nord. Les chanoines font bâtir un nouveau cloître qui reste inachevé. Il n'en reste aujourd'hui que la Tour du Chapitre, transformée en appartements privés. L'abside semi-circulaire de la fin du XIIe siècle est typique de l'art roman tandis que le portail date du XVe siècle. Le clocher de la fin du XIXe siècle serait inspiré du Briançonnais, un style que les artisans avaient repéré lors de leur tour de compagnonnage. A l'intérieur, le maître-autel dédié à saint Pierre se dévoile avec de belles colonnes de marbre rouge. Des colonnettes et des frises romanes ainsi que des peintures du XVe siècle marquent les lieux. La nef, détruite pendant les guerres de religion, fut remaniée au XVIIe siècle, notamment avec l'ajout de piliers destinés à soutenir la voûte en ogive. Les vitraux d'inspiration Art déco du XIXe siècle ont été réalisés par le maître verrier Raphaël Lardeur. Du couvent des Cordeliers, fondé au XIVe siècle, il ne subsiste que le clocher. A l'intérieur de la chapelle reconstruite, vous pourrez admirer des fonts baptismaux taillés dans le marbre et classés monuments historiques.

CHAMBRES D'HÔTES AUX CARRECS 🛏 €€

Le Vieux Carlat ✆ 05 62 64 42 37
www.auxcarrecs.com
Chambre double de 65 € à 80 €. Petit déjeuner inclus. Lit supplémentaire : 20 € (15 € pour les moins de 12 ans).

De cet ancien chai de 1850, Oriane et Francis proposent trois chambres aux thématiques gourmandes, colorées et spacieuses, magnifiées par les matériaux nobles du cadre. Pierres, bois et carrelage forment une harmonie douce dont le cachet est exceptionnel. Une piscine originale, incrustée dans 4 murs de vieilles pierres vous rafraîchira par les beaux jours d'été. Le salon est tout simplement magnifique. On y prend le petit déjeuner et les repas et on y occupe les enfants avec des jeux.

ARMAGNAC DELORD 🍷

Rue Principale - **LANNEPAX**
✆ 05 62 06 36 07
www.armagnacdelord.com/fr
Ouvert du lundi au vendredi de 9h à 12h et de 14h à 18h. Sur réservation pour les groupes de plus de 6 personnes.

Prosper Delord, bouilleur de cru de son état fonde la maison en 1893. La marque perdure dans cet esprit familial qui voit aujourd'hui Jérôme et Sylvain en assurer le fonctionnement. Le respect du produit est essentiel et se retrouve dans la manière de distiller et d'élever cette eau-de-vie. En janvier, les vieux alambics sont à l'œuvre pour produire 30 l/h de distillat. Il prend ensuite le temps de mûrir dans l'un des 1 200 pièces que compte le chai. La maison compte une centaine de références, dont les plus anciennes remontent à 1900.

LE BISTROT D'EN FACE €€

2, place Julie-Saint-Avit
✆ 05 62 06 45 45

Ouvert du lundi au jeudi de 7h à 22h, jusqu'à 2h le week-end, de 8h à 14h le dimanche. Compter 15 € pour le menu.

Sous les arcades, face au kiosque à musique, Nicolas propose une cuisine familiale inscrite à l'ardoise. Les plats changent au gré de ses humeurs et du marché. Rognons de veau, hampe de bœuf, curry de veau, lapin à la gasconne rythment les suggestions. Deux constantes sont à relever : le faux-filet frites maison et l'incontournable poisson du vendredi. En dessert, le fromage blanc parfumé au sucre de canne et à l'armagnac figure toujours à l'ardoise. La clientèle d'habitués qui se mélange aux tables communes ne saurait s'en passer. Service uniquement le midi.

HÔTEL-RESTAURANT LE D'ARTAGNAN €€

Place de la Mairie ✆ 05 62 06 31 37
www.ledartagnanhotel.com

Ouvert du lundi au jeudi midi et soir et le midi du vendredi au dimanche. Compter 28 € pour un repas.

Cette auberge familiale est installée dans une très vieille demeure en pierres de taille et poutres apparentes. Une cuisine authentique vous y est proposée comme la terrine de foie gras mi-cuit et son chutney figues-abricots, le magret de canard, l'entrecôte aux échalotes ou les profiteroles maison. La salle principale est splendide, digne des cadets de Gascogne par son élégance et son éclairage étudié, magnifiée par une grande cheminée et des nappes rouges du plus bel effet.

LE MOULIN DES MARIONNETTES

Le Moulin
✆ 06 82 19 21 81

Accueil à partir de 14h, spectacle à 16h. Réservation obligatoire hors juillet et août. Fermé de la Toussaint à Pâques.

L'Atelier des Marionnettes propose un spectacle drôle et original pour les enfants. Pendant 45 minutes, la reine Grisemine provoque des mésaventures à ses trois Moustiquaires pas très futés qui écoutent un peu trop les crieurs publics qui racontent n'importe quoi. Le spectacle démarre toutes les après-midi d'été à 16h. Il est précédé par un jeu de piste initiatique dans le parc de la propriété et il est suivi par un atelier de création de marionnettes pour ceux qui le souhaitent.

GERS

HAUTE-GARONNE

La Haute-Garonne est une terre de contrastes. Le département compte près d'un million et demi d'habitants, répartis de façon très inégale dans ses 586 communes, Toulouse représentant un bassin d'emplois conséquent. Son découpage administratif correspond à plusieurs portions de zones géographiques naturelles, telles que le Languedoc et la Gascogne. Ainsi, de la plaine toulousaine au nord jusqu'au massif pyrénéen au sud, des coteaux de Gascogne à l'ouest jusqu'aux collines du Volvestre et du Lauragais à l'est, elle déroule une belle diversité d'horizons, à laquelle s'accorde une multiplicité de découvertes. Les hivers sont modérés, les étés sont chauds, les automnes agréables et les printemps pluvieux. Dynamisante, la Haute-Garonne se vit en plein-air pour ses grands espaces, au gré d'édifices de caractère pour ses visites culturelles, au fil de l'eau pour une plongée en pleine nature, mais aussi au cœur de ses fêtes de village !

Autoroute
Nationale 4 voies
Nationale
Départementale
Préfecture
Sortie d'autoroute
Forêt domaniale
Haute-Garonne
GERS
TARN
GARO
Vers Beaumont
Brignemont
LE BUR
Cox
LARÉOLE
PUYSS
Cadours
MONTA
SUR-
Vers Auch
VILLENEUVE-TOLO
Vers Samatan
POUCHAR
RIEUMES
Puymaurin
l'Isle-en-Dodon
SAINT-FERRÉOL-DE-COMMINGES
Riolas
Labastide-Clermont
D626
D3
Save
Vers Castelnau
Boulogne-sur-Gesse
Blajan
le Fousseret
D635
MONTMAURIN
CARDEILHAC
AURIGNAC
RIEUX-VOL
D17
D633
Lodes
D9
Loudet
BOUSSENS
MARTRES-TOLOSANE
Cazè
Roquefort-sur-Garo
St-Martory
VILLENEUVE-DE-RIVIÈRE
MAZÈRES-SUR-
Vers Tarbes
A64
ST-GAUDENS
VALENTINE
D8
D26
MONTRÉJEAU
SALIES-DU-SALAT
Encausse-les-Thermes
St-Just
Barbazan
ST-BERTRAND-DE-COMMINGES
Sauveterre-de-Comminges
SOUEICH
Aspet
Vers St-Giror
MONT-DE-GALIÉ
ARBAS
HAUTES-PYRÉNÉES
N125
D618
SENGOUAGNET
Boutx
Col de Portet d'Aspet
CIERP-GAUD
ST-BÉAT
N125
D125
Fos
MAYRÈGNE
ANTIGNAC
Vers Lerida
BILLIÈRE
D618
Vers Arreau
OÔ
BAGNÈRES-DE-LUCHON
ESPAGNE

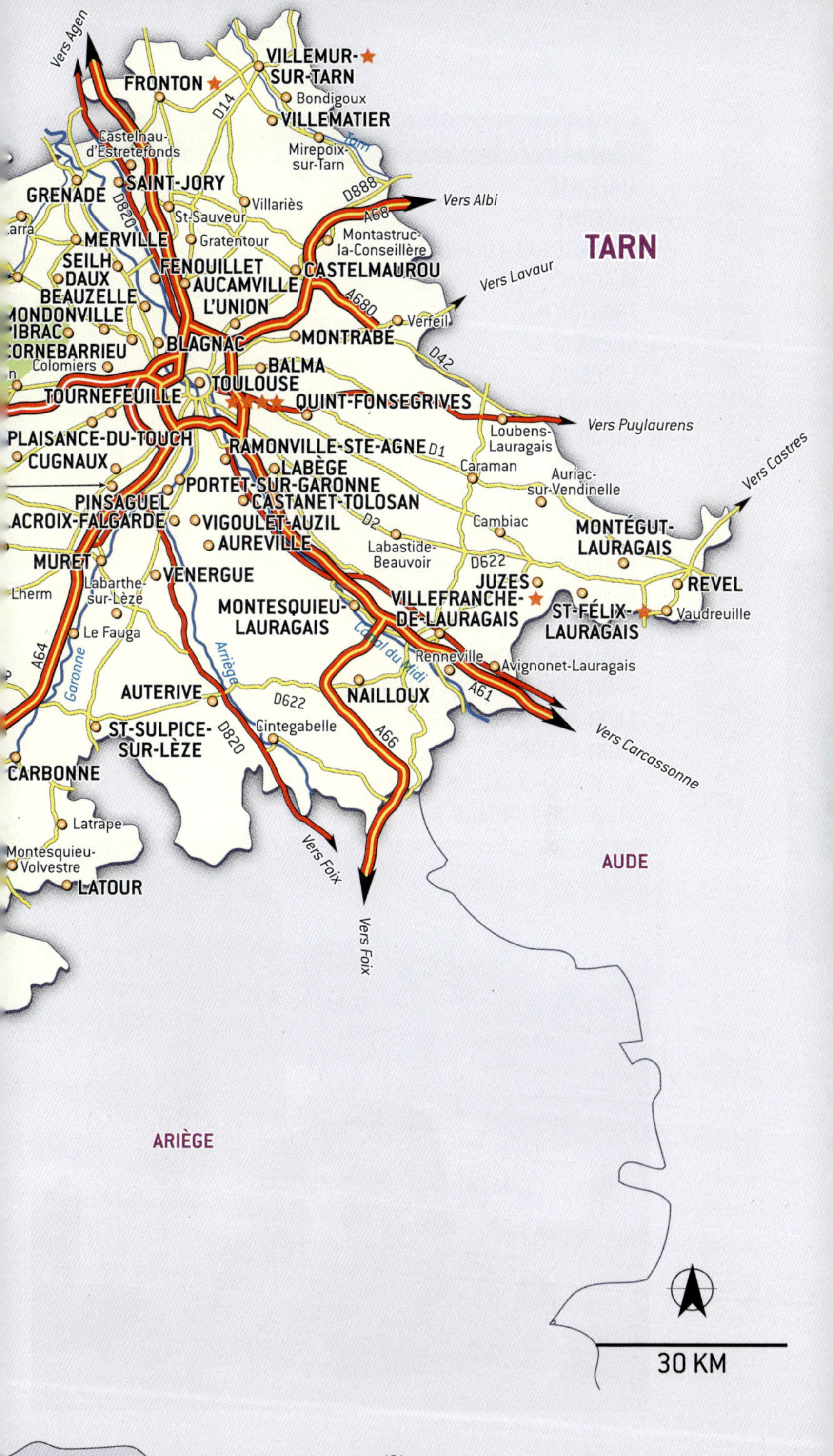

Vers Agen
FRONTON
VILLEMUR-SUR-TARN
Bondigoux
VILLEMATIER
D14
Tarn
Castelnau-d'Estretefonds
Mirepoix-sur-Tarn
SAINT-JORY
GRENADE
D820
Villariès
D888
Vers Albi
A68
St-Sauveur
MERVILLE
Gratentour
Montastruc-la-Conseillère
TARN
SEILH
FENOUILLET
CASTELMAUROU
DAUX
AUCAMVILLE
Vers Lavaur
BEAUZELLE
L'UNION
A680
MONDONVILLE
Verfeil
PIBRAC
BLAGNAC
MONTRABÉ
CORNEBARRIEU
D42
Colomiers
BALMA
TOULOUSE
TOURNEFEUILLE
QUINT-FONSEGRIVES
Vers Puylaurens
PLAISANCE-DU-TOUCH
Loubens-Lauragais
RAMONVILLE-STE-AGNE
D1
CUGNAUX
LABÈGE
Caraman
Auriac-sur-Vendinelle
PORTET-SUR-GARONNE
Vers Castres
PINSAGUEL
CASTANET-TOLOSAN
LACROIX-FALGARDE
VIGOULET-AUZIL
Cambiac
D2
MONTÉGUT-LAURAGAIS
AUREVILLE
Labastide-Beauvoir
MURET
D622
Labarthe-sur-Lèze
VENERGUE
JUZES
REVEL
Lherm
VILLEFRANCHE-DE-LAURAGAIS
MONTESQUIEU-LAURAGAIS
ST-FÉLIX-LAURAGAIS
Vaudreuille
Le Fauga
Canal du Midi
Arriège
Renneville
Avignonet-Lauragais
A64
Garonne
AUTERIVE
D622
NAILLOUX
A61
ST-SULPICE-SUR-LÈZE
D820
Cintegabelle
A66
Vers Carcassonne
CARBONNE
Latrape
Vers Foix
Montesquieu-Volvestre
AUDE
LATOUR
Vers Foix
ARIÈGE
30 KM

PAGES

HAUTE-GARONNE

123 HAUTE-GARONNE
123 AURIGNAC
127 AUTERIVE
130 BAGNÈRES-DE-LUCHON ★★
137 BLAGNAC
141 FRONTON ★
143 GRENADE
149 LÉGUEVIN
149 MARTRES-TOLOSANE ★
151 MURET
154 NAILLOUX
156 PLAISANCE-DU-TOUCH
159 QUINT-FONSEGRIVES
164 RAMONVILLE-SAINT-AGNE
166 REVEL
173 RIEUMES ★
174 RIEUX-VOLVESTRE
176 SAINT-BERTRAND-DE-COMMINGES ★★
178 SAINT-FÉLIX-LAURAGAIS ★
181 SAINT-GAUDENS
185 SALIES-DU-SALAT
186 VILLEMUR-SUR-TARN ★

Le château Comtal et son donjon.

AURIGNAC

Le nord du Comminges étire ses valons jusqu'aux coteaux de Gascogne, du haut desquels la vue panoramique vous emmène à la rencontre du Gers. C'est dans cet agréable paysage aux reliefs variés que vous découvrez Aurignac, une ville de caractère dont l'histoire a commencé voilà 35 000 ans... C'est ce site tout en verticalité qui a donné son nom à l'époque du paléolithique que l'on appelle l'Aurignacien. Un paléontologue du XIXe siècle y a en effet découvert un abri sous roche préhistorique offrant de précieux témoignages du mode de vie de nos lointains ancêtres. Ses découvertes sont aujourd'hui mises en valeur dans un superbe musée, dont la visite s'achève par la découverte de la grotte. Les amoureux d'Histoire médiévale apprécieront également le détour quand ils contempleront le château comtal du XIIIe siècle et la cité qui se déploie à ses pieds, riche en pépites d'architecture. Ne manquez pas l'église Saint-Pierre-aux-Liens, qui présente un portail à colonnes torses, ni la chapelle votive Saint Roch du XVIIe, dotée d'un pittoresque clocher en éventail. Vivante, Aurignac est animée de petits commerces et rythmée par des événements culturels. Un marché de producteurs locaux se tient le samedi matin. Labellisée Ville fleurie et Station Verte, elle propose, à l'instar de l'ensemble de la région, de nombreux sentiers de randonnée, à pied, à VTT ou à cheval.

LE CHÂTEAU COMTAL ET SON DONJON

Rue des Nobles ✆ 05 61 98 70 06
www.tourisme-stgaudens.com

Donjon ouvert en juillet et en août. Ateliers le mercredi, le jeudi et le vendredi. Visite guidée (sur réservation).

Aurignac a conservé, juchés sur un éperon rocheux, des vestiges de son passé fortifié. En prenant de la hauteur, on peut parcourir les ruines du château comtal, accompagnées d'un donjon restauré. Historiquement tour de guet, haut de vingt mètres, il domine fièrement le panorama. Une table d'orientation permet de lire l'incroyable spectacle offert par la chaîne des Pyrénées. Pendant l'été, des ateliers ludiques y sont proposés pour partir à la rencontre des us et coutumes médiévaux.

GORGES DE LA SAVE

Chapelle Notre-Dame de la Hillière
MONTMAURIN

Accès pouvant être limité en raison de la protection des sites archéologiques.

Les gorges de la Save, c'est un défilé de deux kilomètres au creux de falaises hautes de trente mètres. Elles sont situées entre Montmaurin et Lespugue, réputée pour sa « Vénus », une statuette datant de 25 000 ans avant notre ère. Les gorges ont été habitées depuis le Paléolithique inférieur. Jouxtant la chapelle, se trouve la villa de la Hillière, un ensemble de bassins pour les soins thermaux. Le site, connu sous le nom de « sanctuaire de la Hillère », a fait l'objet de pèlerinages jusqu'au XVIIIe siècle. Un lieu appréciable pour son calme et son authenticité.

ARBORETUM DE CARDEILHAC

CARDEILHAC
✆ 05 61 88 90 69

Maison de l'arboretum ouverte de mai à octobre, du mercredi au dimanche de 10h à 17h. Visite guidée (sur rendez-vous).

Établi dans le massif forestier de Cardeilhac, cet arboretum présente une collection d'une centaines d'arbres venus du monde entier, dont de très nombreux chênes. Fondé en 1913 à titre expérimental, il est organisé en jardin à la française et s'étend désormais sur treize hectares. Vous pouvez y accéder librement toute l'année, mais si vous souhaitez des informations ou une visite guidée, dirigez-vous vers la Maison de l'Arboretum. Elle accueille des expositions, une libraire nature et elle organise de nombreuses animations pédagogiques.

LAC ET VIADUC DE BOULOGNE-SUR-GESSE

BOULOGNE-SUR-GESSE

Restauration. Centre nautique.

Formé par une retenue du ruisseau du Coucut, le lac de Boulogne-sur-Gesse est un lieu de détente appréciable. La baignade y est interdite mais un centre nautique a été aménagé sur ses berges. On trouve également un restaurant et des installations sportives, dans un cadre boisé. C'est aussi de là que l'on pourra contempler le viaduc de Boulogne-sur-Gesse et suivre le sentier dit du « Petit train », qui vous fera découvrir la voie ferrée qui passait sur le Viaduc pour rejoindre Toulouse.

VISITE INSOLITE À TOULOUSE !

L'espace EDF Bazacle est un site industriel, mais néanmoins historique puisqu'il s'inscrit dans les anciens moulins de la chaussée du Bazacle, première société anonyme créée au XIIe siècle, propose un parcours muséographique au cœur de la centrale hydroélectrique toujours en activité. Par ailleurs, de nombreuses expositions temporaires sont régulièrement programmées grâce au soutien de la fondation EDF. Inattendues, la visite des parties souterraines et la célèbre « passe à poissons », empruntée par les poissons migrateurs en période de frayage. Enfin, le point de vue sur la Garonne depuis la terrasse est idéal pour apprécier les soleils couchants.

MUSÉE DE L'AURIGNACIEN

Avenue de Bénabarre
✆ 05 61 90 90 72
www.musee-aurignacien.com

Mer-dim, 14h-18h. Vacances : mar-dim, 10h-18h. 6 € (pass annuel), gratuit jusqu'à 18 ans. Atelier famille : 5 €.

En 1852, un ouvrier carrier d'Aurignac découvre par hasard l'entrée d'un abri préhistorique. La dalle qui en masquait l'entrée protégeait des ossements et des dents de grands mammifères aujourd'hui éteints : mammouth, ours des cavernes, rhinocéros laineux... Huit ans plus tard, le paléontologue Édouard Lartet poursuit les fouilles et trouve, dans les cendres de ce qu'il reste d'un foyer, des outils taillés dans du silex ou du bois de renne. Cette découverte majeure a, en son temps, permis d'alimenter une discipline des sciences humaines qui était encore balbutiante : la Préhistoire. Ainsi, quarante ans plus tard, on donnera le nom d'Aurignacien à l'époque concernée par ce site. Le musée de l'Aurignacien expose donc les trésors ainsi retrouvés, témoins de la vie des *Homo sapiens* qui vécurent en Europe voilà 35 000 ans ! Il donne de précieuses explications sur les objets retrouvés, leur contexte et l'hypothèse explicative de leur présence. À l'issue de la visite, vous serez invité, en suivant un sentier d'interprétation d'environ un kilomètre et demi, à découvrir l'abri préhistorique où tout a commencé. Préparez-vous à une émouvante rencontre avec une histoire longtemps oubliée... Au cours des vacances scolaires, divers ateliers sont organisés chaque jour par l'équipe de médiation du musée, pour vous permettre de vous plonger dans la vie de nos lointains ancêtres : apprenez à tailler un silex, à allumer un feu, à tirer à la sagaie... Une très belle visite à faire en famille, guidée si on le souhaite.

SITES ET MUSÉE ARCHÉOLOGIQUES DE MONTMAURIN ★

Site archéologique de Montmaurin
MONTMAURIN ✆ 05 61 88 74 73
www.montmaurin-archeo.fr

Ouvert toute l'année. Du mardi au dimanche de 10h à 18h. Gratuit jusqu'à 26 ans. Adulte : 4 €. Visite guidée.

Le site sur lequel s'étend aujourd'hui le joli village de Montmaurin est habité depuis la préhistoire. Il présente un patrimoine archéologique unique, grâce à la présence de vestiges de deux villas gallo-romaines, dites de Lassalles et de la Hillière. Depuis 2020, un nouveau musée met en valeur ces trésors antiques par le biais d'un parcours de visite bien organisé. Les deux villas ont été fouillées entre 1949 et 1970. Édifiée au Ier siècle de notre ère, la villa Lassalles se serait développée jusqu'aux environs de 350, avant d'être remaniée. Elle est l'une des plus vastes et des plus luxueuses villas connues en France : ses bâtiments s'étendaient sur une superficie de dix-neuf hectares ! Elle ne comptait pas moins de deux cents pièces, qui jouissaient d'un confort indéniable, décorées de marbre ou de mosaïques et ouvertes de fenêtres vitrées. La villa bénéficiait d'un système de chauffage par le sol et de l'eau courante. Les fouilles ont permis de mettre au jour les vestiges du vestibule, du temple, du nymphée, de plusieurs cours et de nombreuses pièces d'habitation. La villa de la Hillière est quant à elle plus ramassée, organisée autour d'une puissante source, au plus proche de la Save. Elle jouxte la chapelle Notre-Dame de la Hillière, où sont exposées les mosaïques restaurées. Le musée lui-même, établi au cœur du village, présente les objets collectés lors des fouilles et offre divers documents permettant de retracer l'histoire des lieux.

CONSEIL DÉPARTEMENTAL DE LA HAUTE-GARONNE

1, boulevard de la Marquette - **TOULOUSE**
✆ 05 34 33 32 31
www.haute-garonne.fr

Le Conseil Départemental de la Haute-Garonne est établi à Toulouse et bénéficie de plusieurs antennes sur le territoire. Parmi ses nombreuses missions, il prend en charge le développement de la culture, des sports et du tourisme. À ce titre, il soutient les acteurs culturels, il assure l'entretien des espaces naturels, il chapeaute les offices de tourisme intercommunaux et il accompagne l'équipement sportif des territoires, en investissant dans le matériel des stations de ski, par exemple.

ZOOM

VISITEZ LA HAUTE-GARONNE...

A VOTRE RYTHME ET À PLEINS POUMONS !

Le Conseil départemental de la Haute-Garonne met à votre disposition le site www.marando.haute-garonne.fr, qui vous invite à découvrir la région en prenant le chemin des écoliers. Déterminez votre itinéraire de randonnée selon vos critères. À pied ou à vélo ? Facile pour une sortie en famille, ou ardue pour une journée sportive ? À la découverte des vignobles, ou au fil de l'eau ? Une heure, une journée ? En boucle, en aller-retour ? Sélectionnez le parcours qui vous convient et obtenez toutes les informations nécessaires : durée, balisage, tracé, données culturelles, suggestions de visites à proximité... Le tout imprimable sur une fiche à emporter avec vous.Les grands sites de Haute-Garonne vous attendent ! Le château de Laréole impose sa silhouette en haut d'un sentier. Saint-Bertrand-de-Comminges s'admire sous tous les angles. On emprunte la Via Garona pour rejoindre Rieux-Volvestre. Le canal du Midi accompagne les cyclistes qui rouleront peut-être à ses côtés jusqu'à la mer ! Revel tire un trait d'union avec le lac de Saint-Ferréol. La forêt de Buzet se sillonne en cinq circuits de découverte. Les plus courageux pourront rallier Luchon à partir de Toulouse, et pousser la promenade jusqu'au lac d'Oô... La découverte à la cadence de la randonnée donne l'occasion d'admirer la richesse de lieux préservés. Soucieux de la protection de ses espaces naturels, le Conseil départemental a classé cette année deux nouveaux sites en « Environnement Naturel Sensible », portant à 16 le nombre d'espaces protégés. Il s'agit de la forêt de Brax, qui offre un patrimoine forestier riche et abrite vingt-neuf espèces protégées, ainsi que du Ramier de Palaminy, reconnu pour son intérêt en matière d'habitat pour les oiseaux...Le Conseil départemental de Haute-Garonne vous accompagne à la découverte de belles surprises !

Conseil départemental de Haute-Garonne
1, boulevard de la Marquette 31000 Toulouse

CONSEIL DÉPARTEMENTAL DE LA HAUTE-GARONNE

1, boulevard de la Marquette - **TOULOUSE**
✆ 05 34 33 32 31 - www.haute-garonne.fr

© CD31

© CD31 AURÉLIEN FERREIRA

© CD31 AURÉLIEN FERREIRA

BUREAU D'INFORMATION TOURISTIQUE D'AURIGNAC

Avenue Boulogne
✆ 05 61 98 70 06
www.tourisme-stgaudens.com
Ouvert le mardi, le mercredi, le vendredi et le samedi de 9h30 à 12h30 et de 14h à 17h30.

Ce bureau d'information touristique est rattaché à l'office de tourisme Comminges Pyrénées. Installé à Aurignac, il vous permet de vous renseigner sur les différents itinéraires de promenade. Attachée à animer sa vie culturelle au-delà du musée de l'Aurignacien et du château, Aurignac offre une salle de cinéma et propose diverses manifestations, dont vous trouverez les programmes à cette adresse. En bonus : un espace boutique pour découvrir les productions artisanales locales.

CAMPING D'AURIGNAC - LES PETITES PYRENÉES €

Route de Boussens ✆ 05 61 87 06 91
www.camping-aurignac.fr
De juin à octobre. 48 emplacements, ombragé, sol herbeux et plat. Emplacements partir de 16,50 €/nuit/2 personnes.

Le camping des Petites Pyrénées est situé à 700 mètres du centre d'Aurignac, donc proche des commodités. En retrait de la route et en lisière de forêt, il offre des locations de mobil-homes, une cinquantaine d'emplacements et une aire d'accueil pour les camping-cars. Tous les éléments de confort et d'animation sont réunis pour passer un agréable séjour, dans une ambiance familiale. Un atout de taille : le camping est situé juste à côté de la piscine municipale en plein air.

CAMPING DE MONTMAURIN €

Lieu dit Labroquère - **MONTMAURIN**
✆ 05 61 79 71 47
www.camping-de-montmaurin.com
Ouvert à l'année. 35 emplacements en sous-bois, à partir de 13,50 €/nuit/deux pers. Mobil-home à partir de 250 €/sem.

Un camping idéal pour les amoureux de la nature ! C'est le lieu de villégiature à choisir si vous souhaitez séjourner au calme dans un cadre privilégié. Situé en forêt et au bord d'un petit cours d'eau, le *spot* est idéal pour qui souhaite se ressourcer auprès de forces vives. Quatre locations, trente-cinq emplacements pour une ambiance conviviale, et un bon niveau de confort pour un séjour douillet. Vous êtes idéalement placé pour découvrir les trésors culturels et archéologiques de la région, ainsi que pour profiter des virées dans les gorges de la Save.

CAMPING & VILLAGE DE VACANCES DU LAC €€

Avenue du Lac - **BOULOGNE-SUR-GESSE**
✆ 05 61 88 20 54
https://campingvillagelelac.fr
160 emplacements mi-ombragés et plats, à partir de 10,50 €/nuit/2 personnes. Chalets à partir de 260 €/semaine.

Au bord d'un joli lac, ce complexe offre deux solutions. En quête de confort ? Optez pour un chalet. Séjour sous la toile ou en caravane ? Direction l'aire de camping. Il est impossible de se baigner dans le lac, mais une piscine vous permettra d'allier le plaisir du panorama à une baignade sécurisée. Vous trouverez un mini-golf, un court de tennis et un restaurant. Les premiers commerces sont à 300 mètres et il vous faudra un quart d'heure à pied pour rejoindre le village.

Les toits d'Aurignac.

LE SAINT-LAURANS HÔTEL-BAR-RESTAURANT €€

Place de la Mairie
✆ 05 61 90 49 55
www.lesaintlaurans.com
Chambre double 60 €, suite de 75 € à 100 €. Petit déjeuner : 9 €. Parking. Restauration.

Le Saint-Laurans est un bel établissement chargé d'histoire. Appuyé sur le mur d'enceinte médiéval du village d'Aurignac, ce bâtiment accueille les voyageurs depuis l'entre deux-guerres ! Aujourd'hui, un aménagement gai et contemporain valorise ses pierres historiques. Les chambres et les suites sont spacieuses et lumineuses. Le restaurant, nommé le Saint-Lo, est établi à l'arrière de l'établissement et s'ouvre sur un patio. Il propose une cuisine maison locale, à prix futé.

AUBERGE LA FERME DE PRÉVILLE €€

11, route d'Auch - **BOULOGNE-SUR-GESSE**
✆ 05 61 88 23 12
Le midi du lundi au vendredi, et le vendredi soir. Le week-end sur réservation. Carte : 30 € environ. Terrasse ombragée.

L'auberge de Préville vous attend au point de jonction entre Haute-Garonne, Gers et Hautes-Pyrénées. Prenez place dans un cadre champêtre particulièrement convivial. Découvrez les soirées bodega animées par des musiciens, ambiance assurée ! Dans l'assiette ? Ne vous laissez pas tromper par la rusticité des lieux : ici on aime faire preuve de raffinement ! Les inspirations soufflées par le territoire gascon s'incarnent en une cuisine de saison travaillée, très appréciée des gourmets.

UN VIN DIX VINS

8, place de la Promenade
BOULOGNE-SUR-GESSE
✆ 06 33 30 91 47
Ouvert du mardi au samedi de 9h30 à 12h30 et à partir de 16h19 ; le dimanche de 10h à 12h.

Comme son nom l'indique, Un vin Dix Vins est une cave... à vins ! Installée depuis trois ans au cœur de Boulogne-sur-Gesse, elle a rapidement su trouver sa clientèle et la fidéliser. Vous y découvrirez des crus du Sud-Ouest bien sûr, venus des terres toulousaines, des Corbières, du pays catalan... mais aussi des champagnes et autres spiritueux venus de plus lointains horizons. Cette cave est appréciée pour son accueil, ses bon conseils, l'étendue de son offre et le rapport qualité / prix, puisqu'on peut s'y approvisionner en vin de qualité à prix futé.

AUTERIVE

Vous voici dans la vallée de l'Ariège. Auterive est établie de part et d'autre de cette vive rivière, qui se jette dans la Garonne vingt-cinq kilomètres plus loin. La ville est encadrée par les coteaux du Lauragais à l'est et par ceux du Volvestre à l'ouest. La vallée a été occupée par l'Homme depuis la Préhistoire. Une seigneurie y est mentionnée dès le XIe siècle. Cibles des croisés, puis victimes des guerres de religion, la ville et son château seront brûlés à plusieurs reprises. Au XVIIIe siècle, l'arrivée du chemin de fer donne un véritable essor à la ville. C'est aujourd'hui un agréable point de départ pour des promenades rafraîchissantes.

MUSÉE MÉTIERS ET TRADITIONS

12, rue Camille-Pelletan ✆ 06 38 44 26 68
www.musee-des-vieux-outils.org
Juillet-août : du mardi au samedi. Le reste de l'année, le samedi après-midi, les autres jours sur réservation. Gratuit.

Ce joli musée présente une importante collection de vieux outils. Témoins des pratiques d'autrefois, ils ont appartenu à des menuisiers, cordonniers, horlogers, forgerons, agriculteurs, rémouleurs ou même à des chirurgiens. La collection d'instruments médicaux est la deuxième plus importante du Midi toulousain. Réunie par un ancien vétérinaire, elle couvre deux siècles d'histoire médicale et permet d'en comprendre l'évolution. La visite est assurée par l'Amicale du musée d'Auterive.

OFFICE DE TOURISME DU BASSIN AUTERIVAIN

Esplanade de la Madeleine ✆ 05 61 50 28 71
www.tourisme-auterive.com
De mai à sept : lun, mar, jeu & ven 9h-12h & 13h-17h, le sam 10h-12h. D'avril à octobre : mer après-midi et sam matin.

Le bassin auterivain offre des visites culturelles et des activités sportives telles qu'accrobranche, canoë-kayak, équitation ou randonnées. Cet office de tourisme vous guidera pour partir à leur découverte, et vous indiquera le calendrier des animations, vous précisera les séances de cinéma, vous donnera la programme de la salle de spectacle Allegor. Vous y trouverez également un parcours interactif pour visiter le joli village de Cintegabelle, très sympa à faire en famille.

LES MURAILLES €

34, chemin de Traverse des Monges
✆ 05 61 50 72 54

Gîtes de France (3 épis). 3 chambres. Chambre simple : 60 €. Chambre double : 80 €. Connexion Internet.

Les Murailles ont changé de sentinelles au printemps 2021. Située au calme, un peu à l'extérieur d'Auterive et au milieu des champs, cette belle ferme de caractère présente un cachet indéniable. Désormais aux mains d'Adeline et Laurent, les Murailles continuent donc à vous recevoir dans leurs trois chambres d'hôtes simples et confortables, face à un superbe parc de 3500 m². On souffle, on respire... C'est un point de chute intéressant pour s'évader à quarante minutes de Toulouse et découvrir les trésors de la vallée de l'Ariège, du Lauragais ou du Volvestre.

LA BARGUÈRE €€

62, avenue des Pyrénées - **SAINT-SULPICE-SUR-LÈZE** ✆ 05 61 97 35 00
www.labarguere.com

Gîte 3 épis : 6 personnes, de 375 € à 700 €/semaine. Chambre d'hôtes 4 épis : 1 à 4 personnes, de 75 € à 120 €/nuit.

La Barguère est une métairie du XIXe siècle. Installée dans la campagne vallonnée, elle offre une belle vue sur les Pyrénées. Cette bâtisse de caractère abrite un gîte rural parfait pour un séjour d'une ou plusieurs semaines, qui peut accueillir jusqu'à six personnes. Pour les séjours plus courts, la Barguère propose une chambre d'hôtes de très bon confort qu'il est possible de réserver à la nuitée, pour une à quatre personnes. La Barguère est appréciée pour son niveau de prestations, l'accueil chaleureux de ses propriétaires et la piscine dans le parc fleuri.

CASA NORIA €€

20, avenue de Nailloux
✆ 06 83 83 43 19
www.casanoria.fr

Clévacances (3 clés). 6 pers, 1 chambre. De 195 € à 395 € la semaine. Jardin, lave-linge, sèche-linge, lave-vaisselle.

Amateur d'hébergement authentique et de cadres naturels, dirigez vos pas vers la Casa Noria. Ce logis de caractère a été érigé au XVIIIe siècle sur les rives de l'Ariège. Vêtu de la typique pierre foraine, le gîte propose une chambre en mezzanine avec un grand lit accompagné de deux chauffeuses convertibles, et un canapé convertible au salon. Cette maison au charme pittoresque peut ainsi accueillir jusqu'à six personnes dont deux enfants. Bien équipée, elle dispose d'une terrasse et s'ouvre sur un joli jardin, avec vue sur la noria qui lui donne son nom.

LA MANUFACTURE ROYALE €€

2, rue des Docteurs Basset ✆ 05 61 50 08 50
www.manufacture-royale.net

Chambre simple 71 € ; chambre double 91 € ; chambre triple 113 €. Petit déjeuner inclus. Lit supplémentaire : 22 €.

Une demeure de caractère vous attend dans un cadre de très grand charme, propice à la détente. Historiquement, on trouvait en ces murs une manufacture royale de draps, établie au XVIIIe siècle ! Trois gîtes confortables permettent de recevoir les familles jusqu'à cinq personnes pour un séjour à la semaine. Par ailleurs, trois chambres d'hôtes spacieuses, décorées avec le charme d'antan, attendent couples et familles. Les services sont ici très nombreux, avec une piscine, un beau jardin et des équipements pour s'y reposer ainsi qu'une cuisine d'été à disposition.

MANOIR DU BOUYSSOU €€€

Lieut dit Bouyssou - **CINTEGABELLE**
✆ 06 64 96 63

4 chambres (dont une suite). Chambre double : 135 €, petit déjeuner inclus. Parking ouvert. Wifi. Piscine.

Un peu à l'extérieur de Cintegabelle, voici l'adresse à choisir pour séjourner dans une demeure d'exception. Le manoir de Bouyssou attend les touristes en quête d'authenticité comme les Toulousains qui voudraient s'offrir une escapade romantique. Il est établi dans un superbe parc accueillant un pigeonnier classé. Trois chambres et une suite aménagées confortablement vous permettront de profiter d'une vue somptueuse sur le Lauragais et les Pyrénées. Les petits-déjeuners seront pris dans une salle de caractère, qui devrait vous donner goût à la vie de château !

L'ENDROIT €€

3, rue Ferdinand-Buisson
✆ 05 61 26 25 21

Ouvert midi et soir du lundi au samedi sauf le mercredi, et le dimanche midi. Formule du midi : 14,90 €. Terrasse.

L'un des établissements les mieux placés de la ville face à l'Ariège s'est offert une nouvelle jeunesse et vous attend dans un décor coloré. Menu du jour à prix futé, ambiance joyeuse et conviviale : le lieu mérite une escale si vous êtes de passage à Auterive. Salades, tartares, classiques du Sud-Ouest, desserts gourmands, tout est annoncé local et frais. La cuisine est créative et ne boude pas une pointe de raffinement, pour un excellent rapport qualité/prix. Bonus : un accueil au top. Bon à savoir : la salle à l'étage est privatisable pour vos repas de groupe.

LA PLAGE €€

Rue des Orpailleurs - **VENERQUE**
✆ 05 61 08 50 12
https://www.restaurant-la-plage.fr
Du mardi au samedi midi & soir, et le dimanche midi. Carte : 20 € environ. Formule du midi : 14 €. Terrasse.

Que diriez-vous d'une escale bucolique au bord de l'eau dans un esprit de guinguette ? Fidèle à ses origines, la Plage vous offre une grande terrasse sur les berges de l'Ariège. À l'ombre bienfaisante d'un parasol le midi ou sous les couleurs d'une guirlande lumineuse typique le soir, vous avez ici la possibilité de savourer des classiques de la cuisine de bistrot, avec une part appréciable laissée au poisson. L'hiver, vous profitez d'une salle au cachet authentique et de spécialités auvergnates réconfortantes. Pensez à réserver : l'adresse a ses fidèles habitués !

LA VILLA MÉDITERRANÉENNE €€

1, allée du Duc-de-Ventadour - **VENERQUE**
✆ 05 61 08 38 32 - www.villa-mediterraneenne.fr
Tous les jours midi & soir. Fermé mercredi & dimanche soir en basse saison. Formule midi : 14 €. Carte : 25 € environ.

La Villa Méditerranéenne est établie dans un cadre bucolique, au bord de l'eau. Sa salle au décor oriental s'ouvre l'été sur une superbe terrasse. La cuisine sent bon les épices ensoleillées ! Tajines et couscous côtoient une sélection de préparations d'ici et d'ailleurs soigneusement dressées : houmous à la Libanaise, tartare de saumon, moussaka athénienne, filet de daurade royale, tiramisu aux amandes, salade d'oranges à la cannelle... Un menu végétarien est disponible. Info futée : le lieu se prête bien aux fêtes de famille, la maison faisant aussi traiteur.

MARCHÉS D'AUTERIVE

Place de la Halle
Ouvert le vendredi et le dimanche de 8h à 12h.

Auterive bénéficie de deux marchés hebdomadaires. Le vendredi matin, quartier de la Madeleine, il se tient face à l'office de tourisme et propose une belle variété de produits du terroir : primeurs, bouchers, fromagers... Le dimanche matin, il se tient de l'autre côté de la berge, quartier Saint-Paul entre la Poste et la Halle. Non loin de là, à Cintegabelle, le marché hebdomadaire se tient le mercredi matin. Quant au marché de Vénerque, il a lieu le jeudi matin et l'on peut y trouver fleurs, fromage, fruits et légumes, pain, volaille et œufs...

AUTERIVE ADVENTURES

Route d'Espagne
✆ 07 68 55 33 61
https://www.auterive-adventures.com/
Week-ends et vacances scolaires, de 13h à 18h (19h en été). Entrée : 18 € (parcours Big One : + 5 €). À partir de 3 ans.

Ce parc d'accrobranche s'étend sur neuf hectares, de part et d'autre des berges de l'Ariège. Il propose plusieurs parcours, adaptés à l'âge, à la taille, au niveau et aux envies de ses visiteurs : blanc accessible dès 3 ans, vert et bleu avec trapèzes, tonneaux et autres toboggans, rouge avec un mur d'escalade. Gare au « Big One » : juché à trente-cinq mètres de haut, ce parcours permet, de plateformes en tyroliennes, de survoler la rivière ! À noter, les accompagnants qui ne participent pas peuvent entrer librement. Des nocturnes sont organisées pendant l'été.

VENERQUE EAUX-VIVES

Allée du Duc-de-Ventardour - **VENERQUE**
✆ 05 62 23 52 35
https://www.venerqueeauxvives.fr/
Promenades de juin à septembre, sur réservation. De 10 € à 28 € par personne, selon le parcours choisi.

Ce club de canoë kayak vous propose des balades en famille ou entre amis, quel que soit votre niveau. Trois parcours sont prévus, encadrés ou en autonomie. Le parcours Découverte permet de profiter de la beauté de la rivière sans aucune difficulté technique. Le parcours Émotion vous emmène vers les îles qui abritent de nombreux oiseaux. Le parcours Sensation, environ trois heures et demie de descente, réunit les deux premiers itinéraires et permet de pique-niquer en chemin. Une superbe façon de parcourir la région et de faire le plein de beaux souvenirs.

BAGNÈRES-DE-LUCHON ★★

Une route défile entre les roches creusées par la Pique, qui court se jeter dans la Garonne sous le regard hautain des Pyrénées… Et là-bas, à 140 km de Toulouse, Luchon, la Reine des Pyrénées ! Louis-Napoléon, Lamartine, Flaubert, Dumas et Rostand se pressaient pour y prendre les eaux. Luchon demeure aujourd'hui la première station thermale d'Europe pour les affections ORL et la rhumatologie. Il faut suivre les allées d'Etigny, bordées de tilleuls et d'hôtels du XIXe siècle, gagner le parc des Quinconces, voir le bel édifice des thermes Chambert et le vaporarium (cet hammam naturel unique en Europe), flâner dans les parcs ou dans les ruelles escarpées.

LAC D'OÔ

62, Litourcade et Fouedo - OÔ

Ouvert toute l'année.

Situé au-dessus de Bagnères-de-Luchon, le lac d'Oô culmine à 1 500 mètres d'altitude. Il se déploie dans un superbe cirque, somptueux écrin vert tendre dans lequel il est très plaisant de randonner. La Neste d'Oô le traverse avant de repartir, bouillonnante, vers le village d'Oô. En amont, le lac dEspingo alimente une cascade haute de 275 mètres. Le sentier qui mène jusqu'au lac d'Oô depuis les Granges d'Astau est facile d'accès, il peut être emprunté par des marcheurs débutants. Attention donc l'été à l'affluence car le point d'arrivée vaut vraiment le détour !

ARAN PARK

Route du Col-du-Portilhon

✆ 34 973 929 006

www.aran-park.com

Haute saison ouvert tous les jours de 9h30 à 19h. Adulte : 15 €. Enfant de 3 à 12 ans : 11 €.

Ce parc espagnol permet d'observer des animaux originaires des Pyrénées en semi-liberté, dans un cadre naturel boisé. Au fil du sentier entièrement bétonné donc accessible aux poussettes, vous verrez les vautours, les herbivores et un sentier de découverte des champignons, puis la meute de loups blancs, la mini-ferme, l'ours brun, les loups du Canada et lynx, les grands tétras et gelinottes, les marmottes et loutres. Finissez la balade par le musée et la boutique. Pour une visite attendrissante privilégiez le printemps pour voir les bébés. Aire de pique-nique.

MUSÉE DE L'AÉRONAUTIQUE LÉON ELISSALDE ★

Avenue Albert-Camus ✆ 05 61 79 29 87

www.luchon.com

Ouvert d'avril à octobre et sur réservation. Entrée 4 €. Pass musée avec le musée de Luchon. Chèque Vacances.

Mécanicien navigant pour les essais chez Latécoère, Léon Elissalde connu sous le nom de Léon du Blayais, fut chef de bataillon de FFI. Capitaine de réserve de l'armée de l'air, membre de la Royal Air Force, il fonde en 1955 l'Aéro-Club de Luchon et l'association des Pilotes pyrénéens de montagne. Ce musée inauguré en 1991, juste avant son décès, abrite des documents et des pièces d'avions accidentés dans la région lors de la Seconde Guerre mondiale et un simulateur de vol.

ÉGLISE DE LUCHON ✝

Place Joffre

Gratuit.

L'église de Luchon a été édifiée au milieu du XIXe siècle par l'architecte Loupot, à l'emplacement d'une ancienne collégiale. On peut y observer les belles fresques peintes par Romain Cazes. On appréciera surtout le bel orgue installé au sein de l'édifice, construit par Aristide Cavaillé-Coll et classé monument historique. Si le buffet date du XVIIIe siècle, l'instrument est bien romantique et permet de jouer du répertoire français du XIXe siècle et du XXe siècle de Widor à Louis Vierne. Des concerts sont régulièrement organisés par les amis de l'orgue.

MUSÉE DU PAYS DE LUCHON ★

18, allées d'Etigny

✆ 05 61 79 29 87

www.pyrenees31.com

Le mercredi, jeudi, vendredi & dimanche l'après-midi, le samedi toute la journée. Fermé en novembre. Entrée : 4 €.

Labellisé Musée de France, le musée du Pays de Luchon est implanté dans un charmant château édifié en 1772, en bordure des allées d'Etigny. Il accueille des collections diverses, tant archéologiques avec les dépôts de la société Julien Sacaze, qu'ethnographiques avec la collection d'objets d'art et de tradition populaire rassemblée par Louis Saudinos. L'histoire naturelle est également bien représentée. Vous découvrirez ainsi Luchon et ses environs à travers son histoire, son patrimoine naturel et ses évolutions culturelles. Une visite riche d'enseignements.

PYRÉNÉES HÔ

Avenue de Rouziet - **CIERP-GAUD**
✆ 05 61 94 08 36
www.pyrenees-ho.com
Tous les jours 10h-19h. En période scolaire : uniquement le week-end. De 7 à 36 € selon l'âge et la formule choisie.

Étendu sur treize hectares, ce parc d'aventures est le plus grand du Comminges. La traversée de la forêt, de la rivière et des falaises offre un bel éventail d'activités. Certaines sont libres : vélo, labyrinthe, obstacles, toboggans géants… D'autres sont surveillées : parcours en hauteur, trampoline, *via ferrata*, tyroliennes… Lancez-vous dans un parcours acrobatique le long de la falaise, osez les trois grands sauts de Tarzan au-dessus de l'eau et pourquoi pas, terminez par une nuit en tipi ! Tout est prévu pour passer une belle journée d'aventures au grand air.

OFFICE DE TOURISME PYRÉNÉES 31

18, allées d'Etigny
✆ 05 61 79 21 21
www.luchon.com
Ouvert tous les jours.

Les propositions d'activités dans la région du Luchonnais sont très variées. L'hiver, une télécabine relie le village de Bagnères-de-Luchon à la station de ski de Superbagnères. L'été, la montagne s'aborde de multiples façons : sports d'eaux vives, randonnées, parapente, golf... Luchon est aussi une station thermale renommée dotée d'un «vaporarium», un incroyable hammam naturel. Pyrénées 31 se plie en quatre pour rendre inoubliable votre séjour dans cette magnifique région !

BUREAU DES GUIDES DE LUCHON

66, allées d'Etigny ✆ 05 61 89 56 08
www.bureau-guides-luchon.com
Haute saison : tous les jours 17h-19h. Basse saison : lundi, jeudi et samedi 17h-19h. Activités à partir de 15 €.

Si vous souhaitez conjuguer aventure en montagne avec sécurité, vous frappez à la bonne porte ! En hiver, les Guides de Luchon vous invitent à la découverte du ski de randonnée, de l'escalade, des raquettes ou des cascades de glace.. En été, à vous la randonnée, le canyoning ou encore la *via ferrata* ! Du niveau débutant à la pratique experte, les guides organisent des sorties, des séjours et des formations tout au long de l'année pour vous faire vivre la montagne en grand.

CENTRALE HYDROÉLECTRIQUE DU LAC D'OÔ - ESPACE EDF ★

74, avenue Jean-Jaurès ✆ 05 61 79 21 21
www.entrepriseetdecouverte.fr/visite/edf-centrale-hydraulique-de-luchon
Ouvert toute l'année. Sur réservation à l'office de tourisme de Bagnères-de-Luchon. Gratuit. Label Tourisme & Handicap

© EDF

L'espace EDF propose une découverte ludique et pédagogique de cette formidable énergie naturelle qu'est l'hydroélectricité. D'où provient l'eau et comment les hydrauliciens produisent-ils l'électricité ? Comment la protection de la faune et de la flore est-elle assurée ? Quelle est l'histoire de cette énergie dans le luchonnais ? Toutes ces questions trouvent réponses auprès de votre guide, mais également grâce aux jeux et au matériel multimédia mis à disposition.

HOSPICE DE FRANCE €

Hospice de France
✆ 06 88 32 40 64
Fermé en hiver. Chambre double de 57 à 67 €. Dortoir avec salle de bains : de 22 à 24 €/personne. Restauration.

Vénérable bâtisse du XVIIe siècle, l'Hospice de France s'inscrit dans la tradition d'accueil des voyageurs cherchant refuge sur leur itinéraire, en offrant des dortoirs de six à dix personnes. Pour les adeptes d'un meilleur confort ou pour un plus long séjour, l'Hospice de France propose aussi de douillettes chambres doubles ainsi qu'une suite familiale. À l'heure du déjeuner, vous trouverez une offre de restauration traditionnelle ouverte à tous, et pour le dîner, la maison propose une table d'hôtes. Une belle idée pour vivre la montagne avec authenticité.

HAUTE-GARONNE

REFUGE D'ESPINGO [FFCAM] €

Las Espugnes - 0Ô ✆ 05 61 79 20 01
www.refugedespingo.ffcam.fr

Refuge gardé de mi-mai à mi-octobre. Nuit adulte : 21,30 €. Repas : 20 €. Petit déjeuner : 8,50 €.

Dans la belle vallée glaciaire de Larboust, ce refuge d'altitude accueille les randonneurs à proximité de la crête Espingo, frontière avec l'Espagne, et du lac du même nom. Sur le chemin qui mène vers le refuge du Portillon, il est accessible en 2 h de marche depuis les granges d'Astau et en 1h30 du Portillon. Le dortoir est confortable et l'ambiance conviviale. Au sein d'un bastion du pastoralisme montagnard c'est un camp de base idéal pour l'ascension des hauts sommets du Luchonnais : 14 sommets de plus de 3 000 m ! En hiver c'est un refuge de secours gratuit.

AU FIL DE L'OO €€

37, avenue de Venasque ✆ 05 61 79 30 74
www.campingaufildeloo.com/

D'avril à octobre. Emplacements avec électricité à partir de 17,50 €/nuit. Mobil-home à partir de 280 €/semaine.

Ce camping familial s'inscrit au cœur des Pyrénées centrales. Vous pouvez ici passer des vacances en pleine nature dans un très beau cadre, tout en jouissant d'un bon niveau de confort : sanitaires chauffés, une salle conviviale avec la télévision, wifi, snack pour se restaurer... Le lieu est idéal pour les amateurs de randonnées et pour les amoureux de la nature. Vous pourrez également y pratiquer la pêche dans un cadre préservé. Les curistes seront à 700 mètres à pied des thermes mais la navette thermale gratuite reste disponible pour les moins courageux.

CASTEL DE LA PIQUE €€

31, cours des Quinconces ✆ 05 61 88 43 66
www.castel-pique.fr

Ouvert toute l'année. Chambre double de 75 à 90 €. Petit déjeuner buffet : 8,60 €. Parking inclus. Wifi gratuit.

Cette belle demeure du début du XXe siècle a été tour à tour pension de famille, maison bourgeoise et centre de colonie de vacances. Aujourd'hui, le Castel de la Pique s'est enrichi d'éléments de confort pour vous proposer une halte dans un hôtel de charme. Les visiteurs apprécient l'accueil chaleureux de ses propriétaires. Les chambres sont douillettes et certaines peuvent accueillir jusqu'à quatre personnes. Installé au creux de la montagne, à quelques pas des thermes, vous profiterez ici d'un très agréable parc bordé par la Pique. Une valeur sûre à Luchon.

GÎTE SKIOURA €€

Lieu-dit Castel Biel, Bordo Del Biel
✆ 05 61 79 60 59
www.gite-skioura.com

Gîte de groupe et d'étape de 36 places, à partir de 18 €. Animaux acceptés. Restauration (demi-pension 39 €).

Installé entre Luchon et la station de ski de Superbagnères, ce gîte d'étape peut recevoir jusqu'à trente-six personnes. C'est une adresse conviviale et sympa à retenir pour passer la nuit si vous randonnez sur le GR 10, par exemple, ou pour un séjour plus long pour profiter des activités montagnardes. C'est aussi une option à envisager pour un moment en tribu, famille ou amis, pour une sortie sportive et/ou festive ! Vous y trouverez bien sûr de quoi cuisiner, de l'eau chaude, une cheminée, des jeux, une bibliothèque... Une solution sympa à prix futé.

Bagnères-de-Luchon.

HÔTEL AQUITAINE €€

23, cours des Quinconces ✆ 33 5 61 79 02 14
www.hotelaquitaine.fr

Chambre simple à partir de 52 € ; chambre double à partir de 58 €. Petit déjeuner buffet : 9 €. Parking. Restauration.

Face au parc qui mène aux thermes, l'Hôtel Aquitaine est un établissement familial sympa qui vous permet de séjourner à prix doux dans une bâtisse de caractère. Il offre un confort simple mais soigné dans un cadre agréable. Touristes et curistes se croisent dans la jolie salle de restaurant lumineuse, autour d'un généreux buffet de petit-déjeuner, ou encore à l'occasion d'un repas composé à partir de produits régionaux et préparé avec finesse. Un plaisant jardin complète l'ensemble. Une adresse appréciée, donc soyez prévoyant si vous partez en haute saison !

HÔTEL DES DEUX NATIONS €€

5, rue Victor-Hugo ✆ 05 61 79 01 71
www.hotel-des2nations.com

Chambres doubles de 59 à 65 €. Petit-déjeuner 8 € (en chambre 9 €). Restauration.

L'hôtel des Deux Nations est un établissement qui vous livre un fort indice de confiance : de nombreux clients sont des habitués. Il est établi en plein cœur de Luchon, à proximité du marché et des télécabines mais dans une rue calme. Les thermes sont à environ 600 mètres. L'hôtel est un établissement familial traditionnel, les chambres offrent un équipement conforme à ce qui est attendu pour une maison de cette catégorie. Un agréable salon permet de se détendre auprès d'une cheminée. Enfin, le restaurant, ouvert à tous, est une table appréciée de la ville.

HÔTEL LE FLORÉAL - LE FLOR WINE €€

11, avenue Jean-Boularan ✆ 05 61 88 37 52
www.hotelfloreal.fr

Chambre double de 48 à 72 €. Petit déjeuner buffet : 7 €. Bar à vins ouvert tous les soirs avec une petite restauration.

Au cœur de la ville, l'Hôtel Foréal dispose de chambres coquettes et confortables au rapport qualité-prix futé. Décorées dans un style montagnard ou campagnard, elles vous invitent au dépaysement. Pour vos moments de détente, vous pourrez profiter du Flor'Wine, un bar à vin *cosy* qui propose plus de trente références de vins de propriétaires ou de vignerons récoltants. Pour accompagner votre dégustation, vous pouvez également commander des assiettes gourmandes avec des produits du pays.

HÔTEL PANORAMIC €€

6, avenue Carnot
✆ 05 61 79 30 90
www.hotelpanoramic.fr

Chambre double de 55 à 130 €. Petit déjeuner buffet ou en chambre : 10,50 €.

Face à l'église et à deux pas des allées d'Etigny, l'Hôtel Panoramic est un établissement de bon standing, indépendant, établi dans l'une de ces bâtisses luchonnaises qui font tout le charme de la ville. Il vous propose trois catégories de chambres : standard, confort et supérieure. L'accueil et le service sont professionnels et agréables. Si vous souhaitez pratiquer le ski ou le parapente, la maison propose des tarifs négociés. Une adresse de référence pour tous types de séjour, depuis le week-end dépaysant jusqu'au séjour de cure.

HÔTEL-RESTAURANT LA RENCLUSE €€

4, avenue de Gascogne - **SAINT-MAMET**
✆ 05 61 79 02 81 - www.hotel-larencluse.com

Chambre double de 61 € à 95 €. Petit déjeuner : 7 €. Parking inclus. Local à vélos. Local à skis. Restauration.

Cet établissement tenu par la même famille depuis quatre générations propose un lieu de séjour charmant. Il est établi à l'entrée du village de Saint-Mamet, limitrophe de Luchon. Son cadre montagnard offre un confort moderne mâtiné d'accents rustiques. Les chambres sont douillettes et décorées avec soin. Celles de catégorie supérieure s'ouvrent sur une terrasse. Cette adresse, appréciée autant pour ses chambres que pour sa table, présente un rapport qualité-prix imbattable.

PAVILLON SÉVIGNÉ €€

2, avenue Jacques-Barrau ✆ 05 61 79 31 50
www.pavillonsevigne.com

Gîtes de France (4 épis). Chambre double à partir de 95 €. Petit déjeuner inclus. Parking. Restauration.

Ce manoir du XIXe siècle propose luxe et raffinement. L'établissement met à votre disposition cinq chambres d'hôtes de prestige et de caractère. Dans cet écrin magnifique chargé d'histoire, où la modernité et les meubles anciens ont fait un mariage de beauté et de bon goût, vous bénéficierez de tout le confort moderne (télévision par satellite, wifi, douche à jets...). Le manoir dispose d'un salon avec une bibliothèque, d'un piano et d'une salle à manger avec un coin cheminée pour se détendre dans un cadre raffiné. Une bonne idée pour une étape de charme.

LES SPIJÉOLES HÔTEL-RESTAURANT €€

Village - **OÔ** ✆ 05 61 79 06 05
les.spijeoles.free.fr
Chambre double à partir de 47 €. Pension complète 58 € (par personne et par jour). Petit déjeuner 8,50 €.

Au cœur des Pyrénées, le petit village d'Oô est un écrin de verdure et d'authenticité connu pour son lac éponyme. C'est ici que vous attend l'hôtel-restaurant les Spijéoles, un établissement de caractère. Il offre une dizaine de chambres au confort simple, une ambiance familiale et un tarif très futé. Le restaurant propose une cuisine de terroir appréciée qui vous permettra de goûter la spécialité luchonnaise : le pétéram, un plat roboratif qui satisfera les appétits les plus féroces !

LA CHAPELLE SUPERBAGNÈRES €€

✆ 05 61 79 55 89
https://lachapellesuperbagneres.wordpress.com/
Hiver : de 9h à 17h. Été : tous les jours de 9h à 21h. Carte : 25 € environ.

Cette chapelle est restée à l'abandon pendant plusieurs décennies. Depuis 2017, elle accueille un restaurant d'altitude, à proximité de la gare amont de la télécabine de Superbagnères. Une immense terrasse a été aménagée pour vous permettre de profiter d'un panorama à couper le souffle. À la carte, des classiques du bistrot, omble de fontaine pêché un peu plus bas, plats végétariens, raclette l'hiver... Des concerts sont régulièrement organisés. Un *spot* qui vaut le déplacement.

L'ARBESQUENS €€

47, allée d'Étigny ✆ 05 61 79 33 69
http://arbesquens.free.fr/guppy
Le midi, tous les jours sauf mercredi. Le soir, tous les jours sauf mercredi et dimanche. Fondues à partir de 18 €.

Qui aime la fondue, l'Arbesquens laisse l'embarras du choix ! Côté fromages, savourez de délicieuses préparations de comté, emmental ou beaufort, tantôt garnies de lardons et de noix, tantôt accompagnées de champignons ou même déliées à la bière. Côté viandes, bourguignonne avec du bœuf, gersoise avec du canard ou fermière avec du poulet : la fondue se décline sous toutes ses formes. Bien sûr, montagne oblige, il est aussi possible d'opter pour une raclette, une tartiflette, une truite ou une grillade. Accueil chaleureux, ambiance familiale et service rapide.

EL ALMACEN DE CIRÈS €€

Le Village - **CIRES**
✆ 05 61 95 05 67
www.elalmacendecires.com
Le midi du vendredi au dimanche, le soir du jeudi au dimanche. Carte : 35 € environ. Réservation recommandée.

Attention, pépite ! El Almacen de Cirès vous attend accrochée à flanc de montagne et vous offre une vue panoramique sur la vallée d'Oueil. Vous êtes à quelques kilomètres de Luchon, dans un minuscule village qui vous dépaysera à coup sûr. Cette table propose une cuisine qui a su se faire remarquer. Concoctée à partir de produits locaux, la carte se renouvelle toutes les semaines pour revisiter la tradition du terroir. Cuites au feu de bois, les compositions sont recherchées et raffinées. Un mariage réussi entre la rusticité des lieux et la finesse de l'assiette.

LES CAPRICES D'ÉTIGNY €€

30 bis, allée d'Étigny
✆ 05 61 94 31 05
www.capricesdetigny.com
Le midi du mardi au dimanche, le soir vendredi et samedi. Formule du midi : 14,50 €. Carte : 25 € environ.

Les Caprices d'Étigny est un restaurant de référence qui offre un cadre chaleureux et raffiné dans une ambiance de chalet. Au programme, une cuisine du terroir qui aime travailler les produits du marché dans le respect des traditions. La spécialité de la maison, c'est la truite d'Oô, un village situé à une dizaine de kilomètres au-dessus de Luchon. Biologique, la pisciculture d'Oô vous garantit un poisson élevé dans des conditions de qualité strictes. Mais que les amateurs de viande se rassurent : il est aussi possible d'opter pour une grillade au feu de bois !

LA FERME D'ESPIAU €€

Centre Village - **BILLIÈRE**
✆ 05 61 79 69 69
www.restaurant-luchon.com
Ouvert toute l'année. Carte : 20 € environ.

La Ferme d'Espiau est située dans la vallée du Larboust. Une ambiance rustique bienfaisante vous attend pour déguster des spécialités mijotées avec des produits de saison. Soupe de légumes du marché, charcuterie des Pyrénées, magret de canard grillé, pied de cochon à la paysanne, truite d'Oô marinée... Les classiques de la cuisine d'esprit canaille, orientée vers les spécialités locales, sont ici servies sans chichis, mais avec la vue ! Vacanciers et habitants de la région ne s'y trompent pas, n'hésitant pas à grimper depuis Bagnères-de-Luchon pour en profiter.

L'HEPTAMÉRON DES GOURMETS €€€

3, boulevard Charles-de-Gaulle
✆ 05 61 79 78 55
Réservation impérative. Menu unique à 70 € en sept services. Accord mets-vins : 40 €.

L'Heptaméron est l'adresse gastronomique incontournable de Luchon. Anne-Marie et le chef Bernard Noby vous accueillent dans un cadre superbe. Vous apprécierez le charme de cet établissement chaleureux au moins autant que sa cuisine raffinée. Le salon *cosy* pour l'avant-repas donne le ton. Le chef vous propose une dégustation en sept services, composée tous les jours à partir des produits de saison. Des adaptations végétariennes peuvent être demandées lors de la réservation.

LA COQUE D'OÔ

Village d'Oô - **OÔ**
Haute saison : ouvert tous les jours. L'hiver, sur commande uniquement.

En virée à Bagnères-de-Luchon pour un bol d'air, vous aurez sans doute envie de savourer une spécialité locale que l'on trouve parfois sur les marchés toulousains : le gâteau à la broche ! Douceur traditionnelle des hautes vallées des Pyrénées, c'est un surprenant dessert qui se cuit comme nul autre et dont le goût est unique, caractérisé par sa cuisson au plus proche des flammes, au feu de bois. L'experte des fourneaux ici c'est Francette Rives. Elle prépare trois tailles de gâteaux, pour vous assurer de pouvoir partager le plaisir avec toute la famille.

LES GALERIES GOURMANDES

19, avenue Carnot
✆ 05 62 00 13 79
www.lggl.fr
Basse saison : ouvert du mardi au samedi de 17h30 à 1h. Haute saison : tous les jours. Restauration, concerts, boutique.

Depuis quelques années, les Galeries, un grand magasin installé de longue date au cœur-même de Bagnères-de-Luchon, sont devenues gourmandes ! Dans un cadre d'esprit «rustique chic», vous pouvez opter pour l'atmosphère conviviale du rez-de-chaussée pour picorer des assiettes de fromages et de charcuterie, autour d'un verre de pic-saint-loup, ou alors vous pouvez rejoindre l'ambiance plus *lounge* du premier étage pour profiter d'un plat préparé maison. Il vous sera même possible d'acheter une ou deux bouteilles pour prolonger le plaisir chez vous !

PLACE N° THÉ

18, place Maréchal-Joffre
✆ 05 61 79 14 08
https://place-n-the.fr
Ouvert toute l'année. Du lundi au samedi de 9h à 19h. CB non acceptée. Terrasse.

Place n° Thé est un petit salon de thé *cosy* et charmant qui, aux beaux jours, déploie sa terrasse face à la cathédrale. Sa décoration un brin *british*, fleurie et élégante, invite à la détente. À l'heure du thé bien sûr, mais aussi pour le petit-déjeuner ou pour le déjeuner : Place n° Thé offre la possibilité de se restaurer le midi avec une formule déjeuner simple et fraîche, à prix futé. Les tartes salées et les pâtisseries sont préparées par la maison. Ambiance agréable et douceurs raffinées, Place n° Thé est devenu une institution sur la place luchonnaise !

LA CABANE DES TERROIRS

9, allée d'Étigny
✆ 05 61 94 03 83
Ouvert du mardi au samedi de 10h à 19h.

Sur les allées d'Étigny, au cœur de la vie commerçante de Bagnères-de-Luchon et non loin de la gare aval de la télécabine, la Cabane des Terroirs offre une adresse authentique aux gourmets et aux gourmands. Cette épicerie fine vous propose, dans un cadre agréable, de découvrir les produits locaux pour concocter un bon pique-nique de terroir et/ou pour ramener chez vous le goût du bon-vivre à la Pyrénéenne. Mieux encore, elle déploie des comptoirs de dégustation en terrasse pour vous permettre de vous régaler sur place. À découvrir !

MIELLERIE DES SEPT MOLLES

Route de Salles
✆ 05 61 79 79 73
Ouvert du lundi au samedi de 14h30 à 18h30. D'avril à octobre.

À la sortie de Bagnères-de-Luchon, la Miellerie des Sept Molles est autant un lieu de visite que l'occasion de faire des emplettes gourmandes. Vous trouverez de nombreux produits de la ruche : pollen, gelée royale, pain d'épices, produits à base de propolis... Et bien sûr du miel ! Il se décline ici en différentes variétés : toutes fleurs, acacia, oranger, romarin, montagne, forêt, tournesol, bruyère et rhododendron... Une visite aussi culturelle que savoureuse.

LES ACCROS DU SKI - MAISON JOSEPH

22, allée d'Étigny
© 05 61 94 90 82
www.location-skis-luchon-superbagneres.fr
Ouvert tous les jours de 8h à 20h.

Si, comme de nombreux habitants de la région, vous montez à Luchon pour une journée de ski, vous pouvez vous équiper aux Accrocs du Ski, une boutique située à 150 mètres des télécabines. Vous pouvez louer votre matériel de glisse mais aussi acheter vêtements et accessoires tels que masques, gants, bonnets, pelle à neige, luge, raquettes... Les services futés : la réservation en ligne et le gardiennage, particulièrement appréciable si vous avez fait le trajet en car ou en train.

ANTIGNAC RAFTING

Chemin de Poy
ANTIGNAC
© 05 61 79 19 20
www.base-antignac.com/fr
Ouvert toute l'année. Sur réservation. Label Tourisme & Handicap.

En quête de sensations fortes ? La base d'Antignac vous attend. Au programme, des sorties en rafting, kayak ou hydrospeed organisées sur la Noguera Pallaresa, une belle rivière sportive espagnole. Au sec, découvrez le *dirt mountain*, un vélo de descente qui assure une bonne stabilité. Pour prendre de la hauteur, optez pour la *via ferrata*, et pour le fun, direction le terrain de paintball. L'hiver, les moins frileux se frotteront au canyoning hivernal, ou testeront le gyropode sur les chemins enneigés. Vous avez le choix pour faire le plein de souvenirs uniques !

H2O VIVES

2, allées d'Étigny
© 05 62 00 19 40
www.h2o-vives.com
À partir de 22 € par personne.

Venez vivre des sensations fortes en montagne avec des professionnels spécialistes de cet environnement. La spécialité d'H2O Vives, comme son nom l'indique, ce sont les sports en eaux vives : rafting, canyoning, hydrospeed ou canoraft, autant d'activités à frissons garantis. Mais il y a avec H2O Vives la possibilités d'autres aventures autour de la spéléologie, la course d'orientation ou encore une activité ludique et accessible à tous : l'arapaho. Grimpez sur cette trottinette à larges roues et suivez votre guide pour descendre les chemins forestiers !

LUCHON FORME & BIEN-ÊTRE

Cours des Quinconces
© 05 61 79 22 97
www.luchon-bien-etre.fr
Du lundi au samedi de 14h à 20h, le dimanche de 10h à 18h. Entrée : 16 € (moins de 18 ans ou étudiant : 12 €).

Unique en Europe : un hammam naturel ! Ce vaporarium s'étend sur 150 mètres de galeries souterraines. Vous évoluez dans un bain de vapeur d'eau thermale à une température variant entre 38 et 42 °C. Au centre Luchon Forme et Bien-être, vous trouverez également une piscine pour profiter des eaux thermales dans un bain à 34 °C. Pour prolonger la détente, l'espace Premium propose un spa : gommages, massages, nettoyage de peau... Une salle de sport attend les plus motivés. Tout ici est réuni pour vous permettre de repartir en pleine forme !

SOARING

31, rue Sylvie © 05 61 79 29 23
www.soaring.fr
Toute l'année, sur réservation. Vol découverte à partir de 100 €. Stages d'initiation à partir de 480 €.

L'école de parapente Soaring vous promet de véritables sensations fortes à travers une activité de loisirs accessible à tous. Baptêmes de l'air, journées découverte, stages : faites votre choix. Les formules sont variées : stages thermiques, cross ou distance, stages «paralpinisme et bord de mer» ou encore «vol et bivouac»... Une équipe de passionnés est là pour vous initier, vous guider et vous accompagner dans votre progression. Une boutique vous permet en outre d'être orienté par des professionnels aguerris pour acquérir du matériel de qualité au juste prix.

LES THERMES DE LUCHON

Parc des Quinconces
© 05 61 94 52 52
www.thermes-luchon.fr
De mars à octobre, du lundi au samedi de 7h à 12h. Mini-cures libres de 6 jours à partir de 180 €.

Bagnères-de-Luchon est une station thermale de grande renommée. Elle propose des cures conventionnées pour les affections des voies respiratoires et les soucis de rhumatologie. En dehors du parcours de soin traditionnel, vous pouvez profiter d'une mini-cure de six jours, non prise en charge par l'assurance maladie. Vous avez ainsi la possibilité de recevoir des soins pour votre dos, pour des affections ORL, pour apaiser des acouphènes, pour calmer un fibromyalgie. Vous pouvez aussi suivre un coaching santé ou bénéficier d'un parcours de sevrage tabagique.

BLAGNAC

Au nord-ouest de Toulouse, vous êtes dans la région naturelle nommée Pays Toulousain. C'est d'ici que proviennent sables et galets utilisés pour bâtir la ville, parfois complétés par des briques d'argile issues des terrasses de la Garonne. Les fouilles archéologiques attestent d'une occupation humaine au nord-ouest de l'actuel territoire de Blagnac dès l'ère paléolithique. Mais c'est surtout la découverte d'une «ferme indigène» du IIe siècle avant J.-C. qui apporte un précieux témoignage sur l'habitat de cette période dans le Sud de la France. Aujourd'hui, Blagnac semble unir le meilleur des deux mondes : elle offre un cœur de ville historique plein de charme doté d'agréables espaces verts, qu'elle conjugue avec une modernité dont le caractère s'affirme dans les nouveaux quartiers. Terre d'accueil d'Airbus et de nombreuses entreprises industrielles, elle fait figure de locomotive économique de l'agglomération toulousaine. Les visiteurs apprécient de pouvoir loger à proximité de l'aéroport, tout en se trouvant à quelques minutes de tramway du centre de Toulouse. Les Toulousains quant à eux, aiment à y faire une virée pour des visites culturelles orientées vers l'aéronautique ou pour profiter de ses agréables zones naturelles. Avantage non négligeable : Blagnac accueille de nombreuses bonnes adresses pour se régaler.

AEROSCOPIA ★★

Allée André-Turcat

✆ 05 34 39 42 00

www.musee-aeroscopia.fr

Ouvert tous les jours fériés de 9h30 à 18h. Adulte 12,50 €. Visite guidée (+ 3,50 €), audioguide 3€.

Après avoir célébré en 2019 les cinquante ans du premier vol du Concorde, en 2020 Aéroscopia s'est agrandi pour proposer un nouvel espace d'exposition : le Tarmac Nord. Aux vingt-cinq avions civils et militaires déjà exposés s'ajoutent ainsi cinq appareils emblématiques de l'aventure aéronautique et de l'histoire airbusienne. Embarquez à bord du géant A380 et découvrez-y des cabines de luxe futuristes ! Ludique et interactive, l'exposition offre de nombreux espaces explicatifs, une superbe fresque chronologique, des maquettes et même des simulateurs de vol.

AILES ANCIENNES TOULOUSE

4, rue Béteille ✆ 05 62 13 78 10

www.aatlse.org

Visite libre du mardi au vendredi de 14h à 18h00 & le samedi de 9h30 à 18h. Visite guidée le samedi à 10h30 et à 14h30.

Les Ailes Anciennes est une association qui, depuis quarante ans, sauve et restaure des aéronefs. Sa collection est l'une des plus importantes de France. Dans ses ateliers de rénovation, découvrez des appareils mythiques : Breguet 941, Dassault Mirage IVP, MiG-21 «Fishbed»... Admirez des hélicoptères tels qu'un Eurocopter Écureuil, une Alouette III chère aux sauveteurs de haute-montagne ou encore l'atypique « banane volante », le Piasecki H21 ! Plusieurs fois par an, sont organisées des journées cockpit qui permettent de monter à bord de ces appareils de légende.

FESTIVAL DES LANTERNES

4, avenue du Parc ✆ 05 61 71 72 00

www.mairie-blagnac.fr

De début décembre à fin janvier, de 18h à 23h. Entrée : 19 €. Tarif réduit : 13 €. Gratuit jusqu'à 11 ans. Restauration.

Après avoir illuminé les longues soirées d'hiver à Gaillac, le Festival des Lanternes prend ses quartiers aux portes de Toulouse pour sa prochaine session. Lorsque le jour s'efface, vous démarrez une promenade d'environ deux heures dans un incroyable paysage enchanteur façonné par de féeriques lanternes chinoises. Huit cents lanternes géantes sont attendues, illuminant votre déambulation d'animaux, de bouddhas, de personnages historiques, de temples et de palais... Des animations et un marché artisanal chinois sont également prévus, ainsi que des stands gourmands.

LET'S VISIT AIRBUS ★★

Allée André-Turcat

✆ 05 34 39 42 00

www.manatour.fr

Visites sur réservation du lundi au samedi. Adulte : 15,50€. Billet couplé Let's Visit Airbus + Aeroscopia : 24€.

Manatour vous emmène visiter un site de production unique au monde, au cœur l'entreprise emblématique du pays toulousain : Airbus ! Suivez le guide et découvrez par quelles étapes passe la conception d'un avion, depuis la réalisation de son programme jusqu'à sa campagne de certification. Puis prenez de la hauteur et observez l'entreprise à partir d'un belvédère intégré à l'usine : la totalité du process de production y est détaillée. Pour finir, vous aurez la possibilité de monter à bord du MSN1, la version d'essai de l'avion militaire A400M. Inoubliable !

PARC DES QUINZE SOLS

Rue de la Digue
✆ 05 61 71 72 00
Ouvert toute l'année. Gratuit.

Au bord de la Garonne, les anciennes gravières des Quinze Sols ont laissé place à un parc et à des lacs bordés de chemins de promenades, praticables à pied ou à vélo. C'est un agréable itinéraire qui serpente dans un environnement bucolique, essentiellement en sous-bois. Paradis des pêcheurs, les lieux contenteront aussi les observateurs de la faune et de la flore en leur offrant un écosystème exceptionnel. Une idée sympa pour venir se rafraîchir et pique-niquer en famille. Attention néanmoins à bien suivre la signalisation, en particulier après de fortes pluies.

RADISSON BLU HÔTEL TOULOUSE AIRPORT €€€

2, rue Dieudonné-Costes ✆ 05 61 16 18 00
www.radissonblu.com/fr/hotel-toulouseairport
Chambre double à partir de 130 €, petit déjeuner inclus. Parking. Séminaires. Restauration. Spa. Jeux pour enfants.

Le Radisson Blu est un luxueux établissement situé à proximité de l'aéroport de Toulouse-Blagnac. Sa situation est intéressante pour partir à la découverte de la région avec une voiture de location. Les chambres, spacieuses et colorées ont été pensées par le décorateur Alain Marcot. Le restaurant *La Vie en rose* propose une cuisine raffinée à déguster dans son patio, véritable havre de paix agrémenté de pieds de vigne. Pour les moments de détente, spa et fitness vous attendent.

LA CANTINE FRANÇAISE €€

11-15, rue des Usines - **FENOUILLET**
✆ 05 61 27 87 90
www.lacantinefrancaise.fr
Ouvert tous les jours, midi et soir. Formule du midi : 24 €.

Supervisée par le chef étoilé Yannick Delpech, la Cantine Française vous attend dans la Halle gourmande de la galerie marchande de Fenouillet. Situation inattendue pour une cuisine de qualité, mais qui vaut le déplacement. Cadre épuré, service dynamique et carte élaborée par le chef Delpech lui-même dans un esprit de bistronomie, avec une proposition courte et travaillée. Conseil futé : si le bœuf bourguignon est à l'ardoise, ne passez pas à côté ! Les desserts arrivent bien sûr en direct de la pâtisserie du chef, Sandyan, dont la réputation n'est plus à faire.

NH TOULOUSE AIRPORT €€€

15, rue Charles-Lindberg
✆ 05 61 06 22 97
www.nh-hotels.com
Chambre double à partir de 123 €, petit déjeuner inclus. Parking. Animaux acceptés (20 €/nuit). Séminaires. Réceptions.

Cet hôtel de très bon confort est directement connecté à l'aéroport de Toulouse-Blagnac. Difficile de faire plus pratique pour s'assurer une arrivée et un départ sans stress ! Trois catégories de chambres (standard, supérieure et junior suite), toutes climatisées et soigneusement insonorisées. Pour la détente, restaurant, bar, sauna, salle de sport et même, nous dit-on, une « *secret room* » dotée d'une terrasse insolite ! On rejoint facilement Toulouse grâce au tramway et on est ici bien placé pour rayonner à la découverte de la Haute-Garonne.

CRÊP'CHIGNON €€

15, rue de la Poste - **CORNEBARRIEU**
✆ 05 34 52 11 69
http://crepchignon.com
Ouvert tous les jours. Le dimanche sur réservation uniquement. Carte : 25 € environ. Terrasse et jardin.

Voici une crêperie... gastronomique ! Crêp'Chignon vous concocte des galettes comme vous n'en avez certainement jamais connues, au homard, au caviar ou à la truffe... Osez la « Chignon d'En marge » une adaptation à deux toques, celles de Guillaume maître crêpier et de Franck Reminel, chef étoilé du célèbre restaurant En marge, d'où le nom de cette variante inédite toulousaine, préparée avec du cassoulet ! Les crêpes sucrées quant à elles s'accompagnent des crèmes glacées Philippe Faure. Crêp'Chignon sait vous faire plaisir avec le meilleur des produits locaux !

AU FIL DE L'EAU €€

1, rue du Bac
✆ 06 40 68 42 81
www.restaurant-aufildeleau.fr
Le midi du lundi au vendredi. Le soir du mercredi au samedi. Formule du midi : 14 € (entrée, plat, dessert). Terrasse.

Situé à l'embouchure du Touch, le restaurant Au fil de l'eau est l'un des rares établissements de la région toulousaine à offrir une vue sur le fleuve. Une salle ouverte par de larges baies vitrées vous attend pour déjeuner ou dîner d'une cuisine maison fraiche et créative. Aux beaux jours, elle se complète d'une superbe terrasse ombragée, assortie d'une cuisine d'été qui invite à prolonger les soirées autour d'une grillade. Ce cadre bucolique proche de la ville en fait un *spot* unique. Info futée : la taille des lieux permet de recevoir vos repas de groupe.

L'ESPRIT DU SUD-OUEST €€

84, rue de Bordebasse
✆ 05 61 15 66 66
www.lespritdusudouest.com
Du lundi au vendredi midi & soir. Carte : 25 € environ. Formule midi : 18,90 € (entrée, plat, dessert, eau, vin, café).

L'Esprit du Sud-Ouest en pays aéronautique ! Si la décoration intérieure célèbre le monde du ciel, la carte quant à elle honore des plaisirs bel et bien terrestres ! De généreuses assiettes proposent les classiques du terroir : cochonnailles régionales, rillettes de canard maison, gratin d'andouillette, côte de cochon grillée, confit de canard, cassoulet toulousain bien sûr, gâteau gascon, *pana cotta* à la cerise noire... Le maître des lieux est un bon vivant à la bonne humeur communicative. Pompon sur la Garonne : une addition tout à fait futée !

MIMA €€

11, avenue d'Andromède
✆ 05 32 00 20 18
https://www.mimatoulouse.fr
Du lundi au jeudi midi & soir, vendredi midi, dimanche soir. Carte : 25 € environ. Formule du midi : 19 €. Terrasse.

Mima est établi au sein d'un établissement hôtelier cossu, le Residence Inn by Marriott. Le lieu est à l'image de l'hôtel qui l'abrite : élégant, spacieux, aménagé avec goût. Vous y serez reçu avec sourire et bonnes manières, pour savourer une cuisine raffinée et parfumée. À la carte, une sélection de plats canailles qui font honneur aux spécialités locales, accompagnée de suggestions du jour, pour profiter des produits du marché. La formule déjeuner propose un rapport qualité/prix particulièrement futé ! Une belle adresse pour se faire plaisir.

LES TEMPS MODERNES €€

5, boulevard Firmin-Pons
✆ 05 61 71 46 00
www.ltmodernes.fr
Du lundi au samedi midi & soir. Carte : 25 € environ. Formule du midi : 16,50 € (entrée, plat, dessert).

Au cœur du vieux Blagnac, les Temps modernes est une adresse très agréable. Une belle salle, dont la déco a été très travaillée, vous reçoit en surplomb de la rue. L'accueil et le service sont plaisants, l'ambiance sympa. Formule déjeuner le midi, menu et carte le soir, l'assiette revisite la tradition française au fil des saisons et avec raffinement. Vous êtes ici chez un Maître restaurateur créatif et généreux ! Amateur de burger ? Ne manquez pas l'audacieux Burger LTM : il est rouge carmin ! L'un des rapports qualité/prix les plus futés de la ville.

BARRELLE

35, rue Pasteur
✆ 05 61 15 14 85
https://barrelle.fr
Ouvert du mardi au vendredi de 9h30 à 13h et de 15h à 18h45 ; le samedi de 9h30 à 18h.

Pâtissier, chocolatier et glacier : Alexandre a tout pour vous séduire ! Rejoignez la boutique Barrelle, où vous pourrez observer le chef à l'œuvre à travers la verrière qui sépare l'espace de vente de son laboratoire. Vous aurez ainsi l'occasion de découvrir ses créations phares, des entremets glacées qui se déclinent en originales barres gourmandes. La créativité et le raffinement se retrouvent sous de nombreuses formes gourmandes : tablettes de chocolat, coffrets de bonbons, pâtes à tartiner, orangettes, meringues enrobées, crèmes glacées... Courez-y !

BBT BRASSEUR TOULOUSAIN

6, rue Émile-Dewoitine
CORNEBARRIEU
✆ 05 61 84 89 52
www.brasseur-toulousain.fr
Du mardi au samedi à partir de 16h. Retransmissions sportives.

Localisation insolite pour cette microbrasserie : au bout des pistes de l'aéroport ! Entreprise familiale lancée grâce à un financement participatif, BBT Brasseur Toulousain produit une bière dans l'esprit des India Pale Ales, à fermentation haute. D'un côté c'est un vaste espace de dégustation, de l'autre, l'unité de production. Six bières sont brassées ici. Dégustation avec planches de charcuterie dans un décor qui évoque celui d'un loft new-yorkais épuré. Ambiance vraiment sympathique et animations régulièrement programmées.

L'ENVIE SAGE

1, avenue Latécorère
CORNEBARRIEU
✆ 05 62 13 79 33
www.enviesage.com
Gluten-free friendly. Ouvert du lundi au vendredi de 6h30 à 19h30 ; le samedi de 7h30 à 18h.

L'Envie sage n'est pas une boulangerie-pâtisserie comme les autres. Située à Cornebarrieu, elle existe depuis plus de dix ans et se fait une spécialité des produits confectionnés avec des ingrédients biologiques. Jean-Marc et Béatrice Cires sont en effet soucieux de la qualité des aliments qu'ils proposent à leurs clients en s'approvisionnant également chez des producteurs locaux. Ils proposent par ailleurs une belle gamme de pains et gâteaux, avec une particularité très utile pour bon nombre de Toulousains «intolérants» : des pâtisseries sans gluten !

LÉOPOLD BISCUITERIE FINE

5, rue Principale
PIBRAC
✆ 05 34 59 34 12
leopold-macarons.com
Ouvert du mardi au samedi de 10h à 12h30 et de 14h à 19h.

La maison Léopold s'est fait experte en gourmandises italiennes. Sa spécialité : les macarons au caramel, à l'amande, à la pistache, à la framboise, à la violette... Mais elle confectionne également des panettones, ces belles brioches fourrées à l'orange, aux cédrats confits et aux raisins, ainsi que des *amaretti* aux amandes, des guimauves, des pâtes de fruit, des sablés à la fleur de sel ! Pour le plaisir d'offrir aux gourmands et aux gourmets, de savoureux coffrets cadeaux sont disponibles. La Maison Léopold a aussi une adresse à Cornebarrieu.

AVIASIM TOULOUSE

130, rue du Riou - **BEAUZELLE**
✆ 05 34 26 98 99
www.aviasim.com
Du mardi au samedi, de 10h à 19h, sur réservation. À partir de 99 €.

Vous êtes fan d'aviation ? Découvrez cette expérience aussi amusante qu'inoubliable ! Prenez place dans un simulateur de vol et glissez-vous dans la peau d'un pilote de ligne ! Choisissez votre formule, sélectionnez votre destination et suivez les instructions de votre instructeur : l'aventure commence ! Le pack découverte est facilement accessible aux débutants, et les enfants peuvent être accompagnés. Info futée : Aviasim propose aussi des stages (trois séances de deux heures) pour aider à les personnes qui ont peur de l'avion à surmonter leur phobie.

CANOË 31 - CVIFS

Chemin de Catcharry - **GAGNAC-SUR-GARONNE**
✆ 06 70 00 63 53
https://canoe31.fr
Sur réservation. Acitivités à partir de 30 € la demi-journée. À partir de 7 ans. Les mineurs doivent être accompagnés.

L'association sportive CVIFS vous propose de découvrir la Garonne en immersion (presque) totale, via des activités nautiques : canoë (deux places), kayak (une place), *stand-up paddle* (une personne) ou *stand-up paddle* géant (jusqu'à six personnes). Au départ de Gagnac, vous partez pour une promenade rafraîchissante en direction de Blagnac ou de Grenade. Demi-journée pour une découverte, journée entière pour profiter d'un pique-nique au bord de l'eau. Le retour à la base est assuré, mais on peut aussi opter d'y revenir à pied ou à vélo pour profiter de la nature.

UGOLF TOULOUSE-SEILH

Route de Grenade
SEILH
✆ 05 62 13 14 14
http://jouer.golf/toulouse-seilh
Tous les jours de 8h à 19h. Green fee parcours 18 trous : à partir de 49 €. Abonnements : à partir de 187 €/mois.

Si vous appréciez la pratique du golf, ne passez pas par le pays toulousain sans faire étape ici. Le golf de Toulouse-Seilh propose deux parcours plantés de chênes, de bouleaux et de frênes. Ils comprennent de jolis petits plans d'eau, permettant une grande diversité de trous. Le Peugeot Golf Guide classe ce site parmi les plus beaux golfs d'Europe. Ses installations comptent un *club-house* confortable, un hôtel, un très agréable restaurant, une piscine et des salles de séminaires. Elles accueillent autant la clientèle de loisirs que la clientèle d'affaires. Le parcours jaune est un par 64 de 4 174 m possédant un *slope* de 109. Il est composé de 9 par 3, 8 par 4 et 1 par 5. Particulièrement technique, avec des fairways étroits et des greens à plusieurs pentes, il offre la possibilité de jouer 18-trous en trois heures seulement. Il est également idéal pour perfectionner son petit jeu. L'autre parcours, rouge, est un par 72 de 5 862 m avec un *slope* de 134 pour les messieurs et de 133 pour les dames. Il est composé de 5 par 3, 8 par 4 et 5 par 5. Ce parcours relativement plat trouve tout son attrait dans la diversité de ses trous, tantôt boisé, tantôt sur eau, tantôt long et tantôt technique. C'est une superbe adresse pour les passionnés autant que pour les amateurs qui pourront ici s'initier dans les meilleures conditions. Les clients de hôtel comme les simples visiteurs apprécieront la brasserie pour le plaisir de prendre un verre ou de profiter d'une bonne table face à un superbe panorama.

FRONTON ★

Dans le Frontonnais, vous parcourez une terre dont la tradition viticole est ancestrale. La région profite de conditions idéales : un microclimat et un relief composé d'une succession de terrasses rocailleuses. Ce sont les Romains qui auraient planté ici les premiers ceps de vigne ! Mais il faudra attendre le XIIe siècle pour qu'apparaisse le cépage caractéristique de Fronton : la négrette, importée de Chypre, caractérisée par des notes de fruits noirs (mûre et cassis), de fleurs (violette et pivoine) et d'épices (réglisse et poivre). À partir du XVIIe siècle, les vins des Côtes du Frontonnais gagnent en renommée. Depuis 1975, ils sont protégés par une AOC qui couvre une vingtaine de communes, neuf en Haute-Garonne et onze en Tarn-en-Garonne. Fronton est aujourd'hui un village plein de charme, situé à une trentaine de kilomètres au nord de Toulouse. Il compte 6 000 âmes et se caractérise par sa qualité de vie autant que par son amour du terroir. C'est une commune dynamique et moderne qui dispose de bons équipements de loisirs sportifs et culturels dont, bien sûr, une Maison des Vins, établie au château de Capdeville. Sur la Route des Vins nommée Vignoble de Fronton, une quarantaine de vignerons vous ouvrent leurs portes. La région se prête à merveille à la balade et à la randonnée, entre vignes et forêt.

MAISON DES VINS

Château de Capdeville
✆ 05 61 74 80 69
www.vins-de-fronton.com
Basse saison : mardi-samedi 10h-12h30/14h30-17h30. Haute saison jusqu'à 18h30. Juillet et août : ouvert dimanche matin.

L'office de tourisme du vignoble de Fronton est installé dans le château de Capdeville. Ce splendide édifice du XIXe siècle vous invite à découvrir les richesses de la région. Il est associé à la Maison des Vins de Fronton. C'est donc également un lieu de transmission qui raconte l'histoire des prestigieux cépages de ce terroir. L'appellation AOC Fronton concerne vingt communes, 2 400 hectares et 74 exploitants qui cultivent essentiellement le cépage négrette. L'endroit est idéal pour découvrir, déguster et offrir les saveurs fruitées du Frontonnais.

ROUTE DES VINS DANS LE FRONTONNAIS

✆ 05 61 74 80 69
www.vins-de-fronton.com
Horaires et tarifs selon les domaines. Visite guidée.

Amateur d'œnotourisme, le vignoble de Fronton vous attend. Près de quarante domaines et châteaux vous ouvrent leurs portes pour partager leur passion de la vigne et leur savoir-faire. Pour organiser votre visite, la Maison des Vins vous donnera les coordonnées de chacune de ces exploitations. Au plus près des vignerons, découvrez les installations, les étapes de fabrication et les secrets d'une vigne en pleine santé à travers visites, dégustations et ateliers divers. Incontournable !

THE BUS STOP CAFÉ €

990 b, avenue de Villaudric
✆ 06 58 14 62 72
Ouvert le lundi, le mardi, le jeudi et le vendredi de 10h à 18h. Carte : 10 € environ. Terrasse.

Pour une pause sympa dans un cadre insolite, rejoignez le Bus Stop Café. Comme son nom l'indique, cette petite crêperie familiale est établie… dans un bus à impériale ! Il prend ses quartiers dans un jardin protégé de la route, qui permet de profiter de son repas ou de son rafraîchissement au soleil. Au menu, c'est donc la Bretagne qui s'invite dans le Frontonnais. Galettes de blé noir pour le salé, crêpes au froment pour le sucré : ici, coin d'expérimentations extravagantes, on vous fait plaisir avec le cœur de la tradition en renouant avec les classiques.

MIJOTE ET PAPOTE €€

7, esplanade Pierre-Campech
✆ 05 62 10 64 48
Ouvert du lundi au vendredi de 9h à 16h. Réservation recommandée. Formule : 14,50 €.

Si Fronton est une ville-phare de Haute-Garonne pour ses dégustations viticoles, elle est plus avare de bonnes tables. Mijote et Papote, un restaurant-salon de thé ouvert à la rentrée 2020, s'applique à rééquilibrer la balance ! Concept convivial s'il en est, vous êtes reçu ici à une table d'hôtes, avec un menu qui change tous les jours. La déco est soignée dans une ambiance «retour aux traditions». La carte fait honneur à la cuisine familiale, parfois aux accents exotiques, mais toujours préparée maison. L'adresse est appréciée pour son accueil chaleureux.

CHÂTEAU BELLEVUE-LA-FORÊT

5580, route de Grisolles
✆ 05 34 27 91 91
www.chateaubellevuelaforet.com
Ouvert du lundi au samedi de 9h20 à 12h30 et de 14h à 18h. Vente. Dégustations thématiques.

Le domaine de Bellevue-la-Forêt et ses 112 hectares sont issus d'une épopée démarrée en 1974. Le cépage principal est la négrette, mais il compte aussi de la syrah, du cabernet franc, du cabernet sauvignon et du gamay. Vous pourrez découvrir ici les cuvées du Château Bellevue-la-Forêt, du Classique à l'Optimum en rouge, aux rosés Classique et Forêt royale. Idée futée : organiser sa visite en suivant l'un des deux parcours proposés dans le vignoble, qui s'achèvent avec une dégustation.

CHÂTEAU CLAMENS

740, chemin de Caillol
✆ 05 61 82 45 32
www.chateauclamens-fronton.com
Ouvert du lundi au vendredi de 9h à 17h.

Ce domaine familial, né en 1868, est désormais aux mains de sa sixième génération. La totalité de la production est mise en bouteille à la propriété. Vieillis dans l'ancienne cave en torchis, les vins très typés sont devenus incontournables pour les bonnes tables de la région. Le vignoble de vingt-trois hectares s'étend sur les communes de Fronton, de Pompignan et de Fabas. Côté cépages : négrette à 50 %, syrah, cabernet franc, sauvignon et côt. Les vins rouges élevés en cuve ou en fûts de chêne sont remarqués chaque année, ainsi que la cuvée Julie, en rosé.

CHÂTEAU JOLIET

345, chemin de Caillol ✆ 05 61 82 46 02
www.chateaujoliet.com
Du mercredi au samedi 9h à 12h & 15h à 17h30. Les autres jours sur rendez-vous. Appelez de préférence avant de passer.

Marie-Ange et Jérôme Soriano vous accueillent sur ce domaine de vingt-cinq hectares de vignes, qu'ils s'appliquent à exploiter dans le respect de son environnement naturel. Ils conservent l'esprit du château qu'ils ont repris voilà quelques années et perpétuant la tradition de la négrette, avec quatre vins rouges, tous reconnus AOP Fronton. Marie-Ange et Jérôme s'aventurent aussi vers sur des chemins plus audacieux, avec par exemple un rosé Dolce Vita aux parfums floraux à déguster frais à l'apéritif, ou encore un blanc sec aux arômes de poire et de pamplemousse.

DOMAINE LE ROC

1605, route de Toulouse
✆ 05 61 82 93 90
www.leroc-fronton.com
Du lundi au vendredi de 9h à 12h et de 14h à 18h, le samedi de 10h à 12h et de 14h à 18h. De préférence sur rendez-vous.

Les vins du domaine Le Roc font de plus en plus parler d'eux. Ici, on donne aux vins issus de négrette de l'intensité dans la couleur, tout en soutenant la largesse au niveau du fruité. Parmi les cuvées proposées, le Don Quichotte vous réserve sa robe grenat brillante et soutenue. Nez riche, floral et bouche fruitée… Quel bonheur ! Le domaine participe au festival *Fronton fête le printemps*, qui permet de retrouver ses crus en divers lieux de dégustation à Toulouse et alentour. Il propose en outre différentes animations au gré des saisons. Une belle adresse.

MARCHÉS DE FRONTON

Centre-ville
Le jeudi de 8h30 à 12h30. Halle gourmande le dimanche matin.

Tous les jeudis matin, le centre-ville de Fronton s'anime autour de la halle, place du 11 Novembre. S'y retrouvent une trentaine de producteurs locaux qui offrent à la vente fruits et légumes, volailles et charcuterie, fromages, gras... Ils sont accompagnés d'un grand nombre de commerçants non sédentaires qui proposent vêtements, ustensiles, quincaillerie... Convivial, coloré et pittoresque, le marché de Fronton est labellisé « Marché de France » depuis 2004. Le dimanche matin, se tient une halle gourmande réunissant une vingtaine de producteurs du terroir.

MARQUISAT

Route de Cépet
BRUGUIÈRES
✆ 05 62 22 98 98
www.marquisat.fr
Ouvert du lundi au vendredi de 9h à 18h30 ; le samedi de 9h à 12h. Vente en ligne.

Depuis 1981, la maison Marquisat s'est fait une spécialité des produits du Sud-Ouest. Les *canardises* sont des mets de choix pour cette conserverie. Si la maison a bâti son savoir-faire sur le foie gras, elle offre aujourd'hui une belle gamme de produits gourmands : pâtés et terrines, plats cuisinés, produits frais et bien sûr coffrets cadeaux. Vous pouvez découvrir ces produits à la boutique de la conserverie ainsi que sur les marchés au gras de la région. Info futée : si vous souhaitez renouveler votre stock, vous pouvez vous approvisionner via le site Internet !

STRAW BALE DISTILLERY

166, impasse Timbal - **VACQUIERS**
✆ 06 79 42 26 96
www.strawbaledistillery.com
Visite grauite sur rendez-vous. Boutique : mercredi et vendredi, l'après-midi, le samedi toute la journée.

Même si le Frontonnais est une terre de vignes, faites un pas de côté pour rendre visite à Straw Bale, une distillerie bio. Vous y découvrirez les secrets de fabrication de spiritueux tels que le gin, le whisky et le pastis. L'esprit des lieux : renouer avec la tradition artisanale, débarrassée de tout artifice. Straw Bale s'astreint à une éthique stricte qui s'observe jusque dans la construction de ses bâtiments. Découvrez le gin distillé Five O'Clock aux parfums de fruits rouges ou l'audacieux Pink Pastaga, la version toulousaine du pastis ! Un lieu à découvrir.

VINOVALIE - SITE DE FRONTON

175, avenue de la Dourdenne
✆ 05 62 79 97 74
www.vinovalie.com
Du lundi au samedi 9h-12h30 et 14h-18h30. Visite de la cave sur rendez-vous du mardi au jeudi (5 €).

Association de vignerons du «pays de l'Ovalie», Vinovalie c'est l'union de quatre caves historiques de la région : la Cave de Fronton, les Vignerons de Rabastens, la Cave de Técou et les Côtes d'Olt, toutes productrices de rouges et de rosés issus du cépage négrette. L'aire d'appellation s'étend sur vingt communes autour de Fronton, établies sur de caillouteuses terrasses entre le Tarn et la Garonne. La boutique de Fronton vous attend pour vous faire découvrir ce précieux patrimoine.

LAC DE XERESA - RUISSEAU DE VERDURE

5 bis, rue Côte-Saint-Roch
Ouvert toute l'année. Pêche, aire de pique-nique.

Près de la Halle des Sports de Fronton, le ruisseau de Verdure forme un petit plan d'eau nommé lac de Xeresa. Interdit à la baignade, il a été aménagé pour la pêche et pour la détente, bordé de quelques tables de pique-nique et de jeux pour les enfants. Les amateurs sont reçus dans la petite maison de la pêche, qui assure des déversements de truites argentées sur un parcours de deuxième catégorie. Un espace de fraîcheur appréciable pour une pause-déjeuner.

PROMENADES DANS LE FRONTONNAIS

140, allée du Château
✆ 05 61 74 80 69
www.vins-de-fronton.com
Itinéraires disponibles à l'office de tourisme.

Les terrasses du Frontonnais se prêtent à merveille aux balades au soleil. Dix itinéraires balisés de 1h30 à 3h30 vous emmènent arpenter les vignobles. Ne manquez pas, au départ de Vacquiers, la *vitirando* qui vous entraîne sur un parcours olfactif grâce à des bornes prévues à cet effet ! En vadrouille avec des enfants ? Demandez à l'office de tourisme le carnet de jeux « Dix balades en famille dans le Frontonnais » : il offre des circuits de promenades pédagogiques et ludiques.

GRENADE

Entre la Save et la Garonne, Grenade a conservé son âme de bastide du XIIIe siècle. Au Moyen-Âge, elle a accueilli une importante abbaye cistercienne. Au centre du village, se trouve une halle en sapin des Pyrénées et en chêne, l'une des plus grandes de France, qui accueille un marché très animé le samedi matin. Alentours, on peut admirer des maisons à colombages, des pigeonniers et de superbes hôtels particuliers. Le clocher de l'église Notre-Dame-de-l'Assomption (XIVe siècle) de 47 mètres de haut, est typique du style gothique toulousain. Authentique et vivante, Grenade est un bon point de départ pour découvrir le patrimoine du Pays toulousain.

ANIMAPARC

Pouchot - **LE BURGAUD**
✆ 05 62 79 37 01
www.animaparc.com
Haute saison ouvert tous les jours de 10h30 à 19h. Adulte : 17,50 €. Enfant de 2 à 13 ans : 14,50 €.

Dans la forêt du Burgaud, Animapark est un havre de nature de 14 ha abritant 2 parcs : un parc animalier et un parc d'attractions. Le parc animalier présente 200 animaux domestiques d'ici et d'ailleurs à nourrir et câliner : zébus, lamas, aurochs, moutons à quatre cornes, alpagas, lapins géants... Quant au parc d'attractions au cœur de la forêt, il propose grande chenille, trampolines, jeux d'eau, tyroliennes... On peut aussi naviger en pirogue, embarquer dans le petit train Safari.. Des granulés et carottes sont offerts aux enfants pour nourrir les animaux.

LES ARTISANS DES HAUTS-TOLOSANS

38, rue Victor-Hugo
✆ 05 61 82 93 85
https://tourisme.hautstolosans.fr
Horaires selon les ateliers. Boutique. Animations.

En digne héritière des traditions artisanales issues de la poterie, la région des Hauts-Tolosans accueille des ateliers de céramistes d'art talentueux. Côtoyant ces créateurs, on rencontre d'autres artisans qui font vivre et réinventent d'anciens métiers : reliure et restauration de livres, coutellerie, poétique ferronnerie d'art, verrerie à la flamme... Venez à la rencontre de ces passionnés ! L'office de tourisme vous indiquera leurs coordonnées et les modalités de visite.

BASE DE LOISIRS DE LA FORÊT DE BOUCONNE

2562, chemin du Ratelier - **MONTAIGUT-SUR-SAVE**
✆ 05 61 85 40 10
www.bouconne.fr
Tous les jours, toute l'année. Restauration (buvette). Animations. Piscine extérieure l'été.

La base de loisirs de Bouconne vous invite à prendre l'air dans un cadre préservé. À votre disposition, quatre courts de tennis, un minigolf ombragé, un terrain multi-sports, une piscine en plein air, une plaine de jeu, des tables de ping-pong... Pour profiter de la forêt, on peut louer un VTT entre mars et octobre, ou tout simplement parcourir les sentiers aménagés : des guides sont en vente pour vous orienter. Une buvette et une aire de pique-nique vous attendent pour la pause.

CHAPELLE NOTRE-DAME-D'ALET ✞

MONTAIGUT-SUR-SAVE
✆ 05 61 85 42 28
www.montaigut-sur-save.com
Ouvert tous les jours.

Selon la légende, la construction d'une chapelle en ces lieux a été inspirée par une apparition de la Sainte Vierge à un pieux laboureur au milieu de son champ... C'est ainsi qu'un premier édifice apparaît au XIe siècle, qui sera détruit pendant les guerres de religion. Rebâtie en 1673 dans le style baroque, la chapelle présente des éléments intérieurs remarquables : trois retables, des statues de style bourguignon, une *Pietà* en terre cuite, une fresque et de superbes vitraux rénovés.

CHÂTEAU DE LARÉOLE ★

LARÉOLE ✆ 05 61 06 33 58
https://tourisme.hautstolosans.fr
Entre mai & sept, le week-end. Juillet & août : du mardi au dim. Visites guidées, expositions, spectacles, salon de thé.

Le château de Laréole est l'un des joyaux de l'architecture Renaissance en Haute-Garonne. Construit en 1579 sur ordre de Pierre de Cheverry, négociant en pastel, par l'architecte Dominique Bachelier, il est classé aux Monuments historiques. Son parc de vingt-quatre hectares aménagé selon les principes du jardin à la française s'ouvre sur des bois à flanc de coteau. L'ensemble forme un ensemble remarquable, sauvé de la ruine par le Conseil Général de la Haute-Garonne et ouvert gratuitement aux visiteurs qui, durant les beaux jours, peuvent suivre une visite guidée.

CHÂTEAU ET PARC DE MERVILLE

2, place du Château - **MERVILLE**
✆ 05 61 85 18 51
www.chateau-merville.com
D'avril à octobre. Salons d'apparat sur visite guidée uniquement. Entrée : 9,60 € (15,80 € avec le labyrinthe Enigma).

C'est un lieu un peu magique... Le château de Merville est sans doute le plus connu des environs de Toulouse, apprécié autant des voyageurs que des habitants de la région. C'est un domaine familial immense, établi au sein d'un splendide parc de trente hectares qui a reçu le label Jardin remarquable. Édifié par l'architecte Maduron au XVIIIe siècle, il offre au rez-de-chaussée des pièces d'apparat au riche décor, que l'on peut découvrir en visite guidée. Le billet d'entrée donne accès aux jardins qui offrent un ensemble enchanteur d'allées, de ronds-points, de vieux chênes et autres pins parasols. Mais si ce jardin est bien connu des Toulousains, c'est surtout parce qu'il cache un labyrinthe très apprécié : dix kilomètres d'allées de buis qui vous font remonter deux cent cinquante ans d'Histoire ! En optant pour un billet couplé, vous pouvez profiter de son aménagement nommé «Enigma», particulièrement ludique. Il s'agit d'un parcours scénarisé parsemé d'enquêtes et de mystères à résoudre, dont le thème change chaque année. En 2021, partez à la rencontre des savants qui ont marqué l'Histoire et découvrez l'aventure des grandes inventions ! À ne pas manquer : chaque année lors du week-end de Pâques, près de 5 000 visiteurs se lancent à la recherche des quelque 50 000 œufs cachés un peu partout dans le parc ! Un rendez-vous festif devenu rituel pour de nombreuses familles. Il est à noter que plusieurs espaces peuvent être mis à votre disposition pour vos réceptions privées.

CONSEIL DÉPARTEMENTAL
AINT-BERTRAND-
E-COMMINGES
CANAL DU
MIDI
AC D'OÔ
RIEUX-
VOLVESTRE
Évadez-
vous en
Haute-
Garonne
CIRCUITS DE RANDONNÉES
marando.haute-garonne.fr
A GARONA
R 861
FORÊT
DE BUZET
HAUTE-GARONNE
TOURISME
autegaronnetourisme.com
CONSEIL DÉPARTEMENTAL
HAUTE-GARONNE.FR
Agir
avec vous !

OFFICE DE TOURISME
SORÈZE REVEL ST-FERRÉOL
Aux sources du Canal du Midi

LE CANAL DU MIDI
RESER
VOIR

**NATURE, FARNIENTE,
ADRÉNALINE, PATRIMOINE...
RESSOURCEZ-VOUS ET VENEZ-VOUS FAIRE
PLAISIR AUX SOURCES DU CANAL DU MIDI !**

**ESPACE DÉCOUVERTE DU CANAL DU MID
AU PIED DU BARRAGE DE ST-FERRÉOL
L'HISTOIRE DU CANAL DU MIDI,
ÇA COULE DE SOURCES !**

OFFICE DE TOURISME
« Aux sources du Canal du Midi »
Place Philippe VI de Valois - 31250 REVEL
Tél. 05 34 66 67 68
documentation@auxsourcesducanaldumidi.com
www.auxsourcesducanaldumidi.com

LE RÉSERVOIR
Espace découverte du Canal du Midi
Bd Pierre-Paul Riquet - 31250 REVEL
Tél. 05 61 80 57 57
2019LERESERVOIR - lereservoircdm
www.lereservoir-canaldumidi.fr

ÉGLISE NOTRE-DAME-DE-L'ASSOMPTION DE GRENADE

8, rue Gambetta
✆ 05 61 82 61 35
http://notredamedegrandselve.fr
Ouvert toute l'année. Gratuit.

L'église Notre-Dame-de-l'Assomption coiffe Grenade de son clocher octogonal, caractéristique du style toulousain. Inscrite aux Monuments historiques, cette église offre un superbe exemple de l'architecture gothique du Sud-Ouest. Commandée au XIIIe siècle par l'abbaye cistercienne de Grandselve, elle abrite une remarquable collection de peintures signées de grands maîtres toulousains du XVIIe et du XVIIIe siècle, ainsi qu'un retable baroque et un orgue Cavaillé-Coll, qui date de 1857.

ÉGLISE SAINT-JEAN-BAPTISTE D'ONDES

rue de l'Église
ONDES
✆ 05 61 82 93 85
https://tourisme.hautstolosans.fr
Ouvert tous les jours.

Presque timide dans son jardin, rompant avec la tradition des églises de briques foraines de la région, la petite église Saint-Jean-Baptiste d'Ondes, ville accolée à Grenade, est à découvrir. C'est une discrète pépite de l'architecture de style classique et néo-antique du XIXe siècle qui se niche ici. Observez les chapiteaux ornés, les colonnes à feuillages, la statuaire... L'ensemble des décors de terre cuite est issu de la manufacture de la famille Virebent.

HALLE DE CADOURS

Cours des Halles
CADOURS
✆ 05 61 82 93 85
https://tourisme.hautstolosans.fr
Ouvert tous les jours.

De nombreux villages de Haute-Garonne sont organisés autour d'une halle, témoignage de leur passé de bastides. À Cadours, découvrez une halle très différente. Édifiée par l'architecte Antoine Cambon en 1833, elle présente une architecture néoclassique. Flanquée de colonnes caractéristiques et surmontée d'un fronton, elle cite très clairement les codes des temples doriques. Ne manquez pas d'observer, de l'intérieur, sa remarquable charpente. Chaque mercredi, elle accueille le marché auquel vous pourrez vous approvisionner en ail violet, la spécialité locale !

HALLE DE GRENADE

40, rue Victor-Hugo
Ouvert toute l'année. Gratuit.

Depuis le XIVe siècle, la halle de Grenade trône en plein cœur de la bastide historique. C'est l'une des plus anciennes et des plus grandes halles de France. Construite en sapin des Pyrénées et en chêne, elle est soutenue par 36 piliers imposants de brique rose. Historiquement, elle avait pour mission de développer le commerce dans la ville. Elle a gardé sa vocation : elle accueille le marché tous les samedis matin. Au cœur de l'animation de la ville, elle abrite également les principaux événements annuels : vide-greniers, marché de Noël, Foire de la Saint-Luc...

HAUTE-GARONNE

Façade Est du Château de Merville.

LA MAISON DU POTIER DE COX

Avenue de Toulouse - **COX** ✆ 05 62 13 70 31
www.museecox.fr

De mai à octobre, week-ends et jours fériés 14h30-18h30. Juillet et août : tous les jours sauf lundi. Entrée 2,50 €.

À Cox, vous voici en pays argileux où, autrefois, plus d'un habitant sur deux vivait de la poterie. Installé dans une ancienne poterie à laquelle on s'est employé à conserver son authenticité, ce musée vous mène à la rencontre de précieux savoir-faire artisanaux. Quatre siècles d'histoire vous sont ici contés à travers l'exposition de productions locales mais aussi d'outils et de divers documents tels que cartes, photos, actes notariés... Des démonstrations sont également organisées.

MOULIN DE BRIGNEMONT

1, Bardonnier Moulin Neuf Pec
BRIGNEMONT
✆ 05 63 02 10 00
www.moulindebrignemont.com

En juillet et août. Ouvert tous les jours. Visites guidées de 15h à 19h. Adulte : 3 € (enfant : gratuit).

Quand ça souffle, ça tourne vite et ça craque fort ! Faites un voyage dans le temps en découvrant ce véritable moulin à vent du XVIIIe siècle, remis en activité grâce à la passion de son propriétaire. Durant l'été, il organise des visites guidées pour vous permettre de tout connaître du fonctionnement de cette merveille classée aux monuments historiques. Comment hisse-t-on les voiles ? Comment oriente-t-on les ailes ? Comment fait-on tourner la meule ? Comment fonctionnent les incroyables engrenages ? Une véritable page d'histoire à découvrir en famille.

RAMIER DE BIGORRE

Chemin de la Capelette
MERVILLE
www.naturemp.org

Ouvert toute l'année.

À l'abri d'un méandre de la Garonne, le Ramier de Bigorre est un superbe site naturel préservé. Sur trente hectares, il présente un bel exemple des paysages de bord de Garonne de cette région. Îles, plages, bras morts, prairies fluviales y abritent une flore et une faune caractéristiques. Protégé par un arrêté préfectoral de protection de biotope, le site est aménagé pour vous informer avec un kiosque d'accueil, un sentier d'interprétation et deux observatoires. Un très beau modèle de préservation et de restauration des milieux riverains.

OFFICE DE TOURISME DES HAUTS TOLOSANS

38, rue Victor-Hugo ✆ 05 61 82 93 85
https://tourisme.hautstolosans.fr

Haute saison : tous les jours (le dimanche seulement le matin). Basse saison : du mardi au samedi.

Partez à la découverte d'une région vivante, déployée entre Garonne et coteaux. Vingt-neuf communes, tantôt à creux de vallon, tantôt haut perchées, toutes fortes d'une identité propre. L'office de tourisme des Hauts-Tolosans vous emmène : visites guidées de la bastide de Grenade, circuit des pigeonniers, itinéraires de randonnée et de promenade à vélo, découvertes de fermes, rencontres avec des artisans, lieux de baignade, animations... Bon séjour en Pays toulousain !

CAMPING NAMASTÉ €€

17, Souleillas du Village - **PUYSSÉGUR**
✆ 05 61 85 77 84
www.camping-namaste.com

Mi-ombragé, sol herbeux et vallonné. Emplacement à partir de 18 €. Chalets jusqu'à six personnes de 340 à 1 200 €.

Le camping Namasté est situé en pleine nature, dans une agréable forêt. C'est un bon point de départ pour profiter des richesses naturelles de la région, tout en s'offrant des virées citadines à l'occasion. Le terrain est ombragé et vallonné. Pour un séjour tout confort, vous pouvez louer un chalet pouvant accueillir jusqu'à six personnes, avec terrasse, cuisine et salle de bains. L'équipement du terrain est très complet, conforme aux attentes d'un camping de cette catégorie. Des vacances au grand air, à quelques encablures de Toulouse.

CHÂTEAU DE DRUDAS €€

Le Village - **DRUDAS** ✆ 05 34 57 88 88
www.chateaudedrudas.com

Relais & Châteaux. 23 chambres, dont 6 suites. Chambre double à partir de 165 €, suite à partir de 260 €.

Le château de Drudas est un domaine d'exception, affilié au réseau Relais & Châteaux et classé aux monuments historiques. Entièrement rénové dans le style d'origine, il offre un cadre somptueux, emprunt de charme et raffinement. Les chambres sont décorées dans un style XVIIIe siècle et offrent un confort de niveau quatre étoiles. Pour la détente, un spa équipé d'un bain bouillonnant, d'un sauna et de cabines de soin est à votre disposition. Les repas pourront être pris dans le restaurant gastronomique du domaine, le Verdurier, mené par le chef Gabriele Ferri.

AU CLOS SAINT-GEORGES €€

12 bis, chemin Ladoux - **SAINT-JORY**
© 05 61 35 74 40
www.auclossaintgeorges.com
Chambre double : 85 €, petit déjeuner compris. Gite jusqu'à 3 personne : 76 €/nuit, 500 €/ semaine. Spa : 5 €/20 minutes.

Sandra vous accueille dans une demeure du XVIIe siècle à l'ambiance familiale. Elle propose cinq chambres d'hôtes de charme et un gîte indépendant. Chaque pièce, décorée d'objets et meubles chinés, offre une vue sur le jardin, le parc ou le village d'Entraygues-sur-Truyères. La table d'hôtes donne l'occasion de partager des moments de complicité avec les maîtres des lieux. Elle fait honneur aux traditions locales nourries de produits du terroir, et les pâtisseries sont préparées maison. Il est possible de louer des VTT haut de gamme pour randonner dans la région.

DOMAINE DE PEYROLADE €€

4, chemin des Châteaux - **DAUX** © 05 34 52 08 46
www.domainedepeyrolade.com
Ouvert toute l'année. 5 chambres. Chambre double de 81 € à 120 €. Petit déjeuner inclus. Lit supplémentaire : 10 €.

Au sud de Grenade, le domaine de Peyrolade est situé dans une bâtisse de caractère accolée à un château, et jouit d'un joli parc. Pensé en lieu d'agrément, il s'ouvre aux résidents autant qu'aux visiteurs de quelques heures. Il offre cinq chambres d'hôtes aménagées avec originalité, trois gîtes, un restaurant très apprécié et un espace bien-être. Après une journée de visite, venez vous délasser dans la piscine, profitez d'un massage ou même bénéficiez d'un soin esthétique ! De nombreux équipements tels que billard ou bibliothèque permettent de se détendre.

HÔTEL VILLA LEOPOLDINE €€

29, rue Gambetta © 05 62 79 45 13
www.villaleopoldine.com
Chambre double à partir de 89 €. Petit déjeuner : 12,50 €. Privatisation pour réceptions privées jusqu'à 20 personnes.

Au cœur de Grenade, la villa Léopoldine est une ancienne maison de famille élégante, décorée avec une audace contemporaine et s'ouvrant sur un jardin. Désormais à la croisée entre hôtel et maison d'hôtes, elle offre de beaux volumes, un intérieur confortable et des équipements haut de gamme. Chacune des cinq chambres est dotée d'un espace salon, d'un bureau et d'une spacieuse salle de bains. Le petit-déjeuner est servi sur la terrasse ou dans la salle à manger, selon la saison. Les visiteurs apprécient le rapport qualité-prix très futé de cette belle adresse.

LA CHARTREUSE DE DRUDAS €€€

Le Village - **DRUDAS** © 05 61 85 75 15
www.lachartreuse-drudas.com
Chambre double de 145 € à 150 € ; suite de 160 € à 170 €. Petit déjeuner buffet inclus. Bain bouillonnant, sauna.

Voici l'adresse à retenir pour un séjour de qualité dans un cadre exceptionnel. Pensée comme une maison d'hôtes, cette authentique bâtisse offre deux chambres et deux suites. La décoration est raffinée, l'équipement de grand confort. Chaque détail est particulièrement soigné : sélection de thés et cafés, peignoirs et pantoufles, serviettes parfumées... Pour que la détente soit intégrale, un spa est disponible et l'on peut commander des massages. Profitez des promenades dans le jardin et des plongeons dans la piscine avant de déguster les plats de la table d'hôtes.

LA CROISÉE DES SAVEURS €€

54, rue de la République
© 05 61 82 84 70
restaurant-croiseedessaveurs.com
Le midi du mercredi au dimanche, le soir vendredi & samedi. Carte : 30 € environ. Formule du midi en semaine : 17 €.

Voici l'une des valeurs sûres de Grenade. L'on y vient de toute la région pour profiter d'une table de qualité. La Croisée des Saveurs vous propose une halte gourmande autour d'une carte de cuisine fraîche et maison qui évolue au fil des saisons, pour faire honneur au raffinement de la tradition française. Le cadre est plaisant, la cuisine ouverte permet d'échanger avec la brigade, l'accueil est agréable. La salle élégante se double d'un petit patio pour profiter de la douceur de l'été. Futé : la formule déjeuner en semaine est particulièrement avantageuse.

LE PATIO DE SAINT-JORY €€

14, place de la Résistance - **SAINT-JORY**
© 05 61 35 76 46
www.patio-saint-jory.fr
Le midi du lundi au samedi, le soir du jeudi au samedi. Carte : 30 € environ. Formule du midi : 16,50 €.

Cette table agréable vous attend dans un village pittoresque. Le Patio de Saint-Jory offre un cadre simple mais élégant, pour vous proposer une cuisine qui revisite les classiques dans un esprit de bistronomie : pièce de bœuf et ses pommes cocotte, magret de canard et sa poêlée de cèpes, noix de Saint-Jacques sur fondue de poireaux... Pour le déjeuner, l'ardoise varie au gré du marché et les menus, au fil des saisons. L'assiette est généreuse et de belle qualité. L'ambiance est conviviale, les habitués sont nombreux, aussi soyez prévoyants et surtout, réservez !

LE RATELIER €€

2075, chemin du Râtelier
MONTAIGUT-SUR-SAVE ✆ 05 61 85 43 36
www.leratelier.fr

Ouvert tous les jours. Réservation recommandée. Menus de 24 € à 34 € (une ou deux entrées, plat et dessert). Jardin.

Située dans l'hôtel du même nom, en bordure des coteaux du Gers et à proximité de la forêt de Bouconne, cette grande demeure associe détente et gastronomie. Sur la carte aux saveurs du marché, vous trouverez des mets d'inspiration Sud-Ouest. L'été, une terrasse offre une belle vue sur la campagne. Le lieu est idéal pour les fêtes de famille, car il dispose de plusieurs salles de réception. L'ambiance est plaisante, familiale. Le cadre est très agréable, l'accueil souriant, le service soigné. Une valeur sûre pour passer de bons moments autour d'un repas de qualité.

LES ZINZINS DU ZINC €€

35, rue Gambetta
✆ 05 61 70 28 80

Du mardi au samedi de 7h30 à 15h, jeudi et vendredi de 18h à minuit. Formule du midi 12,50 € (plat + dessert).

Les Zinzins du Zinc c'est, à Grenade, une adresse appréciée pour une sortie entre amis dans un cadre animé. L'ambiance est à la franche camaraderie, ça parle rugby du petit déjeuner jusqu'à l'apéro. Pour remplir les estomacs, une cuisine d'esprit bistrot un brin canaille : côte de porc marinée, parmentier de canard, salade de gésiers, aïoli de cabillaud... que l'on arrosera d'un ballon soigneusement sélectionné, car la maison se fait fort d'élaborer sa carte des vins avec grand soin. Une adresse de bons amis qui permet de s'immerger totalement dans l'esprit local.

LE VERDURIER €€€

Le Village - **DRUDAS** ✆ 05 34 57 88 88
www.chateaudedrudas.com

Ouvert du mardi au samedi le midi et le soir ; le dimanche midi. Menus de 60 à 95 €. Carte : 50 € environ.

Le château de Drudas est une demeure du XVIIIe siècle, avec une façade aux enduits ocrés, typique de l'architecture toulousaine. Outre un hôtel de luxe, elle abrite le Verdurier, un restaurant gastronomique qui imagine une cuisine intuitive où le végétal reste maître de recettes finement élaborées. D'ailleurs, son nom vient de la charge qu'occupait le responsable des salades et herbes aromatiques des cuisines du roi ! Mais nulle inquiétude, viandes et volailles sont aussi préparées. Un filet de chevreuil rôti aux pistaches et salsifis à la poire, ça vous tente ?

GOÛTER À LA FERME D'EN BARRUS

En Barrus - **THIL** ✆ 05 61 85 51 29
http://enbarrus.free.fr

Bienvenue à la Ferme. Du lundi au samedi, sur réservation. Visite et goûter à la ferme : 7 € (enfants : 6 €).

De passage en Pays toulousain, ne manquez pas de contacter la ferme d'En Barrus pour réserver votre visite. Vous y ferez la pause gourmande de votre journée ! On y produit du fromage de chèvre. Les propriétaires des lieux vous reçoivent pour vous faire découvrir l'exploitation et sa fromagerie, puis ils vous invitent à partager un goûter composé de produits de la ferme : fromage, faisselle au miel, fromage blanc et gâteau à la crème de lait ! Une visite bucolique et savoureuse.

LA GRANDE MINOTERIE DE LA SAVE

Quai de la Save
✆ 05 61 82 62 12
https://tourisme.hautstolosans.fr

Ouvert le mercredi de 14h à 17h. Visite possible du lundi au jeudi sur rendez-vous.

Une minoterie ? Aussi nommée meunerie, c'est le lieu dans lequel on transforme les céréales en farine. Établie au bord de la Save, cette minoterie travaille dans le respect des anciens savoir-faire. Ici sont utilisées exclusivement des céréales biologiques, récoltées dans le Sud-Ouest. Les farines sont ensuite distribuées dans toute l'Occitanie. La vente aux particuliers se fait le mercredi après-midi. Une visite passionnante pour s'émerveiller devant la pratique d'un métier ancestral.

ASINERIE D'EN MANAOU

Route de Pelleport - **THIL**
✆ 06 79 94 96 51
https://asineriemanaou.jimdofree.com/

D'avril à octobre, sur réservation. Visite : 3 €. Balade à dos d'âne (1h) : 12 €. Hébergement à partir de 40 €/nuit.

Pour une sortie ou un week-end insolite qui ravira les enfants, direction l'Asinerie d'En Manaou. Située à l'orée d'un bois, cette ferme originale vous propose de découvrir l'univers des ânes à travers différentes activités : visite et nourrissage des animaux de la ferme, balade à dos d'âne pour une heure ou pour la journée, promenades en attelage, stages... Vous pouvez également séjourner sur les lieux, dans des hébergements originaux : roulotte ou yourte ! C'est aussi un lieu parfait pour fêter de façon originale l'anniversaire de vos enfants : tout est prévu.

LÉGUEVIN

À quelques encablures à l'ouest de la ville rose, Léguevin est une charmante petite commune de huit mille habitants, située à deux pas des collines du Gers et de la forêt de Bouconne. Elle jouit donc d'une excellente situation, pour les travailleurs toulousains qui ne souhaitent pas vivre dans une grande ville, sans pour autant renoncer aux services de proximité. Petite ville dynamique, Léguevin est à découvrir pour tous les férus de nature et de découverte, car des sentiers de randonnée parcourent les environs. Les amateurs de sorties culturelles ont tout intérêt à se renseigner sur la programmation de la salle Tempo, qui accueille de nombreux spectacles tout le long de l'année.

LE COMPTOIR SOIXANTE QUATRE €€

74, avenue de Gascogne
✆ 05 61 11 96 98

Le midi du mardi au dim., le soir du jeudi au samedi. Carte : 30 € environ. Formule midi : 17 € (entrée, plat, dessert).

Non loin de la forêt de Bouconne, le chef Antunes vous attend dans cet établissement dont le nom rappelle sa région d'origine. Cadre moderne et accueillant, belle terrasse, l'accueil est généreux, le service aux petits soins. Le chef travaille maison des menus du marché. Si l'on retrouve quelques inspirations basques, l'idée est surtout de proposer des recettes qui revisitent la tradition avec créativité. Certains soirs, le chef confectionne sur réservation un menu en six services.

DU GOÛT À LA TOQUE €€

78, avenue de Gascogne
✆ 09 83 62 60 01

Le midi du lundi au vendredi, le soir du jeudi au vendredi. Carte : 35 € environ.

Pour vous Futés gourmets, Du Goût à la Toque est une adresse que l'on peut aisément qualifier de valeur sûre, et qui vaut le détour. Au programme, un lieu élégant, agréable, au goût du jour, car rénové récemment. Dans les assiettes, du raffinement, de l'invention, de la subtilité. L'art culinaire à la française, aux accents du Sud-Ouest, est ici respecté. Produits frais, légumes de saison, dressage : aucun détail n'est oublié, pour un résultat semi-gastronomique, accessible à l'heure du déjeuner à tous les budgets. L'adresse est courue, la réservation s'impose.

MARTRES-TOLOSANE ★

Assise sur la rive gauche de la Garonne, au pied des Pyrénées, Martres-Tolosane tire de ses faïences d'art une réputation internationale. Les remparts flanqués d'un donjon carré rappellent l'époque médiévale de la ville et son édification en bastide au XIIIe siècle, qui la vit transformée en imprenable forteresse. Elle a été ainsi baptisée à la fin du VIIIe siècle après le martyre de saint Vidian et le massacre des habitants par les Sarrasins. Mais la cité trouve ses origines dans des temps plus anciens encore, ainsi que l'attestent les extraordinaires découvertes de la villa gallo-romaine de Chiragan. Les fouilles successives de ces terres ont mis au jour des quantités de pièces exceptionnelles : bustes, bas-reliefs et autres merveilles exposées au musée Saint-Raymond de Toulouse. Plus récente (XIIIe siècle), l'église a elle aussi livré ses trésors en dévoilant, voilà quelques années, une nécropole. On peut y voir aujourd'hui deux sarcophages portant l'alpha et l'oméga chrétiens ainsi que la feuille d'acanthe d'inspiration syrienne. Une jolie chapelle y est en outre dédiée à Saint Vidian. Une grande fête – sous forme de reconstitution historique de la bataille qu'il mena – est organisée tous les ans, chaque week-end après la Pentecôte.

CENTRE D'INTERPRÉTATION DU PATRIMOINE MARTRAIS

Place Henri-Dulion ✆ 05 61 98 66 41
https://tourismecoeurdegaronne.com

Ouvert du lundi au samedi de 9h à 12h30 et de 14h30 à 18h. Basse-saison : du mercredi au samedi. Gratuit.

Lié au bureau touristique de Martres-Tolosane, ce centre parcourt l'histoire de la cité. La plupart des pièces exposées sont des copies (les originaux se trouvant au musée Saint-Raymond à Toulouse), mais l'intérêt de la collection de statuaire antique demeure remarquable. Des bustes de l'époque paléochrétienne sont présentés au premier étage avec la galerie des dieux. Les empereurs Jules César, Auguste, Marc-Aurèle et consorts culminent au-dessus des dieux pour une fois, au deuxième…

HAUTE-GARONNE

MAISON GARONNE

2, quai Notre-Dame - **CAZÈRES** ✆ 05 61 97 71 93
https://maisongaronne.fr
Du mardi au vendredi 14h-18h. Le samedi 10h-13h & 14h-17h. Hors vac. scol : mercredi après-midi et samedi. Gratuit.

Non loin de Martres-Tolosane, la Garonne s'élargit à la faveur de la retenue de la Labrioulette. C'est face à ce plan d'eau que la Maison Garonne prend ses quartiers. Ce centre culturel s'est établi dans un ancien hangar à bateaux. Toutes vos questions sur le fleuve trouveront leurs réponses. Au gré d'un parcours scénographique ludique adapté aux plus jeunes, découvrez l'histoire des bateliers de Cazères et apprenez à reconnaître un patrimoine naturel riche. Demandez le programme : ateliers, balades, conférences, rencontres et fêtes sont régulièrement organisés.

CAMPING LE MOULIN €€

Avenue de Saint-Vidian
✆ 05 61 98 86 40
www.campinglemoulin.com
Emplacement + véhicule + 2 personnes (avec 10 A) à partir de 25 €.

Le camping du Moulin prend place dans un domaine rural datant du XVIIe siècle, établi en bord de Garonne. Il offre des emplacements arborés et fleuris, ainsi que des solutions de logement en chalet, en roulotte ou en tente *lodge*. Outre son joli cadre naturel, de nombreux aménagements agrémenteront votre séjour : bar, piscine, aire de jeux, terrains de sport, appareils de fitness en plein air, ludothèque, bibliothèque, épicerie... Immergé en pleine nature, vous pourrez pratiquer vélo, canoë, pêche, tir à l'arc... et même rencontrer des animaux de la ferme !

RESTAURANT DU LAC €€

7, promenade du Lac - **BOUSSENS**
✆ 05 61 90 01 85
www.hotelrestaurantdulac.com
Le midi du mardi au jeudi, samedi & dimanche. Le soir du lundi au jeudi et le samedi. Menus de 35 € à 45 €.

Établi au bord du lac que forme la Garonne en contre-bas de Boussens, l'hôtel-restaurant du Lac est une adresse raffinée à laquelle vous êtes sûr de ne pas vous tromper. Depuis trente ans, à la barre de ce bel établissement posé dans une réserve ornithologique, vous retrouvez Hubert Soulie, un maître-restaurateur passionné. Il vous propose une carte gastronomique surprenante et colorée, complétée en semaine à l'heure du déjeuner par un menu du marché à prix futé. Pour prolonger votre escapade, vous disposez d'une douzaine de chambres classées trois étoiles.

MAISON CASTET €€€

44, avenue de la Gare
✆ 05 61 98 80 20
https://maisoncastet.eatbu.com
Le midi du mercredi au dimanche. Le soir du mardi au samedi. Menus de 33 € à 44 €. Carte : 50 € environ.

Installée dans un cadre paisible, la maison Castet est une table gastronomique qui vous réserve de belles surprises. Depuis quelques années, elle a été reprise par son maître queux, Florent Cluzel, qui œuvre de concert avec le très avenant chef sommelier Joffrey Bourgoin. L'espace est accueillant et raffiné, le service irréprochable. Dans l'assiette, la créativité du chef Cluzel s'exprime avec une grande délicatesse. Les desserts du pâtissier Kevin Bourgade sont de véritables moments de poésie à ne manquer sous aucun prétexte. Une très belle adresse.

FAÏENCERIE JODRA

3, chemin de Saint-Picaud
✆ 05 61 98 83 32
www.faiencerie-jodra.com
Ouvert tous les jours.

La faïencerie Jodra perpétue la tradition de la faïence à Martres-Tolosane. L'atelier est ouvert tous les jours et permet aux visiteurs de découvrir les différentes étapes de réalisation de la faïence, depuis le travail de la terre jusqu'à l'émaillage, auquel succèdera la touche finale : l'art de la peinture pour la décoration... Vous trouverez ici une large gamme de décors carctéristiques, tels que l'Ibis ou les Grotesques. C'est une excellente adresse pour tout connaître de cet artisanat délicat et pour trouver un souvenir typique de la cité faïencière.

FAÏENCERIE STÉPHANIE JOFFRE

50, boulevard du Nord
✆ 06 14 92 41 67
http://atelier.stephanie-joffre.fr
Ouvert du mardi au samedi de 9h à 12h et de 13h à 18h ; le dimanche de 14h30 à 18h.

Céramiste plasticienne, Stéphanie Joffre revisite la tradition faïencière de Martres-Tolosane avec une véritable âme d'artiste. Ses sujets d'interprétation dépassent largement les arts de la table pour s'élargir aux objets de décoration, si finement réalisés qu'ils en deviennent objets d'art à part entière. Les lignes sont élégantes, la peinture est audacieuse, les surfaces ajourées jouent avec la lumière... Une très belle créativité qui offre une actualité à une tradition ancestrale.

MURET

Ville natale de Clément Ader, pionnier de l'aviation, Muret ne manque pas de charme. La prospérité médiévale de la cité dure jusqu'au XVIIe siècle, quand les capitouls de Toulouse, jaloux de sa puissance, obtiennent de Louis XIII qu'il en fasse démolir le château comtal. À la fin du XVIe siècle, après les guerres de religion, Muret compte encore sept ports, cinq hôpitaux, deux moulins et cinq établissements religieux... De tout cela demeurent peu de choses aujourd'hui, mais les témoignages subsistant de cette faste époque justifient une incursion dans le vieux centre. En longeant la Louge au nord, vous passerez aux pieds des ruines du château. Des berges de la Garonne, vous apercevrez ensuite les vestiges du vieux pont de bois. Les anciens remparts de la cité médiévale sont également visibles des curieux, ils dominent un espace vert aménagé. À voir aussi : la place du Mercadar, ancienne place aux Herbes (XIe), et la maison natale de Clément Ader (au n° 19 de la rue). Enfin, il ne faudra pas manquer de visiter l'église Saint-Jacques (XIIe), remarquable pour son clocher gothique toulousain du XIVe siècle et son orgue XVIIIe siècle, tous deux classés. Passé ce tour d'horizon historique, vous aurez tout loisir de flâner sur le marché du samedi matin, riche de couleurs, de saveurs et de produits du terroir.

MUSÉE CLÉMENT ADER & LES GRANDS HOMMES

6, boulevard Aristide-Briand ✆ 05 61 51 91 40
www.mairie-muret.fr/decouvrir-le-musee-clement-ader-les-grands-hommes

L'après-midi, du mardi au samedi. En juillet et août, du mardi au dimanche. Entrée 2,50 €.

Ce musée pourrait se nommer musée du Murétain, car il retrace l'histoire de la ville et de ses principaux personnages. On y évoque les traces archéologiques retrouvées alentour, puis la bataille de Muret, qui vit s'affronter les Français du Nord et les Occitans en 1213. Suivent le récit des histoires du compositeur Nicolas Dalayrac, du maréchal Niel avec une collection d'art décoratif, de Vincent Auriol à travers documents et caricatures et de Clément Ader avec ses objets personnels.

PARC CLÉMENT ADER

Place du Languedoc

Ouvert toute l'année. Gratuit.

Inauguré en 1930 par Vincent Aurio, ce petit parc a été réalisé en hommage au célèbre pionnier de l'aviation murétain. De style Art déco, classé aux Monuments historiques, il est animé de stèles érigées en hommage aux aviateurs de la grande époque de l'aventure aéronautique : aviateurs militaires, premiers aviateurs en Méditerranée, au-dessus de l'Atlantique et de la Manche, aviateurs civils... Ne manquez pas *L'Envolée d'Icare*, une statue de Paul Landowski (qui a réalisé le *Christ Rédempteur* ou *Corcovado* à Rio de Janeiro) haute de quatorze mètres !

ÉGLISE SAINT-JACQUES ★

14, rue Saint-Jacques

Ouvert toute l'année.

De style roman avec un clocher octogonal du XVe siècle, l'église Saint-Jacques a été entièrement reconstruite au XVIe siècle. Elle a peu à peu retrouvé ses couleurs d'antan, grâce à une importante restauration. À l'intérieur, découvrez un décor néoclassique, avec des peintures murales inédites du XIXe siècle dans la chapelle de la Salette et de Saint-Germier, attribuées à Arsène Robert, un peintre rieumois. Ne manquez pas de découvrir une autre église importante à Muret, l'église d'Ox, de style néogothique, édifiée au XIXe siècle.

OFFICE DE TOURISME DE MURET

13, place de la Paix ✆ 05 61 51 91 59
www.mairie-muret.fr/Office-Municipal-de-Tourisme

Du mardi au jeudi de 13h30 à 18h, le vendredi jusqu'à 17h. Le samedi de 9h30 à 12h30.

Souvent délaissée par les visiteurs au profit de sa voluptueuse voisine Toulouse, Muret présente pourtant quelques atours que l'office de tourisme saura vous faire découvrir. Au programme, la découverte d'une ville à l'architecture éclectique dont l'Histoire est marquée par deux périodes fastes, l'une médiévale, l'autre aux XIXe et XXe siècles. Muret offre aussi de jolis itinéraires de vadrouille entre Garonne et Louge, sur les côteaux muretains ou sur le chemin de Brioudes.

DOMAINE DE BELAIR €€

1455, route de Villate - **EAUNES** ✆ 07 86 15 09 76
www.domaine-de-belair.fr
Gîtes de France (3 épis). Chambre double à partir de 79 €. Parking. Animaux acceptés (avec supplément). Réceptions.

Le domaine de Belair est établi dans une ancienne ferme rénovée, datant du XVIe siècle. Il propose cinq chambres d'hôtes décorées avec goût, offrant de bons éléments de confort. Deux d'entre elles peuvent accueillir jusqu'à quatre personnes. Un appartement est également disponible, parfait pour un long séjour, puisqu'il permet de cuisiner. Toutes les chambres jouissent de leur propre salle de bain. Pour les repas, il est possible sur réservation de profiter de la table d'hôtes. Avec de nombreux équipements adaptés, vous pourrez organiser ici réceptions et fêtes.

MOULIN DE RUDELLE €€

130, rue de Gagin
✆ 05 61 08 54 51
www.moulinderudelle.com
Chambre double à partir de 90 €. Petit déjeuner : 10 €. Restauration.

Demeure de caractère au cœur du Sud-Ouest, le Moulin de Rudelle est un magnifique hôtel de charme du XVIe siècle. Cette imposante bâtisse a su traverser les siècles d'histoire en conservant ses charmes d'antan. Le domaine est doté d'un merveilleux parc de cinq hectares. Vous aurez à choisir parmi de belles chambres, des suites ou encore des studios pour plus de confort. Le Moulin de Rudelle est particulièrement adapté à vos projets de réceptions. Une belle adresse de charme et d'histoire, pour un week-end en amoureux comme pour un mariage inoubliable !

L'ATELIER DE LA PIZZA €€

10, Place Clément-Ader
EAUNES
✆ 05 61 08 10 12
Ouvert du mercredi au dimanche de 16h30 à 21h30. Livraisons de 19h30 à 21h30. Carte : 13 € environ. Vente à emporter.

Pas envie de sortir ni de cuisiner ce soir ? Simple et efficace, l'Atelier de la Pizza prépare des pizzas croustillantes à emporter ou en livraison. Reprise par de nouveaux propriétaires au printemps 2020, l'enseigne continue à satisfaire une clientèle d'habitués et à séduire de nouveaux clients. Elle propose une carte de recettes classiques complétées par des préparations plus audacieuses, au curry, au magret ou à la fondue de poireaux, par exemple. Pensez à commander tôt pour éviter l'affluence, car l'Atelier de la pizza est parfois victime de son succès !

LES DEUX TOQUÉS €€

46, rue Clément-Ader
✆ 05 67 11 46 31
https://restaurantles2toquesmuret.eatbu.com/
Le midi du mardi au samedi, le soir du jeudi au samedi. Carte : 35 € environ. Formules de 11,50 à 27 €.

Les Deux Toqués, c'est un charmant petit établissement situé dans le centre-ville de Muret. L'accueil est tout aussi agréable que professionnel. La décoration est plaisante, régulièrement animée de petites expositions. La cuisine est délicate, raffinée et goûteuse. La tradition française est réinventée au gré des humeurs du chef, pour le plaisir de vos papilles, à partir de produits du marché. Vous apprécierez ce restaurant qui offre, ce qui ne gâche rien, un très bon rapport qualité-prix. Avis aux futés si vous êtes de passage dans le Murétain !

LE MANOIR DU PRINCE €€

999, route de Seysses - **PORTET-SUR-GARONNE**
✆ 05 32 10 87 49
www.lemanoirduprince.fr
Midi du lundi au vendredi. Soir du mardi au samedi. Rés. recommandée. Carte : 40 € environ. Formule déjeuner : 19,50 €.

Depuis l'été 2020, le Manoir du Prince accueille un restaurant audacieux, établi en collaboration avec la maison Esprit Pergo, connue des Toulousains pour ses bonnes tables. Il vous est ici proposé de vivre une expérience unique : « devenez mangeur d'art » ! Le splendide Manoir du Prince est un lieu de réception qui aime faire une large place aux objets d'art. Il vous propose désormais de combiner les plaisirs du beau et du bon grâce aux menus concoctés par le chef Delbosc. Une bistronomie très soignée, créative et de saison, dans un cadre somptueux, à prix futé !

VERTE CAMPAGNE €€

Avenue des Pyrénées - **LACROIX-FALGARDE**
✆ 05 61 76 74 75
Le midi du mardi au dimanche. Le soir du mardi au samedi, sauf le jeudi. Menus de 28 € à 48 €. Formule du midi : 15 €.

Verte Campagne est une institution gastronomique depuis plus de vingt-cinq ans et affiche dignement son titre de Maître-restaurateur. Comme ses nombreux fidèles, vous devriez apprécier sa cuisine qui se veut traditionnelle avec des produits locaux transformés dans les règles de l'art. Ambiance douce et apaisante, confortables banquettes capitonnées, nappes blanches, une belle véranda qui, aux beaux jours, est prolongée par une terrasse... L'accueil est chaleureux, le service aimable. Futé : le déjeuner offre l'un des meilleurs rapport qualité/prix de la région.

EN MARGE €€€

1204, route de Lacroix-Falgarde - **AUREVILLE**
✆ 05 61 53 07 24
www.restaurantenmarge.com/fr
Ouvert du lundi au samedi le midi et le soir ; le dimanche midi. Menus de 66 € à 149 €. Formule du midi : 39 €.

Chef de talent, Franck Renimel vous reçoit à Aureville dans son restaurant gastronomique étoilé. Vous vous installez dans une ferme rénovée au cachet indéniable. Le maître-queux mêle les saveurs et les parfums dans une cuisine inspirée par des produits d'exception, pour un résultat raffiné et surprenant : cappuccino de champignons et foie gras, raviole de langoustine et truffe noire, brie noir, chocolat noisette et truffe... La maison offre également des chambres d'hôtel, alors pourquoi ne pas profiter de la quiétude des lieux le temps d'un week-end «en marge» ?

LE GENTIANE €€€

7, rue du Cagire - **PINSAGUEL**
✆ 05 62 20 55 00
www.legentiane.fr
Le midi du mardi au dimanche, le soir du mercredi au samedi. Carte : 45 € environ. Formule du midi en semaine : 17,50 €.

Dans le paisible village de Pinsaguel, le Gentiane est une table qui vous propose «une gastronomie simple». Terrasse et jardin aux beaux jours, salons cossus pour les soirées plus fraîches, vous êtes ici reçu avec raffinement. Aux fourneaux, les chefs Bachon père et fils travaillent des produits triés sur le volet pour proposer des assiettes savoureuses et étonnantes. À l'heure du déjeuner, en semaine, une formule vous permet de découvrir le savoir-faire de la maison à prix futé. L'adresse régale ses habitués depuis vingt ans, alors soyez prévoyant et réservez !

L'OPALINE €€€

350, route de Rieumes
✆ 05 34 64 59 19
Mer-sam midi & soir, et dimanche. midi. Réservation impérative. Carte : 45 € environ. Formule du midi en semaine : 26 €.

Quelle belle adresse que l'Opaline, la table du chef Philippe Nogier ! En semaine pour le déjeuner, menu du marché avec mise en bouche, deux choix d'entrées, trois choix de plats et deux choix de desserts. Pour un plus solide appétit ou pour le dîner, un menu inspiration et un menu surprise. On ne travaille que des produits de belle qualité, avec inventivité et finesse. Les desserts sont à la hauteur : gourmands et surprenants. Canapés, mignardises... on vous gâte ! Aux beaux jours, prenez place en terrasse et profitez du jardin sur un air de jazz. Une réussite !

MARCHÉS DE MURET

Place de la Paix
Ouvert le mardi et le samedi de 8h à 13h.

La ville de Muret est animée par deux marchés. Le plus important se tient le samedi matin dans tout le centre-ville. Il réunit plus de cent vingt commerçants et producteurs venus de tout le Muretain, pour le plus grand plaisir des visiteurs qui peuvent y trouver de nombreux produits du terroir. De nombreux parkings vous permettent de vous garer, et une navette peut vous y emmener si vous n'êtes pas véhiculé. Le deuxième marché, plus modeste mais tout de même animé, puisqu'il accueille une soixantaine de commerçants, se tient le mardi matin au square Maïmat.

LE SOMMELIER DE BACCHUS

29, avenue des Pyrénées
✆ 05 61 56 41 43
www.lesommelierdebacchus.com
Ouvert du mardi au samedi de 9h30 à 12h30 et de 15h30 à 19h30 ; le dimanche de 9h30 à 12h30.

Le Sommelier de Bacchus est une caverne d'Ali Baba pour qui apprécie à leur juste valeur les divins nectars. Dans cet antre dédié aux célestes breuvages, vous découvrirez certes une belle variété de crus du Sud-Ouest, mais la sélection est loin de s'arrêter là, toutes les régions de France sont dignement représentées, ainsi que quelques productions étrangères. Du côté des spiritueux, rhums, cognacs et autres liqueurs. Des ateliers d'initiation sont régulièrement organisés. Un caviste estimé par ses habitués pour son sens de l'accueil et ses bons conseils.

AQUALUDIA

80, avenue Bernard-IV
✆ 05 61 51 91 00
www.agglo-muretain.fr
Hiver : lun-ven 10h-20h, sam 10h-13h & 14h-18h30, dim 9h-13h & 14h à 18h. Été : tous les jours 10h-20h. Entrée : 5,30 €.

Aqualudia est un complexe de sports et de jeux aquatiques qui s'étend sur trois hectares. L'espace couvert offre un bassin sportif, un bassin d'activités, un toboggan, une pataugeoire... À l'extérieur, un bassin nordique se complète, l'été d'un bassin ludique et d'un « pentagliss ». Les amateurs de bien-être profiteront de l'espace balnéo avec sauna, hammam, bain bouillonnant et bassin de relaxation. De nombreuses activités sont proposées : aquafitness, gym, aquatraining, aquaboxing, aquajogging, aquados, handinage... Chacun y trouve son compte.

KARTING 2 MURET

21, rue Jean-Manuel-Fangio
✆ 05 34 46 08 08
www.kartingmuret.fr
Tous les jours pendant les vacances scolaires, sinon du mercredi au dimanche. Sur réservation. 25 €/session (1 heure).

Envie de mouvement ? Le Karting 2 Muret est un vaste complexe, unique dans la région. Tout a été conçu pour découvrir les plaisirs de l'accélération, de la trajectoire et du pilotage en toute sécurité. Vous y trouverez une piste extérieure de 800 mètres et la location de l'équipement nécessaire (combinaisons et casques). Fous rires et animation garantis ! Tout est prévu pour ressentir les meilleures sensations d'un pilote de Grand Prix. Différentes activités sont proposées, y compris des stages, des animations personnalisées et bien sûr, des courses !

NAILLOUX

Nailloux vous attend dans la plaine du Grand Lauragais Sud. Si les Toulousains fréquentent régulièrement les lieux en quête de bonnes affaires au village des Marques (l'Outlet Village), les attraits de cette destination vont au-delà. Nailloux est un joli village dont le cœur historique présente des témoignages de son passé de bourg fortifié. Il faut voir l'église Saint-Martin et son mur-clocher du XVIIIe siècle, typique de l'architecture locale, et la porte Nord du castrum. À proximité, on pourra se rafraîchir dans le lac de la Thésauque et profiter du panorama sur de jolis sentiers de randonnées. Un marché de terroir se tient le vendredi après-midi.

MOULIN À SIX AILES

Chemin du Gril
✆ 05 62 57 09 68
Ouvert durant les vacances scolaires de Pâques, d'été et de la Toussaint, en visite guidée uniquement. Adulte : 4 €.

Il était une fois... un propriétaire terrien, en guerre contre le meunier, qui avait fait construire un grenier à blé juste en face du moulin, afin de lui couper les vents dominants. Pour compenser la perte de la force motrice, le meunier eut l'idée d'ajouter deux ailes aux quatre existantes ! Le moulin de Nailloux s'inspire de cette histoire. Si sa structure a pris des libertés, le mécanisme intérieur est lui fidèle au savoir-faire de l'époque. Sa visite révèle les secrets de la farine et les plus jeunes même peuvent suivre un atelier pour confectionner du pain !

LAURAGAIS TOURISME

Nailloux Outlet Village
✆ 05 62 57 09 68
Ouvert du lundi au samedi de 14h à 19h. En juillet et août, à partir de 10h. Label Tourisme & Handicap.

Situé dans le très animé Outlet Village de Nailloux, que les Toulousains apprécient pour faire de bonnes affaires, cet office de tourisme est bien sûr l'adresse à retenir pour connaitre les animations alentours. Mais les Futés savent qu'elle permet aussi, grâce à des partenariats, de profiter d'activités et de visites à prix réduits. Vous y trouverez par ailleurs une belle boutique qui met à l'honneur la gastronomie et l'artisanat locaux, certifiés *Lauragais Tourisme*. Parfait pour compléter vos achats *fashion* par des emplettes gourmandes et 100% locales !

LOCABOAT HOLIDAYS - BASE DE NÉGRA

10, rue de Villenouvelle
MONTESQUIEU-LAURAGAIS ✆ 05 61 81 36 40
www.locaboat.com
Ouvert du samedi au lundi de 9h à 18h. Pénichettes à partir de 945 € la semaine.

Spécialisée dans le tourisme fluvial, Locaboat Holidays est implantée sur le canal du Midi au niveau de la très belle écluse de Negra. Il est possible d'y louer une pénichette sans permis avec laquelle vous pourrez effectuer un aller-retour, à moins que vous ne préfèreriez un itinéraire allant d'une base à une autre. Une belle idée pour profiter d'une parenthèse dans un quotidien trépidant, redécouvrir les bienfaits de la lenteur, en symbiose avec un environnement naturel unique.

GÎTES DES CAMPARROS €€

Lieu-dit Les Camparros
✆ 05 61 27 59 20
gites-camparros.fr
Deux appartements T2 de 2 à 4 personnes, à partir de 124 € les deux nuits. Wifi. Linge de maison fourni, ménage inclus.

Au cœur de la campagne vallonnée du Lauragais, à l'ombre du moulin de Nailloux, ces deux gîtes vous attendent avec des prestations de chambres d'hôtes. Tout est prêt à votre arrivée, petit-déjeuner compris, pour que vous puissiez rapidement vous sentir à votre aise. Les deux appartements sont situés dans une maison de pays entourée d'un grand jardin avec potager et verger. Il est aussi possible de dîner en véritable table d'hôtes, c'est-à-dire à la table familiale. Le lieu est particulièrement apprécié pour son accueil et ses attentions personnalisées.

CHAMBRES D'HÔTES BORDENEUVE €€€

Bordeneuve - **CAIGNAC**
✆ 05 62 80 36 77
https://bordeneuve.vpweb.fr
Chambre double à partir de 169 €. Petit déjeuner : 12 €. Wifi gratuit. Restauration. Massages.

Ces chambres d'hôtes haut de gamme d'esprit spa sont parfaites pour vos envies de luxe, calme et volupté, dans une bâtisse typique de la région, rénovée et aménagée avec soin, nichée au cœur d'un vaste parc arboré. Les 2 chambres confortables sont agrémentées d'espaces balnéos et d'attentions appréciables : peignoirs, sels de bain, terrasse privée... et champagne offert ! Pour une détente totale, possibilité de réserver des massages. Jardin, piscine l'été, salle *home-cinema*...

HÔTEL-RESTAURANT DU LAURAGAIS €

15, rue de la République
VILLEFRANCHE-DE-LAURAGAIS ✆ 05 61 27 00 76
www.hoteldulauragais.com
Du lundi au samedi soir. Menus de 15,50 € à 24,50 €. Prix moyen à la carte : 35 €. Chambre double à partir de 68 €.

Adresse familiale jouissant d'une clientèle d'habitués, cet hôtel-restaurant est installé à deux pas du canal du Midi. C'est une étape idéale pour les randonneurs à pied ou à vélo, l'hôtel offre un bon rapport qualité-prix. Mais si les clients se précipitent ici, c'est aussi et surtout pour le restaurant ! Certains nous soufflent que nulle part ailleurs on ne savourerait meilleur cassoulet. Si vous veniez vérifier par vous-même ? Proposé à prix futé, ce serait dommage de s'en priver...

AUBERGE DU PASTEL €€

Avenue François-Mitterrand
✆ 05 61 81 46 61
www.hotel-restaurant-pastel.com
Logis. Tables & Auberges de France. Fermé dimanche soir, lundi et mardi. Carte : 30 € environ. Formule du midi : 17 €.

L'Auberge du Pastel vous reçoit dans un cadre privilégié offrant une vue panoramique sur la chaîne des Pyrénées, et sur le lac de la Thésauque. La carte, orientée cuisine du terroir, permet de savourer cassoulets et autres magrets mijotés. Pour profiter de la région, l'Auberge propose cinquante chambres classées trois étoiles, ainsi qu'une piscine et une salle de fitness. Bien-être et détente assurés ! Bon à savoir : la maison peut accueillir jusqu'à 150 personnes pour des séminaires et 250 personnes pour des réceptions de famille, avec un service traiteur.

L'ENVIE DES METS €€

2, rue Marengo - **GARDOUCH**
✆ 05 61 27 19 46
http://lenviedesmets.fr
Le midi mardi-samedi. Le soir jeudi-samedi. Dimanche sur réservation de groupes. Formule du midi : 17 €. Menu : 30 €.

Face à la mairie du village, à quelques pas du canal du Midi, l'Envie des Mets propose une table gourmande dans un cadre campagnard et chaleureux. Le chef, Sébastien Dufraisse, a reçu le prix Lucien Vanel. Il vous offre des saveurs audacieuses. Quelques exemples : pieds de porc et chipirons au piment d'Espelette, magret au miel et aux épices, cheesecake ananas et spéculos... Créative, joyeuse, raffinée, l'ardoise change tous les jours. Une adresse autant appréciée pour sa carte que pour son accueil aux petits soins. Sans hésiter, une valeur sûre dans le Lauragais.

CONSERVERIE DU LAURAGAIS - ATELIER-BOUTIQUE

RD 813 - **VILLEFRANCHE-DE-LAURAGAIS**
✆ 05 61 81 64 84
http://conserveriedulauragais.fr
Ouvert du lundi au samedi de 9h à 12h30 et de 14h à 19h.

Il serait regrettable de séjourner dans le Lauragais sans passer par cette conserverie ! L'atelier-boutique vous invite au cœur de la production. Le circuit ne pourrait être plus court ! Au programme : volailles fermières et porcs noirs élevés en liberté pour des conserves, des salaisons ou des produits frais de belle qualité, sans colorants ni conservateurs. Canard aux morilles, persillade de gésiers, saucisse fraîche de Toulouse, rôti de magret, jambon de coche... On en redemande !

NAILLOUX OUTLET VILLAGE

Lieu-dit Le Grill
✆ 05 62 13 08 50
www.naillouxoutlet.com
Ouvert du lundi au samedi de 10h à 19h. Quelques ouvertures exceptionnelles dans l'année.

Les Toulousains connaissent bien ce village marchand, conçu de façon à évoquer un bourg lauragais. Rues pavées, terrasses ombragées et passages voûtés permettent de circuler à ciel ouvert d'une boutique à l'autre, pour dénicher de bonnes affaires. Vous attendent cent cinquante marques renommées de prêt-à-porter, maroquinerie, objets de déco, ustensiles de cuisine, épicerie fine... à prix futé ! À cela, s'ajoute une quantité de services pratiques : espace bébé, prêt de poussettes, aire de jeux et bien sûr des restaurants qui permettent de profiter de la vue...

LAC DE LA THÉSAUQUE

Impasse de Champreux

Ouvert toute l'année. Aire de jeux pour enfants. Parking.

Pour un bon moment de détente en famille, ce joli lac est un lieu appréciable qui abrite une belle bio-diversité. Depuis l'été 2020, il est équipé d'une base de loisirs avec un parc aquatique et une zone de baignade surveillée. Les amateurs de marche ou de promenade à VTT apprécieront le circuit de randonnée de six kilomètres aménagé sur les berges. Un très vaste restaurant vous reçoit en fin de semaine. S'y trouve aussi un camping, avec un minigolf et un bar-restaurant qui se mue en snack la journée. Ultime attrait de ce lac : une faune piscicole riche et variée.

PÉNICHE HARICOT NOIR

GARDOUCH

✆ 06 86 40 66 66

https://leharicotnoir.fr

Location à la demi-journée (5h/jour, 3 h/soirée). Croisière en gîte (de 3 à 6 cabines doubles), pension ou demi-pension.

Partez en croisière à bord d'une péniche traditionnelle de 30 m de long, aménagée tout confort, qui se déplace le long du canal du Midi ou du canal du Rhône au Rhin, pour des croisières d'une journée ou d'une semaine. Vos hôtes bateliers Sylvette et Pierre Gaudry qui sillonnent les voies d'eau du midi depuis 1976 ont laissé la barre à leur fille Maurine. Vous partez avec un équipage qui vous décharge de toute logistique. Aménagement : 6 chambres pour 2 personnes, salon, séjour, cuisine, pont. Et 4 bicyclettes pour pédaler le long des berges.

PLAISANCE-DU-TOUCH

Située à la transition entre Pays toulousain et Pays muretain, Plaisance-du-Touch tient son nom de l'occitan, Plasença deu Teuch, et d'une rivière qui la traverse, un affluent de la Garonne, le Touch. Ancienne bastide fondée au Moyen Age, elle est située à l'ouest de Toulouse. Cette bourgade dynamique et agréable offre à voir l'église Saint-Barthélémy et son clocher-mur, typique de la région, dont les premiers travaux remontent au XIVe siècle, ainsi que le pont sur le Touch, pont de briques du XVIIIe siècle, classé Monument historique. Sa situation est intéressante comme point de départ pour découvrir la région, tout en étant proche de Toulouse.

ZOO AFRICAN SAFARI ★

41, rue des Landes

✆ 05 61 86 45 03

www.zoo-africansafari.com

Haute saison ouvert tous les jours et les jours fériés de 9h30 à 19h30. Adulte : 18 €. Enfant de 2 à 10 ans : 13 €.

African Safari propose un parcours en deux étapes. A votre arrivée, restez au volant et suivez la piste aménagée dans une réserve africaine de 15 ha pour une visite safari qui vous permet d'observer les animaux en liberté. Gnous, zèbres, rhinocéros, éléphants, girafes... un grand moment pour les enfants. Puis continuerez à pied dans une autre partie du parc, agréable et arborée, pour découvrir près de 600 animaux. Faites l'expérience de l'apprenti-soigneur ! Vous arrivez le matin pour partager le travail et la vie des soigneurs. Inoubliable !

LA COGNÉE €€

19, rue du Pré Vicinal - **CUGNAUX** ✆ 06 63 43 31 22

www.la-cognee.com

Chambre double de 83 € à 94 €, petit déjeuner inclus. Chèques non acceptés. Table d'hôtes : de 17 € à 23 €.

Que vous soyez un visiteur en quête d'un point de chute non loin de Toulouse, ou un Toulousain souhaitant profiter d'un week-end loin du tumulte citadin, vous pouvez faire halte à la Cognée, dans la petite ville de Cugnaux. Cinq chambres d'hôtes sont proposées, certaines pouvant accueillir jusqu'à quatre personnes. Si vous le souhaitez, vous pourrez dîner sur place, car les propriétaires font également table d'hôtes, avec une cuisine maison. Alentour, vous avez accès à de nombreux points de visite, à plusieurs golfs et aux sentiers de Saint-Jacques de Compostelle.

D'CADEI €€

8, rue de Canalet - **VILLENEUVE-TOLOSANE**

✆ 05 61 92 72 68

www.dcadei.fr

Le midi du mardi au samedi. Le soir : mardi, jeudi, vendredi et samedi. Formule du midi : 19 €. Menus de 27 à 57 €.

Une cuisine haute couture à prix contenu ? Rendez-vous chez le chef Damien Cadei, un maître queux en pleine ascension ! Son credo : «allier modernité, raffinement et gourmandise». A l'heure du déjeuner, un menu du marché vous invite à découvrir son savoir-faire. Pour le dîner, quatre menus sont proposés, dont le plus audacieux, celui qui consiste à s'en remettre entièrement au chef, peut s'accompagner d'un accord mets-vins en dégustation à l'aveugle. Entre créativité et tradition, le chef Cadei vous invite à une pause culinaire de qualité.

ON EST LÀ !
ÉCOUTEZ-NOUS DANS LA RÉGION !
Toulouse
92.6
Pamiers
102.9
Ax
95.6
St-Gaudens
93.6
Auch
88.6
TOULOUSE FM
www.toulousefm.fr
DISPONIBLE SUR
Google Play
Télécharger dans
l'App Store
dab+

LE GOÛT DES HÔTES €€

25, rue du Pré Vicinal - **CUGNAUX**
✆ 06 43 79 06 40
www.goutdeshotes.fr
Le midi du lundi au samedi. Soirée tapas le vendredi soir. Réservation recommandée. Formule : 16,50 €.

Cette table d'hôtes prend place dans un pavillon qui s'ouvre sur un joli jardin. Chaque jour, à l'heure du déjeuner, vous est proposée une cuisine locale et de saison, bien sûr préparée maison. La carte change chaque semaine, pour offrir une proposition resserrée : trois entrées, trois plats et trois desserts. Les assiettes sont créatives et soignées, essentiellement inspirées par la tradition culinaire française, mais ne rechignant pas, parfois, à emprunter à d'autres horizons. L'ambiance est à la convivialité et au partage. Le vendredi soir, c'est soirée tapas !

MEALTING POTES €€

1, rue de la Paterne - **TOURNEFEUILLE**
✆ 09 86 07 98 92
www.mealtingpotes31.com
Le midi du mardi au vendredi, le soir du mardi au samedi. Prix moyen à la carte : 20 €.

Envie d'une table avec de bons amis à prix futé ? Direction Tournefeuille pour rejoindre le Mealting Potes. Le lieu est agréable et sans chichis, de type néo-bistrot. La carte propose salades composées, grillades de viandes ou de poissons, burgers et pizzas, dans un esprit qui se veut qualitatif : produits frais, préparation maison. Les pizzas peuvent être commandées à emporter. Un menu du jour pour varier les plaisirs, un accueil agréable, des portions généreuses : tout est réuni pour passer un bon moment dans une ambiance détendue.

LE SADOURNY CAFÉ GOLF DE TÉOULA €€

71, avenue des Landes ✆ 05 61 91 98 86
www.sadourny-cafe.fr
Ouvert tous les jours de 8h30 à 18h. Carte : 30 € environ. Formule du midi : 18 € (entrée, plat, dessert). Terrasse.

Que vous soyez golfeur ou non, cette adresse est à retenir. La salle vous offre une vue agréable sur le parcours arboré et vallonné du golf. Pour la table, c'est la maison Sadourny qui reçoit. Ce restaurateur qui a largement fait ses preuves vous propose une cuisine raffinée à prix contenu. Carte de saison, classiques du bistrot, desserts gourmands : c'est simple, efficace. Même efficacité pour le service souriant. Un rapport qualité-prix très futé, avec le cadre en bonus !

DES ROSES ET DES ORTIES €€€

28, cheminr de Gramont - **COLOMIERS**
✆ 05 61 15 55 55
www.desrosesetdesorties.com
Ouvert tous les jours de 9h à 22h. Réservation recommandée. Carte : 60 € environ. Formule du midi : 28 €. Terrasse.

Ceux qui se souviennent de l'Amphitryon savent qu'ils ont peu de risques d'être déçus : le chef Yannick Delpech propose ici un nouveau concept qui réinvente la table gastronomique. Une somptueuse villa vous offre plusieurs espaces, pour vous recevoir à toute heure de la journée. Vous pouvez rejoindre Des Roses et des Orties pour siroter un cocktail au bar, pour savourer l'une des merveilles de la pâtisserie Sandyan, pour vous approvisionner d'une bouteille de vin au prix caviste... et bien sûr pour profiter de l'une des meilleures tables de la région !

ESPACE NAUTIQUE JEAN-VAUCHÈRE

Place des Fêtes - **COLOMIERS** ✆ 05 61 15 31 50
www.espacenautique-colomiers.com
Lun, mer & ven : 10h-20h. Mar & jeu : 7h-21h30. Sam : 12h-19h. Dim : 9h-19h. Été tous les jours 10h-19h. Entrée 4,70 €.

Détente en famille ou pratique sportive ? Découvrez quatre bassins couverts, dont l'un avec un circuit de nage à contre-courant, un espace extérieur végétalisé, une lagune avec canon à eau, une rivière, un toboggan géant, des cascades et toutes sortes d'installations ludiques. Côté bien-être, sauna, bain à remous et hammam ! Le restaurant Menthe à l'eau permet de déjeuner sur place, ou de céder à l'appel d'une petite glace. L'une des piscines les mieux équipées de la région.

FLY SIMULATION TOULOUSE

Avenue du Comminges
CUGNAUX
✆ 07 69 06 56 03
https://fly-simulation.com
Sur réservation. À partir de 89 €.

Puisque vous êtes en pays aéronautique, rendez-vous à côté de la base aérienne de Francazal, où Fly Simulation propose des simulations de vol inoubliables. La première consiste à vous faire piloter un A320, modèle commercial très présent au départ de l'aéroport de Toulouse-Blagnac. L'autre vous permet de piloter un appareil plus inhabituel : un F16 Falcon ! Imaginez-vous aux commandes de cet avion militaire : de quoi faire votre propre remake du film Top Gun ! Bon à savoir, Fly Simulation propose des sessions dédiées aux personnes souffrant de phobie aérienne.

PLAGE DE LA RAMÉE

95, chemin de Larramet
TOURNEFEUILLE
En été, ouvert tous les jours de 10h à 19h. Gratuit. Accès et vestiaires aménagés pour les personnes en fauteuil.

L'été, il est possible de plonger dans le lac de la Ramée grâce à une plage de 2 000 m^2 ! Le site, équipé d'un poste de secours, de toilettes et de douches, se partage entre une pelouse plantée d'arbres et une zone de baignade de sable fin en pente douce, allant jusqu'à trois mètres de fond. Agents et maîtres-nageurs assurent la sécurité de tous. Attention, hors saison la baignade non surveillée peut être dangereuse. Un lieu sympa pour se croire en vacances quand on passe l'été en ville, mais aussi un agréable espace de promenade tout au long de l'année.

UGOLF TOULOUSE TÉOULA

71, avenue des Landes ✆ 05 61 91 98 80
http://jouer.golf/toulouse-teoula
Label Écodurable. Ouvert tous les jours de 8h30 à 19h. Vestiaire gardé. Restauration. Boutique.

Le Golf de Téoula offre un parcours de 18 trous bordé d'eucalyptus, aux reliefs variés, avec une agréable vue sur les Pyrénées. Pour l'initiation ou le perfectionnement, il dispose de quarante-cinq postes de *practice* dont six couverts. Il propose par ailleurs un putting green ludique et un green d'approche avec un bunker d'entraînement. Pour compléter les installations, une boutique, des espaces de séminaires. Un restaurant, le Sadourny Café, est ouvert tous les jours pour proposer des rafraîchissements et un menu du marché à l'heure du déjeuner.

QUINT-FONSEGRIVES

Réunion des villages de Quint et de Fonsegrives, cette petite commune forme la jonction entre l'activité péri-urbaine de l'est de Toulouse et le Lauragais. Le nom de Quint vient du *quintus* gallo-romain, qui désignait la cinquième borne militaire à partir de Toulouse. Arrosée par la Saune, Quint-Fonsegrives porte les marques d'une occupation humaine qui remonte à la Préhistoire. Jusqu'à la Révolution, le commerce du pastel a assuré la prospérité des familles nobles établies ici. Point de départ intéressant pour des promenades dans un environnement préservé, elle offre aussi des virées gourmandes car plusieurs tables de qualité se trouvent alentour.

Histoire

Non loin de Quint-Fonsegrives, faites un crochet par la petite ville de Verfeil. Son nom demeure très attaché à un épisode du catharisme survenu en 1147. On raconte que Bernard de Clairvaux, redoutable abbé, fut cette année-là attiré à Verfeil par la rumeur de progrès rapides des croyances hérétiques dans le Sud de la France. Dans son sermon, saint Bernard accusa la noblesse de protéger les Cathares. Les seigneurs montrés du doigt quittèrent l'église, suivis du peuple ainsi que du saint, qui continuait d'exhorter la foule. Comme il n'était pas écouté, il maudit le village dans ces termes : « Verfeil (feuille verte) que Dieu te dessèche ». Considérée depuis ce jour comme « le siège de Satan », la ville fut ruinée en 1214 par Simon de Montfort. Aujourd'hui Verfeil est un petit village charmant. Il faut voir l'assise subsistant du château (XIIIe), ainsi que l'église du XVIe siècle, dont le clocher s'effondra en 1924 et dont la cloche du XVe a été miraculeusement conservée. À deux kilomètres en direction de Lavaur, les nostalgiques peuvent venir voir le château qui a accueilli la famille Malaret, ainsi que les sépultures de Camille et Madeleine, les authentiques « Petites Filles modèles » de la comtesse de Ségur, qui reposent ici après une vie bien remplie. Il est aussi possible de voir le château de l'inventeur et constructeur du canal du Midi, Pierre-Paul Riquet.

AUX PORTES DE TOULOUSE, ENTRE LACS ET FORÊTS, EXPLOREZ LES COTEAUX DU GIROU !

Les coteaux du Girou, c'est un paysage de petits villages nichés au pied de douces collines. Propices à la détente dans de jolis espaces naturels, les lieux n'en proposent pas moins de belles découvertes culturelles. Vous suivez ici les traces de Pierre-Paul Riquet, fameux concepteur du canal du Midi. Vous pourrez visiter sa demeure historique, le château de Bonrepos-Riquet, et y découvrir les bassins d'essai qui préfigurent le canal. À Verfeil, lieu de vie des Petites filles modèles de la comtesse de Ségur, vous parcourez une cité médiévale qui a conservé son authenticité. À Villariès, un musée archéologique vous attend – mais ne manquez pas d'y contempler aussi le chêne qui aurait été planté sur les ordres de Sully ! Dans le hameau de Nagen, moulin et briqueterie vous content l'histoire de la région. Du promontoire de Montjoire aux maisons de maître de Montastruc-la-Conseillère, découvrez, grâce à une signalétique soignée, les églises, lavoirs, colombiers et autres fontaines qui témoignent de ce que fut ici la vie quotidienne. Pour un bol d'air, les lieux se prêtent très bien à la randonnée. Douze sentiers étiquetés « Échappées belles en coteaux du Girou » vous font sillonner le panorama au cours de promenades allant d'une à cinq heures. Il est possible d'emprunter le GR 46 pour parcourir dix-huit kilomètres du chemin de Saint-Jacques de Compostelle. En virée avec les enfants ? Ils vont se régaler : dix-huit itinéraires de balades ont été conçus pour eux façon chasses au trésor ! Armés d'un livret d'énigmes et d'une carte, ils prennent la tête de l'expédition. Futé pour une sortie en plein air ludique ! Durant les journées d'été, vous apprécierez les activités offertes par le lac du Laragou et le lac de la Balerme : pêche, aviron et voile. Attention, la baignade y est interdite. Pour le VTT, les sorties à cheval ou la cueillette de champignons, optez pour la forêt de Buzet ! Vous y trouverez des parcours balisés, des tables de pique-nique et une Maison de la biodiversité. Enfin, en authentique terre occitane, la région ne saurait vous laisser repartir sans vous offrir un moment festif et convivial : concerts, festivals de théâtre, fêtes médiévales, marchés gourmands, trails ou courses d'orientation... On ne s'ennuie pas sur les rives du Girou !

CHÂTEAU DE THÉGRA €€

Route de Gauré - **BALMA** ✆ 05 61 26 09 19
www.chateau-de-thegra.com
Chambre double : 90 €, petit déjeuner inclus. Visites guidées du château l'été, du dimanche au mercredi : 5 €.

Le château de Thégra propose des chambres d'hôtes de caractère dans un environnement d'exception, aux portes de Toulouse. La situation est parfaite pour combiner découverte de la ville rose et virées champêtres. Les chambres sont aménagées dans une demeure qui a le sens des traditions : c'est la huitième génération qui vous reçoit. Elles offrent un décor XVIIIe qui donne goût à la vie de château ! L'ambiance familiale s'appuie sur l'authenticité des lieux pour vous offrir une expérience unique. Le château peut par ailleurs se visiter et accueillir vos réceptions.

ÉCOGÎTES DE BAUGNAC €€

Lieu-dit Baugnac - **VERFEIL**
✆ 06 86 42 86 74
www.gites-de-baugnac.com
À partir de 300 € la semaine (pour 4 pers.). Wifi. Petit déjeuner bio : 9 €. Barbecue. Massages sur demande.

Sandrine et Franck vous accueillent en pleine campagne, à 15 km seulement de l'hypercentre toulousain. Le bâtiment a été entièrement rénové à l'aide de matériaux écologiques, en suivant les méthodes traditionnelles locales. Deux gîtes sont mitoyens et permettent d'accueillir l'un 2 personnes, l'autre 4. Sandrine et Franck vous présentent leur jardin d'herbes médicinales et organisent des ateliers pour apprendre à fabriquer du savon, des produits cosmétiques ou des produits d'entretien. Il est aussi possible de réserver un massage.

MANOIR SAINT-CLAIR €€

20, chemin Sironis - **BALMA** ✆ 06 74 77 21 96
www.manoirsaintclair.com
Chambre double de 98 € à 108 €, petit déjeuner inclus. Gîte pour huit personnes : 680 €/week-end, 1 680 €/semaine.

Le manoir Saint-Clair est une maison d'hôte établie dans une bâtisse du XVIe siècle. Trois chambres d'hôtes et un gîte sont proposés. Chaque chambre est décorée de façon différente : l'Aéropostale témoigne de l'aventure aérienne toulousaine, la Pastel évoque la plante qui a enrichi la région et la Cathare propose un accès à sa salle de bain... par une porte dérobée ! Le gîte est composé d'une cuisine, d'une salle de séjour, de quatre chambres et de trois salles de bain. Le lieu est apprécié pour son charme, son raffinement et la disponibilité de ses propriétaires.

TOURISME COTEAUX DU GIROU

1, rue du Girou - **GRAGNAGUE**
✆ 05 34 27 63 75
www.cc-coteaux-du-girou.fr
Ouvert du lundi au jeudi de 9h à 12h et de 14h à 18h ; le vendredi de 9h à 12h et de 14h à 17h.

La Communauté de Communes des Coteaux du Girou chapeaute dix-huit municipalités établies au nord-est de Toulouse, le long du Girou. Outre la gestion de la vie quotidienne, elle encadre l'offre de tourisme pour vous faire découvrir des trésors culturels et de superbes sites naturels. C'est aussi auprès d'elle que l'on peut s'informer sur les animations de la région : festival Gragnarock, marché aux fraises, fête médiévale, festival de théâtres ou encore... trail du cassoulet !

LE CARROUSEL €€

22, route de Castres - **BALMA** ✆ 05 34 65 99 69
www.lecarrousel-balma.fr
Tous les jours, midi & soir. Réservation recommandée. Carte : 35 € environ. Formule du midi : 19 €. Jardin.

Ne vous fiez pas au quartier qui ne paye pas de mine, car le Carrousel offre un cadre très agréable. Une grande salle au spectaculaire plafond cathédral, un mobilier design et confortable, un petit salon organisé autour d'une cheminée pour les soirées fraîches, un superbe jardin et son bar d'été pour les soirées chaudes. L'accueil est souriant, le service efficace. À la carte, les grillades au feu de bois côtoient les classiques du néo-bistrot et se concluent avec des desserts soignés. Une bonne adresse pour une pause dans un cadre champêtre chic, à prix futé.

LA FONTAINE AUX GRIVES €€

42, ZA de Ribaute
✆ 05 61 24 23 21
www.lafontaineauxgrives.fr
Ouvert toute l'année. Le lundi de 12h à 14h30 ; du mardi au samedi de 12h à 14h30 et de 19h30 à 22h. Menu unique à 25€.

Une escapade gourmande vous attend dans cette ancienne ferme de briques et de galets. La Fontaine aux Grives est un bel établissement qui aime faire vivre saveurs et bon goût. On apprécie d'être réconforté par le feu de cheminée en hiver. Aux premiers rayons de soleil, la véranda est idéale et les enfants peuvent gambader sur la terrasse. L'ambiance est familiale et la cuisine décline les classiques aux couleurs régionales. Charcuterie locale, viandes de qualité, desserts préparés par la maison, assiettes généreuses... La tradition a du bon !

L'INSTANT €€

14, allée du Logis-Vieux - **MONTRABÉ**
✆ 05 61 48 25 24
www.restaurant-linstant.fr
Le midi du mardi au samedi, le soir du mercredi au samedi. Formule du midi en semaine : 19 €. Carte : 35 € environ.

L'Instant une adresse de gourmets qui, depuis 2012, récolte les louanges et a fait de nombreux habitués. Le cadre est plaisant, au calme dans un jardin. La salle se prolonge par une pergola. Dans la cuisine ouverte, on travaille avec finesse et créativité des produits de saison. À l'heure du déjeuner, une formule du marché. Le soir, découvrez une carte qui accorde une attention particulière au poisson, mais qui n'en oublie pour autant les saveurs carnées. La subtilité est au rendez-vous jusque dans la carte des desserts. Une belle adresse.

L'APARTÉ €€€

21, rue de l'Europe - **MONTRABÉ**
✆ 05 34 26 43 44
www.restaurant-laparte.fr
Du mardi au samedi midi et soir. Carte : 65 € environ. Formule du midi en semaine : 32 €.

Au piano de cette belle table, le chef étoilé Jérémy Morin. L'Aparté reçoit aussi bien une clientèle toulousaine que des visiteurs avides de découvrir la cuisine gastronomique de ce talentueux maître queux. La cadre est superbe, le décor soigné. Une terrasse permet de profiter des journées d'été. Dans l'assiette, c'est de la magie. Couleurs et saveurs se déroulent avec grâce et raffinement. Une formule déjeuner, en semaine, permet d'approcher le goût des étoiles à prix futé. Le soir, plusieurs formules sont possibles, dont un menu dégustation en sept services.

LA BONNE AUBERGE €€€

2 bis, rue de l'Autan-Blanc - **L'UNION**
✆ 05 61 09 32 26
bonneauberge31.fr
Ouvert du mardi au samedi le midi ; du mercredi au samedi le soir. Réservation recommandée. Menus de 34 € à 65 €.

À quelques kilomètres du centre-ville de Toulouse, La Bonne Auberge s'est installée au cœur d'une ancienne grange, une bâtisse typiquement toulousaine superbement réaménagée. Ce restaurant aux accents rustiques vous reçoit avec authenticité. Le chef Éric Puel propose une carte gastronomique qui mise sur la tradition. La Bonne Auberge vous propose un menu du marché à l'heure du déjeuner, un menu de saison, un menu de valeurs sûres et enfin un menu dégustation, qui permet de profiter en cinq services de l'inspiration du moment du chef.

EN PLEINE NATURE €€€

6, place de la Mairie
✆ 05 61 45 42 12
www.en-pleine-nature.com
Midi et soir du mardi au vendredi. Menus de 55 € à 80 €. Formule déjeuner : 31 €.

Le chef Sylvain Joffre a pris ses quartiers dans une bâtisse de caractère. Cette table gastronomique est complétée par une boulangerie artisanale, une cave à vins qui accueille des soirées dégustation en présence d'artisans-vignerons, et une épicerie fine. En cuisine, le chef Joffre aime vous faire découvrir des saveurs oubliées, un retour à la simplicité qui s'appuie sur la qualité des produits locaux. Au fil des saisons, les menus évoluent en deux à quatre temps à l'heure du déjeuner, quatre à six temps pour le dîner. Une valeur sûre pour un repas de qualité.

L'ÉQUILIBRE €€€

10, place de la Libération - **BALMA**
✆ 05 61 45 70 43
www.restaurant-lequilibre.fr
Du mardi au samedi, midi & soir. Réservation impérative. Menus de 35 € à 55 €. Formule du midi : 26 €.

Voici une adresse dont le succès ne se dément pas. Sa recette de l'Équilibre, c'est sans doute l'amour du métier. Le chef a fait ses armes auprès de toques prestigieuses. Aujourd'hui, il offre sa vision d'une cuisine du marché qualitative et authentique, travaillée avec passion, avec une véritable bonne humeur. Le sourire, ça se mange ? Il semblerait que oui ! Pour une découverte, le déjeuner propose une formule avantageuse. Le dîner quant à lui peut se faire en trois, quatre ou même six services pour la version dégustation. Une table vite devenue une référence.

LA PROMENADE €€€

2, promenade Jean-Jaurès - **VERFEIL**
✆ 05 34 27 85 42
http://restaurant-la-promenade.fr/
Le midi, du jeudi au dimanche. Le soir, du mercredi au dimanche. Menus de 70 à 100 €. Formule midi en semaine : 30 €.

Nicolas Thomas a troqué son violoncelle contre les pianos de la Promenade, à Verfeil. Ce chef talentueux s'est initié auprès des chefs d'En marge et d'O saveurs, avant de prendre la tête de ce bel établissement, où l'on déguste une cuisine créative. Désormais étoilé, le chef concocte une formule du marché pour le déjeuner. Pour le dîner, c'est le grand jeu, puisque vous avez le choix entre deux menus qui proposent cinq services pour l'un, et huit pour l'autre ! Embarquez et laissez-vous guider par la créativité du chef pour une promenade culinaire d'exception.

MARCHÉ DE L'UNION

Rue du Vignemal
L'UNION
Ouvert le dimanche de 8h à 13h.

L'Union accueille l'un des plus beaux marchés de plein vent de l'agglomération toulousaine. Il attire chaque dimanche bon nombre de visiteurs, qu'ils soient résidents de la commune ou non. Il prend place en centre-ville, mais déborde largement dans les rues alentour, vous offrant une agréable déambulation à flanc de coteau, avec une vue dégagée plein sud. Outre les commerces habituels, vous y trouverez de nombreux maraîchers bio et des échoppes foraines qui proposent divers produits et prestations pour votre maison. Un marché vivant et très plaisant.

CAP LOISIRS

Avenue de Saint-Caprais
L'UNION
✆ 05 61 09 32 48
www.caploisirs-lunion.fr
Ouvert tous les jours. De 7 € à 15 €/personne selon l'activité choisie.

Cap Loisirs est un complexe qui permet de s'offrir une partie mini-golf, de badminton ou de foot à 5, en version «bubble» ou non. Plus original, découvrez le Laser squad ! Combinaison du laser game et du paintball, il se joue en extérieur sur un terrain scénarisé. Sans projectiles, il s'adresse donc à tous. Plus insolite encore, lancez-vous dans une partie d'Archery Tag ! En plein air, armé d'un arc et de flèches sécurisées, éliminez les membres de l'équipe adverse ! Toutes les activités sont privatisables, pour un anniversaire ou une sortie entre amis.

MIDI PYRÉNÉES VOLTIGE

34, avenue Jean-René-Lagasse - **BALMA**
✆ 06 10 09 14 19
www.midipyreneesvoltige.net
Baptême de voltige : 330 € (à partir de 15 ans, 1,50 m minimum, informer le club si taille supérieure à 1,80 m).

Situé à Balma sur l'aérodrome de Lasbordes, ce club de voltige aérienne est l'un des plus importants de France. Il propose aux mordus de s'entraîner et de participer à des compétitions, mais il offre aussi avec le même plaisir la possibilité aux néophytes d'effectuer un baptême de voltige ! Après une présentation de votre appareil et diverses consignes de sécurité, accrochez-vous bien : vous prenez place à bord d'un Extra 200, un biplace tandem qui permet d'effectuer les figures les plus acrobatiques ! Vingt minutes de vol inoubliables !

AP'HACHE

14, rue Louis-Renault
BALMA
✆ 06 87 08 05 87
Mercredi-vendredi : 17h-22h. Samedi : 14h-22h. Dimanche : 15h-20h. Partie d'une heure entre deux joueurs . 40 €.

Une petite partie de lancer de hache ? Voilà le type d'invitation qu'un Toulousain peut recevoir. Pas besoin de mettre une chemise de bucheron, ni de vous rendre au fond des bois... Descendez au métro à Balma pour rejoindre Ap'Hache, où vous pouvez défier vos amis au lancer de hache, en toute sécurité. Après 15 min d'instructions, d'échauffement et d'apprentissage, c'est parti pour trois quarts d'heure de lancer. Concentration et lâcher-prise obligatoires ! Pour vous remettre de vos émotions, profitez, dans le décor trappeur, d'une Pin Up, la bière maison !

LA GRAINERIE

61, rue Saint-Jean - **BALMA**
✆ 05 61 24 33 91
www.la-grainerie.net
Ouvert lundi-vendredi. Accueil téléphonique de 14h à 18h. Billetterie 05 61 24 92 02. Restauration. Parking gratuit.

La Grainerie est la fabrique toulousaine dédiée aux arts du cirque et de l'itinérance. Elle offre de multiples facettes aux artistes permanents et à ceux hébergés grâce à ses studios de répétition, ses salles de création, son atelier de fabrication des décors... Bien sûr, on vient ici avant tout pour les nombreux spectacles programmés ! Le cirque contemporain est à l'honneur, on garde les pieds sur terre mais nos yeux se remplissent de féerie. À noter dans vos agendas qu'en octobre, l'Européenne des cirques accueille des troupes venues d'une vingtaine de pays.

FERME DE CINQUANTE

Chemin de Cinquante
✆ 05 61 73 88 31
www.ferme50.org
En dehors des vacances scolaires ouvert les mercredis et les week-ends. Adulte : 5 €. Enfant : 2,50 €.

À deux pas du canal du Midi, la Ferme de Cinquante vous offre un îlot de calme et de verdure. Gérée par une association, elle s'ouvre aux élèves des écoles à l'occasion d'ateliers pédagogiques autour des animaux de la ferme, du peuple de l'herbe, des jardins, de la biodiversité ou de la laine dont on fait les pulls. Elle accueille aussi les familles. Pensez à amener pain dur et épluchures dont les animaux sont friands ! Vous pouvez aussi fêter l'anniversaire de vos enfants à la ferme. Une belle initiative qui met la campagne à la portée des enfants citadins.

RAMONVILLE-SAINT-AGNE

Ici se trouvaient ici quatre hameaux. Trois étaient situés sur le Grand Chemin François, qui menait les pèlerins vers Saint-Jacques de Compostelle, le dernier était niché dans les coteaux. Ramonville est aujourd'hui une commune qui propose un port de plaisance, un patrimoine culturel composé de demeures de caractère et un espace naturel préservé. Les berges du canal du Midi, auxquelles sont amarrées des péniches d'habitation, sont ici agréables à parcourir et mènent à un aqueduc à siphon dont l'ingénierie est remarquable. Porte toulousaine ouvrant sur le Grand Lauragais Sud, Ramonville offre découverte et dépaysement à quelques encablures du Capitole.

TERRE DE PASTEL

629, rue Max-Planck - **LABÈGE**
✆ 08 00 94 01 67
http://terredepastel.com
Ouvert du Mardi au Samedi de 10h30 à 13h et de 14h à 18h30. Visite guidée Adulte : 10 ou 7€. 2 Spas Labège et Rémuzat.

Ce musée dévoile l'azuréenne Ysatis tinctoria, plante tinctoriale aux nombreuses vertus qui a apporté prospérité et renommée à Toulouse. Un éclairage passionnant sur cette plante à l'origine du « bleu grand teint », son histoire, ses bienfaits, ses applications en peinture et les innovations qui permettent d'en renouveler les usages. Démonstrations de teinture artisanale, conférences, visites guidées, ateliers et animations... Vous allez voir la vie en bleu ! Envie de prolonger votre visite ? Un spa et sa boutique de cosmétiques vous attendent.

ÉCLUSE DE VIC

1, rue de la Production
CASTANET-TOLOSAN
Ouvert toute l'année. Fermeture du canal à la navigation de début novembre à mi-décembre.

Au sud de Toulouse, sur le canal du Midi, l'écluse de Vic est un site apaisant. Écluse simple, « à chambre unique », elle date de 1670. C'est l'une des 73 écluses qui rythment le passage des péniches du port de l'Embouchure jusqu'à l'étang de Thau. On remarque son sas ovale caractéristique du canal du Midi, seules les écluses de Toulouse étant rectangulaires. L'écluse de Vic est le point de départ idéal des flâneries au bord de l'eau, à pied ou à vélo, un parking se trouve à proximité. Et la maison éclusière accueille un restaurant avec une très agréable terrasse.

BISTROT ET COMPAGNIE €€

4, rue Isatis - **LABÈGE**
✆ 05 62 47 54 50
www.bistrot-et-cie.fr
Ouvert en continu du lundi au vendredi, de 10h à 22h30 ; le samedi à partir de 17h. Formule midi : 17,50 €.

Une belle histoire d'amitié et de ripaille, bien typique de l'esprit festif du Sud-Ouest, est à l'origine de Bistrot et Compagnie. Une magnifique orangerie aménagée avec modernité, une cuisine totalement terroir, mais avec une légèreté plus contemporaine. De quoi grignoter pour les petites faims (rillettes de thon, fromages, foie gras), des viandes braisées, des desserts intemporels (mousse au chocolat, flan aux œufs), et une cave à vin avec 80 références. Aux beaux jours, on apprécie la pergola qui protège du soleil. Une adresse conviviale à souhait.

LA CRISE DE FOI €€

1, rue de la Production
CASTANET-TOLOSAN
✆ 05 61 81 28 36
Ouvert du lundi au samedi. Carte : 25 € environ. Formule du midi : 17,50 € (16,50 avec un burger). Terrasse.

Une maison éclusière située sur le canal du Midi, transformée en un petit restaurant très amical, doté d'une terrasse qui donne directement sur l'écluse de Vic. Un air de vacances d'autrefois, à regarder les péniches naviguer tout en savourant des recettes simples et familiales. Au menu, une cuisine fraîche pour de copieux plats du jour, des burgers, des salades ainsi qu'un buffet salé et sucré à discrétion. Sachez qu'il est aussi possible de faire escale ici pour profiter des lieux et de leur accueil chaleureux, juste le temps d'une petite mousse.

LES MARINS D'EAU DOUCE €€

6, rue Hermès
✆ 05 61 73 16 15
www.marins-eau-douce.fr
Le midi du lundi au vendredi, le soir du mercredi au vendredi. Carte : 25 € environ. Formule du midi : 15 €

Aux portes de Toulouse, Les Marins d'Eau Douce vous accueillent en un lieu inattendu : un imposant bâtiment aux accents vaporistes, qui n'est pas sans évoquer le Nautilus de Jules Verne ! Savourez ici une cuisine de Maître Restaurateur orientée terre et mer. À l'heure de l'*afterwork*, laissez-vous tenter par un apéro musical, avec des tapas, des comptoirs à vins, à bières, à cocktails ou à rhum ! Théâtre le mercredi, concerts le vendredi, spectacles, espace d'exposition : bien plus qu'un restaurant, c'est un lieu culturel à part entière ! Montez à bord !

Ô PAISIBLE €€

6, place Saint-Barthélemy - **LABÈGE**
✆ 05 61 00 56 46
www.opaisible.com
Le midi du lundi au samedi, le soir du jeudi au samedi. Carte : 30 € environ. Formule midi : 17 € (grillade + dessert)

Ô Paisible étend sa terrasse sous les arbres de la place du village. Fidèle à l'esprit des restaurateurs de la région, le chef cuisine des produits issus essentiellement de circuits courts et locaux. Un menu du marché à l'heure du déjeuner s'accompagne des classiques du grilladin, de salades composées, d'une belle sélection de pizzas ou encore de planches à partager. Tout est cuisiné par la maison, donc ne pas hésiter à se laisser tenter par le cassoulet… et par les desserts ! Un esprit bistrot bon enfant, pour une adresse aux airs d'éternelles vacances.

LA TABLE DES MERVILLE €€€

3, place Pierre-Richard - **CASTANET-TOLOSAN**
✆ 05 62 71 24 25
www.table-des-merville.com
Midi et soir du mardi au vendredi. Menus de 40 € à 95 €. Formule du midi : 30 € (entrée, plat, dessert).

Aux commandes de cette adresse étoilée, Claudie et Thierry Merville vous attendent pour un repas hors classe. Le chef Thierry Merville prépare, à l'heure du déjeuner, un menu express en trois services. Le soir, place aux généreux festins, avec des menus en cinq temps : amuse-bouche, entrée, plat, fromage et dessert, que l'on pourra accompagner d'un accord mets/vins de trois ou quatre verres. La créativité du chef vous en met plein les papilles ! En 2019, consécration 100% Sud-Ouest : le cassoulet de la maison a été élu «Meilleur cassoulet du monde» !

LE PETIT CYCLO

Rue Jacques-Prévert ✆ 05 31 61 91 95
https://le-petit-cyclo.com
VTC : à partir de 5 €/h. Vélo à assistance électrique : à partir de 20 €/deux heures. Tarifs dégressifs.

Le Petit Cyclo est idéal pour découvrir le calme et la beauté du chemin de halage. La maison vous propose VTC, tandems, vélos à assistance électrique, remorques… Antivols, casques, sacoches et kits de réparation sont fournis sans supplément. Promenade d'une heure ou d'une semaine, Le Petit Cyclo s'adapte à toutes vos envies. Adepte de randonnée ? Ce spécialiste de la location en itinérance vous permet de rendre votre bicyclette à Sète, Agde ou Narbonne, ou encore à Agen ou à Bordeaux pour une découverte du canal des Deux-Mers.

TERRE DE PASTEL

629, rue Max-Planck - **LABÈGE** ✆ 08 00 94 01 67
http://terredepastel.com
Du lundi au samedi de 10h à 19h30, le dimanche jusqu'à 19h. Accès au Spa : 29 €. Soins à partir de 40 €.

Dans le complexe Terre de Pastel, découvrez le Spa Bleu, dédié au calme, au luxe… et à la beauté ! Plongez au cœur du pays de Cocagne, dans un espace qui allie soins, santé et relaxation. Piscine à jets, hammam, douche à affusion, massages… rien ne manque ! Vous profiterez aussi d'un patio et d'une tisanerie. C'est l'occasion parfaite de découvrir le pastel, cette plante locale aux nombreux principes actifs, déclinée ici en une gamme de produits issus d'une recherche de pointe sur les feuilles. Le summum de la détente en immersion dans la culture locale !

REVEL

À une cinquantaine de kilomètres de la ville rose, Revel recèle d'attraits pour quiconque souhaite se dépayser quelques heures durant. Cette charmante bastide médiévale a été fondée au XIVe siècle et son architecture préservée témoigne encore de ces temps anciens. Toutes les rues se coupent en angle droit pour aboutir en son centre à une extraordinaire halle du XIVe siècle, la plus vaste de France. La charpente, préservée depuis l'origine, est supportée par une forêt de piliers et surmontée d'un beffroi qui fut pendant des siècles la maison des communes avec sa tour de guet, sa salle des consuls et sa prison. Le marché qui s'y tient les samedis matin est considéré comme l'un des plus beaux du pays. La place est ceinte de galeries à arcades (les *garlandes*) ainsi que de superbes demeures anciennes à encorbellements. Commune forte de 10 000 habitants, Revel a en outre acquis depuis plus d'un siècle une réputation internationale de cité du meuble d'art. L'artisanat tient aujourd'hui une place prépondérante dans l'activité locale avec, au-delà du mobilier, la marqueterie, les laques et dorures sur bois, les tapisseries, la restauration de meubles anciens et antiquités, les ferronneries d'art, le travail du bronze ou la corne.

La halle de Revel.

OFFICE DE TOURISME SORÈZE REVEL SAINT-FERRÉOL

Place Philippe-VI-de-Valois ✆ 05 34 66 67 68
www.auxsourcesducanaldumidi.com
Ouvert tous les jours. Fermé le lundi en basse saison.

Témoin d'une Histoire mouvementée et située dans une zone géographique riche, la bastide de Revel a beaucoup à vous offrir. Ce bureau touristique vous apportera de précieuses informations pour profiter au mieux de la région. Partez en pays de cocagne découvrir les moulins pasteliers, suivez les traces des pèlerins de Compostelle, flânez dans les villages du Lauragais, rencontrez les artisans, comprenez le patrimoine... et revenez vite, car nous n'avez pas tout vu !

BEFFROI DE REVEL

✆ 05 34 66 67 68
https://www.auxsourcesducanaldumidi.com
Visite guidée le samedi à 11h. En été, tous les jours sauf le dimanche, à 11h. Entrée : 2,50 €.

Il est devenu la figure emblématique de Revel : surplombant la halle du XIVe siècle, ce beffroi est quant à lui daté du XIXe. Chaque samedi (et tous les jours en été), l'office de tourisme vous en propose la visite guidée. C'est l'occasion, à travers son histoire, de comprendre l'évolution de la bastide. En point d'orgue, vous accédez à une terrasse qui vous offre, au-dessus du bouillonnant marché, une vue panoramique inoubliable sur la ville, sur la plaine du Lauragais et sur la Montagne Noire. Une visite courte à petit prix qu'il serait dommage de manquer.

EXPLORARÔME D'ASQUALI ★

Lieu-dit Le Tapissier
MONTÉGUT-LAURAGAIS
✆ 05 62 18 53 00
Ouvert pendant les vacances de printemps et d'été. Sur réservation. Adulte : 9 €. Enfant : 5,50 €.

Un voyage dans le monde des senteurs avec l'aide des experts de cette académie des parfums. Saurez-vous différencier, l'odeur du pin sylvestre de celle du pin douglas ? Le cyprès du thuya ? Exploration sensorielle, scientifique et culturelle du monde des odeurs avec les sculpteurs d'arômes de l'Association Asquali. Découvrez fleurs et feuilles surprenantes au parfum de cacahuète, de patchouli ou de... chorizo ! Après une visite du jardin des senteurs, découverte du laboratoire de distillation. Une découverte originale pleine de sens et de surprises.

OFFICE DE TOURISME

SORÈZE REVEL ST-FERRÉOL

Aux sources du Canal du Midi

LE CANAL DU MIDI

RESERVOIR

NATURE, FARNIENTE, ADRÉNALINE, PATRIMOINE... RESSOURCEZ-VOUS ET VENEZ-VOUS FAIRE LAISIR AUX SOURCES DU CANAL DU MIDI !

ESPACE DÉCOUVERTE DU CANAL DU MIDI AU PIED DU BARRAGE DE ST-FERRÉOL L'HISTOIRE DU CANAL DU MIDI, ÇA COULE DE SOURCES !

OFFICE DE TOURISME
« Aux sources du Canal du Midi »
Place Philippe VI de Valois - 31250 REVEL
Tél. 05 34 66 67 68
documentation@auxsourcesducanaldumidi.com
www.auxsourcesducanaldumidi.com

LE RÉSERVOIR
Espace découverte du Canal du Midi
Bd Pierre-Paul Riquet - 31250 REVEL
Tél. 05 61 80 57 57
2019LERESERVOIR - lereservoircdm
www.lereservoir-canaldumidi.fr

LAC DE SAINT-FERRÉOL

Avenue de la Plage ✆ 05 34 66 67 68
www.auxsourcesducanaldumidi.com/le-bassin-de-saint-ferreol

Baignade surveillée en juillet et août. Restauration. Base de loisirs. Douches.

Niché dans un cadre superbe, le lac de Saint-Ferréol est une destination très appréciée pour une journée au bord de l'eau. Ce bassin artificiel est le principal réservoir du canal du Midi. Longue de 800 mètres, sa digue est classée par les Monuments historiques. En contrebas, vous trouverez un musée qui en raconte l'histoire et vous pourrez admirer cascades et gerbes d'eau. Aménagé comme lieu de villégiature au cours des années 1930, le lac offre aux beaux jours une base de loisirs. Les rives plantées de pins forment un bel espace de promenade. Un incontournable !

MUSÉE DE L'AVIATION LÉGÈRE DE LA MONTAGNE NOIRE

4060, route du Vol à Voile
✆ 06 83 18 46 51
http://a.p.p.a.r.a.t.free.fr

Tous les week-ends de 13h à 19h en été, sur réservation toute l'année. Adulte : 5 €.

Prenez de la hauteur pour rejoindre le centre de vol à voile de Revel, un lieu classé qui vaut à lui seul le détour. Dans le hangar Mistral, lui-même véritable pièce d'Histoire, découvrez la superbe collection du musée : un avia XIA et XVA, un Breguet 904, un Breguet 905 fauvette, un Caudron C800, un Fauvel AV45, un Fouga CM8 Sylphe, l'oiseau de Clément Adler, un Mésange, un MS 505 Storch, un Nord 1300, un Prometheus II et d'autres encore ; qui vous seront contés par des passionnés.

MUSÉE DU BOIS ET DE LA MARQUETERIE ★

13, rue Jean-Moulin ✆ 05 61 81 72 10
www.museedubois.com

Basse saison : mar-ven 14h-18h & samedi 10h-13h et 14h-17h30. Haute saison : tous les jours de 11h à 18h. Entrée : 5 €.

Le musée du Bois et de la Marqueterie est installé à Revel depuis 1994. Découvrez l'histoire des artisans du bois à travers un parcours didactique, sensoriel et artistique de 2 000 m². Ne manquez pas la «xylothèque» qui permet de découvrir des centaines d'essences d'arbres, aux propriétés nombreuses, répertoriées et expliquées. Le musée accueille régulièrement des expositions temporaires, qui mettent en valeur la création contemporaine. Un très beau musée à ne pas manquer.

LE RÉSERVOIR ★

Avenue Paul-Riquet ✆ 05 61 80 57 57
http://museecanaldumidi31.blogspot.fr

Basse saison : mar-sam 10h-13h & 14h-18h. Haute saison : tous les jours 10h30-18h30. Adulte : 5 €, grat. jusqu'à 12 ans.

Au pied de la digue du bassin de Saint-Ferréol vous attendent le musée et les jardins du canal du Midi. Sur plus de 800 m², un parcours vous mène à la rencontre de son histoire et de son créateur, Pierre-Paul Riquet. Le circuit présente de façon vivante les origines et le contexte de la construction du canal, les travaux, les innovations techniques, la vie quotidienne et la personnalité singulière de Riquet. Un parcours-découverte sous forme de jeu de piste est disponible pour les plus jeunes. Des expositions temporaires rythment également les saisons du musée.

GÎTE DES PÈLERINS DE SAINT-JACQUES DE COMPOSTELLE €

18, rue Geroges Sabo
✆ 05 34 66 67 68

Ouvert de mars à octobre. Pour 6 personnes. 15 € la nuit et par personne, pas de réservation.

Revel est située sur le chemin de grande randonnée 653, que les pèlerins en route pour Compostelle connaissent sous le nom de Via Tolosana. Partant d'Arles, elle progresse vers l'ouest en passant par Montpellier, Castres, Toulouse, puis Auch et Pau avant de se lancer à l'assaut des Pyrénées. Si vous découvrez la région revéloise à l'occasion de ce périple spirituel, vous pouvez loger dans ce gîte, particulièrement apprécié des pèlerins pour son accueil chaleureux.

CAMPING EN SALVAN €€

2645, Route du lac de Saint Ferréol
VAUDREUILLE ✆ 05 61 83 55 95
www.campingensalvan.com

Ouvert d'avril à octobre. Emplacements à partir de 13,50 €/la nuit. Mobil-homes à partir de 40 €/nuit.

Si vous optez pour ce très joli camping, ayez la prévoyance de réserver car il a ses inconditionnels ! Situé à 800 mètres du lac de Saint-Ferréol et à proximité des sentiers de randonnée, il offre majoritairement des emplacements nus, gage d'une ambiance authentique. Certaines locations sont installées dans un bois de chênes, non loin d'un petit cour d'eau. Détente assurée ! Tout est fait pour passer des vacances conviviales : piscine, salle d'animation, espace jeux pour les enfants, salle TV, bibliothèque... Les premiers commerces se trouvent à un kilomètre.

CAMPING MUNICIPAL LE MOULIN DU ROY €€

Chemin de la Pergue ✆ 05 61 83 32 47
www.camping-lemoulinduroy.com
Ouvert d'avril à octobre. Ombragé, sol herbeux. Emplacements à partir de 25 €/nuit. Mobil-home à partir de 72 €/nuit.

Situé à 2,5 km du lac de Revel, le joli camping du Moulin du Roy propose des emplacements spacieux sur un terrain arboré et bien équipé. Plusieurs offres de location sont disponibles : mobil-homes, amusantes tentes en bois, ou «coco-sweet» à mi chemin entre le mobil-home et la tente. Les lieux sont bien adaptés aux séjours en famille. En bonus, un accès gratuit à la piscine municipale située juste en face. Il existe aussi, à proximité, une aire d'accueil pour les camping-cars.

HÔTEL-RESTAURANT DU MIDI €€

34, boulevard Gambetta ✆ 05 61 83 50 50
www.hotelrestaurantdumidi.com
Chambre double à partir de 65 €. Demi-pension. Petit déjeuner : 9 €. Restauration.

L'hôtel-restaurant du Midi est établi dans un ancien relais de poste du XIXe siècle, et donc au cœur même de la ville. C'est une adresse de choix pour profiter de l'animation de la bastide dans un cadre authentique. Les chambres, toutes climatisées, sont aménagées avec un raffinement sobre soucieux des détails. La maison est également appréciée pour son excellente table de maître restaurateur, qui propose une cuisine de terroir appuyée sur les produits de saison. Un agréable établissement, qui offre un rapport qualité/prix des plus futés.

HÔTELLERIE DU LAC €€

22, avenue Pierre-Paul-Riquet
✆ 05 62 18 70 80
www.hotel-restaurant-saint-ferreol.com
Chambre double à partir de 79 €. Petit déjeuner : 9 €. Restauration (menus à partir de 20 €, carte : 35 € environ).

Inspirez, contemplez, soufflez... Profitez... Voici êtes ici dans un établissement de charme surplombant le lac, une maison qui accueille les visiteurs depuis plus d'un siècle ! Des chambres modernes, confortables et douillettes vous attendent. L'été, appréciez les belles terrasses, parcourez le jardin ombragé, délassez-vous dans la piscine face aux pins et à la Montagne Noire... Pour les repas ? Ne manquez pas de découvrir le restaurant, apprécié autant pour son cadre que pour la finesse de sa carte. À noter : les lieux se prêtent parfaitement aux réceptions.

LE MOULIN PASTELIER €€

D54 - **BÉLESTA-EN-LAURAGAIS** ✆ 05 61 83 52 19
www.lemoulinpastelier.com
Ouvert toute l'année. 4 chambres. Chambre double de 75 à 95 € ; suite 150 €. Petit déjeuner inclus.

Cet ancien moulin pastelier, situé en plein cœur du pays de Cocagne, témoigne des nombreuses richesses de la région. C'est l'un de ces lieux paisibles à choisir pour un séjour authentique dans une magnifique bâtisse en pierres, restaurée avec soin. Sa situation perchée offre par temps clair une belle vue sur les Pyrénées. Quatre chambres pour deux ou trois personnes y sont aménagées de plain-pied, à proximité d'une grande salle de séjour dotée d'un poêle à bois. Une terrasse abritée s'ouvre sur une piscine. Parfait pour une virée romantique au cœur de l'histoire.

DOMAINE DE MONTCAUSSON €€€

Domaine de Montcausson - **VAUDREUILLE**
✆ 06 21 63 28 06 - www.domainedemontcausson.fr
5 chambres. Chambre double de 150 € à 250 €. Petit déjeuner inclus. Parking. Gîtes. Wifi.

Dirigez vos pas vers le domaine de Montcausson si vous souhaitez profiter d'un cadre exceptionnel. La vie de château vous attend au cœur d'un magnifique parc classé. Cinq chambres d'hôtes, jouissant toutes d'une salle de bain privative, attendent celles et ceux qui veulent goûter au confort et à la tranquillité. Par beau temps, le petit-déjeuner sera servi sur la terrasse. Charmé par l'authenticité et des lieux ? Vous pouvez y revenir en famille ou entre amis, deux gîtes de luxe sont à votre disposition. Les lieux sont particulièrement bien adaptés aux réceptions.

AU FIN GOURMET - LES BROCHETTES €€

Avene de la Plage
✆ 05 34 66 49 07
D'avril à décembre. En avril, octobre, ouverture seulement le week-end. Carte : 20 € environ. Formule du midi 13,90 €.

Cette enseigne historique de Revel était à l'origine une boutique. Depuis plusieurs années, c'est aussi un restaurant face au lac de Saint-Ferréol, pour le plus grand plaisir des baigneurs et des promeneurs qui s'y régalent de sa spécialité : une brochette suspendue, déclinée de multiples façons. Fruits de mer, magret, bœuf, la volaille, aiguillettes de canard... Un établissement convivial qui jouit d'une situation agréable sur les rives arborées du lac, idéale pour profiter du soleil.

LE 20 €€€

20, avenue Pierre-Paul-Riquet
✆ 05 62 18 93 37

Ouvert du jeudi au lundi le midi ; du jeudi au samedi le soir. Réservation recommandée. Carte : 30 € environ. Terrasse.

Le 20 est sans doute l'une des meilleures adresses de Revel, pour qui souhaite faire l'expérience d'une table savoureuse dans un cadre superbe. Unique et authentique, le décor a été conçu par des ébénistes locaux. Une cheminée en hiver, une terrasse en été, avec une toute nouvelle verrière offrant une vue sur le lac Saint-Ferréol : place au bien-être ! En cuisine, le chef Patrice Gelbart opte pour la *slow-food*, locale, qualitative et raffinée, avec une carte qui change tous les mois. Attention, le 20 connaît un franc succès, alors soyez prévoyant et réservez !

AU GOUT'THÉ

6, galerie du Nord
✆ 05 61 54 58 78

Ouvert du mercredi au vendredi de 9h30 à 13h30 et de 16h30 à 18h30 ; le samedi de 9h à 18h. Boutique.

Ce salon de thé vous attend face à la halle de Revel. Sa salle chaleureuse se prolonge par une terrasse sous les arcades. Découvrez les mélanges de fournisseurs de qualité tels que le Comptoir français du thé ou le Palais des thés. Vous pouvez aussi opter pour un café, un chocolat chaud, une bolée de cidre, un smoothie. Et avec ça ? Une pâtisserie, bien sûr ! Bon à savoir, les thés sont aussi disponibles à la vente, de même que le café et divers accessoires pour reproduire le parfait *tea time* chez vous. Le Gout'Thé est particulièrement apprécié pour son accueil.

LA MAISON DE LA CHATINE

3, route de la Jasse
✆ 05 62 71 96 36

Ouvert le mardi et le vendredi de 14h à 17h.

Une étape aussi gourmande que futée à ne pas manquer lors de votre visite de Revel. La chatine ? Historiquement, c'est un amande d'Espagne torréfiée et enrobée de chocolat. Aujourd'hui, la Maison de la Chatine décline cette confiserie de multiples façons : amandes, noisettes, noix, fruits déshydratés ou billes de céréales se parent d'un chocolat subtilement aromatisé, tantôt au caramel, tantôt à la violette, à la châtaigne, à la myrtille, à la mirabelle... C'est l'usine elle-même qui vous accueille deux après-midi par semaine pour sa vente aux particuliers.

BRASSERIE BREGUET

5, chemin de la Poterie
✆ 05 34 65 39 61

Ouvert du mardi au samedi de 9h à 12h et de 15h à 19h.

Installée à Revel depuis 2018, cette brasserie artisanale vous garantit une production bio, locale et de saison. Au programme, une gamme d'une dizaine de petites mousses aussi qualitatives que créatives. Blonde pour la Revéloise, Blanche au thym qui fleure bon les soirées d'été, Rousse au genévrier pour voyager en Finlande, Noire aux malts torréfiés aux accents de café, sans oublier la bière de Noël aromatisée au miel de forêt et aux écorces d'orange... Le vente se fait bien sûr en bouteilles, mais on peut aussi louer des fûts avec tireuse pour les événements.

LES FRANCHOUILLES-ARTS

8, rue Victor-Hugo
✆ 06 62 18 32 55

Ouvert du mardi au samedi.

Nouvelle venue au cœur de Revel, cette boutique de créateurs joue la carte de la proximité. Puisque la bastide se trouve au point de réunion de trois départements, vous trouverez ici uniquement les confections de créateurs de Haute-Garonne, du Tarn et de l'Aude. Parfait pour vous faire plaisir ou pour ramener un cadeau 100 % local, en soutenant des artisans inspirés ! Bijoux, objets de décoration, vaisselle, maroquinerie et autres accessoires... Le choix est vaste et sans cesse renouvelé, ce qui vous donne un bon prétexte pour revenir souvent !

MARCHÉ DE REVEL

Place Philippe-de-Valois
✆ 05 61 83 50 06

Ouvert le samedi de 8h à 13h.

Depuis plus de six siècles, les producteurs et fermiers du Revelois s'installent sous la halle centrale de Revel pour proposer leurs produits du terroir : charcuterie, fruits et légumes, viande des élevages du Lauragais... Près de trois cents commerçants se rassemblent ici. Dans la grande tradition du Sud-ouest, l'hiver, entre les mois de novembre et de mars, le marché devient «gras» : vous y trouverez oies et canards pour préparer vos confits et vos cassoulets ! Ne manquez pas d'y faire un tour, ce marché est classé parmi les cent plus beaux marchés de France.

© PHOVOIR
L'église Notre-Dame de Revel.

MEUBLES LATTES

9, avenue de Saint-Ferréol
✆ 05 61 83 51 83
www.meubleslattes.com
Ouvert du lundi au vendredi de 8h à 12h et de 14h à 19h ; le samedi de 10h à 12h et de 14h à 19h.

Puisque vous êtes à Revel dans une ville majeure du mobilier d'art, venez donc visiter le hall d'exposition de l'atelier Lattes : vous serez émerveillé en découvrant ce que sait faire un menuisier ébéniste de grand talent. La collection est le produit d'un savoir-faire transmis depuis 1945. C'est désormais la quatrième génération qui est à l'œuvre pour vous présenter ses réalisations classiques ou contemporaines, en bois massif, certaines marquetées. La maison, spécialisée en meubles anciens, se charge aussi de travaux de rénovation et de restauration.

ÔC'COQUELIQUOT REVÉLOIS

25, rue Vaure ✆ 05 61 83 29 38
www.oc-coquelicot.fr
Ouvert du mardi au vendredi de 10h à 12h30 et de 14h30 à 19h ; le samedi de 9h à 13h et de 14h30 à 18h.

Imagineriez-vous quitter Revel sans emporter avec vous un peu de son art de vivre ? Pour prolonger le voyage chez vous, ou pour ramener à vos proches des douceurs 100 % locales, venez faire un tour à cette adresse. Oc'Coquelicot Revélois propose des productions gourmandes et des objets d'artisanat d'art, tous issus de savoir-faire glanés alentour, tous sélectionnés pour leur qualité. Conserves, condiments, miels, confiseries ou spiritueux côtoient des créations soignées d'accessoires, de bijoux, d'objets de déco ou de cosmétiques. Une vraie caverne d'Ali Baba.

BASE DE LOISIRS DE SAINT-FÉRRÉOL

Avenue de la Plage
✆ 06 63 16 54 02
www.basedeloisirs-revel.com
Location de matériel tous les jours en juillet & août, de 11h à 18h30.

Durant l'été, la base de loisirs de Saint-Ferréol propose de nombreuses activités. Envie de vous initier au bateau ou la planche à voile ? Vous êtes au bon endroit : kayak, bateau à pédales, catamaran, paddle... Hors de l'eau ? Accrobranche, trampoline, escalade, mini-golf, VTT... et même spéléo ! Chacun trouvera de quoi s'amuser. La plupart des activités peuvent être pratiquées seul ou avec un moniteur. Sortie de groupe ? Essayez le challenge multi-activités pour défier vos amis !

LES HARAS DES LACS

2325, route du lac de Saint-Ferréol - **VAUDREUILLE**
✆ 06 74 77 69 52
https://harasdeslacs.fr
Sur réservation. Balade à poney : 12 €. Balade à cheval : à partir de 27 €.

Une façon sympa de profiter de la région de Revel, si propice à la détente en plein-air : la promenade équestre. Les Haras des Lacs, c'est bien sûr un lien d'enseignement avec carrières, manège et terrain d'obstacle, pour la pratique régulière. Mais c'est aussi l'adresse à laquelle se rendre pour, par exemple, offrir à vos enfants une promenade de découverte à dos de poney d'une trentaine de minutes sur un joli circuit fléché. Des balades d'une à deux heures, menées par une monitrice, sont proposées aux plus grands. Une idée sympa pour une sortie en famille.

N'OUBLIEZ PAS LE GUIDE

✆ 06 11 45 78 00
https://www.noubliezpasleguide.com/
Sur réservation. Découverte spéléo à partir de 30 €/pers. Canyoning à partir de 40 €/pers. Parcours VTT : 30€/pers.

Moniteur diplômé d'État, Ludovic Pinel accompagne vos sorties en montagne selon vos envies. Il organise randonnées pédestres et courses d'orientation pour les groupes, vous guide sur des parcours de VTT ou de canyoning. Pour une sortie plus insolite, il vous emmène non plus sur, mais sous la montagne - à la rencontre du roi des Nains, qui sait ? De la balade de découverte à la longue randonnée, chacun aborde la spéléo comme ça lui convient. Futé : pour vivre une expérience unique au cœur des grottes de la Montagne Noire, Ludovic vous propose même d'y bivouaquer !

VOL À VOILE MONTAGNE NOIRE

Aérodrome de la Montagne Noire
VAUDREUILLE ✆ 06 82 16 54 70
www.vvmn.fr
Sur réservation. Vol d'initiation : 90 € (60 € jusqu'à 25 ans). Stage découverte 3 jours : 400 € (300 € jusqu'à 25 ans).

En flânant au bord du lac de Saint-Ferréol ou en prenant de la hauteur sur la Montagne Noire, vous allez sans doute remarquer les élégantes silhouettes des planeurs qui survolent la région. Tenté ? Pour éviter de rester frustré au sol avec, contactez ce club de vol à voile quelques jours avant votre arrivée et offrez-vous le plaisir d'un vol d'initiation ! C'est un *spot* splendide, fort d'une riche histoire, qui vous permettra de découvrir le massif d'une façon forcément inoubliable.

RIEUMES ★

À l'époque médiévale, Rieumes a été l'un des trois fiefs du comte de Comminges. Mais ce sont de témoignages bien plus tardifs, au XIXe siècle, qui rendent compte de l'importance du commerce abrité par la halle au blé de l'époque - devenue salle des fêtes. L'église Saint-Gilles accueille un orgue Cavaillé-Coll du XIXe siècle, l'un des plus anciens de la région. Rieumes s'ouvre sur le pays de Savès, qui offre aux visiteurs plus de deux cents kilomètres de chemins de randonnée. Les itinéraires serpentent parmi les moulins et les églises, menant à la rencontre des traditions populaires et des légendes locales. Un lieu d'évasion non loin de la ville rose.

TÉPACAP TOULOUSE

Route de L'Isle-en-Dodon © 05 62 14 71 61
www.tepacap.fr
De février à octobre, le mercredi & le week-end. Tous les jours en été. De 7 € à 32 € selon l'âge et la formule choisie.

Au cœur de la forêt vous attendent plus de 160 jeux aériens pour petits et grands intrépides. Parcours d'accrobranche sécurisés, jeux gonflables, des jeux d'adresse, labyrinthe plongé dans le noir pour les tout petits. À partir de 6 ans, treize parcours, une arène de jeux à 6 mètres de hauteur, un parcours trial, des jeux d'adresse et le parcours gonflable pour les « grands enfants »... Si une journée ne vous suffit pas pour profiter de toutes les activités, vous pouvez dormir dans le village de tipis ou dans une cabane confortable nichée dans les arbres !

LES ROULOTTES OCCITANES €€

Lieu-dit Gibert © 07 81 89 25 92
www.roulottes-occitanes.com/contact
Ouvert toute l'année. La semaine de 315 € à 490 €. Petit déjeuner : 8 €. Linge de maison et de toilette : 10 €.

Les Roulottes occitanes vous accueillent pour un séjour insolite. Vous pouvez faire ici une halte courte, pour une nuit ou un week-end, ou profiter des charmes de la campagne pour une semaine ou plus. La roulotte peut recevoir quatre personnes, avec un grand lit et deux lits superposés. Elle est parfaitement équipée avec tout ce dont vous aurez besoin pour un séjour confortable et est très bien isolée, chaude en été, fraîche en hiver. Un salon de jardin est aménagé juste à côté. Le cadre est paisible, le décor bucolique. Une autre façon de voyager !

AUBERGE LES PALMIERS €€

13, place du Foirail
© 05 61 91 81 01
https://www.aubergelespalmiers.fr
Ouvert tous les jours, sauf le dimanche soir. Formule déjeuner : 16 €. Carte : 30 € environ.

L'auberge des Palmiers prépare une cuisine traditionnelle et locale. Le chef s'est donné pour spécialité le foie gras et l'armagnac, qu'il vous propose en diverses variations, au gré de son inspiration. Tous les classiques de l'art culinaire du Sud-Ouest sont présents. Les habitués reviennent pour la qualité de l'assiette autant que pour l'amabilité du service. C'est une table appréciée, établie dans un établissement qui, comme son nom l'indique, offre le gîte dans des chambres simples et soignées. En saison, les résidents bénéficient d'un accès à une piscine.

FERME BIO CASSAGNE

Lieu-dit Cassagne - **LACAUGNE**
© 05 61 87 86 73
www.ferme-cassagne.fr
Boutique : mercredi et vendredi 9h-12h/15h-18h30, jeudi 15h-18h30. Marché de Carbonne : jeudi et samedi.

Adhérente du réseau Bienvenue à la Ferme, l'exploitation bio de Cassagne vous propose de vous approvisionner en produits fermiers en vente directe. Ici, on produit essentiellement de la volaille : poulet prêt à cuire, canard Pékin, chapon, œufs de la ferme, rillettes et pâtés... Mais on peut aussi vous approvisionner en légumes frais, à prix futé. Pas envie de cuisiner ? La Ferme Cassagne offre un service de traiteur pour des repas confectionnés avec les produits de la maison. Une aire d'accueil peut par ailleurs vous recevoir si vous voyagez en camping-car.

LES CHEMINS VERTS DU SAVÈS

2, place du marché à la Volaille
© 05 61 08 28 96
www.tourisme-saves31.fr
Ouvert toute l'année.

Dix randonnées pédestres sont balisées au départ de Rieumes, représentant cent vingt kilomètres de sentiers. Sept d'entre elles serpentent dans la vallée et ne présentent aucune difficulté particulière, elles sont donc parfaites pour les sorties en famille.Trois autres parcourent les coteaux, elles demandent un peu plus d'efforts, vite récompensés par le panorama. Vous trouverez le détail des parcours, des renseignements et les consignes de sécurité au bureau d'information touristique.

RIEUX-VOLVESTRE

Dans la vallée de l'Arize, jouant des coudes avec le département de l'Ariège, s'étend un pays verdoyant et vallonné : bienvenue dans le Volvestre ! Entre crêtes et forêts, ici on aime prendre le temps de vivre. Authentique et vivante, Rieux-Volvestre est installée dans un méandre de la rivière. Cité médiévale, elle a été évêché du XIVe au XIXe siècle. Elle en garde un patrimoine architectural riche. En témoignent la cathédrale Sainte-Marie (XIVe - XVIIe siècle), qui abrite un fabuleux trésor épiscopal, mais aussi les maison à pans de bois (XIVe et XVe siècle), dont certaines sont classées. Celle située face à la cathédrale abrite du mobilier d'époque et peut se visiter. Pour une immersion dans la culture locale, on se fera raconter l'histoire du *Papogay* (perroquet) dont la célébration chaque premier dimanche de mai donne lieu à des festivités en costume. Par ailleurs, en flânant dans les ruelles, on croise souvent des randonneurs. Et pour cause : Rieux-Volvestre est le point de départ de nombreux itinéraires qui permettent de profiter de superbes panoramas. C'est aussi une étape sur la Via Garona, variante de la Via Tolosana qui chemine vers Compostelle et qui, bifurquant à Toulouse directement vers Saint-Bertrand-de-Comminges, permet à celui qui l'emprunte d'avancer face aux Pyrénées.

LE VILLAGE GAULOIS - L'ARCHÉOSITE ★

La Chaussée
✆ 05 61 87 16 38
www.archeosite-gaulois.asso.fr
De février à novembre, tous les jours. Entrée : 10 €. Snack en été. Boutique.

Sur 9 ha, ce village a été reconstitué avec rigueur. Les fortifications, fossé profond surmonté d'une palissade, laissent le passage par une porte à double battant qui ouvre sur les constructions de terre et chaume, habitations ou ateliers d'artisans. En bordure de Garonne, on imagine la vie quotidienne au temps des Gaulois. Les animateurs racontent les métiers d'autrefois : forge, orfèvrerie, poterie, teinture, tissage... Animations ludiques pour les enfants. Aire de pique-nique.

VOLVESTRE TOURISME

9, rue de l'Évêché
✆ 05 61 87 63 33
https://tourisme.volvestre.fr
Ouvert du lundi au samedi de 14h à 17h.

L'office de tourisme du Volvestre couvre un territoire qui s'étend le long de l'Arize jusqu'aux pieds des Pyrénées. Puisque la région se prête bien à la randonnée, vous y trouverez les itinéraires balisés adaptés à vos envies. Ce bureau organise aussi des visites guidées pour découvrir Rieux-Volvestre, Carbonne, Montesquieu-Volvestre et Noé. Retrouvez également l'agenda des manifestations à ne pas manquer : la pittoresque fête du Papogay en mai, le festival L'Ile au théâtre en juin, le festival du Conte en juillet, le festival du film britannique en août...

LA GALERIE DES VESTIGES DU DOMAINE DE LA TERRASSE

16, avenue Aristide-Briand - **CARBONNE**
✆ 06 26 51 78 08
www.domainedelaterrasse.fr
Ouvert toute l'année. Sur réservation. Adulte : 5 €. Enfant (jusqu'à 12 ans) : 3 €.

Le Domaine de la Terrasse offre à voir une ancienne manufacture royale de draps, qui abrite un restaurant, et un château. C'est dans ses caves voûtées, ultimes témoins de son histoire médiévale, que l'on peut parcourir la Galerie des Vestiges. On peut y suivre des expositions permanentes sur l'histoire des lieux et des expositions temporaires. À l'extérieur, la «balade des remparts» permet d'observer une crypte, des bassins de teinture, un puits, des moulins, une ancienne forge.

FERME MONTPLAISIR €

Route de Toulouse - **MONTESQUIEU-VOLVESTRE**
✆ 05 61 90 54 29
http://monsite.orange.fr/gite-de-montplaisir
Chambre simple 47 € ; double de 59 € à 69 € ; triple 77 €. Petit déjeuner inclus. Lit supplémentaire : 18 €.

Face aux Pyrénées, en bordure de rivière, la ferme de Montplaisir date du XVIIIe siècle. Elle est en activité et l'on y pratique une agriculture biologique. On y trouve trois chambres d'hôtes coquettes, équipées de salle de bains et de wc privatifs et l'une d'elle dispose d'une kitchenette. A l'extérieur, piscine et barbecue animeront vos journées d'été, déjà remplies par les découvertes touristiques dont la région est largement pourvue. Un gîte indépendant aménagé dans l'ancienne bergerie est également proposé. Il peut accueillir jusqu'à cinq personnes.

LE NOMADE'S LAND €

MONTBRUN-BOCAGE

✆ 05 61 87 75 28

www.nomadesland.org

Camping de juin à septembre. Emplacement : 7 €/nuit. Tente inuit : de 20 à 40 €/nuit. Activités à partir de 15 €.

Pour un retour à l'essentiel, c'est par ici. Dans le secret d'une crête boisée, le Nomade's Land répond à vos envies d'authenticité. Géré par une association familiale, il vous permet de camper avec votre équipement ou en tente inuit ! Pour le confort et la convivialité : une cuisine couverte, une yourte zen, une aire de jeu et des ânes ! Car ici, on peut aussi partir en bivouac à dos d'âne, apprendre à grimper aux arbres, à cuisiner au feu de bois, à fabriquer un arc, à cueillir les plantes sauvages... Une bonne idée pour des vacances familiales différentes.

MARCHÉ PAYSAN DE MONTBRUN-BOCAGE

Place de la Liberté

MONTBRUN-BOCAGE

Ouvert le dimanche de 8h à 13h.

Le marché de Montbrun-Bocage est une expérience à vivre. Pour son cadre, car le petit village est tout à fait pittoresque avec une belle halle et des maisons à colombages. Mais pour l'ambiance surtout ! Ici cohabitent depuis longtemps habitants de toujours et néo-ruraux. Entre étals de légumes bio et vitrines de produits du terroir, on chine dans des trésors de vide-grenier, on se régale d'une feuille de vigne et puis surtout, on discute, on milite et bien souvent, on chante !

LES ROBINSONADES €€

Tersac - **SAINT-CHRISTAUD**

✆ 06 12 04 08 59

www.lesrobinsonades.com

Ouvert toute l'année. De 55 € la nuit dans le Plum'arbre à 110 € les 5 Lutins. Sur place restaurant les Trois chaudrons.

Pour un lieu de séjour insolite, direction les Robinsonades, un campement de cabanes enchantées. À votre disposition, plusieurs logements suspendus : la cabane des Elfes, perchée sur pilotis entre les branches, l'adorable cabane des Lutins toute ronde, le Plum'arbre, tente suspendue au-dessus de sa terrasse ou le Cocoon, bulle toilée complétée d'un filet, parfait pour les amateurs de grimpe. On vous apporte le petit-déjeuner. Vous disposez d'une cuisine et de sanitaires au sol. Couette légère pour l'été, couette très chaude pour l'hiver, paré pour l'aventure !

BUREAU DES ACCOMPAGNATEURS DU VOLVESTRE

23, rue Gambetta - **CARBONNE**

✆ 05 61 97 66 04

http://accompagnateurs-volvestre.fr

Ouvert du mardi au samedi de 9h30 à 12h30 et de 14h à 18h.

Le Bureau des Accompagnateurs du Volvestre réunit une équipe de professionnels de la montagne, tous diplômés d'État. Ils vous accompagnent à travers les Pyrénées pour vos randonnées. C'est la meilleure solution pour profiter des beautés de la région avec des passionnés, dans un esprit de partage et avec des conditions de sécurité optimisées. Les mordus qui disposent d'un peu de temps peuvent profiter d'un séjour d'un week-end ou d'une semaine pour découvrir le massif du côté espagnol.

FERME BIO CASSAGNE

Lieu-dit Cassagne - **LACAUGNE**

✆ 05 61 87 86 73

www.ferme-cassagne.fr

Boutique : mercredi et vendredi 9h-12h/15h-18h30, jeudi 15h-18h30. Marché de Carbonne : jeudi et samedi.

Adhérente du réseau Bienvenue à la Ferme, l'exploitation bio de Cassagne vous propose de vous approvisionner en produits fermiers en vente directe. Ici, on produit essentiellement de la volaille : poulet prêt à cuire, canard Pékin, chapon, œufs de la ferme, rillettes et pâtés... Mais on peut aussi vous approvisionner en légumes frais, à prix futé. Pas envie de cuisiner ? La Ferme Cassagne offre un service de traiteur pour des repas confectionnés avec les produits de la maison. Une aire d'accueil peut par ailleurs vous recevoir si vous voyagez en camping-car.

LA SOURCE WAKE PARK

Route de Peyssies - **CARBONNE**

✆ 07 82 78 48 58

www.lasourcewakepark.fr

Du mercredi au dimanche & tous les jours en été. Téléski : 22 €/h. Aquapark : 9 €/h. Paddle : 10 €/h. Restauration.

Les alentours de Carbonne sont riches en plans d'eau aménagés dans d'anciennes gravières. C'est sur l'un d'entre eux qu'est installé La Source Wake Park, un complexe qui offre un petit parcours de téléski nautique, un *aqua park* avec des structures gonflables, la location de *paddles*, des terrains de jeux et enfin un restaurant. Attention, la baignade est interdite hors des zones qui ont été sécurisées pour les activités immergées, et il n'est pas non plus possible d'y pique-niquer. À réserver pour une session rafraîchissante sur les installations proposées.

SAINT-BERTRAND-DE-COMMINGES ★★

Bienvenue sur le balcon des Pyrénées ! La jolie cité de Saint-Bertrand-de-Comminges est un lieu de visite incontournable, labellisé parmi les Plus beaux villages de France. Si la ville fortifiée témoigne de ses heures de gloire à l'époque médiévale, le lieu n'oublie pas qu'il a aussi abrité une colonie romaine. De nombreux trésors architecturaux vous attendent. Prenez le temps de flâner en ville pour découvrir commerçants et ateliers, de belles rencontres vous attendent. Les amateurs de marche apprécieront cette région aux paysages de collines et de pâturages, offrant des panoramas verdoyants traversés par la *cinquième voie* vers Compostelle (GR 78).

BASILIQUE SAINT-JUST-DE-VALCABRÈRE ✝ ★

VALCABRÈRE ✆ 05 61 95 49 06

https://www.st-bertrand.com/patrimoine/la-basilique-saint-just/

Tous les jours. Gratuit jusqu'à 10 ans. Adulte : 2,50 € (visite libre et audio guide).

La charmante basilique Saint-Just-de-Valcabrère vous attend dans son écrin de verdure aux airs de Toscane. Construite au XIIe siècle, c'est un bel exemple d'architecture romane. Grâce à un audioguide, vous pourrez suivre une visite bien commentée, avec de nombreux détails permettant de comprendre l'architecture et son contexte. La basilique accueille régulièrement des concerts, grâce à sa très belle acoustique et à son orgue de type nordique, construit par Gerhard Grenzing.

CATHÉDRALE SAINTE-MARIE ✝ ★★

131, place du Bout du Pont ✆ 05 61 89 04 91

www.st-bertrand.com/tourisme/accueil-touristique

Ouvert tous les jours à partir de 10h. Jusqu'à 17h en hiver, 19h en été. Entrée : 5 € (gratuit jusqu'à 12 ans).

C'est elle que l'on aperçoit d'emblée, elle dont la fière silhouette se dresse sur son rocher... C'est elle qui a inspiré aux lieux le surnom de «Mont-Saint-Michel des Pyrénées» : la cathédrale Sainte-Marie vous invite à remonter le temps. Initialement cathédrale romane, datée de l'épiscopat de Bertrand de L'Isle (1083-1123), elle se caractérisait par l'importance des remplois romains ainsi que par son plan : un grand vaisseau de trente-cinq mètres de long sur quinze mètres de large. À partir du XIIe siècle, la cathédrale romane est réaménagée. Un puissant clocher donjon lui est ajouté, ainsi qu'un cloître dont il ne subsiste plus aujourd'hui que la galerie ouest. Puis au XIIIe siècle, un cloître gothique est érigé. La forme actuelle de la cathédrale, avec sa nef rehaussée et ses chapelles rayonnantes, date de cette époque. Les stalles réalisées entre 1525 et 1535 pour isoler les chanoines du flux des pèlerins sont absolument remarquables. Le chœur oscille entre l'humanisme de la Renaissance et l'esprit classique. Le jubé a été conçu comme un arc de triomphe. À droite, se trouve l'arbre de Jessé, véritable dentelle sculptée retraçant la généalogie du Christ. L'Unesco a inscrit l'ensemble des églises du site de Saint-Bertrand-de-Comminges - Valcabrère au Patrimoine mondial de l'humanité, au titre de leur appartenance au chemin de Saint-Jacques-de-Compostelle. Le prix de votre visite comprend le prêt d'un audioguide, qui vous permettra de connaître l'histoire de cet édifice et de n'en louper aucun détail.

© JIMJAG-FOTOLIA

Saint-Bertrand-de-Comminges.

CHATEAU DE VALMIRANDE ★

Avenue de Tarbes - **MONTRÉJEAU**
✆ 05 61 94 77 61
www.tourisme-stgaudens.com
Visites guidées de mi-juillet à mi-août, tous les jours à 16h. Visites de groupes sur réservation le reste de l'année.

Inspiré par le château de Chambord, il élève une silhouette de châteaux des contes de fées. Bâti à la demande du baron de Lassus, le château de Valmirande est classé aux Monuments historiques. C'est la pièce maîtresse d'un domaine auquel rien ne manque : conciergerie, chapelle aux accents gothiques, forge, sellerie, château d'eau... Le parc paysager de quarante hectares a obtenu le label Jardin remarquable. Très pittoresque, il offre un plan d'eau, une grotte, un kiosque rustique de petits ponts qui enjambent des ruisseaux. Une très belle visite.

LAC DE MONTRÉJEAU

1066, Coumarottes et Coustalats - **MONTRÉJEAU**
✆ 05 61 94 77 61
www.tourisme-stgaudens.com
Baignade gratuite et surveillée de 12h à 19h, en juillet et août. Label Handiplage. Station verte.

Avant ou après la visite du château de Valmirande et de la bastide de Montréjeau, venez donc vous rafraîchir dans un cadre boisé, au bord de ce joli lac. Tout a été pensé pour passer un bon moment en famille ou entre amis : plage aménagée et surveillée en été, espaces de pique-nique, restaurant, aire de jeu, équipements sportifs, sentier balisé, *spot* de pêche... En saison, vous trouverez aussi des activités payantes : un parc aquatique, des karts à pédales, des kayaks pour enfants... En bonus, la vue imprenable sur la chaîne des Pyrénées : détente assurée.

LUGDUNUM CONVENAE

40, Coupère
www.st-bertrand.com
Visite libre.

Avant de devenir la cité fortifiée que l'on parcourt à l'heure actuelle, le site de Saint-Bertrand-de-Comminges, lieu géographique stratégique, a accueilli une cité antique puissante, qui aurait compté jusqu'à dix mille habitants. Bienvenue à Lugnunum Convenae ! Les vestiges, parvenus jusqu'à nous, permettent de mesurer son ampleur. On devine ce que fut le *marcellum*, l'un des plus grands marchés couverts de la Gaule romaine, le théâtre appuyé sur la colline, le temple, les thermes... Des panneaux explicatifs vous guident dans votre lecture du site.

LA VIE D'UN ÉCOLIER MONTRÉJEAULAIS

6, rue du Barry
MONTRÉJEAU
✆ 05 62 00 79 55
www.tourisme-stgaudens.com
Sur réservation à au bureau d'information touristique. Accueil enfants.

La bastide de Montréjeau a été fondée en 1272. Vivante et très animée l'été, elle offre un joli patrimoine architectural, dans un cadre naturel splendide. Le bureau d'information touristique de Montréjeau vous propose de découvrir la bastide d'une façon ludique. En équipe, à la façon d'une chasse au trésor, vous suivez un parcours qui chemine jusqu'à une «valise à remonter dans le temps»... D'énigmes en énigmes, partez à la rencontre des écoliers d'autrefois !

LES OLIVÉTAINS

Parvis de la cathédrale ✆ 05 61 95 44 44
https://www.hautegaronnetourisme.com/les-olivetains-0
Haute saison : ouvert tous les jours de 10h à 18h. De novembre à mars : fermture à 17h. Visites guidées sur demande.

Cet ancien couvent accueillait les moines Olivetains qui arrivaient d'Italie. C'est aujourd'hui un centre culturel et un bureau d'information touristique, qui pourra vous conseiller au mieux dans la découverte du site de Saint-Bertrand-de-Comminges - Valcabrère, que vous soyez seul, en famille ou en groupe. Vous y trouverez également une librairie spécialisée, précieuse pour les amateurs d'ouvrages d'arts ou d'histoire, ainsi bien sûr que des guides de randonnées. Des espaces d'expositions permettent de découvrir des artistes contemporains.

ES PIBOUS €

Route de Saint-Just
✆ 09 74 56 74 63
www.es-pibous.fr
De mars à octobre. Plat, ombragé, sol herbeux. Emplacement à partir de 15 €/nuit. Bungalow à partir de 140 €/semaine.

Les amateurs de camping authentique qui ne veulent rien sacrifier au confort devraient trouver ici leur bonheur. Sous la silhouette protectrice de la cathédrale Sainte-Marie, le camping Es Pibous s'étend sur un joli terrain plat, herbeux et arboré. La situation est idéale pour découvrir les trésors culturels et naturels du Comminges. À taille humaine, au calme et de gestion familiale, le camping Es Pibous propose quatre-vingt grands emplacements bien délimités avec les Pyrénées pour décor. Quelques chalets et bungalows sont disponibles à la location.

L'ATELIER DES FÉES

Rue de la fontaine
✆ 06 87 27 58 76
https://latelierdesfees.business.site/
Ouvert tous les jours de 11h à 19h30.

De passage à Saint-Bertrand-de-Comminges, ne manquez surtout pas de rendre visite à l'Atelier des fées. Installé dans un ancien fenil (hangar à foin), cet atelier d'art vous invite à faire personnaliser à la peinture vos objets avec de jolis effets trompe-l'œil. Mais c'est aussi le lieu d'exposition et de vente de nombreux artisans pyrénéens. Vous y découvrirez donc des produits gourmands, des objets de décoration, du mobilier, des bijoux, des poteries ou encore des accessoires, tels que les incroyables parapluies artisanaux François Frères.

SABOTS D'ISA

Cap de Las Prades
✆ 06 07 59 56 36
www.sabotsdisa.com
Ouverture de l'atelier sur rendez-vous.

Venez à la rencontre d'Isabelle Estrade, elle va vous raconter comment elle est devenue maître artisan sabotière. Des sabots, oui, mais revisités ! Isabelle s'attache à « déringardiser » l'image des sabots, en créant à la main des modèles aux formes et aux coloris très actuels. Cerise sur le gâteau, ici on fait du sur mesure ! Version hiver, version été, ses chaussures sur semelles de bois et ses bottines sont aujourd'hui des accessoires de mode à part entière. Tantôt décontractés, tantôt élégants, les modèles se déclinent en version femme, homme ou enfant.

LAC DE MONTRÉJEAU

1066, Coumarottes et Coustalats - **MONTRÉJEAU**
✆ 05 61 94 77 61
www.tourisme-stgaudens.com
Baignade gratuite et surveillée de 12h à 19h, en juillet et août. Label Handiplage. Station verte.

Avant ou après la visite du château de Valmirande et de la bastide de Montréjeau, venez donc vous rafraîchir dans un cadre boisé, au bord de ce joli lac. Tout a été pensé pour passer un bon moment en famille ou entre amis : plage aménagée et surveillée en été, espaces de pique-nique, restaurant, aire de jeu, équipements sportifs, sentier balisé, *spot* de pêche... En saison, vous trouverez aussi des activités payantes : un parc aquatique, des karts à pédales, des kayaks pour enfants... En bonus, la vue imprenable sur la chaîne des Pyrénées : détente assurée.

SAINT-FÉLIX-LAURAGAIS ★

Bienvenue au cœur du pays de cocagne ! Saint-Félix-Lauragais est une bastide haut perchée, pittoresque et charmante, présentant des maisons à pans de bois et dont la place centrale est agrémentée d'une ancienne halle. Situé sur une crête, le village offre un panorama grandiose sur la plaine de Revel, plantée de blés et de tournesols, avec la Montagne noire et les Pyrénées en toile de fond. Fort d'un riche héritage historique, Saint-Felix-Lauragais fut au XIIème siècle le siège du premier concile cathare. Pas moins de dix monuments historiques sont à voir dont un beffroi, un château médiéval et une collégiale du XIVème siècle. Propices aux promenades en famille, les alentours vous proposent de découvrir la butte des trois moulins, témoin de la tradition céréalière de la région, ou encore le groupe de majestueux cyprès qui indique la présence d'un cimetière anglais datant de l'époque napoléonienne (troupes anglaises du duc de Wellington). Plusieurs manifestations rythment les lieux : la fête de la cocagne à Pâques, les festival de fanfares en mai, le festival de musique Déodat de Séverac (originaire de Saint-Felix, on peut encore y voir sa maison natale) de juin à septembre, le marché des potiers en septembre et tous les vendredis, un petit marché de terroir anime le village. Incontournable !

FÊTE DE LA COCAGNE

Place Guillaume-de-Nogaret
✆ 05 62 18 96 99
www.lacocagne.sitew.com
Le 17 avril 2022 (le week-end de Pâques).
Entrée : 6 €. Gratuit jusqu'à 12 ans. Restauration.

Chaque année, la bastide de Saint-Félix-Lauragais accueille des milliers de visiteurs pour la fête historique de la Cocagne. Cette belle réunion populaire, joyeuse, colorée, vous emmène à la rencontre des métiers et des traditions d'antan : combats de mousquetaires, danseurs de quadrille en costume d'époque, fanfares insolites, vols de rapaces, promenades en calèche, jeux anciens... Bien sûr, chacun pourra défier le mât de cocagne ! À ne pas manquer : les défilés historiques qui présentent des costumes confectionnés par de talentueuses couturières bénévoles.

LAC DE LENCLAS

Graissens
https://www.auxsourcesducanaldumidi.com/lac-de-lenclas

Accueil enfants (aire de jeu). Tables de pique-nique. Parking camping-car. Baignade interdite.

Le joli petit lac de Lenclas est un *spot* agréable pour prendre le frais en famille ou pour profiter d'une partie de pêche. Alimenté par le Fresquel, un affluent de l'Aude, il est niché au creux d'un méandre de la rigole du Canal du Midi, que les cyclistes aiment longer. Ce plan d'eau est aussi un lieu de pause apprécié des randonneurs ou des pèlerins qui empruntent le GR 653 (la *Via Tolosana* menant à Compostelle). Deux curiosités à voir : un pont-aqueduc et, en longeant la rigole sur 500 mètres vers l'est, un pont-canal qui enjambe la voie ferrée.

VILLAGE DE SAINT-JULIA

11, place du 11 novembre 1918
✆ 05 61 83 00 64

Visite libre toute l'année. Marché aux chapons le dernier week-end avant Noël.

Au-dessus de Saint-Felix, le village de Saint-Julia est une page d'Histoire à lui seul. Offrant une vue superbe sur la Montagne Noire, le site est habité depuis la préhistoire. Lieu d'installation d'une colonie romaine, il devient ensuite une cité médiévale dont peut on encore observer le fossé et les fortifications du XIIe siècle. Contemplez le mur-clocher, caractéristique de la région, qui porte la plus ancienne cloche (1396) de Haute-Garonne, découvrez les maisons du XVIIIe siècle, un puits du XIXe, les moulins en pierre du XVIIe... Un voyage dans le temps.

BUREAU TOURISTIQUE DE SAINT-FÉLIX LAURAGAIS

Rue des Écoles ✆ 05 62 18 96 99
www.auxsourcesducanaldumidi.com

Ouvert de Pâques à septembre. Avril & mai : le week-end. Juin à septembre : tous les jours. Boutique.

Bienvenue au cœur du Pays de Cocagne ! Ce village médiéval présente un patrimoine architectural exceptionnel que le bureau touristique vous expliquera en détail. Offrant une superbe vue sur les Pyrénées et la montagne Noire, Saint-Félix est aussi le point de départ d'agréables sentiers de randonnée, dont vous trouverez ici les itinéraires. Rattaché à l'office de tourisme Sorève Revel Saint-Ferréol, ce bureau vous informera également sur les visites et les activités proposées alentour.

ESCAPADE LAURAGAISE €€

11, place de la mairie ✆ 06 31 21 89 15
www.gite-escapadelauragaise.fr

Gîtes de France (3 épis). 4 pers. De 67 € à 84 €/nuit. Wifi. Lave-linge, sèche-linge, lave-vaisselle. Linge fourni.

Quelle façon plus authentique pour découvrir le Lauragais, que de séjourner dans cette maison à colombages bâtie au XVIe siècle ? Rassurez-vous, si le cachet des lieux demeure intact, l'aménagement, la décoration et le niveau de confort appartiennent bel et bien à notre époque. Le gîte se déploie sur deux niveaux et offre un espace apprécié des familles. Situé au cœur même de Saint-Félix-Lauragais, c'est un point de départ idéal pour randonner, pêcher, vous baigner au lac de Saint-Ferréol ou faire vos achats gourmands sur les marchés ruraux. Une adresse appréciée.

HAUTE-GARONNE

© PHOVOIR

Saint-Félix-Lauragais.

LE MAJESTÉ €€

Le Couderc - **JUZES** ✆ 06 23 59 16 50
www.gite-lemajeste.fr
Gîtes de France (3 épis). 7 pers. max. De 420 € à 1 050 € la semaine. Animaux acceptés avec caution supplémentaire.

Ce joli gîte du Lauragais offre une vue sur le château de Juzes et sur la chaîne des Pyrénées. Il s'inscrit dans une exploitation agricole adhérente au réseau *Bienvenue à la ferme*. La production de légumes est vendue sur le superbe marché de Revel. Vous avez ici l'occasion de profiter d'un véritable séjour en immersion dans la vie agricole, avec un bon niveau de confort, assuré par un équipement électro-ménager complet. Pour vous détendre au mieux, vous disposez d'une bibliothèque, d'un salon de jardin, d'une table de ping-pong, de vélos... Relaxation assurée.

LE COCAGNE €€

3, place Guillaume-de-Nogaret
✆ 06 42 03 94 75
Ouvert tous les jours. Carte : 25 € environ.

Installez-vous au cœur même de Saint-Félix-Lauragais, dans une maison née voici plusieurs siècles ! Prenez place face à la superbe halle, en terrasse aux beaux jours ou dans la salle élégante et *cosy*, vous serez bien reçus. C'est une histoire familiale que celle de cette table, et ça se voit autant à l'accueil chaleureux qu'aux assiettes. Les recettes classiques de la tradition du Sud-Ouest aiment ici vous surprendre avec une pointe de créativité. Bon esprit, bonne ambiance et dépaysement assuré dans un village au caractère bien trempé : allez-y !

AUBERGE DU POIDS PUBLIC €€€

26, route de Toulouse ✆ 05 62 18 85 00
www.auberge-du-poids-public.fr
Du mardi au samedi et le dimanche midi. Menus de 47 € à 80 €. Formule du midi : 27 € (du mardi au samedi).

Voici un établissement de caractère qui vous propose de faire escale sur les hauteurs du Lauragais, dans un cadre élégant et apaisant. Ici la tradition a du bon, on s'émerveille d'une cuisine gastronomique raffinée que le chef prend plaisir à réinventer. La maison peut organiser vos cocktails ou repas de groupes dans de jolies salles dédiées, et puisque c'est une auberge, elle propose également dix chambres de très bon confort, parfaites pour une soirée-étape ou tout simplement pour prolonger votre séjour dans cette belle région. Une valeur sûre.

CONSERVERIE BARON DE ROQUETTE

Route de St Julia de Grascapou
✆ 05 61 83 02 23
www.baron-de-roquette.com
Ouvert du lundi au samedi de 9h à 18h. Le dimanche sur rendez-vous.

Cette adresse vous invite à découvrir le patrimoine culinaire du Lauragais. La boutique est installée dans une vaste propriété typique de la région et vous propose des mets de qualité : foies gras, confits de canard, terrines, pâtés, cassoulets, garbures, préparés dans le respect des traditions. De grands chefs accordent leur confiance à cette conserverie familiale. Un superbe domaine campagnard où vous avez l'assurance d'être bien reçu et de repartir avec de quoi vous régaler.

LA FERME DE CABRIOLE

Roubignol
✆ 05 61 83 10 97
www.ferme-de-cabriole.com
Ouvert tous les jours de 9h à 12h et de 15h à 18h.

Envie de vous procurer du lait et des produits de crèmerie au plus près du producteur ? Super idée de sortie en famille que la visite de cette ferme lauragaise ! On peut même, en fin d'après-midi, apporter ses bouteilles pour, après avoir assisté à la traite, repartir avec son lait cru. Venez à la rencontre d'adorables chèvres laitières et de dociles vaches brunes qui pâturent en liberté. Découvrez le savoir-faire traditionnel d'une équipe passionnée qui assure sur place la transformation du lait en plaisirs de la table. Le circuit ne saurait être plus court !

MARCHÉ DES POTIERS

Place Guillaume-de-Nogaret
✆ 05 62 18 96 99
https://www.auxsourcesducanaldumidi.com
Ouvert de 10h à 18h. Troisième week-end de septembre.

En septembre, le village de Saint-Felix-Lauragais vous invite à (re) venir lui rendre visite pour découvrir un marché des potiers, de retour après quelques années d'interruption. Vous allez rencontrer une vingtaine d'artisans inspirés, occitans pour un grand nombre d'entre eux. Découvrez la richesse d'un art qui vous surprendra par sa diversité : grès cristallisés, bijoux, grès Bizen à la mode japonaise, terres vernissées à l'émail rouge, sculptures... Vous pourrez également assister à des démonstrations et participer à des ateliers. Un rendez-vous très attendu.

TODO LOCAUX

42, route de Toulouse
✆ 05 62 18 53 92
Ouvert du mardi au samedi de 8h à 14h et de 16h à 19h.

Saint-Félix-Lauragais est un village qui cultive son authenticité jusque dans cette boutique d'alimentation, très éloignée d'une banale supérette. Fidèle à la tradition des commerces de villages, Todo Locaux vous propose de vous approvisionner essentiellement en productions arrivant des alentours : fruits et légumes, charcuteries, fromages, poulets fermiers le week-end, mais aussi épicerie fine, bière artisanale ou même cosmétiques. Bonus futé : Todo Locaux propose aussi un service de traiteur, pour se régaler d'une cuisine fraîche et maison. Tout ce qu'on aime !

L'AUTAN EN FANFARE

✆ 06 81 72 67 66
www.autanenfanfare.com
Trois jours, fin mai. Gratuit. Restauration.

De la bonne humeur à revendre, voilà ce que vous propose Saint-Felix-Lauragais au retour des beaux jours ! Ce festival invite des formations délurées qui vont feront vite oublier les fanfares municipales. On revisite standards et chansons populaires sur fond de cuivres endiablés, pour des résultats insolites, surprenants et toujours très festifs. Quand vous serez fatigué de danser, vous pourrez assister à un spectacle de rue, faire participer vos enfants à un atelier ou encore savourer une pinte de la cuvée spécialement brassée pour l'occasion !

FESTIVAL DEODAT DE SEVERAC

44, rue Déodat-de-Séverac
www.festival-deodat-de-severac.fr
Animations estivales à Saint-Felix de juin à août, animations automnales à Toulouse en novembre. Tarifs selon concerts.

Lieu de naissance de Déodat de Séverac (1872-1921), Saint-Felix-Lauragais accueille chaque année un festival en l'honneur de ce compositeur original et engagé. Créé en 1989 par le petit-fils de l'artiste, sa direction est désormais assurée par le chanteur lyrique Jean-Jacques Cubaynes. Héritière de l'esprit de Déodat de Séverac, la programmation des concerts, stages, colloques et expositions s'appuie sur l'art populaire pour célébrer la richesse de la culture occitane.

SAINT-GAUDENS

Capitale du Comminges postée au pied des Pyrénées, Saint-Gaudens s'étale entre plaine, rivière et coteaux. Elle est située à la croisée des chemins entre océan et Méditerranée, entre Toulouse et l'Espagne. Habitée dès l'Antiquité, elle devient ville franche au Moyen Âge et accueille aujourd'hui un peu plus de dix mille habitants. Ses vestiges d'un passé lointain sont peu nombreux mais méritent une pause attentive. Les visiteurs ne manqueront pas d'admirer la somptueuse collégiale romane (XIe-XIIIe siècle) et son cloître littéralement ressuscité en 1987. Le centre-ville historique est charmant, prenez le temps de flâner ! Découvrez la vaste Halle aux grains qui, devenue Halle gourmande depuis peu, accueille les points de vente de quelques uns des meilleurs artisans de bouche la ville. Faites une pause au square Azemar le temps d'admirer un fragment de l'ancien cloître de l'abbaye de Bonnefont. Atterdez-vous dans les rues commerçantes pour découvrir ici, une boutique de jouets en bois, là l'atelier d'un bijoutier. Labellisée Ville active et sportive, Saint-Gaudens est par ailleurs un point de départ idéal pour des activités de plein air diverses, dans un cadre qui ne laisse personne indifférent. Randonnée, vélo, baignade, pêche, équitation, escalade, golf : venez vous ressourcer !

LE MUSÉE - ARTS & FIGURES DES PYRÉNÉES CENTRALES ★

35, boulevard Jean-Bepmale ✆ 05 61 89 05 42
www.tourisme-stgaudens.com
Basse saison : mercredi & vendredi 14h-18h ; jeudi & samedi 10h-18h. Juillet & août : du mercredi au dimanche, 10h-18h.

Longtemps fermé, ce musée labellisé Musée de France vous accueille de nouveau dans un édifice de style néo-classique qui a lui seul veut le coup d'œil. Inauguré en 1968, il vous fait voyager dans l'histoire des Pyrénées centrales et vous mène à la rencontre des Hommes qui ont y ont laissé leur empreinte. Il vous fait découvrir des collections de dessins, de photographies, d'arts populaires, de beaux-arts, ainsi qu'une admirable collection de céramiques en porcelaine dite de Valentine.

HAUTE-GARONNE

COLLÉGIALE SAINT-PIERRE DE SAINT-GAUDENS ★

Place de la Route Nationale Jean-Jaurès
✆ 05 61 94 77 61
www.tourisme-stgaudens.com
Tous les jours de 9h à 12h et de 14h à 18h, en dehors des horaires de messes. Gratuit.

La collégiale Saint-Pierre, placée sur les chemins de Compostelle, est l'étape à placer en priorité de votre programme de visites lors de votre séjour à Saint-Gaudens. Son histoire est une invitation à voyager... dans le temps. Si la présence d'une communauté religieuse est attestée à Saint-Gaudens depuis le IXe siècle, ce n'est qu'au XIe siècle qu'a commencé la construction de cette collégiale, probablement terminée entre 1130 et 1150. Après l'édification de l'église dédiée à saint Pierre, suivirent celle du cloître (1160- 1180) et de la salle capitulaire. Les parties orientales et méridionales du cloître ont été ajoutées au XIIIe siècle. Pillée et brûlée par les Huguenots en 1569, l'église fut restaurée au XIXe siècle. C'est de cette époque que date l'imposant clocher actuel. Le cloître, tel qu'il se présente aujourd'hui, est le fruit d'une reconstitution minutieuse opérée en 1987 à partir de dessins d'archives et de vestiges conservés. Prenez le temps de flâner sous ses arcades, le temps semble s'y être arrêté... Considérée comme le plus important édifice roman du Comminges, l'église présente un remarquable ensemble de sculptures romanes du XIe et du XIIe siècle. Les chapiteaux les plus intéressants sont situés dans le sanctuaire. À l'intérieur, l'orgue, œuvre de Dominique Cavaillé-Coll, a été classé Monument historique en 1971. On peut également admirer deux tapisseries qui ont été tissées à la manufacture royale d'Aubusson au cours de la deuxième moitié du XVIIIe siècle.

© PHOVOIR

MUSÉE DU CIRCUIT AUTOMOBILE DU COMMINGES 🏛

1, rue des Chanteurs du Comminges
✆ 05 61 79 34 25
www.museeducircuitducomminges.fr
Le jeudi et le samedi de 10h à 12h et de 14h à 18h. Gratuit jusqu'à 12 ans. Adulte : 4 €. Enfant (jusqu'à 17 ans) : 2 €.

Entre 1925 et 1954 le circuit du Comminges, aujourd'hui disparu, a accueilli dix-huit Grands Prix Autos et seize Grands Prix Motos. Afin d'en garder la mémoire, une équipe de passionnés menée par Michel Ribet a réuni un ensemble de pièces et de collections qui témoignent de l'aventure automobile. Découvrez l'histoire du circuit et des grands événements nationaux. Grâce à un partenariat avec l'INA vous pourrez même voir des enregistrements de courses d'avant-guerre !

DESTINATION COMMINGES PYRÉNÉES 📷

2, rue Thiers
✆ 05 61 94 77 61
www.tourisme-stgaudens.com
Ouvert du lundi au samedi de 9h30 à 12h et de 13h30 à 18h.

Sous ce nom invitant au voyage, découvrez l'office de tourisme de Saint-Gaudens. Il vous emmène à la rencontre du pays de Comminges, une région riche en beautés naturelles. C'est donc l'adresse à retenir pour connaître l'agenda des animations et pour vous documenter sur les nombreuses activités de plein air : randonnées pédestres ou à VTT, sports d'eau vive, parapente, ski, pêche en lac ou en rivière, équitation, baignade : à vous les grands espaces !

LA FERME D'OULAN BÂT 🛏 €€

Route de Planque - **ARBAS**
✆ 05 61 97 21 13
www.lafermedoulanbat.fr
Nuit en yourte 2/3 personnes de 65 € à 72 €. Restauration (table d'hôte : de 16 € à 25 €). Animations.

La ferme d'Oulan Bât est installée à Arbas, dans une vallée verdoyante du piémont pyrénéen. C'est une exploitation agricole paysanne et familiale, qui s'étend sur vingt hectares. Principalement tournée vers l'élevage d'ânes destinés aux travaux des champs ou à l'accompagnement de randonnées, elle permet aussi d'observer brebis, cochons, poules et lapins. Pour passer la nuit ici, vous vous installerez dans des yourtes, chacune disposant d'un coin cuisine et d'une terrasse. Plusieurs formules sont proposées pour votre séjour insolite à prix raisonnable.

HOSTELLERIE DES CÈDRES €€

2, rue de l'Eglise - **VILLENEUVE-DE-RIVIÈRE**
✆ 05 61 89 36 00
www.hotel-descedres.com
Chambre double à partir de 89 €, petit-déjeuner : 11 €. Restauration tous les soirs, du lundi au samedi.

Au cœur du Comminges, cet ancien manoir qui, nous dit-on, a appartenu à la famille Montespan, a subi une cure de rajeunissement pour se muer en hôtel de charme. Plongez dans un environnement de caractère, admirez les cèdres centenaires qui ont donné leur nom aux lieux, profitez d'un séjour dans une demeure d'exception, idéale pour une escapade romantique. Une vingtaine de chambres sont proposées, avec des ambiances différentes mais toutes de bon confort. Salons cosy, bar confortable et table fine rendront sans nul doute votre séjour aux Cèdres inoubliable.

LE COMMERCE - HÔTEL RESTAURANT SPA €€€

2, avenue de Boulogne ✆ 05 62 00 97 00
www.commerce31.com
Chambre double à partir de 65 €, suite : 121 €. Petit déjeuner buffet : 11 €. Garage : 9 €. Accès spa : 15 €/2 heures.

C'est un établissement élégant et de bon confort qui vous attend ici. Hôtel-restaurant doté d'un spa (accessible à tous), le Commerce offre des chambres modernes, fonctionnelles et spacieuses. Le spa est vaste et lumineux. Le restaurant s'inscrit dans la même recherche de raffinement et de qualité, en proposant une cuisine traditionnelle et régionale concoctée avec soin, très appréciée. Le Commerce propose des forfaits bien-être avantageux, parfaits pour un week-end de détente en duo.

AUBERGE DE FOUGARON €€

Tuc de Peyre - **ARBAS** ✆ 05 61 97 50 06
http://aubergedefougaron.fr
Tous les jours midi & soir. Menus : 13 € le midi, 17 € le soir. Chambre : 35 €/pers. Gîte : 650 €/semaine.

L'auberge de Fougaron reçoit les voyageurs affamés depuis 1899 ! Située dans un petit hameau proche d'Arbas, elle a su conserver de sa longue histoire le sens de l'accueil. Au programme, un menu du jour généreux à prix très futé et des spécialités traditionnelles à commander à l'avance : cassoulet, poule en sauce, garbure, daube de bœuf... Bien sûr, en qualité d'auberge, la maison peut aussi vous loger dans des chambres coquettes ou dans un gîte. Pour vos fêtes de famille, l'Auberge de Fougaron peut recevoir jusqu'à 120 personnes. Ambiance authentique garantie !

L'ÉTABLE €€

Quartier du Pont de Valentine
✆ 05 61 89 16 24
Ouvert tous les jours le midi ; du mercredi au dimanche le soir. Carte : 25 € environ.

Voici une adresse d'habitués, un restaurant qui ne paye pas de mine et dans lequel se retrouvent des amateurs de grillades au feu de bois. Comme son nom l'indique, c'est un restaurant rustique et campagnard, installé dans une maison traditionnelle aux allures de pension de famille sans chichis. Cheminée, poutres apparentes, parquet : le cadre est authentique et l'ambiance chaleureuse. L'Étable vous prépare une cuisine familiale, simple et régionale, fidèle aux classiques, pour des repas conviviaux, généreux et particulièrement roboratifs, pour une addition futée.

LE NOUVEAU BISTROT €€

44, boulevard Pasteur
✆ 05 61 95 25 92
Le midi, du lundi au vendredi. Menus à partir de 10 €, plats à emporter à partir de 4 €.

Dans le centre-ville de Saint-Gaudens, le Nouveau Bistrot propose une joyeuse ambiance de cafétéria, très conviviale, parfaite pour un déjeuner rapide. Une terrasse vous attend pour profiter des beaux jours à l'ombre des parasols. La marque de fabrique de la maison : des buffets d'entrées et de desserts auxquels on se sert à volonté. Le lieu est apprécié pour son accueil chaleureux, ses portions généreuses, la fraîcheur de ses assiettes et son très bon rapport qualité/quantité/prix. Des animations sont parfois proposées. L'adresse est connue, pensez à réserver !

LA CONNIVENCE €€€

35, chemin Ample
VALENTINE
✆ 05 61 95 29 31
Du mercredi au samedi le midi et le soir ; le dimanche midi. Carte : 45 € environ. Formule du midi : 35 €. Terrasse.

Situé au sud de Valentine, un bourg charmant lui-même situé au sud de Saint-Gaudens, la Connivence est un restaurant gastronomique dont l'ambition est de sublimer le terroir par une cuisine élégante. Installée dans une demeure de caractère sise entre campagne et forêt, cette table offre un cadre particulièrement relaxant, bucolique et authentique. Une terrasse vous attend pour profiter des beaux jours. Une carte resserrée, inspirée par les produits de saison, offre des assiettes au dressage soigné. Une adresse appréciée pour son ambiance raffinée.

AZTEK' ARTISAN CHOCOLATIER

7, rue des Compagnons de France
✆ 09 86 62 67 01
www.aztek-chocolatier.com
Ouvert du mardi au vendredi de 8h à 14h ; le mardi et le samedi de 8h à 19h ; le dimanche de 9h à 14h.

Découvrez les créations d'Hervé Duthui, concoctées à partir de matières premières d'exception en provenance d'Amérique du Sud, d'Afrique ou d'Asie, ou élaborées par des partenaires triés sur le volet. La boutique vous permet de découvrir des classiques revisités : ganache à la vanille, praliné à l'ancienne, praliné feuillantine... Vous pourrez aussi déguster des chocolats « de terroir » : ganache au safran saint-gaudinois, ganache aux marrons et praliné aux noix.

CHEZ DANIEL

14, rue du Moulat
✆ 05 61 89 41 94
www.chezdaniel.fr
Ouvert du mardi au samedi de 7h30 à 12h30 et de 14h à 19h15. Rôtisserie le jeudi et le samedi.

Chez Daniel, c'est une aventure familiale qui a commencé voilà plus de cinq décennies ! La famille Ruz a ouvert sa première boutique au cours des années 1970. Aujourd'hui, c'est LE rendez-vous des gastronomes de Saint-Gaudens ! Vous attendent ici mille et un produits gourmands d'esprit du terroir, avec de nombreuses spécialités du Sud-Ouest : magrets, confits, foies gras, piments d'Espelette, cassoulets et garbures, fromages des Pyrénées, sans oublier une belle gamme de vins. Vous trouverez également des paniers gourmands, parfaits pour un cadeau-souvenir.

L'ÉPICERIE PAYSANNE

Place de l'Angla - **VALENTINE**
✆ 05 61 88 62 63
www.lepiceriepaysanne.com
Ouvert du mardi au samedi de 8h à 12h30 et de 15h30 à 19h ; le dimanche de 8h à 12h30.

Si vous prenez le temps de séjourner quelques jours en terre commingeoise, ou si vous souhaitez prolonger le plaisir de la gastronomie du Midi toulousain chez vous, pensez à L'Épicerie paysanne de Valentine, tout proche de Saint-Gaudens. Vous y trouverez fruits, légumes, conserves, charcuteries, viandes et même truites des Pyrénées, en provenance directe de producteurs venus de Comminges et d'ailleurs. Vous pouvez aussi opter pour des paniers garnis, la solution idéale pour se laisser guider ou pour rapporter un souvenir authentique de la région.

PISCINE AQUALUDIQUE DE SAINT-GAUDENS

Rue Olivier-de-Serres ✆ 05 62 00 16 25
www.tourisme-stgaudens.com
Ouvert l'été. Ouvert tous les jours de 11h à 20h. Entrée : 4 €. Enfant : 2,50 €. Gratuit jusqu'à trois ans.

La piscine d'été de Saint-Gaudens a récemment fait peau neuve et vous offre désormais un complexe aqua-ludique sympa pour une sortie en famille. Si les nageurs préféreront se diriger vers le bassin couvert de la piscine Tournesol, les enfants adoreront les équipements mis à disposition en plein air : une pataugeoire, un toboggan, des jeux d'eaux et même un pentaglisse ! Un *food-truck* propose snacks et boissons. À retenir pour une escale au frais dans votre découverte de la région.

RANDO COMMINGES

2, rue Thiers
✆ 05 61 94 77 61
www.tourisme-stgaudens.com
Application à télécharger.

Avec plus de mille kilomètres de sentiers balisés de tous niveaux répartis sur l'ensemble du Comminges, vos envies de grand air seront satisfaites ! À pied, à vélo ou à cheval, faites votre choix et piochez parmi les soixante-dix itinéraires proposés par cette application futée. Petites balades au départ de Saint-Gaudens pour découvrir la ville, ou ou grande randonnée sur la Via Garona qui relie Toulouse à Saint-Bertrand-de-Comminges, voie cyclable de la Garonne ou exigeant parcours de VTT dans la forêt de Bordes, chacun trouvera le cheminement qui lui convient.

SURF'AIR

Le Village
ARBAS
✆ 06 23 10 89 36
www.surfair.fr
Fermé de début décembre à fin mars. Baptême à partir de 80 €.

L'école Surf'Air est labellisée par la Fédération Française de Vol libre. Elle propose baptêmes et stages de parapente, accessibles à partir de douze ans. Le site d'Arbas, sur le Piémont pyrénéen, est un secteur protégé et encore sauvage, particulièrement bien adapté à la pratique. Pour les baptêmes, diverses formules sont possibles : vol découvert de 15 minutes, vol émotion de 25 minutes, vol de durée de 40 minutes ou enfin le spectaculaire vol nature, qui vous fait parcourir 1 100 mètres de dénivelé, plaisir qui se payera avec une heure de marche !

SALIES-DU-SALAT

Une jolie petite ville paisible alanguie le long d'un affluent faussement timide de la Garonne, la Salat. Vous êtes ici en terre commingeoise, dans les Petites Pyrénées, non loin de l'Ariège. Les premières traces d'occupation et d'exploitation de son gisement de sel, situé à 300 mètres de profondeur sous la ville actuelle, remontent à l'Âge de bronze. Les Gallo-Romains y ont bien plus tard établi des thermes pour bénéficier de la fontaine salée qui a probablement donné son nom aux lieux. Ils avaient notamment établi des piscines à contre-courant. L'arrivée du chemin de fer en 1865 a largement favorisé son développement thermal et industriel, ce dernier étant porté par l'implantation d'une usine à sel, aujourd'hui disparue. Salies-du Salat est désormais une station thermale très appréciée qui reçoit près de 2 000 curistes chaque saison. L'architecture des installations thermales vaut à elle seule le coup d'œil. L'église Notre-Dame-de-la-Pitié est quant à elle classée aux Monuments Historiques. Les eaux de Salies-du-Salat, à l'indice de salinité de 322 grammes/litre, sont les plus minéralisées d'Europe (plus encore que la mer Morte). Elles sont particulièrement bénéfiques dans le traitement des problèmes rhumatologiques. La ville culmine à 300 mètres d'altitude et bénéficie d'un microclimat connu pour être aussi vivifiant que reposant. Du haut de sa colline, elle offre un panorama somptueux sur la vallée du Salat, avec les Pyrénées en toile de fond.

BUREAU D'INFORMATION TOURISTIQUE DE SALIES-DU-SALAT

Boulevard Jean-Jaurès ✆ 05 61 90 53 93

https://opyrenees.fr/

Ouvert du lundi au samedi de 9h à 12h et de 14h à 17h30.

Le bureau d'information touristique de Salies-du-Salat est rattaché à l'office de tourisme O Pyrénées. Il couvre un territoire tourné vers les activités qui vous font bénéficier de la force naturelle de la montagne, que les activités se déroulent en « o » des sommets ou dans « l'o » thermale ! Ce bureau d'information touristique pourra vous renseigner sur les vestiges remarquables que vous pourrez observer alentour, et vous informera sur les différents sentiers de randonnées.

LE PARK AVENUE €

6, rue d'Austerlitz

✆ 05 61 90 51 99

Tous les jours. Carte : 20 € environ. Menu enfant : 7 €. Formule du midi : 13 € (entrée, plat, dessert, vin et café).

Le Park Avenue, c'est le type de restaurant sympa et sans chichis qu'on aime trouver lorsque, affamé par une journée de vadrouille, on souhaite faire une pause pour se requinquer. Installé dans l'hôtel du Parc, à quelques pas des thermes et du casino, il déploie une agréable terrasse en retrait de la rue pour profiter des beaux jours. En semaine, le menu du jour est particulièrement avantageux. À la carte, vous retrouvez tous les classiques du bistrot. Le Park Avenue est particulièrement apprécié pour son accueil et la générosité de ses assiettes.

CHEZ ANNE ET GASTON €€

3, place des Thermes

✆ 05 61 90 34 80

www.chezanneetgaston.fr

Du mardi au samedi midi & soir. Carte : 30 € environ. Formule du midi : 17,50 € (entrée, plat, dessert).

Bienvenue chez Anne et Gaston. Anne, en cuisine, est orientée « saveurs du monde », salé-sucré, avec grande variété d'épices. Son plaisir : marier ces parfums venus d'ailleurs aux produits du terroir. Le menu change tous les jours, inspiré par le retour du marché. C'est frais, c'est parfumé, c'est créatif, on se régale ! L'inspiration gagne aussi les desserts, qui pourront vous surprendre. De son côté, Gaston vous fera déguster sa sélection de vins choisis auprès de petits producteurs. Ce petit restaurant à la décoration sobre mais soignée mérite votre visite.

GOLF DE SALIES-DU-SALAT

Boulevard des Oiseaux

✆ 05 61 87 46 29

www.golfdesaliesdusalat.com

Ouvert tous les jours de 9h à 12h et de 13h30 à 18h30. Green fee adulte : 16 €.

Le Golf de Salies-du-Salat est situé à quelques encablures du centre. Il accueille un parcours neuf trous homologué par la Fédération Française de Golf, un *practice* avec sept postes s'étendant sur une longueur de 240 mètres, ainsi qu'un *putting green*. Vous pourrez également boire un verre ou vous restaurer au *club house*. Si vous séjournez pour une longue durée dans la jolie ville de Salies-du-Salat, il vous est bien sûr possible de prendre des leçons et de participer à des compétitions. Un joli parcours accessible à chacun, dans un très beau cadre.

SALINEA - THERMES DE SALIES-DU-SALAT

Place des Thermes
© 05 61 90 56 41
http://thermes-salies-salat.com
Ouvert d'avril à octobre.

Avec un taux de salinité de 320 grammes au litre, les eaux thermales de Salies-du-Salat sont les plus minéralisées d'Europe. « La santé par le sel » ou « Le sel de la vie » : au fil du temps, les slogans changent pour en vanter la valeur thérapeutique mais leur réputation n'est plus à faire. Cette station propose des cures en rhumatologie, gynécologie et pédiatrie. La résidence des Salatines complète le centre thermal avec des appartements confortablement équipés.

SALINEA SPA

Boulevard des Thermes © 05 62 01 50 90
www.spa-salinea.com
Du mardi au samedi. Accès au bassin : 8 €, sur réservation. Soins visage à partir de 40 €. Soins corps à partir de 20 €.

Salinea Spa est un institut de bien-être permettant de bénéficier des propriétés particulières des eaux de Salies-du-Salat. Situé dans les thermes, il vous propose un accès à son bassin d'eau thermale pour un moment de détente, ainsi que divers soins pour le corps et pour le visage. Il dispose de quatre cabines de soin, dont une double, d'un sauna et d'un hammam. À vous de vous préparer le programme qui vous convient : peeling, soin anti-âge au collagène, gommage, modelage, épilation, manucure, maquillage... Pour repartir reposé et frais comme la rosée !

CASINO DE SALIES-DU-SALAT

Avenue du Casino
© 05 61 97 11 00
Ouvert tous les jours à partir de 10h. Rouelette anglaise et black Jack à partir de 21h30.

Au bout d'une allée arborée, le rendez-vous des joueurs… Le casino de Salies-du-Salat impose une image d'élégance et de tranquillité feutrée. Planté au cœur de la station thermale, il attire depuis son ouverture les audacieux qui tentent de remporter leur bras de fer avec les bandits manchots ou de thésauriser les jetons sur les tables de roulette et de boule. Le restaurant du lieu, le Carré d'As, ouvert tous les jours de 20h à minuit, propose des menus traditionnels et régionaux.

VILLEMUR-SUR-TARN ★

Lorsque l'on arrive à Villemur-sur-Tarn, on commence à se détacher des paysages du Frontonnais pour découvrir « la vallée de l'eau », le Val' Aïgo en Occitan, qui mènera jusqu'aux balcons du Tarn. L'existence du *castellum* de Villemur-sur-Tarn est attestée dès 1035. C'était donc un site fortifié, dont les lourds remparts qui protégeaient la cité sont encore bien visibles en bord de Tarn. Au XIe siècle, la ville est élevée au rang de vicomté. Du Moyen-Âge, la cité garde des ruelles tortueuses, des venelles enserrées entre rivière et coteau, ainsi qu'une tour de défense, véritable chef d'œuvre d'architecture militaire, dont la construction remonte au XIIe siècle. Haute de trente mètres, elle inscrit sa silhouette de style wisigothique dans le panorama. D'autres monuments historiques plus récents font l'intérêt de Villemur-sur-Tarn : les greniers du Roy, érigés XVIIe siècle par le duc de Lesdiguières, ainsi que l'église Saint-Michel et ses fresques peintes dans le chœur par Bernard Bénézet au XIXe siècle. Villemur-sur-Tarn est un point de départ parfait pour un séjour au plus proche de la nature, selon vos envies : en balade au gré des vallons, en observateur attentif de la faune, en famille à vélo en forêt ou encore en mode farniente les pieds dans l'eau, tout le monde y trouvera son compte.

FORÊT DE BUZET

BUZET-SUR-TARN

Sentier balisés. Aires de pique-nique. Parking.

Aux portes du Tarn, la forêt de Buzet offre un espace de détente de 460 hectares. Les agents forestiers y font un remarquable travail de préservation et de valorisation d'un très bel écosystème. Classée Espace Naturel Sensible, elle accueille une flore et une faune riches. Clairières et petites mares font, par exemple, le bonheur des rainettes, tritons et autres salamandres. Une maison de la Biodiversité vous offrira des informations sur ce précieux patrimoine naturel, et cinq circuits de promenade de durée variée permettent de parcourir la forêt sans dommages.

LE REFUGE DES TORTUES

2920, route de Paulhac
BESSIÈRES
✆ 05 32 53 67 35
https://lerefugedestortues.fr
Ouvert tous les jours de 9h30 à 18h30, d'avril à octobre. Visite guidée. Animations.

À l'origine de ce refuge, une association de bénévoles déterminés à bâtir un sanctuaire pour les tortues terrestres et aquatiques. Aujourd'hui, les bassins et enclos, aménagés de façon à respecter l'environnement naturel des pensionnaires, accueillent plus de mille tortues ! Devenu centre de recherche, le refuge est désormais ouvert au public, avec un objectif de sensibilisation et de pédagogie. Découvrez tout du mode de vie des réfugiées rassemblées ici, depuis la rougeoyante Nelsoni à la stupéfiante tortue alligator. Une belle sortie en famille.

RENDEZ-VOUS NATURE

2, place Charles-Ourgaut
✆ 05 34 31 97 90
https://tourisme-valaigo.fr
Programme des sorties disponible à l'office de tourisme.

Pour vous accompagner dans votre découverte du patrimoine naturel de la région, l'office de tourisme Val'Aïgo organise des promenades thématiques en partenariat avec Nature en Occitanie. L'engagement de cette association : la protection de la nature par la connaissance et la préservation de la biodiversité de la région. Un botaniste bénévole vous emmène sur différents itinéraires tout au long de l'année et vous transmet ses connaissances sur la flore. Excursion botanique en vallée du Tarn ou promenade en forêt : suivez le guide !

TOUR DE DÉFENSE

1, rue de la République
✆ 05 61 37 61 20
Ouvert toute l'année. Animations. Expositions.

Construite au XIIIe siècle, la tour de Défense s'insérait dans les remparts de la ville. Élément majeur de la stratégie de protection de la ville de Villemur, elle interdisait l'accès au gué. Elle abritait un moulin seigneurial dans sa partie basse, surmonté d'une salle de garde. De style wisigothique, la tour est désormais un monument très visité. Rénovée en 2011, elle est aujourd'hui un lieu d'exposition bien équipé. Elle abrite également un musée qui permet de découvrir l'histoire de la cité, de ses habitants et de leur particulière consommation de moineaux…

OFFICE DE TOURISME VAL' AÏGO

1, place Charles-Ourgaut
✆ 05 34 27 97 40
https://tourisme-valaigo.fr
Ouvert du lundi au vendredi de 9h à 12h ; du lundi au mercredi et le vendredi de 13h30 à 17h30.

Pour accompagner votre découverte du Val'Aïgo, la vallée qui accompagne le tumultueux Tarn depuis la forêt de Buzet jusqu'aux vignobles du Frontonnais, cet office de tourisme intercommunal met de précieux outils à votre disposition. Itinéraires de promenades, agenda des festivités, horaires de marchés, visites organisées, ne manquez aucune info sur les communes de Buzet-sur-Tarn, Bessières, Mirepoix, Bondigoux, La Magdelaine, Layrac-sur-Tarn, Villematier et Villemur.

© PHOVOIR

La tour de défense de Villemur-sur-Tarn.

AUBERGE DU FLAMBADOU €€

820, chemin d'Ayrolles - **VILLEMATIER**
✆ 05 61 09 40 72
www.aubergeduflambadou.com
Chambre double à partir de 65 € ; suite à partir de 110 €. Petit déjeuner : 9 €.

Diana vous accueille chaleureusement dans son domaine, situé à 30 km de Toulouse et de Montauban, dans une ancienne étable rénovée. Elle vous propose des séjours champêtres inoubliables, dans de magnifiques chalets en bois. Les cinq chalets sont climatisés et équipés d'une télé, avec Canal + et le satellite, ainsi que le wi-fi. Une piscine située à proximité du domaine vous permettra de vous rafraîchir durant les belles journées d'été. Le restaurant de l'auberge propose des produits frais et une cuisine raffinée. L'environnement se prête à de nombreux loisirs.

LA COUR DE RECRÉE €€

15, place de la République - **MIREPOIX-SUR-TARN**
✆ 05 61 09 94 90
https://restolarecree-mirepoix31.jimdo.com
Le midi du mardi au dimanche, le soir du jeudi au samedi. Formule déjeuner : 14 €. Carte : 30 € environ.

La Cour de Récrée prend place dans la salle de classe d'une vieille école communale. Le chef, vous propose une formule du marché le midi, qui change donc tous les jours, et un généreux menu de cuisine traditionnelle le soir. Sur les murs couleur ocre, pas d'œuvres de maîtres mais des dessins d'enfants. L'été vous attend la grande terrasse ombragée… sous le préau. Une salle avec TV et jeux est prévue pour occuper les enfants ! Profitez tranquillement de votre repas, vous avez même le droit de parler à table, sans craindre le cri strident du sifflet du directeur !

L'ALTO - LE CHÂTEAU DE LA GARRIGUE €€€

980, chemin de Pellausy ✆ 05 62 22 35 50
https://chateaudelagarrigue.com
Le midi du lundi au samedi, le soir vendredi & samedi. Formule midi, du mardi au vendredi : 25 €. Carte : 75 € environ.

Le château de la Garrigue est un lieu unique qui présente plusieurs visages. Il offre salles de réception et chambres pour vos événements privés. Festif, il est doté d'une salle de spectacle en forme de piano ! Il reçoit donc concerts et représentations diverses. L'été, des *afterworks* sont organisés du jeudi au samedi au bord de sa piscine en forme de… violon ! Enfin, pour compléter cette déambulation musicale, le restaurant l'Alto vous attend pour un voyage gastronomique raffiné.

FESTIVAL DU CIEL ET DU VENT

Avenue du président Roosvelt
✆ 06 60 23 44 99
Week-end de la Pentecôte. Marché gourmand. Buvette.

Villemur vous invite à prendre de la hauteur. Venez à la rencontre d'aérostiers passionnés et laissez-vous porter par la poésie du monde d'Éole… Le festival du Ciel et du Vent met à l'honneur « tout ce qui vole » ! Au programme : des vols en montgolfières, mais aussi une multitude de démonstrations et d'ateliers autour des cerfs-volants, de l'aéromodélisme, des micro-fusées et même… des boomerangs ! Des concerts et des animations autour de l'astronomie sont également prévus.

ORIGINAL GREEN PARK

139, route de Montjoie - **BESSIÈRES**
✆ 09 82 52 22 34
https://originalgreenpark.fr
D'avril à octobre, tous les jours (sauf lundi en basse-saison), à partir de 11h. Wake : 20 €/h. Initiation : 34 €.

L'aménagement d'une base nautique a donné à ce plan d'eau des airs de petit *spot* secret pour les amateurs de ski nautique ! Deux lignes de téléski nautique permettent de pratiquer le wakeboard. Néophyte ? C'est l'endroit idéal pour démarrer. L'une des lignes est justement adaptée aux débutants, et des séances d'initiation sont proposées pour vous apprendre à vous faire plaisir. Plus calme, vous pouvez aussi louer un *paddle*, profiter du terrain de pétanque ou vous exercer à la *slackline*. Pour vous rafraîchir ou vous restaurer, une jolie terrasse vous attend.

PER L'AÏGA

4, avenue Winston Churchill
✆ 06 79 47 17 36
https://sites.google.com/view/per-laiga-paddle
Ouvert tous les jours. Sur réservation. 8 € / heure / personne.

« Sur l'eau », Per l'Aïga vous embarque à la découverte du Tarn… en stand-up paddle ! Cette association engagée dans la protection de l'environnement, et dont le bureau d'accueil est établi dans une mini-maison auto-construite, a pour vocation de sensibiliser à la richesse et à la fragilité du milieu aquatique. Pour cela, elle vous propose les modes de déplacements aussi doux qu'immersifs que sont le paddle et le kayak. Glissez, respirez, observez… Quelle sérénité… L'association organise des animations telles que par exemple du yoga-paddle !

TARN

Le Tarn est symbolisé par une nature vraie, un patrimoine resplendissant et une gastronomie épatante. Dans une lumière qui rappelle parfois celle de la Toscane, le Tarn déploie un relief séduisant, fait de vallées sauvages arrosées de cours d'eaux et de monts escarpés. Au milieu de cette nature, des cités médiévales s'élèvent, tels des phares au cœur d'un océan de verdure. La plus célèbre est la belle Albi. Classée au patrimoine mondial de l'UNESCO, la cité épiscopale semble avoir survécu avec majesté aux ouvrages du temps. Elle dévoile ses typiques briques rouges et son impressionnante cathédrale aux regards des curieux. Au Sud du département, c'est la ville de Castres, réputée pour son équipe de rugby, ses maisons perchées sur l'Agout et le musée Goya, qui joue de son charme. Tout autour de ces communes, des villages pittoresques tels que Cordes-sur-Ciel, Rabastens, Mazamet ou encore Gaillac tirent leur épingle du jeu.

TARN-ET-GARONNE
AVEYRON
Vers Villefranche de- Rouergue
Vers Caussade
Vers Montauban
Vers Montauban
Vers Toulouse
Vers Toulouse
Vers Carca
HAUTE-GARONNE
AUDE
Viaur
Mirandol-Bourgnounac
LAGUÉPIE
D115
D600
D922
D905
SAINTE-
D91
Vaour
Les Cabannes
CORDES-SUR-CIEL
MONESTIÉS
Blaye-les-Mines
CAR
D115
D15
Forêt de Grésigne
D922
Vère
D3
D91
D600
LE GARRIC
CAHUZAC-SUR-VÈRE
Le Verdier
Cestarols
PUYCELCI
D964
CASTELNAU-DE-MONTMIRA
D964
N88
CAGNAC-LES-MINES
Marssac-sur-Tarn
ALBI
D18
Salvagnac
D999
D988
GAILLAC
N88
D612
St-Caprais
Montans
A68
D84
D988
LISLE-SUR-TARN
Cadalen
RABASTENS
Tarn
D964
D97
St-Sulpice-la-Pointe
A68
Laboutarie
RÉAL
GIROUSSENS
GRAULHET
St-Lieux-lès-Lavaur
Dadou
Dadou
D83
D112
LAUTREC
Lavaur
D84
D112
D83
LACOUGOTTE-CADOUL
D20
D12
St-Paul-Cap-de-Joux
Vielmur-s.-Agout
Agout
D112
D97
Magrin
N126
PUYLAURENS
D621
N126
Soual
D84
Sor
GARREVAQUES
Dourgne
D85
SORÈZE-SAINT-FERRÉOL
DURFORT
D629
LES CAMMAZE

Autoroute
Nationale 4 voies
Nationale
Départementale
Ville
Sortie d'autoroute
Forêt domaniale
Tarn
AVEYRON
HÉRAULT
AUDE
Vers Rodez
Tréban
D53
Cérou
Valence-d'Albigeois
Vers Réquista
D903
D74
Tarn
Trébas
AMBIALET
D999
Villefranche-d'Albigeois
Alban
Vers Millau
JAIROLLES
FAUCH
D607
D81
Dadou
le Masnau-Massuguiès
Vers Millau
Montredon-Labessonnié
D89
D81
D607
LACAUNE
D622
Murat-sur-Vèbre
Nages
Vèbre
Vers Bédarieux, Béziers
D55
Vabre
D622
D907
Lac du Laouzas
Agout
D53
BRASSAC
D622
AGOUT
Lac de la Raviège
Vers St-Pons-de-Thomières, Béziers
LE BEZ
Noailhac
D68
Anglès
Lac des Saints-Peyres
D612
Aussillon
MAZAMET
Thoré
Labastide-Rouairoux
Lacabarède
St-Amans-Soult
N112
Vers St-Pons-de-Thomières, Béziers
D118
Parc Régional du Haut-Languedoc
10 KM

PAGES

TARN

193 TARN

193 ALBI ★★★

199 AMBIALET

200 BRASSAC

202 CAHUZAC-SUR-VÈRE

204 CARMAUX ★

205 CASTELNAU-DE-MONTMIRAL

206 CASTRES ★

211 CORDES-SUR-CIEL ★★★

214 GAILLAC ★

218 GIROUSSENS

219 GRAULHET

220 LACAUNE

222 LAUTREC ★

225 LAVAUR

228 LISLE-SUR-TARN

229 MAZAMET

234 SORÈZE ★★

232 MONESTIÉS

232 PUYCELCI

232 PUYLAURENS

233 RABASTENS

234 RÉALMONT

© FRED

Rue typique d'Albi.

ALBI ★★★

Albi est un musée à ciel ouvert ! Pittoresque et fascinante, la ville s'élève au cœur d'une nature époustouflante, se détachant de l'horizon grâce au rouge de ses façades. Ancienne cité épiscopale inscrite à l'Unesco, elle brille par de nombreux aspects : une gastronomie exceptionnelle, une douceur de vivre, des activités à la pelle... Mais ce qui fait la richesse d'Albi, c'est surtout son patrimoine ! La Ville Rouge est dominée par la splendide cathédrale Sainte-Cécile, merveilleuse représentante de l'architecture du gothique méridional propre à la région. Elle surveille avec majesté les ruelles piétonnes de la ville, les berges de la rivière Tarn toute proche et les terrasses de ses restaurants généreux. Lors de votre séjour à Albi, partez à la découverte du palais de la Berbie, avec ses jardins et le musée de Toulouse-Lautrec, la collégiale Saint-Salvi et son cloître, le pont vieux... Vous allez en prendre plein les yeux ! Pour reprendre des forces, vous pourrez compter sur les adresses gourmandes de la cité épiscopale, pour la plupart tournées vers le terroir et les spécialités de la région. Saluées par la critique et soutenues par les locaux, elles dévoilent d'étonnants parfums de l'entrée au dessert.

CATHÉDRALE SAINTE-CÉCILE ✝ ★★★★

5, boulevard Sibille ✆ 05 63 43 23 43

www.albi-tourisme.fr

Ouvert 7j/7 de 9h à 18h30. Visites du chœur et du trésor : du lundi au samedi de 9h30 à 18h, dimanche de 13h30 à 17h30.

Cet imposant vaisseau de briques est un chef-d'œuvre du patrimoine gothique méridional. Edifiée entre 1282 et 1480 pour signifier le retour du pouvoir papal en terre cathare, elle demeure encore aujourd'hui la plus grande cathédrale de briques au monde. Son écrasante silhouette de briques roses et son immense clocher haut de 78 m en tour de guet sur la région, au cœur du vieil Albi, lui vaut d'être souvent comparée à un château-fort. A sa construction, elle faisait partie du système défensif de la ville (intégrant aussi le palais de la Berbie) et pouvait alors accueillir 6 000 Albigeois en cas de danger. Du Moyen Age, elle a pu conserver la fresque du Jugement Dernier (qui couvrait à l'origine plus de 200 m²), où le Ciel, la Terre et l'Enfer sont mis en scène. Les fresques de la voûte forment l'ensemble le plus vaste et le plus ancien de France (97 m de long sur 28 m de large). Elle reste la seule cathédrale d'Europe dont les murs et les voûtes sont entièrement peints sur une surface couvrant près de 18 500 m². Le jubé, de style gothique flamboyant, est orné d'une magnifique statuaire polychrome, témoignage unique de la sculpture française du XVe siècle. La salle du trésor, aménagée dans une ancienne chambre forte du XIIIe siècle, présente une collection d'objets d'art sacré du XIVe au XIXe, et des objets de culte. Enfin, sainte Cécile, patronne de la musique, n'aurait pas de sanctuaire sans un orgue monumental ! Celui-ci date du XVIIIe siècle et peut-être aurez-vous la chance d'entendre un récital lors de votre visite.

CENTRE D'ART LE LAIT 🏛 ★★

28, rue Rochegude

✆ 09 63 03 98 84

www.centredartlelait.com

Basse saison : du mercredi au dimanche de 13h à 18h. Haute saison : du mercredi au dimanche de 14h à 19h. Entrée libre.

Le L.A.I.T. (Laboratoire Artistique International du Tarn) est un lieu unique d'émergence d'idées et de talents. Unique en France, ce centre d'art contemporain est consacré à la recherche artistique et culturelle, à l'accompagnement des projets artistiques et à la sensibilisation des publics. Il a pour mission d'aider la production d'œuvres inédites, d'organiser des expositions, d'accompagner des projets, de projeter des films documentaires, de créer des résidences d'artistes, de mettre en avant des actions culturelles et des médiations, etc.

LA COLLÉGIALE ET LE CLOÎTRE SAINT-SALVI 📷 ★

Rue Maries ✆ 05 63 43 23 43

www.albi-tourisme.fr/fr/la-collegiale-saint-salvi-et-son-cloitre-albi

Ouvert du lundi au vendredi de 7h45 à 12h, samedi de 14h à 17h30 et dimanche de 8h30 à 12h. Cloître : ouvert de 7h à 20h

Ce splendide vestige est surmonté d'un étonnant clocher-tour de guet et demeure l'un des plus anciens bâtiments d'Albi. Il présente une architecture complexe, témoignage d'une longue suite de campagnes de construction où roman et gothique se mêlent. Du cloître, édifié à partir de 1270 et mutilé lors de la Révolution, seule subsiste aujourd'hui la galerie méridionale. Elle possède aussi des formes romanes (arcs en plein cintre) et des éléments gothiques (chapiteaux, décors des piliers).

LA MAISON DU VIEIL ALBY ★★

Rue de la Croix-Blanche ✆ 05 63 54 96 38
www.albi-patrimoine.fr
Ouvert tous les jours sauf dimanches et jours fériés de 14h à 18h. Animations.

Cette maison typique de la période médiévale - aujourd'hui siège de l'Association pour la sauvegarde du Vieil Alby - est l'une des plus anciennes demeures d'Albi. Située dans le quartier du Castelnau, elle associe briques et pans de bois et se caractérise par son grenier à ciel ouvert ou *soleilhou* (où l'on faisait sécher, entre autres, le pastel), ses colombages et son encorbellement (étage réservé à l'habitat en dépassement sur la rue pour gagner en surface). Elle propose des expositions et des diaporamas sur l'histoire et la vie tarnaises.

LE MUSÉE POUR TOUS DE RAPHAËL CORDOBA ★

38, rue de l'Hôtel-de-Ville ✆ 07 81 07 67 53
www.albi-tourisme.fr/decouvrir/musees/le-musee-pour-tous-de-raphael-cordoba
Visites toute l'année, uniquement sur rendez-vous. Gratuit jusqu'à 5 ans. Adulte : 5€. Enfant (de 6 à 12 ans) : 3,50€.

Ce drôle de musée de la ville d'Albi porte le nom du peintre Raphaël Cordoba. C'est en son honneur que sa fille, Catherine, a décidé d'ouvrir un espace dans lequel les soixante-cinq peintures du maître sont présentées. L'originalité des lieux tient au fait qu'au cours de ses vingt-cinq années d'activité, l'artiste a fait le choix d'honorer et de reproduire des artistes-peintres majeurs comme Bruegel, Botticelli, Arcimboldo, Van Gogh, Velázquez ou encore Dürer et Dalí.

LE MUSÉE DE LA MODE ★★

17, rue de la Souque
✆ 05 63 43 15 90
www.musee-mode.com
Ouvert du mardi au dimanche de 14h30 à 18h (le matin sur rendez-vous). Gratuit jusqu'à 8 ans. Adulte : 6€.

C'est à proximité de la cathédrale d'Albi que Dominique Miraille vous accueille dans cet espace hors du temps. Au sein de l'ancien couvent des Annonciades, ce passionné a accumulé une incroyable collection privée de pièces de mode allant de la fin du XVIIe siècle aux années 2000. Tout a commencé en 1985 avec l'acquisition d'une robe de soie vert et or datant du XIXe siècle ; aujourd'hui les pièces se comptent par milliers. Costumes pour hommes, robes élégantes, accessoires de toutes formes, le musée est riche d'articles divers et de pièces rares.

MUSÉE TOULOUSE-LAUTREC ★★★

Place Sainte-Cécile ✆ 05 63 49 48 70
www.musee-toulouse-lautrec.com
Fermé le lundi. 1er octobre - 31 mai : 10h -12h30 / 14h - 18h. 1er Juin - 30 septembre : 10h - 18h. Adulte : 10 €.

Au pied de la cathédrale d'Albi, le Palais de la Berbie domine le Tarn avec majesté. C'est dans l'enceinte de cet édifice du XIIe siècle que le musée Toulouse-Lautrec s'est installé en 1922, réunissant la collection la plus importante au monde de ce peintre albigeois. Il accueille plus de 1 000 œuvres, tableaux, lithographies et dessins, ainsi que les 31 affiches qui ont fait la renommée de l'artiste. Cette collection exceptionnelle retrace toute son œuvre, depuis ses tableaux de jeunesse jusqu'à son ultime toile, en passant par les années montmartroises.

LE MUSÉE LAPÉROUSE ★

41, rue Porta
✆ 05 63 49 15 55
www.mairie-albi.fr
Ouvert du mardi au dimanche de 10h-12h et de 14h-17h (de 9h-18h en haute saison). Été : 7j/7 de 9h-12h30 et de 14h-18h30

Il est si facile d'imaginer qu'enfant, sur les rives du Tarn, Jean-François Galaup de Lapérouse rêvait déjà aux alizés. Honnête homme et brillant marin, cet Albigeois passa sa vie livré aux quatre vents, embarqué sur de superbes navires et soumis aux périples de ses aventures marines. Le musée Lapérouse retrace sa glorieuse existence, replacée dans le contexte d'une époque, celle des grandes expéditions. En plus de conter sa vie familiale et ses voyages, sont exposés de nombreux objets retrouvés sur les lieux de son fatal naufrage de 1788, à Vanikoro.

LE PALAIS DE LA BERBIE ★★

Place Sainte Cécile
✆ 05 63 49 48 70
www.albi-tourisme.fr/le-palais-de-la-berbie-albi
Gratuit. Visite guidée.

Achevée à la fin du XIIIe siècle, cette forteresse est l'un des plus vieux châteaux de France. Au cours de son existence, le palais a connu plusieurs mutations. La principale a eu lieu entre 1254 et 1357 avec l'installation de murs de 7 mètres d'épaisseur à la base, la construction d'un donjon massif et de remparts, etc. Au fil des siècles, les évêques ont transformé ce château en une résidence d'agrément couverte avec de grands salons, des terrasses et des jardins. De nos jours, le monument est la vitrine des œuvres du peintre local Henri de Toulouse-Lautrec.

OFFICE DE TOURISME

Place Sainte-Cécile
✆ 05 63 36 36 00
www.albi-tourisme.fr
Ouvert du lundi au samedi de 9h à 18h30 et le dimanche de 9h30 à 17h30. Billetterie. Visites guidées.

Vous êtes à la recherche d'informations et de conseils pour profiter au mieux de la beauté et la richesse d'Albi ? Allez à la rencontre des 15 professionnels en charge de l'office de tourisme ! Situé face à la cathédrale, le bureau vous permettra de découvrir tous les secrets de la cité épiscopale. Sur place, vous trouverez les brochures et oreilles attentives qui pourront faciliter votre séjour. Ce sera également le point de départ de plusieurs visites passionnantes sur l'histoire de la ville. Un arrêt indispensable pour ne rien rater des trésors d'Albi !

LE PETIT TRAIN TOURISTIQUE ALBIGEOIS

Place Sainte-Cecile ✆ 05 63 36 36 00
www.albi-tourisme.fr/fr/le-petit-train-touristique-albigeois
Du 2/06 au 31/12 : du mercredi au dimanche de 10h à 18h15. Gratuit jusqu'à 5 ans. Adulte : 8€. Enfant : 5€ (5 à 12 ans).

C'est depuis la place de la Pile, face à la cathédrale Sainte-Cécile, que le Petit Train démarre sa course à travers Albi. Pendant 40 min, la machine sillonne les rues albigeoises et vous emmène à la découverte de son centre historique et de son patrimoine. A la fois paisible, ludique et culturelle, cette visite permet de découvrir rapidement la beauté des lieux. Ce sera aussi l'occasion d'en apprendre plus sur l'Histoire grâce aux commentaires diffusés à bord.

PROMENADE EN GABARRE - ALBI CROISIÈRES

✆ 05 63 43 59 63
www.albi-tourisme.fr/fr/promenade-en-gabarre-albi-croisieres
Ouvert du 4/07/21 au 31/10/21. Gratuit jusqu'à 3 ans. Adulte : 7,50 €. Enfant (de 3 à 12 ans) : 5 €. Visite guidée.

Voilà une bien belle façon de découvrir le paysage albigeois ! Ces gabarres en bois, prénommées *L'Hirondelle* et *Les Copains d'abord*, vous conduisent au fil du Tarn, à la découverte d'Albi et sa région. A travers différentes formules adaptées à vos envies vous pourrez découvrir le patrimoine de la ville, la rivière sauvage, sa faune et sa flore... Enfin, pour une pause-déjeuner détente, la gabarre vous entraîne sur les flots de 12h30 à 14h dans sa balade « Pique-nique sur l'eau ».

FABUL'HOUSE GITE URBAIN D'ETAPE €

61, avenue du Maréchal-Foch ✆ 06 52 03 90 89
www.fabulhouse.fr
Gîte ouvert en été. Gîte (privatisé pour 15 personnes : 265 €/nuit. Chambre pour 1 pers. 30 €/nuit, 2 pers. 40 €.

Une solution d'hébergement abordable et originale. Dans un cadre urbain et moderne, ce gîte reste proche du centre-ville, de la basilique et de la cité. Vous profitez d'une ambiance sympathique et d'une formule mi-hôtel et mi-chambre d'hôtes qui satisfait un large public. En été les touristes y croisent les résidents en déplacement professionnel. Pas de petits déjeuners, mais la possibilité de vous servir des appareils ménagers disponibles dans la grande cuisine équipée.

© PHOVOIR

Vue d'Albi, depuis les rives du Tarn.

ALBIRONDACK LODGE ET SPA €€

31, allée de la Piscine ✆ 05 63 60 37 06
www.albirondack.fr
Ouvert toute l'année. Camping de 17 à 31 €. Cabanes dans les arbres : à partir de 150 € la nuit. Chèque Vacances.

Albirondack est un complexe lodge et spa haut de gamme qui a ouvert ses portes en 2010 à Albi, comprenant plusieurs chalets de standing, mobil-homes, cabanes perchées et caravanes Airstream dans un cadre champêtre sous des arbres centenaires. C'est à la fois un camping agréable d'une soixantaine d'emplacements, un lodge, un restaurant et un spa. D'inspiration américaine, le concept reprend le modèle des parcs nationaux des Etats-Unis et une tête d'élan du Canada orne le restaurant. Une piscine chauffée à l'année et balnéo complètent ces prestations.

L'ALIBI €€

18, rue Berne Lagarde
✆ 09 51 18 69 03
Chambre double 95 €. Petit déjeuner inclus. Lit supplémentaire : 15 €. Chambre mitoyenne : 65 €.

L'Alibi, aucune raison d'en avoir un pour venir et revenir vous reposer dans cette belle maison d'hôtes qui propose une chambre, cossue et chaleureuse dans une maison de caractère où se conjuguent modernité et authenticité. Si vous venez en famille, une seconde chambre mitoyenne est à votre disposition. Vous apprécierez également son jardin cosy avec sa piscine, pour des moments de détente et les petits déjeuners gourmands de Florence. Vous serez ici très bien situés pour visiter la ville et ses nombreux atouts touristiques à pied.

LA MAISON €€

40, boulevard Andrieu
✆ 05 63 38 17 35
www.chambre-hote-albi.com
Chambre simple de 85 € à 95 € ; chambre double de 100 € à 110 €. Petit déjeuner inclus. Animaux acceptés.

La Maison, c'est un jardin en ville, un lieu unique, intimiste et plein de charme. Située en plein centre d'Albi, cette demeure construite à la fin du XIXe siècle a été restaurée dans un style contemporain sage, mais original. Trois grandes chambres sont proposées, au deuxième étage sans ascenseur, où se mélangent objets achetés, trouvés sur place, ou chinés, et matières nobles et originales dans des tons de beige, de gris et d'ivoire. Le petit déjeuner est copieux et varié, et on profite des connaissances des bons plans de la maîtresse de maison.

NUMÉRO 55 €€

55, chemin de Puech-Petit ✆ 06 45 33 98 40
www.numero55.fr
Chambre double à partir de 129 €. Petit déjeuner inclus. Parking inclus. Animaux acceptés (sur demande préalable).

Cette superbe demeure moderne surplombant la ville d'Albi et sa cathédrale est composée de deux chambres d'hôtes résolument contemporaines et de styles très différents. L'une aux vives couleurs du drapeau anglais, l'autre toute de noir et blanc vêtue. Du style palladien des colonnes blanches, aux objets design contemporains, certains reprenant les classiques du baroque au goût d'aujourd'hui, le 55 se veut un lieu convivial et raffiné, une adresse intimiste et élégante. Piscine, terrasse et cuisine équipée font partie des avantages offerts lorsque l'on réside ici.

LA TOUR SAINTE-CÉCILE €€€

14 bis, rue Sainte-Cécile
✆ 05 81 40 51 52
www.toursaintececile.com
Chambre double de 150 € à 220 €. Petit déjeuner inclus. Parking. Lit bébé sur demande. Poste Internet.

Bertrand a réalisé une exceptionnelle rénovation au deuxième étage de cet appartement dans un hôtel particulier du XIVe siècle. Dans ces chambres d'hôtes, vous dormirez dans une tourelle dominant Albi, avec une vue à 360° sur la ville. Elles possèdent toutes un grand lit double, une salle d'eau, des toilettes indépendantes, un téléviseur et un accès wifi. La cathédrale dévoile ses couleurs et ses ombres depuis les fenêtres. Murs de briques rouges, poutres apparentes, mobiliers et tableaux choisis avec soin, l'ensemble est formidable !

LE TOURNESOL €

11, rue de L'Ort-en-Salvy
✆ 05 63 38 38 14
www.letournesol-restaurant.fr
Fermé dimanche et lundi. 12 € (prix unique à l'assiette). Terrasse.

Le Tournesol se tourne vers le soleil tarnais pour vous souhaiter la bienvenue. C'est l'un des rares restaurants végétariens de la ville. L'adresse a été reprise depuis un an. Entièrement relooké, le Tournesol vous offre une ambiance faite de bois et d'acier. On s'y sent bien. Christelle, la maîtresse des lieux, vous promet des assiettes 100 % végétariennes, mais aussi quelques mets bio comme, sur le moment, ce burger ou encore ce chausson de courgettes et cumin. Les desserts sont extras tout comme l'accueil et le prix de l'assiette.

ALCHIMY €€

10-12, place du Palais
✆ 05 63 76 18 18
www.alchimyalbi.fr
*Ouvert tous les jours le midi et le soir. Menus de 27 à 33 €. Carte : 40 € environ. Terrasse. Hôtel****.*

« La cuisine est un art, un art de vivre » disait le peintre Henri de Toulouse-Lautrec. Et ça l'Alchimy l'a bien compris ! Dans un ancien immeuble Art déco imaginé par Léon Daures dans les années 1920, l'équipe de l'établissement sert aux chanceux de belles assiettes sous une verrière lumineuse. En cuisine, la carte oscille entre modernisme et intemporalité. Les plats sont raffinés et étonnants : nems de canard et sauce aux agrumes confits, raviole de gambas et crème de homard, boudin basque de Christian Parra et ses pommes fruits... On adore !

AMBROISIE €€

4, rue Toulouse-Lautrec
✆ 05 63 76 43 56
Du jeudi au lundi le midi ; le vendredi et le samedi le soir. Réservation impérative. Menu unique à 32 €. Vin au verre.

L'Ambroisie est un remède efficace aux faims de loup ! Régionale et délicieuse, sa cuisine vous invite sur les routes d'une belle aventure culinaire. Il faut dire qu'en associant les bons produits, l'harmonie des goûts et la présentation élégante, Guillaume et son épouse ont créé un véritable feu d'artifice gastronomique. Au programme : ravioli de langoustines, sablé parmesan et caviar d'artichaut, magret de canard rôti, cabillaud en croûte de tomates confites, moelleux au citron et compotée de cerises... La seule difficulté : choisir parmi ces délices !

LES ARCADES €€

17, place Saint-Salvy
✆ 05 63 54 89 02
Ouvert du mardi au dimanche le midi, du mercredi au samedi le soir (7j/7 en été). Carte : 28 € environ. Terrasse.

Ce restaurant se situe à seulement 100 m de la cathédrale. Vous goûterez sans doute à la spécialité de la maison dès l'apéritif, le kir au safran, soit sur la terrasse, soit dans une salle à l'étage. A l'ardoise, le chef Pierre Lapeyre propose une cuisine du marché très soignée et tournée vers le local. A titre d'exemple : paleron de bœuf maturé, dos de cabillaud poché au bouillon thaï wok de légumes, croquant de Cordes fait maison... Vous craquerez aussi pour la spécialité du cuisinier : la macaronade au foie gras avec ou sans cèpes.

CASCARBAR €€

29, rue Saint-Julien
✆ 05 63 54 03 52
www.cascarbar.fr
Ouvert du mardi au samedi de 12h à 14h et de 19h30 à 21h30. Menus de 22 € à 26 €. Carte : 24 € environ. Terrasse.

Lorsque Marco Polo s'arrêta à Cascar, aux portes de la Chine, il fut étonné de découvrir de très beaux jardins, des vignes et des vergers. Ce sont ces similarités avec le pays albigeois qui ont motivé Aurélie, Myriam, Arnaud et Morgan à baptiser ainsi leur restaurant de cuisine fusion. A midi, on découvre ses parfums dans une formule unique avec entrée, plat et dessert. Le soir, c'est à vous de créer votre assiette en associant les petites portions proposées. Parmi elles : crumble de patate douce, chips de banane, riz coco, crevettes au citron vert...

LE JARDIN DES QUATRE SAISONS €€

5, rue de la Pompe ✆ 05 63 60 77 76
www.le-jardin-des-quatre-saisons.com
Ouvert toute l'année. Tous les jours le midi. Réservation recommandée. Carte : 20 € environ. Vente à emporter.

Muriel et Georges se sont repliés à l'écart des pièges à touristes, sur la rive nord de la ville. Sur place, ils proposent une cuisine du marché franche et régionale. Elle s'articule autour de beaux produits : morilles, mousserons, escargots, ris de veau aux cèpes, quenelles de purée à l'ail, foie gras chaud aux pommes réduction au muscat, queues de gambas papillons poêlées, Tatin de légumes, tripoux et cassoulet (sur demande), miroir chocolat, crème anglaise et sorbet mangue...

LE LAUTREC €€

13-15, rue Henry-de-Toulouse-Lautrec
✆ 05 63 54 86 55
restaurant-le-lautrec.com
Maître Restaurateur. Ouvert du mardi au samedi 12h-14h30/19h30-22h, dimanche de 12h-14h30. Menus de 36€ à 54€. Terrasse.

Maître restaurateur depuis 2008 et membre des Cuisineries Gourmandes, le Lautrec jongle entre cuisine d'hier et saveurs d'aujourd'hui. En coulisses, Sandrine et Antoine officient avec passion et réalisent des plats faits maison composés de produits frais. Dans ce cadre chaleureux et authentique, se mêlent saveurs régionales et méridionales autour du foie gras, canard, bovin et agneau. Surprenant, le menu carte blanche du chef vous emmènera en balade gourmande sur un accord mets et vins. On vous conseille de réserver, surtout si vous voulez profiter du patio.

O VENT D'ANGES €€

9, place Saint Julien
✆ 05 81 02 62 33

Ouvert du mardi au samedi midi et soir, le dimanche midi (fermé lundi et mardi en basse saison). Carte : 28€ environ

Avec un nom qui sent autant le terroir, on ne s'étonne pas de trouver à cette adresse un accueil chaleureux et une carte pleine de saveurs. Dans la salle ou sur la belle terrasse d'Andrea, on dévore des assiettes multiples et copieuses qui suivent avec une certaine précision la saisonnalité. Viandes, poissons, salades, les propositions sont gourmandes et s'accompagnent de nectars du coin. À la nuit tombée, l'adresse revêt ses habits de fête et invite les clients à découvrir une ardoise alléchante composée de tapas et cocktails.

LA PLANQUE DE L'ÉVÊQUE €€

1, rue de Lamothe
✆ 05 63 56 89 49
www.laplanquedeleveque.com

Ouvert du mercredi au samedi midi et soir, le dimanche midi. Menus de 24 à 31 € (menu végétarien 21 €). Terrasse.

Situé dans le quartier de la Madeleine, le restaurant La Planque de l'Évêque possède un rare et exceptionnel point de vue sur la cathédrale d'Albi. On aime s'installer dans son intérieur au style bistrotier et sur sa terrasse suspendue, agencée comme un jardin d'été. Ici l'accueil et le service sont à l'image de Frédéric, le propriétaire, qui est à la fois amical et convivial. La carte, articulée autour d'une cuisine et de produits de marché, est à mi-chemin entre création et terroir. Une bulle de gourmandise, visuelle et gustative !

CHOCOLATERIE THURIES

37, rue Mariès
✆ 05 63 54 47 60
www.yvesthuries.com

Ouvert du lundi au samedi de 10h à 12h et de 14h30 à 19h. Livraison possible. Boutique en ligne.

Yves Thuriès, meilleur Ouvrier de France, est connu dans le monde entier grâce à ses douceurs chocolatées. Chez lui, les croquants sont à croquer, les fondues en petits bocaux sont à fondre, les chocolats en plaques sont à craquer (mention spéciale pour le noir pétales de violette...), les alcools avec ou sans fruits sont à siroter et les ensembles de vaisselle en sont les écrins. Pour sortir de l'ordinaire, emportez la spécialité maison, Le pastel, une étonnante coque de chocolat garnie de ganaches bleues et poudrée de sucre glace. Indispensable !

ALBY FOIE GRAS

252, avenue Albert-Thomas
✆ 05 63 60 74 82
www.albyfoiegras.com

Ouvert du lundi au samedi de 8h30 à 12h et de 14h30 à 18h. Livraison possible.

La famille Lascroux exerce son savoir-faire depuis déjà un siècle et 3 générations. Elle est la grande spécialiste du foie gras artisanal. Préparé à l'aide de canards et oies d'élevages français, il est décliné sous des formes variées : frais, entier, truffé, en bloc... L'équipe d'experts vend également des cous de canards farcis, des magrets, des rillettes, du cassoulet... Les grands adeptes de la cuisine aveyronnaise auront même le plaisir d'y trouver des alicuits et des tripoux, sans oublier l'original plat de tapas cathares : la gratounade de canard.

ATMOSPH'AIR MONTGOLFIÈRES OCCITANES

87, chemin de Caynac
✆ 07 86 45 59 95
www.atmosphair-montgolfieres.fr

Ouvert tous les jours. Suivant les conditions météo. Vol solo : 205 €. Vol duo : 195 €/pers.

Fidèle à ses rêves d'enfant, l'Albigeois Laurent Pailhous propose des sorties en montgolfière. Cinq points de décollage dans le département : Albi, Cordes, Gaillac, Lautrec et Lavaur. Un départ est aussi proposé depuis les lacs du Levezou en Aveyron. Choisissez le vol qui vous convient : Découverte, Duo, en groupe, Exclusif, XL, Petit Loup... Comptez en moyenne 3h d'animation, gonflage du ballon compris. Le vol en silence, poussé par les vents, offre à vos yeux un panorama à 360°.

L'ÉCHAPPÉE VERTE D'ALBI

Palais de la Berbie
Place Sainte-Cécile
✆ 05 63 49 48 80
www.albi-tourisme.fr

Ouvert toute l'année.

Une rando urbaine à Albi. La nature en ville, c'est possible. La preuve avec ces trois sentiers aménagés le long du Tarn et du Caussels. Vous êtes au cœur de la ville et évoluez dans un cadre champêtre préservé et entretenu sur plus de 4 kilomètres. Le sentier des Berges relie d'abord le parking de la cathédrale à l'embouchure du ruisseau du Caussels, puis laisse place au Sentier sauvage, entre le Pont-Neuf et l'avenue du Loirat. C'est enfin le sentier de la Mouline qui termine la boucle, en s'étirant jusqu'au parking des Planques.

AMBIALET

Le village d'Ambialet possède un paysage de carte postale. Situé entre Albi et les gorges du Tarn, il s'est développé sur un site unique, référencé fréquemment comme l'isthme le plus étroit d'Europe. Ici, la vallée dessine une boucle de 3 km qui sépare la commune en deux et forme une impressionnante presqu'île rocailleuse. Cette situation géographique a séduit de nombreux puissants et stratèges au cours des siècles. Leur influence est d'ailleurs encore visible à travers les vestiges de la cité : forteresse, prieuré, chapelle... Prenez le temps de monter sur les hauteurs du prieuré, un panorama permettra de contempler toute la beauté d'Ambialet.

LA PRESQU'ILE D'AMBIALET

C'est un paysage insolite et une jolie surprise. Entre Albi et les gorges du Tarn, ce village s'est développé sur un site unique, réputé l'isthme le plus étroit d'Europe. Ici, la vallée dessine une boucle de 3 km qui forme une impressionnante presqu'île rocailleuse. Cette situation géographique intéressa puissants et stratèges au cours des siècles. Leur influence reste visible à travers les vestiges d'une forteresse, du prieuré, de la chapelle... Sur les hauteurs du prieuré, splendide panorama qui révèle toute la beauté d'Ambialet.

LE PIEURÉ NOTRE-DAME DE L'ODER D'AMBIALET ★

Presqu'île d'Ambialet
✆ 05 63 55 39 14
www.valleedutarn-tourisme.com

Visites guidées organisées par l'office de tourisme en juillet et août. Accès libre : tous les jours de 9h à 19h.

Cette église en schiste du XIe siècle surplombe la presqu'île d'Ambialet. A l'origine, l'ensemble fut donné à l'abbaye Saint-Victor de Marseille en 1507. Le monastère bénédictin a pris de l'importance lors de la croisade des Albigeois. En 1458, il passe sous l'autorité du chapitre de Montpellier et son importance diminue. A la veille de la Révolution, il est en ruines. En 1865 il échoit aux Franciscains du Tiers Ordre qui le restaurent et lui rendent son aspect roman d'origine.

CENTRALE HYDRAULIQUE EDF

www.musee-saut-du-tarn.com

Du 6/07 au 30/09 les mardis et les jeudis, à 11h. Visites guidées gratuites sur réservation au 05 63 45 91 01. 9 ps max.

A Ambialet, le Tarn fait une longue boucle de 3 km. Lorsque la rivière semble revenir sur ses pas, la presqu'île d'Ambialet n'a plus alors qu'une trentaine de mètres de large. Ce site unique, qui fut pendant plus de deux siècles la plus importante place-forte de l'Albigeois, porte encore les traces d'un passé prestigieux. C'est au cœur de ce site que la 5ème centrale de l'usine du Saut du Tarn fut édifiée. Dès 1913, l'usine commence à s'intéresser aux possibilités d'utilisation de la chute d'Ambialet. Possibilité aussi de visiter le Musée du Saut du Tarn.

TARN

© FOTOSEARCH / GRAPHICOBSESSION

Le village d'Ambialet.

CHAMBRES D'HÔTES AMBELS €

Lieu-dit Ambels ✆ 05 63 79 56 41

Chambre simple 50 € ; chambre double 55 €. Petit déjeuner inclus. Lit supplémentaire : 20 €. Repas : de 15 à 20 €.

C'est au bout d'une longue allée d'arbres centenaires, sur l'axe Albi-Millau, que Nicolas vous accueille. Au sein de l'immense bâtisse du XIXe siècle qui abrite aujourd'hui son exploitation agricole et ses chambres d'hôtes, il promet une belle ambiance familiale ! Les chambres d'hôtes associent confort et vue imprenable, difficile de ne pas être séduit. Vous profiterez ici d'une véritable découverte de la ferme de Nicolas, de ses moutons et de ses vaches, de ses travaux du quotidien, et petits et grands seront séduits par cette proximité avec la nature.

CAMPING CAMP VALLÉE DU TARN €€

Les Bourdariès - **COURRIS** ✆ 06 52 64 64 50

www.campvalleedutarn.com

Ouvert d'avril à fin septembre. Emplacement (avec 6A) à partir de 21,50 €. Tente cloche : de 299 à 489 €/semaine.

Situé sur la presqu'île d'Ambialet, joyau de la vallée du Tarn, ce camping est un endroit idéal pour vos vacances en famille à la campagne : emplacements ombragés sur les berges du Tarn, location de caravanes pour ceux qui n'auraient pas envie de camper, farniente au bord de l'eau ou activités aquatiques, soirées barbecue ou repas animés à la crêperie, parties de pêche en famille ou randonnées entre amis... Tout est prévu pour que vous puissiez passer d'agréables séjours.

BASE DE CANOË-KAYAK D'AMBIALET

La Moulinquié - **SAINT-CIRGUE** ✆ 06 38 80 57 05

cdck81.com

Ouvert de juin à septembre le weekend, tous les jours en juillet août. Tarifs en ligne (à partir de 10€).

A la base nautique de la Moulinquié, vous pourrez louer bateaux, canoës, kayaks et planches à voile et parcourir différents parcours de canoë-kayak De l'initiation à une randonnée de plusieurs jours, c'est une merveilleuse manière de découvrir la vallée du Tarn. Pour les parcours accompagnés, les tarifs comprennent le matériel aux normes, l'assurance journalière, l'initiation et le retour en minibus. Il est indispensable de savoir nager et s'immerger, d'avoir plus de 7 ans, d'être bien équipé.

BRASSAC

Si le temps semble s'être arrêté dans cette commune tarnaise, c'est parce que les murs de ses demeures et les ruelles de son centre conservent encore les silhouettes et cicatrices de son histoire. L'épopée de cette ville des Monts de Lacaune commence au IVe millénaire avant notre ère, et il nous reste de ce premier campement des vestiges néolithiques, ainsi que des statues-menhirs s'érigeant çà et là dans la campagne avoisinante. La légende voudrait qu'un chef gaulois, Baccius, ait donné son nom à la ville. On sait avec plus de certitude encore que les Sarrasins, battus par Charles Martel, trouvèrent ici un refuge. Au Moyen Age, on bâtit un pont entre les deux agglomérations, Brassac-de-Castelnau et Brassac-de-Belfortès. L'une étant catholique et l'autre réformée : elles se livreront une guerre sans merci jusqu'à la victoire des calvinistes, le 21 juin 1569. La paix recouvrée, le bourg puisera par la suite sa fortune dans l'industrie textile et les forges installées sur les gisements de fer de la commune. Aujourd'hui, village de caractère, Brassac offre à tous les regards ses trésors d'architecture, ses vieilles pierres et laisse présager de nombreux secrets que le rire cristallin de la rivière s'emploie à étouffer.

GALERIE DES PANIERS

Place de l'Hôtel-de-Ville

✆ 05 63 74 00 18

brassac.fr

Ouverture le lundi, mardi, mercredi et jeudi de 9h à 17h. Le vendredi de 9h à 12h. Gratuit.

Le musée de la Vannerie vous est proposé dans une salle attenante à la mairie. On y découvre pas moins de 300 objets de vannerie répertoriés et classés : paniers, corbeilles, chaises… Une exposition permanente d'objets qui déclinent ici tout un savoir-faire. Depuis plus d'une décennie, la MJC de Brassac organise la « Rencontre avec la Vannerie » fin avril. Le public peut s'adonner à des initiations de vannerie sur arceau, découvrir la galerie et la spécificité de ces objets qui font partie du patrimoine et de l'histoire du milieu rural.

Le château de Brassac.

LES ROCHERS ET LA MAISON DU SIDOBRE

56, route du Lignon
LE BEZ
sidobre-vallees-tourisme.com
Ouvert tous les jours. Fermé les week-ends d'hiver et durant les vacances de Noël.

Au nord de Castres, découvrez le Sidobre ! Ce pays de rocs et d'eau, intégré au parc naturel régional du Haut-Languedoc, est le plus grand plateau granitique d'Europe. Quels mystères cache la Peyro Clabado (la pierre clouée) ? Avec ses 800 tonnes elle défie la pesanteur, en équilibre sur un roc de moins d'un mètre carré ! Escale incontournable : l'Espace muséologique, créé pour mieux comprendre cette roche mère et son travail, de l'extraction à la transformation.

LA GRANGE AUX ÂNES €€

Le Sécun Haut
LE BEZ
✆ 05 81 43 06 88
Ouvert toute l'année. Week-end : 135 €. Semaine : de 310 à 460 €.

Cette adorable petite maison ancienne aux volets bleus est située au cœur du Sidobre, dans le parc naturel régional du Haut-Languedoc. Ce joli gîte est composé d'une cuisine, d'un salon et de deux chambres. Son extérieur dispose d'une terrasse et d'un barbecue, parfait pour les longues journées d'été. Sur place, les propriétaires vendent des produits de leur basse-cour et leur jardin : œufs, confitures maison, plantes aromatiques, légumes... A proximité, de nombreuses activités sont disponibles : randonnée à dos d'ânes, circuits VTT, baignade en rivière...

CHEZ LES ENFANTS DU MEUNIER €€

410, route du barrage
LE BEZ
✆ 05 63 73 02 88
Ouvert toute l'année. Week-end 130 €, semaine à partir de 380 €.

Un gîte de pêche dans un moulin au fond d'une vallée verte et sauvage. Cet ancien moulin seigneurial a été remis en service avec une turbine hydroélectrique pour produire de l'électricité verte. Gabriele et Jean-Pierre proposent des gîtes confortables et éco-responsables. Taquinez la truite en bas du gîte (mars-sept). Visite commentée du Moulin offerte durant votre séjour. Et Jean-Pierre est intarissable sur l'histoire locale, la croisade des Albigeois, les guerres des Religion.

CAFÉ DE PARIS €€

8, place de l'Hôtel-de-Ville
✆ 05 63 74 00 31
Ouvert du mardi au dimanche de 9h à 23h. Menus de 14 € à 32 €. Vin au verre. Accueil des groupes. Terrasse.

Depuis 2014, Arnaud Caré anime cette table campagnarde centenaire au goût bien d'aujourd'hui. En cuisine, le chef mitonne de bons petits plats à l'aide de produits délicieusement locaux, à l'image de la gaufre de chèvre, de la brick de museau grillé ou encore du confit de canard. Très canaille, cette adresse a su séduire les palais montagnols et le nôtre. Bonne nouvelle : depuis 2018, Arnaud propose également huit chambres rénovées. Une halte de qualité pour ceux qui souhaitent séjourner dans un cadre authentique, pensé dans l'esprit d'un relais de poste.

CAHUZAC-SUR-VÈRE

Le village de Cahuzac-sur-Vère repose dans un lit de campagne verdoyante, loin de l'agitation de la ville. Ancienne place forte, c'est aujourd'hui un vignoble réputé constellé de jolis domaines. Au sein de la bastide, les curieux apprécieront le musée consacré au souvenir du poète Maurice de Guérin et à sa sœur Eugénie. Cette halte revigorante est également le point de départ de nombreuses randonnées pédestres, cyclables et équestres. On mentionnera notamment le formidable sentier du Cayla, un circuit de randonnée de 2,5 km qui permet de découvrir le château du même nom sous toutes les coutures et contempler la campagne environnante.

CHÂTEAU DE MAURIAC

Lieu-dit de Mauriac - **SENOUILLAC**
✆ 05 63 41 71 18
www.chateaudemauriac.com
De Pâques à Toussaint. Adulte 9 €, enfants 4 €. Classé monument historique. Visite guidée. Chambres d'hôte de standing.

Situé sur la route historique du Pastel, cette forteresse du XIVe siècle attire l'œil par son imposante architecture : de grosses tours rondes, une superbe cour Renaissance à laquelle Bernard Bistes, peintre et actuel propriétaire du château, a rendu son luxe. Une quarantaine de pièces ont été restaurées et revisitées par leur hôte, agrémentées au rez-de-chaussée par une exposition permanente de ses œuvres. Vous pouvez aussi séjourner dans l'une des 5 magnifiques chambres d'hôtes du château et dormir dans un somptueux lit à baldaquin.

CHÂTEAU-MUSÉE DU CAYLA

Château-musée du Cayla
ANDILLAC
✆ 05 63 33 01 68
musees-departementaux.tarn.fr
Ouvert toute l'année. Gratuit jusqu'à 18 ans. Adulte : 3 € (5€ avec visite et animation).

Sur une propriété vigneronne de 27 ha se dresse la maison natale du poète romantique Maurice de Guérin, gentilhommière traditionnelle du Languedoc des XVe et XVIIIe siècles. De nos jours, elle abrite un musée départemental dédié à sa vie et à son œuvre tourmentées. Le journal de sa sœur Eugénie évoque le quotidien rural dans le Tarn au XIXe siècle. Chaque année, des manifestations culturelles autour de la poésie, de la littérature et des arts ont lieu au sein du château. Une salle de documentation est ouverte aux chercheurs. Visites guidées. Boutique.

CAMPING LE SOLEIL DES BASTIDES €€

Route de Cordes
✆ 05 63 33 91 94
www.camping-le-soleil-des-bastides.fr
D'avril à octobre. Lodge Safari (4/5 pers.) : de 240 à 510€.

Ce camping 3-étoiles, au cœur du triangle d'or (Albi, Gaillac, Cordes-sur-Ciel), est un havre de nature et de convivialité tranquille. Le camping abrite une belle piscine avec un espace spa et propose à la location plusieurs logements insolites, des lodges (safari ou Victoria), des cabanes suédoises, des kotas finlandais, des tentes, une cabane et même des caravanes relookées. On apprécie le barbecue collectif et l'ambiance toute particulière de ce camping pas comme les autres.

CHÂTEAU LARROZE €€

Roziès
✆ 05 63 33 99 70
chateau-larroze.business.site
2 chambres. Chambre double de 140 € à 160 €. Petit déjeuner inclus. CB non acceptée. Séminaires. Wifi gratuit.

Du sommet de sa colline, ce petit château du XIXe siècle entouré de vignobles et d'arbres centenaires jouit d'un calme absolu. Avec sa tour et son architecture tarnaise, il a un charme fou qui séduira les amateurs de vieilles pierres. Les chambres sont spacieuses et claires, aménagées avec grand goût, mobilier contemporain et exotique. Vous profiterez du jardin avant de plonger dans la superbe piscine chauffée, au bord de laquelle, dès les beaux jours, on savoure un petit déjeuner gourmand. À découvrir également, les vins du château.

LE VAL DE LA GARENNE €€

La Garenne - **SENOUILLAC**
✆ 06 31 96 33 18
www.le-val-de-la-garenne.com
Chambre double de 79 € à 95 €. Petit déjeuner inclus. Lit supplémentaire : 30 €. Gite de 400 à 550€ la semaine.

Charmant petit val dans la campagne tarnaise, caché dans un écrin de nature et de vignes verdoyantes, les trois chambres d'hôte du Val de la Garenne vous accueillent tout au long de l'année dans un cadre enchanteur. Un parc d'un hectare, une magnifique terrasse qui se termine par une grande piscine ensoleillée, ça sent les vacances ! Bain à remous extérieur, massages traditionnels ayurvédiques et délicieuse table d'hôtes complètent les offres. Venez profiter du charme et de la quiétude d'une maison de campagne ouverte sur un jardin à perte de vue.

AUX VENTS D'ANGES €€

Mas des Vignes ✆ 05 63 33 29 95
www.auxventsdanges.eu
Chambre double de 100 € à 120 €. Petit déjeuner inclus. Lit supplémentaire : 30 €. Massages sur réservation.

Cette chambre d'hôtes est abritée dans une propriété viticole datant du XVIIIe siècle. Cette invitation au sein de cette maison de maître, du pigeonnier en passant par la grange, vous fera découvrir chaque recoin à son histoire. La grange de pierres blanches a été transformée afin d'accueillir quatre chambres et une pièce à vivre commune. Les chambres sont superbes, contemporaines et tout confort. Le voyage continue avec la grande piscine d'eau salée et un magnifique jardin. Allongé sur l'un des transats de la terrasse, on se laisse emporter en pays de Cocagne.

LA VIGNERONNE €€

36, Lieu-dit Camp de Jeanne - **SENOUILLAC**
✆ 05 63 34 49 08
www.lavigneronne81.fr
Chambre double de 85 € à 135 €. Petit déjeuner inclus. Lit supplémentaire : 20 €. Chèque Vacances.

Cinq chambres d'hôtes et un gîte tout confort sont à votre disposition. Béatrice et Cyril vous accueillent dans une ancienne exploitation viticole, idéalement placée pour découvrir les richesses du pays des bastides albigeoises. De bon goût et confortable. Des chambres dans un ancien séchoir à tabac. Des richesses qui passent par le vin, mais aussi par la gastronomie ! À cet effet, Cyril vous propose des cours de cuisine dans son atelier et offre une table d'hôtes parfaite avec des menus sans gluten sur demande. Pour vos moments de détente : piscine, spa et sauna.

LA BONNE AUBERGE €

2, rue de l'Eglise
✆ 05 63 33 90 17
Ouvert du dimanche au vendredi le midi. Menus de 13€ à 18€. Chèque Vacances, Chèque Restaurant. Terrasse.

Cet établissement à la bonne franquette et sans fioritures porte bien son nom ! Les plats y sont bons, canailles et copieux. Ils offrent une place de choix aux produits du terroir et influences régionales. A l'ardoise, on découvrira des délices tels que les omelettes aux cèpes, les cuisses de canard confites et les cuisses de grenouille. La salle a fait peau neuve il y a quelques années, elle est aujourd'hui habillée de couleurs plus chaudes. En été, on aime s'installer sur la jolie terrasse ombragée de glycines, à l'image des auberges d'antan.

CLOS ROCAILLEUX

Lieu-dit «Condomines»
ANDILLAC
✆ 06 89 19 25 18
closrocailleux.com
Haute saison : du mardi au samedi 9h-12h/14h-18h. Basse saison : sur rendez-vous. Livraison possible

Margaret et Jack Reckitt ont quitté Londres pour s'installer dans ce vignoble d'Andillac, leur choix s'est porté sur celui qui avait le plus de cépages originaux. Sur ces terres généreuses, le gaillacois avec les braucol, duras, syrah, et mauzac pour le blanc, évoluent dans toute leur richesse. Une très belle cuvée vieille vigne de blanc est produite sur ce plateau calcaire réputé. Une autre originalité du domaine : le duras rosé, qui remporte un grand succès, très clair et épicé sur la finale, parfait pour apéritif par exemple.

DOMAINE PLAGEOLES

Route des Très Cantous
✆ 05 63 33 90 40
www.vins-plageoles.com
Ouvert du lundi au samedi de 9h à 12h et de 15h à 19h. Livraison.

Le Domaine Plageoles, c'est 7 générations de vignerons, 27 ha et 2 exploitations : le domaine des Très Cantous (Cahuzac-sur-Vère) et le domaine de Roucou-Cantemerle (Castelnau-de-Montmiral). Ils produisent des blancs et des rouges AOC, dont une majorité de vignes blanches. En plus de cultiver le mauzac sous toutes ses formes, Bernard Plageoles a remis au goût du jour des cépages anciens comme l'ondenc ou le prunelart. Sa vinification naturelle donne naissance à de beaux vins pétillants (méthode gaillacoise), liquoreux et moelleux, très caractéristiques.

CARMAUX ★

Connue pour son ancienne activité minière, la cité a survécu à la récession charbonnière et raconte aujourd'hui sa formidable et surprenante épopée industrielle dans ses musées et sur ses façades. Terre de Jean Jaurès, qui lors de son mandat de député défendit les ouvriers et mineurs du bassin carmausin, Carmaux passa sur le devant de la scène lors des graves crises sociales de la fin du XIXe siècle. De nos jours, la ville est tournée vers l'avenir et le tourisme. Ne pas manquer d'admirer la statue du socialiste, sur la place éponyme, et le château du Marquis de Solages, aujourd'hui château de la Verrerie abritant le centre d'art du Verre.

CAP' DÉCOUVERTE ★★

Le Garric - **LE GARRIC** ✆ 05 63 80 15 15
tourisme-tarn-carmaux.fr/capdecouverte
Ouvert de mars à la Toussaint. Basse saison : mercredi, samedi et dimanche de 11h-18h30. Haute saison : 7j/7 de 10h-20h.

Implanté autour de l'ancienne mine de charbon, sur un amphithéâtre impressionnant, ce site de 250 ha propose une vingtaine d'activités sportives et culturelles (tyrolienne, paintball, skatepark, luge sur rail, VTT, minikart, parcours aventure, plage, aquagliss, etc.). En toute saison, au gré de ses envies, chacun organise ses journées et crée son propre programme. Cet étonnant parcours chronologique et ludique vous permettra d'en apprendre davantage sur la formation du charbon, le Jardin du début du monde, l'abreuvoir des dinosaures, la forêt de ginkgos...

MUSÉE-MINE DÉPARTEMENTAL ★

20, avenue Saint-Sernin - **CAGNAC-LES-MINES**
✆ 05 63 53 91 70
musees-departementaux.tarn.fr
Fermé de fin décembre à mi-février. Ouvert tous les jours. Adulte 7 €, enfant 4 €.

La meilleure façon de comprendre l'histoire, c'est d'en être acteur ! Et le Conseil Général du Tarn l'a bien compris puisqu'il est le gérant de cet étonnant espace de découverte. Située à Cagnac, cette ancienne mine active s'étend sur 350 m de galeries souterraines et reprend vie à l'aide d'effets spéciaux, de simulations de coup de grisou, de cage d'ascenseur de descente, etc. Au cours du circuit de 1h, un guide vous conte le quotidien du mineur, ainsi que l'histoire minière, industrielle et humaine du Carmausin. Port du casque obligatoire. Boutique.

CASTELNAU-DE-MONTMIRAL

Mont admirable, nom primitif, Castelnau-de-Montmiral - le mont d'où l'on voit - est un formidable point d'observation qui domine une bonne partie du bassin de la Vère, ses vallons, ses collines verdoyantes, ses vignes et ses prairies. La cité médiévale fait partie des Plus Beaux Villages de France et à juste titre ! De passage, les amateurs d'histoire et de récits chevaleresques pourront découvrir légendes et vestiges du passé à travers ses ruelles millénaires. Monuments immanquables, la place des Arcades, bordée de demeures du XVIIe siècle et entourée de couverts, et la porte des Garrics (dite porte des Chênes) du XIIIe siècle, méritent un passage.

HÔTEL LA TOUR DE CIRON €€

32, avenue Bouloc-Torcatis
✆ 05 63 80 40 39
www.leboeufmarin.fr/hotel-la-tour-de-ciron

9 chambres. Chambre double de 85 à 95 €. Petit déjeuner : 12 € (en chambre : supplément de 6 €). Restauration.

Cette belle demeure de maître du milieu du XIXe siècle servait à sa création de maison de l'administration des mines. Après une série de travaux, elle accueille aujourd'hui un restaurant de qualité et l'hôtel La Tour de Ciron. La bâtisse s'organise de la manière suivante : deux salles de restaurant, un bar, une salle privatisable et neuf chambres spacieuses. Contemporaines et chaleureuses, elles offrent un cadre idéal pour un séjour reposant. Quant au Bœuf Marin, le restaurant des lieux, il apportera la touche gourmande et savoureuse qui manquait à votre passage.

BISTROT LA TOURANGELLE €€

1, boulevard du Rajol ✆ 05 63 36 63 47

Fermé 2 semaines à Noël. Ouvert du mardi au samedi le midi et le soir. Carte : 30 € environ. Cave.

Face à la place du marché, La Tourangelle illumine les soirées gastronomiques de la commune. L'élégante façade de ce restaurant dissimule une jolie salle voûtée, décorée à la manière d'un bistrot contemporain. Les tons rouges et noirs, associés au bois, fournissent aux lieux une chaleur et un charme certains. L'établissement sert d'écrin à de la cuisine de terroir et à des tapas bien senties. Pendant qu'Emilie et Eric assureront le service, Alexandre se chargera de composer des plats précis et savoureux. Un coin cave permet de repartir avec de belles références.

BASE DE LOISIRS DE LA ROUCARIÉ

La Roucarié - **ALMAYRAC** ✆ 05 63 76 76 67
tourisme-tarn-carmaux.fr/base-de-loisirs-de-la-roucarie

Baignade autorisée et surveillée en été. Aires de pique-nique et de jeux. Terrain de sport. Parcours de santé.

A seulement 10 minutes de la ville de Carmaux, le lac de la Roucarié est un spot qui vaut le détour. Avec ses 35 hectares d'eau et ses berges en partie boisées, le plan d'eau offre aux visiteurs un cadre verdoyant et dépaysant. Aménagé en base de loisirs, de nombreuses activités y sont proposées telles qu'un parcours de santé, des jeux pour les enfants, de la voile, de l'aviron… Notez que la baignade est autorisée et surveillée sur la rive d'Almayrac en été.

ÉGLISE NOTRE-DAME DE L'ASSOMPTION ★

Eglise Notre-Dame de l'Assomption

Toute l'année, tous les jours de 8h à 19h. Accès libre.

Une première église fut construite en 1300 sur l'emplacement de l'église actuelle. Agrandie au XIVe siècle, son clocher et son portail ne furent édifiés qu'au XVe siècle. A l'intérieur se trouvent une statue en pierre polychrome, une Pietà polychrome du XVe siècle et surtout, dans la salle du trésor, la croix reliquaire gemmée, dite «Croix des comtes d'Armagnac», chef-d'œuvre de l'orfèvrerie religieuse du XIIIe siècle comportant plus de 354 pierres précieuses et semi-précieuses.

DOMAINE LES MIQUELS €€

Les Miquels
✆ 05 63 40 17 25
www.les-miquels.com

Chambre simple de 80 € à 90 € ; chambre double de 85 € à 95 € ; chambre triple de 95 € à 105 €. Petit déjeuner inclus.

Depuis 2004, Laurence et Dominique ont repris Le Domaine des Miquels, superbe hameau du XVIIIe siècle, au parc de 2 ha ! Ici on se repose dans l'ancien four à pain du hameau, dans l'ancienne bergerie du domaine ou tout bonnement dans un pigeonnier d'époque du XVIIIe siècle. Les anciennes écuries ont aujourd'hui les fonctions de salle à manger, bibliothèque et salon. Le Pigeonnier, classé parmi les « Pigeonniers tours », est idéal pour célébrer une nuit de noces insolite, un anniversaire de mariage ou, tout simplement, pour surprendre votre moitié !

LA MAISON DU CHAI €€

Hameau de Saint-Jérôme ✆ 05 63 33 50 41
www.lamaisonduchai.com

Ouvert toute l'année. 2 chambres (+ 1 gîte). Chambre double de 75 € à 85 €. Petit déjeuner inclus.

Ici on vous accueille chaleureusement dans un ancien chai rénové datant de 1850. Pour un séjour détente et bien-être avec vue sur le vignoble, La Maison du chai est l'endroit idéal. Du vin rouge au blanc, les noms de chambres évocateurs de leurs ambiances tantôt faites de douceur, tantôt de force et de caractère. Vous y trouverez tout le confort moderne, tout comme dans les studios, très bien conçus, entièrement aménagés et équipés. Un gîte est également proposé et tous les hébergements donnent accès à la superbe piscine d'où on a une vue sublime.

LE MÉNAGIER €€€

Place des Arcades
✆ 05 63 42 08 35
lemenagier.com

Ouvert du jeudi au dimanche midi et soir. Réservation recommandée. Menus de 36€ à 72€. Carte : 60€ environ. Terrasse.

« Le bonheur est dans la cuisine », disait Bocuse, et après un passage à la table de Gérard Garrigues, on ne peut que lui donner raison. D'abord parce que les hautes inspirations du chef semblent provenir d'un pur amour de la profession, mais aussi parce que, une fois le repas terminé, l'estomac sourit. Après avoir fait ses preuves à Paris (aux côtés d'Alain Dutournier), à Toulouse, d'abord au Pastel, puis dans deux tables de musée, ce fils du Tarn-et-Garonne voisin a repris une auberge de village sur l'une des plus jolies places du Tarn.

BASE DE LOISIRS VÉRE GRÉSIGNE

Pont de la Lèbre ✆ 05 63 33 16 00
base-de-loisirs-vere-gresigne.fr

Horaires en ligne. Restauration. Baignade surveillée et toboggan aquatique. Pédalos. Canoë-kayak. Tennis. Mini-golf.

A 2 km de Castelnau-de-Montmiral, cette base de loisirs comprend un joli plan d'eau de 7 ha. On y pratique des sports nautiques (canoë, kayak, bateau à pédales), des activités sportives (tennis, foot, volley-ball, ping-pong) et de détente (mini-golf, pêche, pétanque, baignade). La majorité d'entre elles sont payantes et sont sous la surveillance de professionnels. Enfin, une aire de pique-nique avec barbecues se trouve près du lac, à l'ombre, parfait pour un déjeuner convivial.

CASTRES ★

Née au IXe siècle autour de l'abbaye Saint-Benoît, au cœur du Haut Languedoc, la ville est devenue comté toulousain et évêché avant d'être ravagée par les guerres de Religion. Elle fut une étape sur les chemins de Saint-Jacques-de-Compostelle à partir du IXe siècle. C'est le textile qui a permis à la cité de retrouver sa prospérité au XVIIe siècle. Les vieilles maisons de bois aux galeries colorées plongeant dans l'Agout témoignent de cette époque où drapiers, teinturiers et autres tanneurs utilisaient pour leurs travaux les eaux de la rivière. Il faut s'imaginer l'Agout à l'apogée de Castres, charriant les couleurs, les odeurs et les péniches, les cales remplies des ors de Cocagne. Ville de rugby comme il se doit en Occitanie, Castres se distingue avec ses entreprises de l'intelligence et ses savoir-faire. La sous-préfecture du Tarn, qui vit naître Jean Jaurès, figure socialiste française et symbole des luttes ouvrières, compte aujourd'hui environ 50 000 habitants. Ville fleurie 3 fleurs, Castres a su concilier patrimoine, activités (golf, bowling, piscine...) et espaces verts. Les curieux sont attirés par le musée Goya, le théâtre de la ville, ainsi que ses richesses architecturales, historiques et naturelles.

L'ANCIEN PALAIS EPISCOPAL ★

Rue de l'Hôtel-de-Ville
www.ville-castres.fr/fr/patrimoine

Édifié au XVIIe siècle à la demande de Monseigneur de Tubœuf, le Palais épiscopal est classé par les Monuments historiques depuis 1927. Construit entre 1669 et 1673 par Jules Hardouin-Mansart, il sert aujourd'hui de décor à l'Hôtel de Ville et au musée Goya. Sinon vous avez toujours la possibilité de vous arrêter dans son magnifique jardin inscrit à l'inventaire supplémentaire des Monuments historiques et dessiné par Le Nôtre, paysagiste de Louis XIV.

LA CATHÉDRALE SAINT-BENOÎT ✝ ★

2, rue de l'Hôtel-de-Ville

La cathédrale Saint-Benoît a célébré son 300e anniversaire en 2018 ! Elle abrite une collection de peintures de l'école toulousaine du XVIIIe siècle, ainsi qu'un ensemble baroque de première élégance : retable, maître-autel et baldaquin. La vieille dame conserve son clocher roman, de l'autre côté de la rue. Cette tour romane est le seul vestige de l'ancien monastère construit par les moines de Saint-Victor de Marseille. Elle fait l'objet depuis 1988 d'une opération de sauvetage.

LES ÉGLISES DE CASTRES ✝

www.pays-castrais.catholique.fr

La ville de Castres est ponctuée de nombreuses églises. Les amateurs de patrimoine religieux pourront par exemple visiter l'actuelle église Saint-Jacques, datée de 1626. La visite se poursuit avec Notre-Dame-de-la-Platé, inspirée de l'église du Gésu de Rome, qui abrite un retable baroque. Pour sa part, l'église Notre-Dame-de-Bonne-Espérance abrite une impressionnante fresque de 12 mètres consacrée au thème de l'Apocalypse selon saint Jean. Elle a été réalisée par Gaston-Louis Marchal, né à Damelevières, un ancien disciple du sculpteur Ossip Zadkine.

JARDIN DE L'ÉVÊCHÉ ★★

Rue de l'Evêché

✆ 05 63 62 63 62

www.ville-castres.fr/fr/le-jardin-de-leveche

Ouvert toute l'année. Accès libre. Visite guidée (par l'office de tourisme, sur rendez-vous). Animations.

Ce jardin à la française prolonge et embellit le déjà majestueux hôtel de l'Évêché, aujourd'hui résidence du musée Goya. Le monument, bâti par Jules Hardouin-Mansart en 1670, offre une superbe collection d'arts hispaniques à découvrir sans hésitation. À l'extérieur, le jardin réalisé par André Le Nôtre, jardinier de Louis XIV, symbolise parfaitement le style de l'époque : jeux de perspectives, bassin, broderies de buis... Sa valeur est telle que l'espace vert a été classé monument historique en 1995 et labellisé « Jardin remarquable » en 2004.

MUSÉE GOYA - MUSÉE D'ART HISPANIQUE ★★

Rue de l'Hôtel-de-Ville

✆ 05 63 71 59 27

Basse saison : ouvert du mardi au dimanche de 9h à 12h et de 14h à 17h. Juillet et août : tous les jours de 10h à 18h.

Installé dans l'ancien palais épiscopal du XVIIe siècle, ce musée héberge une collection impressionnante d'œuvres des plus grands maîtres de la peinture espagnole et du siècle d'or. En plus des œuvres de Francisco Goya, le musée abrite Reixach, Borrassà, Mates, maître de Viella, Macip (XVe et XVIe siècles), deux chefs-d'œuvre de Pacheco, maître de Velásquez (XVIIe siècle), Velásquez lui-même, Murillo, Valdès Léal, Alonso Cano, Fortuny, Zurbarán, Mallo, Bueno et bien sûr Picasso.

TARN

© CLODIO

Maisons au bord de l'Agout, Castres.

PARC DE GOURJADE ★

Parc de Gourjade
✆ 05 63 62 41 71
www.tourisme-castres.fr/parc-gourjade
Ouvert toute l'année. Tous les jours de 8h à 22h. Gratuit. Accueil enfants. Animations.

C'est au nord de Castres que vous aurez l'occasion de découvrir les 53 hectares de verdure de ce parc exceptionnel. Ce jardin est impressionnant par son immensité et la richesse des équipements qui se trouvent sur place. C'est le lieu de détente et d'amusement idéal, peu importe les âges. On s'y retrouve pour un pique-nique à l'ombre, une promenade relaxante, pour amener son enfant sur la plaine de jeux, pour s'amuser sur le skate-park… A proximité : golf 18-trous, tir à l'arc, Archéopole, train miniature et piscine-patinoire.

LA PLACE JEAN-JAURÈS ★

© DIGOARPI - SHUTTERSTOCK.COM

C'est le cœur géographique et dynamique de l'Ecusson castrais. Commerces et terrasses s'y reposent, attendant la venue des badauds de la ville. Par le passé, elle s'est appelée place «Royale», «Impériale» puis «Nationale», avant de prendre le nom de l'humaniste natif de la cité. Derrière la statue de Jean Jaurès, l'ancienne halle au blé a été surélevée et baptisée Immeuble des Arcades. Elle abrite plusieurs adresses conviviales qui donnent directement sur les rives de l'Agout. Lorsque le soleil montre le bout son nez, c'est le spot incontournable.

LE COCHE D'EAU « LE MIREDAMES »

Embarcadères : Pont Vieux et parc de la Gourjade
✆ 05 63 71 58 58
Ouvert de mai à septembre. Nocturnes en été. Horaire en ligne. Gratuit jusqu'à 4 ans. Adulte : 4€ (6€ l'aller-retour).

Le Miredames, c'est un bateau-promenade tout en bois, construit en 1990 sur le modèle des anciennes diligences fluviales. Il propose une escapade entre le centre-ville et le parc de Gourjade, le long des berges de l'Agout. Une visite de Castres de 40 minutes aller-retour, qui permet de profiter de la fraîcheur tout en admirant les anciennes maisons polychromes des tanneurs, les jardins situés le long de la rivière et les canards qui s'ébrouent joyeusement tout au long du chemin.

HÔTEL RIVIÈRE €

10, quai Tourcaudière
✆ 05 63 59 04 53
Fermé du 10 au 31 décembre. 14 chambres. Chambre simple de 46 € à 52 € ; chambre double de 58 € à 60 €.

Cet hôtel est le seul 2-étoiles du centre de Castres. Il surplombe la rivière de l'Agoût, d'ailleurs certaines de ses chambres bénéficient d'une vue magnifique sur les anciennes maisons des tanneurs. Le cadre y est simple et chaleureux, les chambres sont jolies, propres et modernes. Les 14 chambres aux couleurs chaudes sont équipées de douche, WC, sèche-cheveux, téléphone, TV et Wifi gratuit. En bonus, l'hôtel dispose d'un garage privé : très pratique quand on veut profiter du centre-ville ! Le rapport qualité/prix et l'accueil sont excellents.

L'ALBINQUE €€

11, avenue Augustin-Malroux ✆ 05 63 72 42 68
www.lalbinque-chambresdhotes.fr
Ouvert toute l'année. 3 chambres (dont 1 suite). Chambre double de 70 € à 80 €. Petit déjeuner inclus. Parking 5 €.

À deux pas du centre de Castres, non loin de la place du marché, deux chambres d'hôtes et une suite, tenues par Françoise Cauquil, vous attendent pour un moment loin de l'agitation. Dans une maison du XIXe siècle, cette professeure de français a aménagé une chambre d'hôte de qualité. Les hébergements sont répartis de la manière suivante : une chambre au rez-de-chaussée et une autre au deuxième étage avec vue sur le jardin, une suite vient compléter le tout l'été. N'hésitez pas à vous offrir une parenthèse de bien-être en fin de journée grâce au spa.

CAMPING DE GOURJADE €€

Route de Roquecourbe
✆ 05 63 59 33 51
www.campingdegourjade.net
Fermé d´octobre à avril. Emplacement de 11,50€ à 17€. Mobil-homes de 290€ à 520€/semaine. Chalets de 380€ à 680€.

Implanté aux portes du Parc régional du Haut Languedoc et de la montagne Noire, ce camping convivial repose au cœur du parc de Gourjade, sur une des rives de l'Agout. Bucolique et confortable, le 3-étoiles a su bâtir une solide réputation à l'aide de ses 100 emplacements spacieux, de ses locations meublées, de sa piscine, de son bar-restaurant et de ses nombreux équipements de loisirs (pêche, golf...). Tout est là pour rendre votre séjour particulièrement agréable. Au programme : des loisirs familiaux dans un cadre époustouflant !

DOMAINE DE LA VIVARIÉ €€

33, chemin de la Vivarié
✆ 06 59 52 14 70
www.lavivarie.fr
Chambre double de 65 € à 110 €. Petit déjeuner inclus. Jeux pour enfants. Animaux acceptés (sur demande).

Dans cette gentilhommière du XVIIe siècle, les quatre chambres, au premier étage, sont décorées avec goût, dans un mélange d'ancien et de contemporain. Une suite familiale, moderne et pleine de charme, offre confort et volupté. Toutes sont équipées d'un purificateur d'air nouvelle génération. La table d'hôtes mérite largement que l'on y prenne place, les vins du domaine de Vaissette accompagnent les mets. Le parc de 5 hectares est une véritable invitation à la promenade. Perdez-vous dans ce petit coin de nature dont le cèdre centenaire est le gardien.

EUROPE HÔTEL €€

5, rue Victor-Hugo
✆ 05 63 59 00 33
www.europe-hotel-castres.fr
Chambre simple à partir de 59€ ; chambre double à partir de 69€ ; suite à partir de 99€. Petit déjeuner buffet : 11€.

Dès l'entrée le décor est planté : statue d'Aphrodite, lustre en pampilles et banquette de velours nous emmènent dans la Rome antique, où Philippe en maître des lieux vous attend à la réception. L'Europe propose trente-six chambres de caractère, toutes différentes et en constante évolution. Par son grand escalier de bois, d'époque, ou par l'ascenseur de verre, vous rejoindrez vos habitations où l'ancien et le moderne se côtoient gracieusement, laissant apparaître sous vos yeux une salle de bains ouverte sur la chambre, une télé écran plat...

MIREDAMES HÔTEL BAR €€

1, place Salengro
✆ 05 32 62 97 47
www.lemiredames.fr
Ouvert toute l'année. Chambre simple de 65 € à 75 € ; chambre triple. Demi-pension. Petit déjeuner : 9 €.

Cet hôtel porte le même nom que le coche d'eau qui accoste contre le pont, juste en face. C'est dire si l'établissement, repris en 2020 par Gaëtan, est particulièrement bien placé, en plein cœur de la ville. L'hôtel et la terrasse ont été refaits. Les quatorze chambres de l'hôtel, dont une pour handicapés, sont climatisées et insonorisées. Le bar afférent, qui sert de la petite restauration complétera parfaitement votre séjour avec une cuisine : planches charcuterie, planches fromages, burrata garnie, seiches grillées, gravlax de truite de la Montagne Noire...).

PLEIN CIEL €€

101, chemin des Fontaines ✆ 05 63 35 60 40
www.centrepleinciel.com
Chambre simple de 45 € à 48 € ; chambre double de 58 € à 62 € ; chambre triple de 78 € à 84 €. Petit déjeuner inclus.

Évelyne enseigne le yoga depuis plus de 35 ans, une expérience qu'elle se fera un plaisir de partager. Elle propose deux chambres familiales pouvant accueillir de 4 à 6 personnes chacune, l'une à l'étage, l'autre de plain-pied dans le jardin. L'environnement est coquet et arboré. Une grande cuisine et une terrasse sont mise à disposition des hôtes, de même qu'une salle de séminaire accessible en location à la demi-journée, à la journée ou même au week-end, avec repas en option. Pour les pèlerins, un accueil spécial est proposé selon des formules avantageuses.

LE PRÉAU SAINT-JACQUES €€

3, rue de l'Eglise
✆ 05 63 70 96 30
preausaintjacques.fr
Gîtes de France (4 épis). Ouvert toute l'année. 2 chambres. Chambre double à partir de 75 €. Jardin. Terrasse.

Rénovée avec goût et soins, cette belle bâtisse castraise se trouve sur la rive Est de l'Agout. La partie chambre d'hôtes des lieux est resplendissante et indépendante du reste de la maison, en effet le secteur habité par les propriétaires est séparé par un jardin où vous prendrez plaisir à vous installer pour savourer votre petit-déjeuner. Celui-ci sera permis grâce à la présence d'une cuisine tout équipée dans l'hébergement et la mise à disposition de nombreux produits locaux et bio. En hiver, on apprécie se détendre devant le poêle à bois.

DOMAINE LE CASTELET €€€

Chemin du Castelet
✆ 05 63 35 96 27
www.lecastelet.fr

Chambre double 96 €. Petit déjeuner inclus. 4 gîtes. En juillet et août, deux nuitées minimum.

Cette maison de maître du XIXe siècle est érigée au bout d'un chemin privé. Pleine de charme, elle est tenue par Suzy et Eric. A l'intérieur, les chambres d'hôtes et les suites ont toutes été décorées et rénovées de manière à créer une ambiance douce et raffinée. Au programme du séjour : repos, farniente au bord de la piscine, lecture sous les chênes tricentenaires du parc, partie de billard, balade dans les bois, petit-déjeuner maison, assiettes terroir... On ne voit pas le temps passer dans ce havre de paix à l'ambiance propice au repos et aux plaisirs simples.

BISTROT DES HALLES €€

Place Pierre-Fabre
✆ 09 84 09 46 84

Ouvert du mercredi au samedi le midi et le soir ; le dimanche midi. Carte : 28 € environ. Terrasse. Animations.

Depuis son ouverture en 2013, l'adresse dynamise la jolie halle de l'Albinque et attire les gourmets autour de son bar intelligemment achalandé. Logé dans l'enceinte du marché, cette buvette gourmande est le rendez-vous des producteurs en pause, des vacanciers en balade et des amateurs de sports qui viennent assister à la retransmission de leurs matchs adorés. Tous s'y rendent pour des raisons diverses mais tous viennent se régaler de la carte tapas (chaudes et froides) de l'adresse et des beaux nectars qui viennent l'accompagner. Ambiance assurée !

LA GRILLADE €€

7, rue Malpas
✆ 05 63 72 30 37

Ouvert toute l'année. Du mardi au samedi le midi et le soir. Carte : 35 € environ. Formule du midi : 15 €. Vin au verre.

Installé au sein de cette bâtisse du XVIIe siècle depuis mars 2020, le duo chaleureux Sébastien et Gabin, deux amis d'enfance, est vite devenu une valeur sûre du centre-ville castrais. A l'intérieur, le feu de bois crépite pour cuire grillades (côte de bœuf, entrecôte, lapin...) et pizzas (le samedi midi), des délices accompagnés d'assiettes variées telles que le cassoulet et tête de veau sauce gribiche. Dans une ambiance conviviale et un décor de poutres en bois et tables hautes, les gourmands découvriront une cuisine faite maison.

LE PESCADOU €€

18-20, rue des Trois-Rois
✆ 05 63 59 25 05
www.lepescadoucastres.com

Ouvert le mardi et le mercredi le soir, du jeudi au samedi midi et soir. Carte : 30€ environ. A emporter. Livraison.

Ce restaurant est un régal pour les amateurs de poisson frais, de coquillages et de crustacés. De l'extérieur, on se demande vraiment si l'on ne se trompe pas d'adresse, mais une fois le seuil franchi, on se retrouve dans une véritable cabane de pêcheur décorée de filets au mur. Ce qui fait la richesse de ce restaurant c'est le fait que la poissonnerie attenante garantit des livraisons de Méditerranée et d'Atlantique tous les jours. Huîtres, palourdes, langoustines, homards, gambas, poissons divers et variés... C'est un festival de saveurs iodées.

LE VINTAGE €€

4, rue Borrel
✆ 07 62 68 10 15

Ouvert du mardi au vendredi de 12h à 14h et de 18h à 22h, le samedi de 18h à 22h. Tapas le soir : à partir de 6,80€.

Cette adresse confidentielle a ouvert ses portes en novembre 2018. Elle convainc par son concept de cuisson à la pierre de lave, son ambiance intimiste et son équipe, aussi délicieuse que son menu. Logé dans la discrète rue Borrel, à deux pas des rives de l'Agout, le restaurant-bar à tapas dispose d'un cadre contemporain et élégant. Il se compose de deux espaces, l'un, à l'étage, héberge des tables et chaises hautes, la cuisine ouverte et une jolie vinothèque, l'autre, au sous-sol, est un espace voûté qui accueillera à merveille les soirées tapas conviviales.

BISTROT SAVEURS €€€

5, rue Sainte-Foy ✆ 05 63 50 11 45
bistrot-saveurs-81.fr

Ouvert du lundi au vendredi de 12h à 13h30 et de 19h30 à 21h15. Menus de 35€ à 120€. Formules du midi à partir de 19€.

Simon Scott est un grand artiste. A la différence de ses pairs, le chef ne s'exprime pas par les mots ou par la toile mais bien par une cuisine virtuose. Ancien cuisinier du prestigieux Savoy de Londres, il opère depuis quelques années derrière les fourneaux du Bistrot Saveurs. Dans sa cuisine, il jongle avec les saveurs et les textures comme personne, composant des assiettes élégantes et gastronomiques. Les curieux pourront d'ailleurs suivre la construction de ses oeuvres depuis leur table puisque le restaurant a pris le parti d'ouvrir sa cuisine sur la salle.

GOLF DE CASTRES-GOURJADE

Avenue de Roquecourbe ✆ 05 63 72 27 06
www.golf-castres.com
Ouvert toute l'année. Cours. Parcours 9 trous green fee : en semaine 33 €/la journée et 38 € le week-end. Boutique.

A la sortie de la ville, au cœur du parc de Gourjade, l'architecte Yves Bureau a su intégrer le golf de Castres à la beauté historique et naturelle des lieux. L'ensemble comprend un parcours de compétition de 9-trous qui passe l'Agoût. Un beau practice avec 36 postes dont 16 couverts et un parcours d'entraînement de 3-trous qui feront le bonheur des débutants, à proximité d'une belle demeure du XIXe siècle. L'espace propose également des stages, cours pour débutants et cours de perfectionnement toute l'année. Le golf devrait passer à 18-trous très prochainement.

SENTIER DU PETIT TRAIN DE LACAUNE

2, place de la République
✆ 05 63 62 63 62
www.tourisme-castres.fr

Au départ de Castres, le chemin des Fontaines évolue dans un cadre bucolique le long d'un aqueduc souterrain qui alimente la ville en eau. Jardins, ruisseaux, sous-bois et petits ponts sont au programme – attention d'ailleurs aux enfants quand vous surplomberez la rivière de l'Agoût. Au bout de huit kilomètres de marche, de jogging ou de vélo, vous atteignez le village médiéval de Burlat. Outre ses quelques monuments incontournables, vous y trouverez toilettes et point d'eau.

CORDES-SUR-CIEL ★★★

« Quel nom poétique, et en même temps si juste », se dit-on lorsque l'on aperçoit la cité perchée en haut de son promontoire de roche ! Son nom proviendrait, comme celui de Cordoue en Espagne, de l'industrie des cuirs et du tissage qui y prospéra aux XIIIe et XIVe siècles, car Cordes, fondée en 1222 par le comte de Toulouse, fut une cité prospère, à tel point qu'elle posséda jusqu'à cinq lignes de fortifications. Sa richesse a permis l'édification et la conservation d'un grand nombre de monuments médiévaux, c'est pourquoi on la nomme aussi la « ville aux cent ogives ». La cité vous révélera son histoire et ses trésors au cours d'une balade enrichissante et quelque peu sportive… La raide montée vous guidera auprès des enceintes, portes et ruelles pavées bordées de vieilles maisons historiques. Arrivé à la Grand-rue, devant de hautes et vastes maisons gothiques, uniques en France avec leurs ogives, vous découvrirez leurs sculptures et leurs statues symboliques ou mystérieuses. La cité qui flirte avec le ciel compte également une église de type gothique méridional (classée au titre des monuments historiques en 1922), et surtout des musées, des artistes et des artisans bien inspirés. Cette échappée de caractère permettra de se plonger dans l'histoire mouvementée de la région et de contempler les trésors qui fleurissent encore aujourd'hui dans cet écrin de pierre.

LO BOLEGASON

Passage Claude-Nougarot ✆ 05 63 62 15 61
www.bolegason.org
Ouvert du lundi au vendredi de 9h à 12h30 et de 14h à 17h30 ; le samedi de 14h à 18h. Restauration.

Si vous êtes fans de musiques actuelles et de spectacles vivants, cette scène est pour vous. C'est LA référence dans le département, l'agitateur de sons par excellence depuis 2001 ! L'établissement comprend une salle de concert de 525 places, quatre locaux de répétition, un espace multimédia et des équipements de pointe. Renseignez-vous sur la programmation, il y en a pour tous les goûts, du rock au reggae, de la chanson française à l'électro… Concerts, scènes ouvertes, répétitions, résidences et actions culturelles… tout est bon, dans Lo Bolegason !

ÉGLISE SAINT-MICHEL ★

22, place Saint-Michel
albi.catholique.fr
Haute saison : 7j/7 de 10h-12h/14h-18h. Basse saison : selon les disponibilités des bénévoles. Visite guidée.

Édifiée au cours de plusieurs campagnes de travaux, entre les XIIIe et XVe siècles, l'église Saint-Michel est typique du gothique méridional. Construite en grès ocre, mauve et gris ainsi qu'en pierre de schiste, elle présente la rosace la plus vaste et la plus fine de l'Albigeois. Une belle Vierge à l'Enfant du XVIe siècle est également exposée dans la vitrine du trésor. Tous ces éléments font que l'édifice est classé au titre des monuments historiques depuis 1922. Gérée par des bénévoles, sa visite nécessite une prise de contact au préalable.

LE JARDIN DES PARADIS ★★

Place du Théron
✆ 07 67 83 09 67
www.jardindesparadis.jimdo.com
Fermé d'octobre à avril. Visite libre uniquement : 3 €. Restauration. Salle d'exposition.

C'est le paradis vert de Cordes-sur-Ciel, luxuriant et pédagogique, pour une promenade insolite sur d'anciennes terrasses enchâssées dans la ville basse. Créé en 1999 par Éric Ossart et Arnaud Maurières, il regroupe plantes orientales et médiévales, ainsi que des variétés plus contemporaines en de subtils mélanges de couleurs et de senteurs. Ce jardin est composé d'une succession d'enclos, chacun marqué par une ambiance, matière ou couleur particulière : enclos de fleurs et fontaines bruissantes, pavillon persan, potager, miroir aux nymphéas...

MUSÉE D'ART MODERNE ET CONTEMPORAIN ★

39, Grand Rue Raimond VII
✆ 05 63 56 14 79
www.mamc.cordessurciel.fr
Fermé de novembre à mars. Ouvert du mercredi au lundi de 10h30-12h30/14h-18h. Adulte : 4€. Enfant : 2€. Boutique.

La Maison du Grand Fauconnier abrite un musée consacré à la création artistique du XXe siècle. Il vous emmène sur les traces d'Yves Brayer, peintre figuratif installé ici en 1940 et disparu en 1990. Au cours de sa carrière, l'artiste avait créé des costumes d'opéra et illustré des ouvrages de Musset, Rimbaud et Giono. Son parcours fut marqué par la création de « l'Académie de Cordes », un courant artistique étonnant présenté ici grâce aux œuvres de ses amis artistes.

MUSÉE CHARLES PORTAL ★

1, rue Saint-Michel ✆ 09 72 87 07 95
museecharlesportal.fr
Fermé de novembre à avril. Ouvert du vendredi au dimanche 14h30-18h (du mercredi au lundi l'été). Adulte : 3€.

Au sein de ses sept salles, ce musée retrace l'histoire de la région de la préhistoire au XIXe siècle. Le parcourir, c'est se voir offrir les clés de la cité et de son passé. Ce musée prouve une chose : la meilleure manière de découvrir ce patrimoine exceptionnel, c'est de le visiter. Au cours de la visite, vous passerez sous deux anciennes portes fortifiées, contemplerez des vestiges gallo-romains et mérovingiens, décrypterez le mystère des 113 m du puits de la halle, admirerez les détails de la plus grande maquette du palais de Raymond VII, un vrai plaisir.

MUSÉE LES ARTS DU SUCRE ET DU CHOCOLAT ★

33, Grande-Rue Raymond-VII
Ouvert tous les jours. Gratuit jusqu'à 6 ans. Adulte : 5,50 €. Ateliers. Visite guidée. Boutique. Animations.

Ici, les disciples du célèbre Yves Thuriès travaillent le sucre avec noblesse, le sculptent, l'étirent, le soufflent, le coulent. Ce musée rassemble une centaine d'œuvres d'art en sucre, d'une époustouflante finesse : sucre-rocher, pastillage, scènes médiévales, des légendes, la mythologie, forment des fleurs, des personnages, évoquent l'amour... Avec plus de 15 000 visiteurs par an, ce musée est, après le musée Toulouse-Lautrec d'Albi, le plus visité du Tarn.

Vue générale de Cordes-sur-Ciel.

PETIT TRAIN ★★

Place de la Bouteillerie
✆ 06 14 54 10 73
www.petittrain-tarn.com/cordessurciel
Ouvert d'avril à septembre. Navette : tous les jours, 3€/adulte. Visites guidées : tous les jours, 7€/adulte.

La cité médiévale de Cordes prend son envol au cœur du Tarn. Elle se découvre sous vos yeux ébahis, entre nuages et légendes du passé. Mystique et majestueuse, la bastide repose sur un des reliefs escarpés qui dominent la vallée du Cérou. Pour l'attendre, le petit train-navette semble être la solution idéale. Le convoi prend son départ place de la Bouteillerie, du bas du village de Cordes, et dépose ses voyageurs porte de la Jane. Durant 30 à 45 minutes, un animateur raconte la ville, son histoire, les hommes et femmes du pays, ses richesses…

LA CABANE DU VIGNERON €€

Pérayrols - **DONNAZAC**
✆ 05 63 48 83 01
www.gites-tarn.com/fiche-G280.html
Gîtes de France (3 épis). Ouvert toute l'année. De 43 à 70 € la nuit. Excursions.

Vous logez dans une ancienne cabane de vigne. Les propriétaires l'ont réhabilitée, avec tout le confort et à base de matériaux écologiques, pour y accueillir des hôtes. Dans ce nid pour deux, situé à proximité de leur propre maison, vous êtes au milieu des vignes, dans un environnement calme et profitez d'une cuisine aménagée. A l'extérieur, vous disposez d'un salon de jardin, d'un barbecue et de grands parasols. Installée à quelques kilomètres de Cordes et Gaillac, cette cabane est un bon camp de base pour de nombreuses balades et découvertes.

LOGIS SUR CIEL €€

18, grand rue Raymond-VII
✆ 05 63 56 25 87
www.logissurciel.com
Chambre double de 110 € à 125 €. Petit déjeuner inclus. Gîte : de 650 à 800€/semaine. Animaux acceptés.

Logis sur Ciel est une bâtisse du XIIIe siècle, énigmatique, située tout en haut de Cordes, qui cache une magnifique terrasse avec vue panoramique sur la vallée et deux cours intérieures ombragées qui procurent fraîcheur et sérénité même en plein été. Magnifiquement restaurée, chaque chambre possède son balcon ensoleillé ou sa terrasse, offrant de superbes vues sur les environs. Pour vos repas, une belle table d'hôtes est proposée avec des produits locaux et de saison faisant la part belle aux recettes traditionnelles régionales.

LA MAISON AU PUITS €€

20, rue Gargarides
✆ 05 63 60 23 05
www.lamaisonaupuits.com
Fermé en janvier. Chambre double dès 83 €. Petit déjeuner inclus. Table d'hôtes : uniquement sur demande, 32,50 €.

C'est derrière un porche recouvert de glycines que la charmante maison d'hôtes de Christiane et Nico vous attend. Installée dans une bâtisse du XVIIIe siècle entièrement rénovée, c'est aujourd'hui un lieu de vacances paisible et accueillant. A l'intérieur, on découvre des chambres spacieuses et équipées de tout le confort moderne. Ces espaces sont décorés avec des couleurs sobres et épurées, deux d'entre eux disposent aussi d'un coin salon. Un beau jardin pourvu d'une douche extérieure permet de vivre des moments de détente au soleil.

LE SECRET DU CHAT €€

12, Le Planol ✆ 06 95 48 18 10
www.chambres-cordes-tarn-charme-lesecretduchat.com
1 chambre + 1 gîte. Petit-déjeuner inclus. Suite de luxe avec sauna 169 €. Gîte : à partir de 595 €. Restauration.

Mais que cache ce fichu chat qui se balade nonchalant dans les murs de cet ancien atelier de broderie, caché au cœur de la cité médiévale ? Tout simplement un lieu mystérieux et plein de charme, une maison d'hôtes blottie contre les remparts sud du village, la halte idéale pour un séjour loin de tout. Restauré avec élégance et raffinement, tout en conservant minutieusement son charme d'origine. Marie vous accueille en toute sympathie dans sa maison, où elle offre aux voyageurs un séjour raffiné avec tout le confort des bastides bourgeoises.

L'ESCUELLE DES CHEVALIERS

€€

87, Grande-Rue Raymond-VII ✆ 05 63 53 14 40
www.lescuelledeschevaliers.fr
Ouvert tous les jours pour les clients en demi-pension et les groupes (sur réservation). Menus de 20 € à 25 €.

Oyez, oyez, gentes dames et gentils *escuyers*, voici un restaurant médiéval au cœur de la cité. Messire Michel et Dame Claude Arquey vous reçoivent en tenue moyenâgeuse. Bannière, heaume et épées ornent les murs et une musique médiévale est diffusée. Vous êtes à Cordes au XIVe ou au XVe siècle. Les plats sont à l'avenant à partir de recettes médiévales. On peut manger avec les doigts ! Et si l'époque vous plait, des chambres d'hôtes vous attendent à l'étage.

AU JARDIN DES SAVEURS €€

1, promenade de l'Autan - **LES CABANNES**
✆ 06 08 14 81 80
au-jardin-des-saveurs.fr

Ouvert du mardi au samedi le soir, du vendredi au dimanche le midi. Menus de 38 à 70 €. Terrasse. Chambre d'hôtes.

Cette maison bourgeoise du milieu du XIXe siècle sert de décor à un logis-gîte-resto à la réputation bien solide. Grande cheminée, nappage, tentures, chandelier en argent sur les tables... Ici on mise sur la classe à l'ancienne ! Depuis trois ans, la demeure est dirigée par Pascal Michel et son épouse Béatrice qui veillent au bon accueil de la maison d'hôtes et à la gourmandise des assiettes envoyées. Dans sa cuisine, le chef Pascal concocte une carte plutôt régionale arrosée de quelques vins bien choisis de Gaillac. Une collection de délices !

LOU CANTOUN €€

4, route d'Albi - **CESTAYROLS**
✆ 05 63 53 28 39
restaurant.loucantoun.fr

Ouvert du jeudi midi au dimanche midi (du jeudi midi au lundi soir en haute saison). Carte : 50 € environ. Terrasse.

D'apparence simple et rustique, un brin désuète, la maison de Bernard Gisquet recèle pourtant d'étonnantes surprises empreintes de charme, d'authenticité et d'un luxe raffiné. Dans sa carte, qui change chaque semaine, une seule promesse : le meilleur ! Des plats signatures pour cet artiste qui est fou des produits de son terroir. Goûtez donc son os à moelle, réduction de vin rouge, radis et lentilles vertes de la maison Fraysse, ses ris de veau du Ségala sautés, raisins des vendanges caramélisés, sa pintade farcie à l'ancienne...

DOMAINE GAYRARD

Lieu-dit Capendut - **MILHAVET**
✆ 06 12 09 01 34
www.maison-gayrard.com

Vignobles et Découvertes. Caveau : du lundi au vendredi 10h-18h (le samedi sur rendez-vous). Boutique en ligne.

La Maison Gayrard fait honneur à la terre des Causses, en bordure du célèbre vignoble de Gaillac, depuis déjà 5 siècles. Après une courte reconversion du domaine en culture céréalière, Pierre Fabre a repris la main de cette propriété familiale et y a replanté, avec la complicité de sa femme Laure, les vignes en 2013. Le duo a développé 35 ha en bio sur le terrain de l'arrière-grand-père de Pierre et a construit en quelques années un beau circuit commercial, autour de l'œnotourisme à la propriété et dans les restaurants du Tarn.

GAILLAC ★

Dionysiaque cité millénaire, c'est l'une des plus belles villes du Tarn. Réputée en raison de ses vins de qualité, Gaillac émerveille les curieux grâce à son patrimoine architectural riche et intact. Si on prête attention, ses murs chuchotent mille secrets à ceux qui savent les écouter. Animée et dynamique, la cité a plus d'un tour dans son sac. Au détour de ses venelles médiévales et Grand Siècle, de ses jardins à la française, vous découvrirez une ville à taille humaine pleine de charme. Et si ça ne vous suffit pas, partez à la découverte de son terroir le temps d'une dégustation, d'une promenade et d'une poignée de main, vous ne serez pas déçu !

ABBAYE SAINT-MICHEL ★★

Place Saint-Michel
✆ 08 05 40 08 28
www.tourisme-vignoble-bastides.com

Musée. A noter : l'église abbatiale Saint-Michel est actuellement en travaux de rénovation.

Fondée au Xe siècle, l'abbaye est omniprésente dans l'histoire du développement de la ville. C'est en effet la communauté bénédictine, alors installée à Saint-Michel, qui reprit l'exploitation du vignoble qui avait été abandonnée depuis l'époque romaine. Partiellement reconstruite en 1271, l'abbaye s'est successivement vue ajouter un chevet roman en corolle, une nef gothique, une façade occidentale ainsi qu'une superbe chapelle avec clé de voûte armoriée. A voir : un bénitier du XIIIe siècle, les orgues de Cavaillé-Coll du XIXe siècle et bien d'autres merveilles.

CHÂTEAU ET PARC DE FOUCAUD ★★

Parc Foucaud
✆ 05 63 81 20 20
www.ville-gaillac.fr

Parc : 8h-20h en hiver et 7h-21h30 en été. Musée : tous les jours sauf le mardi (du vendredi au dimanche en hiver).

Construit au XVIIe siècle sur un plan inspiré par la villa d'Este, le château de Foucaud, abrite le Musée des beaux-arts. Librement accessible, son parc arboré de 4 hectares mêle les styles italien et français, avec perspectives, terrasses, fontaines, orangerie et pavillon de fraîcheur. Il est l'un des plus grands jardins du XVIIIe siècle du Midi et surtout l'un des rares à avoir quasiment conservé son plan d'origine. Il reste l'un des plus beaux sites de la ville, avec sa roseraie.

Abbaye Saint-Michel.

FONTAINE DU GRIFFOUL ★

42, place du Griffoul

Déjà présente au XVIe siècle, cette fontaine est remarquable par le groupe de bronze qui y figure. Il représente quatre personnages surmontés d'un coq : il s'agit de Silène faisant l'éducation de Bacchus. La vasque et les aménagements en marbre rouge de Caunes datent des XVIIe et XVIIIe siècles. En six siècles, elle n'a jamais cessé de couler, faisant partie intégrante du patrimoine et paysage gaillacois. L'œuvre déployée sur la place est une copie de la fontaine d'origine, celle-ci est conservée au musée pour des raisons de préservation.

MUSÉE DE L'ABBAYE ★★

Place Saint-Michel

✆ 05 63 57 14 65

www.ville-gaillac.fr

Ouvert du mercredi au dimanche de 10h à 12h30 et de 14h à 18h30. Adulte : 2,50 €. Visite guidée.

Les alchimistes se cachaient naguère dans ces caves pour œuvrer. Ici, dans les superbes salles voûtées de l'abbaye Saint-Michel, ce musée original à l'ambiance particulière plonge le visiteur au cœur de l'univers fascinant des métiers de la vigne. D'autres mondes sont valorisés dont l'art sacré, le compagnonnage, l'archéologie, la navigation sur le Tarn et les arts et traditions populaires. Une anecdote intéressante : la Vierge à l'Enfant datée du XIIIe siècle, volée dans l'église Saint-Michel, fut retrouvée et rapatriée d'Italie jusqu'au musée.

MUSÉE DES BEAUX-ARTS ★

Avenue Dom-Vayssette ✆ 05 63 57 18 25

musees-occitanie.fr/musees/musee-des-beaux-arts-de-gaillac

Basse saison : ouvert du vendredi au dimanche 10h-12h/14h-18h. Haute saison : du mercredi au lundi 10h-12h/14h-18h.

Le Musée des Beaux-Arts est implanté au sein du superbe château de Foucaud (XVIIe siècle). Le monument, ceint de magnifiques jardins à la française et à l'italienne surplombant le Tarn, abrite des expositions permanentes sur deux niveaux. Le fonds de peinture comprend des portraits et paysages des XIXe et XXe siècles représentatifs des divers courants : classique, romantique, postimpressionniste, expressionniste et nabi. Une autre salle est réservée aux sculptures de Pendariès, élève de Mercié. Des expositions temporaires sont régulièrement organisées.

MUSEUM D'HISTOIRE NATURELLE PHILADELPHE THOMAS ★

2, place Philadelphe-Thomas ✆ 05 63 57 36 31

www.ville-gaillac.fr/culture/museum-dhistoire-naturelle-philadelphe-thomas

Fermé en janvier. Basse saison : ouvert du vendredi au dimanche 10h-12h/14h-18h (du mercredi au lundi en haute saison).

Ce musée, unique dans la région, présente de belles collections de zoologie (dont un ensemble de 700 oiseaux et 10 000 insectes), de paléontologie, de botanique, de géologie et de préhistoire. Sa bibliothèque scientifique compte plus d'un millier de livres datés du XVIIe au XIXe siècle, consultables sur rendez-vous. A noter : un passeport vous permettra de visiter, en sus, le musée des Beaux-Arts et le musée de l'abbaye, consacré aux arts et traditions populaires.

PETIT TRAIN DE LA PORTANELLE ★

4, rue du Boutgé ✆ 06 82 40 13 01
www.trainportanelle.unblog.fr
Ouvert toute l'année. Visites sur RDV. Gratuit jusqu'à 4 ans. Adulte 2,50 €. Groupe (10 personnes) 1,50 €.

C'est au pied de l'abbaye que cette association de modélisme présente sa passion. A sa tête, Michel Azemar reproduit la magie de l'ancien en utilisant un savoir-faire des plus impressionnant. Ce modéliste ferroviaire et l'association ont mené la construction d'une reproduction unique au monde ! La maison de Michel est devenue un véritable musée du chemin de fer miniature, le circuit passant d'une pièce à l'autre par d'étroits passages dans les murs au milieu de décors surprenants.

BLEU PASTEL €€

15, rue Aristide-Briand ✆ 06 09 77 86 03
www.bleupastel.org
Gîtes de France (3 épis). 3 chambres. Chambre double à partir de 65 €. Petit déjeuner inclus. Lit supplémentaire : 20 €.

Dans cette maison de ville bourgeoise datant de la fin du Second Empire, vous serez surpris par le charme insoupçonnable de la décoration dans l'esprit gustavien. Elle est agrémentée d'un magnifique jardin romantique dans lequel on prend le temps de se promener et de se détendre, chose rare à deux pas du centre-ville de Gaillac. A l'étage, vous découvrirez deux belles chambres qui peuvent accueillir une à quatre personnes. Le matin, vous prendrez des forces avec un petit déjeuner copieux avant de vous lancer dans la découverte de la ville et de son patrimoine.

DOMAINE DE PERCHES €€

2083, route de Laborie ✆ 05 63 56 58 24
www.domainedeperches.com
Chambre double de 175 € à 195 € ; suite de 225 € à 245 €. Petit déjeuner inclus. Restauration (50 € vins et apéritif).

« Luxe » est la plus parfaite définition de ce magnifique domaine du XVIIe siècle perdu au milieu des vignes. La demeure aux pierres apparentes et volets blancs s'ouvre sur un intérieur d'une élégance et d'un charme sans nom. De grands salons y sont décorés avec goût. Les pièces sont spacieuses, et empreintes de douceur. Les chambres sont raffinées, aménagées avec confort et dotées d'une vue imprenable sur le vignoble. Leur décoration est très chaleureuse et les suites possèdent des salons. Et bien plus qu'une table d'hôtes, vous apprécierez de dîner au Domaine.

HÔTEL DELGA - MAISON D'HÔTES €€

28, rue des Frères-Delga
✆ 06 77 24 65 66
www.maison-hotes-delga.com
4 chambres. Chambre double de 80 € à 110 € ; suite de 100 € à 170 €. Petit déjeuner inclus.

Marie vous accueille dans cette maison de maître du XVIIIe siècle. Cet hôtel particulier réserve de nombreuses surprises. Côté hébergement, deux chambres d'hôtes sont aménagées dans l'aile ouest de la bâtisse, respectivement au premier et second étage, elles vous permettront d'admirer une vue des toits du vieux Gaillac. Les deux autres, plus grandes, se trouvent dans le corps du bâtiment principal, au premier étage. Vous pourrez profiter de la superbe piscine dans un écrin.

CHÂTEAU DE TAUZIÈS €€€

1850, route de Cordes
✆ 05 63 41 26 80
www.chateaudetauzies.com
The Originals. Suite à partir de 95 €. Plateau de courtoisie. Cave et épicerie. Location de vélo. Climatisation. Parc.

Ce sublime domaine viticole du XIXe siècle a été repris par Nathalie Deschamps et Jacques Tranier en 2018. Après plusieurs travaux de réhabilitation, le duo en a fait un lieu de réception et d'hébergement de charme, alliant à merveille l'authenticité de ce patrimoine et le confort de la modernité. Au sein de leurs suites luxueuses, les clients pourront profiter d'équipements dernier cri, d'une décoration de caractère et d'une vue superbe sur les alentours. Le château, également domaine viticole, est un arrêt intéressant pour les passionnés d'œnologie.

LE CAFÉ DES SPORTS €€

54, place de la Libération
✆ 05 63 57 10 94
cafe-des-sports-gaillac.fr
Ouvert tous les jours le midi de 7h30 à 20h. Menu enfant : 7,60 €. Formule : 21 €. Vin au verre. Terrasse. Animations.

Depuis près de 70 ans, ce bar fait figure de référence à Gaillac. Ludovic Camboulive vous accueille dans un cadre de charme, à la décoration vintage et patinée, et sur sa jolie terrasse. A l'ardoise, il propose une cuisine maison articulée autour de produits de terroir. A titre d'exemple : foie de veau, andouillettes, tartare, tendron de veau, hamburger campagnard, grillades… Le passionné fabrique également son pain tous les jours, il peut être aromatisé au coco, basilic ou tomates séchées. Tous les appétits trouveront leur bonheur !

CHEZ FERNAND €€

Route de Saurs ✆ 05 63 40 06 71
www.restaurant-fernand-gaillac.fr

Ouvert du lundi au samedi de 12h à 14h30, du mardi au samedi de 19h à 23h. Carte : 25 € environ. Terrasse.

Logé dans une zone dénuée de tout charme, Chez Fernand apparaît comme une oasis gourmande qu'on ne s'attendait pas à trouver... Et la promesse est tenue ! Depuis leur arrivée dans cette brasserie en 2007, Jennifer et Fernand accueillent les affamés avec bonne humeur. Sur leur terrasse et dans leur salle contemporaine, on dévore des plats généreux, à l'image de l'escalope milanaise et de l'entrecôte, et des desserts gourmands, tels que la tarte Tatin et le tiramisu. Des spécialités portugaises et espagnoles sont régulièrement mises en avant à la carte.

CHEZ GERMAINE €€

91, rue de la Madeleine
✆ 05 63 34 61 99
chezgermaine.eatbu.com

Ouvert le mardi midi, du mercredi au vendredi midi et soir, ainsi que le samedi soir. Carte 20 € environ.

Chez Germaine, c'est le bar à vins tendance de Gaillac. Dans ce bar-bistrot à la tarnaise, l'équipe vous accueille dans une salle voûtée et conviviale. Des chaises hautes côtoient les tables d'usage ainsi qu'un bar armé de bières made in Gaillac, de whisky, de rhums, et d'apéritifs et digestifs en tout genre. Le midi, plusieurs assiettes-repas et salades gourmandes permettent de satisfaire les appétits. Le soir venu, une quarantaine de tastous (« goûte à tout » en occitan) est proposée : charcuteries, légumes, poissons, viandes, fromage, desserts...

L'ISPIENS €€

Lieu-dit Les Brisses
✆ 05 63 33 56 81
www.ispiens.com

Ouvert du mardi au samedi le midi et le soir ; le dimanche midi. Réservation recommandée.

Les deux grandes salles de 130 m² possèdent une décoration contemporaine et la cuisine - ouverte sur la salle - repose sur une carte simple et conviviale. On y vient pour manger de belles assiettes, une cuisine de terroir, mais pas que puisque la carte évolue au gré des saisons avec, le soir, la suggestion du chef. On retrouve les grillades et seiches à la plancha, le burger de l'Ispiens (charolais, fromage raclette, oignons frits, sauce tartare), ris de veau, le magret rôti sauce cèpe... Un concept original dans le paysage gaillacois.

LA CAVE DE GAILLAC - CHÂTEAU VIGNÉ-LOURAC

103, avenue Foch
✆ 05 63 81 21 11
www.cave-gaillac.fr

Fermé le 25 décembre et le 1er janvier. Ouvert tous les jours et les jours fériés de 9h30 à 12h30 et de 14h30 à 19h.

Du côté de Cahuzac-sur-Vère, le château Vigné-Lourac est une référence. Les vins de pays plairont à tous ceux qui aiment les parfums frais et de caractère : le rouge, élaboré à partir d'assemblages locaux (syrah, duras, braucol), le blanc sec ou doux, ou encore le rosé, qui donne une bouche de fruit. Sur l'avenue Foch, Alain Gayrel a ouvert la Cave de Gaillac en 1997 où vous pourrez déguster ses vins, mais aussi une sélection des meilleurs crus de Gaillac et du Sud-Ouest.

MAISON DES VINS DE GAILLAC

Place Saint-Michel ✆ 05 63 57 15 40
www.vins-gaillac.com/maison-des-vins

Basse-saison : lundi-samedi 10h-12h/14h-18h, dimanche 10h-13h. Haute-saison : tous les jours 10h-13h/14h-19h.

Située dans une ancienne abbaye, la Maison des Vins sert de vitrine au vin de Gaillac, classé parmi les appellations AOP et IGP, avec une centaine de vins à déguster. Une visite où vous comprendrez les nuances entre les secs et les perlés, les vins primeurs ou issus de vendanges tardives, les méthodes ancestrales ou traditionnelles. Des initiations à la dégustation sont proposées, ainsi que des séances à thèmes autour du vin et du chocolat ou du fromage. Sur réservation impérativement.

GIROUSSENS

Surnommé le Balcon du Languedoc, Giroussens est particulièrement réputé pour la poterie. Riche en eau, en argile et en bois, sa nature explique le développement important de cette activité dès le XIIIe siècle et la prospérité de ces fabricants jusqu'au XIXe siècle. La fin de cette période fut marquée par l'utilisation abusive de la forêt et de nombreux procès. Avec le temps, ils ont réduit le nombre de potiers jusqu'à conduire à leur disparition en 1870 avec la mort de Minotte Cadaux. Ces trente dernières années, l'activité a retrouvé un second souffle avec la création du Marché des Potiers et l'inauguration de la Maison de la céramique contemporaine.

CENTRE CÉRAMIQUE DE GIROUSSENS

7, place Lucie-Bouniol ✆ 05 63 41 68 22

www.centre-ceramique-giroussens.com

Fermé de janvier à février. Basse saison : du mardi au dimanche 10h-12h/14h-18h. Haute saison : 7j/7 10h-12h30/14h-19h.

Installé dans un beau bâtiment habillé de briques, autour d'une cour intérieure, ce centre réunit à la fois le Musée des Céramiques anciennes et un lieu d'expositions temporaires ouvert aux jeunes artistes et aux talents confirmés. Entièrement dédié à la céramique et à la poterie contemporaines, l'espace permet de contempler l'évolution de la discipline. Au sein du centre, une boutique propose des œuvres d'artistes régionaux et un grand choix d'ouvrages ayant trait à la céramique.

AU MAS DES CALMETTES €€

Les Calmettes - **PARISOT**

✆ 05 63 40 55 98

www.aumasdescalmettes.com

Chambre simple de 70 à 87 €, double de 76 à 87 €. Petit déjeuner inclus. Gîte de 599 à 995 €/semaine. Restauration.

Dans leur maison de maître de la fin du XVIIIe siècle, Frédéric Rojat et son épouse proposent quatre chambres joliment décorées aux couleurs de la région. Vous pourrez également craquer pour le gîte de 130 m², un espace très pratique quand on souhaite séjourner ici en toute autonomie. A table, on savoure une délicieuse cuisine de terroir, préparée avec les produits du potager privatif. Les propriétaires mettront à votre disposition des ouvrages consacrés au Tarn et des guides sur les activités du coin. Rien à dire : on adore !

JARDINS DES MARTELS ★★

Les Martels

✆ 05 63 41 61 42

www.jardinsdesmartels.com

De mars à novembre, jours et horaires variables. Adulte à partir de 8,5 €, enfant de 5,50 €. Chèque Vacances.

L'histoire commence en 1969, lorsque Marie-Thérèse et André Reynier quittent leur Aveyron natal pour venir s'installer à Giroussens afin de relancer une ferme et c'est la passion des fleurs qui l'emporte et changera leur destin et celui de ce site. Leur fils Frédéric poursuivra l'aventure florale et s'engagera dans l'agrandissement et l'embellissement des jardins. Les Jardins des Martels ouvrent au public en 1994 et c'est un succès grandissant d'année en année. Ce parc floral est aujourd'hui classé parmi les plus beaux de France. Il se déploie sur plus de 35 000 m² avec jardins, serre exotique aquatique, belvédère, bananeraie, mini-ferme, mares, gloriettes. Quelque 2 500 variétés végétales des cinq continents sont recensées ici, faisant évoluer au gré des saisons et des floraisons des expositions temporaires : jacinthes, tulipes, magnolias, prunus, iris, rosiers anciens, hibiscus, cannas, lotus, sauges ou feuillages d'automne font leur festival. Une balade agréable au milieu de jardins en cascade, de plans d'eau remplis de nénuphars ou dans la serre exotique aquatique vous permettra de les découvrir. Les enfants apprécient la présence des animaux vivant en semi-liberté dans une mini-ferme avec ses daims, ses moutons d'Ouessant, ses canards d'ornement et un bassin paysager de 150 m² où vivent poissons et tortues. S'ajoutent un labyrinthe de bambous et des aires de pique-nique. Chaque année apporte ses nouveautés. En 2021, c'est la construction d'un petit temple chinois dans le jardin indonésien...

L'ECHAUGUETTE €€

Grand rue

✆ 05 67 67 45 84

www.echauguette.fr

Ouvert du vendredi au lundi 12h-14h, du vendredi au dimanche 19h30-22h. Carte : 32 € environ. Terrasse. Animations.

Cet établissement de proximité est à deux pas de nombreux sites touristiques incontournables, en surplomb de la vallée de l'Agout. Sa terrasse laisse percevoir les silhouettes de Toulouse et des Pyrénées, un panorama fantastique sur la région. L'enchantement se poursuit dans l'assiette, avec une cuisine de marché issue de produits frais et locaux. Et l'adresse ne se contente pas de vous ouvrir l'appétit ! Grâce à une série d'expositions temporaires et d'animations musicales, elle vous encourage également à ouvrir grand vos pupilles et vos écoutilles.

GRAULHET

Avec son ambiance champêtre, renforcée par son marché et ses producteurs de talent, Graulhet cultive sa différence. Embrassée par les champs, traversée par le Dadou et le Verdaussou, cette petite place forte doit son dynamisme à l'implication de ses artisans. Son développement a débuté à l'âge d'or du pastel grâce à la présence de son petit port de transit pastelier. Puis, au XVIIe siècle, elle s'est tournée vers l'artisanat du cuir (filatures de ratine, chapelleries, cordonneries, tanneries, mégisseries...). C'est cet essor et ce savoir-faire qui ont sculpté le visage actuel de la ville et qui lui ont donné le surnom de Cité des métiers du cuir.

DOMAINE D'AILLOT €

2392, route Saint-Julien-du-Puy
✆ 05 63 58 33 71
www.chambres-hotes-tarn-aillot.fr
Chambre double de 50 € à 70 €. Petit déjeuner inclus. Gite de 350 à 630€ la semaine.

Cette magnifique et authentique bâtisse du XIXe siècle est un véritable havre de paix. Dans l'ancien corps de ferme, une première chambre appelée pigeonnier a tout d'une suite parentale : un salon, une belle chambre et une grande salle de bains. Dans le respect des matériaux traditionnels, on conserve le charme lointain de son passé rural. Vous disposerez également de deux chambres d'hôtes et d'un gîte de 80 m², de quoi passer un agréable séjour en famille ou en amoureux au sein d'une nature préservée où nul bruit de ville ne vient troubler votre quiétude.

JARDIN DE LA RIVIÈRE ★★

Rue Saint-Jean
www.ville-graulhet.fr/jardin-de-la-riviere
Accès libre et gratuit toute l'année.

Au pied du quartier médiéval, le long du Dadou et à l'arrière de la Maison des métiers du cuir, les paysagistes Eric Ossart et Arnaud Maurières ont créé un jardin, afin de réhabiliter une friche industrielle. Sur cette parcelle d'à peine un hectare, une végétation spontanée composée de buddleias, de figuiers, d'impatiens et de diverses graminées s'était développée. Pour fil conducteur de leur travail, les deux paysagistes ont choisi le thème des plantes colonisatrices, qu'elles soient d'origine locale ou exotique, d'où son surnom de Jardin des mauvaises graines.

LA COLOC €€

1, rue de l'artisanat
✆ 06 18 89 89 10
Ouvert du mercredi au lundi. Dès 8h du matin en semaine, 11h du matin le week-end. Menu du jour autour de 14 €.

Une adresse dans l'air du temps. Vintage et atelier détourné pour la décoration. Le recyclage participe à créer une ambiance chaleureuse et originale très appréciée de la clientèle qui a rapidement trouvé ses marques à la Coloc. Dans un esprit écolo, ta table propose des produits de terroir et de saison. Au menu, une cuisine traditionnelle toutefois épicée d'inspirations exotiques. Voici un lieu convivial, conjuguant au bar comme au restaurant des produits de qualité et le plus souvent locavore. Atmosphère branchée, tapas et petits prix à la clé. On aime !

LA MAISON DES MÉTIERS DU CUIR ★★★

33, rue Saint-Jean
✆ 05 63 42 16 04
www.ville-graulhet.fr/maison-des-metiers-du-cuir
Adulte 5 €, enfant 2,5 €.

La ville de Graulhet est associée depuis le Moyen Âge au travail du cuir et reste un grand centre de la mégisserie, tannage des petites peaux. Une ancienne usine des rives du Dadou abrite la Maison des Métiers du Cuir dédiée à la transformation de la peau en cuir depuis le lavage de la peau à la rivière. Vous irez au laboratoire, aux galetas de séchage, aux ateliers de corroierie et de finition, à l'atelier de la maroquinerie. Animations et ateliers.

CIRCUIT DES TROIS LACS

Lac de Nabeillou
Accès libre.

Au départ du lac de Nabeillou, entre bois et collines, le sentier des Trois lacs offre de jolis points de vue sur la région. Lacs et forêts, panoramas de crêtes et vallons multicolores, vous feront découvrir une faune et une flore préservées. Un bain de nature plutôt impressionnant ! D'une longueur de 7,5 km, et d'une durée de 2h30, vous découvrirez sur le chemin une vieille chapelle, Notre-Dame-des-Vignes, et de belles forêts. Et pour les grands sportifs, un parcours de santé existe autour du lac de Miquelou et du lac de Nabeillou.

LACAUNE

Cette jolie cité aux toits d'ardoise culmine à 900 m d'altitude. Située à la croisée des climats méditerranéen, océanique et montagnard, elle possède des paysages colorés allant du vert foncé de ses forêts de résineux au bleu de ses lacs. Si la beauté de ses panoramas séduit, la ville offre aussi une belle introduction à l'histoire tarnaise grâce à ses vestiges, ses musées et les visites organisées par son office de tourisme. Lors de votre passage, vous comprendrez rapidement que l'un des plus grands trésors de Lacaune est culinaire. En effet, la réputation de la commune est intrinsèquement liée au talent de ses bouchers et charcutiers.

MUSÉE DU VIEUX LACAUNE ★

Place du Griffoul

✆ 05 63 37 25 38

www.museeduvieuxlacaune.fr

Fermé d'octobre à avril. Été : 7j/7 de 10h-12h et de 14h30-18h (sauf lundi matin). Autres : du mardi au samedi 15h-18h.

Dans cette vieille maison du XVIe siècle, le visiteur est invité à découvrir le quotidien des Lacaunais du Grand Siècle jusqu'à l'Occupation, au travers de reconstitutions historiques : salle de classe, cuisine, chambre du XIXe siècle, vieilles rues du village... Parmi les éléments exposés, des coiffes et chaussures racontent la mode de l'époque et des outils agricoles brossent le quotidien des métiers de la terre avant le XIXe siècle. La visite se poursuit avec l'histoire thermale de la cité et les légendes qui peuplent ses glorieuses campagnes.

FILATURE RAMOND ★

Rue Rhin-et-Danube

✆ 05 32 11 09 45

www.tourisme-montsdelacaune.com

Réservation en ligne. Gratuit jusqu'à 12 ans. Adulte 4 €. Ticket « Maison de la Charcuterie + Filature Ramond » 5 €.

Inscrite à l'inventaire supplémentaire des Monuments historiques, la filature Ramond consacre ses murs aux techniques de filage à l'ancienne. Cette haute bâtisse, qui servait autrefois d'atelier, permet de se projeter à l'époque de la Révolution Industrielle, notamment grâce à la présence de ses machines de 1841, toujours en état de marche. L'ensemble fonctionne grâce à un système de poulies et de courroies sur deux niveaux. Drousse, réunisseuse, autres cardes et métiers à filer s'activent encore pour que la laine, arrivée brute, devienne peu à peu fil.

LA PIERRE PLANTÉE

La Pierre plantée

Accès libre.

La Pierre Plantée est considérée comme l'un des plus hauts menhirs d'Europe. Classé monument historique, le poids de ce mégalithe avoisinerait les 9,5 tonnes. Planté et bien planté, donc. En comptant la partie enterrée, la pierre mesure 4,50 mètres de long pour 1,85 mètre de large et l'on peut encore y deviner quelques gravures millénaires. Elle se détache avec fierté au milieu d'un paysage verdoyant que domine le roc du Montalet, observant le monde depuis cinq mille ans. C'est une chose à admirer sans retenue, il faut faire le détour absolument.

© PHOVOIR

Lacaune et ses environs.

LE ROC DE MONTALET

Hameau des Vidals

Accès libre.

Accessible depuis le hameau des Vidals, le pic de Montalet est le point culminant du département, soit 1 259 m d'altitude. Ne repartez pas sans y être monté : le panorama au sommet est magnifique. Sur ses hauteurs, la statue de la Vierge veille sur Lacaune et sa vallée depuis 1882. On raconte qu'elle aurait épargné à la cité thermale les foudres du Diable lorsque celui-ci, furieux d'avoir été volé par un gredin de Lacaune, décida de se venger. Un sentier balisé vous permet de gravir ce roc tout en découvrant les richesses de sa nature remarquable.

SALAISONS OBERTI

Chemin de Granisse

✆ 05 63 37 00 21

www.oberti.fr

Fermé en hiver. Visite libre : du lundi au samedi 9h30-11h15/14h30-16h45 (17h45 en été). Visite guidée en été.

La célèbre maison de salaisons Oberti a ouvert un musée consacré aux jambons de Lacaune. Sur place, toutes les étapes sont présentées. La balade vous fera traverser un séchoir de 12 000 jambons, où les effluves du séchoir vous chatouilleront les narines. Anciennes machines et objets d'époque seront détaillés au gré de la visite. Une vidéo sur les autres activités de l'entreprise vous sera projetée et une démonstration de tranchage sera réalisée par le maître salaisonnier. Pour finir, une dégustation des principales spécialités de la maison sera organisée.

LE CHEMIN DU PETIT TRAIN

Place du Général-De-Gaulle

✆ 05 63 37 04 98

www.lacaune.com

Rendez-vous au pont de Carausse ! Aménagée sur une ancienne voie ferrée, cette Voie verte de 7 km évolue au pied du massif des monts de Lacaune, offrant aux sportifs un cadre montagneux des plus plaisants. Mais gare ! Montagne est aussi synonyme de pente : celle qui vous attend évolue en moyenne à 3%. Si elle n'est pas d'une impossible difficulté, elle demandera un peu d'efforts. Vous progressez dans une vallée boisée, franchissant les tunnels et viaducs du site de Gourp Fumant ; bref, pas le temps de vous ennuyer ! Bientôt, vous rejoindrez le Bouissas.

LA POMMERAIE DE COULOUBRAC €

Couloubrac le Haut ✆ 05 63 74 86 39

www.couloubrac.com

Chambre simple de 55 € à 60 € ; chambre double de 65 € à 70 € ; chambre triple de 95 € à 110 €. Petit déjeuner inclus.

Perdue au milieu de la forêt du Haut-Languedoc, cette ancienne ferme restaurée aux volets rouges, rappelant les nombreux pommiers qui l'entourent, dans un cadre champêtre, est une ancienne exploitation cidricole. Que l'on opte pour l'une de ses cinq chambres d'hôtes ou pour le petit chalet en bois préservé, à l'écart au fond des bois, on vient chercher ici le goût de l'authentique, du calme et du repos. Aline est une hôte attentionnée qui prépare chaque matin de nouveaux mets.

HÔTEL-RESTAURANT LE RELAIS DE FUSIÈS €€

2, rue de la République ✆ 05 63 37 02 03

www.hotelfusies.fr

Chambre simple dès 65€, double dès 79€, triple à partir de 95€, suite à partir de 115€. Restaurant sauf le lundi midi.

Labellisé Logis de France, cet ancien relais de diligence du XVIIIe siècle a traversé le temps pour nous offrir un cadre de caractère et de charme au confort moderne. Rénové avec goût et raffinement, l'hôtel nous ouvre les portes de 30 chambres rénovées, aux salles de bains originales et wifi gratuit. Côté restaurant, vous serez enchanté par la cuisine traditionnelle du chef, Julien Fanjaud, dans la salle aux superbes murs peints d'immenses panneaux à la façon du XVIIIe siècle.

CHARCUTERIES- SALAISONS - OBERTI & FILS

Chemin de Granisse

✆ 05 63 37 00 21

www.oberti.fr

Du lundi au samedi de 9h30 à 12h et de 14h30 à 17h30.

L'histoire commence en 1956 lorsque le père de l'actuel gérant monte cette société. Entre transmission des savoir-faire et adaptation aux techniques et impératifs modernes, la famille Oberti, qui se définit comme « salaisonnière », travaille des viandes de porc fraîches et produites localement afin de proposer toute une gamme de produits frais, secs, cuits, tranchés et certifiés : saucisse de Toulouse, Jambon de Lacaune IGP, boudins et fritons pour ne citer que quelques exemples.

ESPACE DES SOURCES CHAUDES

Rue de la Balmette
✆ 04 67 97 59 09
www.espacedessourceschaudes-lacaune.com
Famille Plus. Ouvert tous les jours de 10h15 à 18h30. Label Tourisme & Handicap.

Lacaune était dans le temps une station thermale très réputée, aux eaux sortant à température idéale : 23 °C à la source, 28 °C en été et 30 °C en hiver. Aujourd'hui, la ville perpétue cette tradition avec l'Espace des Sources Chaudes et son eau naturellement chauffée. Sur place, le complexe aqualudique dispose d'espaces de remise en forme avec balnéo, spa, sauna, piscine, jeux d'eau, pentagliss, toboggan et rivière à contre-courant pour faire le plein d'émotions.

SENTIER « SUR LES TRACES DE L'ENFANT SAUVAGE »

Mairie
✆ 05 32 11 09 45
Ouvert de Pâques à la Toussaint. Accès libre. Juillet-août : visites guidées les mardi et jeudi sur inscription.

Ce sentier ludique a été créé au col de la Bassine, sur la route de Brassac, à 6 kilomètres de Lacaune. A près de 1 000 mètres d'altitude, l'itinéraire de 2,5 à 3 kilomètres dure 1 heure 30 maximum. Son circuit conduit à la découverte d'une nature bien préservée et des traditions et légendes qui ont rythmé son histoire. Pour mieux appréhender les différents éléments de ce sentier d'interprétation, des livrets adulte et enfant sont fournis aux participants.

CASINO DE LACAUNE

31, avenue de Naurois
✆ 05 63 37 00 12
Ouvert du lundi au vendredi de 12h à 1h ; le samedi et les jours fériés de 12h à 3h. Entrée gratuite. Restauration.

La casino de Lacaune offre un bel espace de jeux mais pas que ! Vous trouverez également sur place un bar, un restaurant d'une quarantaine de couverts et un club-dancing ouvert le samedi. Au bar, apéritif tous les soirs avec en-cas. Dès la fin des années 1920, le casino de Lacaune-les-Bains s'attirait à coups de danse, de jazz et de baccarat les faveurs d'une clientèle choisie. Les machines à sous ont remplacé aujourd'hui le baccarat, et le dancing s'est transformé en club. Une petite faim sur place ? Bonne nouvelle : le casino possède un restaurant, l'Ardoise !

LAUTREC ★

De nos jours, on lie la renommée de Lautrec à la célébrité du peintre Henri de Toulouse-Lautrec, descendant des vicomtes de Lautrec, et à la culture de l'ail rose mais son histoire remonte bien plus loin. Fondé en 940, le site fut d'abord occupé par une tribu celtique puis par les Romains. Selon les historiens, la fondation de son vicomté remonterait au Xᵉ siècle lorsque Bernard, vicomte albigeois, partagea ses terres entre ses deux fils : Aton, avec le titre de vicomte de l'Albigeois, pour la partie nord, et Sicard Ier, vicomte de Lautrec, pour le sud. Cette nouvelle dynastie régna pendant sept siècles sur le territoire. Cette terre privilégiée connue de grandes périodes de troubles, notamment lors de la guerre de Cent Ans et des guerres de religion. D'ailleurs il ne subsiste que trois portes de son enceinte fortifiée et ses vestiges témoignent de ses différentes mutations. Aujourd'hui, ce centre agricole florissant offre une halte paisible au cœur du pays de Cocagne. On y séjourne pour recharger ses batteries dans un cadre naturel préservé ou pour s'aventurer dans son environnement riche d'une histoire millénaire. Les becs fins s'y rendent également pour profiter de son marché et repartir avec les belles gousses de l'ail rose de Lautrec.

COLLÉGIALE SAINT-RÉMY

12, rue de l'Église
www.lautrectourisme.com
Ouvert toute l'année. Accès libre.

Classée aux Monuments historiques, la Collégiale Saint-Rémy est la plus ancienne construction de Lautrec. Celle qui fut baptisée à sa construction en 1394 l'église Notre-Dame-de-la-Paix a su conserver son caractère fort et majestueux au cours des siècles. Ses traits et son titre de « collégiale », le bâtiment l'a gagné suite à l'installation d'un chapitre de chanoines, c'est-à-dire un collège de clercs. Les visiteurs prendront le temps d'admirer son clocher coiffé d'une flèche à quatre pans, ses nombreuses peintures en trompe-l'œil et son retable restauré.

TARN

© MUSAT

Village de Lautrec.

MOULIN À VENT DE LA SALETTE ★

✆ 05 63 75 90 04

www.lautrectourisme.com

Fermé d'octobre à avril. Ouvert du mercredi au samedi 10h-12h30/14h-17h, dimanche 14h-17h (de 10h-12h30/14h-17h l'été).

Fierté des Lautrécois, ce moulin du XVIIe siècle domine le village. Restauré en 1991 selon les plans et les techniques d'autrefois, il fait partie des derniers moulins à farine en activité. Vous pourrez en apprendre plus sur la fabrication de la farine et son histoire grâce aux explications du meunier. Et – s'il y a du vent, bien sûr – vous pourrez même observer le moulin en action. S'il n'y en a pas, vous pourrez toujours suivre le processus de meunerie grâce à un film projeté.

LA PLACE DES HALLES

Place des Halles

www.lautrec.fr

La place des Halles occupe depuis le Moyen Âge un rang privilégié dans le patrimoine lautrécois. De forme triangulaire, elle accueille sur deux côtés des couverts du XVe siècle au-dessus desquels s'élèvent de ravissantes maisons à colombages et encorbellements datant du XVIe siècle. Le quartier du même nom possède un théâtre en plein air, résultat de la démolition d'anciennes maisons qui menaçaient de s'effondrer, mais dont on a conservé les silos souterrains où se stockaient les récoltes. La plupart de ces silos datent de l'époque médiévale.

CHAMBRES D'HÔTES DE CADALEN €€

✆ 05 63 75 30 02

www.cadalen81.com

Chambre simple à partir de 95 € ; double à partir de 115 € ; triple à partir de 135 €. Petit déjeuner inclus.

Dans la plaine de Lautrec, à deux pas du village médiéval, Alain vous accueille sur son domaine pour une ou plusieurs nuits dans l'une des trois chambres de sa maison de caractère. Avec des meubles d'époque, de grandes salles de bains et des entrées indépendantes, le lieu vous invite à un détour au XVIIIe siècle avec tout le confort moderne. Info futée : sur ce domaine, vous découvrirez deux magnifiques pigeonniers. Une propriété qui mérite que l'on s'y arrête !

DOMAINE DE LALANDE €€

Lalande - **VENÈS** ✆ 05 63 55 50 09

www.chambres-hotes-tarn-lalande.com/contact-domaine-lalande

4 chambres (dont 2 suites 4 personnes). Chambre double de 73 € à 93 € ; suite de 110 € à 145 €. Petit déjeuner inclus.

Cette imposante maison de maître du XVIIIe siècle a bénéficié d'une restauration complète mais le style et l'agencement de l'époque, très stuc et toile de Jouy, ont été respectés. Le résultat est magnifique avec quatre vastes chambres meublées façon XVIIIe et XIXe siècles, mais avec tout le confort moderne, et des salles de bains privatives. Une superbe salle à manger/salon, près d'un imposant escalier d'époque complète agréablement ce séjour à la fraîcheur de ces murs épais. Dans le superbe parc, on prend le temps de profiter de promenades et de moments calmes.

LA FERME DANS L'ASSIETTE €€

4, rue du Mercadial ✆ 06 85 62 26 78

www.lafermeauvillage.fr

Fermé de novembre à avril. Avril/Mai/Octobre : du vendredi au dimanche 10h-18h. Été : du mercredi au lundi 10h-19h.

Installé dans la Maison Daussion - qui fut autrefois la Maison Commune - l'établissement est une invitation à la gourmandise. Sous le palmier de la terrasse ou dans la salle bleue pastel, l'équipe propose à la vente et à manger de délicieux produits de la région. A table, les assiettes sont occupées par des plats issus d'une cuisine maison et composés de produits frais locaux. Tous les jours, la fameuse soupe à l'Ail Rose de Lautrec est au menu avec des tartinables, ces dernières sont des tartines à composer soi-même à l'aide des garnitures proposées.

LE MESSIDOR €€

La Sagne

VENÈS

✆ 05 63 75 95 95

Ouvert du mardi au dimanche midi (dimanche soir sur réservation). Carte : 35€ environ. Terrasse.

Adresse conviviale et qualitative, Le Messidor est l'attraction gourmande du petit village de Venès. De l'extérieur, cet établissement ne paie pas de mine mais prenez le temps de vous y installer et de le découvrir, c'est une halte très agréable. Hors du temps, le restaurant a un charme suranné mais abrite une belle chaleur, celle de l'équipe et de la cuisine généreuse. Derrière les fourneaux, le chef utilise des produits frais et tout est fait maison. Installés au coin du feu ou sur la terrasse, les clients apprécient des assiettes traditionnelles.

LE CAFÉ PLUM

12, rue Lengouzy
✆ 05 63 70 83 30
www.cafeplum.org
Basse saison : mercredi et dimanche 10h-20h, jeudi 10h-22h, vendredi et samedi 10h-1h. Été : du mardi au dimanche 9h-1h.

Ouvert depuis 2010 par des passionnés du savoir, c'est un endroit hors du temps où culture, convivialité, découverte et détente se mélangent. En association avec la librairie Terra Nova de Toulouse, cette librairie possède plus de 2600 ouvrages, un vaste choix de littérature française et étrangère, de poésie et autres genres. Elle est le lieu de nombreux rassemblements culturels et sert de décor à de riches animations. Si vous avez un petit creux, vous pourrez vous restaurer sur place grâce à la partie bistrot. Un endroit magique et original !

L'ATELIER DU SABOTIER

Rue du Saint-Esprit
✆ 05 63 75 31 40
Ouvert d'avril à début octobre. Été : tous les jours sauf le mardi. Hors saison : uniquement le week-end. Gratuit.

L'atelier du sabotier vous raconte ce métier de temps où l'on fabriquait des chaussure en bois. Découvrez les outils traditionnels pour la fabrication des sabots et les machines électriques qui, à partir d'un modèle, par copie, taillaient simultanément le sabot droit et le sabot gauche. Attenant au musée, une boutique vend des sabots, des produits du terroir, ainsi que des poupées et des jouets d'autrefois, sans oublier les spécialités à l'ail rose de Lautrec. Le village s'anime en été lors de la fête des sabots, la fête du pain ou la fête de l'ail.

LAVAUR

La charmante commune de Lavaur domine la rive gauche de l'Agout, à une quarantaine de kilomètres de Toulouse. Ancienne place forte médiévale, elle fut le décor d'un épisode tragique de la croisade des Albigeois. La cité, qui servait de refuge aux Cathares persécutés, fut en effet assiégée par Simon de Montfort en mai 1211. Dame Guiraude, seigneur de la place, opposa une résistance farouche aux croisés avant d'être finalement prise et jetée vivante au fond d'un puits comblé de pierres. Son frère, Amauric de Montréal, ainsi que quatre-vingts de ses chevaliers périrent par le glaive et quatre cents hérétiques moururent sur le bûcher, le plus important de toute l'histoire de la croisade. Sur l'esplanade du Plô, à l'emplacement de l'ancien château, une stèle rappelle l'événement sinistre. A proximité, l'enchevêtrement des rues anciennes de la vieille ville donnera accès à l'église des Cordeliers, à la maison Occitane et du Soleilhou, aux jardins à l'anglaise de l'évêché, à la tour des Rondes, au monument à Las Cases, à la fontaine des Trois-Grâces, au pont Saint-Roch et au viaduc Séjourné. Ouvrez grands les yeux, équipez-vous de bonnes chaussures et partez à la découverte de cet agréable décor marqué par le temps.

TARN

AQUAVAL

Route de Vielmur
✆ 05 63 70 52 32
www.cclpa.fr
Ouvert tous les jours de 10h à 20h. Entrée : 6 €. Enfant (de 3 à 14 ans) : 5€.

Rendez-vous à Aquaval, pour faire le plein de bonne humeur ! Au pied de la cité médiévale de Lautrec, petits et grands vont apprécier ce bain de fraîcheur en plein cœur de la nature. Le billet d'entrée donne droit à toutes les activités proposées : 5 bassins couverts de 850 m² avec solarium, toboggan, pentagliss, jets pulsés… espaces pique-nique, terrains de volley, beach-volley et pétanque, jeux pour enfants, 2 lacs ouverts à la pêche et au modélisme, et un parcours santé autour du grand lac. En partant, vous n'aurez qu'une envie : y retourner !

ÉGLISE SAINT-FRANÇOIS ★

22, Grand-Rue
✆ 05 63 83 12 20
www.ville-lavaur.fr/Patrimoine
Ouvert toute l'année. Tous les jours de 9h à 19h.

Tout comme sa voisine - la cathédrale Saint-Alain - l'église Saint-François inspire le respect. Majestueuse, elle est aujourd'hui la plus grande église franciscaine du Sud-Ouest. L'édifice actuel abrite un chœur polygonal du XIIIe siècle, une abside du XIVe siècle, une nef du XVe siècle et un chemin de croix conçu vers 1880. Son décor intérieur du XIXe siècle fut réalisé en majorité par des artistes toulousains : peintures de voûtes par Gayral, vitraux de Bordieu (1852-1853) et de Gesta (1888), terres cuites de Virebent, grand orgue de Théodore Puget (1866).

CATHÉDRALE SAINT-ALAIN DE LAVAUR ✝ ★★

3, place Saint-Alain
✆ 05 63 58 06 37
lavaur.catholique.fr

Ouvert du lundi au vendredi de 9h à 12h et de 14h à 17h. Accès libre. Visite guidée.

Édifiée sur les ruines d'une église et d'un couvent détruit par les croisés de Simon de Montfort en 1211, cette église fut érigée en cathédrale par le pape Jean XXI quand il créa l'évêché de Lavaur en 1317. Le monument de style gothique méridional, souvent qualifiée de « petite sœur de la cathédrale Sainte-Cécile », présente l'originalité d'un jacquemart en chêne massif qui est le seul visible dans le Sud-Ouest, coiffé d'un bonnet phrygien et égrenant les heures au sommet d'une tour latérale. Avec la promotion de la ville au rang d'évêché en 1318, la bâtisse a connu une série d'embellissements : abside côté est en 1332, chapelles nord et sud entre le XIVe et le XVIe siècle, clocher-tour et portail monumental à l'ouest au XVe siècle. On peut admirer à l'intérieur un maître-autel polychrome, de l'école de Moissac, ainsi qu'un superbe orgue Cavaillé-Coll au buffet polychrome, chef-d'œuvre de la Renaissance du Midi. Son clocher-porche – dont le tympan sculpté représente une Vierge à l'enfant entourée de saint Joseph et des Rois Mages – participe à faire de Saint-Alain le joyau du patrimoine local. En février 2019, une tentative d'incendie criminel a calciné l'une des chapelles de la cathédrale remise en état depuis.

La cathédrale Saint-Alain a fait l'objet d'une restauration complète entre 2013 et 2018 pour un coût avoisinant les 2 millions d'euros. Elle est actuellement le deuxième monument le plus visité du département après la cathédrale Sainte-Cécile d'Albi.

LES JARDINS DE L'ÉVÊCHÉ ★

Rue de l'Évêché
✆ 05 63 83 12 20
www.tourisme-tarn.com

Ouvert toute l'année. Tous les jours de 8h à 22h.

Juchés sur le belvédère dominant l'Agout, les jardins de l'Évêché offrent une vue remarquable sur le pont Saint-Roch, monumental ouvrage de pierre construit entre 1773 et 1791. À la Révolution, le palais et ses annexes seront détruits. Cet espace, devenu propriété communale en 1852, sera alors transformé en jardin à l'anglaise à partir de 1857. Il fut nommé « Jardin Las Cases » en souvenir du confident de Napoléon Bonaparte à Sainte-Hélène (installation d'une statue en 1865). Il sera par la suite rebaptisé « Jardin de l'Évêché ».

LE PONT SAINT-ROCH ★

Pont de Lavaur

Accès libre.

Cet ouvrage d'art a été le témoin du développement et de la transformation de la commune de Lavaur. Construit au XVIIIe siècle, ce pont en maçonnerie est emblématique de son époque. Franchissant l'Agout, il possède une portée de 48,75 mètres, faisant de lui - après l'effondrement du pont de Vieille-Brioude en 1822 - le pont en maçonnerie de plus grande portée au monde, et ce jusqu'à l'installation de l'arche de Chester en 1833. Ses caractéristiques typiques et son histoire permettent à l'ouvrage d'apparaître au titre des monuments historiques depuis 1960.

LA TOUR DES RONDES ★

Quai de la Tour des Rondes
✆ 05 63 58 02 00
www.tourisme-tarn.com

Ouvert du mardi au samedi 14h-18h, ainsi que 9h30-12h mercredi/samedi. Été : du lundi au samedi 9h30-12h30/14h-18h30.

La tour des Rondes est l'ultime vestige des fortifications de la ville. De sa masse trapue, elle domine le ravin profond du Naridelle, un affluent de l'Agout. Sans doute devait-elle être incluse dans la première ligne de fortifications qui, au début du XIIIe siècle, impressionna les chroniqueurs de la croisade contre les Albigeois. Mais, comme pour d'autres forteresses du comté, le traité de Paris de 1229 imposa au comte Raymond VII de Toulouse de démanteler les murailles. Aujourd'hui, elle abrite l'office de tourisme et une salle d'exposition au premier étage.

BELLEGARDE €€

Bellegarde - **SAINT-GAUZENS** ✆ 05 63 83 06 21
bellegarde81.free.fr

Fermé d´octobre à mai. 2 chambres. Chambre simple 63 € ; chambre double 75 €. Petit déjeuner inclus. Piscine. Jardin.

Derrière les volets verts de cette ancienne ferme familiale se cache une maison d'hôtes accueillante gérée par Geneviève et Jacques. Idéalement située à côté de sentiers pédestres, du golf des étangs de Fiac et des tennis de Briatexte, la bâtisse se compose de deux chambres d'hôtes équipées de salles d'eau séparées. Elles sont aménagées sobrement, mais confortablement. La table d'hôtes est installée dans une grande pièce agrémentée d'une cheminée. Les repas, savamment orchestrés par Geneviève, diététicienne de métier, sont servis le soir sur réservation.

DOMAINE D'EN NAUDET €€

En Naudet - **TEYSSODE** ✆ 05 63 70 50 59
www.domainenaudet.com

Chambre double de 99 € à 119 € ; suite à partir de 150 €. Petit déjeuner inclus. Gîte (10 couchages) 1450€/semaine.

Plantée sur une colline au milieu des tournesols, cette maison vous offre une vue panoramique à vous couper le souffle. Cinq chambres d'hôtes, l'une dans l'ancienne tour du guet et les quatre autres dans la grange, sont proposées. D'un très grand confort et décorées avec goût, elles offrent toutes une spécificité afin de plaire au plus grand nombre. Il en est de même pour ses deux capacités de gîtes, allant de 10 à 25 personnes. Côté loisirs, on passera de bons moments grâce à une grande piscine extérieure, une salle de musculation et une salle de réunion.

L'ŒUF DE COQ €

1, place Pasteur
✆ 05 63 34 66 58

Réservation recommandée. Menus de 38 € à 70 €. Formule du midi : 20 €. Vin au verre.

L'Œuf de Coq a éclos dans les rues de Lavaur en 2017. Depuis, c'est le rendez-vous gastronomique de la petite ville tarnaise. Derrière les fourneaux, Mathieu Lacaze met son talent au service d'une cuisine à base de produits de qualité. La carte est courte pour garantir la fraîcheur des produits : poissons de ligne, légumes de saison, aromates cueillis dans la nature... A midi c'est à l'ardoise. Exemples : lieu jaune, poireau, sésame, épinard et émulsion à l'estragon, ou filet de canette, chou rouge, purée de carotte à l'orange, tartelette aux poires et à l'anis…

LA GOURMANDINE €€

35, avenue Charles-de-Gaulle
✆ 05 63 41 83 77

Ouvert du jeudi au mardi le soir, le week-end le midi. Menus de 19,80€ à 27,80€. Formule du midi : 13,50€.

« De toutes les grandes passions, la seule vraiment respectable, me paraît être la gourmandise ». Et ce n'est ni Elena ni Sébastien Bénazet qui vous diront le contraire ! En passionnés, ils vous accueillent de manière chaleureuse et souriante dans leur charmant petit restaurant en plein cœur de Lavaur. Ici, un seul mot d'ordre dans l'assiette : tradition. Pas un seul habitant de Lavaur ne critiquera cet établissement tant est appréciée ici leur cuisine 100% terroir. Un régal pour les affamés de passage à la recherche d'un bon rapport qualité/prix.

LE VIEUX MARCHÉ €€

14, place du Vieux-Marché
✆ 05 63 33 21 70

Ouvert du mardi au samedi le midi et le soir. Carte : 25€ environ. Formule du midi : 12,90€. Terrasse.

Derrière ce concept 100% qualité, on trouve Eddy et Julien - ou plutôt Popotte & Canaille - un duo irrésistible qui a décidé de bousculer les codes habituellement traditionnels des adresses de Lavaur. En salle, l'accueil et le service sont assurés par Julien, une « canaille » dynamique qui sera d'excellents conseils pour vos accords mets et vins. Un guide essentiel pour cet établissement qui a décidé de proposer une carte sans cesse renouvelée, composée de planches à partager, et organisée autour d'un vin ou d'une bière coup de cœur.

CHEZ JOHN €€€

465, route de Gaillac
✆ 05 63 57 64 85

Ouvert du mardi au samedi le soir, du mardi au vendredi et le dimanche le midi. Menus de 30€ à 70€. Terrasse.

Le chef anglais John Courtis (l'Echauguette à Giroussens, l'Auberge de la Pointe à Saint-Sulpice) est aujourd'hui maître de cette maison de la route de Lavaur. Il vous accueille dans son établissement gastronomique, à la fois sobre et élégant, où l'on mange une cuisine raffinée et un brin originale. Ici, on aime jouer l'alliance subtile des saveurs, surtout lorsqu'elles sont insolites : panna cotta de roquefort, crème de topinambour, jeunes pousses, jambon de pays et chips de panais... Quand la tradition rencontre l'imagination du chef, ça fait des étincelles !

L'ACCORD DIVIN

157, rue Léonard de Vinci
✆ 09 81 60 13 68
laccorddivin.fr

Ouvert du lundi au mercredi de 9h à 17h30 ; le jeudi et le vendredi de 9h à 18h30. Formations.

A l'Accord DiVin, amateurs et spécialistes trouvent leur bonheur. Située dans la zone des Cauquillous, la cave met en valeur les vignerons issus de la région, des autres terroirs français et de l'étranger. Sélectionnés avec soin, ces amoureux des vignes sont choisis par l'équipe en raison de leur respect de la nature et des sols, ainsi que pour leur diversité. La plupart d'entre eux sont d'ailleurs issus de l'agriculture biologique et biodynamique. C'est une belle palette que l'Accord DiVin vous propose à la vente et en livraison dans toute la France.

LISLE-SUR-TARN

Situé entre Gaillac et Albi, le Pays Lislois abrite l'un des plus vieux vignobles de France, planté au Ier siècle de notre ère. Enfermés dans des amphores fabriquées à Montans, les vins étaient emportés sur des gabarres vers Bordeaux via le Tarn et la Garonne. Si la vigne prédomine encore dans les environs de Lisle-sur-Tarn, constituant en cela un pôle d'attraction autonome, la bastide elle-même, datée du XIIIe siècle, mérite tout votre intérêt. Ne manquez pas sa place couverte, ses pountets, l'ancien port, son palais, ses hôtels particuliers, l'église Notre-Dame-de-la-Jonquière et son musée dédié à Raymond Lafage, dessinateur du XVIIe siècle.

MUSÉE RAYMOND LAFAGE ★

10, rue Victor-Maziès
✆ 05 63 40 45 45
museeraymondlafage.wifeo.com
Ouvert du mercredi au dimanche de 14h à 18h (uniquement sur rendez-vous le week-end). Adulte 4 €.

Ce passionnant musée abrite plus d'un univers et de nombreuses collections. A l'origine, il tient son nom du dessinateur Raymond Lafage, né à Lisle-sur-Tarn en 1656. Ses œuvres inspirées de la mythologie et de la religion sont exposées sur place. En parallèle, le musée présente des peintres des XIXe et XXe siècles, dont Victor Maziès, et consacre une partie de son espace à l'histoire de la bastide, à des collections locales d'archéologie et à des pièces issues des verreries installées dans la forêt de Grésigne jusqu'à la fin de l'Ancien Régime.

MUSÉE ART DU CHOCOLAT ★

13, place Paul-Saissac
✆ 05 63 33 69 79
www.chocolat-tarn.fr
Basse saison : du mardi au dimanche de 10h à 12h30 et de 14h à 18h. Haute saison : 7j/7 de 10h à 12h30 et de 14h à 19h.

Ce musée gourmand est une sortie incontournable pour les familles et les amateurs de cacao. Tout au long de l'année, ils admirent les sculptures et œuvres d'art en chocolat, découvrant salle après salle ce qui fait la richesse de la fève. Que vous participiez ou non aux ateliers des lieux, vous repartirez avec de nouvelles connaissances : les secrets de la fabrication du chocolat, de la plantation de cacaoyers, la réalisation du produit fini, les techniques de sculpture, etc. Vous souhaitez poursuivre l'apprentissage ? Participez aux ateliers !

LE LAC DE BELLEVUE

Accès libre.

Le plan d'eau de Bellevue et ses abords directs offrent de nombreuses options de loisirs pour les grands et les petits : pêche loisirs, parcours santé, promenade en direction de la belle forêt domaniale de Sivens, tennis, aire de jeux pour enfants... Pratique, le lieu possède des toilettes, des tables de pique-nique et une aire de camping-cars. Sa végétation crée également un cadre de choix pour de longues siestes au bord de l'eau. C'est aussi un formidable point de vue lorsqu'arrive la belle saison des spectacles pyrotechniques.

Lisle-sur-Tarn.

MAZAMET

C'est sur les hauteurs de Hautpoul, que se situe historiquement le berceau de la ville. Fondé par les Wisigoths en 413, ce village fortifié devint un refuge cathare au XIIIe siècle. Assiégé en 1212 par Simon de Montfort, le château, dont les ruines sont toujours visibles, fut rasé. Les habitants rescapés s'installèrent plus bas, dans la plaine, entre Arnette et Thoré, au Mas Arnette, donnant naissance à Mazamet. La réputation de la ville a traversé les frontières au cours des deux derniers siècles. Malgré sa situation géographique défavorable, le délainage et la mégisserie faisaient de la ville une référence. Différents sites à visiter aux alentours.

LA MONTAGNE NOIRE

La légende raconte qu'elle serait née d'un formidable coup d'épée de la fée Nore, au secours de ses amis les gnomes Taur, Bug et Arach, qui tentaient de dresser de leurs mains un rempart de pierres pour se protéger des vents du Nord. Dernier bastion du Massif central, la Montagne noire rejoint les plaines du Tarn, de l'Hérault et de l'Aude. Forêts et pierres façonnées, vallées et plateaux s'y succèdent. Au plus haut se dresse le pic de Nore (1 214 m), et au plus profond coule l'eau que détourna Pierre-Paul Riquet au XVIIe siècle pour alimenter le Canal du Midi. L'eau contribua à l'essor de l'industrie dans la vallée du Thoré, fournissant l'énergie pour transformer la laine, le bois, la pierre et le cuir. Jadis, on s'installait sur les plateaux, comme en témoignent le village médiéval d'Hautpoul, l'oppidum de Berniquaut ou les forges romaines des Martys, puis les villes se sont développées au pied de la montagne. Durfort, bastion des dinandiers, Dourgne et ses monastères, Sorèze et son abbaye-école, Labruguière, patrie d'Arthur Batut, l'inventeur de la photographie aérienne en cerf-volant. Proche de la mer, la Montagne noire veille sur les Pyrénées tout en glissant vers Toulouse et la riche plaine du Lauragais. Ici les artisans ont travaillé le verre, forgé le métal, tissé la laine, sculpté le bois, taillé la pierre, et la tradition qui perdure... La Montagne noire, ce sont aussi, bien entendu, des espaces naturels, des producteurs fermiers, des accueils touristiques et tout un patrimoine attractif.

LA PASSERELLE DE MAZAMET ★

95, rue de la Resse
© 05 63 61 27 07
www.tourisme-mazamet.com
Accès libre. Ouvert tous les jours. Gratuit. Parking.

Inaugurée en 2018, la passerelle suspendue de Mazamet est un lieu unique en Occitanie. Elle est le fruit de longs mois d'effort et de la volonté de l'ex-cité industrielle de miser sur le « tourisme vert ». Ce nouveau point de vue promet sensations de haut vol, il faut dire qu'un tel panorama ne se voit pas tous les jours. Installée à 70 mètres de haut, au-dessus des gorges de l'Arnette, la passerelle mesure 140 mètres de long : impressionnant ! Deux chemins permettent d'y parvenir : les jardins de Cormouls-Houlès (30 min à pied) et le chemin de Jamarié (15 min).

TARN

OFFICE DE TOURISME CASTRES-MAZAMET

Place Georges Tournier ✆ 05 63 61 27 07
www.tourisme-mazamet.com
Du mardi au vendredi 10h-12h/14h-17h. Été : lundi 14h-17h30, du mardi au vendredi 9h30-12h/14h-17h30, samedi 9h30-12h30

Vous êtes à la recherche de bons plans dans le secteur de la Montagne Noire ? Partez à la rencontre des équipes de l'Office de tourisme de Castres-Mazamet. Installées place Georges Tournier, elles se chargeront de vous donner les documentations correspondant à vos recherches et vous renseigneront sur les événements et adresses à ne pas rater. Restaurants, hébergements, loisirs... ces spécialistes des vacances vous assureront de belles expériences et de nombreux souvenirs.

MUSÉE DU CATHARISME ★

Rue des Casernes
✆ 05 63 61 56 56
www.museeducatharisme.fr
Fév-mars, mar-ven. Avril-11 juil et 23 août-oct, lun-ven 10-12h/14-17h. 12 juil-22 août, 10-12h30/14-18h. 5 €.

Ce musée didactique est un véritable pôle de découverte de l'histoire cathare. En déambulant à travers ses espaces, le visiteur aura une idée plus claire de la dimension humaine de la foi cathare. Au rez-de-chaussée, la demeure de l'amiral Fuzier, dont les deux salons reflètent le mode de vie de la haute bourgeoisie protestante du XIXe siècle, est accessible gratuitement. Au premier étage, une exposition retrace une page religieuse et tragique du Moyen Age occitan sur 300 m^2, s'appuyant en particulier sur les traces laissées dans le village d'Hautpoul.

LES JARDINS DE MAZAMET €€

6, rue Henri Gardet ✆ 05 63 61 26 97
www.jardinsdemazamet.fr
Gîtes de France (5 épis). 5 chambres. Chambre double 90 €. Petit déjeuner inclus. Lit supplémentaire : 30 €.

Cette bâtisse du XIXe siècle avait été érigée par des industriels du délainage et de la mégisserie. Aujourd'hui, elle est tenue par Marie et Franck, un duo magique et dynamique qui facilitera séjours et sorties. Leur villa, constituée de quatre niveaux sur 800 m^2, garantit une liberté maximale et un refuge luxueux. En plus de la chambre familiale, des deux chambres spacieuses et des deux suites élégantes, la demeure possède un grand salon climatisé au rez-de-chaussée qui invite à la détente. De nombreuses formules complètes bien-être et romantiques sont proposées.

LA VILLA DE MAZAMET €€€

4, rue Pasteur ✆ 05 63 97 90 33
www.villademazamet.com
Chambre double à partir de 120 € ; suite à partir de 200 €. Petit déjeuner inclus. Réceptions et mariages.

Cette sublime maison de maître construite en 1934 au cœur d'un jardin clos aménagé, disposant d'un panorama imprenable sur la montagne Noire, est véritablement un petit bijou où venir se reposer ! Avec son grand escalier en pierre, ses moulures, ses cheminées en marbre d'époque, ses nombreux espaces de vie décorés avec charme et élégance, ainsi que son restaurant et l'espace « Le Petit Spa », l'établissement est un véritable incontournable dans lequel chacune des chambres est plus belle et plus confortable que la précédente et où vous êtes traités en rois.

LA SCALA €

Quai Charles Cazenave
✆ 05 63 98 12 52
Ouvert du mardi au samedi midi et soir. Carte : 20€ environ. Formule du midi : 13€. Terrasse. Vente à emporter.

Depuis qu'il a repris l'affaire en 2016, Lionel a remodelé cette adresse à son image : à la fois simple et sympathique. Le chef connaissait bien les lieux puisqu'il y avait travaillé 10 ans par le passé, attaché à l'établissement il avait décidé de mettre la main à la pâte - littéralement ! - et d'investir ses murs. Voilà donc 5 ans que la Scala propose à des clients affamés de belles et grandes pizzas à la fois originales et tournées vers le terroir (boudin, melsat, bougnette...). Elles côtoient des plats issus d'Italie et de salades bien ficelées.

LES TOILES DE LA MONTAGNE NOIRE

15, lieu dit La Richarde
✆ 05 63 61 11 08
www.lestoilesdelamontagnenoire.com
Livraison possible (ventes en ligne). Linge de maison à l'ancienne et Made in France.

Du 100 % *made in* Tarn, de la création à la fabrication des tissus, l'intégralité du processus de fabrication est situé en France, et ils ont bien raison de le revendiquer ! Trois boutiques (à Albi, Mazamet et Labastide-Rouairoux) proposent ces toiles tissées dans le Tarn, à partir de laines du pays et de produits naturels, tel le pastel. Nappes, serviettes, tabliers, plaids, sacs, toile au mètre... Toute une gamme de produits est proposée à la vente.

BALADE

ESCAPADE EN MONTAGNE NOIRE

Parcourez la montagne Noire, lieu habité de légendes, en plusieurs étapes sur un itinéraire mêlant visites, rencontres et promenade. Il peut se parcourir en randonnant ou par la route. Sorèze, plongée historique. Dans un premier temps, flânez dans les ruelles de la cité médiévale (1) où vous attendent des maisons à encorbellement, le clocher Saint Martin (XVe siècle) et la superbe Abbaye-école (adulte 8 €) (2). Elle abrite un musée retraçant son histoire, démarrée au VIIIe siècle ! Durfort, cité du cuivre. Puis dirigez-vous vers Durfort, bourg atypique traversé par deux rigoles. À pied, empruntez le chemin Haut (3) et comptez 30 minutes. Outre un musée du cuivre (adulte 3 €) (4), vous découvrirez divers ateliers où vous attendent des artisans passionnés. Passez le pont face au musée pour trouver à gauche une fontaine : on prête à ses eaux des vertus... magiques ! Les Cammazes, promenade haut-perchée. À droite du pont démarre la randonnée (5) qui mène au joli village des Cammazes. Attention, c'est à réserver aux Futés équipés pour 2h30 de montée ! Sinon, c'est par la route que vous rejoindrez la voûte de Vauban (6). Descendez sur la rive gauche de la rigole de la Montagne (7) et suivez l'agréable chemin forestier pour arriver en 20 minutes jusqu'à la vue offerte par le barrage (8) : spectaculaire !

MONESTIÉS

Monastério, devenu Monestiés, tire l'essentiel de sa renommée de la remarquable Mise au tombeau abritée par sa chapelle. Composée de vingt statues en pierre calcaire polychrome grandeur nature, l'installation est unique au monde. Si cette curiosité peut encourager le passage dans ce joli village médiéval, c'est son enchevêtrement de ruelles et de maisons d'époque autour de l'église Saint-Pierre qui occupera une grande partie de votre journée. Au fil de votre balade, vous pourrez découvrir le charme de ses demeures médiévales, Renaissance ou du XVIIe siècle, de la fontaine au Griffoul, ainsi que de l'église Saint-Pierre et son retable du XVIIe siècle.

CHAMBRES D'HÔTES LA PREMIÈRE VIGNE €€

Les Pradelles

✆ 09 75 30 06 13

www.lapremierevigne.com

Fermé du 1er janvier au 30 avril. Chambre double de 80 € à 90 €. Petit déjeuner inclus. Lit supplémentaire : 25 €.

Les Pradelles est un véritable havre de tranquillité. Francis vous y accueille dans quatre chambres d'hôtes tout confort, spacieuses et modernes, alliant la vieille pierre à des couleurs chatoyantes. Chaque chambre possède sa propre salle de bains et offre une vue sur la nature environnante et les animaux qui l'habitent. Le petit déjeuner est fait maison à partir de produits locaux et biologiques. Pour vous détendre, vous profiterez d'une grande piscine.

PUYCELSI

Située au pied de la forêt de Grésigne, cette ancienne place forte, fondée avant l'an mille, a remarquablement bien conservé les traces de son passé et ce, malgré les assauts répétés de Simon de Montfort (par trois fois), des pastoureaux, des Anglais et même des huguenots dont elle fut l'objet aux XIIIe et XIVe siècles. Aujourd'hui, ce village haut perché - qui veille à la fois sur la forêt et la vallée de la Vère - fait partie des Plus Beaux Villages de France. Avec ses nombreuses maisons médiévales, ses 800 m de remparts, son château du capitaine gouverneur, ses jardins, son église du XIVe siècle… C'est une distinction amplement méritée.

PUYLAURENS

Érigé aux portes de la montagne Noire, Puylaurens domine la vaste plaine du Lauragais. Ce balcon permet d'apercevoir la vallée de l'Agout au nord et la montagne Noire au sud. Occupé dès la Préhistoire, le territoire fut modelé par les Wisigoths et développé à l'époque médiévale lorsque croisés et Cathares se disputèrent les hauteurs. Au XVIe siècle, la cité fortifiée connue son heure de gloire et fut l'un des fleurons du pays de Cocagne. De nos jours, son histoire se découvrent au gré des ruelles et leurs vestiges : maisons à encorbellement du XVIIe siècle, passage couvert du XVIe siècle, hôtel de Corneilhan, remparts, hôtel de la Roque-Buisson...

CONSERVATOIRE D'ESPÈCES FRUITIÈRES ET DE VIGNES ★

Les Horts

✆ 05 63 33 19 41

www.tourisme-tarn.com/producteur/conservatoire-despeces-fruitieres-et-de-vignes-anciennes

Sur rendez-vous uniquement : du lundi au jeudi de 8h à 12h et de 13h à 16h. Boutique. Animations.

Créé par le conseil général du Tarn en 1986, ce conservatoire a pour objectif de sauvegarder, évaluer et valoriser sur un plan pédagogique, économique et scientifique des espèces fruitières et de vignes en voie de disparition. Implanté sur 7 hectares de parcelles, il héberge aujourd'hui plus de 750 introductions de fruitiers et 102 cépages. Ses animateurs organisent régulièrement des visites avec dégustation et des stages d'initiation à la taille et au greffage.

ANGOLAINE

La Tuilerie – Ardialle

✆ 05 63 70 21 99

www.angolaine.com

Bienvenue à la Ferme. Ouvert sur rendez-vous uniquement. Accueil de groupes et de particuliers. Vente en ligne.

Isabelle Le Roy, la maîtresse des lieux, organise sur rendez-vous la visite guidée de son élevage de lapin angora. Celle-ci permettra d'approcher les adorables lapins et de découvrir les étapes de transformation des différentes fibres textiles – animales, végétales, artificielles et synthétiques – issues de cette exploitation. Dans la boutique de l'élevage ou en ligne, vous pourrez acheter de nombreux produits tricotés en angora/soie ou angora/cachemire, et teints avec des plantes tinctoriales telles que pastel, garance, myrobolan...

CHÂTEAU-MUSÉE DE MAGRIN ★

Rue Victor-Maziès - **MAGRIN** ✆ 05 63 70 63 82
www.pastel-chateau-musee.com
Ouvert tous les dimanches 15h-17h30. Été : visite guidée de 15h à 17h30 tous les jours (également le matin en août).

Visite incontournable, le Musée du pastel relate 500 ans de l'histoire de cette plante qui a forgé l'identité de la région. Ce château des XIe, XVIe et XVIIIe siècles, bâti sur une colline dominant les plaines du Lauragais et patiemment restauré, est à lui seul un livre d'histoire. Ses murs gardent en mémoire la visite d'Henri IV, qui s'y réfugia en 1585, mais abritent surtout d'extraordinaires vestiges de cette industrie du pastel, comme cet authentique séchoir à cocagnes ainsi que le superbe moulin pastelier. Une visite à ne pas manquer !

LE BELLEVUE €€

7, avenue de Castres
✆ 05 63 75 00 23
Ouvert du mardi au samedi de 7h à 20h ; le dimanche de 7h à 22h45. Carte : 26 € environ. Vin au verre. Terrasse.

En balade dans le département, prenez le temps de vous attarder dans le doux village de Puylaurens. Avec ses bâtisses et ses ruines impressionnantes, la cité mérite un arrêt à plus d'un titre. Parmi les haltes gourmandes que vous trouverez sur place pour vous restaurer, le café Le Bellevue est un rendez-vous formidable. Bonne, copieuse, sympathique, voilà tous les qualificatifs pouvant décrire cette charmante adresse. Les patrons vous accueillent avec bonne humeur et chaleur, tandis qu'en cuisine, la talentueuse Régine prépare des assiettes gourmandes.

LE CRI DE LA FOURCHETTE €€

Le Buguet ✆ 05 63 70 54 96
Ouvert du jeudi au mardi le midi et le soir. Carte : 20 € environ. Vin au verre. Chèque Restaurant. Terrasse.

Si ce restaurant ne paye pas forcément de mine de l'extérieur, il mérite un arrêt. Ses souriants propriétaires y préparent des plats vraiment originaux tels que le poulet aux queues d'écrevisses ou encore le foie gras au bouillon de pot-au-feu. Les pizzas ont également leur place à la carte, vous serez bluffés par leurs recettes tournées vers le terroir. Agréable, la décoration intérieure est claire, avec un beau nappage blanc et orange et une mise en valeur des poutres apparentes. Cependant, si la météo le permet, on privilégiera toujours la terrasse arborée.

RABASTENS

Influente à l'époque médiévale, Rabastens était placée sous la protection des comtes de Toulouse avant d'entrer dans le giron royal. Ces appuis ont mené le village à la prospérité, comme en témoignent encore les hôtels particuliers et les venelles qui peuplent son centre. Habillée de briques roses, la cité présente des remparts abîmés par les guerres de religion et ses guides racontent avec passion son histoire. Le village tire également une grande fierté de son artisanat et de ses trouvailles archéologiques, on peut les apercevoir du côté de l'église Notre-Dame-du-Bourg, de la chapelle Saint-Pierre-de-Bracou et de la chapelle Saint-Waast.

ÉGLISE NOTRE-DAME-DU-BOURG ★

12, rue du Pont-del-Pâ
✆ 05 63 33 80 03
www.tourisme-vignoble-bastides.com
Accès libre. Visite guidée.

© PECOLD - SHUTTERSTOCK.COM

Édifiée par les moines bénédictins de Moissac, l'église s'élève au cœur de la ville basse. Abîmée lors du passage de la croisade albigeoise, on lui adjoint un vaste chœur au début du XIVe siècle. Les guerres de Religion et la Révolution ont participé à son dépouillement. Il faudra attendre 1856 pour que soit entreprise sa restauration. C'est à cette occasion que sont redécouvertes les peintures murales qui ont encouragé son inscription sur la liste du patrimoine mondial de l'Unesco.

MUSÉE DU PAYS RABASTINOIS ★

2, rue Amédée-Clausade
✆ 05 63 40 65 65
Ouvert du mardi au dimanche de 10h à 12h30 et de 14h30 à 18h. Gratuit. Chèque Vacances. Animations.

Hébergé au sein d'un hôtel particulier du XVIIe siècle, ce musée municipal contient plusieurs univers : archéologie, mosaïque, art sacré, broderie, sculpture, peinture... Si son rez-de-chaussée est principalement consacré aux poteries de Giroussens, une autre pièce rassemble des chefs-d'œuvre de charpenterie du Compagnon Roger Bellegarde. Un espace voisin accueille les œuvres de Jane Atché, affichiste de la fin du XIXe siècle et native de Rabastens.

HÔTEL-RESTAURANT DE LA POSTE €€

9, place Saint-Michel ✆ 05 63 33 57 17
sarlchipiron.wixsite.com/hoteldelaposte
Chambre double à partir de 49 €. Pension complète et demi-pension. Petit déjeuner 5,50 €. Restaurant.

C'est en plein cœur du village, au sein d'un ancien relais de poste, que les propriétaires ont aménagé leur établissement. Simple et accueillant, celui qu'ils ont baptisé l'Hôtel de la Poste possède un ensemble de chambres rénovées. Propres, équipées de télévision et munies de salles de bains privatives, elles offrent le confort nécessaire pour se sentir à l'aise. On s'y sent tellement bien qu'on n'hésite pas à opter pour un séjour en demi-pension ou en pension complète.

RÉALMONT

Cette ancienne bastide royale fut fondée le 12 mars 1272 par le roi Philippe III, il lui donna le nom de *Regalis mons* (mont royal). Il s'agissait à l'origine d'une vigie monarchique essentielle, à mi-distance d'Albi, seigneurie épiscopale autonome, et de Castres, fief des Montfort. Si les boulevards ont aujourd'hui remplacé les remparts, la ville a conservé quelques vestiges, notamment sa superbe place avec ses couverts inscrite au répertoire des Monuments historiques. Lors de votre visite de Réalmont, ne ratez pas l'église Notre-Dame-du-Taur (XVIIe siècle), la fontaine de la Fréjaire, le lavoir-abreuvoir et le panorama de la Croix du Caylou.

SORÈZE ★★

Serti dans l'écrin de verdure de la montagne Noire, Sorèze est un petit bijou dont le caractère transparaît dès la première approche. Situé en bordure de la plaine du Lauragais, le village conjugue à la fois la rigueur militaire – elle fut le siège de l'École royale durant le règne de Louis XVI - et l'ombre sage du père Lacordaire. On est séduit par le charme inimitable des maisons à encorbellements des XVIe, sur lesquelles grimpent encore aujourd'hui lierres et fleurs multicolores. Le cœur de la ville s'active au rythme des battements du clocher Saint-Martin, érigé au XVe siècle, et on s'y perd avec joie pour découvrir au détour d'une rue pittoresque les vestiges des remparts du Moyen Âge, les ruines du château cathare de Roquefort et les restes de la chapelle de Saint-Jammes. Dans les alentours, il serait dommage de passer à côté du barrage de Saint-Ferréol, classé au patrimoine mondial de l'Unesco, créé par Pierre-Paul Riquet pour alimenter le canal du Midi, l'oppidum de Berniquant, la grotte de Calel et les cascades de Malamort-Durfort. Ces remarquables vestiges et environnements naturels permettent de se détendre dans des cadres de rêve et découvrir une jolie partie de l'histoire du territoire.

ASSOCIATION ARTS, TERRE, COULEURS EN SORÈZOIS ★

BP - 80008
✆ 06 80 38 21 50
www.salon-automne-soreze.com
Calendrier des manifestations en ligne. Salon. Expositions. Concours.

L'association de Gerard Grandazzi est un véritable moteur de la vie artistique du département. Elle a pour but de promouvoir l'art sous toutes ses formes et dans chacun de ses domaines. Aussi, elle organise tout au long de l'année des expositions en divers endroits où l'on peut venir admirer des œuvres picturales, des sculptures et bien d'autres expressions artistiques, le but étant d'offrir une vitrine aux nouveaux talents. Les manifestations organisées sont toujours très variées.

L'ABBAYE-ÉCOLE DE SORÈZE ★★★

Rue Saint-Martin ✆ 05 63 50 86 38
www.abbayeecoledesoreze.com
Fermé en janvier. Fermé le mardi sauf en été. Adulte 8 €, famille 17€. Visite guidée.

Créée en 754 par Pépin le Bref, l'abbaye devient, sous Louis XVI, l'une des douze écoles royales militaires de France. En 1854, le père Henri-Dominique Lacordaire en prend la direction et lui donne un nouveau souffle et une renommée internationale. Nombre de militaires, écrivains, philosophes, artistes y ont été formés jusqu'à sa fermeture en 1991, dont Hugues Auffray et Claude Nougaro. Magnifique salle des bustes des illustres et un parcours muséographique sur l'éducation des jeunes Soréziens du XIXe siècle. En juillet, festival «Musiques des Lumières».

MUSÉE DOM ROBERT ET DE LA TAPISSERIE DU XXE SIÈCLE ★

Rue Saint-Martin ✆ 05 63 50 86 38
www.abbayeecoledesoreze.com
Basse saison : du mercredi au lundi 14h-17h30 (également 10h-12h30 en moyenne saison). Haute saison : 7j/7 9h30-18h30.

Ouvert en 2015 au sein de l'abbaye-école de Sorèze, ce musée relate l'histoire de la tapisserie du XXe siècle. Il rend principalement hommage à un grand nom de la tapisserie d'Aubusson, Dom Robert, moine bénédictin et peintre cartonnier de tapisserie. A chaque pas, on découvre son talent et l'originalité de ses œuvres, centrées sur la nature nue et la couleur. Parmi les autres artistes du XXe siècle représentés on trouve de Lurcat et Gromaire, Prassinos, Théo Kerg, Lagrange et Sicard.

MUSÉE DU VERRE DE SORÈZE ★

42, allées de la Libération ✆ 05 63 37 52 66
musee-du-verre.fr
Le vendredi 14h-18h et le week-end 10h-12h/14h-18h. Été : semaine 14h30-18h30 (sauf mardi), week-end 10h-12h/14h30-18h30

De nos jours, l'ancienne maison du Parc naturel du Haut Languedoc abrite le Musée du Verre de Sorèze. L'espace accueille une importante collection de verres anciens. Une grande partie d'entre eux provient des fouilles réalisées sur l'oppidum de Berniquaut, un magnifique belvédère situé à 2 kilomètres de la ville. Ces objets racontent l'implantation de l'industrie du verre dans le Grand Sud depuis l'Antiquité jusqu'à nos jours. L'association des Amis de Sorèze – à l'origine de ce musée – propose également des promenades commentées et des conférences.

BUREAU D'INFORMATION TOURISTIQUE DE SORÈZE

3, rue Pierre Fabre
✆ 05 63 74 16 28
www.auxsourcesducanaldumidi.com
Été : 7j/7 9h30-12h30/14h-18h. Octobre : le dimanche 14h-18h. Printemps : semaine 10h-12h30/14h-18h, week-end 14h-18h.

Implanté dans l'enceinte de la Tour Ronde de l'Abbaye-École de Sorèze, ce bureau d'information touristique est un outil très utile lorsqu'on veut profiter de tous les bons plans présents dans l'agréable commune. Il faut dire qu'entre les musées, les visites guidées et les sites naturels qui se trouvent à proximité, on ne sait rapidement plus où donner de la tête ! Faites confiance aux équipes, elles sont à la fois disponibles et d'une grande aide.

LE PAVILLON DU CHÂTEAU €€€

Château de Garrevaques - **GARREVAQUES**
✆ 05 63 75 04 54 - www.garrevaques.com/fr
15 chambres. Suite de 95€ à 280€. Petit déjeuner : 15€. Centre de spa et balnéo. Piscine. Parc. Restauration.

Le magnifique château construit en 1470 a été remanié après avoir été brûlé à la Révolution : il appartient aujourd'hui toujours à la même famille, à Marie-Christine et Claude Combes, descendantes du comte Henri de Gineste ! Chaque chambre est unique et porte le nom d'un des ancêtres de leur famille. Calmes et lumineuses, toutes sont spacieuses et non-fumeur décorées dans un esprit « château » avec des meubles de famille tandis que d'autres sont plus contemporaines avec des tissus raffinés. La demeure abrite aussi un restaurant de cuisine terroir.

PUB SAINT-MARTIN €€

8, rue Saint-Martin ✆ 05 63 50 85 93
www.tourisme-tarn.com
Ouvert du lundi au samedi le midi, le vendredi et le samedi le soir. Réservation recommandée. Carte : 26€ environ.

Implanté dans l'ancienne cordonnerie de l'abbaye, ce restaurant plein de charme est recouvert de lierre sauvage. Avec ses pierres apparentes, ses poutres médiévales et ses affiches anciennes, il semble tout droit sorti de la campagne irlandaise ou d'un livre de Tolkien. Son ambiance authentique, entre troquet et maison de campagne, colle à merveille avec la cuisine bonne franquette servie à table. A la carte : magret aux cèpes, boudin et andouillettes, salade de chèvre chaud au miel et bien d'autres gourmandises. Le rapport qualité-prix est très satisfaisant.

TARN-ET-GARONNE

Quercy, Lomagne, Lafrançaisain, Aveyron, Moissac, Montauban, Caussadais ! Que des territoires où authenticité et sincérité font la richesse de ce patrimoine universel. Tant de choses à voir, à goûter, à vivre aux travers des 195 communes et villages qui sont le relief vivant de ce département. Entre les bastides étincelantes, les cités médiévales, les vignerons fiers de leur 1 855 hectares de vignes, les si nombreuses activités culturelles, sportives sans oublier les producteurs de saveurs et de goûts, les artisans ou plutôt artistes de tous horizons et cultures... le choix est véritablement «cornélien» : que faire en un week-end, une semaine ? Déjà s'imprégner d'un style de vie, voire d'une soft attitude et revenir sans modération dans un territoire au grand cœur, si chaleureux et généreux. C'est çà le Tarn-et-Garonne, son riche passé, parfois chaotique, son présent avec son hospitalité et son futur avec tant d'initiatives.

VALEILLES
ST-BEAUZEIL
MONTAIGU-DE-QUERCY
Vers Tournon-d'Agenais
BELVÈZE
Vers Montcuq
ROQUECOR
LACOUR
BOURG-DE-VISA
Vers Laroque-Timbaut
LOT-ET-GARONNE
LAUZERTE
TRÉJOULS
TOUFFAILLES
FAUROUX
MIRAMONT-DE-QUERCY
MONTBARLA
CAZES-MONDENARD
DURFORT-LACAPELETTE
VAZERAC
BRASSAC
MONTJOI
MOLIÈRE
Castelsagrat
Vers Agen
Vers Agen
SAINT-PAUL-D'ESPIS
Lamagistère
Golfech
Donzac
Valence-d'Agen
GOUDOURVILLE
MOISSAC
LAFRANÇAISE
L'HONOR-DE-CO
LABASTIDE-DU-TEMPLE
DUNES
Garonne
Tarn
St-Nicolas-de-la-Grave
Meauzac
Sistels
AUVILLAR
Aveyron
Bardigues
LA VILLE-DIEU-DU-TEMPLE
CASTELSARRASIN
Mansonville
CAUMO
St-Porquier
Canal de Montech
Vers Miradoux
CORDES-TOLOSANNES
ESCATALENS
Laffite
LACOURT-SAINT-PIE
Marsac
LAVIT
Gensac
LABOURGADE
BOURRET
MONTECH
BRESSOLS
GRAMONT
Montgaillard
Garonne
Forêt d'Agre
Canal Latéral à la Garonne
Finhan
BEAUMONT-DE-LOMAGNE
ST-SARDOS
Mas-Grenier
CAMPSAS
Vers Tournecoupe
Gimat
Comberouger
Bessens
Escazeaux
VERDUN-SUR-GARONNE
DIEUPENTA
CANALS
Faudoas
Bouillac
Beaupuy
GRISOLLES
Vers Auch
POMPIGNAN
MAUBEC
AUCAMVILLE
Vers Grenade
GERS
HAUTE-GARONNE

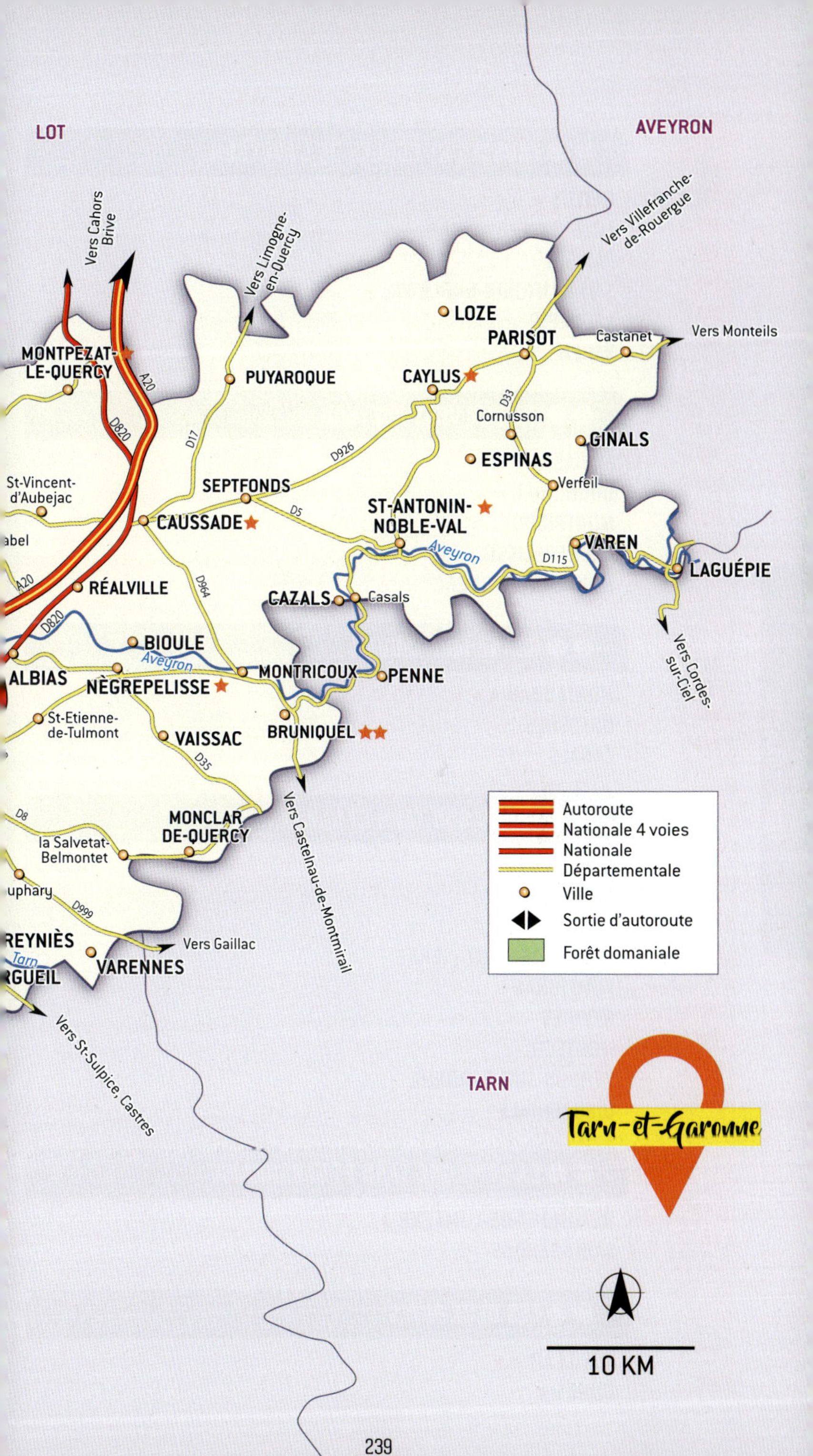
LOT
AVEYRON
TARN
Vers Cahors Brive
Vers Limogne-en-Quercy
Vers Villefranche-de-Rouergue
Vers Monteils
Vers Cordes-sur-Ciel
Vers Castelnau-de-Montmirail
Vers Gaillac
Vers St-Sulpice, Castres
LOZE
PARISOT
Castanet
CAYLUS
PUYAROQUE
MONTPEZAT-LE-QUERCY
Cornusson
GINALS
ESPINAS
Verfeil
SEPTFONDS
St-Vincent-d'Aubejac
CAUSSADE
ST-ANTONIN-NOBLE-VAL
VAREN
LAGUÉPIE
RÉALVILLE
CAZALS
Casals
BIOULE
ALBIAS
NÈGREPELISSE
MONTRICOUX
PENNE
St-Etienne-de-Tulmont
VAISSAC
BRUNIQUEL
MONCLAR DE-QUERCY
la Salvetat-Belmontet
VARENNES
Aveyron
Tarn
A20
D820
D17
D926
D5
D964
D33
D115
D35
D8
D999
Autoroute
Nationale 4 voies
Nationale
Départementale
Ville
Sortie d'autoroute
Forêt domaniale
Tarn-et-Garonne
10 KM

PAGES

243 CAUSSES ET GORGES DE L'AVEYRON
243 CAYLUS ★
244 LOZE
245 PARISOT
245 SAINT-ANTONIN-NOBLE-VAL ★
252 LAGUÉPIE
252 VAREN

253 QUERCY VERT AVEYRON
253 ALBIAS
253 BRUNIQUEL ★★
257 MONTRICOUX
258 NÈGREPELISSE ★
261 MONCLAR-DE-QUERCY

262 GRAND MONTAUBAN
262 MONTAUBAN ★★★
286 BRESSOLS
286 CANALS

287 GRAND-SUD TARN-ET-GARONNE
287 GRISOLLES
288 ORGUEIL
288 FINHAN
288 LABASTIDE-SAINT-PIERRE
289 POMPIGNAN
289 REYNIÈS
290 MONTECH
292 VERDUN-SUR-GARONNE
293 DIEUPENTALE

294 LA LOMAGNE TARN-ET-GARONNAISE
294 BEAUMONT-DE-LOMAGNE ★
297 SAINT-SARDOS

299 LES DEUX-RIVES
299 AUVILLAR ★★
301 DUNES ★

PAGES

302 GRAMONT
303 MONTJOI
304 VALENCE
307 DONZAC
308 GOLFECH

309 QUERCY-SUD-OUEST
309 LAUZERTE ★★
318 TOUFFAILLES
319 CAZES-MONDENARD
320 MONTAIGU-DE-QUERCY ★

323 TERRES DES CONFLUENCES
323 CASTELSARRASIN ★
326 CORDES-TOLOSANNES
326 LABASTIDE-DU-TEMPLE
327 MOISSAC ★★
336 BRASSAC
336 LAFRANÇAISE
338 LA VILLE-DIEU-DU-TEMPLE
338 SAINT-NICOLAS-DE-LA-GRAVE

341 QUERCY CAUSSADAIS
341 CAUSSADE ★
346 MONTPEZAT-DE-QUERCY ★
348 PUYLAROQUE
349 SEPTFONDS
350 MOLIÈRES

Caylus.

CAYLUS ★

Une cité médiévale dans un écrin de verdure ! Aux origines, Caylus était un castrum mentionné dès 1176, formé d'un bourg ramassé sur les pentes entourant son château, dominant la vallée de la Bonnette. Au milieu du XIIIe siècle, le comte de Toulouse développe Caylus par une véritable planification urbaine, de type bastide en créant sur les anciens fossés une large voie rectiligne, bordée de nouveaux quartiers. Caylus compte plusieurs édifices classés monuments historiques et propose une richesse indéniable que l'on découvre en flânant dans les rues moyenâgeuses qui s'accrochent au flanc d'une colline rocheuse d'où émergent les restes du château.

ÉGLISE GOTHIQUE SAINT-JEAN-BAPTISTE ★

Ouvert toute l'année. Accessible toute l'année. Visite libre. L'édifice est classé au titre des Monuments historiques.

L'église Saint-Jean-Baptiste (XIVe et XVIIe siècles), fortifiée, classée aux Monuments historiques mérite la visite. Elle abrite en effet une œuvre majeure, un christ monumental de plus de 5 mètres taillé dans un tronc d'ormeau par le sculpteur Ossip Zadkine en 1954, époque où son atelier était installé à Arques. Ce christ suspendu par un seul bras à une croix invisible est nu, ce qui choqua bien des paroissiens qui essayèrent, dit-on, de cacher ses attributs masculins..

SANCTUAIRE DE NOTRE-DAME DE LIVRON

Ouvert toute l'année. Accès gratuit. Lieu de prière. Eucharistie : dimanche à 9h, mercredi et vendredi à 9h15

Au fond d'un petit cirque de verdure se niche une grotte où naît le Livron, petit affluent de la Bonnette. Lieu de pèlerinage depuis le Xe siècle, l'église ne prit sa forme gothique définitive qu'au XVe. Louis XIII aurait été pèlerin, durant le siège de Montauban. Un chemin de croix parcourt le cirque et permet d'accéder à une grotte où vécut en ermite le père carmélite François Palau. Ce dernier y fonda d'ailleurs un ermitage, perpétué désormais par le Centre Spirituel François Palau.

CAMPING DU LAC DE PARISOT €

✆ 05 63 65 70 65

www.campingdulacdeparisot.com

Du 1er avril au 31 octobre. À partir de 15h et départ avant midi. 66 emplacements. Baignade dans le lac et piscine.

Le lac de Parisot est une des plus anciennes bases de loisirs des environs idéalement placée entre le Lot, le Tarn-et-Garonne et l'Aveyron. Le site est harmonieux : 9 hectares d'eau tranquille entourés de verdures. On ne se baigne plus aujourd'hui dans le lac, mais il est possible de pêcher, de faire du bateau à pédales. Au sein du camping, une piscine, du tennis, du volley ou aller boire un verre et manger un bout au petit bar restaurant sur l'autre rive. De vraies vacances «vertes» !

HÔTEL-RESTAURANT LA RENAISSANCE €

Avenue du Père-Huc ✆ 05 63 67 07 26

www.hotel-larenaissance-caylus.fr

Logis. Ouvert toute l'année. 8 chambres. Animaux acceptés. Wifi. Parking fermé. Restauration conseillée.

L'hôtel-restaurant la Renaissance a été repris par les propriétaires du Moulin de Varen. L'établissement aux volets bleus ouvre toujours ses huit chambres entièrement rénovées, aux hôtes qui souhaitent se ressourcer une ou plusieurs nuits dans les environs touristiques, à prix modique. Petit plus, les animaux sont acceptés et vue sur le château pour certaines. Vous apprécierez également la cuisine régionale qui est concoctée au restaurant et la formule étape (repas + nuit).

MAS LES ÉTOILES €

Félines

✆ + 33 9 67 13 40 95

www.mas-lesetoiles.eu

Chambre double de 55 € à 75 € ; suite de 95 € à 125 €. Petit déjeuner inclus. Salle de bains et sanitaires partagés.

Lorsque nous quittons Caylus en direction de Villefranche, la route s'élève après le pont sur la Bonnette en sévères lacets. Elle débouche sur un vaste plateau vallonné et très vert. A droite, le premier hameau (Félines) abrite une maison d'hôtes très agréable. Les trois chambres restent sobres mais font la part belle à la clarté du jour. C'est surtout l'extérieur qui attire l'attention. Un jardin étagé, dans un dédale de buis abrite un salon, une cuisine (barbecue), une salle à manger et même un spa, tout cela en extérieur avec vue panoramique sur les collines.

HÔTEL-RESTAURANT LA RENAISSANCE €

Avenue du Père-Huc ✆ 05 63 67 07 26
www.hotel-larenaissance-caylus.fr

Logis. Toute l'année. Du mardi au jeudi et le samedi midi et soir ; le vendredi et dimanche midi. Menus de 25 € et 30 €.

L'ancien relais de poste, aujourd'hui reconverti en hôtel-restaurant, est tenu par les anciens propriétaires du Moulin de Varen. Vous pourrez déguster une cuisine traditionnelle élaborée à partir de produits régionaux typiques. Au menu, des classiques revisités en fonction des saisons et de l'humeur de chef. Parmi les spécialités maison, citons ainsi le marbré de foie gras aux poires, gelée au gaillac doux... le sandre à l'oseille, le magret de canard, les Saint-Jacques snakées...

AU BON CÔTÉ DES CHOSES €€

Avenue Père Evariste Huc
✆ 05 63 67 09 92

Ouvert toute l'année. Du jeudi au lundi le midi et le soir et le mardi midi. Fermé le mercredi. Carte : 20 € environ.

Apprenez à prendre la vie du bon côté ! C'est en tout cas l'ambition de ce petit restaurant situé dans le centre de Caylus. Avec sa très belle terrasse ombragée, son personnel sympathique, le restaurant vous invite à entrer pour déguster une pizza, un burger maison, et tous les vendredis soir l'incontournable couscous royal, sans oublier de délicieux petits plats élaborés à partir de produits frais du terroir. A consommer sans modération ! Les desserts sont succulents et «maisons». Ambiance détente, conviviale et... optimiste qui corrobore parfaitement l'endroit.

LE RESTAURANT DU LAC LES POISSONS VOLANTS €€

Parisot ✆ 05 63 65 70 65
www.campingdulacdeparisot.com/

Ouvert du 1er avril au 31 octobre. Formules du midi, carte, snack. Terrasse. Vente à emporter. Lac de Parisot.

Le site est en lui même tout en harmonie. Le lac de Parisot, dans cet écrin de verdure tout en rondeurs rouergates, est un plaisir pour les yeux. Le restaurant du Lac s'avance comme une presqu'île entourée d'eau, où l'on peu manger et boire un verre en saison en toute tranquillité. Une formule du midi très correcte et un bon choix de bières à la pression nous donnent envie de revenir, pourquoi pas pour le Festi'Lac, ce festival qui chaque année anime le lac le premier week-end d'août.

MARCHÉ

Ouvert le mardi et le samedi de 7h30 à 12h30. Marché le mardi place de la Mairie et le samedi placette du Lavoir.

Deux marchés hebdomadaires, rendez-vous incontournable au cœur de cette petite cité médiévale. Vous y trouverez les couleurs et les odeurs du pays, mais aussi toute la richesse de la tradition et des produits frais de qualité. Depuis quelques années, au programme du marché médiéval : banquet, danse, musique, des surprises tout au long de la journée dans une ambiance familiale et conviviale. Véritables vitrines du terroir, ces marchés sont un régal pour les yeux ! Garnissez votre panier de fromages, de jambons d'ici, de toutes ces pépites gastronomiques.

LOZE

Situé à 6 km de Caylus, Loze possède une diversité de paysages qui contribue à la beauté de ce village typique et peut s'en enorgueillir. Il existait près du village,un château à la Roque de Loze appartenant aux comtes de Toulouse, puissants féodaux aux Moyen Âge. Aux alentours, vingt-sept moulins présentent la plus grande concentration de moulins en Europe. On peut voir et même visiter pour certains, des moulins restaurés et en parfait état de marche. Notons plus particulièrement le magnifique moulin de "Las Vinhassas" où la mécanique a été entièrement remise en état. Les moulins étaient autrefois, de véritables espaces de rencontre.

MAS DE MONILLE €€

✆ 05 63 65 76 85
www.masdemonille.com

Bienvenue à la Ferme. Ouvert toute l'année sur réservation. Vente directe les vendredi et samedi. Menu complet 30 €.

Le Mas de Monille est situé dans les Causses du Quercy. Benoît Leverrier a choisi ce cadre bucolique pour y établir son élevage de porcs noirs gascons. Le mas typique de l'architecture quercynoise a été rénové. La salle principale possède une belle cheminée très appréciable dès les premiers frimas et la terrasse ombragée est très accueillante l'été. Idéal pour faire une halte gourmande et découvrir une cuisine de terroir concoctée avec goût. Les enfants peuvent jouer à l'extérieur librement et découvrir les animaux. Boutique à la ferme et service traiteur.

PARISOT

Bienvenue à Parisot, petit patrimoine qui raconte toute l'histoire de la vie tarnaise du temps où l'électricité n'existait pas encore ! Découvrez au cœur du village, un magnifique lavoir ou les Parisotaines se retrouvaient. Les lieux inspirent ici quiétude et sérénité. De ses origines lointaines, ancrées dans le vignoble Gaillacois et le commerce de la poterie, le village a conservé quelques souvenirs comme ces noms de rue qui empruntent encore aujourd'hui le nom de cépages originaux comme l'ondenc, le braucol ou le len (loin de l'œil). Les fermes ponctuent l'ensemble de la commune, tout comme les églises, chapelles ou pigeonniers de le région.

LE COUVENT DE NEUVIALE €€

Mark Merckpoel - Lieve Vervaet
✆ 05 63 24 29 90
www.lecouventdeneuviale.fr

Chambre simple 90 € ; double de 90 € à 100 €. Petit déjeuner inclus. Animaux non autorisés. Table d'hôtes 16 à 29 €.

A la fin du XIXe siècle, le curé du village construit « Le Couvent » pour y installer une école de filles tenue par des sœurs dominicaines. Étonnante et belle idée que celle des propriétaires Mark Merckpoel et Lieve Vervaet de faire de cet endroit à la chaude façade de pierres un lieu d'hébergement. Ils lui ont rendu son style à la fois classique et cosy, et pour aller jusqu'au bout de l'histoire, ils ont donné aux quatre chambres le nom des sœurs ayant jadis vécu au couvent. Ici tout n'est que calme et repos, on se sent bien dans le jardin et à l'intérieur.

AUBERGE LA CASTILLE €

1, route d'Albi
✆ 05 63 24 02 14
www.lacastille.fr

Ouvert du mardi au dimanche le midi et en haute saison le soir aussi. Plat du jour à 11 €. Formules à 13 et 15 €.

A Parisot on est au cœur de la partie rouergate du département. Les pâturages paraissent plus verts, et les bourgs aux maisons plus massives sont éclatés autour de leur foirail. On le ressent dans l'assiette : le bœuf prend du grade et des mets plus spécifiques tel l'aligot font leur apparition. L'auberge de la Castille, à la salle rénovée aux teintes orangées est l'endroit pour découvrir cette cuisine, qui s'acoquine avec le Massif Central, mais qui sait aussi se montrer plus aventureuse. Amoureux des produits vrais, les légumes proviennent du potager.

SAINT-ANTONIN-NOBLE-VAL ★

Vieille cité dont les rues enchevêtrées et sinueuses sont remplies d'ombres d'où émergent parfois de mystérieuses gargouilles, créée autour d'une abbaye bénédictine au VIIIe siècle, elle fut prise en 1212 par Simon de Montfort avant de passer sous la protection de Saint-Louis. Elle connut un essor rapide jusqu'à la guerre de Cent Ans. Saint-Antonin a su conserver intactes ses ruelles, au cachet si pittoresque, et son aspect médiéval. Par la suite, les tanneurs bénéficiant de l'eau des deux rivières ont fait la fortune de la ville. Reconnue pour sa beauté géographique par le réseau Natura 2000 et labellisée en 2016 "ville active et sportive".

ABBAYE DE BEAULIEU-EN-ROUERGUE ★★

GINALS
✆ 05 63 24 50 10
www.beaulieu-en-rouergue.fr

Monument fermé jusqu'en juin 2021. Label Tourisme & Handicap. Boutique. Accès gratuit.

De Cornusson en remontant la vallée de la Seye, apparaît un magnifique ensemble architectural. Cette ancienne abbaye cistercienne fondée en 1144 a été sauvée de la ruine par 2 amateurs d'art contemporain. L'ensemble monastique comprend une église, un cellier, une salle capitulaire gothiques ainsi qu'un imposant logis abbatial des XVIIe et XVIIIe siècles. Désormais propriété du Centre des Monuments Nationaux, l'abbaye est l'un des plus importants centres d'art contemporain d'Occitanie.

CHÂTEAU DE CAS

ESPINAS
✆ 05 63 67 07 40
http://chateaudecas.eu

Fermé le mardi. Gratuit jusqu'à 6 ans. Adulte : 7 €. Enfant (de 6 à 14 ans) : 5 €. Horaires sur www.chateaudecas.fr

Voyagez au travers des siècles grâce à une heure de visite guidée dans un haut lieu historique. La construction du château a débuté dès le IXe siècle sur un site occupé par les Gallo-Romains. Site d'une commanderie templière au XIIIe siècle, il est inscrit aux Monuments historiques depuis 1984. La visite vous mènera dans une quinzaine de salles parmi lesquelles la salle de justice, des archives, des hôtes, la chapelle, la salle des mariages et la salle d'exposition dans l'ancienne écurie. Terminez votre visite par le jardin à la française avec ses trois fontaines.

TARN-ET-GARONNE

LA MAISON ROMANE

Place de la Halle
✆ 05 63 30 63 47
tourisme-saint-antonin-noble-val.com
Période ouverture : Ouvert chaque après-midi en juillet-août, sauf le mardi et le dimanche.

Saint-Antonin possède avec La Maison Romane l'un des plus anciens monuments civils de France. Repérable par son beffroi, cette ancienne maison des Consuls puis hôtel de ville est située en plein centre historique. Elle a été construite en 1125, restaurée au XIXe siècle par Viollet-le-Duc, et est aujourd'hui un musée. Celui-ci a été fondé en 1936 et s'est progressivement enrichi grâce aux dons de ses habitants et au travail des archéologues. En plus de ses collections sur le patrimoine local, il abrite de remarquables collections de géologie, paléontologie locales.

OFFICE DE TOURISME CAUSSES ET GORGES DE L'AVEYRON

10, rue de la Pélisserie ✆ 05 63 30 63 47
www.tourisme-saint-antonin-noble-val.com
Haute saison : ouvert tous les jours de 9h à 13h et de 14h à 19h. Hors saison, se renseigner sur le site ou par tel.

De nombreux topo-guides sont disponibles pour l'escalade et la randonnée pédestre. Pas moins de 600 voies d'escalade et une vingtaine de sentiers de petite randonnée se répartissent dans les alentours, un GR (le 46) et un GR de Pays (du Midi-Quercy) traversent également la commune. Tous les mardis soir en très haute saison, visite nocturne au flambeau, tous les mercredis matin visite de la ville et tous les vendredis matin, visites thématiques : le patrimoine caché, la Maison Romane...

CAMPING MUNICIPAL LE PONGET €

Chemin des Neuf-Pierres ✆ 05 63 68 21 13
camping-leponget.jimdo.com
Ouvert de début mai à fin septembre. Réservation recommandée. Terrain de 2 ha. 43 emplacements. Animaux acceptés.

Le camping du Ponget est un établissement communal situé dans le centre de la cité historique de Saint-Antonin, à proximité des commerces. Les manifestations de la ville, les lieux de baignade (dont un lac), la piscine municipale et la rivière Aveyron sont accessibles à pied ou à vélo. Côté sports, les offres sont nombreuses : centre équestre, tennis, pêche, VTT, spéléologie, escalade, parapente, accrobranche et randonnées... Ce camping familial offre tous les services nécessaires.

MARIE COLLINE €

5, rue Basse-du-Temple
✆ 06 81 49 61 25
2 chambres. Chambre double de 75 € à 120 €. Petit déjeuner inclus. Lit supplémentaire : 45 €. Cuisine à disposition.

La maison du XIIe siècle est située au bord de l'Aveyron, face au roc d'Anglars. Au rez-de-chaussée on trouve une salle de séjour pour les hôtes avec télévision et bibliothèque. Elle donne sur la terrasse pour le petit déjeuner et sur le jardin pour prendre le soleil en regardant passer canards et canoës. A l'étage, vous disposez d'une vraie suite de 70 m² avec une grande chambre, un salon avec canapé et bibliothèque, vue sur la rivière, cuisine et salle de douche avec w.c.. Une autre chambre plus petite est spécialement louée pour un membre de la famille en plus.

Saint-Antonin-Noble-Val.

ATMO'SPHÈRE €€

Les Granges ✆ 06 29 54 60 69

www.bulles82.com

Ouvert toute l'année. 200 € la nuitée pour 2 personnes avec petit déjeuner et accès illimité au bain nordique privatif.

Venez buller ! Atmo'sphère propose un gîte de charme doté d'un bain bouillonnant extérieur accessible toute l'année. Pour vivre une expérience insolite et romantique proche de la nature, trois autres hébergements dans des bulles transparentes sont proposés. Le Dôme Perché à 5 m de haut au cœur d'un bois est un joyau vitré de luxe pour une expérience unique. Les deux autres sont installés au niveau du sol, l'un d'entre eux est équipé d'un spa privatif. Il est possible de s'offrir un massage détente et un dîner gourmand au champagne pour un tête-à-tête amoureux.

AUBERGE LION D'OR €€

8, rue Basse des Carmes

✆ 05 63 68 18 90

aubergeliondor.com

1 chambre au rez-de-chaussée accessible en fauteuil roulant. Nuitée 2 personnes à partir de 79 €. Petit déjeuner inclus.

Rien que pour sa devanture, cette demeure vaut le détour. Au cœur du village, cette ancienne auberge nous invite à entrer dans « un bon logis à pied ou à cheval » comme l'indique la façade. L'établissement date du XVIIIe siècle, et on peut s'imaginer le nombre de voyageurs, de cavaliers et de colporteurs qui ont pu y séjourner. Aujourd'hui, on n'y mange plus, mais on est bien accueilli dans cinq charmantes chambres d'hôtes configurées avec goût. Le calme règne dans cet espace, à l'intérieur comme à l'extérieur lorsque l'on se prélasse dans le beau jardin.

CHAMBRES D'HÔTES LA RÉSIDENCE €€

37, rue Droite ✆ 05 63 67 37 56

www.laresidence-france.com

5 chambres (chambre à baldaquin de 90 à 110€ ; chambre supérieure de 100 à 120€ ; chambre avec terrasse de 135 à 155€).

Au cœur de Saint-Antonin, cette bâtisse a été restaurée afin de recréer une atmosphère authentique. Lisa Wills et Richard Lane, un couple anglo-australien, proposent cinq chambres doubles spacieuses et calmes avec salle de bains privée, dont deux avec des lits jumeaux. Un studio au rez-de-chaussée avec kitchenette accueille les hôtes qui souhaitent séjourner ici plus de trois nuits. Certaines chambres donnent sur le jardin luxuriant et les toits de Saint-Antonin-Noble-Val.

CHÂTEAU DE CAS €€

ESPINAS

✆ 05 63 67 07 40

http://chateaudecas.eu

Ouvert toute l'année. 6 gites d'une capacité de 2 à 6 personnes de 900 à 1400 € par semaine.

Un endroit idéal pour se ressourcer dans un cadre historique, dans un château dont la construction a débuté au IXe siècle sur un site occupé par les Gallo-Romains, devenu une commanderie templière au XIIIe siècle. Les six gîtes ont été entièrement rénovés pour apporter un maximum de confort aux hôtes. L'accès à la piscine harmonieusement intégrée dans l'enceinte du château est libre. Le magnifique jardin à la française avec son pigeonnier et sa chapelle est équipé de jeux pour les enfants. Un accueil chaleureux dans un lieu magnifique et dépaysant.

DIOGO MARIE-PIERRE LA CHAMBRE D'AMIS €€

42, rue droite

✆ 06 71 94 70 17

Fermé du 6 septembre au 30 juillet. 1 chambre. De 50 € à 60 €. Petit déjeuner inclus. CB non acceptée.

Chambre d'hôtes ou plutôt «d'amis» où l'accueil y est chaleureux et sincère et où les petits déjeuners sont délicieux avec les viennoiseries, pain cuit au feu de bois, jus d'oranges pressés «maison»... Situé au cœur du village, à proximité des commodités et des attraits touristiques de cette magnifique région que sont les gorges de l'Aveyron, vous trouverez après une randonnée ou une balade gourmande, un havre de paix avec une chambre spacieuse et aménagée avec goût.

FLOWER CAMPING DES GORGES DE L'AVEYRON €€

Marsac Bas ✆ 05 63 30 69 76

www.camping-gorges-aveyron.com

Du 1er avril au 30 septembre. Camping de 12 € à 34 € (2 campeurs). Eco lodges 5 pers de 269 € à 1 000 €.

Séverine et Philippe vous accueillent pour un séjour sport et nature dans ce camping superbe ! Vous profitez d'un site ombragé et des nombreuses activités qu'offre la rivière : canoë-kayak, pêche, spéléologie... S'ajoutent randonnée, accrobranches ou parapente à proximité. Sur place, piscine chauffée avec toboggan aquatique, terrain de pétanque, terrain de sports, salle de jeux et snack. Sans oublier le marché nocturne hebdomadaire des artisans locaux. Spectacles et concerts.

TARN-ET-GARONNE

LE GÎTE DES THERMES €€

Falguières

✆ 07 84 65 53 68

Gîtes de France. 3 épis. Ouvert toute l'année. Accueil jusqu'à 19h (animaux refusés). Pour 18 personnes (389 m²).

Idéalement situé pour découvrir cette magnifique région, entre randonnées, sports en pleine nature ou simplement pour visiter le coin, ce très grand gîte est la bonne adresse pour des «tribus» (18 personnes...) pour un évènement familial, un séminaire, etc., à proximité d'aires de pique-nique, au bord de l'Aveyron, du village et de ses commerces. Confortable, high tech, spacieux et calme, c'est un gîte de premier plan, entièrement rénové au milieu d'un parc ombragé et cerné par les collines environnantes. Belles prestations où rien ne manque, si ce n'est... vous !

LOU PAPAGAI €€

Mazèdes

✆ 06 77 97 40 86

https://loupapagai.com/contact/

Gîtes de France (4 épis). Ouvert toute l'année. Accueil jusqu'à 19h. Pour 15 personnes (7 chambres). Garde d'enfants.

Amenez votre famille dans un gîte premium avec vue sur le roc d'Anglars et surplombant la rivière Aveyron ! Un cadre de vie idéal pour un séjour loin de tout sauf du confort dans une bâtisse en pierre de 300 m² nichée au milieu d'un parc d'un hectare avec sa piscine et ses extérieurs fleuris. Des chambres cosy avec pour vue la nature luxuriante. Vélos (avec paniers pique-nique sur réservation), canoës à disposition (en location), yoga, des conditions préférentielles sur les entrées au Parc Aventure et la visite des grottes du Bosc, toutes proches du gîte.

LE REFUGE AUX ÉTOILES €€

Lieu dit Foyt ✆ 06 01 80 39 26

www.lerefugeauxetoiles.com

De Pâques à Toussaint ; Chambre d'hôte dès 55 € la nuit pour 2 pers avec petit dej. Gîte pour 5 dès 100 € la nuit.

Loin des lumières parasites qui gênent la vision du ciel nocturne, ce gîte-chambres d'hôtes est géré par un couple de passionnés d'astronomie férus de lunettes, de télescopes et de vulgarisation de l'observation. Le site a été choisi pour ses qualités astronomiques. Des soirées d'observation sont comprises dans le prix de l'hébergement. Les hôtes disposent d'une lunette de 130 mm de diamètre. Des prestations plus techniques sont payantes dont l'observation du Soleil ou de formations spécifiques. Réservez vite avant que les astronomes prennent l'adresse d'assaut.

AUBERGE DES SENS €

6, boulevard des Thermes ✆ 05 63 31 27 41

www.aubergedessens.fr

Ouvert toute l'année. Du mardi au samedi le midi et le soir ; le dimanche midi. Menus de 25 € à 30 €.

En entrant dans la ville, on ne peut manquer la terrasse à la végétation foisonnante de l'Auberge des Sens. Une zénitude omniprésente et une cuisine raffinée qui se permet de jolis mariages aromatiques comme sa déclinaison de foie gras, son filet de bar cuit sur peau mélange de légumes de saison, ses déclinaisons autour de la fraise du pays et plein d'autres suggestions tout aussi intéressantes. Le fait maison est à l'honneur, sa glace vanille et ses mignardises nous laissent rêveurs avec en prime l'accueil impeccable de Laurence. Un moment convivial et gourmand.

LE CAPHARNAÜM €

9, place Mazerac

✆ 05 63 31 65 54

Ouvert toute l'année. Tous les jours le midi et le soir. Menus de 13 € à 30 €. Vin au verre. Terrasse.

La place Mazerac à Saint-Antonin, au cœur du village, semble un îlot oublié, une sorte de «bout du monde» relié à la civilisation par cette ruelle couverte que constitue la rue Mazerac. Le Capharnaüm est de taille modeste sous sa voûte de pierre, et sa terrasse sans prétention empiète sur la place. Il peut se targuer d'être situé dans un des lieux les plus calmes du village, à l'écart du flux des touristes en saison. Y boire un verre, bien sûr, y manger aussi avec des plats simples et efficaces pour rassasier votre appétit : saucisse-aligot, ris de veau morilles.

LA GUINGUETTE DE CAZALS €

Caillol - **CAZALS**

✆ 05 63 68 20 84

www.laguinguettedecazals.fr

Fermé du 1er octobre au 1er mai. Menus de 15 € à 25 €. Menu enfant : 10 €. Formule du midi : 15 €.

La Guinguette a tout pour plaire : un cadre d'exception, une cuisine fait-maison, des cocktails création, des concerts tous les samedis soir. N'hésitez plus, à toute heure dans la journée, vous y trouverez votre bonheur. Au cœur des gorges de l'Aveyron, à quelques minutes de Saint-Antonin-Noble-Val, de Penne et de Bruniquel, la Guinguette de Cazals jouit d'un cadre exceptionnel. Depuis sa création en 1963, l'atmosphère y est conviviale et festive. Ici, c'est le circuit court qui est privilégié avec le nom des producteurs affichés au menu tels des labels.

MANJOCARN CAFÉ €

Route de la Corniche

✆ 05 63 68 25 85

www.saint-antonin-noble-val.com

Fermé de décembre à mars. Basse saison : ouvert le week-end. Haute saison : tous les jours. Carte : 10 € environ.

Sur la route de la Corniche, ce petit cabanon est planté depuis des décennies à l'ombre des buis, bien au frais au pied de sa falaise. Il aura vu s'arrêter des générations de pêcheurs, kayakistes, motards ou simples promeneurs du dimanche. Il y a de quoi : boire un petit rafraîchissement, déguster une glace, faire trempette (le cabanon possède une petite plage privée), et aux heures idoines, se sustenter : soupe au fromage, saucisse, confit, salades, le tout arrosé de bons cépages quercynois ou gaillacquois, dans la bonne humeur et une musique bien sentie.

À LA BONNE FRANQUETTE €€

5, rue Guilhem-Peyre

✆ 05 63 31 96 30

restaurantalabonnefranquette.blogspot.com

Ouvert mai à septembre du mardi au dimanche de 12h à 15h et le soir de 18h30 à 22h. Menus de 9 € à 27 €. Formule à 14 €

Au cœur du village médiéval, A la bonne franquette, anciennement le grill du beffroi, vous propose une cuisine bon marché, sobre et simple. Pour les amateurs de grillades au feu de bois, le choix est au rendez-vous. Le service est de qualité, agréable et souriant. Le cadre quant à lui est un vrai plaisir pour les yeux, la terrasse se situant dans l'ancien jardin du Beffroi, monument restauré par l'architecte Violet-le duc, ressemble a un petit havre de paix. Avec pour agrément, un festival de brochettes, de saucisses de Toulouse, de saumon et de côtes d'agneau...

L'OZONE €

ZA de Fontalès ✆ 05 63 02 00 68

www.lozone.fr

Ouvert toute l'année. Haute saison : tous les jours le midi et le soir. Menus de 13 € à 21 €. Formule du midi : 13 €

L'Ô Zone est située non loin des berges de l'Aveyron. Dans une grande salle lumineuse redécorée dans les tons de bleu pétrole et jaune ou sur la terrasse ombragée de l'établissement, vous pourrez déguster une cuisine traditionnelle et régionale. Au menu et à la carte, des plats classiques de bistrot, avec de belles salades (chèvre, gourmande...), des poêlées de chiperons au chorizo ou camembert rôti en entrée. La cuisine régionale est également au rendez-vous avec le classique foie gras poêlé, la salade d'aiguillettes de canard, le magret de canard entier...

LE FESTIN DE BABETTE €€

Route de Marsac ✆ 05 63 31 69 03

De fév. à nov : mardi-samedi midi et soir, dim. midi. Réservation recommandée. Menus de 29€ à 37€. Formule midi : 17€

On pense bien sûr au film éponyme... Belle terrasse au-dessus de l'Aveyron, à l'ombre d'arbres séculaires. Alice et Renaud nous accueillent dans ce restaurant écoresponsable, chic et sobre au mobilier design et aux saveurs du terroir. Ici, ils favorisent les produits locaux, bio et les circuits courts. L'une des deux salles, bordée d'une grande véranda, s'ouvre sur la rivière et le village. On peut savourer une cuisine élaborée et changeante au gré des saisons, des plats végétariens, tout cela pour un très bon rapport qualité-prix. Une bonne adresse.

BEFFROI TENTATIONS €€

5, rue Guilhem Peyre
✆ 06 11 45 90 86
www.restaurantbeffroitentations.blogspot.fr
Ouvert d'avril à septembre du mardi au dimanche le midi et le soir. Menus de 13 € à 25 €. Terrasse ombragée.

Au cœur de la cité médiévale de Saint-Antonin, ce restaurant propose sûrement une des plus belles terrasses que l'on connaisse, à l'ombre des arbres antédiluviens du jardin du Beffroi, le plus ancien bâtiment civil... de France ! Tentation que la volupté de cette terrasse fraîche, à la lourdeur du soleil du Midi, de cette décoration sentie, de cette cuisine certes régionale, mais affinée et déclinée selon toutes les facettes du plaisir ! Une salade cosa nostra, une escalope de foie gras et son caviar... de pomme ! De l'œil aux papilles, on en redemande, conquis.

LE CARRÉ DES GOURMETS €€

13, boulevard des Thermes ✆ 05 63 30 65 49
www.carredesgourmets.fr
Maître restaurateur. Fermé le mercredi toute l'année et le mardi soir et le dimanche soir sauf juillet et août.

Le Carré des Gourmets s'inscrit dans un cadre idéal avec une terrasse sur l'Aveyron et le roc d'Anglars, en bordure d'une esplanade ombragée pour la balade digestive, à la porte de la cité médiévale. La décoration est soignée, très design. Côté cuisine, le chef Frédéric Raffi, maître restaurateur, manie avec brio les mélanges originaux : chaud-froid, sucré-salé, fondant-croustillant... Les produits du terroir (canard, chasselas, foie gras, dodine de poulet, tome de brebis...) se découvrent une nouvelle jeunesse dans des plats où éclatent ces symphonies culinaires.

LE CHIEN FOU €€

58, avenue Paul Benêt
✆ 07 68 24 00 28
Crêperie ouverte tous les jours sauf le mardi, service continu de 12h à 23h ! Animations, concerts toute l'année.

Le Chien fou, c'est la crêperie du village mais pas seulement. C'est aussi un bar d'ambiance, des animations et des concerts toute l'année (programmation sur la page Facebook). Le contrat rapport qualité-prix-convivialité-musique, etc., est parfaitement respecté. Générosité également avec les planches de charcuteries et fromages, les crêpes, galettes et frites maison, sans oublier bières et cidres. La décoration est à l'unisson : décontractée, à l'ancienne et pleine de charme. N'oubliez pas le chien qui n'est pas si fou que ça...

LA CORNICHE €€

Brousses
✆ 05 63 68 26 95
brousses.wix.com/la-corniche
Fermé de janvier à février. Ouvert du mardi au vendredi et le dimanche midi. Menu unique à 30 €, petite carte le midi.

De Saint-Antonin, il faut passer le pont sur l'Aveyron, prendre à droite, puis ensuite la première route à gauche. La route suit les méandres de la rivière surplombée de la falaise, puis s'élève en corniche jusqu'à un splendide point de vue sur la vallée. C'est dans un ancien presbytère avec énormément de charme que se trouve le restaurant. La terrasse donne en nid d'aigle sur les gorges de l'Aveyron, le point de vue est magnifique. La cuisine de Michel Corbeau est de terroir, mais inventive, dans un tout petit écrin (20 couverts), et dans un cadre exceptionnel.

LE GAZPACHO €€

25, avenue Docteur-Paul-Benet
✆ 05 63 30 63 85
www.tourisme-saint-antonin-noble-val.com
Ouvert toute l'année. 7j/7 de 10h à 23h. Menus de 14 à 26 €. Menu enfant : 9,80 €. Formule du midi : 13,20 €.

Sur l'ancien faubourg qui entoure la vieille ville, ce grand café-restaurant et sa grande terrasse ombragée sur la rue auront vu passer bien des générations de touristes et de flâneurs. On y boit un verre, cela va de soi, mais on y mange, aussi. Une cuisine simple, sans chichis, au rapport qualité-prix imbattable le midi en semaine. Avec soirée grillade le vendredi soir. Si l'on aime la simplicité, la convivialité et les produits de terroirs, c'est une de ces maisons un peu « à l'ancienne », qu'on aime tant retrouver dans nos jolis villages de province !

LA GUINGUETTE DE LA PLAGE

Chemin de la Plage
✆ 05 63 30 64 32
Ouvert d'avril à octobre. Service à toute heure de 12h à 20h en basse saison ; de 10h à 2h en haute saison. Terrasse.

Voilà incontestablement un endroit où il fait bon passer un moment bucolique, au bord de l'eau. La Guinguette de la Plage organise de nombreuses soirées concert, où se croisent et s'entremêlent toutes les musiques du monde. La Guinguette accueille également un bar, une terrasse et un restaurant, avec une carte qui met l'eau à la bouche : on y mange très bien, le plus souvent bio, et comme pour la musique, la cuisine est très cosmopolite. Ambiance «guinguette» dans le pure style !

L'ATELIER C

1, rue du Pont-de-l'Aveyron
✆ 05 63 30 64 57
www.ericfaure.com
Ouvert du mardi au samedi de 10h à 12h et de 15h à 19h ; le dimanche de 10h à 13h. Ouvert de février à fin décembre.

On ne peut manquer cet atelier juste en face de l'église à un carrefour de ruelles. Eric Faure est céramiste. Tournées, modelées ou sculptées, ses pièces reçoivent un jeu pictural d'émaux et de nature opposée. C'est avec simplicité qu'il élève des formes tentant un certain équilibre entre l'utile et le beau. De cette union féconde des formes et des couleurs jaillit une impression de sérénité, d'équilibre et de spontanéité. Théières, mugs, bols, assiettes, boîtes à thé, toutes ses créations sont disponibles dans son atelier. Pièces uniques et en série limitée.

MARCHÉ

Ouvert le dimanche à partir de 7h et à partir de 13h sur la place des Halles.

Ne pas manquer le typique marché du dimanche matin dont les étalages de fromages fermiers et de charcuteries locales, entre autres, affolent les gourmands. Bénéficiant d'un terroir prolixe, le marché est la vitrine de tous ces produits avec une relation privilégiée entre le producteur et le consommateur. Laissez-vous emporter par les senteurs, les effluves de lavande, de croustade, d'huile de noix mais aussi de foie gras, de magrets confits de canard, de boudin noir de truffes cultivées (en hiver) sur les plateaux du Causse, de miel de coing pour la confiture !

AQUA' CAUSS

Chemin du Moulin - **CAZALS**
✆ 05 63 68 25 60
www.coll82.com/cazals/
Fermé d´octobre à mars. Haute saison : ouvert tous les jours de 9h à 19h. Avril, mai, juin, septembre. Location canoë

Aqua'Causs est situé en bordure de rivière dans un moulin du XVe siècle, au pied du joli village de Cazals. Nous sommes au cœur des gorges. En amont, Saint-Antonin et Feynerols ; en aval, Penne et Bruniquel. Ici, la rivière se descend en canoé. Alternative idéale et originale pour découvrir cette région exceptionnelle. Différents départs sont possibles, de Saint-Antonin ou de Cazals. A l'arrivée, ne pas manquer de boire un coup à la guinguette de Cazals (si elle est ouverte !) et d'aller flâner entre les vieilles pierres du village.

CAP CANOË AVEYRON

Chemin du Lavoir
✆ 06 32 03 94 06
cap-canoe.com
Ouvert en haute saison. Location canoë une heure demi-journée 10 km à partir de 19 €. Location paddle à partir de 10€.

Cap Canoë propose une navigation sur l'Aveyron avec des circuits à la carte de Saint-Antonin à Cazals, de Saint-Antonin à Penne, de Lexos à Penne, ou une découverte d'une heure sur place. La descente de l'Aveyron est accessible à tous à partir de 5 ans. Le renversement du bateau ne pouvant être totalement exclu, il est recommandé de savoir nager et d'être en bonne condition physique. À la fin de la descente, une navette assure le retour vers Saint-Antonin. Une activité inoubliable pour découvrir la nature différemment avec de magnifiques paysages.

NATURE ESCAPADE

22, boulevard des Thermes ✆ 05 63 31 41 76
www.nature-escapade.com
Activités encadrées par des animateurs diplômés d'État. Ouvert toute l'année. 7j/7 et jours fériés de 9h à 19h.

Si vous avez soif d'aventure et de nature en trois dimensions, n'hésitez pas à franchir les portes de Nature Escapade. Vous pourrez planifier et réserver de nombreuses activités de plein air, pour vous, votre famille, vos amis et collègues ! Nature Escapade a pour première spécialité la location de canoës-kayaks, de une à trois places, vous proposant en effet des parcours sur le Tarn, de sept à dix-sept km selon vos envies et votre motivation. Mais vous pourrez également découvrir d'autres activités, de la via ferrata au VTT, en passant par le stand up paddle !

PARC AVENTURE

Lieu-dit Turlande
✆ 07 60 35 53 14
parc-aventure-aveyron.com
Basse saison, le mercredi, le samedi, le dimanche et les jours fériés de 13h30 à 18h. Haute saison : 7j/7 de 10h à 19h.

Pour sportif accompli ou amateur de nouvelles sensations fortes, le parc est situé en plein cœur des gorges de l'Aveyron au-dessous du cirque de Bône, en bord de rivière, le long de chemins de randonnées et de voies d'escalade. Plus de soixante-dix ateliers à découvrir sur les six parcours adaptés à tous les niveaux de difficulté, et comprenant tyroliennes, saut en chute libre et escal'arbre. Ce cadre exceptionnel est respectueux de l'environnement, Parc Aventure ayant signé la charte Natura 2000. Pour tout âge et niveaux, mais rien que pour s'amuser.

VARIATION SPORTS NATURE

La Plage ✆ 05 63 68 25 25
www.variation82.eu
Haute saison : 7j/7 de 9h à 19h. Mai, juin, septembre : ouvert 7j/7 de 12h à 18h. Canoë 1/2 j à partir de 19 €.

On peut découvrir les gorges de l'Aveyron et la plage de Saint-Antonin autrement. Ce décor de rêve donne à méditer... La rivière a sculpté dans le calcaire des falaises impressionnantes, des cirques grandioses et des méandres sauvages que vous pourrez contempler en canoë-kayak ou en VTT. Variation a su profiter de ce merveilleux site pour le départ d'un très grand nombres d'aventures, que ce soit sur la rivière, sur les sentiers (randonnée pédestre, VTT), sur les pentes (escalade, via ferrata), voire sous nos pieds (spéléologie), ou en plein champ (tir à l'arc).

VAREN

A l'origine, le bourg a grandi autour d'un prieuré bénédictin dont l'importance portait ombrage aux évêques de Rodez, ce jusqu'en 1552 où les bénédictins furent remplacés par des chanoines. Ce bourg est situé à l'extrémité nord-est du Tarn-et-Garonne, à 60 km de Montauban et 45 km d'Albi. La commune bénéficie d'un patrimoine architectural de grande qualité : la gare de Lexos, inscrite au titre des monuments historiques, l'église Saint-Pierre, de style roman du XIe siècle, la porte fortifiée également classée depuis 1925, l'église d'Arnac, les châteaux de Belpech et de Pechrodil ou encore l'église Saint-Vincent. À voir aussi : les maisons à colombages.

LAGUÉPIE

Limitrophe des départements du Tarn et de l'Aveyron, à la confluence du Viaur et de l'Aveyron, aux portes du Rouergue, la commune de Laguépie appartient à cette frange aveyronnaise rattachée au Tarn-et-Garonne par Napoléon Ier. De l'important complexe minier, il ne reste que des traces. A la fin du XVIe siècle, les barons de Laguépie rejoignent les protestants du Rouergue. La tour carrée du château, reconstruite en 2003, est typique de l'architecture du Rouergue et abrite deux belles salles aux voûtes en arêtes fourrées, joyau d'architecture régionale. Une élégante porte Renaissance, aux remarquables ornements sculptés, termine ce voyage dans le temps.

LA FERME DE QUYVIE €€

Arnac
✆ 05 63 65 49 89
ferme-de-quyvie.com
Ouvert toute l'année. Pour 6 personnes (80 m²). 200 € le week-end (3 jours, 2 nuits). Pigeonnier. 2 terrasses de 30 m².

L'ambiance est sereine, la serre de plantes aromatiques renferme plus de 200 espèces qui dégagent des senteurs thaumaturgiques et apaisantes. On y trouve également des fleurs et des légumes, petit musée botanique que l'on vous fera visiter. Les chefs de la région s'y approvisionnent. L'ancienne boulangerie-pigeonnier abrite le gîte, dont les chambres sont agencées avec goût et confort et desservies par un escalier dessiné par le propriétaire. Il aime expliquer comment il a restauré cet endroit seul. La ferme est membre du collège culinaire de France.

L'A TERRASSE €€

Place de Contillou
✆ 06 79 59 31 49
laterrasse82250.com
Ouvert de mai à fin septembre. Ouvert du mardi au samedi le midi et le soir. Menus de 35 € à 45 €. Cours de cuisine.

Arnaud Ronxin propose une cuisine essentiellement bio, du jardin ou du coin. Sa devise : « Ne pas dénaturer les produits pour garder le goût de ce que la nature nous offre. » Des produits de saison, associés à son savoir-faire, et votre assiette ressemble à une vraie poésie gustative que vous apprécierez sur la terrasse en pleine nature au pied de l'Aveyron. L'A Terrasse propose des cours de cuisine, véritables moments de partage. Le restaurant dispose d'une salle pouvant accueillir 80 couverts, dans un parc arboré de 4 000 m², idéal pour les réceptions.

LE MOULIN DE VAREN €

Le Bourg ✆ 05 63 65 45 10
www.lemoulindevaren.fr/fr
Ouvert le mardi et du jeudi au samedi midi et soir et dimanche midi. Formule du midi : 20 € (en semaine).

Après l'ancienne cimenterie qui fut le poumon économique de la région, nous atteignons le bourg de Varen. Il convient de s'arrêter, d'aller dans les ruelles, de visiter l'église Saint-Pierre (XIe siècle). Le bâtiment est un rien austère – on entre en Rouergue – mais l'accueil est sympathique, et les salles agréables. Récemment installé à Varen, Patrick Tweedie a un cursus enrichi dans de grandes maisons étoilées. Il propose une cuisine gourmande, classique, ancrée dans le terroir. Son menu à la carte change tous les jours en fonction du marché et de l'inspiration.

ALBIAS

Cette bastide fondée au XIIIe siècle par les vicomtes de Bruniquel, a conservé de nombreux vestiges préhistoriques et antiques tels que l'agglomération gallo-romaine de Cosa. Visitez aussi l'église Saint-Georges, le temple, la gare d'Albias, le domaine de la Clare avec son manoir et son pigeonnier circulaire... Situé à 10 km au nord de Montauban, sur l'Aveyron et la Tauge, le village de 3 200 habitants propose tout au long de l'année, de nombreuses manifestations, entre les marchés, les brocantes, festivals, concerts et compétitions sportives... Les alentours du village sont à découvrir, entre les rives de l'Aveyron et les nombreux ruisseaux.

RESTAURANT GRILL ESKUALDUNA €€

6, avenue du Général de Gaulle ✆ 05 63 31 01 58

http://eskualduna.fr

Ouvert toute l'année. Du mardi au dimanche le midi et le soir. Ouvert les lundis fériés. Menus de 22 € à 78 €. Terrasse

José et Paco Cabrero ont une devise : « On préfère manquer de produits frais que d'avoir des congélateurs remplis. Chacun son métier, nous c'est grilladins ! ». Poissons ou viandes sont exposés dans des vitrines réfrigérées. Vous choisissez avant de les voir jetés sur le gril, il y en a pour tous les goûts. En entrée, buffet de hors-d'œuvre ou spécialité... Le *pan con* tomate, le jambon de *bellota* nous plongent dans l'univers ibérique. Le foie frais de canard grillé, un vrai régal !

DOMAINE DE MONTELS

Chemin de la Tauge ✆ 05 63 31 02 82

www.domaine-de-montels.com

Ouvert du lundi au samedi de 9h à 12h et de 14h à 19h. Boutique en ligne pour commande dans la France entière.

Dans les années 70, la famille Romain reprend ce très vieux domaine, arrache les plans hybrides pour replanter en cépages plus nobles. L'appellation Vins de Pays des Coteaux et Terrasses de Montauban était née. Depuis plus d'une vingtaine d'années, les fils Philippe et Thierry sont aux commandes de ce beau vignoble de 70 hectares, et proposent une gamme des plus complètes. Des rouges généreux, des blancs très honorables. Les rosés également comme le rosé Syrah qui a été primé médaille d'argent et le rosé du Mas des Anges, médaille d'or au Mondial du Rosé.

BRUNIQUEL ★★

Bruniquel et ses châteaux toisent, du haut d'une falaise surplombant de 90 m, la confluence entre la Vère et l'Aveyron. Le village classé, a conservé ses vestiges médiévaux, au cœur des gorges de l'Aveyron. La légende attribue à la reine Brunehaut, fille du roi des Wisigoths d'Espagne, la construction d'un premier château au VIe siècle et la fondation du bourg, qui porte aujourd'hui en partie son nom. Outre le château actuel de nombreux éléments architecturaux sont également dignes d'intérêt. On les découvre au fil de petites rues aux noms « fleuris » et évocateurs (rue Bombecul, rue Trottegarce) qui escaladent la pente en convergeant vers les châteaux.

CHÂTEAUX DE BRUNIQUEL ★

✆ 05 63 67 27 67

www.bruniquel.fr

Ouvert tous les jours de mars à la mi-novembre. Haute saison : ouvert tous les jours et les jours fériés de 10h à 19h.

Classé Monument historique depuis 1840, l'édifice (XIIe, XIIIe et XVIIe siècles) est bâti tout en haut de la falaise qui domine la confluence entre la Vère et l'Aveyron, sur l'emplacement d'un ancien castrum romain. Propriété des comtes de Toulouse au XIIe siècle, il fut partagé au XVe entre deux branches de la maison de Comminges, ce qui explique la division actuelle en château Jeune et château Vieux. Deux expositions permanentes : une sur le tournage du film *Le Vieux Fusil*, tourné dans ces murs ; l'autre sur la Préhistoire (alentours habités au néolithique).

FESTIVAL DES CHATEAUX DE BRUNIQUEL

✆ 05 63 67 29 84

www.bruniqueloff.com/

Fin juillet début août.

Dans le Tarn et Garonne, voilà un festival qui connaît une belle réputation depuis 25 ans ! Il est dédié à Offenbach, dans un des plus beaux villages de France. C'est un festival d'opéra et d'opéra-bouffe, dans le décor naturel des châteaux, avec des chanteurs professionnels. Récital, apéritifs-concert, stages de chant...Des tables d'hôtes sont dressées à la fin du spectacle et chacun peut se restaurer en compagnie des artistes. C'est un festival que l'on vous recommande.

MAISON POUSSOU

Rue du Trauc
✆ 05 63 67 25 23
http://maison.poussou.free.fr
Tous les après-midi l'été. Le dimanche après-midi hors saison.

C'est un décor de cinéma. Du moins un décor apprécié des réalisateurs qui veulent tourner au Moyen Âge. Il a fallu 40 ans de travaux à monsieur Poussou pour remonter cette monumentale bâtisse selon des plans historiques. Un chantier débuté en 1978 pour édifier pierre après pierre cette demeure mitoyenne de la plus ancienne du village. Défenseur de la culture, monsieur Poussou a fait de cette bâtisse un lieu dédié à l'art vivant qui accueille les artistes de la région qui y exposent dans la galerie du rez-de-chaussée. A découvrir, au cœur du village ancien.

OFFICE DE TOURISME

Promenade du Ravelin
✆ 05 63 67 29 84
www.bruniquel.fr
Mercredi au dimanche 10h/13h et 14h/17h. Haute saison : du mardi au dimanche 10h/13h et 14h/18h. Juillet et août 7j/7.

Pour tout connaître de la jolie cité médiévale de Bruniquel, n'hésitez pas à pousser les portes de l'office de tourisme. Vous bénéficierez ici de nombreux renseignements pour mieux connaître l'histoire de la ville, savoir où séjourner et décider des activités à pratiquer dans les environs. Randonnées, expositions, vide greniers, fêtes... Et les bonnes adresses gastronomiques. Des visites audioguidées sont proposées, ainsi que des dépliants à télécharger sur le site de l'office de tourisme. Accédez aussi par le site à l'agenda qui est régulièrement mis à jour.

L'ABRI-NIQUEL €

Rue de la Fontaine ✆ 05 63 24 15 26
http://abriniquel.blogspot.com
Chambre double de 36 € à 50 €. Petit déjeuner inclus. Chambre familiale 95 €. Location d'ânes bâtés, accueil cavaliers.

Autour de la fontaine-lavoir s'est constitué un petit faubourg au pied du village. On y retrouve l'Abri-Niquel, vaste maison aux allures de gîte étape avec plusieurs chambres d'hôtes, un dortoir, et deux gîtes ruraux. Walter Artusi, débonnaire et sympathique maître des lieux, est un sacré personnage, très apprécié des randonneurs et cavaliers de passage. Sur place vous aurez la possibilité de louer des ânes bâtés pour un périple dans la forêt de la Grésigne toute proche et les cavaliers trouveront ici une halte aussi sympathique pour eux que pour leur monture.

CAMPING LE PAYSSEL €

Le Payssel
✆ 06 44 78 00 41
www.camping-lepayssel.fr/
Ouvert de juin à septembre. Accueil de 8h à 21h. 33 emplacements. Animaux acceptés. 2 piscines, ping pong, volley...

Situé à Bruniquel, l'un des plus beaux villages de France, le camping Le Payssel niché dans un écrin de verdure, propose une ambiance familiale et conviviale, bien loin des mégastructures touristiques. Avec ses piscines, son aire de jeux, ses services et petite restauration, barbecue et tables de pique-nique, le camping dispose d'emplacements ombragés pour tentes, caravanes et camping-car. Avec sa situation géographique, vous découvrirez les gorges de l'Aveyron, les villages médiévaux comme Saint-Antonin Noble Val, Caylus, Montricoux...

LE DÉLICE DES PAPILLES €

442, route des gorges de l'Aveyron
✆ 05 63 20 30 26
ledelicedespapilles.fr/
Gîtes de France (3 épis). Ouvert toute l'année. 5 gîtes de 2 à 4 personnes. Studios aménagés de 300 à 500 € la semaine.

Au dessus du restaurant du même nom, dans cette imposante bâtisse du XVIIe siècle, ont été aménagés de beaux studios lumineux à la décoration contemporaine. Le maître des lieux, Florian Bessede, est adorable, mais il est surtout le chef de la table de très bonne facture (maître restaurateur) que l'on trouve au rez-de-chaussée. Un endroit très agréable où séjourner au week-end ou à la semaine, aux portes des gorges de l'Aveyron, avec piscine et concerts le dimanche soir en saison. Idéal pour des séminaires, mariages ou simplement pour un séjour romantique.

CORNELIA €€

Promenade du Ravelin
✆ 06 60 51 07 52
www.cornelia-bruniquel.com
5 chambres. Chambre double de 89 € à 129 € ; suite à partir de 159 €. Petit déjeuner inclus. Gratuit de 0 à 2 ans.

Les chambres d'hôtes Cornélia sont situées à l'angle de la promenade du Ravelin et de la rue d'Albi au cœur de la cité médiévale de Bruniquel. Il s'agit d'un établissement haut de gamme, avec des chambres et une suite tout confort d'une rare beauté, alliant avec une grande harmonie le bois, la pierre et la couleur blanche. L'originalité du lieu consiste en la présence au rez-de-chaussée d'un mignon petit café, philosophique à ses heures, avec une belle terrasse colorée pour disserter au soleil, ou à l'ombre des deux immenses tilleuls sur la rue.

BRUNIQUEL, L'INATTENDUE

www.bruniquel.fr
Ouvert toute l'année.

La 1re approche de Bruniquel est saisissante. Au fil de votre promenade dans les rues de la cité, vous découvrirez tous les petits trésors de ce haut lieu de la vallée de l'Aveyron. Ouvrez l'œil, certains noms de rues font sourire comme «Bombe Cul» ou «Trotte Garce». Vous pourrez admirer la tour de Guet, souvenir des remparts, et plusieurs portes donnant accès à l'ancien village fortifié. Vous découvrirez de charmantes maisons du XIVe au XVIIe siècle et bien sûr les 2 châteaux perchés sur la falaise à la confluence de 2 vallées entre Quercy, Rouergue et Albigeois.

ÉTAPE DU CHÂTEAU €€

Promenade du Ravelin ✆ 06 88 12 45 36
www.etapeduchateau.com

Ouvert toute l'année. 5 chambres. Chambre double de 80 € à 100 €. Petit déjeuner inclus. Restauration (table d'hôtes).

Cet ancien bar restaurant est superbement situé, au pied de l'ancien rempart, bénéficiant d'une très belle salle à manger panoramique, dont on remarquera le magnifique comptoir. Reconverti en maison d'hôtes, L'Étape du Château propose de bien belles chambres, toutes dans des tons différents, jouant des boiseries et des pierres apparentes, sur plusieurs niveaux. L'endroit est très prisé des randonneurs, qui y trouvent une bien appétissante table d'hôtes, un salon de thé, une bibliothèque, un sauna et un bain bouillonnant pour la détente après la randonnée.

LA FONTAINE DE GARDES €€

2262, route de Gardes
✆ 05 63 67 26 00

Gîtes de France (3 épis). Ouvert toute l'année. 2 gîtes. De 290 à 480 € la semaine selon saison.

Au cœur du parc naturel du Quercy, le hameau de Gardes autrefois à l'abandon a été totalement restauré. Les propriétaires actuels Monique et Jean-Claude proposent deux gîtes en pierres sèches : Les Gariottes et Chez Zabbor, bien équipés et joliment décorés. La piscine est bordée d'un salon de jardin sur une belle terrasse où peut s'improviser un barbecue. Les prés alentour sont le domaine de trois magnifiques pur-sang arabes, témoins de ces grands espaces. Pour l'anecdote : l'ancien propriétaire avait, dans le passé, un élevage de chèvres et des chênes truffiers.

LES GRANGES TOURONDEL €€

✆ 05 63 24 17 31
www.tourondel.com

Chambre simple 62 € ; chambre double 65 € ; chambre triple 75 €. Chambre 4 personnes 85 €. Petit déjeuner inclus.

Cet ensemble de 8 hectares de prairies et de bois s'organise autour d'une ferme du XIXe siècle, à l'entrée des gorges de l'Aveyron. Les quatre chambres délicatement agencées et colorées s'articulent autour d'une terrasse, d'une salle rustique presque médiévale, aux murs de chaux et tomettes au sol. Il se dégage une atmosphère sobre mais raffinée avec dans la salle à manger une cheminée de brique dont les feux se reflètent sur le laquage du piano. Thierry, votre hôte, est un ancien chef cuisinier et ses talents n'ont pas faibli : asseyez-vous à sa table d'hôtes !

LE CAFÉ ELIA €€

Place de l'Horloge
✆ 05 63 24 19 87

Ouvert toute l'année. Carte de 3,20€ à 13,90€. Jeux pour enfants. Menu enfant. Terrasse.

Le Café Elia est une adresse au charme fou, une adresse où l'on aime prendre le temps ! Décor de pierres et de verdure, tout est délicat et plein de poésie dans ce petit café authentique. Le cadre, à l'image de la ville, est emprunt d'un petit «truc» en plus qui fait toute la différence. L'établissement jouit d'une petit terrasse ombragée très prisée aux beaux jours. Dans les assiettes, la cuisine servie est somme toute assez simple mais très réussie. On déjeune ici en mode fraicheur et convivialité ! Une pause avant ou après la visite du village médiéval.

LE DÉLICE DES PAPILLES €€

442, route des gorges de l'Aveyron
✆ 05 63 20 30 26
ledelicedespapilles.fr/

Du mercredi au dimanche le midi et le soir. Le lundi midi également en saison. Menus de 29 € à 80 €. Carte : 35 €.

Le jeune chef Florian Bessède vous reçoit dans ce bel établissement où vous pourrez y déjeuner ou y dîner avec plaisir, voire même y séjourner puisque le Délice des Papilles compte cinq gîtes confortables. La belle demeure du XVIIe siècle a été entièrement restaurée pour offrir un cadre agréable à vos vacances. Côté carte, le Maître Restaurateur propose des produits frais et sains, qui ne manquent pas d'intérêt avec un soupçon de modernité. Sa cuisine bénéficie du label Fait Maison, gage de qualité et de fraîcheur pour des menus évoluant au gré des saisons.

CHEZ PIGASSOU €€

8, rue de l'Hôpital
✆ 05 63 93 47 33
www.chezpigassou.com

Ouvert toute l'année. Restaurant, bar à vin, broc & déco. Carte : 15 € environ. Terrasse. Vente à emporter. Boutique.

Avec ses murs en pierre, sa cour intérieure et sa terrasse, ce restaurant authentique est idéal pour passer un très agréable moment. La cuisine traditionnelle élaborée à partir de produits frais et locaux est savoureuse. Les plats évoluent en fonction de la saison. On y déguste en été de grandes salades, des légumes farcis, des salades de pêches et de framboises... En hiver les soupes sont « comme autrefois », les plats mijotés, on les apprécie devant un poêle à bois. Il est possible de faire des emplettes dans l'épicerie fine où 80% des produits sont d'ici.

TARN-ET-GARONNE

ATELIER CÉRAMIQUE

Brian de Vère ✆ 06 35 97 07 99
www.coralieseigneur.com
Sur rendez-vous. Stages : émaux de cendres et modelage, modelage et terre engobée, polie et enfumée...

En remontant la vallée sauvage de la Vère en direction de Puycelsi et de Gaillac, il ne faut pas hésiter à prendre, sur la droite, le chemin sans issue qui amène au hameau de Brian de Vère. D'abord parce que c'est un petit bout du monde, ensuite et surtout parce qu'il est dédié presque dans sa totalité à la céramique, Jean-Pierre Cholet et Coralie Seigneur, deux céramistes de renom, y étant installés. L'atelier propose des stages mais il est important de réserver bien à l'avance car les places sont chères ! Stages émaux de cendres et modelage, de terre engobée...

MONTRICOUX

Ce vieux village fortifié, élevé en terrasses sur les bords de l'Aveyron, garde le souvenir du passage de ces moines soldats que furent les Templiers. Au XIe siècle, en effet, Montricoux devint une possession des Templiers de Vaour qui y fondèrent une commanderie. L'ancien château abrite désormais le musée Marcel-Lenoir, peintre réputé du XIXe et XXe siècles, ancienne figure de Montparnasse où il fréquenta Modigliani et Fernand Léger. D'autres vieilles demeures, à l'ombre des châteaux et donjons, se souviennent de la prospérité d'antan. Les moulins : outre le moulin actuel qui est en activité, il existait deux autres moulins, à Mouline et Embarre.

LE FAUCON D'OR €

✆ 05 63 24 14 79
www.faucondor.com
Ouvert de Pâques à Toussaint. Terrain de 3 ha. 50 emplacements. Chalets pour 4 à 6 personnes de 360 € à 560 € la semaine

Le Camping Le Faucon d'Or est niché en pleine nature dans un véritable paysage de carte postale ! Au bord d'un petit lac de pêche et à deux pas de nombreuses activités sportives. Les emplacements sont ombragés, pour camping-car, tentes et caravanes. On peut aussi louer des mobil-homes, des chalets et des bengalis. Piscine et une aire de jeux pour les enfants, ambiance familiale garantie tout au long du séjour. Un emplacement très stratégique au dessus du village médiéval de Montricoux et au départ du magnifique causse qui rayonne de Caylus à Saint-Antonin.

LE CLOS LALANDE €€

359, Route de Bioule ✆ 05 63 24 18 89
www.camping-lecloslalande.com
Ouvert du 3 mai au 26 septembre 2021 et toute l'année pour les entreprises. Accueil jusqu'à 20h. Terrain de 3,67 ha.

Aux portes des gorges de l'Aveyron, à deux pas du village médiéval de Montricoux et de ses commerces, ouvert sur la rivière et la large plaine alluviale qui s'étend jusqu'à Montauban, le site, très stratégique retient l'attention. Familial et convivial, camping vraiment confortable, situé dans cette zone de transition qui ouvre de belles perspectives touristiques : les gorges, bien sûr, mais également le causse, le Caussadais, le Quercy vert, le Pays de Montauban... Médaillé depuis peu avec le «camping2be award 2021» ! Récompense pour les meilleurs campings.

GÎTE DES ACACIAS €€

✆ 05 63 67 26 95
Gîtes de France (3 épis). Pour 8 personnes (4 chambres). Nuitée à partir de 55 €. Salon de jardin et barbecue.

Le gîte des Acacias est situé dans un environnement paisible. Un bel endroit pour jouir de vacances tranquilles, à la campagne. Le gîte entièrement rénové peut accueillir jusqu'à 8 personnes avec ses 4 chambres. Il est doté de tout le confort que l'on peut attendre d'un gîte de ce type, avec cuisine équipée, salle de jeux, salon TV avec cheminée, et en extérieur 2 000 m² avec salon de jardin et barbecue électrique. Calme et sérénité garantis dans cette maison individuelle avec des espaces généreux tant à l'intérieur qu'à l'extérieur pour le bonheur des enfants.

LES FRANGIPANES €

52, Grand Rue
✆ 05 63 24 19 69
Ouvert toute l'année. Tous les jours à midi sauf le mercredi. Terrasse. Animations. Bar. Menus de 13,50 € à 18,50 €.

Christine et Pascale sont sœurs. Originaires de Belgique, elles proposent au cœur du village une cuisine familiale, travaillent et transforment des produits frais du terroir mais aussi des produits flamands qu'elles font venir de leur pays d'origine. Ici tout est fait maison, les menus sont simples mais généreux. Sur réservation vous pouvez commander des spécialités belges : des moules-frites, une carbonnade flamande, du chicon au gratin ou de la joue de bœuf à la bière. Le fils est pâtissier, ses profiteroles, tartes au citron et croustades sont un pur délice.

LES GORGES DE L'AVEYRON €€€

169, route des Gorges de l'Aveyron
✆ 05 63 24 50 50
www.lesgorgesaveyron.com
Ouvert toute l'année et 7j/7 midi et soir. Sauf les lundis et mardis du 15 septembre au 15 juin. Menu découverte à 38 €.

À 3 km de Bruniquel, dans un écrin de verdure joliment arboré, cet hôtel restaurant gastronomique vous accueille dans son parc de cinq hectares qui s'étire tout au long de l'Aveyron. Dans ce cadre exceptionnel, le chef y propose une cuisine créative et gastronomique. Si les spécialités sont l'agneau du Quercy, le petit gris ou le foie gras, les gastronomes pourront se laisser séduire par un menu décliné autour du homard bleu ou du caviar. À noter que cet ancien moulin à eau dispose d'une grande terrasse surplombant la retenue d'eau très agréable aux beaux jours.

NÈGREPELISSE ★

Perchée sur une petite butte sur un coude de l'Aveyron, la petite ville semble dominer cette immense plaine rectiligne et alluviale qui annonce le Quercy et le Rouergue. D'ailleurs, à quelques kilomètres, la rivière s'enfonce dans ses célèbres gorges, vers Montricoux, Bruniquel et Saint-Antonin. Cette bastide prit son curieux nom au XIIIe siècle, de la couleur de la pelisse noircie des producteurs de charbon de bois, nombreux. La ville a souffert des guerres de religion à l'image de Montauban, avec une influence qui perdurera jusqu'à l'époque contemporaine. Nègrepelisse a connu un essor démographique sans précédent ces vingt dernières années.

CHÂTEAU DE BIOULE

BIOULE
✆ 05 63 67 29 84
www.bioule.fr
Les week-ends en juillet, tous les jours en août, de 15h à 19h.

Ce château est constitué de deux parties, l'une datant du XIe siècle, l'autre du XIVe siècle ; il était la propriété de la famille de Cardaillac. Sa grande originalité aujourd'hui est d'accueillir les élèves de l'école publique. Pendant les vacances scolaires, une partie du château est ouverte à la visite, notamment la salle des Chevaliers ornée de magnifiques fresques médiévales, et la salle des Preux (XVIe siècle) où sont représentés César et Charlemagne. Sur les murs de la chapelle, sont peintes des scènes de la vie du Christ (XIVe siècle).

LE CHÂTEAU DE NÈGREPELISSE

Esplanade du Château
✆ 05 63 67 39 74
www.la-cuisine.fr
Ouvert toute l'année.

C'est à l'époque de la fondation de la ville vers 1074 que semble avoir été bâtie une fortification qui fut remplacée par le château, édifice plus important assurant une meilleure protection des 3 000 habitants. La date de la construction se situe entre 1268 et 1285. La création de La Cuisine, centre de design, a permis sa mise en valeur. Le château d'aujourd'hui est le résultat de nombreuses transformations, destructions et métamorphoses qui ont suivi le fil de l'histoire.

TARN-ET-GARONNE

© AURORE / MAIRIE DE NÈGREPELISSE

Le château de Nègrepelisse.

LA CUISINE, CENTRE D'ART ET DE DESIGN

Esplanade du Château
✆ 05 63 67 39 74
www.la-cuisine.fr
Ouvert toute l'année. Horaires sur le site Internet.

La Cuisine est un centre d'art et de design. Située dans l'enceinte du château médiéval en surplomb d'un coude de l'Aveyron, elle propose des expositions temporaires, composées de créations inédites réalisées par des artistes et designers. La Cuisine propose des événements : conférences, films, concerts, performances. Elle accueille également les programmations culturelles des associations de la commune : festival de musique l'été, concerts, danse, fêtes folkloriques.

LE MOULIN À EAU DU XVIIIE

Camin del Molin
✆ 05 63 64 26 21
www.ville-negrepelisse.fr
Ouvert en juillet et août. Gratuit. Expo photo : entrée gratuite les mardi, jeudi, samedi et dimanche. Visite guidée.

Le Moulin à eau de Nègrepelisse témoigne du passé agricole communal. Son architecture est étroitement liée à sa situation géographique. Les façades ouest et nord, exposées aux vents et aux pluies, sont faites de blocs calcaires résistants. On a utilisé les briques cuites pour les autres façades, rappel du bâti toulousain développé entre les XVe et XVIe siècles et signe extérieur de richesse. Aujourd'hui, le moulin municipal constitue un attribut esthétique avec des expositions.

LE PETIT-PARIS - PARC DE LA MINIATURE

VAISSAC
✆ 05 63 64 24 80
www.petitparisparc.com
Ouvert toute l'année, tous les jours en été, le week-end le reste du temps. Adulte : 7 €. Enfant : 5 €. Boutique.

Paris au 1/130e au cœur des collines boisées du Quercy... Un site insolite, œuvre de Gérard Brion, un passionné de modélisme et de chanson française. Un quinzaine d'années furent nécessaires pour réaliser ce joyau. Tout commença par la réalisation de la tour Effeil dans le jardin familial, puis Notre-Dame, la Seine et ses ponts... De fil en aiguille c'est tout Paris ou presque en miniature que vous découvrez dans un bel environnement. Un détour s'impose.

PETR DU PAYS MIDI-QUERCY

12, rue Marcellin-Viguié
✆ 05 63 24 60 64
www.gorges-aveyron-tourisme.com
Ouvert toute l'année. Du lundi au vendredi de 9h à 12h30 et de 13h30 à 17h.

Le Midi-Quercy est un « pays », au sens qu'a voulu lui donner la loi Voynet de 1999, c'est-à-dire une entité cohérente qui lui permet de mettre en place un développement qui soit vraiment durable et soucieux d'une réelle démocratie participative. Le Midi-Quercy englobe tout l'est du département du Tarn-et-Garonne, de la plaine alluviale qui entoure Nègrepelisse aux premières marches du Quercy caussadais et du Rouergue, au delà de Saint-Antonin. Une région aux multiples défis : concilier tourisme vert avec développement économique et la poussée démographique.

CAMPING MUNICIPAL LE COLOMBIER €

301, avenue du Colombier ✆ 05 63 64 20 34
www.ville-negrepelisse.fr/sortir/tourisme/camping-municipal
Ouvert de juin à septembre. Réservation recommandée. Accueil en juin et septembre. Terrain de 5 ha. 53 emplacements.

Camping très ombragé, positionné en balcon au-dessus de la piscine municipale. Un de ces campings d'habitués que l'on trouve en province, calme le soir venu, mais avec bien des équipements. Comme son nom l'indique, l'accueil réside dans les murs d'un splendide pigeonnier, signature de la région, ici appelé colombier. Le centre-ville à proximité offre ses attraits avec le marché des producteurs le mardi et des animations le week-end en saison. Un endroit parfait pour un bon séjour.

HÔTEL DES ARTS €

60, route de Montricoux
✆ 05 63 64 23 41
www.hotel-des-arts.eu
Ouvert toute l'année. Ouvert 7/7. 22 chambres (appartements de 2 à 6 pers). Chambre double dès 61 €. Animaux acceptés

Grâce à la persévérance de Geoffrey, grand amateur d'art, et de sa compagne Mélisande, la petite ville de Nègrepelisse possède un hôtel pour accueillir les visiteurs qui souhaitent la découvrir. L'établissement, flambant neuf, est de toute beauté. Classé trois étoiles, pensé dans une logique éco-responsable, il allie charme et beauté, dans la sobriété du noir et blanc, et tous les conforts, notamment pour les clients à mobilité réduite. L'hôtel accueille également un restaurant et un service traiteur. Un beau projet donc, pour le plus grand plaisir des flâneurs.

TARN-ET-GARONNE

CHEZ TERRASSIER €

205, rue du Village - **VAISSAC**
✆ 05 63 30 94 60
www.chezterrassier.com

Ouvert toute l'année. 18 chambres. Chambre double de 60 € à 80 €. Petit déjeuner à 10 €. Restauration menus de 23 à 35 €

Depuis 60 ans cette adresse est une institution dans le paysage Tarn-et-Garonnais. Il se fait roi sur la place centrale du village d'où il s'est fait un vrai nom. L'hôtel est tenu depuis 3 générations par cette famille qui se fait un honneur de mettre l'accent sur le sens de l'accueil. C'est un établissement familial où il fait bon s'octroyer une parenthèse de détente, loin de l'agitation. Les chambres sont lumineuses, de vrais petits nids cosy... La vue sur la campagne environnante est très appréciable. Véritable écrin de verdure et bol d'air frais assuré !

AICI SEM PLA €€

2855, route de Montricoux - **VAISSAC**
✆ 05 63 30 98 01
www.aicisempla.com

Bienvenue à la Ferme. Ouvert toute l'année. Réservation impérative. Accueil sur place de 10h à 12h et de 17h à 19h.

Chantal et Eric vous accueillent sur leur exploitation familiale située sur un plateau bordé de part et d'autre par de petits vallons. Ils vous ouvrent leur domaine le temps de vos vacances et toute l'année. Aici sèm pla c'est : des mobil-homes, des tentes, des caravanes disponibles à la location, un grand espace de 1,5 ha avec des emplacements de 300 m². Location de barnum et aire de pique-nique pour vos fêtes familiales, pour les groupes ou associations. Un endroit idéal pour des vacances paisibles en pleine nature et un point de départ pour les randonnées !

LES BRUNIS €€

4965, route de Montricoux ✆ 05 63 67 24 08
www.chambres-aveyron.com

Gîtes de France (3 épis). Fermé du 15 novembre au 28 février. Chambre double 77 €. Petit déjeuner inclus.

Un bel endroit, dans cette grande plaine bocagère aux portes des gorges de l'Aveyron. Bel accueil, table d'hôtes soignée, et chambres décorées avec goût. Il s'agit d'une belle ferme rénovée dans ce style mi-toulousain mi-quercynois qui est la signature de la région. Une adorable petite roulotte se fait oublier désormais au fond du jardin ainsi qu'un chalet, pour un surprenant séjour des plus vivifiants. Le Spa et la piscine permettent le *farniente*, et certaines formules associent des soins du corps et on pourra aussi faire du vélo dans la campagne environnante...

LES BOISSIÈRES €€€

708, route de Caussade - **BIOULE**
✆ 05 63 24 50 02
www.lesboissieres.com

Logis. Fermé le dimanche et le lundi soir. 8 chambres. Basse saison : de 90 € à 110 €. Restauration menus dès 19,50.

Le cadre est privilégié : une belle demeure en brique toulousaine et terre crue, au cœur de la riche plaine alluviale au pied du Quercy et aux portes des gorges de l'Aveyron. Les chambres, dans un style très contemporain, très lumineuses, récemment entièrement rénovées, s'ouvrent sur les champs environnants. La belle terrasse débouche sur un magnifique parc arboré, à la française, en toute quiétude. Le restaurant n'est pas le moindre intérêt de la maison, puisque le chef Cyril Rosenberg est l'un des plus inventifs que l'on connaisse dans le secteur.

LES BOISSIÈRES €€

708, route de Caussade - **BIOULE**
✆ 05 63 24 50 02
www.lesboissieres.com

Maître Restaurateur. Ouvert du mardi au dimanche le midi et le soir. Sauf samedi midi et dimanche soir.

Sur d'anciennes terres viticoles au cœur d'un parc aux arbres centenaires, ce restaurant est plein de charme. Profitant des volumes qu'offre cette ancienne grange, le comptoir et les tables s'ordonnent autour d'un grand puits de jour et d'un escalier monumental. Le restaurant est doté de salons privatifs où les terres cuites des murs se mélangent au mobilier contemporain. Un bel écrin pour une superbe cuisine, celle du jeune chef originaire des Charentes, Cyril Rosenberg, qui a su créer une osmose parfaite entre la cuisine libre, inventive, savoureuse et raffinée.

LA CAS'A NOVA €€

30, Route de Vaissac
✆ 05 63 30 36 62

lundi et mardi le midi ; du mercredi au samedi le midi et le soir. Menus de 13 € à 24 €. Carte : 20 € environ.

Située à l'entrée du village, cette brasserie familiale propose une cuisine traditionnelle, des grillades et 51 pizzas différentes (sur place ou à emporter). La totalité de l'établissement a été rénovée, la décoration de la salle de restaurant est simple mais soignée. Les assiettes sont généreuses, en particulier les grillades et leur accompagnement. Également une bonne carte des vins. Un grand parking permet un stationnement facile. Accueil chaleureux et ambiance conviviale. Une adresse qui plaira à tous les palais. Recommandé.

MONCLAR-DE-QUERCY

Monclar pourrait se décrire comme une palette de peintre avec ses teintes pastel se déclinant au fil des saisons. Petit bourg frissonnant l'hiver et plein de vie lorsque les premiers rayons de soleil font fuir des villes les estivants, elle assume ses 1 000 ans d'histoire, juchée sur les derniers contreforts du Bas-Quercy. Monclar apparaît dans l'histoire au temps de la reine Brunehaut, lors du traité d'Andelot en 587. En 1789, les révolutionnaires détruisent le château et saccagent l'église. L'église actuelle sera construite en 1880. En tant qu'ancienne ville fortifiée, Monclar ne possède que très peu de vestiges tant son histoire fut tumultueuse.

RESTAURANT LES GOURMANDISES €€

60, route de Montricoux ✆ 05 63 64 23 41
www.hotel-des-arts.eu

Ouvert toute l'année. Fermé le vendredi soir et le dimanche soir. Menus de 23,50 € à 29 €. Jardin. Terrasse.

Un établissement que l'on découvre lorsqu'on déroule la D115 en direction des gorges de l'Aveyron, à la sortie de Nègrepelisse... Depuis plus de 10 ans, c'est la famille Sauvage qui officie et propose une cuisine bistronomique et traditionnelle soignée. Le chef, passionné de plats typiques, travaille des produits frais et de saison. L'andouillette «maison», la truite saumonée et sa croûte de basilic ou la cassolette de gésiers... Une belle adresse pour se régaler et/ou loger.

DOMAINE DE REVEL

45, chemin des Brugues
VAISSAC
✆ 06 77 11 93 31
http://domainederevel.com/

Visite et dégustation sur rendez-vous. Vente en directe. Fermé dimanche, lundi et jours fériés.

Mickaël Raynal, vigneron indépendant, a repris le domaine familial en 2010. Les 14 hectares de vignes sont regroupés autour du chai, face au hameau de Revel. AOC Coteaux du Quercy sur 4 ha et IGP Comté Tolosan sur le reste. Vins rouges, rosés secs et doux, blancs secs et doux et jus de raisin bio 100 % naturel. 30 cépages différents sont cultivés à la vigne. En 2019, Mickaël présente le premier vin bio certifié IGP Comté Tolosan issu d'un nouveau cépage tolérant aux maladies : le souvignier gris. Aujourd'hui, il se fait l'ambassadeur des cépages résistants !

LA VIERTA DU TZIGANE

1125, Route de Verlhac Tescou
VARENNES
✆ 05 63 30 01 21
www.la-vierta-du-zigane.com

Ouvert toute l'année. Vendredi soir, samedi et dimanche. Deux menus à 26 et 29 €.

Une ambiance chaleureuse et typée réveille Varennes en fin de semaine. Charly et Danielle vous accueillent dans leur restaurant-grill pour des soirées à thème et des soirées dansantes sur des musiques latinos. Piste de danse, terrasse d'été exotique, grillades de viandes et de poissons au feu de bois sur barbecue géant. Une ambiance tzigane, une cuisine riche de goût et de caractère suffisent à notre bonheur. Tous les vendredis soir un spectacle musical ou équestre anime la soirée de ce restaurant cabaret atypique, idéal pour les soirées d'été.

MARCHÉ HEBDOMADAIRE DU MARDI

Place Nationale

Marché Hebdomadaire le mardi de 7h30 à 12h30. Place Nationale, environ 60 exposants.

Marché de plein vent au cœur du village est toujours la rencontre entre producteurs locaux et consommateurs. Vitrine des savoir-faire du terroir local avec des produits frais mais c'est aussi un rendez-vous hebdomadaire pour les Nègrepelissiens. Marché qui date de Philippe Le Bel depuis 1286, l'un des plus anciens marchés du territoire avec également la foire d'automne et la fête de la courge au début du mois d'octobre. La star de cette journée est la courge qui se décline en potirons.

BASE DE LOISIRS DES 3 LACS

✆ 05 63 30 31 72
basedeloisirsmonclar.com/

Ouvert de mai à fin octobre, horaires et ouverture des équipements variables selon la saison. Entrée : 3,90 €.

Sur une superficie de plus de 50 hectares, la base de loisirs des Trois Lacs est un vaste complexe qui fait rimer vacances et plaisance, avec au programme baignades, plaisirs de l'eau et promenades. Le site bénéficie des trois jolis lacs et de leurs berges entièrement aménagées. La base s'est beaucoup transformée ces dernières années pour offrir un grand nombre de prestations. Hors saison, le magnifique site des lacs est disponible pour de belles promenades et pour la pêche.

MONTAUBAN ★★★

Fondée au bord du Tarn par le comte de Toulouse en 1144, la ville originelle constitue aujourd'hui encore la trame urbaine du centre historique. De l'époque médiévale, il ne subsiste ici que trois édifices : l'église Saint-Jacques, le Pont Vieux et la salle gothique dite du « Prince Noir » au Musée Ingres. Servis par une brillante culture architecturale, édifices civils et religieux rivalisent de splendeur : la Place nationale ; le Palais des Évêques ; les Hôtels Particuliers des riches bourgeois et la cathédrale, symbole de la reconquête catholique et royale. Montauban est la ville où art de vivre, culture et environnement sont dans l'ADN de chacun.

OFFICE DE TOURISME

4, rue du Collège ✆ 05 63 63 60 60
www.montauban-tourisme.com
Tous les horaires sur le site : www.montauban-tourisme.com. Toutes les informations touristiques et culturelles.

Situé dans l'ancien collège des Jésuites, l'Office de tourisme se site au cœur du centre-ville de Montauban, dans ses palpitations et ses respirations. Labellisée Ville d'Art & d'Histoire, Commune touristique ou Ville Gourmande, Montauban fait aussi partie de la liste des « Grands sites d'Occitanie ». Elle présente bien des atouts et des petits secrets que vous pourrez découvrir en visitant ce point d'informations. En effet, toute l'équipe de l'Office du Tourisme du Grand Montauban se fait une joie d'accueillir et d'accompagner tous les visiteurs de la ville.

LES 400 COUPS

MONTAUBAN
Les 400 ans des 400 coups. Commémoration historique à Montauban. Du jeudi 16 au dimanche 19 septembre 2021.

Les 400 ans des 400 coups ! 1621 - 2021. Au mois de septembre, Montauban célèbre les 400 ans d'un des épisodes les plus célèbres de son histoire : celui du siège de la ville par Louis XIII et de la résistance de ses habitants, malgré les tirs de canon. En majorité protestants, les habitants mettront en déroute l'armée royale. Le roi ordonnera à son artillerie de lancer 400 coups de canon sur les remparts de la ville. Les assiégés résistent encore ! Cette anecdote aurait donné sa signification à l'expression populaire, « faire les 400 coups». Réalité ou légende...

AGENCE DE DÉVELOPPEMENT TOURISTIQUE DU T&G

100, Boulevard Hubert Gouze
✆ 05 63 21 79 65
www.tourisme-tarnetgaronne.fr
Ouvert toute l'année du lundi au vendredi, en continu de 9h à 18h.

Le Tarn-et-Garonne est un condensé de Sud-Ouest à taille humaine, aux collines et plaines fertiles, en douce transition entre les sauvages Causses du Quercy, les vertes hauteurs rouergates et les rondeurs gasconnes. L'agence de développement touristique du département mise sur les atouts majeurs du département et son patrimoine exceptionnel. Au menu : la douceur des canaux, les coteaux du Quercy, les terrasses des vallées de la Garonne et du Tarn, les gorges de l'Aveyron...

MAIRIE DE MONTAUBAN

9, rue de l'Hôtel-de-Ville
✆ 05 63 22 12 00 - www.montauban.com
Ouvert toute l'année. Du lundi au vendredi de 8h30 à 12h15 et de 13h30 à 17h30.

L'hôtel de ville de Montauban fait bien partie du cercle historique de la ville. De la cathédrale Notre-Dame en descendant vers le Musée Ingres, on ne peut manquer cet ancien hôtel particulier de la fin du XVIIIe siècle, appartenant jadis à une prestigieuse famille de la noblesse de robe, les Aliès de Réalville. Ce bâtiment massif, élégamment restauré autour de sa belle cour rectangulaire, abrite la plupart des services municipaux, surplombant le Tarn qui s'écoule tranquillement. Une petite ruelle permet d'ailleurs de rejoindre l'imposant temple des Carmes.

CATHÉDRALE NOTRE-DAME ★

20, rue des Soubirous-Hauts
Ouvert toute l'année. Suivant les horaires des offices.

L'année même de la révocation de l'édit de Nantes, le roi Louis XIV décide la construction d'une nouvelle cathédrale pour mieux affirmer le catholicisme dans l'ancien fief protestant. Les meilleurs architectes en suivirent à distance la construction. Commencée en 1692, la construction ne fut achevée qu'en 1739. Elle est considérée comme un chef-d'œuvre de l'art classique, sa façade d'un blanc immaculé détonnant dans un paysage urbain dominé par la brique rouge. Située au point culminant de la ville ancienne, elle est visible, à partir de la rive gauche du Tarn.

CIAP - CENTRE D'INTERPRETATION ★

2, rue du Collège
✆ 05 63 63 03 50
www.centredupatrimoine.montauban.com
Ouvert toute l'année. Du lundi au samedi de 10h à 12h et de 13h30 à 18h. Gratuit.

Labellisée « Ville d'art et d'histoire » en 1998, Montauban appartient à un riche réseau regroupant 202 territoires attachés à la valorisation de leur architecture et de leur patrimoine. Situé dans les locaux de l'ancien collège des jésuites, le CIAP vous permet de découvrir ou de redécouvrir la belle histoire de la cité. Des expositions sont régulièrement organisées ici, de même que des visites guidées, conférences et animations. Petit plus futé, l'entrée au CIAP est gratuite !

ÉGLISE SAINT-JACQUES ★

Rue de la République
Accessible toute l'année et gratuit. En fonction des offices religieux.

Fondée au milieu du XIIe siècle et reconstruite au siècle suivant par les bourgeois montalbanais en expiation de leur sympathie pour les thèses cathares. Eglise à nef unique, elle est typique du gothique méridional et est surmontée d'un clocher octogonal de type toulousain. A l'intérieur retable en stuc et marbres réalisé par Ingres Père vers la fin du XVIIIe siècle. Son histoire fut des plus mouvementée : transformée en fortin durant les guerres de religion, elle porte les stigmates du siège de Montauban. Puis de 1630 à 1739 elle fut la cathédrale de Montauban.

L'ÎLOT PIRATES

785, avenue Jean Moulin
✆ 09 83 43 02 29
www.lilotpirate.fr
Ouvert tous les jours de 10h à 22h. Tarifs de la plaine de jeux : 1 heure 5 €, illimité 9 €.

Installé dans la galerie marchande d'Auchan, l'endroit est idéal pour un moment de détente en famille. Depuis 2012, L'Ilot Pirates associe des activités complémentaires : une plaine de jeu pour les enfants et une brasserie-pizzeria avec plat du jour et menu enfant. Installée sur une mezzanine de 250 m^2 au premier étage, elle est insonorisée par une baie vitrée qui surplombe la plaine de jeux. 600 m^2 au sol permettent d'accueillir les jeunes moussaillons de 1 à 13 ans dans un décor de bateau de pirates. Astuce futée : il est très agréable de s'y rendre le matin...

JARDIN DE L'ÉVÊQUE

Accessible toute l'année. Gratuit. Visite libre.

Le jardin de l'Evêque est situé à proximité du siège du Conseil général, il doit son nom à Pierre de Bertier, évêque de Montauban qui l'a dessiné en 1674. Ses parterres de fleurs, charmilles et l'orangerie en faisaient un magnifique parc qui, hélas, dépérit après la Révolution. Il passa entre les mains de plusieurs propriétaires. L'un d'eux, M. Fabre de Cahuzac, y fit construire le château de Montauriol (en 1870), qui devint au début du XXe siècle la résidence des évêques. En 1974, il a été racheté par le Département. Le jardin reste un lieu agréable de promenade.

JARDIN DES CARMES

3, impasse des Carmes
Accessible toute l'année et gratuit. Horaires d'ouverture avec la mairie et l'office de tourisme de Montauban.

Le cloître des Carmes, bien caché derrière le parking des Municipaux, est un ancien couvent du début du XVIIe siècle qui abrite un petit jardin paysager. On peut se promener sous les galeries voûtées d'ogives qui retombent sur des culots de briques ou déambuler au milieu des végétaux dans le silence troublé par l'écoulement d'une fontaine. Réaménagé en 2006, dans la tradition médiévale, le jardin est composé de quatre parcelles de plantes médicinales, ornementales, potagères et fruitières. Le bâtiment abrite le Conservatoire municipal de musique et de danse.

LE JARDIN DES PLANTES

Allées Consul Dupuy
Ouvert toute l'année. Accès libre et gratuit.

Cet arboretum s'étend sur une surface de 3 hectares de part et d'autre du Tescou. Il présente quelques spécimens remarquables de végétaux (séquoia géant, tulipier de Virginie, le Cephalotaxus de Chine...), la plupart plantés lors de la création du jardin en 1861, et des sculptures. Il est devenu le premier parc à thèmes public au monde utilisant la technologie de la réalité augmentée. Grâce à l'application Magic Xperience, partez à la découverte de mystérieux totems pour découvrir des célébrités montalbanaises, des personnages enchantés et des animaux sauvages.

TARN-ET-GARONNE

MUSÉE DE LA RÉSISTANCE ET DU COMBATTANT ★

2, boulevard Edouard-Herriot ✆ 05 63 66 03 11
www.museeresistance.montauban.com
Du mardi au vendredi 9h-12h et 14h-17h. Ouvert pour la Nuit des musées et les journées européennes du patrimoine.

Au cœur de la Roseraie, au sein du Pôle Mémoire, le musée de la Résistance et du Combattant présente une exposition permanente sur la Seconde Guerre mondiale. Créé par la ville de Montauban suite au don d'objets et de documents d'un ancien résistant déporté, les collections ont ensuite été enrichies par des dons et des achats. Le musée est un lieu d'exposition sur les conflits et les questions qu'ils suscitent. Le visiteur découvre les grands aspects de la Seconde Guerre mondiale.

EXPOSITIONS TEMPORAIRES AU MIB

De juin à octobre 2021, de nouvelles expositions temporaires seront à découvrir au Musée Ingres Bourdelle. L'une d'elle s'articule autour du portrait du duc d'Orléans, peint par Ingres, acquis par le musée du Louvre en 2005, dernière effigie pour laquelle le prince a posé avant de mourir dans un accident… Profondément affecté par la disparition de son mécène à l'âge de 32 ans, Ingres ne peindra aucun nouveau portrait masculin par la suite. Grâce à un partenariat avec le musée du Louvre, l'exposition propose de parcourir la vie du prince à travers près de 200 œuvres, dessins, gravures et sculptures qui révèlent l'éducation moderne qu'il a reçue.

MUSÉE DES JOUETS

770, boulevard Blaise Doumec
✆ 05 63 20 27 06
www.lemuseedesjouets.fr
Ouvert toute l'année. Adulte 5 €, enfant 3 €, famille 15 €. Boutique. Animations. Atelier mécano.

Un nouveau joyau de la capitale du Tarn-et-Garonne. Récemment créé par l'association de La Cité des Enfants, ce musée déployé sur plus de 700 m² est exceptionnel. Ne pas se laisser tromper par la petite porte d'entrée c'est un immense musée que l'on découvre fort de nombreux espaces ! Le musée des jouets fait la joie des enfants, mais sans aucun doute, des plus grands également. Son plus bel attrait consiste en un réseau de voies ferrées, de trains et de gares à faire rêver tous les amoureux de la vie du rail. Autre ambiance réjouissante dans l'espace qui est dédié au Tour de France dans ses différentes expressions depuis 1950. Il y a également un bassin avec de la vraie eau pour faire naviguer les bateaux « pop-pop ». Autre clou du musée le fabuleux Mécano dont une immense grue dont l'assemblage a nécessité pas moins de 1 100 boulons. Voici le cirque Pinder avec son grand chapiteau rouge et jaune de 8 m², ses véhicules et ses animaux du temps où les cirques avaient encore leur ménagerie. Les amoureux de reconstitutions des batailles admireront les 250 kg de figurines en plomb qui retracent les grandes batailles de l'histoire. Plus loin une magnifique collection de machines à coudre côtoie des jouets en bois de différents âges, des jeux de société vintage, des voitures anciennes... bien d'autres merveilles. Il y a même un espace de jeu aménagé pour les petits, mais que les grands apprécient aussi parce qu'il s'y trouve un théâtre de Guignol équipé de marionnettes qui fait rire et rêver toutes les générations.

MUSÉE INGRES-BOURDELLE ★★★

19, rue de l'Hôtel-de-Ville ✆ 05 63 22 12 91
museeingresbourdelle.com
Ouvert toute l'année. Tous les jours. Gratuit jusqu'à 18 ans. Adulte : 8 €. Le billet donne accès au Museum.

Le joyau, dans le domaine de l'art, de Montauban et du département du Tarn-et-Garonne. Ce musée a été fondé en 1820. Mais c'est en 1867, à la mort d'Ingres, que l'établissement prend son identité et son essor en héritant de l'ensemble des œuvres d'atelier du célèbre peintre montalbanais. Il prend alors le nom de Musée Ingres. Jean-Auguste-Dominique Ingres (1780-1867) n'est plus le seul a y être honoré. Désormais Emile-Antoine Bourdelle (1861-1929), autre enfant prodige de la ville, l'a rejoint dans l'enceinte de l'ancien palais épiscopal, magnifique édifice du XVIIe siècle. Le peintre et le sculpteur ont offert à la ville de très riches collections qui sont exposées dans ce musée qui porte désormais leur double nom. Après trois ans de rénovation, le musée Ingres Bourdelle a ouvert de nouveau ses portes aux visiteurs fin 2019. Toute la scénographie a été repensée et modernisée afin de mettre en valeur les œuvres d'art qui ont bénéficié d'une restauration. Aux côtés de ses dessins et peintures, vous pourrez admirer le fameux violon d'Ingres, celui qui donna corps à l'expression bien célèbre de violon d'Ingres pour désigner une passion. Le musée présente plus de 4 500 dessins d'Ingres et une soixantaine de ses peintures. Aujourd'hui, le musée présente un ensemble de plus de 70 sculptures d'Émile-Antoine Bourdelle, artiste qui était né quelques années avant la mort d'Ingres, à quelques pas du musée. Le billet d'entrée au musée Ingres-Boudelle donne également accès du Muséum d'histoire naturelle de Montauban.

ZOOM

TOUS AU MUSÉE INGRES BOURDELLE

ON VOUS EMMÈNE POUR UNE VISITE À MONTAUBAN !

© IAMP - MONTAUBAN MIB

S'il y a bien un incontournable lors de votre séjour à Montauban, c'est une visite du musée Ingres Bourdelle, récemment rénové. Vous y découvrirez de véritables trésors de l'histoire de l'art, dont une collection exceptionnelle de dessins et peintures de Jean-Auguste Dominique Ingres et de nombreuses œuvres d'Antoine Bourdelle. Avec ses espaces modernisés et son parcours « en bouquet » simplifiant la visite, le musée Ingres Bourdelle révèle ses nombreux joyaux sous un nouveau jour. Au rez-de-chaussée du musée, place aux expositions temporaires (cf. encadré ci-dessous). Les amateurs d'Ingres ont rendez-vous au premier étage où son œuvre se décline avec de grandes compositions, témoignages de l'influence de l'Antiquité et de Raphaël sur son art, des œuvres de jeunesse, mais aussi des portraits célèbres dont celui de Madame Gonse. Poursuivez au deuxième étage en découvrant une sélection des dessins du maître au sein d'un chaleureux cabinet d'arts graphiques, mais également des objets issus de ses collections d'antiques. Cet étage fait également la part belle aux peintures des XIVe, XVe et XVIe siècles des écoles italiennes et du nord, puis des écoles françaises et étrangères du XVIIe siècle. Une section présente l'art du XVIIIe siècle de Boucher à David. Les amateurs de sculpture ont rendez-vous au premier sous-sol, étage entièrement consacré à Émile-Antoine Bourdelle. L'artiste est représenté dans toutes ses périodes à travers des marbres, des plâtres, des bronzes, des maquettes ou des œuvres achevées. Enfin, les sous-sols, vestiges de la place forte du XIVe siècle, avec la célèbre salle du Prince Noir, sont l'occasion de découvrir une collection archéologique d'objets liés à l'histoire locale depuis l'époque gallo-romaine.

© IAMP - MONTAUBAN MIB

© IAMP - MONTAUBAN MIB

OFFICE DE TOURISME

4, rue du Collège
05 63 63 60 60
www.montauban-tourisme.com

BALADE

BALADE STREET ART

Les œuvres d'art ont pris place dans la ville et rendent hommage aux enfants du pays : Ingres, Bourdelle et Olympe de Gouges. Une aventure graphique vous attend avec des fresques monumentales, des tags, des trompe-l'œil... Saviez-vous que le célèbre artiste **Invader** a laissé des traces de son passage à Montauban ? C'était en août 2009, lors de l'expo « Ingres et les modernes ». En hommage à Ingres, la plus imposante de ses œuvres, inspirée de La Source, vous attend rue du Tescou (1). Si vous êtes observateurs, dix de ses petits personnages sauront vous surprendre... **Miss. Tic.** s'est elle aussi inspirée des célèbres tableaux d'Ingres pour livrer des œuvres plus discrètes. Vous pourrez les contempler à l'angle des rues du Vieux Poids et des Rondelles (2). Vous pourrez aussi admirer une représentation en trompe l'œil d'Ingres à une fenêtre au croisement de la rue d'Elie et de la rue Fourchue (3). Rue Mary Lafon (4), face au théâtre, l'artiste **MOG** a livré sa version à l'aérosol du portrait de la plus célèbre des Montalbanaises, Olympe de Gouges, pionnière du féminisme en France et rédactrice de la Déclaration des Droits de la Femme et de la Citoyenne. Un portrait haut en couleur ! C'est rue Porte du Moustier (5) que la 1re fresque monumentale réalisée par **100 Taur** s'affiche. Depuis, deux autres fresques inspirées d'œuvres d'Ingres ont vu le jour : Le Songe d'Ossian, Grand Rue Sapiac (6), et Roger délivrant Angélique, Rue de l'Abbaye (7).

MUSEUM D'HISTOIRE NATURELLE VICTOR BRUN ★

2, place Antoine-Bourdelle ✆ 05 63 22 13 85
www.museum.montauban.com
Ouvert toute l'année. Fermé le lundi, le dimanche matin et les jours fériés. Gratuit jusqu'à 18 ans. Adulte : 4 €.

Le musée d'Histoire naturelle, également nommé Museum Victor Brun, installé dans l'ancien palais de la Cour des Aides, garde un peu dans ses vieilles boiseries et vitrines l'atmosphère de la fin du XIXe siècle. Il expose tout ce qui rampe, vole et court chez les vivants de la planète. Riche d'environ 3 000 spécimens, la collection d'oiseaux constitue la collection principale. Elle se caractérise par de nombreux oiseaux exotiques venant des quatre coins du monde et d'autres collections.

LA PLACE NATIONALE

Place Nationale

La place Nationale est assurément le joyau patrimonial de Montauban ! Aménagée rapidement après la fondation de la ville en 1144, la place s'enorgueillit d'être l'une des plus anciennes places urbaines de France. Les maisons médiévales qui la bordaient ont malheureusement disparu dans 2 incendies successifs au XVIIe siècle. Le programme architectural alors imposé aux propriétaires des maisons a permis d'obtenir cette remarquable homogénéité des façades. Depuis neuf siècles, la place Nationale demeure un haut lieu de la vie publique montalbanaise.

LE PORT CANAL - PORT FLUVIAL

125, rue de Oules
✆ 05 63 66 78 60
Ouvert toute l'année. Gratuit. Boutique. Animations.

Depuis le centre-ville de Montauban, à peine à 15 min à pied ou avec le petit train touristique suffisent à rejoindre ce site bucolique et dépaysant au bord du canal à l'embouchure du Tarn et à deux pas de la gare. On y profite d'une ambiance port de plaisance de charme à proximité de la ville, très appréciée des habitants de Montauban. Ici se croisent plaisanciers, riverains et visiteurs en toute convivialité. Ce lieu apaisant et vivant à la fois voit s'amarrer les bateaux de plaisance (32 anneaux). Grâce aux aménagements réalisés par le Grand Montauban, les bateaux disposent désormais de tout l'équipement pour jeter les amarres confortablement. Il n'est pas nécessaire de naviguer pour profiter des plaisirs qu'offre l'environnement du port canal. Le site est aussi le départ de belles promenades à vélo ou à pied le long de la «vélo voie verte», qui longe le canal reliant même le musée Ingres. Vous pouvez aussi partir en croisière depuis ce port à bord de deux bateaux pour une heure ou une journée. D'ailleurs, pour les amoureux de la navigation, le port canal est un lieu d'apprentissage puisqu'il abrite l'Ecole de Navigation Atlantique Méditerranée qui dispense des formations aux différents permis bateaux, certifiantes et diplômantes. Vous pouvez aussi faire escale aux Cabanes du Port, un bar façon guinguette où l'on trouve aussi des *food trucks*. Le Grand Montauban a réussi son objectif de faire de ce site un lieu privilégié, particulier et très apprécié.

THÉÂTRE OLYMPE DE GOUGES

4, place Lefranc-de-Pompignan
✆ 05 63 21 02 40
www.theatre.montauban.com
Fermé en août. Ouvert lundi, mercredi et vendredi de 11h à 12h et de 13h à 18h ; mardi et jeudi jusqu 'à 17h.

C'est sur l'emplacement d'un jeu de Paume que ce théâtre à l'italienne est construit aux environs de 1740, avant d'être agrandi et embelli en 1849 par l'architecte Fragneau. Grâce à la contribution et à l'aide de la ville de Paris après l'inondation de 1930, une nouvelle façade est édifiée en 1931 en bordure de la place Lefranc de Pompignan. Inspirée de la place Nationale, l'entrée monumentale se voit rehaussée de quatre bas-reliefs du sculpteur André Abbal. Riche d'une programmation éclectique, ce théâtre contribue au foisonnement culturel de la ville.

ART 27

4, rue du Greffe
✆ 06 38 93 43 61
www.galerieart27.com
Ouvert toute l'année. Du mercredi au samedi : de 11h à 19h. Entrée libre et gratuite.

Cette toute nouvelle galerie au cœur de Montauban est l'œuvre de la pétillante Edwige, installée anciennement à Montjoi. Derrière la vitrine de la galerie, c'est une trentaine d'artistes – peintres, sculpteurs, designers, plasticiens qui sont exposés. Éclectisme, anti-conformistes, c'est toute l'alchimie qui fait de ce lieu, un rdv incontournable pour tous les amateurs d'art contemporain. Des œuvres qui restent uniques, hors standard et accessibles pour les portefeuilles. On ne peut rester indifférent devant les sculptures d'Amiel, Artorchis, Pradier...

GALERIE CORTADE-ART

625, Avenue de Paris ✆ 05 63 91 44 92
https://cortade-art.com/
Le lundi de 14 à 19 h. Du mardi au vendredi de 10 h à 12 h et de 14h à 19 h. Samedi de 10 à 19 h. Dimanche sur rdv.

500 m² dédiés à l'art moderne et contemporain ! Des cimaises de la place Nationale à Montauban en passant par de nombreuses expositions sur les principaux salons nationaux, la Galerie Cortade'Art est un lieu incontournable dans le monde de l'art contemporain. C'est ici la présentation d'artistes prestigieux comme Bernard Buffet, Lanskoy, Tobiasse... mais aussi des valeurs montantes de la jeune création, ce qui explique l'enthousiasme d'une clientèle désireuse d'être à l'avant-garde. Salles lumineuses avec des éclairages subtils que l'on retrouve aussi à Toulouse.

GALERIE D'ART DU FORT

5, rue du Fort
✆ 05 63 21 26 00
https://lefort.online/
Ouvert toute l'année. Du lundi au vendredi de 9h à 19h. Gratuit.

Le Fort situé face à l'Office de Tourisme est un lieu d'accueil, de vie et de culture au cœur de ville à Montauban, ouvert à tous, propice à la culture sous toutes ses formes avec l'exposition éphémère de talents de la région et d'ailleurs. Des artistes confirmés et en « herbe » exposent peintures, photographies, sculptures, etc. Le Fort est aussi un lieu unique de vie et de rencontre intergénérationnelle entre jeunes et seniors. C'est une vraie galerie dont la mission est de valoriser le travail des artistes, mais aussi des artisans. Un lieu d'histoire également.

GARE SNCF

27, avenue Chamier
✆ 3635
www.voyages-sncf.com
Ouvert toute l'année, 7j/7.

La gare de Montauban n'est certes pas celle de Perpignan. Elle reste cependant celle des «Tontons flingueurs» ! De nombreuses liaisons quotidiennes relient Montauban à Toulouse. Le TGV Atlantique permet de rejoindre Paris en 4h45 et grâce à sa position Montauban est à la croisée des axes ferroviaires Bordeaux-Nice et Paris-Toulouse-l'Espagne. L'accueil des personnes handicapés est possible dans le hall de la gare, une rampe permet l'accès au hall depuis le parvis. Cette gare est équipée d'un défibrillateur. Point de restauration également avec point presse.

TRANSPORTS MONTALBANAIS

7, place Prax Paris ✆ 05 63 63 52 52
www.montm.fr
Ouvert du lundi au vendredi 9h30-13h et 14h-17h45, samedi 9h-13h. Vélo libre-service : 6 € demi-journée, 10 € journée.

Un seul numéro de téléphone pour une prise en charge rapide. Les bus desservent régulièrement les zones urbaines du lundi au samedi. Un service spécial groupes est mis en place pour les déplacements à la demande sur toute la commune. Le service Libellule permet sur réservation un transport à la demande, il propose des dessertes complémentaires aux lignes régulières du réseau urbain. Des vélos en libre-service ont été mis en place dans la ville. 10 stations ont été ouvertes avec la location via application sur smartphone. Le premier quart d'heure est gratuit.

TARN-ET-GARONNE

Montauban.

DOMAINE DE BELCAYRE €

1105, route du Fau ✆ 05 63 03 52 62
www.domainebelcayre.com

Clévacances (3 clés). Ouvert à l'année. Accueil 24h/24. 4 chambres (plus une suite). Chambre double 80 €, suite 140 €.

Cette maison verte accrochée à la colline est située dans le quartier le plus prisé de Montauban. Cette maison de maître est un ancien lieu de sériciculture (élevage du ver à soie), des mûriers se dressent encore, témoins de ce passé oublié. Le domaine vit au rythme de la passion de l'élevage de chevaux. C'est avec grand plaisir que Marie-Josèphe et Michel vous ouvrent les portes de leur demeure, rénovée avec beaucoup de soin et de goût. Les chambres vous séduiront par l'alliance d'une ambiance intimiste et familiale avec une atmosphère chaleureuse et confortable.

DOMAINE DU FAGET €

2665, route de Verlhac Tescou
✆ 06 81 54 53 76

Ouvert de mai à fin octobre. 2 chambres. Chambre double 70 €. Animaux acceptés. Wifi. Service de ménage.

Le charme discret d'une maison Premier Empire de 11 pièces, entourée d'un grand parc aux tilleuls bicentenaires, idéalement dédiée au calme. Meubles anciens, lit à baldaquin, salon de musique avec piano quart de queue font de ces chambres d'hôtes un lieu intemporel. Une immense terrasse palladienne aux douze colonnes, orientée plein sud, permet de prendre les petits-déjeuners en dominant la vallée du Tescou. A 5 min de la rocade et à 10 min du centre de Montauban. Sérénité et repos garantis dans cette bâtisse à la belle allure et richement décorée.

CAMPANILE €€

Rue Louis-Lépine
✆ 05 63 23 00 02
www.campanile-montauban.fr

Ouvert toute l'année. 46 chambres. Chambre double à partir de 65 €. Petit déjeuner : 8 €. Parking. Animaux acceptés.

Fabienne et Mario Giardini ont su personnaliser cette franchise. Ils proposent de copieux petits déjeuners indispensables pour les balades : café, thé, jus de fruits, chocolat, viennoiseries, céréales, et charcuterie, fromages, yaourts et fruits, salade de fruits sous forme de buffet. Le restaurant est ouvert 7j/7, avec une cuisine familiale et régionale, buffets de hors-d'œuvre, fromages et pâtisseries à volonté. Une salle de séminaire de 10 à 50 personnes. Des tarifs spéciaux sont à portée de toutes les bourses. Un classique du tourisme mais c'est déjà beaucoup.

LE CHÂTEAU DE LOUBÉJAC €€

14, chemin Jambau - **L'HONOR-DE-COS**
✆ 05 63 65 61 03
www.chateaudeloubejac.fr

Ouvert toute l'année. Chambre double de 86 € à 130 €. Animaux acceptés (sur demande). Réceptions et mariages.

Pour plusieurs générations d'habitants du Montalbanais, le château de Loubéjac rimait avec vacances puisqu'il fut des années durant un centre de loisirs. Aujourd'hui, l'imposante bâtisse en brique toulousaine qui surplombe le village de Loubéjac, l'Aveyron et sa plaine alluviale est devenue une belle demeure de charme dont les dimensions et l'espace environnant prédisposent aux grandes manifestations (mariages, fêtes familiales...). On peut toutefois profiter du charme de cette demeure le temps d'un week-end à deux dans l'une des belles chambres indépendantes.

DELTOUR HÔTEL MONTAUBAN CITY €€

16, impasse Jacques Daguerre ✆ 05 63 67 68 69
https://montauban-city.deltourhotel.com/

Ouvert toute l'année. Accueil 24h/24. 38 chambres. Chambre double de 69 à 84 €. Petit déjeuner : 8,50 €.

Proche du centre historique de Montauban, l'hôtel idéalement situé vous donne l'occasion de découvrir les nombreuses richesses de la ville et de ses alentours. En couple, en famille, il y aura toujours une formule adaptée alliant confort, services et prix particulièrement abordables. Chambres standards, triples ou familiales, avec pour chacune salle de bains privative, TV, bureau et espace de rangement. N'oublions pas les petits déjeuners sous forme de buffet à volonté !

LA DEMEURE DE FLAMMARENC €€

450, chemin de Flammarenc ✆ 06 01 23 23 59
www.demeure-de-flammarenc.fr

Clévacances (4 clés). Chambre double à partir de 125 €. Lit supplémentaire 30 €. Wifi. Restauration. Bain bouillonnant.

Voici une belle demeure de brique et de terre crue, qui a survécu aux terribles inondations de 1930. Sur cette terrasse fertile dominant le Tarn, au milieu des vergers et au pied des coteaux du Quercy, tout respire ici la tranquillité. Les chambres, judicieusement nommées par les trois cours d'eau qui donnent vie à ce Pays, séduisent par leur lumière et leur confortable sobriété. Un bain bouillonnant est situé dans le jardin et promet de passer de bons moments de détente. Le petit déjeuner est copieux et varié, fait maison avec des produits frais.

GEORGE HÔTEL - HÔTEL DU COMMERCE €€

9, place Franklin-Roosevelt ✆ 05 63 66 31 32
www.hotel-commerce-montauban.com
Ouvert toute l'année. 27 chambres. Chambre simple 60 €, double 63-82 €, triple 97 €. Animaux acceptés.

Situé au cœur de la ville, dans le quartier historique de Montauban à quelques pas du Musée Ingres et de la place Nationale, l'hôtel du commerce vous accueille dans une maison pleine de charme, à la façade si accueillante du XVIIIe siècle. Cet établissement de 27 chambres, accessibles aux personnes à mobilité réduite, vous offrira tous les services indispensables à un séjour de qualité : ascenseur, climatisation, salon au rez-de-chaussée, restaurant, le tout dans un décor tendance.

HÔTEL KYRIAD €€

1461, route du Nord
✆ 05 63 66 51 61
www.hotel-montauban.fr
Ouvert toute l'année. Accueil 24h/24. 38 chambres. Chambre double à partir de 55 €. Animaux acceptés. Bornes VE.

Tout près de l'autoroute A20, vous le trouvez facilement depuis la sortie n° 60 de la rocade. Le meilleur équilibre entre la garantie de qualité et le charme de la diversité. C'est un hôtel agréable et calme. Les chambres rénovées sont équipées de petites salles de bains complètes et pourvues de grandes TV et wifi haut débit gratuit. Rendez-vous au bar pour siroter une boisson rafraîchissante dans un cadre paisible et profiter de son excellent restaurant gourmand O'Tonnelier. A votre disposition, la salle de réunion avec tous les équipements professionnels.

HÔTEL VILLENOUVELLE €€

30, rue Léon-Cladel
✆ 05 63 93 13 00
www.hotel.villenouvelle.fr
Accueil 24h/24. 66 chambres. Chambre simple de 51 à 63 € ; chambre double de 57 à 63 €. Animaux acceptés (7 €).

L'hôtel Villenouvelle est situé à dix minutes à pied du centre-ville de Montauban. Voilà un lieu d'hébergement bien pratique pour quiconque souhaite découvrir la cité d'Ingres et effectuer tant d'autres visites sans pour autant se ruiner. L'une des principales qualités de cet hôtel est sans conteste son excellent rapport qualité-prix avec des chambres familiales pour 4 au prix d'une chambre double. Autres avantages, vous êtes accueilli ici 24h/24, l'hôtel est climatisé et vous pouvez amener votre animal. Accessibilité et confort sont aussi la signature de l'hôtel.

LA MAISON DE MANON €€

122, chemin de Cadillac - **LAMOTHE-CAPDEVILLE**
✆ 05 63 31 36 29
www.lamaisondemanon.com
Clévacances (3 clés). Ouvert toute l'année. Chambre double 88 €. Petit déjeuner inclus. Animaux acceptés.

Contemplative devant sa piscine turquoise, la Maison de Manon est comme une île de ciel sur la terre. Au cœur de 3 hectares situés plein sud, c'est un endroit voué à la sérénité et à l'inspiration artistique. Puisant son inspiration aux sources de ses voyages, Manon a tissé une trame de climats métissés ; Robert, son mari, écrit des romans. Un esprit sain dans un corps sain. Le petit déjeuner est servi suivant les saisons sur la terrasse principale, au bord de la piscine, ou dans la salle à manger. Avec une vue imprenable depuis les trois chambres cosy...

ABBAYE DES CAPUCINS €€€

6-8, quai de Verdun
✆ 05 63 22 00 00
www.abbayedescapucins.fr
Ouvert toute l'année. Accueil 24h/24. 93 chambres. Chambre double 79-115 € ; suite 174-212 €. Animaux acceptés.

S'il fut l'un des hauts lieux de la contre-réforme catholique, abritant l'ordre des capucins à partir du XVIIe siècle au cœur de l'ancienne ville huguenote, le couvent est aujourd'hui un hôtel de prestige. L'atmosphère pleine de sérénité qui règne en ces lieux n'a rien perdu de ses origines et on apprécie tant la beauté que les vastes espaces de cet hôtel classé 4 étoiles, qui possède un bistro haut de gamme et un spa. Avec ses 85 chambres et suites, l'hôtel offre la possibilité aux visiteurs de s'imprégner de la ville, sans lésiner sur la qualité des prestations.

CASTEL BOIS MARIE €€€

1083, Chemin de Bègue
✆ 05 63 66 74 60
www.castelboismarie.com
Ouvert toute l'année. Chambre double 130-220 €. Petit déjeuner inclus. Parking fermé. Piscine à l'eau de sel.

Castel Bois Marie est une maison de maître logée dans un grand parc bicentenaire près du cœur de ville. La vie de plusieurs générations se raconte derrière la façade de briques roses. Les 5 chambres de caractère ont une décoration raffinée. Grande douche à l'Italienne, de linge de toilette luxueux et de produits cosmétiques Carita. Servi, suivant la météo, dans la salle à manger ou sous la pergola, le petit-déjeuner maison vous fera apprécier les produits du terroir. Très belle qualité de prestations. Un établissement d'exception.

HÔTEL MERCURE €€€

12, rue Notre-Dame
✆ 05 63 63 17 23
www.all.accor.com
Ouvert toute l'année. 44 chambres (et 4 chambres privilège). Chambre double de 92 à 120 €. Animaux acceptés (8 €).

L'ancien Hôtel du Midi, une véritable institution, est aujourd'hui membre du réseau Mercure et compte quatre étoiles. Établi sur deux anciens hôtels particuliers à l'angle des rues de la Résistance et Notre-Dame, au cœur de la ville, cet hôtel est très haut de gamme. Les chambres sont sobres, claires, très confortables et superbement équipées. Quant au personnel très professionnel, il est en livrée, standing oblige. Si vous cherchez une adresse de qualité au cœur du centre historique, ne manquez pas de vous y arrêter ! Une belle prestation à souligner.

« CHEZ GABRIEL » RESTO-GUINGUETTE €

1570, Chemin de Mortarieu
LACOURT-SAINT-PIERRE ✆ 05 63 66 76 39
chez-gabriel-resto-guinguette.business.site/
Du mardi au dimanche midi ; du jeudi au samedi midi et soir. Réservation recommandée. Formule du midi : 13,5€

Au bord du canal des Deux-Mers, dans un cadre idyllique et arboré, Gabriel Cappo est tombé sous le charme de la maison éclusière située à mi-chemin entre Montauban et Montech. Après deux ans de travaux, Gabriel propose dans sa guinguette une carte à l'esprit bistrot avec plats du jour et pièces de bœuf. Une cuisine familiale d'ici et d'ailleurs, faite maison, composée de produits locaux et de saison. Pour les passionnés de musique, une programmation musicale est prévue les week-ends.

ANTOINE - RESTAURANT OMNIVORE €

10, rue d'Auriol
✆ 05 63 03 03 91
Du mardi au samedi le midi et le soir. Réservation recommandée. Menus de 21 € à 44 €. Formule du midi : 18 €.

A deux pas de la Place Nationale, ce Restaurant vous accueille dans un cadre chaleureux fait de briques, de poutres et de pierres. La cuisine au feu de bois avec ses viandes maturées est l'une des spécialités. Au centre du restaurant, une magnifique cheminée permet d'admirer la dextérité du grilladin. Antoine s'approvisionne sur les marchés et met à l'honneur les légumes dans une cuisine inventive. Pour s'adapter à la saisonnalité des produits, le menu change régulièrement.

CHEZ BÉA €

20, Place Lalaque
✆ 06 65 79 68 35
Ouvert toute l'année. Carte 10 € env. Formule salade, tapas, planches apéro le soir. Dimanche brunch et huîtres.

Le quartier Villebourbon, plus populaire que l'hyper centre reprend vigueur et se dynamise à l'image du bar à vin de Béatrice. A l'angle de la place Lalaque, la jeune femme a imaginé un espace de rencontre autour du vin et de la convivialité. Sa carte des vins est originale et convie au voyage. Pour accompagner la dégustation, elle propose des planches et petites « tapas » à la mode occitane qu'elle appelle tastous. La carte évolue tous les mois. L'été, les lieux se muent et proposent de la petite restauration le midi en ouvrant sur la rue une terrasse.

BRASSERIE BOURDELLE €

12, rue Notre-Dame
✆ 05 63 63 17 23
Ouvert du lundi au jeudi le midi et le soir ; le vendredi midi. Menus de 16 à 39 €. Formule du midi : 12,90 €.

La Brasserie Bourdelle est le restaurant de l'hôtel Mercure. Certains trouveront qu'elle n'a pas le standing qu'on pourrait attendre pour un si prestigieux hôtel, aujourd'hui classé 4 étoiles. Effectivement, le mobilier un peu défraîchi ne plaide pas en sa faveur. Tout d'abord, le service est impeccable. D'autre part, la salle principale, occupant sous la verrière de 1906 tout un patio autour duquel s'enroule l'hôtel, dans son décor grand siècle est de toute beauté. Enfin, la cuisine proposée est d'excellente facture. Un endroit où bien manger en centre-ville !

BRASSERIE EDGAR €

240, avenue d'Espagne
✆ 05 63 30 75 45
Ouvert toute l'année. Du lundi au samedi le midi ; du jeudi au samedi le soir. Menus à 15,90 € et 28 €.

Une brasserie sympa tenue par deux jeunes pour le moins sympas ! L'ambiance qui y règne est conviviale, même si l'établissement est situé aux confins de la zone commerciale Albasud, un peu impersonnelle, entre des concessionnaires. Le lieu est une invite à la pause, dans son décor industriel. Vous profiterez de cette halte gourmande, qui jouit d'une belle carte : les produits français et les desserts maison s'y font la part belle. A signaler la très belle carte des vins. Ambiance musicale choisie avec DJ tous les vendredis et concerts tous les samedis soir.

Sous les arcades de Montauban.

AU BUREAU €

✆ 05 63 20 41 49

www.aubureaumontauban.fr

Ouvert toute l'année. Tous les jours le midi et le soir. Carte : 15 € environ.

Au Bureau est un pub-brasserie typique inspiré des pubs londoniens. Un vrai lieu de vie ouvert 7 jours sur 7 et tout au long de la journée : déjeuner, apéro, dîner et soirée ! Idéalement situé à deux pas du cinéma, il est agréable de se retrouver pour partager son avis sur le film en savourant une bière fraîche ou un plat copieux dans des fauteuils club, au bar ou sur la terrasse. Retransmission des grands événements sportifs. Ambiance cosy et conviviale avec un service attentionné, c'est bien la marque de fabrique de cette enseigne nationale.

LE CONTRE FILET €

4, rue Princesse

✆ 05 63 66 28 72

https://www.lecontrefilet.fr

Ouvert toute l'année. Du lundi au samedi le midi et le soir. Menu unique à 23 €. Carte : 15 € environ. Terrasse.

A deux pas de la place Nationale, poussez les portes de ce sympathique restaurant qui vous propose salades, pâtes, grillades de viande et de poisson. Goûtez au faux-filet sauce au poivre ou encore avec sa fameuse sauce (secrète), les brochettes accompagnées de frites maison ou les tagliatelles à la carbonara... Une belle carte de desserts pour terminer. Le fondant au chocolat, les tartes aux poires, pistache-framboise ou Tatin. Aux beaux jours, la terrasse installée dans la petite rue piétonne est très agréable. Choisissez les plats traditionnels et faits maison.

LA CANTINE DE PROUST €

667, avenue de Finlande

✆ 05 63 20 63 35

lacantinedeproust.eresto.net

Ouvert du lundi au vendredi le midi. Formules à partir de 8,50 €. Boutique. Vente de vin.

Une cantine, avec son buffet et ses formules à base de produits frais, ouverte seulement en semaine le midi. La cuisine traditionnelle est comme le lieu : simple, conviviale, familiale mais avec juste ce qu'il faut de raffinement. Car le chef, Thierry Bouas, est un vrai épicurien. Une terrine de poisson, un magret de canard, un gratin de crozets, le feuilleté au fromage, un curry de veau aux pois chiches... C'est une cuisine simple et efficace pour calmer les ardeurs de l'estomac. On n'est pas obligé d'avoir lu l'intégrale de Proust pour découvrir cette cantine.

LA CÔTE ET L'ARÊTE €

25, avenue André Jorigne

✆ 05 63 63 57 72

www.lacoteetlarete.fr/montauban

Ouvert toute l'année 7j/7 le midi et le soir. Carte : 22 € environ. Formule du midi : 16,50 €.

La Côte et l'Arête est une chaîne de restaurants régionaux, situés à Toulouse, Labège, Blagnac, Aucamville... et donc Montauban ! Ce restaurant est donc le plus éloigné de la capitale régionale. Il constitue une halte de choix pour qui souhaite manger dans la zone commerciale Futuropôle. Au menu et à la carte, une sélection de viandes maturées avec soin (côte de veau fermier de l'Aveyron, andouillette panée de la maison Garcia, faux-filet 400 g ou tartare de bœuf...) et de poissons frais cuits à la plancha. Les plats sont travaillés et l'équipe professionnelle.

LE COMPTOIR GOURMAND €

4, Rue du greffe

✆ 06 42 24 22 71

Ouvert toute l'année. Du mardi au samedi de 11h à 18h. Sandwiches, part de tarte à 6,50 €, plat du jour à 7,80 €.

Nouvellement installé à l'angle de la place Nationale, le salon de thé Le Comptoir Gourmand complète la rue du Greffe connue comme petite artère des métiers de bouche du centre-ville de Montauban. N'hésitez pas à vous arrêter chez Eric, le plus belge des commerçants montalbanais pour une pause gourmande. Une petite faim salée ? Le salon de thé propose toute une série de salades, tartes, sandwiches, tartines et même des plats chauds en hiver. Tout est fait maison avec beaucoup de produits locaux. Côté sucré, les pâtisseries sont gourmandes et savoureuses.

LA COULÉE DOUCE €

9, rue du Général-Sarrail

✆ 05 63 03 13 78

Ouvert du lundi au vendredi le midi. Le soir pour groupes sur réservation (minimum 12 personnes). A partir de 10 €.

Vraiment une adresse très agréable de la rive gauche du Tarn, au pied du Pont Neuf. Tenu par deux copines, ce petit restaurant s'est spécialisé sur les petits menus rapides du midi, pour les actifs pressés qui jouent du ticket restaurant, même si la gamme des menus proposés s'est étoffée, avec notamment un menu végétarien. L'accueil est charmant, la déco d'une rare finesse dans ses pastel, le mobilier humble, bien senti. La cuisine, volontairement simple, à base de produits frais, n'est jamais décevante. A noter, la possibilité de demander des plats sans gluten.

LA CUISINE DES PIBOULS €

1432, route de Saint-Antonin
✆ 05 63 63 92 82
Ouvert toute l'année. Du lundi au vendredi le midi. Le soir le week-end pour les groupes, sur réservation. Menus 15-40€.

La Cuisine des Pibouls est l'extension naturelle de la Ferme des Pibouls (ferme spécialisée dans le porc et la volaille, depuis une quinzaine d'années également point de vente d'un regroupement de producteurs) avec qui elle partage les locaux. C'est bien un restaurant, et non pas une ferme auberge, avec menu et carte à l'ardoise, une salle brique et bois, claire et chaude, donnant sur les prés environnants. La cuisine est simple, « comme à la maison », mais avec un choix de produits (pour la plupart de la Ferme des Pibouls) issus d'une agriculture biologique.

ICE AND SPICE €

16, Allée de l'Empereur
✆ 06 65 62 98 63
iceandspice.eatbu.com/?lang=fr
Ouvert mardi et dimanche midi, du mercredi au samedi midi et soir. Carte 15 € env. Formule du midi 17,50 €. Terrasse.

Le sourire et le sens de l'accueil de Rajesh valent le talent de son épouse en cuisine ! Les plats sont fait « avec amour » et c'est tout ce que l'on aime. La cuisine indienne sort son épingle du jeu, évitant tous les clichés et les pièges qui consistent à faire croire au client que le piment prévaut sur l'épice. Les assiettes sont belles, modernes, raffinées. Madame nous offre une belle palette d'épices qui explosent en bouche, tout en rondeur et en douceur. On est transporté dans une Inde urbaine, lumineuse. Très belle adresse.

LES DÉLICES GASCON €

7, rue des Carmes
✆ 05 63 20 35 07
www.delicesgascon-82.fr/
Ouvert toute l'année. Salon de thé. Plats à emporter. Épicerie fine. Du mardi au samedi de 9h à 18h. Terrasse.

Au cœur du centre-ville rendu aux piétons, un concept original et très tendance qui allie une épicerie fine tout à la gloire des produits du terroir et savoir-faire, mais aussi d'ailleurs (foie gras, saumon, caviar... vins et spiritueux de toutes sortes) et un restaurant où les produits sont accommodés de jolie façon. Salades gasconnes, cassoulet, tartines Poilâne, délicieux armagnacs, chocolats au Quercy des îles... Quand l'heure du déjeuner a sonné, et que le bureau nous a rendus à la rue, on n'a qu'une envie, c'est passer le seuil de la boutique !

LES JARDINS DU CHEF TOQUÉ €

1690, chemin du ramierou
✆ 06 08 47 97 40
Ouvert du lundi au vendredi de 12h à 14h30. Sur réservation. Plat du jour : 8,90 €, formules à 11,50 et 13,90 €.

Un de ces nombreux restaurants du midi qui ont fleuri à Montauban depuis que la ville a pris une nouvelle dimension. Anciennement O Chef Toqué, le restaurant a déménagé à deux pas et se nomme maintenant Les Jardins du Chef Toqué. Pourtant, le bouche-à-oreille aidant, il ne désemplit pas tant la qualité de la cuisine proposée n'a d'égale que sa simplicité, avec des produits toujours d'une grande fraîcheur, un accueil très agréable, et des tarifs très raisonnables.

GRILL DE LA TOUR MONTAUBAN €

16, impasse Daguerre
✆ 05 63 65 92 12
Ouvert du lundi au samedi. Menus de 21,90 à 29,90 €. Menu enfant 7,90 €. Plat du jour 8,90 €, formules du midi.

Associé à l'hôtel Deltour et idéalement situé proche de la rocade, voici un endroit où se restaurer très convenablement à des tarifs très très raisonnables. Certes, l'environnement de la zone commerciale manque de saveur, mais dans l'assiette le tartare proposé est une réussite, et l'aligot rouergat s'invite à table, avec un service vraiment agréable et rapide. À noter que le pain est fait maison. Cela rattrape largement l'environnement sans saveur !

NAMASTHE €

56, rue de la République ✆ 05 63 66 37 71
www.vegetarienamasthe.fr
Ouvert du lundi au samedi 10h-18h30. Réservation recommandée. Entrée 6 €, plat 10,50 €, dessert 4,50 €.

Seul restaurant entièrement végétarien de Montauban, Namasthé vous propose, entre 12h et 14h, de vous faire découvrir une cuisine authentique préparée à base de produits frais et de saison. Des plats végétariens et des menus savoureux renouvelés chaque jour selon les envies et les inspirations du chef. Un endroit calme, chaleureux et zen pour déjeuner ou pour lire en dégustant un bon thé bio, un café ou un jus de fruits frais. Pour les plus gourmands des pâtisseries maison sont proposées selon la saison et le moment. Plus de 50 thés bio sont à la vente !

LE PASSAGE DU 45 €

45, faubourg Lacapelle
✆ 05 63 23 08 79
Ouvert toute l'année. Du lundi au jeudi le midi ; le vendredi et le samedi le midi et le soir. Menus de 17 à 30 €.

Non loin du centre-ville de Montauban, le Passage du 45 jouit toujours d'un joli succès à Montauban. Pour preuve, il est toujours plein pour le déjeuner. Joël, le truculent patron, vous reçoit d'une franche poignée de main et n'hésite pas, si vous êtes seul à vous proposer de partager la table avec d'autres convives. L'assiette est pour le moins copieuse, puisque l'entrée et le dessert se choisissent au buffet ! Pour le plat principal, viandes et abats sont les spécialités maison. On apprécie surtout l'ambiance conviviale qui règne ici avec la cuisine familiale.

LA TABLE D'ALBA €

471, avenue de Finlande
✆ 05 81 04 10 88
www.tabledalba.com
Ouvert du lundi au samedi à midi, le vendredi soir. Menu enfant 10 €. Formules entrée + plat ou plat + dessert 13,50 €.

Le cadre est surprenant, avec cette terrasse high-tech en bois, accrochée à la maison, chauffée l'hiver, bien agréable l'été. A l'intérieur, la déco très contemporaine est de goût, toute de blanc vêtue à l'intérieur, plus colorée pour ce qui est du mobilier en terrasse. On retiendra une vraie finesse et un brin de sophistication qui peut surprendre pour un restaurant du midi. A signaler des vendredis soirs très «lounge» avec tapas et musique électro, et une soirée à thème une fois par mois. En saison, c'est un «bar à champagne» pour accompagner les tapas.

AU FIL DE L'EAU €€

14, quai Docteur-Lafforgue ✆ 05 63 66 11 85
www.aufildeleau82.com
Maître Restaurateur. Ouvert du mardi au samedi le midi et le soir. Formules midi à 20 et 24 €. Spécialité de cassoulet.

Au Fil de l'Eau est l'une des meilleures adresses futées de Montauban. Vous trouverez ce bel établissement, comme son nom l'indique, au bord du Tarn. En salle, la décoration mêle le vert, le bordeaux et l'orange. Certains soirs, un concert est au rendez-vous afin d'agrémenter le repas. Les menus se complètent pour vous offrir une belle gamme de plats gourmands pour un dîner de choix. Les incontournables ont toujours le même succès depuis 30 ans comme le cassoulet de Castelnaudary, l'omelette aux truffes, ou le croustillant d'agneau en serrano jus au basilic.

BELLA STORIA €€

1020, Avenue Henri Dunant ✆ 05 63 63 22 37
www.bella-storia.fr
Ouvert toute l'année. Du mercredi au samedi le midi, vendredi au dimanche soir. Formules : 12,90 et 14,90 €.

Reconnaissable parmi les grandes enseignes commerciales de la zone Sapiac, cette pizzeria est installée dans une maison individuelle réaménagée. Le cadre est agréable. Une nouvelle pizza est disponible chaque mois, le chef propose trois suggestions renouvelées chaque semaine. La pâte est réalisée sur place, la garniture est composée de produits frais et locaux. Certaines pizzas sont originales, à la crème de truffe, avec Saint-Jacques, gambas ou magret. Les salades composées sont variées ainsi que l'assortiment de pâtes fraîches. Bar à cocktails convivial.

BISTRO DES CAPUCINS €€

6-8, quai de Verdun
✆ 05 63 22 00 00
abbayedescapucins.fr
Ouvert du lundi au samedi le midi et le soir. Service de snacking dans le kiosque en non-stop. Menus de 23 à 35 €.

Plantons le décor. Dès l'abord vous serez surpris par l'ambiance apaisante qui règne dans ce lieu magique : une abbaye chargée d'histoire qui bénéficie d'une architecture pleine de sobriété, typique des ensembles conventuels bâtis au XVIIe siècle. Vous apprécierez ainsi le Bistro, et sa salle décorée avec soin, parce qu'il semble coupé du monde. Mais bien évidemment, vous viendrez surtout pour la cuisine, concoctée avec talent par le chef. La carte mêle ainsi les saveurs du terroir, avec des spécialités locales telles que la salade « tout canard », le foie gras...

LE BISTROT D'ALEX €€

99, Grand'rue Sapiac
✆ 05 63 22 60 03
Ouvert du lundi au samedi le midi ; du jeudi au samedi le soir. Plat du jour : 12,90 €, menus à 16,90 et à 19,50 €.

Au Bistrot d'Alex, on est tout de suite charmé par le cadre très convivial avec une déco design et très tendance. Et l'esthétique se retrouve dans l'assiette grâce à une cuisine créative, gourmande et de qualité. Ici, tout est 100 % fait maison et la carte change en fonction des saisons car on cuisine avec des produits frais (bio et locaux de préférence) ! Vous pouvez également profiter des savoureuses formules tapas au bar pour un apéro ou un déjeuner « à la bonne franquette ». Fidèle à leur slogan, « une cuisine saine, gourmande et conviviale » !

BRASSERIE L'AGORA €€

9, place Nationale
✆ 05 63 63 05 74
Ouvert toute l'année. Tous les jours le midi et le soir. Tapas et cocktails élaborés pour le soir. Terrasse.

La brasserie L'Agora est une véritable institution sur cette magnifique place Nationale où le temps se suspend en centre-ville. On y mange aussi le midi et le soir, place aux tapas et à quelques cocktails dont on a ici le secret avec une spécialité : le rhum arrangé ! On peut profiter d'une terrasse double, sous les couverts de la place, ou sur le pavé si le soleil pointe son nez. De quoi se prélasser et se faire plaisir entre les heures de bureau, dans cette ambiance presque florentine que génère cet environnement historique... Retransmission de matchs.

DU BRUIT EN CUISINE €€

12, allée Mortarieu
✆ 05 63 91 19 25
dubruitencuisine.fr
Du mardi au samedi le midi et le soir. Réservation recommandée. Menus de 39 € à 55 €.

Dans une atmosphère chaleureuse, élégante et accueillante, on y découvre une cuisine spontanée et novatrice à son image, respectueuse de la saisonnalité. En perpétuelle recherche de goûts et de saveurs, le chef puise son inspiration dans la cuisine traditionnelle qu'il interprète et met au goût du jour avec parfois des saveurs d'ailleurs. Ici tout est fait maison, aucun produit surgelé ne passe la porte. Le calme et la sérénité permettent d'apprécier cette excellente cuisine moderne originale et colorée. Le service est à la hauteur, la terrasse agréable.

LA CAVE O DÉLICES €€

10, place Franklin-Roosevelt ✆ 05 63 63 69 69
www.cave-o-delices.fr
Maître Restaurateur. Ouvert du mardi au samedi le midi et le soir. Formule du midi : 21 €. Menu végétarien.

Face à la cathédrale, Gilles Cadamuro a fait de cette ancienne crêperie un vrai restaurant gastronomique. Ancien élève de Bocuse et labellisé Maître Restaurateur depuis 2012, on retrouve dans sa cuisine des accents méridionaux liés à ses origines italiennes. La salle principale est à la cave, voûtée de brique, aménagée façon Saint-Germain. L'ambiance est intime et tamisée, très cosy. Assurément une des plus belle cartes que l'on connaisse, où les produits du terroir et d'ailleurs (la mer, notamment) se marient à merveille, et superbe menu du marché à conseiller.

LE FORT BY LA PYRAMIDE €€

5, rue du Fort
✆ 05 63 91 40 52
www.restaurant-lefort.fr
Qualité Tourisme. Maître Restaurateur. Ouvert toute l'année. Menu à 25 €. Carte : 15 € environ. Formules du midi.

Ce restaurant bénéficie d'un environnement exceptionnel et calme avec terrasse. Valérie Pons propose une cuisine de haute qualité certifiée par le label Cuisineries Qualité France. Elle permet ainsi à la ville de Montauban d'obtenir le label Ville Gourmande, comme seulement 40 villes en France. La viande labellisée bleu-blanc-cœur est un régal, le tartare d'Aubrac est une spécialité qui, à elle seule mérite le détour. Autres délices : la « machine à aligot », les frites maison à la graisse de canard, sans oublier les desserts gourmands. N'oubliez pas la boutique !

LES GARÇONS DE CAFÉ €€

1210, avenue de Toulouse
✆ 05 63 03 61 16
Ouvert du lundi au mercredi le midi, du jeudi au samedi le midi et le soir. Formules midi à partir de 9,90 €.

Ce sympathique établissement est situé à quelques encablures de Montauban, en périphérie, avec parking. La décoration prend ici des allures rétro, très années 1950, avec le confort du mobilier moderne en plus. Côté carte, vous aurez le choix entre une formule du midi classique à base de produits régionaux (viande d'Aubrac), de type brasserie moderne (tartare maison, fish and chips, wok...) pour les plus pressés. Le soir, vous apprécierez davantage de prendre l'apéritif avec un cocktail maison, et de déguster une suggestion à l'ardoise accompagnée d'un vin du monde

GARDEN ICE CAFE €€

1, allée de l'Empereur
✆ 05 63 63 06 21
Ouvert toute l'année. 7j/7 le midi et le soir. Service non-stop. Menus de 19,80 à 32,80 €. Terrasse. Animations.

Ce café, aux allures de brasserie, situé en face de la préfecture, ne vous laissera pas indifférent ! Et même si le soleil vous invite à rester dehors, allez jeter un coup d'œil à la déco exotique et orientalisante de l'intérieur, originale dans ce type d'établissement. Idéal pour déguster toutes sortes de plats (entrecôte, saumon, plat du jour, burgers, pizzas, tartares...) typiques bistrot. De nombreux événements sont organisés tout au long de l'année et 7j/7 (afterwork, goûter, soirées animées...). De quoi satisfaire toutes les envies et toutes les tentations !

Ville de
Montauban
6e
VILLE
DE FRANCE
OÙ IL FAIT
BON
VIVRE*
* SOURCE :
PALMARÈS
LE FIGARO / INSEE
VILLE DE 50 000
À 100 000
HABITANTS
montauban.com

Escapade en Quercy Sud-Ouest

À une heure de Toulouse, on aime profiter du spectacle offert par l'explosion des couleurs dans les paysages du Quercy Blanc, et déambuler dans nos villages médiévaux.

Lauzerte

Cette cité médiévale, petite perle du Tarn et Garonne, fait scintiller sa pierre calcaire sous le soleil estival et offre des points de vue à couper le souffle sur les collines qui l'entourent.

Cette expérience vous entraîne, à partir de cette belle bastide médiévale, à découvrir :

- Nos productions agricoles de qualité :
Lavande du Quercy, Melon du Quercy, Chasselas de Moissac,
- Des villages perchés de caractère
(Roquecor, Lacour, Montaigu de Quercy).
- Un chemin d'itinérance emblématique vers St Jacques de Compostelle, et des boucles de randonnée locales à la journée, à la découverte du petit patrimoine rural : pigeonniers, églises, moulins, fontaines, lavoirs.

Pour en savoir plus, L'OFFICE DE TOURISME INTERCOMMUNAL **Quercy Sud-Ouest** est à votre service :
En direct :
Place des Cornières - LAUZERTE ✆ **05 63 94 61 94** - accueil@lauzerte-tourisme.fr
Et en ligne : **www.quercy-sud-ouest.com**
#lauzertetourisme Quercy Sud-Ouest.

L'ESTANQUET €€

16, rue du Général-Sarrail
✆ 05 63 66 12 74
www.restaurantlestanquet.com
Du mardi au samedi midi et soir en continu. Formule midi : 2 plats à 15,90 €, 3 plats à 17,90 €. Menu bistrot 29 €.

Une adresse qui ne désemplit pas, tant on s'y sent bien. Une vraie chaleur dans cette salle étroite et pas seulement à cause de la cheminée : la décoration, les tons chauds et surtout le service mettent à l'aise. On est loin de la sobriété de certains restaurants actuels. Les produits sont frais dans l'assiette, maniés avec soin et bien présentés. Bien sûr la grillade est reine, mais tentez tout autant le poisson, un vrai plaisir. Un talent reconnu aujourd'hui par le label « Maître Restaurateur » au jeune et talentueux chef ainsi qu'à son équipe.

LITTLE ITALY €€

24, rue du Fort
✆ 05 63 63 30 23
Ouvert du mardi au samedi le midi et le soir. Réservation recommandée. Carte : 20 € environ. Accueil des groupes.

Certes, il peut être un petit peu difficile de dénicher cet établissement qui donne sur la place Capéran, un peu à l'écart de l'animation de la ville. Pour autant, Little Italy vaut bien le détour avec sa salle décorée avec beaucoup de goût, sa jolie terrasse ombragée pour l'été... et surtout, ses excellentes pizzas à déguster sans modération. À remarquer la fréquentation, on ne se trompe pas... Ne manquez donc pas de passer la porte, en essayant de réserver au préalable pour éviter toute déconvenue, pour découvrir la carte de cette Petite Italie montalbanaise.

LA MAISON €€

73, avenue Gambetta ✆ 05 63 63 42 15
www.resto-lamaison.fr
Ouvert toute l'année. Du lundi au samedi midi et soir. Formule bistrot le midi : plat du jour 12 €. Terrasse.

A Montauban, rendez-vous au «Rond» ! Ce restaurant situé est une des adresses les plus sympas car on se sent comme à la maison. Une décoration soignée, une ambiance chaleureuse, une terrasse lumineuse, et une cuisine à la fois simple, bâtie sur les grands classiques de la cuisine domestique, mais judicieusement décalée, comme ces burgers au pot-au-feu surprenants. Une belle carte de burgers, justement, que l'on peut commander à domicile, si l'on n'a pas envie de cuisiner. Mais il n'y a pas que les burgers, et les menus ainsi que la carte révèlent des surprises.

LA MAP'MONDE €€

26 rue Général Sarrail ✆ 05 63 63 72 44
www.lamapmonde.com
Ouvert toute l'année du mercredi au samedi de 12h à 22h30. Le samedi, brunch. Carte : 13 €, formules de 11,50 à 14,50 €.

La Map'Monde propose galettes et crêpes dans la plus pure tradition bretonne. La pâte est pétrie à la main, les galettes sont garanties 100 % farine de sarrasin IGP de Bretagne. Les crêpes et desserts sont confectionnés avec la farine locale du Moulin de Montricoux, les œufs sont certifiés bio et produits dans le département. Tout est maison, des sauces salées/sucrées au caramel au beurre salé et à la confiture de lait. La Map'Monde est aussi un salon de thé. Outre les crêpes, vous trouverez cheesecake, brownie, banoffee pie... à déguster sur place ou à emporter.

LE MEILLEUR RESTAURANT DE LA RUE €€

52, rue de la Palisse
✆ 05 63 63 07 18
Ouvert tous les jours le midi et le soir. Formule du midi : 15 €. A la carte le soir. Accueil des groupes.

Le Meilleur Restaurant de la Rue (belle forme d'autodérision : il est le seul restaurant de cette ruelle perdue dans un lointain faubourg de la ville !) a vraiment tout pour séduire. Il propose à ses hôtes une cuisine inventive, dans un décor original, difficilement descriptible, avec une grande et belle terrasse au milieu de la végétation. On peut y manger bien, voire très bien, et on y boit bien jusqu'à tard le soir à la belle saison sous les arbres et en musique électro.

DU NORD AU SUD €€

38, rue de la République ✆ 05 63 20 62 69
www.du-nord-au-sud.webnode.fr
Ouvert toute l'année. Du lundi au samedi le midi et le soir. Carte : 30 € environ. Formules à 15,50 et 17,50 €.

Du Nord au Sud est un sympathique restaurant situé au cœur de Montauban. Le cadre y est chaleureux et zen. La cuisine concoctée ici évolue au gré des saisons et du marché, toujours à partir de produits frais. A l'ardoise, vous trouverez les plats du jour préparés avec du bœuf Black Angus, du bœuf des montagnes, du cochon noir et le dernier arrivage de poissons du jour... Citons le magret de canard sauce aux cèpes, la raclette à notre façon, les gambas flambées au whisky, l'entrecôte sauce roquefort... avant une mousse au citron avec des fraises, au balsamique.

NORMA €€

1210, avenue de Toulouse
✆ 05 63 03 61 16
resto-norma.com
Ouvert toute l'année. Du lundi au mercredi le midi, du jeudi au samedi en continu. Formule midi et plat du jour à 8,50 €.

Sur cette friche industrielle au sud de la ville renaissent les commerces et les services. Le restaurant Norma est une brasserie très fréquentée le midi. Un accueil décontracté et sympa, pour une cuisine simple, copieuse, à la présentation très contemporaine. Un endroit où s'arrêter sur le pouce ou plus longuement. La déco est gentiment tendance, dans cette salle souvent bien remplie et parfois un peu bruyante mais c'est la rançon de la convivialité. L'ensemble constitue un bel écrin de vie, dans cette zone à l'écart de la ville. Le magret décliné y est fameux !

LE PRÉ DE L'ESTANG €€

849, route de l'Aveyron
✆ 05 67 05 40 22
www.lepredelestang.fr
Ouvert toute l'année. Du mardi au samedi le midi et le soir ; le dimanche midi. Menu unique à 36 €. Formule à 14 €.

A 5 minutes du centre-ville de Montauban, le restaurant le Pré de l'Estang jouit d'un bel environnement, situé à l'entrée du golf. Il vous accueille à l'étage d'une vaste demeure bourgeoise cossue, dans un cadre aux lignes contemporaines. Vue panoramique sur l'hippodrome et le practice. Mario Gualino et toute son équipe sauront vous satisfaire, avec leurs plats soignés. Vous dégusterez en effet ici une vraie cuisine de goût, Venez découvrir cet établissement, qui bénéficie d'un excellent rapport qualité-prix. Une étape gourmande que vous pratiquiez ou non le golf.

CHEZ OLYMPE €€

4, place Nationale
✆ 05 63 20 20 90
www.chez-olympe.com
Ouvert toute l'année. 7j/7 en haute saison. Menu Olympe 25,50 €. Carte : 20 € environ. Terrasse.

Vous aurez bien évidemment deviné derrière l'enseigne de ce restaurant bistronomique l'hommage à Olympe de Gouges, l'héroïne montalbanaise auteur de *La Déclaration des droits de la femme et de la citoyenne* lors de la Révolution française. Marie et Pierre-Yves ont succédé à Anne Alassane. Ils vous accueillent ici pour vous faire goûter leur cuisine maison, concoctée à partir de produits locaux et assaisonnée d'épices du monde. Cette cuisine colorée se partage dans la petite salle moderne, sur le somptueux «carreau» ou sous les arcades de la place Nationale.

LE REFUGE €€

31, rue de la Comédie
✆ 05 63 91 58 06
Ouvert toute l'année. 7j/7 le midi et le soir. Menu unique à 16 € (midi et soir). Carte : 23 € environ.

Une vraie valeur «refuge» à Montauban, en haut de la rue de la comédie à deux pas du théâtre Olympe de Gouges et depuis bien des années. Traditionnellement, l'établissement s'est fait un nom avec les spécialités de montagne et notamment savoyardes. Tartiflettes, raclettes et fondues ont ici leurs lettres de noblesse ! On y trouve également d'autres spécialités des régions de France, avec par exemple la Bretagne qui est ici à l'honneur et particulièrement bien traitée... La salle est chaleureuse toute de bois vêtue, mais on peut manger en terrasse aux beaux jours.

LA PLAGE D'ARDUS, LES GARNEMENTS €€

17, Grand rue d'Ardus - **LAMOTHE-CAPDEVILLE**
✆ 06 37 13 57 11
www.lamothe-capdeville.fr
Ouvert tous les jours du 15 juin au 30 septembre. Carte : 20 € environ. Grillades, salades, tapas, cocktails. Terrasse.

Le Restaurant d'Ardus est l'autre nom pour les Garnements, cet établissement repris par quelques copains en bordure de l'Aveyron à Lamothe-Capdeville. Ce restaurant aux allures de guinguette propose en effet de se restaurer en plein air, sans pour autant sacrifier au confort, lorsqu'il fait beau. L'atmosphère est conviviale. Côté carte, vous pourrez déguster des poissons frais, des grillades et des fruits de mer, ainsi que de belles salades. N'oubliez pas de réserver.

LE RESTAURANT DU CLUB NAUTIQUE €€

11, avenue de Toulouse
✆ 05 63 20 24 24
www.leclubnautique.fr
Ouvert toute l'année. Du mardi au samedi midi et soir. Plat du jour : 9,50 € (formule midi 17 €). Terrasse.

Une des plus belles salles de la ville, faussement cossue et déco très design, surplombant la rivière. Cette vue panoramique est magnifiée par une belle terrasse qui prend ses aises au soleil couchant. On y mange raffiné, avec des produits frais, et à la « bonne franquette ». Il convient d'apprécier le bâtiment, cet ancien club nautique datant des années trente, et son esprit Art déco, avant d'aller boire un petit verre au niveau inférieur où nous attend le bar lounge.

RESTAURANT NOUS €€

7, rue Bessières
✆ 05 63 91 97 03
www.restaurant-nous.fr
Ouvert toute l'année. Du lundi au vendredi le midi, le jeudi et le vendredi soir. Dès 16 € ; services à 19 et à 24 €.

La cuisine de Raphaël est talentueuse car créative, simple, goûteuse, soignée, faite de beaux et bons produits frais de terroir. La carte offre le choix parmi 3 entrées, 3 plats et 4 desserts, elle évolue au fil des saisons, en fonction du marché, de la disponibilité des produits et de l'inspiration du chef. Chaque semaine un plat est remplacé. Élise est en salle, très souriante, elle explique les préparations de son mari. Coup de cœur avec la tarte au chocolat au lait Michel Cluizel et glace au poivre du Sichuan. L'art culinaire dans toute sa splendeur !

LE SAMPA €€

21-21 bis, rue des Carmes ✆ 05 63 20 36 46
www.lesampa.com
Ouvert du mardi au samedi midi/soir hors saison. Haute saison : du lundi au samedi. Plat du jour : 9,50 €.

Depuis plus de 25 ans Marc, Pascal et Laurent vous accueillent au Sampa. Au cœur de la ville, dans une salle voûtée, très cosy, ils proposent une cuisine traditionnelle revisitée pour faire voyager vos papilles. Les produits frais issus de la région peuvent être sublimés par des sauces originales sucré-salé : miel-réglisse, figues… Les spécialités : salades gourmandes, grillades, plancha… Les assiettes sont copieuses et soignées, et les accompagnements sont rythmés par les saisons. De mai à septembre le Sampa se déplace à l'ombre des platanes des allées Dupuy,

LES TERRASSES DE L'EMPEREUR €€

2, rue de la République
✆ 05 63 20 41 59
Ouvert toute l'année. Carte : 20 € environ. Plat du jour . 14 €. 2 plats à 19 €, 23 € pour 3 plats.

Le chef étoilé Hervé Daumy vient d'ouvrir, dans le cœur historique, un restaurant qui propose une cuisine gastronomique traditionnelle de haut niveau. Des cuisines du palais de l'Élysée aux Relais & Châteaux en passant par les cuisines de l'Abbaye des Capucins, le parcours d'Hervé est un sans-faute. De l'entrée au dessert, les plats signatures de ce grand chef sont un délice : rémoulade d'araignée de mer aux condiments, palette de poissons choisis en bisque-bouille... Un festival !

LE VENTADOUR €€

23, quai Villebourbon
✆ 05 63 63 34 58
www.le-ventadour.com
Du lundi au vendredi le midi. Menu unique à 29 €. Formule du midi : 16,90 €.

Cuisine haute en couleur avec une carte sympathique et inventive. Citons par exemple : tarte aux cèpes et foie gras poêlé, cassolette d'œufs de caille au foie gras et champignons, carpaccio de noix de Saint-Jacques, ris de veau sauce banyuls, nage de homard au gingembre, magret de canard au foie gras, avant des desserts qui font aussi saliver : tiramisu revisité à la mangue, macaron à la framboise, cannelé... Attention, le soir est dédié aux groupes, sur réservation uniquement, le chef assurant également un service traiteur très apprécié dans la région.

LE ZINC €€

46, rue Voltaire
✆ 05 63 20 77 85
Ouvert toute l'année. Du lundi au mercredi le midi ; le jeudi et le vendredi le midi et le soir. Formules midi 10 €.

Un établissement à la blancheur immaculée tenu par un ancien du Grand Zinc à Toulouse qui en a refait la décoration et qui en a enrichi la carte. On y retrouve des formules raisonnables à partir de produits frais, midi et soir. Le lieu est aussi un lieu d'exposition pour les artistes, et à partir du jeudi un bar lounge avec DJ où il fait bon grignoter quelques tapas, notamment sur la terrasse chauffée. Un « bar dînatoire », en somme, comme il aime à se définir, qui a su se faire une vraie clientèle d'habitués. Ne manquez pas les soirées autour des tapas !

CHEZ ERNEST €€€

1765, avenue de Cos ✆ 05 63 03 58 80
www.chezernestrestaurant.fr
Ouvert du mardi au samedi le midi et le soir. Le samedi jusqu'à minuit. Menu 36 € et menu duo 78 € (2 pers.).

Juste où la ville prend fin, aux confins de la zone industrielle nord. Les deux pieds dans l'herbe, voici cette vieille ferme de type toulousain remarquablement restaurée et agencée, avec un bel extérieur lumineux. La cuisine se veut simple, mais respecte un certain standing. La carte propose des plats bistronomiques avec une belle ligne de viande, quelques pâtes transcendées, salades copieuses et des formules en duo pour les instants gourmands et gourmets. Les extérieurs sont vastes et confortables. Une terrasse couverte vous permet de profiter pleinement.

«CHEZ GABRIEL» RESTO-GUINGUETTE

1570, Chemin de Mortarieu
LACOURT-SAINT-PIERRE © 05 63 66 76 39
chez-gabriel-resto-guinguette.business.site/
Ouvert de mars à décembre du mercredi au dimanche de 12h à 14h et de 19h30 à 22h. 28 couverts en intérieur.

Prendre le thé ou une consommation dans cette maison éclusière à l'ombre des platanes qui bordent le canal des Deux-Mers, c'est un moment de calme et de plaisir assuré. À mi-chemin entre Montauban et Montech, au bord de l'eau, Gabriel et son équipe vous accueillent dans la maison éclusière transformée en restaurant. Cadre exceptionnel à 5 min des vibrations urbaines, vous dégustez une cuisine familiale faite de produit frais et d'ici au rythme du canal à prix raisonnés.

BOULANGERIE MAURANES

57, Grande-Rue Sapiac
© 05 63 63 08 87
www.mauranes.fr
Ouvert le lundi et du mercredi au samedi de 7h à 13h et de 15h à 19h30 ; le dimanche de 7h à 13h.

Une affaire familiale d'un demi-siècle, aujourd'hui tenue par Eric Mauranes et sa sœur Corinne Ceciliot. La gamme de produits s'est étendue grâce à des créations originales et des grands classiques revisités. La maison reflète bien l'image du Maître Artisan en proposant des produits sains, goûteux et savoureux au prix juste. Certains pains sont cuits tout au long de la journée pour vous garantir un produit chaud et craquant du matin au soir. La Maison Mauranes confectionne aussi des viennoiseries, gâteaux et chocolats. Spécialités : Le Royal et la Mountalbane.

ALEXANDRES

2, rue du Dr-Lacaze © 05 63 20 60 77
www.patisserie-alexandres.fr
Ouvert du mardi au samedi de 9h à 19h30 ; le dimanche et les jours fériés de 9h à 13h. Espace restauration à midi.

Jérôme Allamigeon fait partager dans ses deux boutiques des produits de grande qualité et une recherche permanente de nouveautés. « Les Bonbons flingueurs », confiserie à base de noisette enrobée de gomme d'acacias et de chocolat, sont un souvenir unique de Montauban en référence au film culte *Les Tontons flingueurs*. Un pâtissier-chocolatier-glacier qui participe à la réputation gastronomique de la ville. Alexandres propose un espace restauration au Faubourg Lacapelle. Une gamme de plats salés préparés artisanalement. Tout est fait maison, sur place ou à emporter.

CAFÉ LE FLAMAND

8, rue de la République
© 05 63 66 12 20
Ouvert du lundi au samedi de 9h à 2h. Wifi. Restauration. Animations.

Longtemps associé à son voisin le cinéma « République » (aujourd'hui expatrié à la périphérie), ce café incontournable du centre-ville aura vu passer des générations d'amateurs de bières blondes, brunes et de joyeux noctambules. En effet, le Flamand a toujours été un des très rares endroits qui ferment tard le soir à Montauban. Carte des bières, majoritairement belges et impressionnante (une dizaine à la pression, près de 50 à la carte), ambiance pop-rock, quelques concerts, et le seul endroit où on peut manger un morceau «after». Longue vie à l'institution !

ALLIOT - CHOCOLATIER PÂTISSIER

123, avenue Aristide Briand © 05 63 63 23 48
www.chocolats-alliot.fr
Ouvert du mardi au samedi de 7h30 à 12h30 et de 15h30 à 19h30 ; le dimanche de 7h30 à 12h30. Livraison possible.

Pâtissier, chocolatier et confiseur, Jean-Yves Alliot exerce son métier avec passion, amour et excellence en associant les meilleurs crus de chocolat du monde aux produits locaux de qualité. Grand chevalier de la Confrérie de la chocolatière, il a reçu la « double tablette d'or », « 1 award » et le « prix du coup de cœur du jury » au Mondial du chocolat de Paris pour 4 de ses chocolats dont celui à la verveine. Autre spécialité de Jean-Yves Alliot, le « Violon d'Ingres en chocolat ».

CANNELLE

5, rue Porte-du-Moustier
© 05 63 92 13 49
Ouvert du lundi au samedi de 7h30 à 19h. Formule du midi de 9 à 15 €. Formule thé + pâtisserie 6,50 €. Boutique.

Dans cette ruelle ombragée menant vers la cathédrale, ce petit salon de thé est bien discret. Il est pourtant très prisé, notamment pour les formules du midi aux belles assiettes copieuses et colorées. Soupes, tartes et tartines maison vous donnent l'eau à la bouche. Et bien sûr, il n'est pas question d'entrer chez Christine sans goûter à l'un de ses desserts : du cheesecake au craquant chocolat framboise, en passant par la tarte au citron meringuée, tout est appétissant. Très belle décoration et ambiance cosy avec un accueil sympathique.

CRUMBLE TEA

25, rue de la République
✆ 05 63 20 39 43
Ouvert toute l'année. Du mardi au jeudi de 12h à 18h ; le vendredi et le samedi de 9h à 17h. Menu du jour. Terrasse.

Le Crumble Tea se situe dans le passage du Vieux Palais, reliant la rue de la République et la place de la Cathédrale. Au cœur du passage, un merveilleux patio (abrité l'hiver et frais l'été) héberge le Crumble Tea. Voilà un salon de thé où l'on mange particulièrement bien. La cuisine maison, originale et raffinée, s'adapte tous les jours à l'air du temps et au gré du marché. 75 thés et cafés d'exception pour accompagner des gâteaux et des douceurs maison vous raviront aussi pour un goûter détente. Et pour un prix très raisonnable pour des plats travaillés.

LES DÉLICES DE PECOU

10, rue de la République
✆ 05 63 63 06 38
www.les-delices.com
Ouvert le lundi de 9h à 18h ; du mardi au samedi de 9h à 19h.

Très belle boutique à un carrefour piétonnier bien vivant du centre-ville, en face du café Le Flamand. On remarquera à l'intérieur les magnifiques boiseries qui renseignent sur l'ancienneté du lieu. La boutique vend essentiellement une des grandes spécialité de la ville : la Dragée, fabriquée par les établissements Pécou depuis des décennies. Ici sous toutes ses formes et conditionnements, rejointe par le Noble Chocolat et autres affolantes gourmandises, elle fait ressembler ce lieu à une énorme (et luxueuse !) bonbonnière. Vente également en ligne sur le site.

LA FABRIC DE CÉDRIC

6, Rue d'Auriol
✆ 05 63 26 56 25
Ouvert du mardi au samedi de 9h à 19h. Formule du midi.

Ici, le roi c'est le dessert ! La pâtisserie se décline à l'envie sous les mains expertes du maestro ! Sa spécialité : le cake marbré. Ce gâteau d'antan retrouve ici ses lettres de noblesse. A ses côtés, Cédric met à l'honneur la pâtisserie sèche, des tartes au citron, cookies, etc. Le midi, la pâtisserie se mue en salée et propose 2 plats dont le burger, le chouchou de la cité ! La cuisine est ouverte sur la salle d'où Cédric peut discuter avec ses clients. Aux murs, des guitares (celles fabriquées par son voisin, Charly) donnent sa singularité aux lieux !

FRENCH COFFEE SHOP

Place Nationale
✆ 05 63 66 05 52
www.frenchcoffeeshop.com
Ouvert toute l'année. Tous les jours de 9h à 19h.

Un franchisé, certes, mais qui love à merveille son ambiance cosy sous les arcades de la place Nationale. Un concept sympa, autour du café, bien sûr, mais pas seulement. Le thé est aussi à l'honneur, ainsi que le chocolat et les boissons à base de jus de fruits frais. La terrasse en été est incroyablement invitante, un vrai salon de plein air sous le soleil de cette splendide place presque florentine, comme un effluve d'Italie. « Espresso ». Sur place ou à emporter, vous ne résisterez pas au Choco Cookie avec sa crème fouettée ou un Frio Oreo, un délice glacé.

LULU LA NANTAISE

46, rue de la République
✆ 05 63 63 00 99
Ouvert du lundi au mercredi et le samedi de 8h à 16h ; le jeudi jusqu´à 22h ; le vendredi de 8h à 0h. Concerts.

Ceux qui n'ont pas vu *Les Tontons flingueurs* de Blier ne comprendront pas la référence. Les autres en rient d'avance ! C'est le lieu branché de la ville. En face du tribunal, sur la belle place du Coq avec terrasse sympa en saison. L'accueil est chaleureux, on y mange très correctement le midi. Le soir c'est tapas. Et le vendredi soir la fête avec du mix en live jusqu'à bien tard dans la nuit, beaucoup de monde et une ambiance torride. L'établissement fait partie du collectif Bar-Bars, réseau de bars musicaux. Festival chaque année en novembre.

CHEZ MADELEINE

19, rue de l'Hôtel de ville
✆ 05 63 22 12 91
Ouvert du mardi au dimanche, de 10h à 19h. Accès possible sans billet. Fermé les 25/12 - 01/01 - 01/05 - 14/07 et 01/11.

Avant - après la visite du remarquable musée Ingres Bourdelle, une pause douceur sucrée s'impose au salon de thé « Chez Madeleine » situé au rez-de-chaussée. Dans une ambiance cosy et feutrée, vous apprécierez d'autant une pâtisserie made in Montauban, un thé, café ou encore un rafraîchissement avec vue imprenable et sans modération sur le Tarn... Découvrez aussi les spécialités conçues pour le musée par des artisans pâtissiers de Montauban et au cœur du salon, l'espace dédié à la librairie-boutique. Une manière épicurienne d'enrichir sa culture et...son estomac !

LE NAUTIC

11 bis, avenue de Toulouse
✆ 05 63 67 82 79
Ouvert toute l'année. Du jeudi au samedi de 18h30 à 2h.

Bâtiment historique de la ville de Montauban, le Nautic a été construit en 1933, il abritait alors le club d'aviron de la ville. Après d'importants travaux réalisés en 2019 par Christophe, le Nautic est aujourd'hui un lieu privilégié des sorties montalbanaises. On y trouve un bar lounge pour le plus grand bonheur des noctambules qui pourront danser jusqu'au petit jour. Aux beaux jours, le bar s'ouvre sur les berges du Tarn, offrant une vue panoramique unique sur la rivière. En version hiver, le bar est plus chaleureux avec une déco qui évolue avec les saisons.

LE SAINT-JACQUES

3, place Victor-Hugo
✆ 05 63 66 39 47
Ouvert toute l'année. Du mardi au vendredi de 18h à 2h ; le samedi de 12h à 2h. Cocktails à partir de 10 €.

Les « garnements » qui nous régalent l'été sur la plage d'Ardus à Lamothe Capdeville, au bord de l'Aveyron, ont ouvert un magnifique bar à cocktails tapas face à l'église Saint-Jacques. Même s'ils ne sont pas notés sur l'ardoise, les classiques du cocktail comme le mojito et la pina colada sont toujours là. Il en est de même pour les classiques du Saint Jacques comme le *mango bay*, le *red press* et l'Hurricane passion. L'idée est de changer un peu pour nous faire goûter de nouvelles saveurs en variant fréquemment la carte. Pari réussi !

O'TEMPLE BAR

22, Place nationale
✆ 05 63 66 17 02
Ouvert toute l'année. Du mardi au dimanche de 9h à 2h. Formule du midi à 16 €.

Un vrai Irish pub à Montauban ! Inspiré de son homologue dublinois, O Temple Bar est l'adresse incontournable des soirées montalbanaises ! Jeux de bar, billard, décoration typique des pubs outre-Manche, nous sommes indéniablement dans le temple des plaisirs anglo-saxons et irlandais. Le bar propose une belle sélection de bières, mais également des plats anglais comme le fish and chips. Equipé de beaux écrans plats, le bar retransmet toutes les grandes rencontres sportives dans toutes les disciplines. Ne cherchez plus désespérément un lieu convivial, il est ici !

V AND B

2, Rue voltaire
✆ 05 63 63 47 59
magasin.vandb.fr/66-v-and-b-montauban
Ouvert le lundi de 16h à 20h ; du mardi au vendredi de 10h à 12h30 et de 14h30 à 20h ; le samedi de 10h à 20h. Concerts.

Le V and B de Montauban a fait partie des premiers à s'implanter dans le Sud de la France. Le concept du V and B (prononcez vi and bi) est de proposer un double lieu : une cave et un bar dans le style des pubs anglais. C'est un endroit de convivialité dans l'esprit after-work. On aime le rituel de la cloche qui sonne la fermeture une demi-heure avant la fin. Les jours de matchs, on se retrouve autour d'une Guinness servie à la pression ou une des sept autres bières. Côté cave, le choix est impressionnant : 700 références de bières et de vins et 400 de spiritueux.

LE PORT MONTAUBAN

Rue des Oules
www.leport-montauban.com
Ouvert d'avril à octobre. Haute saison : ouvert 7j/7 à partir de 11h. Fermeture à 1h. Formule du midi à 16 €.

Le Port bénéficie d'un cadre unique à Montauban. Situé au bord du canal, il regroupe un restaurant, un bar lounge et une plage. Un DJ est présent du mercredi au dimanche soir pour assurer l'animation et parfois quelques groupes complètent cette ambiance festive. Les enfants accompagnés de leurs parents sont autorisés dans l'établissement. Un endroit idéal pour siroter un cocktail, passer un moment convivial autour d'assiettes de tapas, déjeuner ou dîner en dégustant des plats à base de produits frais et régionaux. Bel endroit loin du monde, une vraie respiration !

L'AFFINE BOUCHE

12, rue du Greffe
✆ 05 63 66 42 73
https://laffinebouche.wordpress.com/
Ouvert du mardi au samedi de 8h30 à 13h et de 15h à 19h30 ; le dimanche de 9h à 12h30.

À deux pas de la place Nationale, Laurent, Estelle et Laura vous accueillent dans un cadre chaleureux pour vous faire découvrir les fromages des meilleurs artisans français. Vous y trouverez un grand choix (365) de fromages au lait cru sélectionnés pour leurs affinages. À travers les AOC et les fromages fermiers, vous découvrirez des produits de qualité aux goûts authentiques et variés. Vous pourrez également faire partager votre plaisir du goût en composant votre propre plateau de fromage et pourquoi pas l'agrémenter de quelques produits régionaux.

BOWS DISTILLERIE

569, chemin de Bègue
✆ 06 22 65 05 28
www.bowsdistillerie.com

En mars 2016 Benoît Garcia ouvre sa propre distillerie à Montauban. Baptisée Bows -pour Brave Occitan Wild Spirit (l'esprit sauvage du courageux Occitan), cette entreprise alimente ses alambics en céréales cultivées tout près, dans le Sud-Ouest de la France, et maltées à Salvagnac dans le Tarn. Benoît Garcia en tire du rhum, du gin, de la vodka et de la fleur de bière... Dans ses barriques, recupérées dans les tonnellerie de la région et les vignobles du coin, vieillit aussi un whisky, qui portera officiellement ce nom au terme de trois années de maturation.

BRASSERIE IRON

4905, Route de Saint Nauphary
✆ 06 45 15 84 10

Pas d'accueil à la brasserie. A suivre sur les réseaux sociaux.

En 2016, après avoir joué les apprentis sorciers dans l'ombre, David décide de concrétiser son rêve et lance la micro-brasserie Iron. 4 ans plus tard, son entreprise est florissante et se classe à la 9e place du classement des meilleures brasseries, établi par l'application de notation de bière «Untappd». Les bières Iron ont déjà reçu plus de 6 000 notes, gage que ses brassins plaisent avant tout aux consommateurs et amateurs ! Le credo d'Iron c'est la nouveauté. Chaque semaine, David sort une bière différente. Il a déjà élaboré plus d'une centaine de recettes !

BRASSERIE OC'ALE

547, Chemin du Château d'eau
BRESSOLS
✆ 09 50 33 54 90
www.bieres-ocale.fr

Visite et vente à la brasserie sur rendez-vous.

Les bières Oc'Ale sont nées à Lafrançaise en 1998. C'est une des brasseries les plus anciennes de Midi-Pyrénées. Sortent de cette brasserie des bières assez classiques, réalisées à l'ancienne, dans la pure tradition des bières à fermentation haute. Les premiers brassins donnent deux bières : une blanche très douce et une noire plutôt maltée. Suivent une blonde et une ambrée. Arrivée de nouvelles bières comme une IPA. et désormais une gamme de sept bières. Il est possible de visiter la fabrique en prenant rendez-vous au préalable. Accueil sympa et très pédagogique.

LE CABRI'ANGE

2075, chemin de la Tauge
✆ 05 63 66 69 15

Du lundi au samedi 9h/12h et 14h/18h30. Découverte de l'élevage et de la fromagerie mercredi et samedi sur rdv.

À deux pas des zones commerciales et industrielles, on est loin de se douter qu'il puisse exister un élevage caprin de plus de 300 têtes ! La ferme compte 60 hectares, dont 40 destinés à la culture de maïs, foin et blé. Une agriculture raisonnée, et tout se fait sur place, de la traite à la fabrication et la vente directe. Belle gamme qui englobe tout ce que l'on peut rechercher : fromages frais et affinés : cabécous, pavés, pyramides, rondo, chaussons fourrés au fromage à frire pour accompagner vos salades... au lait cru et sans pasteurisation, cela va de soi.

LA CAVE BIO BLANC ROUGE

7, rue du Greffe
✆ 05 63 66 40 46

Ouvert du mardi au dimanche matin.

« Bio, blanc, rouge », telle est la devise, on a presque envie d'ajouter : « rosé » ! Petite cave haute en couleur du centre-ville tenue par Simon Delpérié, un jeune passionné. La part belle est faite aux merveilleux vins du Languedoc voisin, issus des agricultures bio. On retrouve bien évidemment aussi l'ensemble des terroirs gaulois. L'idéal est de se laisser tenter par une dégustation sur les tonneaux posés à même le pavé de la rue. La boutique s'est déplacée de quelques dizaines de mètres pour des locaux plus spacieux, mais toujours dans cette rue du Greffe.

LA CAVE L

1 D, rue Voltaire ✆ 05 63 20 37 95
www.cave-l.fr

Ouvert du mardi au samedi de 9h30 à 12h30 et de 14h30 à 19h. Plus de 450 références de vins et champagnes. 150 whiskys.

Depuis février 2007, au 1D rue Voltaire à Montauban, se trouve cette cave. À cette époque, elle s'appelait Intercaves.

Julien Lemaire, après 8 ans de partenariat avec ce réseau, décide de devenir indépendant et continue l'expérience sous le nom de La Cave « L » depuis août 2014. Plus de 450 références de vins et grands crus, champagnes, bières et prêt de tireuse à bière, et aussi spécialiste en whiskys avec plus de 150 références, en rhums et spiritueux. Julien vous conseille aussi pour des accords mets-vins. N'oublions pas les dégustations et animations sur sites.

CONSERVERIE LARROQUE

1670, chemin de Matras ✆ 05 63 63 45 40
www.foiegrasetcanarddusudouest.com/

Du mardi au vendredi de 10h à 13h et de 15h à 19h, samedi de 9h30 à 13h et de 15 à 19h. Vente en ligne avec livraison.

La conserverie Larroque est une institution aussi connue que le musée Ingres. Spécialisée dans la production de conserves à base de canard gras, la boutique de 180 m² est rattachée aux ateliers où sont transformés les palmipèdes de 25 producteurs régionaux. Ici le « fait main » artisanal et la traçabilité sont la signature. Depuis 1980, son savoir-faire est reconnu, et devant cette réussite, la gamme s'est élargie : charcuterie maison, saumon fumé d'Écosse Label rouge, porc, plats cuisinés, mais toujours la même exigence, des produits régionaux élaborés sur place.

DOMAINE DE MONTELS

Chemin de la Tauge - **ALBIAS** ✆ 05 63 31 02 82
www.domaine-de-montels.com

Ouvert du lundi au samedi de 9h à 12h et de 14h à 19h. Boutique en ligne pour commande dans la France entière.

Dans les années 70, la famille Romain reprend ce très vieux domaine, arrache les plans hybrides pour replanter en cépages plus nobles. L'appellation Vins de Pays des Coteaux et Terrasses de Montauban était née. Depuis plus d'une vingtaine d'années, les fils Philippe et Thierry sont aux commandes de ce beau vignoble de 70 hectares, et proposent une gamme des plus complètes. Des rouges généreux, des blancs très honorables. Les rosés également comme le rosé Syrah qui a été primé médaille d'argent et le rosé du Mas des Anges, médaille d'or au Mondial du Rosé.

LA FERME DU RAMIER

2250, route de Saint-Etienne
✆ 05 63 03 14 49
www.lafermeduramier.fr

Du lundi au samedi de 9h à 12h et de 15h à 18h30. Visite de la ferme les mercredis et samedis à 16h, 4 € par personne.

Une magnifique ferme dont on peut louer la réussite : imposer un fromage, la « tome du Ramier » à partir d'une région qui, *a priori*, n'est pas franchement des plus fromagères, ce n'était pas joué d'avance. C'est ce qu'a réussi la famille Maraval, avec un troupeau de 110 laitières et un magnifique outil de production des plus *high-tech*. Ce sont les vaches qui choisissent elles-mêmes le moment de la traite avec un système de libre-service. Aujourd'hui se sont les filles Edith et Hélène qui ont repris la ferme. La boutique propose fromages affinés et produits frais.

L'OLIVAIE ÉPICERIE FINE

39, Rue de la Résistance
✆ 05 63 63 30 14

Ouvert du mardi au samedi de 8h à 18h45. Haute saison : le lundi de 13h à 18h30.

Dans sa toute petite boutique qui se déploie sur le trottoir, l'Olivaie nous invite à « Savourer le monde ! » Paradis de l'olive, elle est présente sous toutes ses formes pour le plus grand plaisir des papilles. Autour d'elle, reine incontestée des lieux, moutarde, vinaigres de prestige et du monde et autres condiments fins et délicats se partagent la devanture. Nos hôtes ici aiment les bonnes choses et ça se voit ! En cherchant dans les rayons du sol au plafond, dedans et dehors, vous dénicherez bien des trésors culinaires.

MARCEL ET POIVRE

855, avenue d'Italie
✆ 05 63 66 39 95
www.marcel-et-poivres.fr

Livraison possible (vente sur le site internet).

Marcel et Poivre nous raconte une histoire d'amitié entre un marin et un cuisinier, tous 2 explorateurs à leur façon. Marcel et Poivre propose des coffrets pour partir à la conquête des poivres du monde, des épices et condiments. Sur leur site vous pourrez découvrir tous les assaisonnements qui donneront de la couleur à vos recettes. Les épices sont prêtes à l'emploi avec des conseils avisés concernant leur utilisation. Au rayon poivre, ce sont toutes les variétés aux subtiles nuances qui sont commercialisées et vous invitent à un tour du monde gustatif !

MARCHÉ COUVERT

11, place nationale
✆ 06 28 04 38 19

Ouvert du mardi au samedi de 7h à 13h. Entrée libre toute l'année.

Le marché couvert de la place Nationale est un marché de revendeurs où vous trouverez de quoi remplir votre panier : bouchers, charcutiers, volaillers, poissonniers, fromagers, traiteurs, primeurs et fleuristes. Véritable «poumon» économique mais aussi un rendez-vous incontournable pour tous les Montalbanais, connaisseurs de goûts ! Vous retrouvez sur l'une des plus belles places à couverts du sud de la France une concentration de savoir-faire avec les ambassadeurs du terroir. Le panier ne peut rester vide car les spécialités restent incontournables.

TARN-ET-GARONNE

NAMASTHE

56, rue de la République ✆ 05 63 66 37 71
www.vegetarienamasthe.fr
Ouvert du lundi au samedi de 10h à 18h30. Boutique avec vente directe de thés et infusions bio. 3 services à 21 €.

Un très agréable salon de thé ouvert depuis 2008 où vous pourrez aussi déguster, dans une ambiance cosy, une excellente cuisine végétarienne et acquérir les meilleurs thés bio du moment. Plats variés et savoureux, de l'entrée au dessert, c'est du fait-maison avec un gaspacho, un cake au roquefort, un velouté de légumes, en plats un chili végétarien, un chèvre chaud ou des lasagnes de légumes... Desserts maison aussi avec une tarte aux pommes, un cannelé et un fondant au chocolat. Des ateliers et animations toute l'année pour les enfants et des dîners thématiques.

GOLF DE MONTAUBAN L'ESTANG

849, route de l'Aveyron ✆ 05 63 20 22 02
www.golfdemontauban.fr/
Parcours ouvert 7j/7. Practice fermé le mardi. Parcours 18 trous de 35 € à 65 €. 9 trous : de 35 € à 45 € selon saison.

Un golf aux belles dimensions (6 400 m de parcours, 18 trous, par 72, ce qui en fait le plus long de la région) à 10 minutes du centre-ville de Montauban... Le parcours, jalonné de nombreux plans d'eau, dessiné par Yves Bureau architecte de golf renommé, emprunte notamment une partie ombragée par des chênes centenaires, autour du manoir du Pra de L'Estang. Au total un bel ensemble arboré, pour ce magnifique site périurbain. Au club-House du golf, découvrez aussi l'espace boutique.

GOLF DE MONTAUBAN LES AIGUILLONS

4187, route de Molière ✆ 05 63 31 35 40
www.golf-montauban-les-aiguillons.com
Ouvert toute l'année. Accueil tous les jours au club house de 9h à 19h. Abonnement annuel et locations.

Le Golf de Montauban Les Aiguillons propose un parcours plat et arboré qui déploie ses fairways sur quelques 5 720 mètres. Parcours 9-trous de difficulté moyenne, il est agrémenté de nombreux obstacles d'eau (six grands lacs d'une superficie totale de plus de 8 hectares). L'intérêt majeur du site est d'être à peine à 10 minutes du centre-ville, ce qui reste un des atouts de la cité d'Ingres : n'ayant pas réellement d'agglomération urbaine, on a vite fait d'avoir les pieds dans l'herbe.

INGRÉO

Boulevard Edouard-Herriot ✆ 05 63 20 03 48
www.vert-marine.info/ingreo/
Ouvert toute l'année. Boutique. Fosse plongée de 10 m. Espace forme/fitness, bien-être, esthétique et restauration.

Ingréo est le troisième plus grand complexe aquatique de France. Implanté au cœur d'une magnifique roseraie, cet équipement est dédié aux sports, aux loisirs, à la remise en forme pour tous. Ouvert toute l'année, 7j/7, Ingréo est doté de nombreux équipements : un espace disposant de six bassins sportifs et ludiques intérieurs et extérieurs, de remise en forme, de bien-être, un institut d'esthétique. Des toboggans extérieurs et intérieurs, et une fosse à plongeon de 10 mètres de profondeur permettant une initiation à la plongée sous-marine, complètent l'offre.

PROMENADE BUCOLIQUE AU FIL DU CANAL DE MONTECH

4, rue du Collège
✆ 05 63 63 60 60
www.montauban-tourisme.com
Ouvert toute l'année. Accessible à tous à pied, vélo...

Balade au fil de l'eau... Au départ de Montech, cet itinéraire praticable de 11 km à pied ou à vélo vous mènera au sud de Montauban en quelques 10 kilomètres. Plat et facile d'accès, il longe le canal de Montech, qui relie le Tarn et Montauban au canal de Garonne. Dès les premiers kilomètres, se présente à vous un ouvrage unique au monde : la Pente d'eau de Montech, un ascenseur à bateaux installé sur le canal latéral de la Garonne. Une balade bucolique loin de l'agitation urbaine.

BOWLING MONTAUBAN

175, rue Philippe Noiret ✆ 05 63 66 26 87
www.bowling-montauban.com
Ouvert le mercredi, le samedi et le dimanche/13h30 ; le jeudi et le vendredi/19h. Tarif 1 partie de 4 à 7 €.

Envie de vous détendre en famille ou entre amis ? Rendez-vous au Bowling de Montauban, dans la zone du Futuropôle, pour faire une partie ou plus si affinités. Vous pourrez passer une soirée sympathique et conviviale ici. Ne manquez pas les formules bowling + dînatoire avec tapas, sangria ou bouteille de vin et 2 parties de bowling... Le Bowling propose également des formules anniversaires pour les enfants, avec soda et pop corn ! Pour une soirée en famille, entre amis, c'est assurément la garantie de passer un bon moment avec des tarifs raisonnables.

BRESSOLS

Le nom de Bressols pourrait venir du nom gaulois Brictus ou encore être rapproché de celui de la famille de Brazols, co-seigneur de la commune. Au Moyen-Age, la seigneurie de Bressols dépendait de l'abbaye bénédictine fondée en 825 à Montauriol (Montauban). Au XIXe siècle, 2 grandes familles protestantes se partageaient les terres. Durant la révolution, la commune sera rattachée à la Haute-Garonne jusqu'en 1808, lors de la création du Tarn-et-Garonne par Napoléon. La commune a connu une forte progression démographique jusque dans les années 2010. Elle possède un fort potentiel industriel et commercial lié à une situation géographique exceptionnelle.

CANALS

Canals est un village de 630 habitants situé sur une terrasse qui domine la vallée de la Garonne. Le canal latéral scinde la commune en deux parties, Canals haut et Villelongue. Situé entre Toulouse et Montauban, la naissance du petit bourg se situe au IIIe siècle. Au IXe siècle, le village s'appelait Canaucellas dont l'origine serait rattachée à un réseau de canaux qui se jetaient dans le ruisseau. L'église romane était située à l'emplacement du cimetière actuel et c'est au XVIIe siècle qu'elle est déplacée et construite au centre du village. L'économie restera basée sur la production agricole et désormais, ce sont les entreprises qui prédominent.

RESTAURANT DE LA RIVE €€

2, route de Montauban
✆ 05 63 30 72 39
www.restaurantdelarive.com

Ouvert toute l'année. Du mardi au samedi le midi et le soir ; le dimanche midi. Menus de 16 € à 25 €. Carte : 20 € env.

Une belle adresse que ce restaurant familial où la tradition culinaire et la créativité du chef ne sont pas de vains mots. Manu est aux fourneaux. Cuisinier depuis plus de 20 ans, il excelle dans la préparation des poissons grillés et des viandes maturées (plus de 30 jours). Ses spécialités : seiches à la plancha, viandes, fraisier, royal au chocolat. Sophie est en salle, accueillante, souriante, et conseille toujours avec justesse. Un espace privatif pour 16 personnes permettant d'accueillir les groupes et une terrasse d'été viennent compléter l'offre.

BRASSERIE OC'ALE

547, Chemin du Château d'eau
✆ 09 50 33 54 90
www.bieres-ocale.fr

Visite et vente à la brasserie sur rendez-vous.

Les bières Oc'Ale sont nées à Lafrançaise en 1998. C'est une des brasseries les plus anciennes de Midi-Pyrénées. Sortent de cette brasserie des bières assez classiques, réalisées à l'ancienne, dans la pure tradition des bières à fermentation haute. Les premiers brassins donnent deux bières : une blanche très douce et une noire plutôt maltée. Suivent une blonde et une ambrée. Arrivée de nouvelles bières comme une IPA. et désormais une gamme de sept bières. Il est possible de visiter la fabrique en prenant rendez-vous au préalable. Accueil sympa et très pédagogique.

GRISOLLES

Petite cité de la vallée de la Garonne, Grisolles la tranquille regarde s'écouler l'eau du canal. Toute proche de Toulouse (à quelques kilomètres de la « frontière » entre Haute-Garonne et Tarn-et-Garonne) et de l'aéroport à 30 min, la ville constitue un point d'affluence aux beaux jours pour de nombreux promeneurs attirés par les possibilités de balades sur les rives du canal ou sur les berges de la Garonne. Dès le XVIIe siècle, la commune est renommée pour ses industries taillanderies, coutelleries, tuilerie... Ne ratez pas la visite du musée d'arts et traditions populaires qui présente les aspects de la vie quotidienne de la préhistoire à nos jours.

RELAIS DES GARRIGUES €€

130, Route Fronton
✆ 05 63 67 31 59
http://relaisdesgarrigues.pagesperso-orange.fr

Logis. Fermé le dimanche soir d'octobre à avril. Chambre simple de 56 € à 70 €. Animaux acceptés.

Situé à deux pas du canal du Midi, cette imposante bâtisse abrite un hôtel confortable et un restaurant. Les chambres sont bien équipées, à la décoration refaite aux goûts du jour, sobre, dans les teintes pastel mais nuancée pour chacune des chambres. Côté restauration, les menus sont de qualité et dans la tradition à des prix doux, mention particulière au service que l'on a trouvé discret et sympa, dans une salle elle aussi rénovée. Ce relais a encore cette allure massive de ces hôtels en bordure de nationale, qui sentent si bon les départs en vacances.

BROSSERIE JEAN-MARC COULOM

65, chemin de Verdunenc ✆ 06 21 02 02 22
balaispaillecoulom.com

Ouvert toute l'année uniquement sur rendez-vous. Gratuit. A l'issue de la visite, vous pourrez acheter un balai.

Grisolles a été pendant plus d'un siècle la capitale européenne du balai. Aujourd'hui, la ville ne compte plus qu'un seul fabricant : Jean-Marc Coulom. L'artisan conçoit tous ses produits à la main. Une fois les matières premières de qualité en main, Jean-Marc Coulom s'arme de patience pour égrener et désinfecter la paille et la fixer, selon un procédé ancestral, autour du manche. Rencontre unique avec un passionné qui fait montre de son savoir-faire avec une passion unique.

MUSÉE CALBET

15, rue Jean-de-Comère
✆ 05 63 02 83 06
musees-occitanie.fr/musees/musee-calbet/

Ouvert du mercredi au samedi de 15h à 18h. Sur rendez-vous pour les groupes. Gratuit.

Les trois niveaux d'une jolie maison à colombages du XVIIe siècle servent de cadre au Musée Calbet, qui se partage entre collections d'objets d'art et de traditions populaires et expositions de création contemporaine. La collection s'étend de la Préhistoire avec ses pierres taillées des vallées du Tarn et de la Garonneau début du XXe siècle. Les salles dévoilent aux visiteurs certains aspects de la vie quotidienne d'autrefois. On retiendra notamment l'étonnante collection autour de l'industrie du balai en paille de sorgho qui fit la prospérité de Grisolles !

CHÂTEAU BOUISSEL

200, chemin du Vert - **CAMPSAS**
✆ 05 63 30 10 49
www.bouissel.com

Vignobles et Découvertes. Vigneron Indépendant. Du lundi au vendredi de 15h à 18h. Dégustation de groupe sur rdv.

Il y a 400 000 ans, les premiers hommes façonnaient déjà le domaine où l'on retrouve au pied des ceps du vignoble des silex taillés de leurs mains. Cette terre argileuse a accueilli la culture de la vigne dont on retrouve des traces dès le XIIe siècle. C'est en 1928 que le domaine est créé par deux frères italiens qui rachètent de toutes petites parcelles de vignes. Il prendra son nom de Bouissel seulement en 1989. Fanny et son mari Luc ont repris le domaine en janvier 2020. Déclinés en rouge, rosé et blanc, les vins du château Bouissel ont obtenu des distinction.

CHÂTEAU BOUJAC

427, Chemin de boujac - **CAMPSAS**
✆ 05 63 30 17 79
www.chateauboujac.com

Vignobles et Découvertes. Ouvert du lundi au samedi de 9h à 12h et de 14h à 19h. Espace dégustation. Panier pique-nique.

Philippe Selle, le vigneron est passé en bio depuis 2008 et depuis peu a fait un nouveau pas avec la biodynamie. Pour ce vigneron paysan, le respect des vignes et de son vin est naturel et ce passage en bio a été la résultante d'un processus. Il raconte avec passion son métier et sa vision de la vigne. Avec son épouse Michelle, ils ouvrent leur domaine aux visiteurs et proposent des rencontres ludiques et originales. Amoureux de son métier, Philippe prend le temps de la discussion et de l'accueil et dès qu'il le peut, vous emmène en visite dans ses vignes.

ORGUEIL

Au IXe siècle, on trouve déjà trace du village, paroisse dépendant de l'abbaye de Saint-Sernin de Toulouse. En 1211, Simon de Montfort met à feu et à sang les terres occitanes. Avec le roi de France, Orgueil devient une bastide. Les guerres de religions verront la destruction du village qui sera reconstruit sur les collines. Orgueil offre une église intéressante, Saint-Ferréol, où le clocher-tour octogonal s'élève sur la façade. Le portail, orné de voussures intéressantes, ouvre sur une nef de quatre travées, flanquée de deux chapelles et suivie d'un chœur à chevet pentagonal. Une météorite est tombée le 14 mai 1864 et est immortalisée par un monument.

LABASTIDE-SAINT-PIERRE

À 12 km de Montauban, sur la rive gauche du Tarn aux eaux vert pâle, dans la riante et fertile plaine est bâti le bourg de Labastide, fondée en 1272 par Alphonse de Poitiers. Les Romains furent les premiers cultivateurs et établirent des alliances avec les Gaulois et créèrent la grande route qui va de Montauban à Toulouse. Le château fût édifié au milieu du XIe siècle en bas du bourg. Au milieu du XVe siècle, plusieurs co-seigneurs se partageaient le village. Ce village, rasé par les protestants montalbanais était situé au lieu-dit Laplaces. La commune qui compte 3 800 habitants s'étend du plus de 20 km² et les activités sportives ne manquent pas.

FINHAN

Nous avons la 1ère mention écrite de Finhan (Limite en latin) en 680 à l'époque mérovingienne au temps du roi Henri. Située dans la vallée de la Garonne et du 1er coteau des plateaux de Lomagne, le village est proche de Montech et de l'agglomération de Montauban (20 km). On peut découvrir et apprécier la place centrale ornée de platanes et de tilleuls, les arcades, la mairie et son école. Entre autres, l'église Saint-Martin au clocher du type, Saint Sernin (Toulouse), le jardin du presbytère et son baptistère mérovingien, l'ancien couvent devenu école privée, la fontaine gallo-romaine et ses lavoirs et le château de Pérignon, habité par un descendant.

AL PAÏS €€

211, Avenue Jean Moulin

✆ 06 46 89 36 07

Ouvert du mercredi au dimanche, le midi ; le vendredi et le samedi le midi et le soir. Menus de 8,50 € à 30,90 €.

Voici un couple qui s'accorde : Patricia en cuisine et Jean-Luc pour la pâtisserie. Il faut dire que les cartes étaient bien distribuées. Elle est fille, petite-fille et arrière-petite-fille de cuisinière et lui, pâtissier-chocolatier. Après un détour par la Guadeloupe, c'est ici qu'ils ont ouvert leur restaurant.Ils y proposent une cuisine de terroir, avec des produits, admirablement bien travaillés par Patricia. Entre autres délices, vous trouverez un foie gras et un cassoulet «maison»... Les légumes en accompagnement sont de saison. Une adresse épicurienne.

MUSÉE DE FINHAN

5, place de la Mairie

✆ 06 32 03 24 26

www.finhan.fr/

Fermé d´octobre à mars. Ouvert le dimanche après-midi de 14h à 18h. Ouvert sur rendez-vous pour les groupes. Gratuit.

L'entrée est libre, il suffit de pousser la porte. Au cœur du village, dans une aile du presbytère, c'est une ode à la main et au beau geste. Près de 2500 outils artisanaux et objets d'autrefois retracent la vie des paysans et des artisans, mais également leur habitat. Un écomusée des plus émouvants qui nous replongent dans un passé pas si ancien. Rappelons que le village a sa 1ère mention en 680, (époque mérovingienne)... A noter que ce sont des bénévoles qui s'occupent de cet écomusée avec passion. Un espace est également dédié à des expositions temporaires.

CHÂTEAU BELAYGUES

1755, chemin de Bonneval

✆ 06 58 69 28 28

chateaudebelaygues.com

Lundi, mardi, jeudi et samedi : 14h - 18h30. Vendredi : 9h- 18h30. Mercredi, samedi matin et dimanche sur rdv.

Le Château de Belaygues fait partie du réseau Vignobles et découvertes ainsi que de Bienvenue à la Ferme. Guillaume Veyrac, le propriétaire, produit des vins d'appellation Fronton. Vins élégants aromatiques et fleuris rouges et rosés, appellation Fronton, mais aussi des bancs secs (100% Viognier) et doux (100% Semillon). Adeptes d'œnotourisme, ils vous ouvriront les portes de leur chai et vous feront découvrir leurs 13 ha de vignes. Pas de découverte sans dégustation au caveau... L'accueil des cavaliers et des camping-cars est possible.

CHATEAU DU CLAU

✆ 05 63 30 50 24
www.chateauduclau.com
Ouvert du lundi au samedi de 8h30 à 12h et de 13h30 à 17h30. Vente directe. Livraison possible (boutique en ligne).

La Château du Clau, un des seuls producteurs-récoltants de pommes dans le département à presser son jus maison, est ancré dans une histoire de famille depuis 1898. Aujourd'hui c'est Étienne, le dernier de cette belle lignée qui est à la tête du domaine. Sa famille s'est transmis de génération en génération une passion pour le jus de fruits haut de gamme. Dans les bouteilles de jus de pommes du Château du Clau, on redécouvre le goût du fruit 100% naturel. Comme de grands crus, les jus de fruits naturels et pétillants sont élaborés dans les caves du domaine.

CHÂTEAU SAINT-LOUIS

✆ 05 63 30 13 13
www.chateausaintlouis.fr
Ouvert du lundi au vendredi de 9h à 12h et 14h à 18h. Les week-ends et jours fériés. Location de salle pour séminaires

Magnifique demeure, de style régional et persan. Un vignoble partagé entre tradition et modernisme donne le meilleur de son terroir. Les vignes, conduites en culture biologique certifiée par Ecocert, sont parsemées de fleurs vivaces, lupins, fenugrec, avoine, féveroles et d'autres plantes qui transfèrent l'azote de l'air à la terre ! Cette politique de qualité engendre des rendements inférieurs à la limite de l'appellation. Le cépage roi pour les vins de Fronton, tout comme pour le domaine, reste la négrette (appelée pinot Saint-Georges aux États-Unis).

AUBRAC €€

180, route de Toulouse
✆ 05 63 68 13 69
www.restaurant-aubrac-pompignan.fr
Ouvert du lundi au samedi midis + vendredi et samedi soirs. Menus 18,50 € et 24,50 €. Formule du jour 13,50 €.

Envie de déguster une viande de qualité, élevée sur les hauts plateaux de l'Aubrac ? Vous avez ici un des meilleurs restaurants de viande de la région. Claude, le chef cuisinier, est amoureux des bonnes choses. Il visite les exploitations (99% du boeuf provient de fermes d'Aubrac) et découpe sa viande reçue en 1/2 carcasses. Traçabilité impeccable. Maître de la cuisson, il vient en salle s'enquérir des goûts de chacun. A la carte, du boeuf mais aussi de l'Agneau d'Aveyron, de la saucisse de porc faite maison et le célèbre aligot. Restaurant très convivial.

L'ABRICOT DE POMPIGNAN

240, Chemin de la Bordette
✆ 05 63 02 70 62
Ouvert sur rendez-vous. Vente sur les marchés : Fronton, Grenade, Saint Lys, Lectoure, Montréjeau, Mont de Marsan...

Le Tarn-et-Garonne est connu comme le royaume des fruits : pommes et kiwis sont souvent brandis comme emblèmes d'une culture arboricole foisonnante. Néanmoins, il est un autre fruit qui trouve sur ces terres toutes les vertus dont il a besoin pour mûrir en toute quiétude : l'abricot ! Chez Thomas, il est sans conteste devenu roi. L'abricot est chouchouté par la famille Magnani. Vendu à la ferme et sur les marchés et magasins de la région. Avec seulement 4 hectares de verger cultivés, les abricots de Pompignan sont savoureux et à consommer sans modération !

POMPIGNAN

Par son aspect rural tant convoité de nos jours, sa position géographique privilégiée, à mi-chemin entre Toulouse et Montauban et ses accès routiers, Pompignan, dernier village au sud du Tarn et Garonne, est en pleine explosion. Visitez le château des marquis de Pompignan, inscrit aux monuments historiques et qui a appartenu à Jean Jacques Lefranc, homme de lettre (XVIIIe siècle). L'église Saint-Grégoire dont la construction remonte à 1844, la chapelle Saint-Clair, le lavoir Napoléon III. De nombreuses manifestations locales sont organisées tout au long de l'année. Brocantes, concerts, festivals, randonnées... Tout l'agenda sur le site de la mairie.

REYNIÈS

Reyniès, dévasté par l'inondation de 1930, s'est reconstruit sur son emplacement historique du XIIIe siècle, marquant ainsi sa volonté de s'enraciner sur les berges du Tarn. On trouve de solides maisons affichant leurs façades Art déco. On trouve aussi des frontons, pans coupés et de délicates frises et génoises. Situé à 12 km de Montauban, le village se caractérise par un site accueillant et coquet dans une riche plaine, entre coteaux et rivières et est doté d'un riche patrimoine avec son château datant du XVIIe siècle avec pont de brique et pigeonniers. Pour des vacances, le village offre différentes possibilités de loisirs et d'hébergements.

CHÂTEAU DE REYNIÈS

✆ 05 63 64 04 02

Les extérieurs se visitent du 1er juillet au 30 septembre de 10h à 12h et de 14h à 18h sauf les mercredis.

Construit au XIIIe siècle et entouré de trois grosses tours rondes qui le distinguent dans le paysage (une curiosité que ces trois tours), le château offre son parc où l'on peut flâner, au-dessus du Tarn ici assagi. Sa position stratégique lui permettait de contrôler l'intense trafic fluvial. Des expositions sont aussi organisées en été par les maîtres des lieux... Ne pas hésiter à passer le pont sur la rivière si l'on est sur l'axe Montauban-Castres, pour venir admirer ce beau témoin de l'histoire mouvementée de la région, notamment des guerres de Religions.

MONTECH

Dans une vaste plaine au doux relief et aux terres riches des alluvions de la Garonne et du Tarn, Montech est formée d'un agrégat de hameaux, au bord de la voie romaine qui reliait la Narbonnaise à l'Aquitaine. Rattachée à l'abbaye de Saint-Théodard, Montech se dote au XIIe d'un castrum, suivi d'une charte. En 1271, la cité devient royale. Elle demeure la base d'attaques des catholiques contre Montauban. Au fil des siècles, la vigne, le tissage, les tailleurs et les couturiers font vivre la ville. Monsieur de Villèle, Premier ministre sous la Restauration, y avait son hôtel particulier, comme certains notables toulousains et montalbanais. Aujourd'hui, le canal des Deux-Mers, les deux églises classées, la pente d'eau, le kiosque et son carillon aux 17 cloches, les maisons à colombages (à étage ouvert au vent pour le séchage des étoffes) et la forêt d'Agre sont les principaux intérêts de cette étape touristique incontournable. En lisière du poumon économique de la région Midi-Pyrénées, c'est-à-dire le triangle Toulouse-Albi-Montauban, le bourg connaît depuis quelques années un développement démographique impressionnant, il a vu en effet sa population quasiment doubler en 20 ans, pour atteindre plus de 6 350 habitants en avril 2019.

LA FORÊT D'AGRE

Si on exclut la Grésigne, très largement tarnaise, la forêt d'Agre est la plus grande du département. Elle fut propriété des moines de Moissac, puis des comtes de Toulouse avant de devenir domaine royal. Bien que sévèrement amputée il y a quelques années par le tracé de l'A62, cette forêt gérée par l'Office National des Forêts garde de beaux restes. Charmes, chênes, pins maritimes ou sylvestres se partagent les 1 500 ha sillonnés d'itinéraires à vélo ou à pied. On peut randonner, pique-niquer et découvrir un beau parcours d'accrobranche ouvert à la belle saison.

LA PENTE D'EAU DE MONTECH

Centre-ville

Ouvert toute l'année. Gratuit.

Inaugurée en 1974, la pente d'eau de Montech est un ascenseur à bateaux situé sur le canal latéral de la Garonne. Il est actuellement géré par les Voies Navigables de France et a été conçu pour remplacer un ensemble de cinq écluses successives, représentant à l'époque une belle économie de temps. Hors-service depuis 2009, cet ouvrage d'art comme son homologue situé à Fonserannes, hors-service aussi, sont uniques au monde. Une machinerie vraiment hors du commun à découvrir.

OFFICE DE TOURISME INTERCOMMUNAL

rue de l'Usine ✆ 05 63 64 16 32

www.grandsud82.fr

Du 1er mai au 30 sept, 7j/7 de 8h30 à 12h30 et 14h à 19h. Du 1er oct. au 30 avril, tous les jours sauf dimanche.

Les Offices de Tourisme et Syndicats d'initiative sont présents partout en France, pour vous accueillir et vous renseigner. Chaque Office de Tourisme vous accueille et vous informe pour l'organisation et l'agrément de votre séjour. Il peut vous conseiller efficacement sur les hébergements, la restauration, les loisirs, les sports, le tourisme culturel, les transports... L'Office de Montech ne déroge pas à la règle et vous informe sur tous les bons plans à grand renfort de documents.

LA BASTIDE €€

6, rue de Maubec
✆ 06 13 08 32 86

Gîtes de France (3 épis). Ouvert toute l'année. 1 chambre et 2 studios de 41m² et 37m² à partir de 40 € la nuitée.

Le gîte de charme Les Bastides en plein centre-ville de Montech, à deux pas du canal du Midi, est situé dans une maison de maître du XVIIe siècle avec une cour intérieure et un jardin agrémenté d'une piscine aménagée. Les studios sont équipés d'une salle d'eau, d'une cuisine américaine et d'électroménager ainsi que d'une chambre double. On apprécie le plateau de courtoisie et la presse mise à disposition par Mme Martin. Ce lieu est donc idéal pour les couples d'amoureux dans un week-end romantique sans enfants qui apprécieront l'ambiance harmonieuse et lumineuse.

CAMPING MUNICIPAL DE MONTECH €€

520, Chemin de la Pierre ✆ 05 63 31 14 29
www.camping-montech.fr

Ouvert d'avril à octobre, accueil vélo de 6 € à 9,50 € suivant saison. Terrain de 10 ha. Animaux acceptés. Wifi gratuit.

Situé à 11 km de Montauban, le camping municipal de Montech s'étire sur 10 hectares de verdure, à proximité de l'embouchure du canal de Montech et du canal des Deux-Mers, ainsi que de la forêt d'Agre. Le camping propose de très vastes emplacements délimités par des haies d'arbustes fleuris en saison, ainsi que tout le confort et les services. Idéalement situé pour les cyclistes de la voie verte, idéalement situé aussi pour les amoureux de la pêche avec son lac à proximité.

LA PLACE €

7, place Jean-Jaures
✆ 05 63 65 92 49
www.laplace-montech.fr

Ouvert toute l'année. Plat du jour : 9,50 €. Le midi menus de 12 à 15 €. Menus à emporter - service traiteur.

En arrivant dans le village, sur la place principale face à la fontaine, une belle terrasse ombragée vous accueille. À l'intérieur, deux salles lumineuses et agréablement décorées. Ce cadre permet de profiter du côté bar et du côté restaurant. La cuisine est ici synonyme d'authenticité et de saveur avec des produits frais et de saison. Les influences méditerranéennes se font sentir pour le meilleur... Une fricassée de veau au basilic, polenta crémeuse avec ses champignons burrata et pour se donner bonne conscience, une soupe de fraise à la menthe !

BISTROT CONSTANT €€

25, rue de l'Usine
✆ 05 63 24 63 02
www.maisonconstant.com/bistrot-constant

Maître Restaurateur. Ouvert toute l'année. 7j/7 de 8h à 22h. Bib gourmand Michelin. Maître Restaurateur. Menu à 38 €.

Cette ancienne maison de l'éclusier, au bout du port de Montech a repris vie grâce au chef étoilé Christian Constant, originaire du département. Un bistrot qui donne un curieux côté urbain à cet endroit, notamment le midi. Le service est impeccable, performant, la cuisine bistrot inventive mais ancrée dans la tradition, et le rapport qualité-prix imbattable. On peut y petit-déjeuner, y grignoter l'après-midi, et le lieu est ouvert sept jours sur sept, avec une belle terrasse. Les mercredis matin, le chef dispense ses cours thématiques dans la bonne humeur.

LES JARDINS DE LA FANETTE €€

Route d'Auch - **BOURRET**
✆ 05 63 64 83 69

Maître Restaurateur. Ouvert toute l'année. Jardin. Animations. Terrasse ombragée - traiteur - animaux acceptés.

Gregor et Sarah Vartanian ont fait leurs gammes auprès de grands chefs tel Michel Guérard. En 2017, les Jardins de la Fanette ont permis au petit village de Bourret de devenir village gourmand, grâce à leur engagement dans la valorisation des produits locaux et de saison, préparés avec amour de leur territoire : foie gras mi-cuit mariné au vin rouge, symphonie florale de saumon à base de saumon cru, poisson du jour, tournedos de veau, avant un chou à la noisette caramélisée...

LE MARMITON €€

13, avenue de la Mouscane
✆ 05 63 26 32 26

Ouvert toute l'année. Lundi/mardi 9h/15h, mercredi au samedi 9h/15h - 19h/22h. Dès 12,90 € et 14,30€.

On ne s'attend pas forcément à trouver une petite adresse aussi sympa proche d'un supermarché, à côté de la station-service. On sent cependant une sacrée motivation avec cette jeune équipe qui a su créer un lieu agréable, à la décoration contemporaine en ligne claire. L'assiette est bonne et copieuse, en témoignent les nombreux clients le midi, comme le soir, la présentation est soignée, le tout fait «maison», et le service enjoué. Les burgers à la carte méritent la dégustation et on peut les emporter. Un lieu branché où s'arrêter si on est de passage.

RUCHER DE LAURIOL

271, route de Lauriol
✆ 06 80 84 89 77
www.lerucherdelauriol.fr
Ouvert le vendredi et le samedi de 15h à 18h30. Visites sur rendez-vous. Marché de Grisolle et Montech (dimanche matin).

Wisco et Florence Romanzin vous accueillent dans leur ferme apicole. Le rucher de Lauriol exploite environ 200 à 300 colonies et pollinise les vergers environnants. Passionnés, ils partagent l'amour de leur métier. Pédagogues, la visite sera particulièrement appréciée par les enfants. Les miels récoltés de mai à septembre et extraits à froid sont en vente à la boutique : fleurs de colza, acacia, châtaignier, tournesol et mille et une fleurs de la vallée de la Garonne. Vous trouverez aussi des pains d'épice maison, du propolis ou encore du vinaigre de miel.

VINOE-TECH

1001, route de Montbartier
✆ 05 63 02 21 27
www.vinoe-tech.com
Initiations aux techniques de la dégustation, vente de vins, animations autour du vin.

La mission principale de Vinoe-Tech est de valoriser le savoir-faire des producteurs en collaborant avec les vignerons et mettent en commun les compétences de chacun, gages de qualité, de typicité et de sécurité que tout amateur de vin est en droit d'attendre. La gamme de produits qu'ils proposent est donc le résultat d'une sélection rigoureuse auprès de leurs partenaires : nectar de Brulhois, cahors, fronton et d'ailleurs. L'équipe organise des stages d'œnologie à la découverte des cépages, répartis en 14 séances. Initiations qui s'adressent aux amateurs de goût.

PORT DE PLAISANCE

Rue de l'usine
✆ 05 63 64 23 92
Tous les horaires sur : http://www.canaldumidi.com/Tarn-et-Garonne/Montech/Port-de-Montech.php

Ce port de plaisance de 28 places est situé à une journée de navigation de Toulouse sur le Canal de Garonne. En venant du Canal du midi, ce sera le premier que vous rencontrerez. Au croisement de canaux « Canal de Garonne et embranchement Montech-Montauban », la ville de Montech est reconnue dans le monde fluvial pour sa pente d'eau. Proche du centre-ville, ce port permet de profiter des commerces locaux, des activités mises en place… Au sein de la capitainerie, les plaisanciers et les cyclistes bénéficient d'un accueil et d'informations touristiques.

VERDUN-SUR-GARONNE

La petite ville domine l'impétueuse Garonne, derrière son rempart de briques. La ville en tant que telle remonterait au Xe siècle et longtemps elle tira sa prospérité du fleuve car vu sa situation, elle a été le premier port entre Toulouse et Agen. Et un patrimoine architectural dont le château de la reine Margot et son église. Aujourd'hui cité riante, déjà presque « toulousaine » dans sa lumière et ses teintes, elle constitue un pôle très dynamique avec ses 4 000 habitants au sud du département. Un grand nombre d'associations culturelles animent la ville avec, notamment, un magnifique festival de spectacles de rue, chaque année pour la Pentecôte.

L'ABBAYE DE GRANDSELVE

www.abbayedegrandselve.fr/accueil/
Visites à 14h/16h les deuxièmes, troisièmes et quatrièmes dimanches en juillet et août.

L'abbaye de Grandselve est située sur la commune de Bouillac. Fondée en 1114, sous le règne de Louis VI, l'abbaye atteint son apogée au XIIIe siècle. Elle appartient alors à l'ordre de Cîteaux. Aujourd'hui, sa splendeur est de l'ordre du passé. Il faut découvrir cette abbaye qui connut en son temps un rayonnement considérable. Des campagnes de fouilles, menées notamment par Daniel Cazes en 1970, permettent de mieux la connaître. Les amis de Grandselve valorisent et proposent des visites guidées à tous les amateurs d'histoire et de sites patrimoniaux.

LAFON-PLACETTE VIVIANE €€

1153, lieu dit &quot ; Perruquines&quot
✆ 05 63 64 44 80
www.perruquines.fr
Gîtes de France (3 épis). Ouvert toute l'année. Gite pour 6 personnes 550/700 €. Gites 2 ou 3 personnes 130/400 €.

Aux portes de la Haute-Garonne, entre les coteaux de Gascogne et les terrasses du Tarn et Garonne, Perruquines est un ancien hameau sur une propriété de 18 ha. Dans ce domaine horticole, les propriétaires cultivent fleurs, plantes, fruits et légumes et vous accueillent dans 4 chambres et 3 gîtes. Les 3 gîtes sont situés à Dieupendale, à 500 m de la voie verte qui longe le canal latéral. Rien n'est oublié pour votre confort avec des équipements premium, on n'est pas 3 épis par hasard ! Et une situation géographique qui favorise de belles balades en perspective.

L'ALEGRIA €

2, rue Danièle Casanova
✆ 05 63 67 52 63
https://alegria.eatbu.com
Ouvert mardi et mercredi 10h-14h30, jeudi et vendredi 10h-14h30 et à partir de 18h. Tapas à partir de 3,50 €.

Au cœur de Verdun-sur-Garonne, l'Alegría est un restaurant-bar à tapas tenu par Laura et Florian, un jeune couple passionné de cuisine et d'Espagne. Le soir, du jeudi au samedi, l'ambiance est festive jusqu'au petit matin. Passionnés par la culture et la gastronomie ibériques, ils proposent en soirée des spécialités espagnoles (tapas cuisinés à la plancha, charcuterie, vins..) dans un lieu convivial et décoré aux couleurs de l'Espagne. Du mardi au vendredi, le chef propose dans la formule du jour une cuisine inventive, mettant en avant les produits frais.

LE FEU FOLLET €

6, avenue Carnot
✆ 05 63 64 32 52
restaurantlefeufollet.eatbu.com/
Ouvert le lundi et le mardi le midi ; du mercredi au dimanche le midi et le soir. Menus de 16,90 € à 29,70 €.

Collé au rempart juste avant la porte d'entrée de la ville en arrivant de Montauban, on peut faire étape dans ce petit restaurant aux saveurs justes, un peu «vintage» avec ses nappes vichy mais c'est ce qui en fait son attrait. La carte ici varie peu, on reste sur les classiques locaux si ce n'est la présence de burgers à la carte, pour une cuisine simple mais sincère. Ne pas manquer en balade digestive d'aller se promener sous l'ancien rempart, avec ces maisons si particulières qui semblent suspendues au ciel. Idéal pour une digestion instructive !

DIEUPENTALE

C'est en 961 qu'apparaît le nom de Deumpantala dans un document officiel. La commune et ses vignobles seront en 1628, le théâtre d'une bataille sanglante entre protestants et catholiques. Avec 450 morts, Dieupentale paie un lourd tribu ainsi que durant la guerre de 14/18. L'origine étymologique du nom reste mystérieuse avec plusieurs hypothèses : celle faisant référence à la mythologie et au dieu Pan, une autre au wisigoths qui auraient donné à ce lieu, le nom de la vallée profonde (Deop tal) et la dernière faisant référence au nom patronymique gaulois «Diopantus». Située entre Montauban et Toulouse, la commune connaît un bel essor économique.

L'OGUSTE €

12, Allée du canal
✆ 05 63 24 01 12
www.logusterestaurant.com
Ouvert mardi/vendredi - le midi/samedi le soir. Menu unique à 35 € (week-end et soir). Formule du midi : 17 €

Agnès et Richard proposent une cuisine authentique et originale, ancrée mais aussi inspirée et influencée par leurs nombreux voyages. Richard achète veaux, volailles, agneaux à des éleveurs voisins et se charge de la découpe. Du pied de porc à la poule farcie en passant par le tajine de veau, sans oublier le moelleux au chocolat, la cuisine est goûteuse et les plats copieux. Le menu change tous les jours. Dans le jardin, une petite roulotte pour 2 personnes, avec un lit en 140 et une petite salle de bain, peut héberger cyclistes et randonneurs pour une halte.

BEAUMONT-DE-LOMAGNE ★

Ravissante capitale de la Lomagne tarn-et-garonnaise, fondée en 1276 par Philippe III le Hardi, Beaumont est un modèle préservé de bastide médiévale. Bordées de belles maisons de briques et autres hôtels particuliers, les rues respectent le quadrillage régulier du plan hippodamien qui débouche sur une place centrale entourée de maisons à couverts et occupée par une magnifique halle du XIVe siècle. Le produit phare de la ville est l'ail blanc. Outre l'église Notre-Dame-de-l'Assomption qui mérite une visite, on ne manquera pas de se rendre à la maison Pierre de Fermat, qui vit naître le célèbre mathématicien, aujourd'hui centre culturel de la ville.

LA MAISON NATALE DE PIERRE DE FERMAT ★

3, rue Pierre-de-Fermat
✆ 05 63 26 52 30
www.fermat-science.com
Actuellement fermée pour travaux. Gratuit.

Ce bel hôtel particulier date du XVe siècle pour sa partie la plus ancienne. Il abrite l'office de tourisme de la Lomagne tarn-et-garonnaise, diverses associations culturelles dont l'association Fermat Science qui a pour but de rendre les mathématiques accessibles et surtout ludiques. Il fallait oser dans la maison natale d'un mathématicien dont la conjecture a mis 350 ans pour devenir théorème ! De nombreuses activités sont proposées, avec une exposition permanente surprenante.

OFFICE DE TOURISME DE LA LOMAGNE TARN-ET-GARONNAISE

3, rue Pierre-Fermat ✆ 05 63 02 42 32
www.tourisme.malomagne.com
Horaires variables selon les saisons : consulter le site internet.

Dans son bureau de renseignements, les équipes vous accueillent avec le sourire pour vous informer sur les hébergements, les restaurants, et les nombreuses activités à faire dans les environs. Vous pourrez bénéficier ici d'un point d'accès wifi gratuit, trouver des cartes de pêche à la vente, ainsi qu'une boutique avec quelques produits dérivés. Découvrez aussi la région en vous amusant en famille grâce au jeu de piste organisé par l'Office de Tourisme.

TOLOS'AMOROSA

5, avenue de la croix de jubilé
LAVIT
✆ +33658052977
https://visitestolosa.wixsite.com/website

La charmante Anaïs Clémenté vous fait découvrir Toulouse au travers de ses quartiers les plus emblématiques, en toute convivialité ! En famille, entre amis, le temps d'une heure, d'une journée ou d'une après-midi, à vous de choisir le format. Ces visites uniques sont faites pour correspondre à vos envies, à vos besoins et à vos centres d'intérêt. Pour les personnes en situation particulière, des aménagements sont proposés. N'hésitez pas à contacter Anaïs pour de plus amples informations et définir avec elle votre programme de visites.

CAMPING MUNICIPAL DE LAVIT €

Route d'asques
LAVIT
✆ 05 63 94 05 54
Ouvert du 15 juin au 30 septembre. Ouvert toute l'année pour les 3 mobil-homes. 33 emplacements (50 m² par emplacement).

Le charmant camping Le Bertranon est situé sur les coteaux de Lomagne, à 500 mètres du cœur du village où se trouvent tous les commerces. A 1 kilomètre du camping, à pied ou à vélo, vous pouvez accéder à deux terrains de tennis et à une piscine. Plusieurs sentiers de randonnée pédestre, un lac de pêche et une bibliothèque municipale agrémenteront votre séjour. A proximité, de nombreuses animations estivales et des marchés gourmands sont proposés.

CAMPING LE LOMAGNOL €€

Avenue du Lac
✆ 05 63 26 12 00
www.camping-tarn-et-garonne.com
Ouvert du 1er avril au 30 octobre. Réservation recommandée. Accueil jusqu'à 20h. Gardé 24h/24. Terrain de 36 ha.

La particularité de ce camping est qu'il fait partie intégrante de ce grand complexe que constitue le village de loisirs Le Lomagnol, en bordure du lac de Beaumont-de-Lomagne. Il a pour lui une superficie importante, de l'ombre – ce qui n'est guère un luxe pendant l'été gascon – un équipement digne d'un trois étoiles et, surtout, il bénéficie de l'ensemble des infrastructures de la base de loisirs, que ce soit la piscine, les équipements sportifs ou les activités nautiques sur le lac. C'est un lieu de villégiature agréable au pied de la ville.

HÔTEL RESTAURANT LE SAINT JEAN €€

58, rue du Maréchal-Foch

✆ 05 63 02 31 02

www.lesaintjeanhotelrestaurant.fr

Chambre double de 53 à 74 €. Petit déjeuner : 8 €. Soirée étape à 70 €. Chèque Vacances. Animaux acceptés.

Les chambres sont confortables, d'aspect très cosy, et la déco de l'ensemble marie avec bonheur modernité et influences des années trente. L'ensemble s'enroule autour d'un joli patio qui n'attend que le printemps et l'été pour accueillir les clients qui s'y prélassent en prenant un verre. Ajoutons un accueil sympa et une table qui vaut que l'on s'y attarde, et on obtient un bel établissement dans la grande tradition des hôtels des petites villes de province.

LE JARDIN D'EN NAOUA €€

Lieu dit Naoua - **MAUBEC**

✆ 05 63 65 39 61

www.en-naoua.fr

Gîtes de France (4 épis). 3 chambres. Chambre simple 55 € ; chambre double 70 €. Petit déjeuner inclus.

Les chambres d'hôtes, occupant les anciennes étables, s'enroulent à l'étage au-dessus du vaste et confortable salon et sa cheminée. On retrouve une décoration toute en équilibre entre la tradition (la ferme familiale, certes rénovée date du XVIIIe siècle) avec quelques meubles anciens, et la modernité dans les tons pastel et doux qui sont privilégiés. C'est une belle demeure, qui abrite également un agréable et spacieux gîte rural. L'ensemble chambre d'hôtes et gîte rural peuvent se combiner pour organiser des séjours avec jusqu'à 33 personnes !

LA BELLE MONTOISE €€

Boulevard Georges-Brassens

✆ 06 27 84 00 50

www.labellemontoise.com

3 chambres. Chambre simple de 79 à 85 €, chambre double de 89 à 95 €. Petit déjeuner inclus.

Voici des chambres d'hôtes de charme dans une magnifique maison du XVIIIe siècle, entourée d'un beau parc. Les chambres, à la décoration moderne et épurée, offrent tout le confort nécessaire et, au matin, un petit-déjeuner copieux vous attendra pour bien commencer la journée. La table d'hôtes est également exceptionnelle, avec un menu complet comprenant apéritif et boissons. Dans l'assiette, on ressent la passion du cuisinier pour les beaux produits et l'envie de faire plaisir aux convives. En été, on pourra profiter de la terrasse.

LE VIC DE LOMAGNE €€

1, place de l'Hôtel-de-Ville - **LAVIT**

✆ 05 63 04 32 15

www.vic-de-lomagne.fr/

Chambre simple à partir de 59 € ; double à partir de 63 €. Demi-pension 93 € pour 2 personnes. Petit déjeuner : 6 €

Trois chambres d'hôtes sont proposées ici, en lien avec le restaurant. Florence et Maxime Lacombe ont pris le parti de faire de l'endroit un espace de convivialité aux couleurs contemporaines. Les chambres sont aménagées avec goût et disposent de tout le confort nécessaire. La soirée étape comprenant le dîner est une très bonne idée. Un service de plateau-repas type « assiette anglaise » peut vous être proposé pour les arrivées tardives définies au préalable, et pour les soirées romantiques on s'occupe pour vous des fleurs et du champagne !

DOMAINE DE SAUSSIGNAC €€€

MAUBEC

✆ 06 42 50 10 29

www.domainedesaussignac.com

Tarif semaine selon l'occupation et la saison : de 1 100 € pour 2 à 4 personnes, jusqu'à 3 900 € pour 15 personnes.

Aux portes du Gers, sur les ruines d'un château du XIIIe siècle, on domine les collines alentour. Les chemins de ronde dégagés permettent des balades parmi les chênes centenaires, les terrasses et patio en tomettes et vieilles pierres garantissent des moments de convivialité ou de détente inoubliables. Des prestations haut de gamme, un lieu unique, véritable havre de paix au cœur du Sud-Ouest... Plusieurs formules sont possibles en gestion libre. C'est une demeure idéale pour ceux qui recherchent la paix et la tranquillité en famille ou entre amis.

LE PETIT CHATEAU ARGOUMBAT €€€

Lieu-dit Argoumbat

✆ 05 63 64 66 81

www.argoumbat.com

Gîtes de 4 à 10 personnes de 793 € à 3 213 € la semaine selon taille et saison. Table d'hôtes 35 €.

On le surnomme le château bio. L'écologie est au cœur de ce domaine de 40 ha. Les propriétaires ont quitté l'Allemagne pour vivre en Gascogne et s'engager dans ce projet cohérent. La piscine est naturelle, on y fait du cheval, du vélo, on flâne dans les bois et on mange bio. Cette demeure du XVIIIe siècle, site historique des seigneurs d'Argombat, abrite 3 gîtes de caractère : manoir, pigeonnier et écurie. Mais le must c'est l'accueil chaleureux de Mirjam Volp, la maîtresse des lieux.

MUNDO PIZZA €

26, Place Gambetta

✆ 05 63 64 15 44

Ouvert toute l'année. Pizzas de 8 à 14 €. A emporter.

En plein centre, autour de la halle, tout est dans le nom de la pizzeria qui propose un véritable tour du monde... en pizzas ! Avec plus de 40 recettes, Mundo Pizza propose une carte déclinée en 5 versions : les pizzas classiques, les régionales, les italiennes, celles qui font voyager et les new-yorkaises aux noms exotiques inspirés des quartiers de la mégalopole américaine : Little Italie, Manhattan, Harlem... Le concept est séduisant et les recettes sont très bien élaborées. Pizzas à emporter mais vous trouverez aux beaux jours des tables pour vous installer.

CHEZ TITOFF RESTAURANT PIZZERIA €

6, avenue du 8-Mai-1945

✆ 05 63 65 97 81

Ouvert du lundi au samedi le midi et le soir, le dimanche soir. Formule du midi : 9 € (entrée + plat ou plat + dessert).

C'est un restaurant-pizzeria un peu à l'écart du centre-ville route d'Auch, avec terrasse et une déco moderne et de bon goût. Ici, l'accueil est sympa, convivial et le service rapide, si on est pressé d'aller visiter la Lomagne. On peut néanmoins prendre son temps, et les pizzas sont très honorables. Pizzas que l'on peut d'ailleurs commander pour emporter chez soi. On retiendra aussi la poire de bœuf et les desserts maison, notamment les glaces à l'italienne.

AUBERGE DE LA GIMONE €€

Avenue du Lac

✆ 05 63 65 23 09

www.aubergedelagimone.fr

Du jeudi au mardi midi ; vendredi et samedi soir. Réservation recommandée. Menus de 22€ à 25€. Formule midi : 14€.

Qu'il soit préparé aux câpres ou à l'ail, le foie gras est ici chez lui. Voilà bien le type d'auberge que les autres régions envient au Sud-Ouest. Une formule du midi avec vin et café, puis une montée en gamme avec de magnifiques menus où la gastronomie gasconne s'exprime en toute sérénité, sans fard. Le canard, bien sûr, mais on adorera également le cassoulet servi par la maison, un grand classique. Les portions sont généreuses, les prix très raisonnables, le service plutôt aimable, la salle chaleureuse et l'extérieur très agréable aux beaux jours.

LA BELLE MONTOISE €€

8bis, rue Toureilh

✆ 06 27 84 00 50

www.labellemontoise.com

Le dimanche, le lundi et le jeudi le midi ; le mardi, le vendredi et le samedi le midi et le soir.

Dans une bâtisse du milieu du XVIIIe siècle entièrement rénovée, élégante et mise en valeur de façon contemporaine, la table découverte est idéale pour les déjeuners de travail ou les réunions de famille (14 couverts maxi). Un menu unique est proposé. Il varie chaque semaine en fonction du marché et de l'inspiration du chef qui respecte les produits, les saisons, et met un point d'honneur à mettre le goût en avant. Le service, réalisé par le chef en personne, répond à toutes les attentes de la clientèle et la présentation des assiettes est raffinée.

LE FLAU €€

7, Place Gambetta

✆ 05 63 93 42 15

Ouvert toute l'année. Du mardi au dimanche le midi ; du jeudi au samedi le soir. Menus de 22 à 26 €.

Audrey et Florent ont redonné vie à ce café restaurant. La terrasse d'une soixantaine de places est idéalement située face à l'emblématique halle. La salle de restaurant avec son puits de lumière est joliment décorée, et on trouve à l'étage une mezzanine et une salle privatisable pour les groupes. On apprécie l'accueil de ce jeune couple très sympathique et la cuisine du terroir concoctée à partir de produits frais, de saison et labellisés. La carte change tous les deux mois et le menu propose tous les jours une viande ou un poisson.

HÔTEL RESTAURANT LE SAINT JEAN €€

58, rue du Maréchal-Foch

✆ 05 63 02 31 02

www.lesaintjeanhotelrestaurant.fr

Du mardi au vendredi le midi et le soir ; le samedi soir ; le dimanche midi. Menus de 18 à 28,90 €.

A l'entrée de la ville en arrivant de Montauban, les propriétaires vous accueillent dans un bâtiment à l'architecture d'un hôtel particulier du XIXe siècle. 14 chambres spacieuses et confortables sont proposées. Cet établissement constitue un patrimoine hôtelier historique mais aussi sentimental du village, dès 1792 se tenait à son emplacement un relais de poste. Le patio ombragé est idéal pour déguster une cuisine traditionnelle française de qualité à base de produits frais et locaux.

LE VIC DE LOMAGNE €€

1, place de l'Hôtel-de-Ville - **LAVIT**
✆ 05 63 04 32 15
www.vic-de-lomagne.fr/
Ouvert le mardi de 19h30 à 21h ; du mercredi au samedi de 12h à 14h et de 19h30 à 21h ; le dimanche de 12h à 14h.

Au Vic de Lomagne c'est Xavier Charaux, disciple d'Escoffier et membre des Restaurateurs de Tarn-et-Garonne, qui a pris les rênes de ce restaurant devenu au fil des ans une institution. Il propose deux cuisines pour deux ambiances : une partie bistronomique, servie au plat avec une table d'hôtes, et une partie gastronomique plus créative et raffinée. Que vous choisissiez l'une ou l'autre, vous aurez l'assurance de vous délecter grâce aux talents et à l'expérience de ce chef dont la cuisine de terroir aux influences provençales et méditerranéennes saura vous ravir.

FERME DE LA MUDE

La Mude
MAUBEC
✆ 05 63 65 33 08
www.lamude.com
Ouvert tous les jours pour un meilleur accueil. Aire gratuite pour camping-car.

Béatrice et Jean-Pierre Pointu élèvent et gavent oies et canards, produisent leur propre foie gras, cuisinent leurs propres conserves, élèvent et nourrissent des vaches blondes d'Aquitaine et leurs veaux, cultivent ails et céréales. Ils ont aussi le sens de l'hospitalité et c'est avec le sourire qu'ils accueillent celui qui de passage désire visiter cette ferme, sur ces collines aux vastes espaces. La conserverie agréée CEE délivre aussi des recettes, comme celle des croquettes de veau, garanties. Ici le slogan est « de la fourche à la fourchette ».

MAISON MICOULEAU

19, rue Nationale
✆ 05 63 02 34 16
Ouvert du mardi au vendredi de 8h à 12h30 et de 16h à 19h ; le samedi de 8h à 12h30 et de 15h à 19h.

Cette entreprise familiale de conserverie fondée en 1888, une véritable institution à Beaumont de Lomagne, a su garder intact son caractère artisanal tout en négociant au mieux le développement et la diversification. Les produits Micouleau, haut de gamme, sont un vrai florilège de la gastronomie gasconne : terrines de canard, cassoulets, confits, foies gras, produits régulièrement médaillés au Concours Général Agricole de Paris depuis 2009… Le mieux reste cependant de se les procurer à la boutique, question d'atmosphère et d'ambiance !

MARCHÉS

Le samedi de 8h à 12h30. Fête de l'ail en juillet. Marché de Noël le premier dimanche de décembre.

Tous les samedis matin, sous et autour de la halle, place Gambetta, se déroule, comme lors de la création de cette bastide, le marché de Beaumont-de-Lomagne. On y trouve des producteurs locaux issus du terroir lomagnol ainsi que du Tarn-et-Garonne. Primeurs, charcutiers, bouchers, volaillers, fromagers, artisans divers, vêtements, fleuristes…

En période estivale, en juillet et août, l'association des commerçants « Vis ta Lomagne » propose les marchés gourmands à partir de 19h afin de vous faire découvrir leurs produits dans une ambiance folklorique et régionale.

HIPPODROME DE BORDE-VIEILLE

Avenue du Quercy
✆ 05 63 26 12 50
www.hippodrome-beaumont.com
Restauration.

La société des courses de Beaumont a été fondée en 1875 par le baron Alphonse de Ruble de Gimat. Le site actuel, Borde-Vieille, date de 1925 et la piste de trot en sable rose, la première du Sud-Ouest, de 1965. Deux grandes épreuves se déroulent sur cet hippodrome tous les quatre ans : l'une est européenne (le Grand Prix du Sud-Ouest), l'autre nationale (Le Grand National du Trot). Pour les gourmands, possibilité de suivre les courses au restaurant-bar panoramique.

SAINT-SARDOS

Bienvenue au pays de l'armagnac ! Découvrez les 40 vertus que le prieur d'Eauze attribuait à cette eau-de-vie, la plus ancienne de toutes. Découvrez les raisons qui ont permis dans ce coin de France la rencontre magique de trois savoirs : celle des Romains qui ont développé la vigne, celle des Arabes qui ont inventé l'alambic, et celle des Celtes qui ont inventé le tonneau. Et puis au-delà des mystères du temps, laissez-vous emporter par la magie d'un instant partagé autour d'un verre. Après le vigneron, le distillateur et le maître de chais, soyez acteur d'un moment de bonheur autour de cet armagnac, plus que jamais une «eau-de-vie d'auteur».

PARC DE LOISIRS DE SAINT-SARDOS

✆ 05 63 64 36 16
www.grandsud82.fr
Ouvert en juillet-août. Ouvert tous les jours et les jours fériés de 10h30 à 19h. 2 € à partir de 17h.

Le parc de loisirs de Saint-Sardos est un vaste complexe aquatique qui vient animer avec bonheur le village lorsque le soleil pointe son nez en saison estivale. La piscine est associée à 3 pataugeoires et à deux toboggans, pour le plaisir des plus petits. Le lac de 22 hectares permet de pratiquer la pêche, le canoë, le waterball... Aux alentours, vous pourrez vous essayer au paintball, au mini-golf, à la chasse aux trésors ainsi qu'à de nombreux sports !

CAVE DES VIGNERONS DE SAINT-SARDOS

2, chemin de Naudin ✆ 05 63 02 52 44
www.cave-saint-sardos.com
Haute saison : du lundi au samedi de 9h à 12h et de 14h à 18h30. Basse saison : jusqu'à 18h et 12h30 le samedi.

La majorité des viticulteurs est en culture raisonnée et deux en bio ce qui permet à la cave de produire des cuvées spécifiques «vins bio». Elle a obtenu le label HVE. En avril 2019, la cave s'est dotée d'une magnifique boutique entièrement rénovée qui permet la dégustation. A noter de nombreuses manifestations autour du vin dans l'été : soirée bodega, fête du vin, apéro chez un vigneron, etc. mais également une balade libre ludique et familiale de 4 km avec départ / arrivée à la cave.

SYNDICAT PRODUCTEURS DE VINS DE PAYS DE ST-SARDOS

Route de Mas-Grenier
✆ 05 63 02 63 67

Dès 1957, quelques vignerons sous-équipés en chais décidèrent de créer la Cave Coopérative de Saint-Sardos. Ils établirent en 1960 un encépagement type afin de limiter les plantations aux meilleurs cépages nobles sur les meilleurs terroirs. Le vignoble prend son essor et les vignerons obtiennent une première Appellation d'Origine Simple. Motivée et encouragée par ce résultat, cette équipe dirigeante forme le syndicat des producteurs de vins de pays de Saint-Sardos en 1974.

AUVILLAR ★★

Auvillar est une déformation d'« alta villa », la ville haute, au-dessus de l'eau. Cité gallo-romaine rattachée à la couronne sous Henri IV, la ville développe deux industries : la faïence et la préparation des plumes d'oie pour l'écriture. Le quartier du port est alors en plein essor. De cet âge d'or demeurent les petites ruelles de pierres blondes, briques et galets, la place médiévale triangulaire avec cornières en plein cintre ou en anses de panier, les maisons à arcades et pans de bois du XVIIe siècle, l'église Saint-Pierre du XIIe, la maison des Consuls et son portail Louis XV, les silos à grains souterrains et le centre de batellerie à péage.

BLEU RÉGLISSE

8, place de la Halle
✆ 06 07 97 48 99
www.bleu-reglisse.com
Le mardi et le mercredi de 10h à 12h ; du jeudi au samedi de 10h à 12h et de 15h à 18h ; le dimanche de 10h à 12h30.

Cette galerie est prestigieuse par les œuvres qu'elle héberge, notamment les célèbres sculptures et peintures tout en rondeurs de Jean-Louis Toutain ainsi que celles d'artistes de la région qui ont la singularité d'être... singuliers, justement, par exemple à l'image de Bernard Mages, poète improbable qui compose sa basse-cour de métal quelque part du côté de Laguépie, à l'extrême est du département. Un magnifique lieu où l'art contemporain prend ses aises, dans ce lieu où le temps s'est arrêté derrière la pierre et la brique des arcades d'Auvillar.

LE CHÊNE D'HENRI IV À MERLES

Merles

Merles abrite avec le chêne dit d'Henri IV une vraie curiosité dotée de sa légende. On dit que le vendredi 10 juillet 1579 au matin, Henri de Navarre, escorté de 44 cavaliers, accompagné de son épouse la reine Margot et d'une suite, s'arrêta sous cet arbre et but à la source proche. Le besoin de se désaltérer était grand après le festin qu'ils firent la veille à Auvillars. Asseyez-vous donc sous cet arbre et profitez de sa légende, et de l'aura qui s'en dégage.

MUSÉE DE LA FAÏENCE ET DE LA BATELLERIE

Place de la Halle
✆ 07 82 86 66 15
www.auvillar.com/le-musee/
Fermé du 15 avril au 15 octobre. Ouvert du mercredi au lundi de 14h30 à 18h30. Adulte : 3 €. Groupe (10 pers) : 5 €.

Le musée se compose de deux parties : au rez-de-chaussée petite boutique et exposition, puis à l'étage la fabrication ! Le musée de la Batellerie se trouve dans la tour de l'Horloge de pierre et de brique, à côté de la Mairie. En marge du musée des Arts traditionnels, il fait partie de sa visite. Déployé sur deux niveaux, il est doté d'un système de haut-parleurs qui diffusent des informations sur l'histoire des bateaux qui naviguaient sur la Garonne.

OFFICE DE TOURISME DES DEUX RIVES

4-6, rue du Couvent
✆ 05 63 39 89 82
www.officedetourismedes2rives.fr
D'avril à septembre : 10h-12h30/14h-18h. En juillet-août : 10h-12h30/14h-19h. D'octobre à mars : 14h-17h.

L'office de Tourisme des Deux Rives est installé dans l'ancien couvent des Ursulines. Le couvent des Ursulines fut fondé par Marie de Laborie en 1646. La chapelle a été édifiée entre 1827 et 1831. Ne manquez pas la visite de ce lieu historique, en cheminant depuis la place du Château, découvrez les œuvres de Louis Perrin, sur la thématique jacquaire, poussez les portes de l'Office pour découvrir les expositions temporaires dans l'ancienne chapelle.

LE BALADIN €

5, place de la Halle
✆ 05 63 39 73 61
www.chemindecompostelle.com
Ouvert de fin mars à fin octobre. 6 chambres. Chambre simple 45 € ; chambre double 60 €. Demi-pension (de 55 à 65 €).

Les chambres sont simples, mais belles et fonctionnelles, bien équipées. Le jardin permet à la belle saison de se détendre avec un petit verre en écoutant le chant des oiseaux et les bruits de la nature. Jean-Pierre et Caroline vous feront découvrir leur cuisine traditionnelle dans une bien jolie maison gasconne, typique de la région. N'hésitez pas à lever les yeux à l'intérieur, le plafond de la salle est saisissant et... renversant ! Le gîte offre l'étape pour une somme modique et les randonneurs de long cours ou les pèlerins apprécieront.

CHAMBRES D'HOTES SARRAUT €

100, Cap du Pech ✆ 0608351802
www.chambresdhotes-sarraut.com
Chambre simple 45 € ; chambre double de 65 € à 75 €. Petit déjeuner inclus. Lit supplémentaire : 25 €. Animaux acceptés.

Non loin d'Auvillar et du chemin de Compostelle, voici une maison où les pèlerins sont accueillis par Annick et Jacques Sarraut dans les meilleures conditions. Ce sont des hôtes extrêmement attentionnés et serviables. Trois chambres ont été aménagées à l'étage, confortables, elles sont équipées de salle d'eau ou de bains et offrent une literie de grande qualité dans un cadre spacieux et très propre. Une cuisine équipée permet également de confectionner ses repas. Pour la détente on peut également profiter de la terrasse donnant sur la piscine.

GITE D'ETAPE COMMUNAL €

Rue Jonqua
✆ 05 63 39 89 82
Ouvert toute l'année. Clés à récupérer à l'office de tourisme de 14h à 17h30. 6 chambres. Nuitée : 14 €.

Les clés de ce gîte appartenant à la commune d'Auvillar sont à prendre et à restituer à l'office de tourisme. Avec des chambres sobres mais fonctionnelles, pour deux ou quatre personnes chacune, on peut y loger toute l'année dix-huit personnes au total. Pour préparer vos repas, vous disposerez d'un coin cuisine équipé. Si ce gîte d'étape communal n'est pas un établissement haut de gamme, il permet cependant de faire une halte bienvenue lorsque l'on est pèlerin ou simplement randonneur, à petit prix et donc sans trop entamer son budget.

HÔTEL-RESTAURANT DE L'HORLOGE €

2, place de l'Horloge
✆ 05 63 39 91 61
www.hoteldelhorlogeauvillar.com
Ouvert toute l'année. 10 chambres. Chambre double de 64 € à 90 €. Demi-pension : 62 €. Séminaires. Animaux acceptés.

Le bâtiment qui abrite cet hôtel, de calcaire et de brique, est attenant au vieux beffroi (dit Tour de l'Horloge), dédié au troubadour Marcabrun. L'établissement dispose de 10 chambres confortables (certaines proposent une literie en 200 sur 180 !), avec tout l'équipement nécessaire. Au rez-de-chaussée on trouve une des meilleures tables du département, tenue par des aubergistes militants. Le buffet du petit-déjeuner est comme il se doit local et bio.

LES GITES DE MARCHET €€

9, rue Marchet
✆ 05 63 39 01 20
www.monvillageetvous.com
Gîte pour 6 pers. de 798 € à 1 680 €/semaine, de 350 € à 630 €/week-end. Chambres d'hôtes : 65 €/1 pers., 83 €/2 pers.

Et pourquoi les pèlerins n'auraient-ils pas le droit à un certain luxe et à des instants de repos privilégiés ? Anne-Marie et Francis Brune nous accueillent dans deux gîtes de grand confort avec balnéo, spa et une piscine couverte. L'été, on se retrouve sur la terrasse dominant la Garonne pour prolonger la journée. Si l'on préfère se faire chouchouter encore plus, du petit déjeuner au dîner, on choisira la formule en chambres d'hôtes tout aussi agréable et pleine de petites surprises et attentions. Voici donc un lieu où repos et plaisir se combinent.

MANEAU LES HIRONDELLES €€

Maneau ✆ 05 63 39 07 87
www.maneau-les-hirondelles.weonea.com
Ouvert toute l'année. 3 étoiles préfecture. De 375 € à 950 € la semaine selon saison. Gîtes pour 6 et 8 personnes.

Trois gîtes charmants vous offrent l'hospitalité. Mme Bouillot, à la personnalité bien trempée, met son professionnalisme à votre service. Les gîtes sont bien équipés avec salle de bains, lit pour bébé, système pour personnes handicapées, TV et DVD pour davantage de distractions. Tout est chaleureusement décoré. Les lieux sont spacieux, formant de charmants petits cocons, et la basse-cour donne un cachet inimitable, elle est très appréciée des enfants. Vous profiterez avec joie des œufs et des légumes de la ferme généreusement offerts par les propriétaires.

HÔTEL-RESTAURANT DE L'HORLOGE €€

2, place de l'Horloge ✆ 05 63 39 91 61
www.hoteldelhorlogeauvillar.com
Fermé le jeudi au déjeuner et le vendredi toute la journée. Formules à 15 ou 18 € le midi. Dimanche menu à 26 €.

En terrasse ou à l'intérieur, le mobilier rustique, les couleurs chaudes et les vieilles pierres offrent une belle harmonie. La réputation du lieu n'est plus à faire, tant la cuisine du chef est exceptionnelle. En tant qu' « aubergiste militant », les fournisseurs sont identifiés sur la porte d'entrée, gage de qualité et de transparence. En formule gastronomique ou bistronomique, une excellente adresse, où l'on cuisine encore quelques raretés de la cuisine gasconne, comme la lamproie.

LE PETIT PALAIS €€

7, place de l'Horloge
✆ 05 63 29 13 17
Basse saison : du vendredi au mardi le midi et le soir. Haute saison : tous les jours sauf mercredi soir et jeudi.

Ici, ça ne paie pas de mine avec une petite terrasse en boiseries et un menu inscrit à la main, mais on sent bien que derrière la porte bleue se niche une adresse chaleureuse et conviviale. Christophe Tessier nous propose là une cuisine qui se veut simple, mais faisant la part belle aux produits et recettes du terroir, qui n'est pas pingre en bons produits alentour, en circuit court, naturellement. La carte épurée se concentre sur de bons produits triés sur le volet. Une adresse coup de cœur, appréciée des randonneurs de Compostelle.

DOMAINE VITICOLE DE THERMES

La Garenne
✆ 05 63 39 62 09
Le lundi et le mercredi de 9h à 12h et de 14h à 18h ; le jeudi et le samedi de 9h à 12h ; le vendredi de 14h à 18h.

Le Domaine est constitué de 50 ha, dont 8 ha en vignes (le reste en céréales). Ces 8 ha de vignes sont entièrement travaillés à la main : Thierry, Dominique et Lucas privilégient en effet une approche raisonnée de la viticulture. Les cépages proposés sont nombreux et ici on élève le vin sur place pour un résultat incomparable. Pour acheter leurs productions ou pour visiter le domaine, n'hésitez pas à vous rendre sur place et à échanger avec cette sympathique équipe.

GOLF D'ESPALAIS

Lieu-dit Lillot ✆ 05 63 29 04 56
www.golfespalais.com
Ouvert toute l'année. Green 18 trous 20 à 30 €/jour selon saison. Green 9 trous 15 à 20 €/jour. Formules jeunes.

Le Golf d'Espalais a fêté ses trente ans ! Une belle longévité pour ce charmant établissement situé en bordure de Garonne, où le maître mot reste la convivialité. Le cadre est paisible et le parcours en 9 trous est agrémenté de nombreux obstacles d'eau soigneusement étudié pour plaire au débutant comme à l'amateur confirmé. L'école de golf est à l'avenant et les futés apprécieront particulièrement les formules cours de golf illimités pour les jeunes comme pour les adultes. Le Golf d'Espalais organise régulièrement des compétitions dans la joie et la bonne humeur !

DUNES ★

Laissez-vous gagner par le ravissement à la découverte de ses ruelles étroites, de ses maisons à colombages et de ses fraîches arcades sous la pierre… Fondée par la famille de Durfort et le sénéchal d'Agenais en 1253, la bastide fut pendant deux siècles la possession de la famille de Balzac et Marguerite de Valois dite la reine Margot y résida en 1574. Il ne faudra pas repartir sans voir la tour des Templiers, vestige d'une commanderie agricole fondée au lieu-dit Soubsol. Les amateurs d'aviation auront une pensée émue pour Théodore-Léon Lemartin, enfant de Dunes, aviateur célèbre et pilote d'essai chez Blériot qui se tua accidentellement en 1911.

BASTIDE DE DUNES

En descendant de Donzac par la D30, faites un crochet par Dunes, avec sa place à maisons de colombages où la reine Margot médita sur les caprices de son siècle. L'église Sainte-Madeleine possède un magnifique rétable baroque en bois et l'une des plus belles nefs gothiques du pays. La salle occitane abrite un centre sur l'histoire du pays. Nous conseillons d'aller pique-niquer au pied de la tour des Templiers. Dunes a malheureusement eu les «honneurs» et les horreurs de la division Das Reich qui perpétra ses crimes dans le Limousin, notamment à Oradour-sur-Glane.

ÉGLISE SAINTE-MADELEINE

Édifiée hors les murs antérieurement à la bastide, elle est composée d'une nef gothique, d'une abside à cinq pans et de quatre chapelles latérales. Du XIIe siècle demeure le clocher-mur aux cinq baies campanaires. L'église fut remaniée au XVIe siècle, mais c'est au XIXe qu'on lui adjoignit son clocher. À l'intérieur, on s'attachera à remarquer la décoration des bandeaux de la nef et des culots des chapelles, le retable toulousain du XVIIe et la jolie grille de communion du XVIIIe siècle. Profitez aussi des messes qui s'y déroulent.

MAISON DES PEUPLIERS €€

Domaine de Médecin
✆ 05 63 39 90 73
www.dunes.be

Ouvert d'avril à novembre. 4 chambres, 3 suites ou studios, 2 gîtes. Chambre double à partir de 85 €.

Voici un lieu charmant où l'on prend son temps. Quatre chambres, trois suites ou studios et deux gîtes sont proposés. En formule chambre d'hôtes, un petit déjeuner copieux et composé de produits frais vous sera servi chaque matin. Pour votre confort, draps et serviettes de bains vous seront fournis. Le gîte, plus indépendant, permet d'accueillir jusqu'à cinq personnes. Wifi, salle de télévision, bibliothèque, propriété de 18 ha dont 5 ha aménagés en parc, pétanque, ping-pong, barbecue… les atouts ne manquent pas dans ce lieu charmant.

LES TEMPLIERS €€

1, place des Martyrs
✆ 05 63 39 86 21

Ouvert du mercredi au samedi le midi et le soir ; le dimanche midi. 2 toques Gault & Millau. Menus de 22 € à 64 €.

Autant le dire tout de suite, nous trouvons ici l'une des meilleures tables du département. Avec un service soigné, une belle atmosphère pierre et bois relevée tout en douceur de teintes orange et chocolat, et un chef en cuisine, Patrick Dumontier, toqué du Gault et Millau, la symphonie peut débuter ; symphonie toute en subtilités qui caresse en douceur les magnifiques produits du terroir. Entre tradition et innovation, plus créative que routinière, la carte offre de superbes pépites qui donnent toutes l'eau à la bouche et desquelles on se délecte.

SALLE OCCITANE

Place Jean-Moulin
✆ 05 63 39 61 64

C'est un centre de documentation occitan extrêmement bien pourvu et fort réputé dont dispose la petite commune de Dunes. Les visiteurs ont accès à divers types de documents français et occitans à consulter sur place : livres, revues, cassettes vidéo… Vous en saurez ainsi plus sur la culture locale, son histoire, sa gastronomie, sa langue et bien plus encore. C'est une halte nécessaire pour qui ne souhaite pas se contenter de visiter les sites touristiques mais en apprendre réellement plus sur tout ce qui a conduit cette région à son identité si particulière.

GRAMONT

« Agrimonte » (le haut mont) était voilà des siècles la première appellation de ce si joli petit village, tout de pierres dorées. Dès le XIIIe siècle, son château domine la contrée. Le Château de Gramont a longtemps servi de frontière défensive entre territoire royal français et possessions anglaises de Guyenne avant de devenir une élégante demeure Renaissance. Au fil du temps, il a hébergé de nombreux illustres personnages et le village à ses pieds s'est agrandi. Village classé aux superbes maisons, manoirs et hameaux de « Havarès » « Latroque » « Gauran » sont autant de privilèges qui font de Gramont le joyau incontesté de la Lomagne.

CHÂTEAU DE GRAMONT ★

✆ 05 63 94 05 26
www.gramont.monuments-nationaux.fr

Horaires variables selon les saisons, consulter le site internet. Visites guidées (1h). Adulte : 6 €.

Ce château en pierre calcaire surplombe l'Arratz. La tour Simon de Montfort rappelle que le fief fut légué par le comte à Eudes de Montaud en 1215. Le castel mêle l'architecture médiévale avec son châtelet d'entrée gothique et le style Renaissance avec son aile percée de fenêtres à meneaux, s'ouvrant sur la cour par une porte géminée. Un escalier à vis sans noyau, prouesse technique remarquable, vous mène jusqu'à la vaste salle des gardes. Le jardin en terrasse a été réaménagé au XIXe siècle. Sont organisées des expositions à thème et des balades dans les jardins.

MUSÉE DU MIEL

✆ 05 63 94 00 20
www.musee-du-miel.com

Ouvert les week-ends et jours fériés en Mai. De juin à septembre ouvert tous les jours sauf le mercredi. Adulte 4 €.

Une collection de plus de 150 ruches anciennes ou récentes, françaises ou étrangères, une panoplie d'accessoires d'apiculteurs : tenues, enfumoirs, cadres… C'est ce que propose ce couple d'apiculteurs dans ce musée. Tout à la gloire de l'abeille et de son or végétal, on bourdonne de passion en découvrant tout ce qui peut se faire à base du fruit du labeur de cet insecte : bougie de cire parfumée, bonbons, pain d'épice et pastilles médicinales. On peut se procurer ces produits naturels excellent pour la santé, à la boutique : pollen, gelée royale et propolis…

LE PETIT FEUILLANT €

✆ 05 63 94 00 08

www.gastronomie-petit-feuillant.com

Ouvert du jeudi au mardi le midi et le soir. Réservation impérative. Menus de 20 € à 39 €. Menu enfant 10 €.

C'est à Gramont que Bernard Corbière nous accueille dans son auberge, avec un apéritif maison offert en guise de bienvenue. Le décor est rustique, ainsi que la cuisine (au bon sens du terme !). Ici, on choisit un menu par tablée, le service est au plat : cassoulet, poule farcie, confit de canard... le tout arrosé d'un très gascon Côtes-du-bruhlois. Au préalable, vous aurez englouti la soupe, le foie gras, de la charcuterie et vous terminerez par un plateau de fromages et un assortiment de desserts. Pour les solides appétits !

LA GRANGE DE TRUFFES

D 28 ✆ 06 32 19 84 41

au-grenier.fr/

Ouvert d'avril à octobre. Ouvert du jeudi au dimanche de 11h à 18h.

C'est après avoir passé deux étés ici et être tombé amoureux du village de Montjoi, que Laurent, antiquaire et décorateur, a trouvé cette belle propriété de «Truffes», et a décidé d'y vivre et d'ouvrir sa brocante. Depuis, la maison et la grange se sont transformées pour se consacrer à un univers dédié à la décoration, aux objets de curiosité, aux arts de la table, petits meubles, bibelots, aux arts ethniques, et autres objets choisis avec goût. Il y en a pour tous les budgets et si vous êtes un collectionneur, n'hésitez pas à lui en faire part.

MONTJOI

En occitan, *montjòia* désigne un « bloc de pierre servant de borne ou de limite ou consacrant un souvenir ». Perchée sur son piton rocheux, la bastide de Montjoi est une cité médiévale fondée au XIIIe siècle par Alphonse de Poitiers. C'est un havre de paix aux rues pavées, bordées d'élégantes maisons faites de pierres du Quercy et de briques rouges. Comme au Moyen Âge vous suivrez le chemin de ronde qui domine la campagne environnante et la vallée de la Séoune que vous découvrirez grâce à la table d'orientation. Vous passerez par la porte d'entrée ogivale du XIVe siècle et longerez les demeures à colombages et en encorbellement des XIVe et XVe siècles.

MAISON DES ARTS

✆ 06 87 41 52 97

En juillet et en août ouvert tous les jours et les jours fériés.

La petite bastide de Montjoi se détache en pierres blanches sur la crête d'une colline. Truffé d'anecdotes, c'est ici que Pierre Perret passait ses vacances en colonies et le peintre Eurgal a établi son atelier, ce village vous enchantera. Avec un tel lien avec les arts, pas étonnant que La Maison des Arts se soit installée au cœur de la Bastide. C'est un espace qui organise régulièrement des expositions de qualité, permettant de présenter des œuvres d'artistes contemporains et fortement appréciés des connaisseurs et des amateurs d'art.

ART 27 GALERIE

Rue du Porche ✆ 06 38 93 43 61

www.art27galerie.com

Tous les jours de 11h à 12h30 et de 15h30 à 19h. Basse saison : du jeudi au dimanche de 11h à 12h30 et de 15h30 à 19h.

Nichée au cœur d'une bastide médiévale aussi parfaite que celle des livres d'images la galerie Art 27 est un havre. Un havre de couleurs, un havre de gaieté, un havre de générosité aussi. Dans cette belle galerie, vous trouverez des œuvres de peintre, sculpteurs et plasticiens contemporains, très célèbres ou plus confidentiels, mais toujours très talentueux. Les techniques et matériaux sont divers, éclectiques, d'une grande inventivité. La galeriste qui vous reçoit ici n'est pas avare de bons conseils et d'anecdotes croustillantes sur les œuvres proposées.

LE CLOS MONTJOVIS €€€

✆ 06 87 41 52 97

De 1 400 à 2 000€/semaine pour 10 personnes selon la saison. Studio 2 personnes 1 nuit 95 €, 2 nuits 170 €.

Le Clos Montjovis est un bijou à l'image du village qui l'abrite, caché à l'abri de hauts murs de pierre blanche. Dès l'entrée, la cour de 100 m² comprend une magnifique piscine sécurisée. C'est le lieu idéal pour des vacances en famille ou entre amis avec de vastes pièces communes et un magnifique salon équipé d'une cheminée pour des séjours en automne ou en hiver. Les chambres sont très spacieuses avec des salles de douche à l'italienne high-tech, la literie king size haut de gamme est d'un confort exceptionnel, la décoration est à la fois sobre et chaleureuse.

LA CAGE AUX OISEAUX €€

Place de la République
✆ 05 63 95 26 40
la-cage-aux-oiseaux.eatbu.com
Le lundi et le vendredi le midi et le soir ; le samedi ; le dimanche midi. Menu unique à 29 €. Carte : 20 € environ.

Le cadre est magnifique, le restaurant dispose d'une belle terrasse ombragée sur l'esplanade où un coin salon a été aménagé pour déguster un apéro-tapas à la belle saison. Le jeune couple expérimenté qui vous accueille propose une cuisine traditionnelle française, élaborée avec des produits frais, locaux et de saison. Pas de chichi, mais une cuisine authentique, inventive et efficace, à l'image du lieu. La salle est belle, ample, aux teintes chaudes, elle peut accueillir des groupes. L'été on profite de la terrasse, même pour une simple glace en cœur d'après-midi.

VALENCE

Accueillante et dynamique, telle est la manière dont apparaît aujourd'hui la bastide de Valence-d'Agen, fondée en 1283. Caractérisée par un grand nombre de places, de halles et de promenades qui lui confèrent un aspect très aéré, la ville possède encore quelques beaux vestiges dans le centre ancien, mais les trois petits « trésors » de la ville sont ses lavoirs. Ville commerçante aux deux poumons que sont les marchés du mardi et du samedi, elle vibre tous les étés avec son spectacle son et lumière « Au fil de l'eau... une histoire » avec plus de 400 figurants et des milliers de spectateurs, et tous les hivers par son très sympathique festival du cirque.

LE JARDIN DU CONTRÔLEUR

Lieu-dit Ferroux
✆ 06 60 44 58 04
Ouvert 7/7 de 11h à 14 h et de 16hs 30 à 19 h de juin a fin septembre. Accueil vélo.

La maison du Contrôleur a été investie par une plasticienne qui en a fait un espace artistique, culturel et touristique en aménageant les abords de la maison et son atelier avec des pièces originales, deux bornes à livre... Par ailleurs, elle a créé « le jardin du contrôleur », espace public dédié à la détente avec buvette associative sans alcool, avec des sirops maison, eau florale et infusion à froid, cocktail de fruits et légumes frais et petite restauration. S'y ajoutent une aire de pique-nique et une salle d'exposition. Convivial et atypique.

OFFICE DE TOURISME DES 2 RIVES - VALENCE D'AGEN

27 bis, rue de la République
✆ 05 63 39 61 67
www.cc-deuxrives.fr/spip/-Les-Offices-de-Tourisme-.html
Ouvert du mardi au vendredi de 10h à 12h et de 15h à 18h ; le samedi de 10h à 12h.

Marquée par la présence des anglais au Moyen Âge, Valence d'Agen est située entre Montauban et Toulouse. Elle est traversée par le Canal des Deux Mers. Son patrimoine : lavoirs, halles, port, pigeonnier, place, etc. est remarquable. L'équipe de ce point d'information touristique vous renseignera selon vos besoins et envies sur les activités, visites, lieux pour se restaurer ou pour se divertir et sur les manifestations, nombreuses, de cette belle région.

LA BONNE AUBERGE €

8, avenue de Toulouse
✆ 05 63 94 06 86
www.labonneauberge-pommevic.com
Chambre simple 50,50 € ; chambre double de 56,50 € à 61,50 €. Demi-pension : 62,50 €. Petit déjeuner : 7,50 €.

Ce petit hôtel de passage est idéalement situé en bordure de l'ancienne nationale 113, à la hauteur de Pommevic, à 4 km de Valence. Le bâtiment des chambres est en retrait de la route dans un parc verdoyant et offre donc un calme bien appréciable et une vue sur la verdure. Cet hôtel est très simple, sans fioritures, mais l'ensemble est bien tenu et le personnel accueillant, souriant et aux petits soins. Pour vos repas, vous pourrez rejoindre le restaurant sur place qui offre de nombreuses recettes régionales réalisées à base de produits du terroir.

LE TOUT VA BIEN €€

30, place Sylvain-Dumon
✆ 05 63 39 09 26
www.hotel-letoutvabien.fr
Chambre simple de 59 € à 79 € ; chambre double de 71 € à 116 € ; chambre triple 79 €. Soirée étape 79 €.

L'équipe vous accueille avec le sourire dans l'une des chambres d'un grand classicisme de l'établissement, tout confort, avec salle de bains équipée de douche ou baignoire, télévision satellite, téléphone (avec possibilité de connexion Internet) et climatisation réversible. L'accès est facilité pour les personnes handicapées, un ascenseur est à disposition. Tout va bien donc côté hébergement, mais également côté restauration car ceux qui séjournent ici pourront profiter du restaurant de l'hôtel qui offre une vaste carte, variée et fraiche.

CHATEAU DE GOUDOURVILLE €€€

761, Chemin du Château - **GOUDOURVILLE**
✆ 05 63 29 09 06 - www.chateau-goudourville.fr
Tarif de 2 400 à 6 200 € selon la durée du séjour, la saison et les prestations.

Un château tout droit sorti du Moyen Age que l'on voit à des kilomètres alentour et qui surplombe avec majesté de son éperon quercynois les terrasses de la Garonne. Bien sûr, les chambres sont affolantes de classe et de couleurs, on est bien dans le haut de gamme... Vous deviendrez châtelain le temps de votre séjour pour vos vacances, fêtes de famille ou entre amis, réceptions ou mariages ! Beaucoup de formules sont proposées ici pour correspondre au mieux à vos attentes et envies, et les services proposés sont très nombreux et de grande qualité.

L'OUSTALET D'ANICETTE €€€

33, rue Jean-Capgras
✆ 05 63 94 08 75
www.anicette.com
Chambre simple de 69 € à 120 € ; chambre double de 79 € à 130 €. Petit déjeuner inclus. Lit supplémentaire : 30 €.

Anicette est un personnage. Avec un quart de siècle au service du septième art, elle a côtoyé les plus grands. Les chambres en témoignent avec de nombreuses affiches issues de la collection familiale, dont d'admirables venant de Cuba, peintes à la main ! Elles sont tout confort, ayant chacune son identité propre, mais toujours dans un style contemporain. L'une d'elles est un véritable loft immense. L'extérieur est très sympathique, fleuri et arboré, avec piscine au sel et nage à contre-courant, plancha et barbecue. La table d'hôtes est délicieuse !

LA GAVOTTE €

1, rue Justice
✆ 05 63 39 56 47
Ouvert du mardi au samedi le midi et le soir. Pizzas à 8/10 € en moyenne.

Voici une adresse incontournable à Valence d'Agen, et un lieu de vie le soir en week-end depuis bien des années. L'établissement propose une carte très fournie avec pizzas, crêpes mais aussi omelettes (un régal) et les grands classiques des formules restaurant et brasserie. Pour un repas simple mais bon et copieux, en famille ou entre amis, c'est le lieu idéal où se retrouver et partager un bon moment. L'accueil est charmant et l'été, on peut y manger en terrasse, à deux pas des couverts de la place Nationale attenante et du centre-ville joliment rénové.

L'INDUS' CAFÉ €

4, place Nationale
✆ 05 63 39 54 56
Ouvert le mardi et le mercredi le midi ; du jeudi au samedi le midi et le soir. Menu unique à 22€. Carte : 15€ environ.

L'ancien Grand Café de l'Industrie, sous ses couverts, a pris un coup de jeune : l'Indus'Café est aujourd'hui tenu par une jeune équipe dynamique. On y mange très honorablement, la salle rouge-orangé ne désemplissant pas, notamment le samedi midi, jour de marché. Vous profiterez d'une cuisine qui reste simple, mais qui a du goût et qui ne lésine pas sur les portions. En terrasse au soleil ou à l'intérieur, on profite toujours d'un bon moment autour d'un cocktail, d'un verre ou d'un bon petit plat dans ce lieu charmant en plein centre-ville.

L'ARDOISE €€

7, rue de la Libération
LAMAGISTÈRE
✆ 05 63 39 88 53
Du mardi au samedi le midi et le soir sauf mercredi soir. Carte 15€ environ. Menu enfant 8€. Formule du midi 13,50€.

Les murs sont des ardoises qui servent de carte et de menu, le style du mobilier est industriel en bois et fer, le tout est résolument moderne et conçu pour vivre de délicieux moments de partage. Le sourire et l'accueil ne sont pas les seuls atouts, la cuisine est simple, efficace, mais raffinée. Marine joue sur les produits de saison, les plats sont copieux pour la plus grande satisfaction de ses clients. Le fait maison est au cœur de la pratique de cette jeune chef qui aime les bons produits, frais et en circuit court, de l'entrée au dessert.

L'ENTRACTE €€

20, rue des Limousins
✆ 05 63 39 06 02
Ouvert du mardi au vendredi le midi et le soir ; le samedi soir. Carte : 35 € environ. Menu enfant : 10 €.

A côté du cinéma-théâtre Appolo, ce restaurant a de faux airs de bar à vin. Une collection impressionnante de bouteilles trône au-dessus du bar et bien sûr la carte des vins est des mieux senties, au verre, en pichet ou à la bouteille (avec modération). Le chef Pascal Ladogne est un épicurien et l'assiette en profite. Une cuisine classique et généreuse, avec des produits de premier choix et quelques accents ibériques dans le travail des produits et l'atmosphère générale. L'établissement a été récompensé en 2014 par un Bib gourmand du Michelin. Eh oui !

MICHEL LABAT CHOCOLATIER

25, rue Augustin-Gignoux
✆ 05 63 39 51 25
www.labatchocolatier.com

Michel Labat est un talentueux pâtissier chocolatier, renommé. Il a lancé un produit breveté sous le label de « Fagot Valencien ». Un délice à ne pas manquer, composé de six fagots de ganache qui reposent sur un socle de chocolat blanc. Le samedi est dorénavant consacré « jour de la pâtisserie » à la boutique, avec une belle sélection de pâtisseries et d'entremets. Les produits de la gamme sont bien évidemment vendus à la boutique, mais également disponibles par correspondance, ainsi qu'à la boutique d'Agen dans le Lot-et-Garonne voisin.

APIDELICES

12, rue de cluzel
✆ 05 63 95 93 22

Corinne a décidé de faire de sa passion son métier... avec succès ! Elle pratique une apiculture « traditionnelle », avec le souci de produire des miels de qualité avec des goûts et des textures différentes selon les sites et les années : les mêmes fleurs ne fleurissent pas chaque année au moment opportun en fonction des conditions climatiques. Pollen, propolis, cire d'abeille... font également partie des précieux trésors récoltés dans les ruches. « Les Apidélices » c'est actuellement 300 ruches réparties sur différent emplacements.

LA FERME DE L'ECUREUIL

385, Impasse de Gerbas
GOUDOURVILLE
✆ 06 48 50 54 93

La Ferme de l'écureuil vous propose fruits, légumes, jus de fruits et autres conserves fermières biologiques. La production l'est d'ailleurs entièrement depuis 1969. C'est la passion qui anime ces exploitants agricoles qui ont à cœur de proposer le meilleur de ce que leurs terres ont à offrir aux consommateurs qui s'y retrouvent tant par la qualité que par le budget. La ferme est présente sur la marché de Moissac tous les samedis mais vous pouvez aussi retrouver ces produits sur différents sites de la région ainsi que directement auprès du producteur.

MARCHÉ AU GRAS

Halle Jean-Baylet
✆ 05 63 29 66 66
Tous les mardis de début novembre à début mars.

Avec les premiers frimas s'ouvre chaque année le traditionnel marché au gras de Valence d'Agen. Il a lieu tous les mardis sous la halle Jean-Baylet. Une vingtaine de producteurs locaux vendent ainsi leurs volailles et canards gras aux gens du cru ou aux touristes de passage qui souhaitent goûter à ces spécialités régionales. Ces derniers bénéficieront d'ailleurs de conseils et d'idées recettes... La qualité est ainsi au rendez-vous. La municipalité fait tout pour le maintien de ce marché et assure notamment un service de découpe gratuite, très pratique.

MARCHE FERMIER

Marché de plein vent le mardi et le samedi matin. Marché au Gras le mardi matin de novembre à mars.

Le marché fermier de Valence est l'occasion de faire le plein de bons produits. On y trouve de tout : fruits et légumes, volailles, produits du terroir, charcuteries, traiteur, fromager... et même des vêtements. Le mardi et le samedi, toute l'année et par tous les temps, des producteurs passionnés répondent présents pour vous proposer le meilleur de ce qu'a à offrir le terroir régional. Vous trouverez ainsi de quoi composer des menus complets avec des produits frais et de grande qualité, conseillés par des commerçants passionnés et souriants.

HALTE NAUTIQUE DE L'ABATTOIR

✆ 06 19 81 28 23
D'avril à novembre. Point accueil de 10h à 12h.

Depuis 2011, une « Halte de repos » pour les randonneurs pédestres et à vélo de la Voie Verte du canal de Garonne, les plaisanciers et les camping-caristes a été ouverte au port de Valence-d'Agen, dans l'ancien abattoir public, au bord du canal. Elle offre des sanitaires, des tables de pique-nique à l'extérieur, un coin cuisine et barbecue, une salle de repos, un parking, une aire de camping-car. La Halte nautique vous accueille d'avril à novembre.

PETITES RANDONNEES ENTRE LES DEUX RIVES

Une dizaine de circuits de randonnée balisés (de 5,5 kilomètres à 18,5 kilomètres) permettent de découvrir le pays des Deux Rives autour de Valence d'Agen, de Goudourville, d'Espalais ou d'Auvillar... Les chemins, accessibles à tous, sont praticables à pied, à vélo ou à cheval. Les circuits doivent être demandés aux offices du tourisme du district des Deux-Rives (Valence, Auvillar, Donzac). Ces derniers vous procureront des plans et des cartes même si tout est fléché.

LE CONSERVATOIRE DES METIERS D'AUTREFOIS

1679, avenue du Bruhlois ✆ 05 63 29 21 96
www.cc-deuxrives.fr
Du 1er avril au 30 septembre du mercredi au dimanche de 14h à 18h. Juillet et août de 10h à 12h30 et de 14h à 18h30.

Ce Conservatoire des Métiers d'autrefois est le reflet de la vie paysanne d'antan. Vous pourrez y découvrir les anciennes traditions rurales présentées dans un cadre agréable. Près de 20 000 objets participent à la reconstitution de la vie des paysans et des artisans et vous apprécierez par exemple de découvrir l'ancienne épicerie. Une partie du musée est dédiée à la vigne et au vin et vous pourrez y admirer un pressoir à écureuil unique en France. Une visite à réaliser en famille !

PISCINE D'ÉTÉ

Route des Charretiers
✆ 05 63 39 50 88
Ouverte de fin juin à fin août. Haute saison : ouvert tous les jours et les jours fériés de 10h à 19h30. Entrée 2,70 €.

La piscine d'été est ouverte, comme son nom l'indique, de fin juin à fin août. Le terrain est arboré et les plages engazonnées, avec transats, parasols et aire de pique-nique. Les bassins : une pataugeoire et deux piscines, dont une de 25 mètres pour nager et jouer. En été, possibilité de cours de natation collectifs pour les enfants. De nombreux équipements : ping-pong, baby-foot, beach-volley, beach-rugby, beach-soccer, pour un moment de détente familial, rafraîchissant et privilégié, dans un cadre agréable. Parking accessible et gratuit.

DOMAINE COUJETOU-PEYRET €€

997, chemin de Couget ✆ 05 63 39 90 89
Gîtes de France (3 épis). Pour 3 personnes (60 m², 2 chambres). Accès à la piscine du propriétaire. Animaux acceptés.

Le domaine de 19 ha de M. et Mme Hebrard s'agence en 2 parties distinctes. D'une part, il y a la propriété avec toute une gamme de vin en côtes-du-brulhois (VDQS) et comté tolosan. D'autre part, la partie gîte offre un ensemble maison de maître et piscine aménagée très agréable. Les 2 chambres sont équipées de TV, d'une cuisine équipée avec machine à laver. La terrasse d'été se prête à la dégustation des cépages. Le propriétaire fait visiter aux hôtes et curieux son exploitation avec courtoisie, humilité et professionnalisme. Label Bienvenue à la Ferme validé !

DONZAC

Donzac, ville primée pour ses ornements floraux, est une commune où chaque citoyen vit avec passion sa profession. Port et péage sur la Garonne dès le XIVe siècle, Donzac tenait lieu d'oratoire pour les bateliers. L'église rebâtie en 1880 conserve son clocher du XIIIe, une tour carrée à deux étages, unique dans la région. La chapelle voûtée en berceau servait au XIXe d'oratoire aux bateleurs. Le port était le carrefour des péniches transportant vin et sel. Le lavoir, l'église Saint-Barthélemy de style néogothique, avec oculus losangé et baies géminées, et la sculpture de Dominique Singer, très originale, constituent les premiers centres d'intérêt.

LE KIOSQUE

Route Saint-Sixte
✆ 05 63 95 07 48
Environ 15 €.

Le Kiosque, c'est l'endroit parfait pour déguster une bonne pizza. Lorsque vient l'heure de déjeuner ou de dîner et que l'on ne sait pas quoi faire ou que l'on a pas envie de cuisiner, il est bien pratique de pouvoir commander une pizza et n'avoir plus qu'à s'attabler. La carte propose une belle variété, des plus classiques aux plus atypiques, dans différentes tailles et avec certaines propositions adaptées aux régimes alimentaires particuliers. En famille ou entre amis, Le Kiosque est la solution idéale pour se restaurer vite et pas cher.

LES VIGNERONS DU BRULHOIS

3458, Avenue du Brulhois
✆ 05 63 39 91 92
www.vigneronsdubrulhois.com

Ouvert aux visites toute l'année. Dégustations gratuites, dégustations dans le noir total, unique en France.

Voici le principal producteur des Vins Noirs du Brulhois, d'authentiques vins de terroir, structurés, aux arômes de fruits confits, de confiture, de cuir et de tabac. Leur couleur très sombre vient de cette terre très à la charnière de l'influence méditerranéenne et océanique, ainsi que des sols de graves filtrants. Les médailles récentes témoignent de la haute qualité des productions. Mais l'autre spécialité montante, c'est le Grain d'Amour, un vin rosé doux aux arômes muscatés.

GOLFECH

N'appartenant ni à la paix romane ni à l'occupation anglaise, l'étymologie de Golfech est discutée. Ce que l'on sait pour sûr c'est que c'est aujourd'hui un charmant village au tissu associatif fort et à la vie paisible. D'après de vieux documents, Golfech a toujours eu à souffrir des débordements de la Garonne. Les murs de certaines maisons ou édifices publics portent des marques ou annotations relatives à la crue du 3 mars 1930, ne manquez pas de les chercher. Ne manquez pas non plus à Golfech l'église Saint-Louis qui comprend une abside en cul-de-four décorée d'une série de six arcades, une travée droite, un transept et une nef voûtée d'arêtes.

CENTRALE NUCLÉAIRE EDF DE GOLFECH

✆ 05 34 39 88 70
www.edf.fr/visiteznoscentrales

Mercredi et vendredi de 13h30 à 17h30. Gratuit. Visite libre de l'espace découverte et visite des installations sur rdv.

L'espace découverte de la centrale nucléaire de Golfech propose sur plus de 250 m^2 un espace aménagé de façon très didactique pour une approche passionnante des métiers du fournisseur historique d'électricité en France. Il est également proposé une réflexion plus générale sur la gestion énergétique et le développement durable. Conçu de façon interactive, le parcours au cœur de cet espace peut se terminer sous «l'arbre à questions» pour tester les connaissances nouvellement acquises.

AU CUPIDON €€

4, place Liberté
✆ 05 63 29 02 83

Du mardi au dimanche de 10h à 14h et de 18h à 23h. Le lundi de 18h à 23h.

Ici, le savoir-faire de pizzaiolo est mis en valeur par de bons produits frais qui garnissent les pâtes. Le choix est vaste, hormis pour les desserts, mais on apprécie grandement l'accueil souriant et les petites attentions et adaptations de menu s'il le faut. Parmi les pizzas les plus surprenantes, il y a la méga raclette ou la burger, qui combleront les gros appétits. Le rapport qualité-prix est très correct d'autant plus pour un petit creux tard le soir, car avec ses horaires très vastes cette pizzeria est une aubaine dans un petit village comme celui-ci.

LE GOLDFISH €€

5, avenue d'Aquitaine
✆ 05 63 95 71 72
www.restaurant-le-goldfish.com

Tous les jours le midi ; le mardi et du jeudi au samedi le soir. Menu unique à 29 €. Formule du midi : 14 €.

Situé dans le petit village de Golfech, le Goldfish propose de se rassembler autour d'un repas gastronomique, de tradition française. La carte est restreinte, mais les produits sont frais et de saison et cela se ressent dans l'assiette. Tous les jours, un menu du midi est composé par la chef, offrant le choix entre une viande et un poisson. Le cadre est très agréable, la salle du restaurant est confortable et conviviale. La terrasse ombragée est également parfaite pour se prélasser dans ce bel endroit où l'on prend le temps de vivre.

LAUZERTE ★★

« Castelnau », puis bastide importante, Lauzerte apparaît comme sertie entre les vallées du Lendou et de la Barguelonne, perchée sur une butte. De sa tradition de centre marchand et de châtellenie de Quercy, mais aussi de ville royale et siège de la sénéchaussée, la ville hérite d'un cachet particulier qui s'inscrit dans ses vieilles pierres. Après une longue période de déclin, le bourg, excentré, sembla quelque peu s'endormir dans sa lointaine vallée mais depuis quelques décennies, les façades s'embellissent, les manifestations culturelles se multiplient, sous l'impulsion de la municipalité et de nombreuses associations du village.

ÉGLISE SAINT-PIERRE DE PERVILLAC ✞

BOURG-DE-VISA

✆ Réservation au (tél) 05 63 94 39 20 en hiver

Ouvert en été.

Ce petit hameau n'est connu que grâce à son église romane à nef unique. On y trouve de superbes peintures murales ornant la nef et le chœur et représentant la Cène, les vertus, la cavalcade des péchés capitaux, le purgatoire, l'enfer, avec de célèbres diablotins rouges et enfin le Jugement dernier. Datant de la fin du XVe siècle, elles sont recouvertes d'enduit au XVIIIe siècle et «redécouvertes» au XIXe s. Elles sont classées monuments historiques depuis 1951, et l'église depuis 1953.

LA BARBACANE

C'est un ouvrage d'art qui protégeait jadis les portes des cités. Celle qui couvrait la porte d'Auriac a laissé la place à une esplanade poétique qui inspira le poète local Pierre Sourbié. Sur la place de la Barbacane, vous observerez le canon qui aurait servi durant la bataille de Solférino, en 1860, et récemment restauré avec soin par une ferronnier d'art. Cette véritable pièce de musée suscite de nombreuses questions mais est une raison supplémentaire de se rendre au point de vue afin d'admirer le magnifique panorama sur la vallée du Lendou.

JARDIN DU PÈLERIN

✆ 05 63 94 61 94

www.tourisme-tarnetgaronne.fr/offre/le-jardin-du-pelerin-lauzerte-fr-2352566

Ouvert toute l'année. Accès libre.

Au pied de l'ancien rempart, ce jardin d'une grande beauté est unique pour abriter un jeu de l'oie grandeur nature autour des chemins de Saint-Jacques-de-Compostelle. Lancez vos dés. Les joueurs se déplacent sur un sentier jalonné de cases numérotées et de panneaux illustrés. Selon les règles du traditionnel jeu de l'oie, le cheminement est rythmé par des bonds en avant, arrêts, retours en arrière... il faut traverser l'eau, la prison est après l'auberge, le pont avant le puits, la mort guette à la case 31, on finit case n° 36 au Paradis.

EGLISE SAINT-BARTHELEMY ✞ ★

Place des Arcades

L'église Saint-Barthélémy s'insère de manière inhabituelle, perpendiculairement à la place des Arcades située dans la ville haute qui est un exemple typique d'architecture médiévale. De l'architecture initiale du bâtiment ne subsistent que la première travée et le portail donnant sur la place. Cette église renferme toutefois un mobilier intéressant : stalles, tableaux, retable baroque, lambris peints attribués à Ingres et ses élèves. Elle mérite vraiment le détour et sa visite permet de toucher du doigt les histoires de la commune et de l'art.

MANIMOPARK

Crouzilles -
MONTBARLA

✆ 07 68 81 96 69

www.manimopark.fr

Ouvert de 10h à 18h : de pâques à Toussaint, et toute l'année pour les groupes. CB non acceptée.

Cette ferme pédagogique aménagée sur près de 3 hectares permet de découvrir et d'observer de nombreux animaux atypiques. Une véritable activité découverte. Vous pourrez évoluer dans les allées, nourrir les animaux le matin de 10h à midi grâce aux fruits et aux légumes du jardin. Manimopark allie découverte du monde animalier domestique et loisirs pour tous. Des jeux en bois sont disponibles pour les plus jeunes. Vous pourrez repartir avec un animal de compagnie ou une tondeuse écologique selon les disponibilités de l'élevage.

LA PLACE DES CORNIÈRES

Même si avec le temps l'activité économique s'est déplacée plus bas vers les faubourgs, la place des Cornières (au cœur de la bastide initiale, au sommet de la ville) reste un lieu de vie privilégié, notamment l'été. Outre la maison d'angle qui lui confère le nom de « cornière », elle est bordée d'arcades en plein cintre en anse de panier sur trois de ses côtés et de maisons du XVe au XVIIIe siècle. Ce que le touriste remarque, c'est le bord de la place à pavés de grès qui se relèvent sur un coin, une fantaisie surréaliste pourtant bien en harmonie avec l'ensemble.

OFFICE DE TOURISME QUERCY SUD-OUEST

place des Cornières ✆ 05 63 94 61 94
www.quercy-sud-ouest.com
Ouvert du lundi au samedi de 9h à 12h et de 14h à 18h. Haute saison : tous les jours de 9h à 19h.

Lauzerte se voit de loin. D'est en ouest, la ville semble veiller sur ces belles collines de calcaire blanc, entre Agenais et Pays de Serres. Mais la petite ville est loin d'être un simple belvédère, encore moins un village musée, avec de nombreuses associations, une économie active, des manifestations, et un des derniers café-concert digne de ce nom dans la région. Pour découvrir ces joyaux, une halte à l'office de tourisme s'impose, où l'accueil est vraiment charmant.

ADODANE

✆ 06 74 36 99 40
www.adodane.jimdo.com
Pendant les vacances scolaires. Sur réservation. 2h, 35 €, 1/2 journée, 50 €, journée, 70 €. CB non acceptée.

Cheminer avec votre âne en liberté, prendre le temps de découvrir la nature, approcher la faune sauvage, faire apprécier la marche de façon ludique aux enfants, c'est ce que propose Adodane à Lauzerte, étape sur le chemin de Compostelle. Créée en 2017, l'association a pour objectif d'accueillir des ânes en souffrance, de les remettre en état et les rééduquer, pour les proposer à la location. Cette année, des randonnées à thème accompagnées permettront de découvrir par exemple les bienfaits du jeûne durant 2 à 3 jours. Location possible d'une charrette à 3 roues.

LE CANABAL €

Saint-Urcisse - **TRÉJOULS**
✆ 05 63 95 70 83
www.canabal.free.fr
Chambre double de 70 € à 100 €. Gite pour 2 personnes de 50 à 650 €/semaine. Restauration (menu 26 €).

Auberge réputée depuis des années pour ses symphonies composées avec les légumes anciens de son potager, l'endroit se prête également merveilleusement à la villégiature. Michel a un sens aigu de la décoration, et la pierre blanche ainsi que le bois blond sont sublimés par des teintes rouge-orangé, quelques doux pastel, sans excès, que ce soit dans la chambre d'hôtes de l'ancienne grange ou dans le magnifique gîte qui occupe l'ancien pigeonnier. Le tout est agrémenté d'un mobilier modérément contemporain, équilibrant l'ensemble.

FERME AUBERGE DE LASBOURDETTES €

Le Bugat - **BOURG-DE-VISA**
✆ 05 63 94 26 75
www.gite-lasbourdettes.com
Chambre simple 48 € ; chambre double 60 €. Petit déjeuner inclus. Lit supplémentaire : 26 €.

Pour un séjour en pleine campagne, en immersion. Le gîte se situe dans une vielle bâtisse en pierre locale, les 2 chambres d'hôtes dans la maison d'habitation de la ferme, plus récente. L'ensemble, à défaut d'un grand cachet est confortable, et on bénéficie de ce calme (relatif, avec la basse-cour... Mais on en redemande !) bucolique si régénérateur. L'intérêt premier du lieu est la table, la ferme auberge de notre hôtesse Arlette de Caunes étant une des plus réputées de la région.

LES FIGUIERS €

Chemin du Coudounié
✆ 05 63 29 11 85
www.lesfiguiers-lauzerte.com
Chambres d'hôtes : 33 €/1 pers. 52 €/2 pers. Gîte : 13 € la nuitée en dortoir, à partir de 15 € la nuitée en chambre.

Pratique, placé juste sur le chemin de Saint-Jacques-de-Compostelle, ce gîte d'étape dispose de 5 chambres d'hôtes pouvant recevoir de 2 à 3 personnes et d'un gîte d'une capacité d'accueil de 30 places. Les chambres sont bien décorées, confortables et l'ambiance générale du lieu est très agréable. On vous reçoit avec plaisir et sourire et l'envie de découvrir l'autre et son parcours. Les échanges peuvent se poursuivre autour du coin cuisine aménagé pour préparer vos repas ou autour de la table d'hôtes de bonne qualité avec produits du terroir.

:scapade en Quercy Sud-Ouest

une heure de Toulouse, on aime profiter du spectacle offert par
xplosion des couleurs dans les paysages du Quercy Blanc,
déambuler dans nos villages médiévaux.

auzerte

tte cité médiévale, petite perle du Tarn et Garonne, fait scintiller sa pierre
lcaire sous le soleil estival et offre des points de vue à couper le souffle
r les collines qui l'entourent.

tte expérience vous entraîne, à partir de cette belle bastide
édiévale, à découvrir :
Nos productions agricoles de qualité :
vande du Quercy, Melon du Quercy, Chasselas de Moissac,
Des villages perchés de caractère
oquecor, Lacour, Montaigu de Quercy).
Jn chemin d'itinérance emblématique vers St Jacques
Compostelle, et des boucles de randonnée locales à la journée,
a découverte du petit patrimoine rural : pigeonniers,
lises, moulins, fontaines, lavoirs.

Pour en savoir plus, L'OFFICE DE TOURISME INTERCOMMUNAL
Quercy Sud-Ouest est à votre service :
En direct :
Place des Cornières - LAUZERTE ✆ **05 63 94 61 94** - accueil@lauzerte-tourisme.fr
Et en ligne : **www.quercy-sud-ouest.com**
#lauzertetourisme Quercy Sud-Ouest.

Photos © B. TAURAN et © OT QSO

GÎTE COMMUNAL €

15, rue du Millial
✆ 06 19 70 89 49

Ouvert d'avril à octobre. 3 chambres. Dortoir 6 personnes. Nuitée de 12 € à 15 €. Petit déjeuner : 5 €. Dîner : 12 €.

Voici une grande maison au cœur du village de Lauzerte pouvant recevoir jusqu'à 15 personnes, notamment les pèlerins, dans 3 chambres et un dortoir de 6 personnes. La literie est de qualité et on y passe de bonnes nuits mais la décoration est rudimentaire et il n'y a pas de fioritures. Néanmoins, un petit salon pour vous détendre est accessible et vous aurez la possibilité de vous préparer vos repas grâce à un coin cuisine aménagé. C'est une halte simple mais qui est bienvenue en pèlerinage et qui permettra de se reposer avant de poursuivre son chemin.

HÔTEL-RESTAURANT LE LUZERTA €

La Plane ✆ 05 63 94 64 43
www.luzerta.com

Ouvert toute l'année. Restaurant ouvert 7j/7 de mai à septembre. Chambre double 54-64 €. Petit-déjeuner 6,50 €.

L'établissement dispose de chambres réparties en 5 maisonnettes autour de la piscine, et 2 logis, dans un parc de 6 000 m² au pied du village. Les chambres sont tout confort. De plus, l'hôtel propose aux pèlerins qui séjournent au Luzerta chaises longues et piscine, au calme, et une formule demi-pension préférentielle. En été, le bar s'ouvre sur une terrasse de près de 300 m², servant divers snacks, cocktails et coupes glacées. Quant au restaurant, il sert une cuisine traditionnelle.

LE QUERCY €

11, route de Cahors
✆ 05 63 94 66 36
www.hotel-du-quercy.fr

Chambre simple 55 € ; chambre double 65 €. Petit déjeuner : 8,50 €. Parking. Tarif spécial pèlerins.

Niché à l'entrée d'un des Plus Beaux Villages de France, l'hôtel-restaurant Le Quercy, table gastronomique réputée, a le sens de l'accueil. Frédéric Bacou, un enfant du pays qui a su faire vivre cet établissement modeste en jouant sur la carte de la qualité, propose un hôtel familial rustique et chaleureux avec neuf chambres de bon confort, équipées en sanitaires privatifs. On retient le rapport qualité-prix imbattable. Vous trouverez des offres particulières pour les pèlerins sur le chemin de Saint-Jacques-de-Compostelle en demi-pension.

AUBE NOUVELLE €€

735, chemin de Bonnet - **DURFORT-LACAPELETTE**
✆ 05 63 04 50 33
aubenouvelle.chez.com/

Ouvert du 1 avril au 15 novembre. Chambre simple à partir de 48 € ; chambre double à partir de 61 €.

Au milieu de la verdure, cette belle maison en retrait de l'agitation est le lieu idéal pour trouver détente et repos dans un cadre enchanteur. Les chambres sont confortables, bien équipées, sans ostentation. Mais rares sont ceux qui y font une grasse matinée ; ici, on se lève souvent tôt pour enfiler les godillots, car on se situe tout juste sur le GR 65, chemin de Saint-Jacques-de-Compostelle. Ce qui n'empêche pas, le soir à l'étape, de se prélasser dans le magnifique parc et de goûter à la belle table qui n'a pas son pareil pour magnifier la gastronomie locale.

CAMPING LE BEAUVILLAGE €€

Vignal
✆ 06 67 31 20 19
www.camping-lebeauvillage.com

Du 30 mars au 30 novembre. Terrain de 1,5 ha. 25 emplacements (4 tentes, 6 yourtes, 1 cabane-pod et 4 tentes coco).

Christine, la nouvelle propriétaire et toute son équipe de ce petit camping de charme de 25 emplacements vous accueillent avec enthousiasme. Un camping, oui, (avec ces traditionnels emplacements, sa piscine, son aire de jeux pour les enfants, etc.), bien ombragé, mais ô combien original et différent des autres ! On voit surgir ces très surprenantes yourtes contemporaines (6 au total), d'un format qui en impose (c'est le modèle canadien, plus spacieux et lumineux), bien équipées, avec 200 m² de terrain privatif. Cabanes et tentes coco complètent l'offre.

GÎTE LANGELAU €€

19, Grand Rue
✆ 06 07 83 02 52

Uniquement sur réservation. Pour 4 personnes (2 chambres). De 600 € à 1 250 € la semaine selon saison.

Ce gîte élégant et confortable situé au cœur de la cité médiévale présente une décoration contemporaine aux tons actuels et très chaleureux. La terrasse privative et le petit jardin clos invitent à la détente, tout comme la piscine chauffée qui est à partager avec le propriétaire. En moyenne saison on appréciera la chaleur des poutres et du poêle à bois. Vous trouverez de nombreux loisirs à proximité : randonnée sur le GR65, parachutisme à 5 km, golf à 16 km et base de loisirs à 20 km, découverte du Quercy Blanc. C'est une adresse confidentielle à retenir.

LA GRANGE DU MOULIN DE TAURAN €€

Lieu-dit Graulat
✆ 05 63 94 60 68
moulintauran.free.fr
Chambre simple de 55 € à 59 € ; chambre double de 77 € à 86 € ; chambre triple de 98 € à 132 €. Petit déjeuner inclus.

Des pierres quercynoises, environnées d'un parc fleuri, cette imposante grange avec sa large piscine, séduit immédiatement. La grange du vieux moulin abrite les chambres très confortables et aménagées avec le plus grand goût. Quelques travaux récents ont encore renforcé cette impression. Une partie du bâtiment est dévolue au gîte, très spacieux et magnifiquement orné de boiseries aux tons modernes. Votre hôte est très attentionnée, toujours aux petits soins.

LE PIGEONNIER DU FIGUE-HAUT €€

Le Figué-Haut - **DURFORT-LACAPELETTE**
✆ 05 63 04 56 32
http://pigeonnierfiguehaut.free.fr
Gîte pèlerin : 1 €/nuitée, 5€/petit déjeuner. Gîte (pour 4 pers.) de 320€ à 750€/semaine, 200€/week-end, 35€/nuitée.

Non loin de Durfort-Lacapelette, voici un magnifique pigeonnier attenant à la ferme, rénové et aménagé en gîte chaleureux par Solange et Francis. Le temps d'une halte entre Lauzerte et Moissac, on savoure autant le repos près de la piscine que les bons produits de la région. On réserve la chambre gris-parme avec vue imprenable sur les coteaux environnants. Le tout est très bien équipé et très fonctionnel, permettant un séjour agréable en toute indépendance.

LA TABLE DU CHÂTEAU €€

SAINT-BEAUZEIL
✆ 05 63 95 25 61
chateaudelhoste.com
Ouvert toute l'année. Chambre double classique de 99 à 110€ la nuit, supérieure de 135 à 150€, familiale de 153 à 170€.

Quatre styles de chambres sont proposés dans ce bel hôtel : la classique avec grand lit ou deux lits simples, la supérieure climatisés avec son velux, la chambre supérieure avec son lit king size et son atmosphère campagnarde, et la familiale pour séjourner avec les enfants. Quelle que soit la formule choisie, on profite d'un petit déjeuner bio pour bien commencer la journée avant une partie de tennis de table ou de pétanque. On peut aussi se promener dans le beau jardin, plonger dans la piscine ou boire un verre au bar à vin.

THE HAPPY HAMLET €€

Lieu-dit Gary - **FAUROUX** ✆ 07 71 73 94 36
thehappyhamlet.com
Ouvert toute l'année. 5 chambres. Chambre double de 110 € à 125 €. Toute la propriété à partir de 550 € / nuit / 10 personnes.

Au nombre des 50 plus beaux hôtels d'Europe sélectionnés par *Geo* pour 2021. Un couple finlando-tchèque et français engagé dans le respect de la nature anime cette ancienne ferme multicentenaire de pierres blanches du Quercy, située dans un environnement de 13 ha de prairie, forêt et bambouseraie. Produits maison, récolte du potager, chèvre débroussailleuse, tri sélectif, économie d'énergie, bassin de nage naturel… Un cadre dépaysant et serein, des prestations au top pour un séjour aux petits oignons ! Table d'hôtes, panier pique-nique, escape game en forêt.

LE BELVÉDÈRE €€€

✆ 05 63 95 51 10
www.lebelvedere.biz
Soirée étape de 85 à 120 €. Petit déjeuner 15 €. Lit supplémentaire 15 €. Chambre «Balnéo Expérience» de 220 à 255 €.

Cet hôtel de standing est une belle bâtisse en pierre qui surplombe la confluence entre le Lendou et la petite Barguelonne et offre une vue imprenable à 180°. Une magnifique piscine permet de jouir de ce fabuleux panorama, ainsi que les nombreuses terrasses ombragées. C'est un lieu de calme, de sérénité, mais également de remise en forme. Le restaurant de l'hôtel est par ailleurs une des meilleures adresses de la région. Les forfaits alliant remise en forme, gastronomie et nuit de pacha sont tentants. Pour une parenthèse romantique, c'est vraiment le bon plan !

CHÂTEAU DE L'HOSTE €€€

SAINT-BEAUZEIL ✆ 05 63 95 25 61
www.chateaudelhoste.com
Chambre double de 99 € à 200 €. Demi-pension (supplément de 42 € par personne et par repas). Petit déjeuner : 15 €.

L'extrême Nord du département forme une pointe que coupe l'axe Agen-Fumel au cœur du Pays de Serres. Un peu en retrait de la route, une belle demeure du XVIIe siècle est aujourd'hui un hôtel de caractère aux petites chambres classiques et aux chambres supérieures spacieuses et finement décorées. Avec les salons, la bibliothèque, les jardins, terrasses et piscine, c'est la vie de château, avec en prime un personnel des plus charmants. Mais ce qui fait vraiment la différence, c'est le restaurant, très fine table gastronomique (une toque au Gault & Millau).

DOMAINE EQUESTRE DE LAUZERTE €€€

Les Boutes ✆ 05 63 94 63 46

www.domaine-de-lauzerte.fr

Ouvert toute l'année. 150 € la nuit en tente-lodge + 25 € avec les repas. Animaux acceptés (accueil chevaux).

Venez avec votre cheval ! Ambiance ranch de luxe pour ce domaine équestre avec un gîte dans une dépendance doté d'un spa, des camps organisés pour les enfants et les ados autour du cheval et de la nature, mais aussi un tout nouveau campement dans un bois, le campement Ingalls composé de tente-loge, un écolodge en pleine nature où vous vivez de manière responsable en réduisant votre impact sur l'environnement. Ce camp peut recevoir 28 personnes. Rando, piscine, VTT, équitation, tennis.

AUBERGE DE LAUZINIE €

Lauzinie-Haute - **LACOUR**

✆ 05 63 95 23 31

lausinie.e-monsite.com/

D'avril à septembre du mardi au samedi midi et soir et dimanche midi. D'octobre à mars horaires réduits.

Sur un flanc de colline où s'ébrouent les chevaux, avec une belle vue sur le village haut perché de Lacour-de-Visa, la ferme du domaine nous accueille pour nous restaurer et pourquoi pas, pour faire une belle balade à cheval. Dès l'entrée, l'âtre en hiver nous réconforte. Tout ici est authentique et chaleureux, de l'accueil aux bons petits plats réalisés avec des produits frais et de la région uniquement. Petits d'ailleurs ils ne le sont pas vraiment car les formules sont très copieuses et même les plus gros appétits seront comblés.

LA BRASSERIE DES CORNIÈRES €

15, Place de la Halle - **BOURG-DE-VISA**

✆ 05 63 29 14 43

www.labrasseriedescornieres.fr/

Dimanche et lundi (8h-15h), mardi et jeudi-samedi (8h-20h). Juillet et août : de 9 h à minuit. Formule du midi : 15€.

Aux beaux jours, vous aurez forcément envie de vous installer à la terrasse de cet établissement mêlant pierre et élégants volets gris. A la carte, des plats typiques de brasserie concoctés avec des produits du marché à petits prix : filet de lieu noir purée, onglet aux échalotes et frites, poitrine de porc fermier rôtie et tagliatelles, blanquette de veau, côtes de porc fermier sauce moutarde et gratin de chou-fleur... Une adresse pour profiter de Bourg-de-Visa en toute convivialité.

L'ETNA €

8, Faubourg d'Auriac

✆ 05 63 94 18 60

www.restaurant-pizzeria-lauzerte.com/

Du mardi au samedi le midi et le soir ; le dimanche soir. Ouvert 7j/7 en saison estivale de 12h à 14h et de 19h à 21h.

La placette du Faubourg d'Auriac, au pied de la vieille ville, est le nœud névralgique de la vie commerçante lauzertine. Cette pizzeria avenante et sa petite terrasse riante invitent à la contemplation, en surplomb du carrefour. Jolie terrasse arborée, d'ailleurs, bien garnie les soirées d'été, dans une ambiance souvent festive. On y mange comme on veut, sur le pouce ou alangui, avec les pépites locales que sont le melon et le canard en saison. Grâce au four à feu de bois, les pizzas et autres plats qui y sont réalisés offrent des saveurs authentiques et fortes.

LE QUERCY €

11, route de Cahors

✆ 05 63 94 66 36

www.hotel-du-quercy.fr

Basse saison : ouvert du mardi au dimanche midi ; vendredi et samedi soir. Haute saison : tous les jours midi et soir.

C'est un de ces petits hôtels-restaurants provinciaux comme on les aime tant en sillonnant nos campagnes le dimanche. Au pied du village de Lauzerte, à l'entame du faubourg d'Auriac, la nouvelle terrasse de l'établissement du Chef Frédéric Bacou, qui a rejoint l'association des restaurateurs du Tarn-et-Garonne, nous invite à entrer. La cuisine est ici de terroir, mais assez finement déclinée pour que l'on s'y arrête. L'établissement est également un petit hôtel charmant, très prisé en saison par les randonneurs sur le Compostelle.

L'AUBERGE DE MIRAMONT €€

MIRAMONT-DU-QUERCY

✆ 05 63 94 65 57

www.aubergemiramont.com

Basse saison : du lundi au samedi le midi ; le samedi soir. Haute saison : du lundi au samedi le midi et le soir.

On dépasse la belle terrasse ombragée, éclairée de lampes à pétrole, très agréable l'été. On découvre une ambiance cosmopolite qui incite au voyage. La cuisine s'en ressent avec un mélange de saveurs du monde sans renier le menu terroir. Les écrevisses sont fraîches à l'ardoise et côtoient le magret à la plancha et les desserts maison. Des soirées musicales et tapas sont proposées tous les premiers vendredis du mois, l'occasion de faire la fête sur la terrasse ou devant la cheminée en hiver. L'établissement possède aussi un service traiteur.

AUBERGE DES CARMES €€

16, faubourg d'Auriac © 05 63 94 64 49
www.aubergedescarmes.com/
Ouvert à partir de 9h30 en semaine, 10h le week-end, service continu sauf le dimanche soir et le jeudi en hiver.

L'Auberge des Carmes est située en contrebas de la cité médiévale de Lauzerte. Comme son nom l'indique bien, cet établissement est une auberge à l'ancienne, qui prend des allures de bistrot de village. Vous apprécierez de vous poser quelques minutes à la terrasse couverte pour prendre un café, et découvrir une seconde terrasse au calme pour déjeuner ou dîner. La cuisine est simple mais goûteuse, typique des brasseries (salades, grillades, galettes et crêpes), réalisée avec des produits locaux et de qualité. Ne manquez pas le généreux confit de canard !

AUX SARRAZINES DU FAUBOURG €€

6 bis, route de Moissac
© 05 63 32 10 10
auxsarrazinesdufaubourg.fr/
Ouvert tous les jours du 8 juillet au 25 août, le reste de l'année ouvert du mercredi au lundi. Formule du midi : 13 €.

Cet ancien café est devenu une coquette crêperie, qui a été décorée avec soin, jouant des couleurs avec la pierre blanche, avec une salle lumineuse, et une belle terrasse presque panoramique. Le service, familial, est d'une extrême amabilité, les formules proposées sont très alléchantes, et on peut sortir de la crêpe et de la galette si on le désire. Les habitués sont ici nombreux, notamment pour la formule du midi très avantageuse avec son petit prix.

FERME-AUBERGE DE LASBOURDETTES €€

Le Bugat - **BOURG-DE-VISA** © 05 63 94 26 75
www.gite-lasbourdettes.com
Du mercredi au lundi le midi de 12h à 13h30 et le soir de 19h à 20h30. Réservation impérative. Menus de 20 à 35 €.

Arlette Decaunes nous ouvre les portes de sa maison, dans ce petit coin de campagne un peu perdu. Dans un beau terroir trône sa ferme, garantissant la fraîcheur et l'authenticité : cou d'oie farci, canard rôti, rillettes d'oie aux cèpes et autre poule au pot... Il est difficile de finir les plats particulièrement copieux. On mange un peu comme chez notre grand-mère, une grand-mère toquée au Gault & Millau, tout de même... L'établissement compte également 2 chambres d'hôtes.

LA TABLE DES 3 CHEVALIERS €€

11, place des Cornières
© 05 63 95 32 69
Ouvert du vendredi midi au dimanche soir inclus. Menus de 19,80 à 39,80 €. Menu enfant : 12,50 €. Vin au verre.

Sur la place des Cornières, en face de l'office de tourisme, nous sommes accueillis par un magnifique bar à colombages sur notre gauche, la porte d'entrée à peine poussée. L'établissement a été totalement réaménagé pour mettre en valeur ce bel immeuble d'époque. A l'intérieur comme en terrasse, on profite d'une cuisine qui fait la part belle aux produits du terroir et surtout locaux sans pour autant se contenter des classiques, elle sait se réinventer et innover.

RESTAURANT L'ETINCELLE €€

6, Place des Cornières
© 09 82 39 02 09
Restaurant de saison ouvert de mars à novembre tous les jours de midi à 21h.

L'Etincelle, c'est une cuisine inventive et gourmande réalisée à partir de produits frais et locaux. Entre le service aimable, professionnel, rapide et souriant et la qualité des mets, il n'y a vraiment rien à redire. Mars marque l'ouverture saisonnière de ce restaurant à la carte qui se réinvente sans cesse, selon les inspirations du chef. On y déguste des produits nobles tels que les noix de Saint-Jacques ou les ris de veau, et l'on y boit l'un des cocktails surprenants proposés, comme le gin tonic au basilic. Les découvertes sont nombreuses !

LA TABLE DU CHÂTEAU €€

SAINT-BEAUZEIL
© 05 63 95 25 61
chateaudelhoste.com
Fermé du 28 octobre au 24 avril. Ouvert tous les soirs et lundi, jeudi, vendredi et dimanche midi. Menus de 26 à 35 €.

Ce magnifique bistrot et bar à vin est décoré avec beaucoup de charme et de goût, en salle comme en terrasse, avec le bois omniprésent qui donne une atmosphère extrêmement chaleureuse à l'ensemble. L'accueil est souriant et la table raffinée autour d'un menu fixe fait maison qui change tous les jours. L'inventivité est donc au rendez-vous et on ne se lasse jamais de découvrir les nouvelles inspirations du chef, qui associe souvent des saveurs que l'on ne mélangerait pas de prime abord pour un résultat tout bonnement époustouflant.

LA TABLE DU BELVÉDÈRE €€€

Montagudet ✆ 05 63 95 51 10
www.tabledubelvedere.com
Ouvert toute l'année tous les jours. Dimanche, lundi et mardi, seul le menu Inspirations est proposé. Menus de 22 à 49€.

La Table du Belvédère multiplie les signes de qualité, pour vous donner envie de saliver ! Un meilleur ouvrier de France officie en cuisine, avec Roland Garreau, Maître Restaurateur, qui propose une cuisine inventive, à base de produits frais et locaux, selon les principes du slow food, sept jours sur sept. Cette table est distinguée par Les Toques Françaises, certifiée 100 % fait maison. Le restaurant est labellisé Cuisinerie Française et garantit qu'au moins 70 % des produits sont d'origine locale. Le service est lui aussi haut de gamme.

MACARON DE LAUZERTE

9, route de Moissac
✆ 05 63 94 66 44
www.macarondelauzerte.com
Ouvert du mercredi au samedi de 9h à 13h et de 15h à 19h. Ouvert le dimanche (de 9h à 13h).

Cette spécialité locale, se trouve chez un… charcutier-traiteur ! La talentueuse famille Bonnefous, Jacques, Marie-Josée et leur fille Françoise est éprise de qualité, respectueuse des meilleurs produits. Ils sont les seuls à perpétuer cette antique recette du légendaire macaron de Lauzerte connu depuis le XIe siècle. Ce macaron ne ressemble en rien à ces petits fours guindés dans leur coque de glace. Avec leur couleur de blé mûr, ils sont craquelés à l'extérieur, moelleux et pleins de douceur en dedans. Les saveurs d'amande replongent notre âme en enfance.

AU CLAIR DE LA BRUNE

Dalmayrac ✆ 06 31 44 24 41
www.auclair-delabrune.fr
Magasin en juillet et août du lundi au samedi de 10h à 18h30, le reste de l'année mercredi et samedi de 15h à 18h.

Les Portal sont venus d'Aveyron pour s'installer dans cette ferme en 1957 ! En 2012, avec deux générations d'écart, les Portal ouvrent la fromagerie. Ils proposent à tous les visiteurs et les gourmands leurs délicieux produits laitiers, issus de la race brune… N'hésitez pas à pousser les portes d'Au Clair de la Brune pour découvrir les techniques de production et savourer yaourts, fromage blanc, confiture de lait et fromages (quercynois, tomme de Saint-Urbain, camembrune…). Vous trouverez également leurs produits sur les marchés, à Lauzerte, à Montcuq…

LA FERME DU LENDOU

Sainte-Foy
✆ 05 63 94 61 73
Ouvert du lundi au samedi. Vente de pain les mardi et vendredi de 17h à 19h.

La Ferme du Lendou, organisée en GAEC, occupe le joli site du moulin de Sainte-Foy. Avec une véritable exigence de qualité et un certain militantisme (les produits de la ferme ont la certification bio, mais également Nature & Progrès, toute une philosophie autour du respect de la nature, de l'homme et du métier de paysan), la ferme propose farines du moulin, légumineuses sèches, fruits secs, fruits en saison (cerises, pommes, raisins), jus de fruits et pain les mardi et vendredi. On peut retrouver les produits de la ferme tous les samedis au marché de Lauzerte.

LE LUCERNA

Place des Cornières
✆ 06 21 68 42 56

Ce tout nouveau glacier propose des glaces artisanales (Benoît de la Lune, Artisan Glacier à Villeneuve-sur-Lot) et des boissons rafraîchissantes originales. Cafés étonnants et thés inattendus sont aussi de la partie, de la terrasse jusqu'à la cave de ce lieu, qui vit aussi au rythme des saisons, des animations du village et des envies de Daphné ! Les nombreux produits atypiques proposés se dégustent sur place, comme la petite restauration de bonne qualité pour manger sur le pouce. Et pour ceux qui veulent en rapporter, il y a l'épicerie gourmande !

MARCHÉS FERMIERS

Le mercredi matin (place du Foirail) et le samedi matin (place des Cornières).

Le mercredi, le marché est plus confidentiel, avec uniquement des producteurs de fruits et légumes locaux. Le samedi, c'est le marché le plus important et le plus diversifié. Il reste traditionnel avec encore une fois de nombreux producteurs locaux, dont une bonne majorité propose des produits biologiques, mais il possède un esprit un peu foire avec des produits non alimentaires en plus. Vous pourrez ainsi vous équiper en bijoux fantaisie ou de créateurs, en chapeaux de paille, en vêtements divers et même en fleurs et plantes.

TARN-ET-GARONNE

AU PANIER DES SAVEURS

Faubourg d'Auriac

✆ 05 63 95 21 88

Ouvert le lundi, le mardi, le jeudi et le vendredi de 8h30 à 12h30 et de 15h à 19h ; le week-end de 9h à 12h30.

Le Panier des Saveurs est situé non loin du centre du bourg médiéval de Lauzerte. Cette épicerie très pratique propose de nombreux produits du terroir : fruits et légumes de la région en priorité, en fonction des saisons, bien sûr, mais aussi conserves, vins, jus de fruits, fruits secs, confitures, pâtes fraîches et thés de qualité... sans compter le rayon crèmerie. Vous pourrez ainsi vous achalander en de nombreux produits gourmands. Ne manquez pas non plus les corbeilles de fruits frais et secs à offrir en cadeau à tous les amateurs de bons produits.

DOMAINE ÉQUESTRE DE LAUZERTE

Las Bordes ✆ 05 63 94 63 46

www.domaine-de-lauzerte.fr/

Ouvert toute l'année. Cavaliers de passage, 1h à 23 €. De nombreuses formules sont proposées du stage à la compétition.

Le poney club d'Isabelle et Frédéric Favrot accueille enfants et adolescents, et propose un gîte, le tout encadré par quatre enseignants diplômés. Les jeunes cavaliers sont accueillis à partir de 4 ans, au programme jeux en musique et promenades à poney avec l'aide des parents. Pour les plus grands, le centre équestre propose aussi de l'initiation, du perfectionnement, le passage des galops jusqu'à la compétition. Il est possible d'effectuer des promenades et des randonnées.

GOLF DES ROUCOUS

Sauveterre

✆ 05 63 95 83 70

www.golfdesroucous.com

Ouvert toute l'année. Entrée : 30 € (18 trous). Accès practice gratuit. Restauration. Hébergement. Tennis (15€/h).

Ce golf de 9 trous, vallonné et boisé, est situé en pleine nature et ouvert toute l'année. Il peut vous accueillir pour une journée, un week-end, ou un plus long séjour dans des maisons individuelles pleines de charme. Le Proshop dispose de matériel à la location ainsi qu'à la vente. L'accès au practice est gratuit et les jetons pour l'entraînement sont disponibles au Club House. Un professeur diplômé dispense des leçons tout au long de l'année, sur rendez-vous. L'accès à la piscine et au tennis est réservé aux membres et aux résidents.

LA GRANGE DU MOULIN DE TAURAN

Lieu-dit Graulat

✆ 05 63 94 60 68

moulintauran.free.fr

Gîtes 6 personnes de 750 à 1 300 € la semaine selon la saison. 12 personnes de 1 650 à 2 250 € la semaine.

A la grange du Moulin de Tauran, vous serez les bienvenus dans cette grange exceptionnelle de campagne rénovée d'une surface de 680 m². Son parc de 4 ha bordé d'une rivière, son jardin tropical, sa piscine couverte et chauffée, ainsi que son espace vert vous invite à la détente et au repos. Trois gîtes sont proposés en location à la semaine. Deux offrent 6 couchages et l'autre peut recevoir jusqu'à 14 personnes, idéal pour les grandes familles ou les groupes d'amis.

QUERCY PLURIEL MONTGOLFIERE

11, rue de la Garrigue

✆ 06 84 51 75 10

www.quercypluriel.fr

Certificat de transport aérien (CTA) agréé par la Direction générale de l'Aviation civile (DGAC). De mai à septembre.

« Un voyage hors du temps au gré du vent... » Lauzerte et ses deux vallées vues du ciel, c'est une expérience magique. Un voyage en montgolfière garde ce côté à la fois doux et impressionnant, en rapport sans doute avec l'enfance, ceci dans le plus grand respect de la nature puisque, au fond, c'est bien le vent ici qui décide. N'hésitez pas à tenter l'expérience, vous en repartirez avec des souvenirs inoubliables et des images féeriques plein la tête.

LE CANABAL

Saint-Urcisse

TRÉJOULS

✆ 05 63 95 70 83

www.canabal.free.fr

Programmation prévue le week-end. Restauration.

Le Canabal est cette belle ferme rénovée où l'on peut loger dans un magnifique gîte ou une adorable chambre d'hôtes, déguster une cuisine inventive à base de légumes anciens ou boire un petit verre sur la terrasse panoramique. On peut aussi venir y applaudir des artistes triés sur le volet. Dans la plus pure tradition cabaret, voire café-théâtre, Michel propose des soirées aux formules vraiment originales (par exemple, les «desserts-spectacles»), à des tarifs très raisonnables. La convivialité et le divertissement sont assurés !

LE PUITS DE JOUR

Place des Cornières
✆ 05 63 94 70 59
Basse saison : du jeudi au lundi. Haute saison : tous les jours. Terrasse sur la magnifique place des Cornières.

Le Puits de Jour est l'endroit des soirées lauzertines. La scène est foulée plusieurs fois par week-end par des artistes de passage, des plus illustres aux parfaits inconnus, dans une grande diversité de styles, sortant souvent des sentiers battus. Le propriétaire et programmateur (Matthieu), lui-même musicien, a équipé le lieu pour que les artistes puissent évoluer dans de vrais conditions professionnelles, et chaque concert est enregistré. Chaque premier vendredi du mois, après le concert, la scène est ouverte pour ceux qui souhaitent essayer de se lancer.

THE HAPPY HAMLET

Lieu-dit Gary - **FAUROUX**
✆ 07 71 73 94 36
thehappyhamlet.com
Pour deux personnes 30€, 25€ pour trois et 20€ pour 4 à 6. Le dimanche après-midi, réservation impérative.

Les Escape Rooms sont déjà une institution, mais dans le Hamlet, il n'y a pas de « pièce d'où vous devez vous échapper » – votre terrain de jeu sera la vaste forêt qui entoure la propriété. Sortir de la forêt sera votre but, l'intrigue, vous la découvrirez sur place, mais on vous dit déjà que cela concerne le Moyen Age... Plusieurs niveaux de difficulté sont proposés et chacun peut jouer, quelle que soit sa tranche d'âge. Pour vous aider, plan, indices et enveloppes secours sont là. Le maître du jeu vous observe et vous oriente au besoin.

TOUFFAILLES

Le nom de Touffailles viendrait de « Toufels » qui désignerait un peuple fédéré aux Goths, les Taïfales. Cette origine serait identique à la ville espagnole de Tafalla. Les remparts d'un ancien château médiéval surplombent le village et on en observe les vestiges : une chapelle et une ancienne ferme. Plusieurs chapelles sont visibles : Moissaguel, Saint-Gervais, Sainte-Livrade. La tradition orale veut qu'une chapelle du nom de Sainte-Marthe ait brûlé au Moyen Âge, à côté du lieu-dit Lacontal près des champs de lavande du Quercy. A Moissaguel, on trouvait autrefois deux tours médiévales, vestiges elles aussi d'un ancien château.

LAPIADE €€

Lapiade
✆ 05 63 39 08 21
www.lapiade.com
Chambre double 88 €. Wifi. Restauration (26 €).

Cette jolie bâtisse en pierres de taille typique du Quercy Blanc avec des volets bleus accueille trois chambres d'hôtes, pour un séjour tranquille et paisible à la campagne. Vous apprécierez le charme simple de la décoration des chambres, tout à fait confortables, avec cheminée. L'été, vous profiterez avec plaisir de la terrasse, du jardin et de la piscine. Le soir, vous pourrez déguster un agréable plat concocté par l'hôtesse des lieux. Pour compléter l'offre, plusieurs formules sont proposées comme le baptême en Porsche ou les spéciales couples et romantiques.

AU P'TIT MOISSAC €€

Estripeau
✆ 05 63 39 00 86
5 chambres. Chambre double de 92 € à 112 €. Petit déjeuner inclus. Lit supplémentaire : 16 €. Garde d'enfants.

Le P'tit Moissac ou Moissaguel est une charmante maison d'hôtes qui accueille cinq chambres confortables, dans un cadre très agréable. La maison ancienne, rénovée avec soin, en prenant garde de conserver les matériaux d'origine (pierres, bois), constitue un cadre de choix pour une halte reposante dans la nature. Dans le jardin près de la piscine en été ou près de la cheminée du salon en hiver, on prend le temps de se reposer en profitant de l'ambiance chaleureuse et sereine du lieu. Le petit plus ici, c'est la garde d'enfants qui est proposée.

FERME DE LACONTAL

Ferme de Lacontal Earl
Lieu-dit Lacontal
✆ 09 64 19 68 44
www.lavande-quercy.fr

Les terres de la ferme de Lacontal, sur la commune de Touffailles, ont retrouvé, en 2006, une coloration bleu lavande. La culture de la lavande, délaissée depuis les années 1970, a été relancée par Hélène Lafon et Xavier Leplaideur. En agriculture bio, comme autrefois, ils assurent le désherbage à la main avant de récolter et distiller sur place pour fabriquer des huiles essentielles. Les deux paysans commercialisent aussi d'autres produits dérivés de la lavande : savons, bougies parfumées et même des meringues, bonbons ou fleurs de lavande à grignoter.

CAZES-MONDENARD

Entouré de rivières et de vignobles où l'on récolte le fameux chasselas de Moissac, le village fondé il y a plus de 750 ans peut s'enorgueillir de posséder huit églises sur sa commune dont les constructions, destructions et reconstructions s'étalent du XIIe au XIXe siècle. La commune possède également deux châteaux, celui de Mondenard et celui de Lauture de Cazillac, et trois sites remarquables : la fontaine de Saint Quintin, la source de Canhac et le pont de Lissart. A Cazillac, on découvre aussi deux œuvres majeures : une statue de Vierge à l'Enfant du XVIIe siècle et le tableau « La Sainte Famille » dite « la Vierge de Séville ».

ÉGLISE DE BRUYÈRES

C'est un édifice roman qui a été plusieurs fois modifié et agrandi. Son abside est semi-circulaire et voûtée en cul de four. Elle est limitée par un axe en plein cintre et prolongée par une travée droite ayant une voûte en berceau. La nef romane d'origine a disparu. Elle a été rebâtie en blocage au XVIe siècle. Plus basse que l'abside, elle laisse voir, depuis la restauration de 1989, une magnifique charpente. Sur la façade ouest se trouve un petit clocher-mur avec une arcade unique. Il a été refait en 1880. L'église a été restaurée à plusieurs reprises.

MUSÉE DU CORBILLARD ET DE L'ATTELAGE

Restaurant Yvan Quercy
✆ 05 63 95 84 02
Ouvert toute l'année. Adulte : 7 €. Enfant : 2,50 €. Visite guidée et dégustation de produits régionaux. Restauration.

Original et pointu ! Plus de 150 corbillards du XVIIIe au XXe siècle et 60 autres voitures hippomobiles sont à découvrir. Voilà donc un endroit plus qu'insolite, œuvre du défunt collectionneur Yvan Quercy. Ce musée bénéficie d'un très bel environnement et vous avez sur place un restaurant (réserver). Les camping-caristes sont les bienvenus, l'établissement faisant partie du réseau France Passion. Yvan fils présente désormais sa collection de motos anciennes.

LA GRANGE €€

La Grange Martissan
✆ 05 63 95 83 71
www.chambre-grange.com
Chambre simple à partir de 60 € ; chambre double à partir de 75 € ; chambre triple à partir de 85 €. Demi-pension.

Cette maison de maître bâtie en 1885 en pierres rouges est ravissante. Au rez-de-chaussée, le couloir bleu vous conduit dans la salle à manger où l'on vous invite à partager les plats copieux de la région. Annie cuisine canard et cochon au chasselas et pruneaux comme jamais. A l'étage, chaque chambre de 32 m² évoque un pays. Vous aurez la joie de déguster un petit déjeuner avec confiture maison, peut-être, s'il fait beau, sous la tonnelle ou sur la terrasse. Les équipements sont très nombreux dans cette belle propriété, avec par exemple plusieurs piscines.

RESTAURANT YVAN QUERCY €€

Minguet ✆ 05 63 95 84 02
Ouvert toute l'année. Sur réservation. Menus de 25 € à 30 €. Menu enfant : 12 €. Terrasse.

Yvan Quercy a deux cordes à son arc, tout d'abord sa cuisine typiquement quercynoise : salade quercynoise, gésiers confits aux noix, poulet au vert jus, confit, cèpes, foie gras, queues d'écrevisses persillade, tourtière du Quercy, confortablement installé dans une salle avec pierres apparentes et mobilier rustique. Ensuite et depuis près de vingt ans, Yvan Quercy se présente comme un philicorbolien. Mais qu'est-ce donc que cela ? Ce sont en fait les corbillards hippomobiles. Pour découvrir cette passion étonnante, visitez donc l'endroit après un bon repas !

LA SOURCE €€

3, Place de l'Hôtel de Ville
✆ 09 53 95 00 18
De 8h30 à 15h du mardi au vendredi. De 10h à 15h samedi et dimanche. De 18h à minuit vendredi et samedi.

Ici, vous pourrez vous ressourcer entre amis ou en famille et déguster une cuisine bistronomique à base de produits frais et locaux. Le cadre est accueillant et chaleureux et l'accueil de Marinette sans pareil. Produits frais obligent, la carte varie en fonction des saisons et des inspirations du chef mais chacun trouvera son compte dans ce café-restaurant plein de vie où l'on vient tant pour l'ambiance autour d'un verre que pour les bons petits plats. Du matin au soir, les rencontres et dégustations s'enchainent dans la bonne humeur.

MONTAIGU-DE-QUERCY ★

Montaigu a su conserver son identité médiévale, dans un écrin de verdure, où l'on peut admirer pigeonniers, églises et chapelles romanes. Montaigu (« monte acuto ») se développe sous Raymond V, le comte de Toulouse, qui y étend son autorité en fortifiant toute la région, sous la menace des ducs d'Aquitaine. Aujourd'hui, les remparts sont en assez bon état de conservation, offrant un excellent panorama sur le site. Chef-lieu de canton, Montaigu fait office de petite capitale de cette partie du département, avec un certain dynamisme, l'activité s'étant déplacée comme pour sa presque voisine Lauzerte vers les faubourgs en bas de la ville.

POINT D'ACCUEIL OFFICE DE TOURISME QUERCY SUD-OUEST

Place du Mercadiel
✆ 05 63 94 48 50
www.quercy-sud-ouest.com
Basse saison : ouvert du lundi au jeudi de 9h à 12h30. Haute saison : du lundi au samedi de 9h à 13h et de 14h30 à 19h.

L'office de tourisme Quercy Sud-Ouest possède quatre bureaux d'information avec du personnel qualifié : les points d'accueil de Lauzerte, Montaigu-de-Quercy, Roquecor et Bourg-de-Visa. Vous apprendrez ainsi à découvrir ce joli coin de nature, entre pigeonniers et églises, villages et artisanat. Vous trouverez des informations utiles et des bons plans pour séjourner ici à loisir, au gré de vos envies et en fonction de votre situation familiale et/ou amicale.

LA BORDETTE €

Valeilles ✆ 05 63 94 19 58
www.labordette.com
Ouvert toute l'année. Chambre simple de 55 € à 80 € ; chambre double de 80 € à 115 €. Petit déjeuner inclus.

Ce corps de ferme d'un blanc éclatant a été restauré par Luc Maes et Annick Duponselle. Les chambres, également d'un blanc immaculé servent d'écrins aux toiles de Luc, très colorées. L'extérieur est également des plus agréables, avec une vaste piscine chauffée et une grande table où est servi le repas de l'hôte. On peut également profiter de la grande salle de jeux (avec notamment un billard et un bon vieux flipper) et pêcher dans l'étang du voisin. Entre le cadre naturel et calme du lieu et le sens de l'accueil très poussé des propriétaires, on est comblés ici.

CHAMBRES D'HÔTES DES CORNIÈRES €

Rue des cornières
ROQUECOR
✆ 05 63 05 10 91
Ouvert toute l'année. 2 chambres (coin cuisine). Chambre double 70 €. Petit déjeuner inclus. Wifi. Parking.

Le séjour lumineux et accueillant, avec vue sur la vallée, est uniquement à la disposition des voyageurs. Un petit déjeuner copieux maison vous y sera servi. Les deux chambres sont bien décorées et agréables, personnalisées, avec des équipements parfaits pour passer un bon moment sur la terrasse ou au coin du feu. Pour vos repas, vous bénéficierez d'un coin cuisine totalement équipé pour que votre séjour se déroule de façon totalement indépendante.

CAMPING NATURISTE LES MANOQUES €€

Plaine Colombies - **VALEILLES**
✆ 05 63 95 24 06
www.lesmanoques.com
Fermé d´octobre à juin. Réservation recommandée. Accueil jusqu'à 23h. Terrain de 14 ha. 66 emplacements.

Du haut de son tertre le village de Valeilles et la proche vallée du Lot, perdu au milieu de la chênaie, le camping des Manoques a tout pour séduire. On est ici dans un lieu naturiste, philosophie confirmée par les autres prestations liées au bien-être (ostéopathie, massages californiens, réflexologie plantaire, shiatsu, massages ayurvédiques...). La topologie du lieu lui confère un petit côté îlot perdu et c'est très bien ainsi, puisqu'on y recherche avant tout la tranquillité.

HÔTEL-BAR-RESTAURANT DU MIDI €€

41, rue Albert Caillau
✆ 05 63 32 46 53
www.hotelrestaurantlemidi.fr
Ouvert toute l'année. Ouvert 7j/7. 7 chambres (dont 1 handicapé). Chambre double de 62 € à 68 €.

Cet établissement très récemment rénové offre ses volumes au rez-de-chaussée avec un bar qui a su rester un peu «à l'ancienne» et un restaurant à la décoration et aux tons plus branchés. Les 7 chambres à l'étage, dans les dégradés de gris jouent la sobriété mais proposent tous les conforts, notamment pour les personnes à mobilité réduite. Dans cet hôtel parfaitement situé on peut séjourner en famille ou entre amis, ou même prévoir une petite escapade romantique.

MONTAIGU PLAGE €€

✆ 05 63 32 50 07

www.montaiguplage82.com/

12 gîtes en pierre répartis en 6 gîtes pour 6 personnes et 6 gîtes pour 8 personnes dès 420 € selon la saison.

Le village de 12 gîtes à l'architecture atypique est implanté à l'écart de l'agitation de la base de loisirs. Des mobil-homes peuvent accueillir jusqu'à 6 personnes, les tentes aménagées 5 personnes, les tipis 2 personnes, et le camping dispose de 69 emplacements ombragés. Le restaurant sur pilotis, La Cabane, propose aussi des animations à thème. Le lac est classé 1re catégorie pour la pêche. Que vous choisissiez les gîtes ou la version camping, vous bénéficierez des mêmes services haut de gamme et les enfants s'occuperont toute la journée à la base de loisirs.

LA QUERCYNOISE €€

Gouffereau ✆ 05 63 39 53 54

www.chambredhotes-laquercynoise.com

Ouvert toute l'année. 2 personnes 85€, 4 personnes 120€. Restauration (table d'hôtes sur réservation 25€).

Cette jolie et typique maison quercynoise entièrement rénovée est située au bout d'un chemin, ce qui garantit un calme absolu. La décoration aux tons clairs et harmonieux participe au repos. Ces deux chambres proposent de beaux espaces à l'intérieur, et à l'extérieur un jardin de 6 000 m² agrémenté d'une piscine. Dans la suite familiale, la salle de bain des deux chambres dispose d'une baignoire. La table d'hôtes offre la possibilité de goûter à des recettes maison typiques de ce terroir avec des produits frais et locaux de producteurs partenaires.

CAFE DU CENTRE €

ROQUECOR

✆ 05 63 95 21 78

www.caferoquecor.com

Le lundi, le mardi, le jeudi et le week-end le midi ; le vendredi midi et soir. En été du jeudi au samedi soir.

Roquecor fait partie de ces villages en nids d'aigle, si nombreux dans cette belle région. Les bâtisses de calcaire convergent vers le carrefour central et son café-restaurant. L'ambiance est rustique mais chaleureuse à l'intérieur. L'endroit est plein de vie, et surtout constitue une table très correcte, loin d'une simple brasserie. C'est un vrai restaurant, mais dans un café, ça a son charme et cela favorise les rencontres. En terrasse l'été on profite régulièrement de petites animations musicales pour encore plus de plaisir.

BRASSERIE DU LAC €€

Réveil Haut

✆ 05 63 94 32 66

Ouvert de juin à août, tous les jours midi et soir. Chèque Vacances, Chèque Restaurant. Accueil des groupes.

Le site par lui même incite au *farniente* après la baignade. Le cabanon ombragé surplombe légèrement la plage de sable fin et l'on se sent tout de suite en vacances. Pour une petite glace, bien sûr, en famille, mais aussi pour y boire un verre ou y manger un morceau, la carte brasserie tient la route, ainsi que quelques inspirations plus gastronomiques. C'est un lieu sympa où l'on peut l'été profiter de belles soirées, l'établissement restant ouvert jusqu'à 1 heure du matin. Le personnel est attentif et très souriant, professionnel comme on aime.

LE DÉLICE €€

87, avenue du Stade

✆ 05 63 32 55 03

www.le-delice-restaurant.eatbu.com

Haute saison : du mardi au dimanche le midi et le soir. Basse saison fermé lundi toute la journée et le mardi soir.

Dans une belle salle haute de plafond, avec ses discrètes touches orientales très agréable, Nadia vous accueille chaleureusement. Pour des sommes vraiment très raisonnables qui conviendront à tous les budgets, on peut déguster ces délicieux plats du Maghreb que sont le tajine, le couscous, et bien d'autres trésors culinaires, avec un verre de Sidi Brahim ou de thé à la menthe. Vous vous sentirez comme chez vous grâce à l'accueil et à l'ambiance, tout en étant dépaysés par les odeurs et les saveurs qui se dégagent des plats copieux et bien présentés.

HÔTEL-BAR-RESTAURANT DU MIDI €€

41, rue Albert Caillau

✆ 05 63 32 46 53

www.hotelrestaurantlemidi.fr

Ouvert 7/7 sauf dimanche soir en basse saison de 7h30 à 22h. A partir de 7h30. Menus de 11,20 € à 22,50 €.

L'établissement est récent, mais sa silhouette bien que massive ne détonne pas dans cet univers de calcaire blanc, et la belle salle panoramique au pied du village invite à passer le pas de porte. C'est l'endroit idéal pour la halte, et les formules du midi sont étudiées, avec un excellent rapport qualité-prix pour une cuisine traditionnelle mais soignée. A la carte on trouve également de belles choses, inspirées par les produits frais des producteurs locaux alentours.

TARN-ET-GARONNE

LE QUERCY DES ÎLES

✆ 05 63 04 31 25

www.quercydesiles.com

Visite, vente et dégustation sur rendez-vous.

L'histoire du Quercy des îles commence au début du XXIe siècle sur les hauteurs de la ville de Moissac. Edouard Bourreau découvre ici la perle d'or, célèbre fruit né des terres du Quercy : le chasselas de Moissac et donne naissance au Quercy des îles. Ses composants lui donnent un goût unique et raffiné. Ce mélange vieilli dix-huit mois en fût de chêne sent bon le soleil et la gaieté pour l'apéritif. Vous pouvez visiter les chais à Montaigu-de-Quercy tenus par le nouveau propriétaire Mathieu Albugues et bien sûr vous ravitailler de ce délicieux breuvage.

MONTAIGU PLAGE

✆ 05 63 32 50 07

www.montaiguplage82.com/

Entrée : 3,50 € (enfant de 5 à 12 ans 2,50 € et enfant de - 5 ans gratuit). Abonnement : 30 €.

Jolie base de loisirs cachée au milieu des chênes dans un environnement vallonné. La plage de sable fin est sécurisée pour les plus petits. On trouve de quoi bien s'occuper (bateaux à pédales, kayaks, yoga kayak, parc de jeux gonflables, deux terrains de tennis, fronton...) et de quoi se rafraîchir et se restaurer avec la brasserie. La baignade est surveillée l'après-midi, les week-ends en juin et septembre de 12h à 18h, et tous les jours en juillet et août de 12h à 19h. Tout au long de l'année, le lac est accessible gratuitement aux promeneurs et pêcheurs.

SAPODOUCE

Place du Marché

ROQUECOR

✆ 05 63 94 68 49

www.sapodouce.fr

Tous les jours de 9h à 17h.

Pascale Dejean a évolué dans le monde médical avant d'ouvrir sa savonnerie en 2010. Cette passionnée de biologie, laborantine et infirmière de formation, a donc mis à profit son expérience professionnelle pour élaborer ses formules. La jeune femme fabrique ses produits à la main, dans un petit atelier qu'elle a installé à Roquecor. Attachée à la tradition, Pascale utilise la technique de la saponification à froid, respectueuse de l'environnement, pour jouer les petits chimistes avec des ingrédients biologiques et des argiles naturelles... pour une peau douce !

BOULOC SKYDIVE

✆ 05 63 95 39 46

www.bouloc-skydive.com

De mars à fin novembre sur rendez-vous. Saut en tandem avec moniteur : compter environ 300 €, vidéo du saut comprise.

L'École Française de Parachutisme de Midi-Pyrénées, association qui œuvre depuis plus d'un demi-siècle pour la promotion de la chute libre et du parachutisme sous toutes ses formes, occupe les lieux depuis 1988 avec un superbe complexe où l'on peut se restaurer (cantine), se prélasser (piscine) et même dormir (chalets et camping), à condition d'être adhérent de l'association. Les amateurs de sensations fortes peuvent venir tenter l'expérience du saut en tandem, il suffit de prendre rendez-vous. Des stages plus approfondis sont proposés.

CASTELSARRASIN ★

En dépit du rôle important qu'elle joua pendant la crise albigeoise ou la guerre de Cent Ans, la petite sous-préfecture du Tarn-et-Garonne n'offre à la visite touristique que peu de monuments anciens. Reste le plaisir d'une balade au fil des rues dont les noms ont gardé des airs révolutionnaires et bien sûr, l'incontournable église Saint-Sauveur. Ville industrielle et de garnison, elle pâtit souvent de sa proximité avec la belle Moissac et ses superlatifs. C'est pourtant une ville fleurie où il fait bon vivre, où il est encore possible de flâner, sur le port le long du canal ou autour d'un des nombreux lacs et étangs qui l'entourent.

RELAI D'INFORMATION TOURISTIQUE

3 bis, allée de Verdun ✆ 05 32 09 61 39
tourisme-moissac-terresdesconfluences.fr
Ouvert du lundi au samedi de 9h à 12h et de 14h à 17h. Haute saison du lundi au samedi de 9h à 12h et de 14h à 18h30.

Le relais d'information touristique de Castelsarrasin est situé dans les mêmes locaux que ceux de la capitainerie du port de plaisance « Jacques-Yves Cousteau ». (Ce port a été mis en service en 1846 et a été aménagé en port de plaisance en 1998.) Une équipe de professionnels vous accueille en semaine hors saison et les samedis aux beaux jours. Vous trouverez ici notamment les cartes de la véloroute qui relie Lamagistère à Montech, mais également toutes les infos utiles à votre séjour.

ÉGLISE SAINT-SAUVEUR ✝

Ouvert tous les jours de 9h à 18h. Entrée libre.

L'église possède un mobilier exceptionnel dont la plupart des pièces sont classées Monuments historiques. Certaines d'entre elles proviennent de l'abbaye de Belleperche et offrent un remarquable ensemble baroque. L'église abrite depuis le XVIIIe siècle les reliques de saint Alpinien. Construite dans un style premier gothique avec nef et transept sous voûtes d'ogives, elle a subi plusieurs remaniements significatifs. Une des rares églises ayant échappé à la destruction, elle a su résister à la guerre de Cent Ans et aux guerres de religion.

LES DANTOUS €

1126, chemins des Dantous ✆ 06 62 61 19 91
www.gitelesdantous.com
Chambre double de 43 € à 70 €. Petit déjeuner inclus. Gite pour 4 personnes : 182 € à 400 € selon la saison.

Les Chambres d'Hôte et le gîte rural des Dantous sont situés en pleine campagne. On aperçoit vers l'ouest les premiers coteaux gascons, au nord-est le Quercynois. L'accueil des hôtes est vraiment charmant, les chambres parées avec bon goût, certaines mansardées aux belles poutres apparentes. Depuis peu, un joli petit gîte de 50 m^{2} légèrement à l'écart est proposé à la location, à un tarif très raisonnable, impeccable pour une famille de quatre personnes. Les cyclistes apprécieront cette halte bon marché sur des itinéraires très connus de cyclotourisme.

SERRE EXOTIQUE

Chemin de Sainte-Livrade
✆ 05 63 31 63 25
Ouvert toute l'année 7/7 sauf le dimanche 10h-12h/14h-18h. Adulte 5 €. Enfant 2 €. Visite guidée. Boutique.

Le domaine du Gazania est une exploitation familiale qui propose en saison ses productions de fleurs, de vin et de fruits du verger. Originalité, la serre de 900 m^{2} dans un labyrinthe d'eau et de plantes tropicales : passiflores, daturas, géraniums de Madère, bougainvilliers... Des oiseaux multicolores : inséparables, perruches, oiseaux de paradis, et autres tisserins évoluent dans de grandes volières. Les petits sentiers aménagés entre les plantations, les bassins et les fontaines donnent vraiment l'impression d'évoluer au cœur de la forêt tropicale. Dépaysant.

DOMAINE DE L'ÎLE €

1206, route de Saint-Aignan
✆ 06 62 61 19 91
www.domainedelile.fr
Chambre simple 53 € ; chambre double 59 € ; chambre triple 74 €. Lit supplémentaire : 15 €.

Voici une ferme du XIXe siècle qui abrite 4 adorables chambres d'hôtes classées 3 épis, ainsi que deux magnifiques gîte ruraux. Christine et Jean-Louis, les charmants propriétaires, accueillent leurs hôtes comme il se doit dans la région : produits locaux, et petits gâteaux maison sont à disposition. La vaste salle de réception de style campagnard est lumineuse. Une cuisine équipée est disponible pour tous, ainsi que le barbecue, la terrasse et la piscine. Dans le parc on profite de moments de détente et les plus jeunes apprécieront la compagnie des animaux.

TARN-ET-GARONNE

HÔTEL MARCEILLAC €

54, rue de l'Egalité
✆ 05 63 32 30 10
hotelmarceillac.com/
Ouvert toute l'année. De 76 € à 98 €. Petit déjeuner 9 €.

La rue, qui débouche sur la place de la Mairie, est un rien austère. L'entrée de l'hôtel est discrète, si ce n'est le logo des monuments historiques. Pour autant, il ne faut pas manquer de regarder cet établissement à l'architecture de belle facture de style Art déco, avec un magnifique puits de jour central. L'hôtel est tenu par la même famille depuis plusieurs générations. Au total, 12 chambres au charme suranné vous accueillent pendant votre séjour. Aux beaux jours, vous apprécierez de vous installer en terrasse pour prendre votre petit déjeuner !

ARTEL HÔTEL €€

1, avenue Pierre Latécoère
✆ 05 63 32 86 86
artel-hotel.fr
De 63 € à 100 €. Soirée étape VRP 71 €. Restauration 14,50-37 €. Terrasse.

Cet hôtel a pour lui un emplacement des plus stratégiques à la sortie de l'autoroute, en direction de Moissac. L'accueil est agréable. Les plus gourmands dégusteront les spécialités du chef cuisinier dans le restaurant climatisé et en été sur la terrasse ombragée près de la piscine. Un atout de taille lorsque le soleil est au plus fort et que l'on a très envie de faire un plouf ! L'hôtel dispose également de deux salles de réunion entièrement modulables pouvant accueillir jusqu'à cent personnes. C'est une adresse sans prétention qui ne déçoit pas.

CHÂTEAU DE TERRIDES €€

LABOURGADE
✆ 05 63 95 05 20
www.chateaudeterrides.fr
Uniquement pour groupes et professionnels. 52 chambres. Chambres de 100 à 210 € en semaine ; de 110 à 250 € le week-end.

Cette bâtisse monumentale du XIIIe siècle édifiée par les Vicomtes de Terrides a conservé sa majesté à la fois chaleureuse et austère. Le Château de Terrides est un hôtel resort unique dans le département. Un tout nouvel espace bien-être d'une rare beauté vient d'émerger des superbes salles voûtées en brique. La beauté de ce lieu fait aussi un endroit idéal pour célébrer un événement, réunir ceux que l'on aime dans un cadre exceptionnel chargé d'histoire. Les chambres sont très spacieuses de 20 à 40 m², le petit déjeuner est servi sous forme de buffet.

CHÂTEAU LAVALADE €€

4048, Route de l'Aérodrome
✆ 06 80 31 28 78
chateaulavalade.fr
Ouvert toute l'année. 4 chambres. Chambre double de 80 € à 120 €.

Situé en bordure du Tarn, dans un parc de plus de 5 ha avec 2 piscines, le Château Lavalade est une ancienne propriété fruitière datant de 1750, il a été rénové en 2015 par Laurence et Bruno. Ils proposent différents modes d'hébergement (4 gîtes de 4, 6, 15, 22/24 couchages et 4 chambres d'hôtes), pouvant accueillir au total plus de 60 personnes. L'établissement a un passé, une histoire, il allie charme d'origine et modernité pour un séjour d'exception. L'accueil est à la hauteur des prestations, Laurence et Bruno sont disponibles et chaleureux.

HÔTEL ABSOLU €€

11, promenade du Château
✆ 05 63 95 33 23
Ouvert toute l'année. De 65 € à 85 €. Petit déjeuner buffet 7 €. Sauna. Prêt de vélos - Bibliothèque.

Sur cette agréable promenade du château récemment rénovée qui surplombe la plaine de la Garonne, à deux pas de l'église Saint-Sauveur et du centre de la ville, cet hôtel séduit par son élégance et son confort. La décoration, savamment nuancée donne une ambiance très cosy au lieu. Mais ce qui fait le cachet de l'établissement, c'est sa (jeune) histoire. L'initiative vient de Madame Piednoel, qui a fait rénover cet ancien hôtel familial. Une agréable adresse à deux pas du centre-ville, pour profiter des nombreuses activités à pratiquer dans les environs.

MANOIR DES CHANTERELLES €€€

2170, route de Castelsarrasin ✆ 05 63 24 60 70
manoirdeschanterelles.com
Gîtes de France (5 épis). 5 chambres. Chambre double 90 € la nuit avec petit dej.

Une escale au paradis ! Le manoir des Chanterelles est situé au pied du village de Lafrançaise, parmi les vergers. Près des berges du Tarn et de Montauban, cette adresse de charme vous promet un séjour vraiment agréable. La bâtisse bourgeoise a beaucoup de cachet et offre tout le confort attendu : hauteur de plafond, pièces spacieuses, parc et piscine. Chaque chambre est dotée d'une décoration personnalisée, exotique et orientale ou zen et épurée. Vous apprécierez également l'espace bien-être avec la possibilité de massages et de soins esthétiques.

AUBERGE ARGENTINE €€

Route de Caumont - **CAUMONT**
✆ 05 63 95 44 87
aubergeargentine.fr/
Ouvert toute l'année du mardi au dimanche midis + vendredi et samedi soir. Menu 25 € env. Jardin. Terrasse.

Bienvenue à L'Auberge Argentine, dans cette belle et grande demeure pourtant si gasconne. Une décoration sobre mais lumineuse. L'accueil est impeccable et souriant. Magnifiques salles donnant sur une grande terrasse avec piscine : le décor est brossé. L'assiette est au diapason. Le bœuf, bien sûr mais pas seulement... Vous pourrez goûter aussi à des empanadas argentins ainsi qu'à des plats traditionnels (gambas à la plancha, filet de bar à la provençale, magret de canard...). On appréciera la jolie carte de vins argentins. Un lieu agréable et dépaysant.

AUBERGE DU MOULIN €€

Route de Toulouse
✆ 05 63 32 20 37
lemoulindecastel.fr
Menus de 26 € à 43 €. Formule du midi 14-16 €. Terrasse. Boutique

L'équipe de Dominique Vigneau présente une carte où poissons frais (dorade, loup, saint-pierre, lotte...), concoctés avec des petits légumes, herbes et épices, évoquent aux papilles la « Mare Nostrum ». Rassurons-nous, les « terriens » ne sont pas en reste ; ainsi, pour les Gascons – et les autres ! – l'incontournable cassoulet au trois viandes, le parmentier de confit de canard... et tout une carte magnifique. Ajoutons à cela un accueil chaleureux et pour finir une addition point trop salée, et nous obtenons une adresse vraiment à recommander.

LE SAINT LOUIS €€

1, place Omer-Sarraut
✆ 05 63 32 53 50
Ouvert toute l'année mardi et dimanche midis et du mercredi au samedi midi et soir. Formule du midi 15 €. Terrasse.

Ce restaurant séduit dés le passage de la porte. Une décoration rajeunie dans l'air du temps, avec une ambiance égayée par les dégradés de violet et de gris, et une jolie salle colorée. L'accueil et le service de la jeune équipe sont conviviaux et dynamiques, et la carte mêle avec dextérité les influences locales et... normandes (la région de coeur du chef Olivier Laville), grand écart culinaire ici parfaitement négocié. Huîtres, Pont-l'Evêque et andouille de Vire s'immiscent au pays du Canard. Bonne adresse à découvrir avant d'aller explorer la ville.

AÉROCLUB MOISSAC-CASTELSARRASIN

Route de Gandalou
✆ 05 63 32 55 36
http://acmc82.fr
Ouvert toute l'année. Consulter le site Internet pour connaître les tarifs. Chèque Vacances.

A 6 minutes de Castelsarrasin et 4 minutes de Moissac, idéalement situé dans une zone faiblement urbanisée, l'Aérodrome de Castelsarrasin – Moissac offre une multitude d'activités aériennes pour le plus grand plaisir des passionnés, mais aussi celui des néophytes. On peut en effet observer et même s'essayer au vol, avec des promenades, des découvertes, des voyages, des stages et des formations, des photos aériennes ou la construction amateure d'avions.

LE BOAT

2, allée de Verdun
✆ 05 63 95 11 42
Bateau standard à partir de 400€ les trois nuits. Plusieurs gammes et plusieurs formules disponibles.

Le tourisme fluvial est une occasion originale de découvrir ou redécouvrir le territoire. Et pour cela, nul besoin de permis car les bateaux que l'on vous loue ici sont accessibles à tous après seulement quelques consignes et explications. Vous sillonnez à votre rythme le Canal de la Garonne entre Bordeaux et Toulouse, et faites escale dans des villes et villages magnifiques comme Agen, Montauban ou la pittoresque Nérac, le long de la rivière Baïse. Traversez une campagne verdoyante, où les vergers et vignes alternent avec des villages médiévaux enchanteurs.

CENTRE DE VOL À VOILE DU TARN-ET-GARONNE

Aérodrome de Gandalou
✆ 05 63 32 16 18
www.planeur-tarn-et-garonne.com

Le CVVTG vous offre la possibilité de tenter une expérience inoubliable : voler en planeur. Les vols sont possibles tous les jours selon la météo, les disponibilités, et sur réservation. Si l'expérience est concluante, on peut ensuite réellement débuter l'apprentissage du vol en planeur, encadré par les instructeurs du club, des plus chevronnés. Diverses manifestations sont proposées tout au long de l'année : stages, journées portes ouvertes, organisation de concours de voltige...

PORT JACQUES YVES COUSTEAU

✆ 05 63 32 01 39

Ouvert toute l'année.

Inauguré en 2016, le port rénové de Castelsarrasin compte désormais une centaine d'anneaux et de nouvelles bornes d'alimentation. Les plaisanciers ont découvert un port modernisé avec plus de places pour faire escale et un emplacement pour une promenade en bateau. La ville enregistre plus de 15 000 nuitées fluviales. C'est une escale agréable en centre-ville, avec un quai prolongé d'une place bordée de grands arbres pour se poser le temps d'un pique-nique ou d'une soirée.

HIPPODROME DE MARCHES-CASTELSARRASIN

Complexe sportif hippodrome de Marchès

✆ 05 63 32 20 17

www.lescourseshippiques.com/hippodrome/565/castelsarrasin.html

Pour vivre votre passion pour les courses hippiques vous trouvez à Castelsarrasin un hippodrome, à la sortie de la ville en direction de Moissac. Proche des commerces et facilement accessible, il est le lieu de nombreuses réunions de courses hippiques avec sa piste de trot et sa piste de plat entre autres. L'association dynamique qui le gère regroupe de très nombreux passionnés, jockeys, éleveurs de chevaux ou simples amateurs et passionnés de sports hippiques.

CORDES-TOLOSANNES

Sur la place « Yvan Salut », partez à la découverte d'une vue panoramique exceptionnelle d'où vous pourrez, notamment grâce à une table d'orientation, observer de somptueux paysages et par temps clairs les coteaux du Quercy et les contreforts du Massif Central. Vous pourrez aussi y profiter de nombreuses découvertes de la gastronomie locale avant de suivre la route qui vous mène à Belleperche où vous attend une abbaye cistercienne qui domine la Garonne de ses quatre vingts mètres de façade. Sept siècles d'histoire vous y seront contés. Entre histoire forte, traditions et animations nombreuses, voici une ville où il fait bon séjourner.

ABBAYE DE BELLEPERCHE MUSÉE DES ARTS DE LA TABLE

121, route de Belleperche

✆ 05 63 95 62 75

www.musee-arts-de-la-table.fr

De mars à décembre. Gratuit jusqu'à 18 ans. Adulte : 2 €. Visite guidée.

Au XIIIe siècle, Belleperche était l'une des trois plus grandes et plus riches abbayes cisterciennes du Midi. Affiliée à Clairvaux en 1143, elle contribua au développement économique de la région. On découvre les salles et galeries voûtées de l'abbaye, la salle de réception des hôtes du XVIIIe siècle, le réfectoire des moines, les salles d'histoire, le parc à allées de tilleuls, le majestueux escalier d'honneur, le vaste grenier à grain à trois vaisseaux, le cloître de brique…

LABASTIDE-DU-TEMPLE

L'origine historique de la commune remonte à la période gallo-romaine. En 1956, fut découvert une mosaïque datant du IVe siècle après J.-C. Elle proviendrait d'une luxueuse villa gallo-romaine. On peut l'admirer au musée Ingres à Montauban. Le 21 mars 1565, les villageois eurent l'honneur d'accueillir le roi Charles IX accompagné de sa mère Catherine de Médicis. Venant de Montauban, le cortège royal s'arrêta à Labastide pour dîner avant d'aller coucher à Moissac. Au XIXe siècle la ville se transforme en profondeur puis devient petit à petit celle que l'on connait aujourd'hui, agréable et pleine de surprises, vivante et charmante.

DOMAINE DU GAZANIA

793, chemin de Sainte-Livrade

✆ 05 63 31 63 25

Ouvert du lundi au samedi de 10h à 12h et de 14h à 18h, jusqu'à 19h l'été.

C'est l'un des derniers producteurs de l'appellation Lavilledieu avec des vins très intéressants en rouge et rosé, qui méritent bien le détour, et un blanc sec surprenant à partir du cépage muscat de Hambourg. Mais le domaine, c'est aussi du jus de muscat, du verjus (produit rare et un peu oublié, issu de jus de raisin encore vert), des fruits, des fleurs, des plants et des plantes en saison. Bel accueil des frères Colombié, et beaucoup de pédagogie, notamment dans la visite de la fameuse serre exotique du domaine, que les écoliers des environs connaissent bien.

MOISSAC ★★

Moissac cumule les distinctions : classée au patrimoine mondial de l'Unesco, Grand Site Midi-Pyrénées, Site Remarquable du Goût, et étape majeure sur le chemin de Saint-Jacques-de-Compostelle. Les productions fruitières, dont le fameux chasselas doré (seul raisin de table en AOC de France avec le muscat du Ventoux), sont également incontournables. Mais la merveille de la ville reste son cloître, souvent présenté comme le plus beau du monde. En effet, l'abbatiale Saint-Pierre, son cloître et le très fameux portail de son église sont reconnus comme figurant parmi les merveilles de l'art roman. Mais Moissac, c'est aussi (surtout ?) le bien-vivre !

ABBAYE SAINT-PIERRE ✞ ★★★★

Place Durand de Bredon ✆ 05 63 04 01 85
www.abbayemoissac.com
De novembre à mars de 13h30 à 17h ; d'avril à juin et en octobre de 10h à 12h et de 14h à 18h ; été de 10h à 19h.

Sous le sanctuaire il y a les bases d'un autel mérovingien. Le chevet actuel repose sur les bases romanes de l'église clunisienne. Le style gothique s'impose dans les parties hautes de la nef et dans tout le chœur. Les peintures donnent à cette abbatiale un air très chaleureux. La statuaire est particulièrement riche. A voir plus particulièrement pendant la visite : la Fuite en Egypte, une somptueuse Mise au Tombeau, un Christ roman sur une croix arborescente. La tour porche comprend au rez-de-chaussée un robuste narthex avec des chapiteaux de grandes dimensions.

ACCUEIL CHRÉTIEN DE LA COMMUNAUTÉ MÈRE DE L'ÉGLISE ✞

20, boulevard Camille-Delthil ✆ 05 63 32 28 87
www.mariemeredeleglise.fr
Accueil pèlerins. Pas d'hébergement.

Voici un accueil pour les pèlerins sur le chemin de Compostelle par cette communauté de religieuses contemplatives et apostoliques. A Moissac, à l'abbatiale, les pèlerins peuvent suivre les étapes à partir de 17h (chemin spirituel) avec notamment vêpres à 18h et messe à 18h30. L'hébergement se trouve à Escayrac, entre Lascabannes et Montcuq et peut recevoir 7 pèlerins. Attention toutefois, l'ouverture de l'hébergement ne se fait que du 1er mai au 30 septembre.

CENTRE DE RECHERCHE SUR L'ART ROMAN

Boulevard Léon-Cladel
✆ 05 63 05 08 05

Le centre de recherche et de documentation sur l'art roman renferme les enluminures, incunables et autres archives disponibles pour les chercheurs. Déménagé depuis peu, cet important fonds de documentation sur l'art roman permet aussi de découvrir le travail des enlumineurs moissagais. L'établissement ne se visite pas comme une attraction, son ouverture est réservée aux professionnels hormis lors d'évènements particuliers afin de préserver les collections.

LE CLOÎTRE ET LE TYMPAN DE L'ABBATIALE ★★★★

Place Durand-de-Bredon
✆ 05 63 04 01 85

L'abbaye Saint-Pierre de Moissac, inscrite au patrimoine mondial de l'UNESCO, est l'un des plus beaux ensembles architecturaux français avec ses extraordinaires sculptures romanes. Son cloître est présenté comme l'un des plus beaux d'Europe méridionale. Les plus anciens vestiges de cette abbaye remontent au IXe siècle mais elle connait son âge d'or au XIe siècle. La finesse et la beauté des sculptures sont telles que l'on peut passer des heures à contempler chacun des 76 chapiteaux. Ils évoquent des épisodes bibliques tels que le combat de David et Goliath, la vie de Jésus, des scènes de l'Apocalypse mais donnent aussi à voir des éléments du bestiaire médiéval. Autre singularité du cloître de Moissac, c'est sur les piliers d'angles, la représentation de huit apôtres, grandeur nature. Mais l'abbaye de Moissac est également connue pour son second joyau de l'art roman : le tympan de son portail d'entrée, réalisé entre 1110 et 1130. Ce dernier, évoque l'Apocalypse de Jean et représente le Christ entouré des quatre évangélistes. Trois d'entre eux sont représentés par des animaux symboliques et sont accompagnés des vingt-quatre vieillards du récit de l'Apocalypse. Sur les chemins de Compostelle, l'abbaye de Moissac est un haut lieu de spiritualité et son mélange pierre-brique confère à cette église une beauté sans nulle autre pareille, écrin d'une œuvre de Marc Chagall, d'une finesse et d'une beauté incroyables, léguée par le peintre lui-même, à découvrir absolument elle aussi !

MAIRIE DE MOISSAC

3, place Roger-Delthil
✆ 05 63 04 63 63 - www.moissac.fr
Ouvert toute l'année. Du lundi au vendredi de 8h30 à 12h et de 13h30 à 17h30. Samedi de 8h30 à 12h.

Moissac, Grand Site d'Occitanie, s'inscrit dans un paysage épicurien où dominent les vergers et les vignes du raisin AOP chasselas. Etape sur les chemins de Compostelle, c'est également un haut lieu de l'art roman en France. Son maire, le docteur Jean-Michel Henryot, a été élu en 2014. La commune s'étend sur 86 km² et compte 12 765 habitants depuis le dernier recensement. Entourée par les communes de Boudou, Lizac et Les Barthes, Moissac est située à 7 km au nord-ouest de Castelsarrasin. La commune est proche du Parc naturel régional des Causses du Quercy.

SCRIPTORIUM

✆ 05 63 05 08 00

Ouverte depuis juillet 2007, l'exposition permanente sur le scriptorium de Moissac (lieu où les moines travaillaient sur la décoration et l'ornementation des ouvrages) et la musique médiévale (audition et présentation de l'ensemble Organum), est située dans l'Espace Prosper-Mérimée, comme le centre d'art roman. Vous trouverez des manuscrits numérisés et bon nombre d'entre eux ont été étudiés sous toutes les coutures par des chercheurs internationaux mais les voir en réalité procure une sensation incomparable d'admiration et de respect.

PONT-CANAL DU CACOR ★

1263, chemin de la Rhode

Du port de Moissac, prenez rive droite le chemin de halage le long du canal jusqu'au pont-canal du Cacor, où le canal de Garonne bifurque et passe le Tarn sur les 15 arches d'un ouvrage majestueux en pierre du Quercy et brique toulousaine, liaison symbolique entre Quercy et Gascogne. Il a également servi après la crue de 1930 au chemin de fer. Se croisaient sur le pont péniches et locomotives... Aujourd'hui, ce sont cyclistes, joggeurs et promeneurs qui croisent et regardent les skieurs nautiques en contrebas sur le Tarn. Toute une atmosphère.

ESPACE CULTUREL PROSPER MERIMEE

Boulevard Léon-Cladel
✆ 05 63 05 08 05
Ouvert de 10h à 12h et de 14h à 18h. Fermé le lundi et le dimanche matin.

Le centre sur l'art roman renferme notamment des enluminures, incunables et autres archives locales disponibles pour les chercheurs. Cet important fonds de documentation sur l'art roman permet aussi de découvrir le travail des enlumineurs moissagais. Tandis que les sculpteurs œuvraient à la décoration des chapiteaux du cloître aux XIe et XIIe siècles, des scribes et enlumineurs produisaient les manuscrits souvent ornés de la bibliothèque du monastère.

RUE DES ARTS

Rue Jean-Moura

Voici une rue où se concentrent des artistes et artisans d'art qui exercent leur talent en un seul espace : artiste peintre, souffleur de verre, verrier d'art, dentellière, potier, maroquinier, porcelaine, etc. Tous œuvrent pour la promotion des Arts et de l'Artisanat d'art dans la ville de Moissac en proposant non seulement leurs créations mais aussi en démontrant leurs pratiques et savoir-faire. Des évènements sont régulièrement organisés pour faire vivre encore plus le lieu, l'occasion unique d'en apprendre plus sur l'artisanat local.

OFFICE DE TOURISME MOISSAC - TERRES DES CONFLUENCES

1, boulevard de Brienne
✆ 05 32 09 69 36
www.tourisme-moissac-terresdesconfluences.fr
Horaires variables selon les saisons, consulter le site internet.

L'office de tourisme intercommunal de Moissac - Terres de Confluences vous propose une découverte qui sollicitera vos cinq sens avec trois bureaux d'information touristique. Moissac et son abbaye, son cloître, étape majeure des chemins de Saint-Jacques-de-Compostelle, inscrite à ce titre au patrimoine mondial de l'UNESCO. Castelsarrasin avec son port, sa maison espagnole, ses marchés au gras. Saint-Nicolas-de-la-Grave, petite commune entre bastide et réserve ornithologique.

TARN-ET-GARONNE

INTERVIEW

VISITE DE L'ABBAYE DE MOISSAC

AVEC LOÏC LEPREUX, ANIMATEUR DU PATRIMOINE

En quoi l'abbaye de Moissac est-elle remarquable ?

Son histoire est millénaire mais sa renommée vient du raffinement de sa sculpture romane. Au Moyen Âge, les moines bénédictins ont fait de ce sanctuaire, niché au pied des coteaux du Quercy, un haut lieu de rayonnement spirituel et artistique. Le cloître et ses 76 chapiteaux témoignent de cet âge d'or. Animaux fantastiques, végétaux entrelacés, épisodes extraits des textes religieux… : tout ce décor sculpté se dévoile à nous à l'ombre d'un cèdre centenaire.

Comment se déroule la découverte de ce site ?

Vous pouvez découvrir les richesses de l'abbaye tout au long de l'année. Avec un livret de visite, un audioguide ou simplement un appareil photo, laissez votre regard flâner, se poser sur un motif sculpté, et appréciez la sérénité du lieu. Je vous conseille de suivre une visite avec un guide, il saura vous montrer des détails insolites.

Moissac est une étape incontournable du chemin de Compostelle. Comment accueillez-vous les pèlerins ?

Depuis le Moyen Âge, des fidèles viennent se recueillir sur les reliques que les moines conservent précieusement. Pèlerins ou simples visiteurs, quand on arrive sur la place de l'abbatiale, on est tous captivés par la force et l'harmonie qui émanent d'un des plus grands portails romans d'Occident. Les nombreuses animations et les rencontres musicales sont autant d'expériences qui apportent une autre perception de ce site historique.

Pourquoi faut-il venir absolument découvrir cette abbaye ?

Pour tous les amateurs de patrimoine, c'est un site unique qui nous transporte dans l'univers culturel du XIIe siècle. Ce chef-d'œuvre de l'art roman a encore de nombreux secrets à nous dévoiler comme le démontrent les récentes fouilles archéologiques. A quelques pas de Moissac, vous apprécierez le charme des villages de Lauzerte et d'Auvillar, eux aussi des haltes sur le chemin de Compostelle.

ABBAYE SAINT-PIERRE

Place Durand de Bredon
✆ 05 63 04 01 85
www.abbayemoissac.com

© VILLE DE MOISSAC

© VILLE DE MOISSAC

© VILLE DE MOISSAC

ANCIEN CARMEL DE MOISSAC €

5, sente du Calvaire ✆ 05 63 04 62 21
www.lanciencarmelmoissac.com
Tarif normal : 18,20 €, randonneurs pèlerins et sportifs : 15,50 €, enfant de moins de 12 ans : 12,30 €.

L'Ancien Carmel de Moissac, halte majeure sur le chemin millénaire de Saint-Jacques-de-Compostelle, est devenu un lieu d'hébergement et d'accueil, géré par le Club Alpin Français de Toulouse. Lieu splendide et chargé d'Histoire, il est enroulé autour d'un petit jardin propice à la méditation. C'est un lieu de passage riche des rencontres qu'il suscite. Du Carmel, accroché à la colline, et en remontant jusqu'à la statue de la Vierge, la vue est imprenable sur la ville et ses environs. Réductions pour les membres du Club Alpin Français sur présentation de la carte.

GÎTE D'ÉTAPE LES ÉTOILES €

4, rue Falhière
✆ 05 63 94 22 47
www.gite-moissac.com
D'avril à octobre. 5 chambres. Nuitée de 16 € à 19 €. Petit déjeuner : 5,25 €. Dîner : 14 €. Demi-pension de 35,25 €.

Maison de ville du XVIIe siècle, rénovée, haute en couleur et en volumes, lumineuse & calme, le gîte d'étape « Les Etoiles » est situé au cœur du centre ville de Moissac, près des Cloître et Abbatiale classés à l'Unesco (300 m). Depuis 2010, Béatrice accueille les marcheurs vers Compostelle (et tous les autres venus faire une halte à Moissac) dans des chambres bien entretenues. Pour ceux qui le souhaitent, elle prépare avec plaisir le soir des repas en communauté à partager qui vous font découvrir les recettes de la région et produits locaux.

GÎTE D'ÉTAPE NATURE LA PETITE LUMIÈRE €

Panorama du Calvaire
✆ 06 74 68 12 94
www.lapetitelumiere.org
D'avril à octobre. Nuit : 16€ en dortoir, 30€ en chambre 1 pers, 40€ en chambre 2 pers. Petit déjeuner 6€. Repas : 14€.

A quelques pas de la Vierge, avec un point de vue splendide, voici un accueil pour tous les pèlerins par une pèlerine elle-même. Partage, simplicité, mais aussi massages et musique, ce lieu est étonnant. Pèlerin de St Jacques de Compostelle ou pèlerin de la vie, « La Petite Lumière » accueille chacun pour une halte, un moment paisible, un temps, une petite pause. La situation du gîte et l'accueil qu'Anne et ses amis vous réservent permettent de trouver calme et repos.

HÔTEL-RESTAURANT DES CRETES DE PIGNOLS €

1167, chemin de Pignols ✆ 05 63 04 04 04
www.cretesdepignols.com
Chambre simple de 69 € à 75 € ; chambre double de 69 € à 75 €. Parking. Soirée étape : de 82 à 89 €.

Sur les hauteurs de Montescot qui surplombent Moissac, on a l'impression d'évoluer sur un balcon agrémenté de cerisaies et de vignes blondes. Avec ses douze chambres, son restaurant et sa terrasse panoramique impressionnante, cette ancienne auberge occupe un beau site, certes à l'écart de la ville, mais à quelques encablures du GR 65. Les chambres, rénovées, sont sobres mais tout confort. L'une des chambres a été aménagée pour les personnes à mobilité réduite.

LA MAISON DU PONT SAINT-JACQUES €

20, quai Magenta ✆ 05 81 78 12 09
www.chambresdhotesmoissac.fr
De mars à octobre. Chambre simple 36 € ; chambre double 100 € ; chambre triple 73 €. Petit déjeuner inclus.

Cette belle bâtisse cossue du XIXe siècle est admirablement située. La lumière est magnifique et, petite curiosité, la maison est située juste en face du pont tournant Saint-Jacques, toujours un spectacle lorsque passe une péniche. Les chambres sont simples, en ligne claire, jouant avec les grands volumes, le mobilier ancien et des touches plus contemporaines. Christine et Michel vous y reçoivent en véritables amis et vous promettent de passer un excellent moment.

HOTEL LE CHAPON FIN €€

3, place des Récollets ✆ 05 63 95 59 49
www.hotelchaponfin.com
Ouvert toute l'année. 24 chambres. Chambre double à partir de 70 €. Petit déjeuner : 8 €. Animaux acceptés (5 €).

Le Chapon Fin est un établissement qui a su se réinventer et qui peut aujourd'hui être vanté pour ses mérites. Idéalement placé, il a été entièrement rénové et bénéficie d'une qualité de literie remarquable ainsi que d'un calme dont tout un chacun pourra se réjouir. Toute la décoration a été revue avec goût dans un style moderne et épuré. Les couleurs sont douces et raffinées, comme dans un petit nid douillet. Les petits déjeuners sont copieux et frais, avec de nombreux ingrédients et du lever au coucher le personnel est vraiment aux petits soins pour vous.

LE MANOIR SAINT-JEAN €€

Saint-Paul d'Espis - **SAINT-PAUL-D'ESPIS**
✆ 05 63 05 02 34
www.manoirsaintjean.com
Chambre double de 110 € à 140 € ; suite de 160 € à 180 €. Petit déjeuner : 15 € ou 20 € (petit déjeuner anglais).

Le Manoir Saint-Jean, référencé au club des hôtels de charme et de caractère, est une belle demeure du XIXe siècle située au milieu d'un parc aux arbres centenaires. Architecture néo palladienne, confort moderne, piscine et décoration inspirée comptent parmi les nombreux atouts de ce lieu. La chambre et les neuf suites s'habillent de meubles des XVIIIe et XIXe siècles : lits en fer forgé, murs peints à la chaux, etc. Les repas sont servis dans la salle à manger ou sur la terrasse, et la table est ici une merveille. C'est une étape de charme !

LE MOULIN DE MOISSAC - HÔTEL & SPA €€

1, promenade Sancert
✆ 05 63 32 88 88
www.lemoulindemoissac.com
Chambre simple de 90 € à 115 € ; chambre double de 115 € à 135 € ; suite de 134 € à 164 €. Petit déjeuner : 14 €.

Les chambres sont toutes équipées d'écran plat, DVD et machine Nespresso, avec une décoration propre à chacune et de magnifiques perspectives sur le fleuve. Sous les voûtes en briques du XVe siècle étayant le bâtiment, on découvre le Spa, où vous pourrez vous détendre grâce au parcours de relaxation en 9 étapes (douches aromathérapie, sauna, hammam, jacuzzy, stimulation plantaire, chromothérapie...). Voici une halte idéale pour se ressourcer au calme.

LE PONT NAPOLÉON €€

2, allée Montebello
✆ 05 63 04 01 55
www.le-pont-napoleon.com
Chambre simple à partir de 79 € ; chambre double 82 € ; chambre triple à partir de 92 €. Petit déjeuner buffet : 9 €.

Cette belle demeure d'époque napoléonienne, particularité architecturale de l'entrée de la ville de Moissac, bénéficie d'une vue panoramique sur la rivière le Tarn et le célèbre Pont Napoléon. Bien situé, vous pourrez profiter du centre-ville et du marché de producteurs, les samedi et dimanche, à 5 minutes de marche seulement. Cet hôtel propose quinze chambres de caractère, décorées avec goût et toutes climatisées. Le petit déjeuner buffet continental copieux fait la part belle aux produits frais et locaux, tout comme les plats proposés ici.

L'ARMATEUR €€€

22, rue du Pont
✆ 05 63 32 85 10
hotelarmateur.fr
Ouvert toute l'année. 16 chambres. Chambre double de 85 € à 140 €. Demi-pension. Petit déjeuner : 12 €.

La rue du Pont à Moissac, entre Tarn et Canal, se dévale vite entre Quercy et Gascogne, on n'y traîne pas. Pourtant, elle accueille ce bel hôtel installé dans une bâtisse du XVIIIe siècle. L'accueil de la maîtresse des lieux est impeccable et personnalisé selon vos envies et besoins. Pour que le charme opère, empruntez les ruelles qui contournent l'hôtel. Un joli jardin ceint de murs brique nous accueille. Les chambres sont sobres et de tout confort. Le restaurant propose une cuisine de terroir raffinée, pour le pèlerin exigeant et le plaisir des papilles.

LE B DU PONT NAPOLEON €€

32, bis rue du Pont
✆ 05 63 04 01 55
www.le-pont-napoleon.com
Bagels, buns, paninis. A partir de 10 €.

Ce lieu reflète tout un art de vivre... vous y serez reçus par Anne-Marie et Franck qui assurent qualité et service à leur clientèle. Anne-Marie, très attentive au confort et bien-être de ses hôtes, vous fera découvrir le restaurant et sa terrasse avec une vue imprenable sur la rivière. Le chef Franck et sa brigade œuvrent de leur côté avec passion et inspiration pour vous proposer une cuisine créative mettant en valeur les produits du terroir et les recettes incontournables de la gastronomie locale, en les revisitant parfois.

LE BISTROT GOURMAND €€

Place Delthil
✆ 05 63 04 98 23
Basse saison : ouvert du jeudi au samedi le soir. Haute saison : tous les jours le midi et le soir. Menus de 17 à 21€.

Le bien nommé Bistrot Gourmand est le « petit frère » du Florentin mais il est pourtant tout aussi qualitatif que son ainé qui est presque un frère siamois, puisque les deux restaurants sont côte à côte. Mais si le Florentin n'est ouvert qu'en saison, on peut se régaler toute l'année au Bistrot Gourmand. La salle fait parler la brique. La terrasse, sur le parvis, est lumineuse. L'assiette est soignée, colorée, digne du frère aîné. Ajoutons à cela un accueil sympathique, avec mise en bouche et attention digestive avec le café. C'est une belle adresse à découvrir.

CRÊPERIE DE LULU €€

1, place Roger-Delthil
✆ 05 63 04 83 55
Ouvert le dimanche, le lundi et le jeudi de 9h à 18h ; le mardi, le vendredi et le samedi de 9h à 15h et de 18h à 22h.

Cet ancien petit restaurant s'est transformé en crêperie depuis le mois d'avril 2019. Sa terrasse est magnifiquement exposée, donnant sur le parvis de l'abbatiale Saint-Pierre. On est bien dans le cœur historique de la ville. Outre les crêpes et galettes, un menu du jour est proposé, pour une restauration davantage classique, et on pourra toujours venir y boire un verre et grignoter une douceur en admirant l'imposant portail de l'abbatiale. Quelle que soit la formule retenue, Lucie vous accueille toujours avec le sourire et avec un grand professionnalisme.

LE FLORE €€

4, rue de la République
✆ 09 53 44 93 47
Ouvert toute l'année. Tous les jours. Réservation recommandée. Menus de 19 € à 25 €. Menu enfant : 8,50 €.

Julien vous accueille dans une ambiance décontractée et conviviale, due à la présence de son personnel fort sympathique. Cet ancien café vous propose aujourd'hui une cuisine traditionnelle à base de produit locaux, goûteuse et variée. Selon la saison vous pourrez vous installer soit à la terrasse extérieure soit dans l'ambiance cosy du patio aménagé au fond de l'établissement. Pour ceux qui ont besoin de déjeuner bon, bien et rapidement c'est la bonne adresse avec en plus des petits prix. Le soir, on déguste des cocktails variés autour de petits plats.

LE FLORENTIN €€

8, place Roger-Delthil
✆ 05 63 04 19 18
www.leflorentin-bistrotgourmand.fr
Fermé de novembre à février. Haute saison : ouvert tous les jours. Service étendu en haute saison. Menus de 17 à 56€.

Situé sur le parvis de l'abbatiale, Le Florentin séduit d'abord par ses panneaux de bois peints et son mobilier très design. La terrasse est des plus agréable dès que le soleil pointe, face au cloître. On profite d'une carte terroir préparée de manière contemporaine qui change au gré de l'inspiration du chef Thierry Bonifas. Quant aux desserts, on retrouve à la carte les merveilles glacées de Philippe Faur, maître glacier. On ne saurait trop vous recommander le sorbet au chasselas de Moissac. Cet établissement a été distingué d'une fourchette au Guide Michelin.

LE KIOSQUE DE L'UVARIUM €€

20, avenue de l'Uvarium ✆ 06 28 93 24 76
www.facebook.com/pg/Uvarium
Ouvert du mercredi au dimanche de 12 à 14h et de 19 à 22h. Réservation recommandée. Menus 24-30 €. Formule midi 17,50 €.

Un endroit devenu incontournable à Moissac, que cet établissement emblématique de la ville. Ancien lieu de cure, on peut manger à l'intérieur même de ce kiosque circulaire décoré en 1930 par Doumergue Lagarde, chauffé. Les tables sont disposées tout autour du bar central. La cuisine excellente ravira vos papilles avec ses produits frais du terroir et faits maison, privilégiant ainsi les circuits courts par les producteurs locaux. Les plats changent souvent et des tapas sont proposées, très agréable pour un verre entre amis notamment lors des soirées animées.

L'ARMATEUR €€

22, rue du Pont
✆ 05 63 32 85 10
hotelarmateur.fr
Du lundi au samedi le soir ; du mardi au vendredi le midi. Menus de 31 € à 49 € (possibilité de plats végétariens).

La salle du restaurant est à l'image de l'hôtel : lignes claires, dépouillées, avec une couleur blanche qui répond discrètement à la brique. On retrouve cette harmonie dans le service et bien sûr la cuisine proposée par le chef : pas de surcharge, de la simplicité mais avec une bonne dose de raffinement. La cuisine du terroir est ici traitée avec le plus grand des respects. Les inspirations varient, par exemple : des crevettes sautées en sauce aigre-douce, un mille-feuilles de cuisse de canard. La carte des vins est vaste et beaucoup sont proposés au pichet.

LE M.1474 €€

1, promenade Sancert
✆ 05 63 32 88 88
www.lemoulindemoissac.com
Ouvert du mardi au vendredi le midi et le soir ; le samedi soir. Menus de 39 € à 59 €. Formule du midi 20 €.

Le restaurant est vraiment à la hauteur de l'hôtel qui l'héberge. Ce magnifique moulin aux grands volumes semble suspendu au-dessus du Tarn. Il en résulte une salle admirable qui prend les teintes de la rivière et du soleil couchant le soir venu. Les assiettes du chef Maxime Michel sont fines et délicates. On retrouve les classiques quercynois (le foie gras, le chasselas en saison...), mais les produits de la mer sont loin d'être en reste et fort bien traités. Un forfait déjeuner détente est proposé avec une heure au spa de l'hôtel. Très belle adresse.

LE MOULIN DE MOISSAC - HÔTEL & SPA €€

1, promenade Sancert
© 05 63 32 88 88
www.lemoulindemoissac.com
Menus de 20 € à 39 €.

En lui-même, le site est exceptionnel. Ce grand moulin avançant sa proue dans les eaux calmes du Tarn au pied du pont Napoléon, est un vrai décor de carte postale. L'intérieur n'est pas en reste, couleurs chaudes, bois et cuivre font de la salle de restaurant une invitation au luxe et à la volupté. Un écrin dans lequel toute la fine équipe en cuisine concocte une belle carte gourmande et authentique, régionale, 100% à base de produits frais et 100% faite maison !

RESTAURANT LE FROMAGE RIT €€

4, place Roger-Delthil
© 09 67 47 28 42
Le mercredi soir ; du jeudi au samedi le midi et le soir ; le dimanche midi. Formule midi : 15€. Soir et week-end : 21€.

Le Fromage Rit propose un concept des plus simple, avec une formule unique, à l'ardoise. Les produits sont triés sur le volet, la part belle est faite au fromage, évidemment, avec une subtile carte des vins. On est proche de la formule bistrot, avec ce qu'il faut de douce sophistication, dans l'assiette comme dans la décoration. Une adresse sympa que l'on recommande, et il est préférable de réserver, car la salle est aussi petite que grande est devenue la réputation du lieu.

LE MANOIR SAINT-JEAN €€€

Saint-Jean-de-Cornac - **SAINT-PAUL-D'ESPIS**
© 05 63 05 02 34
www.manoirsaintjean.com
Ouvert toute l'année. Menus de 52 € à 80 €. Menu enfant de 15 € ou 25 € (initiation à la gastronomie).

A quelques kilomètres de Moissac, sur les collines au coeur du vignoble, ce manoir imposant qui abrite un bel hôtel de charme est aussi à découvrir pour sa cuisine. Cette halte véritablement gastronomique en pleine campagne ne pourra que ravir l'épicurien soucieux de la qualité des produits. Ici, on privilégie le bio, voire même la biodynamie pour le vin, au service d'une cuisine de grand standing : escalope de foie de canard frais poêlée, ballotin de Pintade fermière et ses petits légumes de saison... Une démarche responsable que l'on ne peut que louer.

MAISON MECOËN

3, place Roger-Delthil
© 05 63 04 47 41
www.maisonmecoen.com
Ouvert du mardi au dimanche de 6h à 20h. Salon de thé ouvert du mardi au dimanche de 9h à 19h.

La maison Mecoën propose quatre adresses dont une face à l'abbatiale et une autre à La Mégère. Dans cet établissement familial à l'atmosphère conviviale, vous pourrez vous achalander en pain et gâteaux mais aussi les déguster sur place ! En sachets ou en ballotins, les chocolats Mecoën ont un goût unique et raffiné. La maison fait salon de thé, vous engageant à vous asseoir dans de beaux canapés, à moins que vous ne préfériez la terrasse, pour prendre une tasse de thé ou un café, à accompagner d'une part de quiche ou de pizza, de tarte, d'une crêpe ou d'une glace.

CAVE DE LA FIOLE

6, faubourg Sainte-Blanche
© 04 68 04 70 10
Ouvert du mardi au samedi de 9h à 12h30 et de 15h à 19h.

Jean-Marc Falga tient cette cave depuis plus de 20 ans, et il a été rejoint depuis quelques années par sa fille Amandine, dynamique. On y est toujours accueilli chaleureusement, et en plus de la grande variété de vins, on y trouve des bières locales et artisanales délicieuses, rhums, whiskys, spiritueux, et champagnes. Les filières bio sont largement privilégiées, ou tout au moins issues de l'agriculture raisonnée. On y passe avec plaisir pour dénicher une bonne bouteille, pour une petite dégustation du dernier arrivage, ou bien pour un conseil.

CLOS DE LADREX

SAINT-PAUL-D'ESPIS
© 06 82 72 15 11
Ouvert le lundi et le mercredi de 9h à 12h et de 14h à 19h ; le vendredi de 9h à 12h. Les autres jours sur rendez-vous.

Cette petite échoppe, bien achalandée et présentée, s'organise autour de son produit phare, l'Emoustilleur, un produit original à base de chasselas et de muscat. Claudine et Gilbert, de sympathiques agriculteurs qui garantissent la qualité du produit, proposent également du jus de chasselas, des « confiotes », du pétillant de raisin mais également d'autres produits du terroir tel que du miel, du pain d'épices, du nougat, des friandises, de la vaisselle, des confits, gésiers et magrets de canard, fruits de saison, eaux-de-vie et vins.

CONSERVERIE DE PIGNOLS

3, rue Sainte-Catherine
✆ 05 63 04 42 10

Ouvert du lundi au samedi de 9h à 12h et de 14h à 19h. Livraison possible (vente en ligne de tous les produits).

Depuis plus de 30 ans, la conserverie confectionne une large gamme de produits du terroir : foie gras, confits, pâtés, rillettes, plat cuisinés ainsi que des spécialités gourmandes. Un savoir-faire, une exigence élevée, un engagement qualité, des produits sélectionnés auprès des meilleurs producteurs de la région. Les rillettes de canard de la conserverie Pignols ont reçu la médaille de bronze au salon de l'agriculture de Paris. A la Conserverie, on peut assister en groupe à une démonstration de découpe d'un canard et à la réalisation d'un foie gras.

LE POT À L'ENVERS

1, place Durant-de-Bredon
✆ 05 63 39 82 51
www.potiers-terres-neuves.com

Horaires très variables : voir sur le site Internet. Visite sur rendez-vous préalable également. Fermé en hiver.

L'association Terres Neuves du Sud-Ouest est née de la volonté de plusieurs céramistes professionnels, résolument novateurs, de se regrouper pour promouvoir leur art. Depuis 2001, de projets en aventures, de marchés de potiers en expositions, d'ateliers en boutique, l'association relie les potières et les potiers du Grand Sud-Ouest. Le Pot à l'Envers à Moissac constitue la galerie et la boutique de l'association. Au travers de créations originales, on peut découvrir les différentes techniques de céramique et savoir-faire employés.

AU FIL D'EMAUX

2, place Roger Delthil
✆ 06 70 20 94 45
www.aufildemaux.com

Ouvert du mardi au samedi de 10h à 13h et de 15h à 19h ; le dimanche de 10h à 13h.

Au fil d'émaux, c'est l'émail sous forme de tableaux, bijoux et autres objets. Béatrice Perget, émailleuse d'art sur cuivre vous accueille dans sa boutique récemment ouverte. Elle vous propose ses créations aux couleurs chatoyantes, elle conçoit et façonne ses émaux originaux et uniques, un travail artisanal de qualité, intemporel au service du beau. Vous pouvez aussi vous initier à ce savoir-faire, contactez-la pour toutes informations sur les différents stages. Ne ratez pas cette petite boutique dans une maison ancienne au charme inoubliable.

RUES DES ARTS

15, rue des Arts
✆ 06 48 55 05 99

L'Association Rues des Arts regroupe une vingtaine d'artistes et artisans professionnels œuvrant à Moissac. Outre l'organisation de la Fête des Arts chaque année en avril, l'association anime très régulièrement la rue Jean-Moura, également appelée « rue des Arts » puisque la plupart des ateliers et boutiques des membres de l'association s'y trouvent. C'est une très belle initiative et une très belle rue au service de la créativité. Signalons une idée novatrice : le «XV des Arts», boutique-atelier mise à la disposition de trois artistes pour une année.

MARCHÉ FERMIER

Ouvert le week-end de 7h à 13h. Le samedi matin et le dimanche matin sur la place des Récollets.

Toute l'année la ville de Moissac organise un important marché fermier rassemblé autour de la halle couverte. Qualité des producteurs et fraîcheur des produits proposés tels que fruits et légumes frais, produits originaux, fromages et divers produits issus de notre terroir, dans une ambiance toute occitane ! Organisés périodiquement par l'association du« "Petit Boi »" et les« "Producteurs du bassin moissagai »", le samedi et le dimanche pendant le marché hebdomadaire sur la place des Récollets, les marchés à thème mettent à l'honneur les produits saisonniers.

SYNDICAT DE DÉFENSE DU CHASSELAS DE MOISSAC AOC

1, promenade Sancert
✆ 05 63 04 01 78
www.chasselas-de-moissac.com

Très fier de sa culture, ce syndicat œuvre pour une reconnaissance de ce patrimoine ! Pari gagné puisque le chasselas de Moissac est inscrit aujourd'hui à « l'inventaire national du patrimoine culturel immatériel ». Trouvez toutes les bonnes adresses et les meilleurs conseils pour ce raisin, premier fruit frais à avoir obtenu cette consécration suprême. Le chasselas de Moissac est produit sur une aire délimitée de 750 ha, au nord du Tarn-et-Garonne et au sud du département du Lot.

ACTIVITÉS NAUTIQUES SUR LE TARN

220, chemin de Rhode
✆ 05 63 04 82 51
www.randeau.com

Située à Moissac, la base Rand'Eau Loisirs vous propose de découvrir les vallées du Tarn et de la Garonne à vélo, en canoë-kayak, en bateau sans permis ou encore en stand-up paddle. Chaque activité est disponible en location simple, ou encadrée par un moniteur. Ceux qui opteront pour le canoë-kayak pourront s'essayer à ce sport sur le plan d'eau de Moissac, ou partir en randonnée (de quelques heures à plusieurs jours). Une navette peut vous avancer, selon votre choix d'itinéraire.

BASSIN DU TARN

Allée de l'Uvarium
✆ 05 63 04 01 85

Vous pourrez ici pratiquer différents sports nautiques : aviron, canoë, kayak, ski nautique, surfbike... Profitez des berges pour randonner à pied, à vélo ou à cheval sur les nombreux circuits de randonnées qui traversent Moissac et ses environs. Ils sont balisés et proposent différents itinéraires, plus ou moins longs, plus ou moins difficiles, pour se promener seul ou en famille. Les amateurs de pêche traqueront les carpes, silures et autres gardons. Vous aurez aussi la possibilité de louer des bateaux électriques et des bateaux à pédales.

CAP MATHALY

2827, route de Détours
✆ 05 63 04 16 01
www.cap-mathaly.com

Ouvert le lundi, le mardi et du jeudi au samedi de 9h à 19h ; le dimanche de 9h30 à 13h30. 30€ le spa à la demi-journée.

Dans cette ancienne ferme fruitière, la quiétude, la sérénité et le bien-être se faufilent dans cet institut de beauté doté d'un vrai hammam avec bain bouillonnant. Vous pourrez ainsi profiter de la thalasso à la campagne ! Maryline est aux commandes du centre de spa et elle vous accueille avec le sourire, attentive à vos moindres besoins et envies. Cette ferme de beauté, qui propose de nombreux forfaits alliant spa et relaxation, à la demi-journée et à la journée, est idéalement située, à deux pas de Moissac mais déjà dans les vignes du Quercy naissant.

DÉCOUVERTE DE MOISSAC À PIED

6, place Durand-de-Bredon
✆ 05 63 04 01 85
www.tourisme.moissac.fr

Ouvert toute l'année.

Au fil de cette promenade facile au cœur de la ville, vous comprendrez rapidement pourquoi la pierre et l'art sont les emblèmes de Moissac. Au départ du cloître, vous vous dirigez doucement vers l'abbatiale Saint-Pierre et le tympan, puis, avant de poursuivre par la place des Récollets, faites un détour par l'ancien palais abbatial. Empruntez alors successivement la rue du Général-Gras, la rue des Arts et la rue Sainte-Catherine, sans manquer en chemin la belle église Saint-Jacques.

PORT DE MOISSAC

Quai Charles de Gaulle
✆ 05 63 04 09 89

L'Espace portuaire de l'Uvarium offre une halte exceptionnelle pour les plaisanciers qui naviguent sur le Canal Latéral de la Garonne et sur le Tarn. Situé seulement à quelques dizaines de kilomètres des Agglomérations de Montauban et de Toulouse, l'Espace portuaire de l'Uvarium vous invite à parcourir le chemin de « l'eau à la pierre » en donnant accès à des paysages contrastés et riches en patrimoine. Fin août c'est l'incontournable Fête des Plaisanciers qui anime le port, l'occasion de se rencontrer et d'échanger autour de passions communes.

RAND'EAU LOISIRS

220, Chemin de la Rhode
✆ 06 85 47 72 47
www.randeau.net

Horaires variables. Pédalo : 12 € / 1 h ; Stand-up-Paddle : 11 € / 1 h ; Bateau électrique : 25 € / 1 h.

La base Rand'Eau Loisirs vous propose de découvrir les vallées du Tarn et de la Garonne en vélo, en canoë-kayak, en bateau sans permis ou encore en stand-up paddle. Chaque activité est disponible en location simple, ou encadrée par un moniteur. Ceux qui opteront pour le canoë-kayak pourront s'essayer à ce sport sur le plan d'eau de Moissac, ou partir en randonnée. Une navette peut vous avancer, selon votre choix d'itinéraire. Deux heures vous suffiront, par exemple, pour parcourir les cinq kilomètres qui séparent Moissac de Saint-Nicolas-de-la-Grave.

BRASSAC

La légende voudrait qu'un chef gaulois, Baccius, ait donné son nom à la ville. Au Moyen Âge, on bâtit un pont entre Brassac-de-Castelnau et Brassac-de-Belfortès. L'une étant catholique et l'autre réformée, elles se livreront une guerre sans merci jusqu'à la victoire des calvinistes, le 21 juin 1569. La paix recouvrée, le bourg puisera par la suite sa fortune dans l'industrie textile et les forges installées sur les gisements de fer de la commune. Village de caractère, Brassac offre à tous les regards ses trésors d'architecture, ses vieilles pierres et laisse présager de nombreux secrets que le rire cristallin de la rivière s'emploie à étouffer.

LA MARQUISE €

✆ 05 63 94 25 16

www.fermelamarquise.com

4 chambres (maximum 11 personnes). Chambre double de 50 € à 59 €. Petit déjeuner inclus. Lit supplémentaire : 18 €.

Au centre d'un large vallon que domine le majestueux château de Brassac, Michèle nous ouvre avec gentillesse sa ferme. Elle nous offre le gîte et le couvert. Les chambres, spacieuses, sont aménagées dans un ancien grenier, comme en témoignent les imposantes poutres qui les traversent. Le mobilier y trône depuis plusieurs générations. Et puis, il y a la table d'hôtes : on peut se délecter des compétences de Michèle, toquée d'or en 1991. Vous serez ici très bien placé pour des promenades dans la campagne environnante et pour prendre une bouffée d'air pur.

LES CABANES DE BRASSAC €€

✆ 05 63 05 13 91

lescabanesdebrassac.fr/

Toute l'année. Dès 490 € le week-end, le gîte/6 places. Cabanes Dès 110 € la nuit, la cabane/2 pers. Piscine. Spa.

Adossé au plateau calcaire, au-dessus d'un vallon riant d'où naissent plusieurs sources, le domaine où nous convie Laura est enchanteur. Trois cabanes - Amour, Chant de la Nature et Céleste - ont été construites sur des chênes centenaires, en épousant leurs courbes végétales. Elles évoquent les cabanes de notre enfance, mais avec tout le confort et les équipements nécessaires (piscine, spa), dans le plus grand respect de l'environnement. Le Gite «esprit cabane» offre lui aussi tout le charme d'un séjour arboré ! Un esprit un brin «hobbit».

LE MOULIN DE RAMOND €€

✆ 05 63 94 47 68

Ouvert toute l'année. Pour 8 personnes (3 chambres). A partir de 110 € / nuitée et 770 € / semaine selon la saison.

Voici un bien beau moulin en pierre de taille sur la Séoune en contrebas de Brassac et de son château. Récemment rénové, le gîte propose trois chambres très colorées, mais qui ont su garder aussi ce petit côté austère qui épouse si bien ces vallées tranquilles du Pays de Serre. A signaler l'œuvre du propriétaire des lieux, Louis Perrin, inventeur de « l'art Zep » aux sculptures monumentales et concepts assez délirants. Arrêté depuis 25 ans, le moulin refonctionne depuis peu, une prouesse du propriétaire très attaché à ce lieu. C'est une destination étonnante.

LE MOULIN DE JOUENERY ET SPA €€€

lieu dit de Jouenery ✆ 05 63 32 09 31

www.moulindejouenery.fr

Chambre double de 150 € à 180 €. Petit déjeuner inclus. Parking. Les enfants ne sont pas acceptés. Restauration 25 €.

Dans un écrin de nature exceptionnel, un domaine planté d'arbres centenaires, installé dans une bâtisse du XVIIe siècle aux airs de château, les propriétaires ont aménagé ici cinq chambres sublimes aux couleurs des lieux où ils ont résidé. Elles offrent une vue sur le jardin ou la rivière, la suite Venise de 60 m² possède une baignoire balnéo, une spacieuse douche à l'italienne et un salon. En complément des prestations des chambres, un espace spa complet est accessible.

LAFRANÇAISE

À la confluence entre le Tarn et l'Aveyron, Lafrançaise a bien mérité le nom de « Belvédère du Quercy » par sa position dominante sur la vallée du Tarn. Le site, occupé depuis le Néolithique, est devenu une bastide au XIIIe siècle, en entrant dans le royaume de France sous le nom de Villa Francese. Il faut admirer ses jolies façades de brique, les églises Notre-Dame de Lapeyrouse et Saint-Georges de Lafrançaise, les cascades de Pontalaman et l'abbaye de Francour. Station verte, elle est également une destination dédiée aux vacances et aux distractions avec sa base de loisirs et son festival d'arts de la rue, la Nuit blanche de Lafrançaise en juillet.

FERME AUBERGE DES TROUILLES €

Lieu-dit Les Trouilles ✆ 05 63 15 84 46
lestrouilles.com

Gîtes de France (3 épis). Bienvenue à la Ferme. Ouvert toute l'année. 3 chambres. Chambre double 48 €.

La ferme des Trouilles surplombe un petit vallon riant. Les frères Guffroy gèrent consciencieusement cette propriété familiale, Frédéric à l'exploitation agricole, Jean-François à l'auberge et au gîte (3 épis). Chambres très confortables au charme un peu suranné, 4 gîtes ruraux (location à la semaine), une cuisine du terroir de caractère (cassoulet, confit, foie gras, charcuterie maison...). Les produits de la ferme, dont certains sont certifiés bio, sont également en vente sur place.

LE CAMPING ET LE VILLAGE DE GÎTES LE HAMEAU DU LAC €€

Rue Jean-Moulin ✆ 05 63 65 89 69
www.campings82.fr

Ouvert du 15 avril au 30 septembre. Gîtes ouverts toute l'année. Emplacement + véhicule + 2 personnes à partir de 22 €.

Le camping du Lac est indissociable de la Vallée des Loisirs. Il bénéficie d'un environnement magnifique, étagé au-dessus d'une courbe du lac, très discret dans son écrin de verdure. Un équipement de qualité (piscine couverte et chauffée, trampoline, boulodrome), un accueil sympathique et convivial, de nombreuses animations, et la base de loisirs à ses pieds avec complexe aquatique et le restaurant font de cet établissement un excellent choix pour des vacances en famille méritées !

LA MAISON DU SAULA €€

2220, route de Montauban
✆ 05 63 65 80 24
www.la-maison-du-saula.fr

Chambre douvle avec petit déjeuner à partir de 60 €. Personne supplémentaire : 20 €. Enfant entre 2 et 4 ans : 15 €.

Dans une maison de Maître du XVIIIe siècle entre Moissac et Montauban à proximité de Castelsarrasin et du Canal du Midi, vous profitez d'abord de pièces spacieuses, d'une grande terrasse devant un très beau parc et d'une piscine qui donne sur la prairie et le pigeonnier. Bernard et Shirley, vos hôtes, sont aux petits soins et vous accueillent avec plaisir dans l'une de leurs trois grandes chambres bien décorées et confortables. Le matin, un copieux petit déjeuner vous est servi, frais et varié. Ensuite, vous pourrez partir pêcher dans le Tarn tout proche.

L'ART DU TEMPS €

7, place de la Promenade
✆ 05 63 65 80 30
www.lartdutemps.com

Fermé les dimanches soirs et lundis soir. Tous les jours le midi ; le vendredi et le samedi le soir. Menu : 23 €.

La terrasse où il fait bon boire un verre est très sympa, elle donne sur une placette en cœur de ville et permet de déjeuner en profitant du soleil. L'établissement propose deux ou trois fois par mois des concerts. La salle, à la conception originale, accueille chaque mois une exposition artistique. Émilie et Sébastien aiment la nourriture de l'âme, mais s'y entendent aussi en nourriture terrestre : le restaurant propose une cuisine assise sur les produits frais du terroir, privilégiant les circuits courts avec les producteurs locaux.

LE RESTAURANT LES PIEDS DANS L'EAU €

avenue de Saint Maurice
✆ 05 63 65 97 76

Ouvert 15/06-15/09 : lundi-samedi, 10-21h. Le dimanche, 10-14h. Vin au verre. Menu de 16 à 25 €. Réservation. Terrasse.

Le restaurant Les Pieds dans l'Eau est idéalement placé, à proximité directe de la piscine, au pied du camping de Lafrançaise, au bord du lac de la Vallée des Loisirs. On peut y boire un verre, y déguster une glace confortablement installé... À moins que l'on préfère y manger bien sûr, avec des formules rapides ou plus élaborées. L'été est rythmé par de nombreuses animations : concerts, spectacles, cabaret. Un endroit sympa comme on les aime en été, lorsque le temps s'arrête.

LA TABLE DES LOU PASSANTS €

600, Route de Moissac
✆ 06 23 16 49 73

Ouvert du lundi au vendredi le midi. Soirs et week-end uniquement sur réservation mini 10 personnes.

En bordure de la départementale reliant Montauban à Moissac, au pied de la petite ville de Lafrançaise, le restaurant en contrebas de la route, jouxtant la zone artisanale surprend par le grand volume de la salle et son ouverture sur un joli vallon boisé à l'arrière. Le chef Patrice Fontanel vous y concocte une cuisine française à partir de produits simples et frais mais qui donnent des plats colorés, bien présentés, inventifs et surtout très bons.

LA TOUR DE PIZZ' €€

43, rue Louis Pernon
✆ 05 63 65 14 93
Du mardi au vendredi de 11h à 13h et de 18h à 21h. Le samedi et le dimanche de 18h à 21h.

Ici on aime les bons produits et la pâte est faite maison. Elle repose en toute tranquillité avant d'être étalée et de lui ajouter des produits frais pour ensuite être cuite traditionnellement au feu de bois. Une grande attention est apportée à l'origine des produits, les fromages sont des productions françaises, les viandes de qualité supérieure et les fruits et légumes achetés entiers chez les primeurs de la région. Au cœur du village, sur une belle place, c'est le lieu idéal pour passer un agréable moment en famille ou entre amis.

MARCHÉS

www.lafrancaise-tourisme.fr/fr/restauration/les-marches
Toute l'année, le mercredi matin. Le dimanche matin du printemps à l'automne.

Le marché de Lafrançaise se tient toutes les semaines le mercredi matin. Il accueille 25 exposants en moyenne à cette occasion. Lorsque les beaux jours surviennent, à partir du printemps et jusqu'en automne, un second marché ouvre ses portes le dimanche matin. A noter également, pendant toute l'année, se tient un marché nocturne, dans la salle des fêtes de Piquecos, le deuxième vendredi de chaque mois à partir de 19h, avec vente de produits de terroir et possibilité de restauration sur place. On trouve de tout sur ces marchés sympathiques !

LA VILLE-DIEU-DU-TEMPLE

Le centre est marqué par les monuments les plus anciens (église reconstruite à partir de 1865) et marquants (école, mairie...). Le village présente peu de constructions très anciennes et les vestiges de son château ont disparu. Le village était autrefois entouré par des douves de fortification dont il ne reste que les parties Est et Nord partiellement rebouchées par les gravats des différents incendies du village ainsi que par la construction du chemin de fer. Aujourd'hui, La Ville-Dieu-Du-Temple est une commune sympathique à la vie associative forte et aux animations nombreuses grâce à des commerçants passionnés et inventifs.

SAINT-NICOLAS-DE-LA-GRAVE

Prenez le temps d'observer les nombreuses espèces d'oiseaux nichées dans les hêtraies ou perchées sur les branches au milieu du confluent du Tarn et de la Garonne, de découvrir l'histoire de personnages méconnus mais cependant illustres. L'association pour le patrimoine vous conduira à travers la sauveté aux murs roses, typique du Sud-Ouest, et dont la charte de fondation date de 1135. Les quatre tours du château Richard-Cœur-de-Lion dominent le village. Le musée Lamothe-Cadillac relate la vie aventureuse du fondateur de Détroit (USA). L'église du Moutet, qui vient d'être restaurée, est l'un des très rares monuments en terre crue de Midi-Pyrénées.

MAISON NATALE DE LAMOTHE-CADILLAC

7, rue Lamothe Cadillac
✆ 06 30 94 95 52
Ouvert toute l'année sur rendez-vous de 10h à 12h et de 14h à 18h.

Antoine Laumet de Lamothe-Cadillac, né en 1658 à Saint-Nicolas-de-la-Grave, est connu aux Etats-Unis comme le fondateur de la ville de Detroit. Sa maison natale transformée en musée perpétue la mémoire oubliée de ce Gascon « ferrailleur » et aventurier. Le nom de Cadillac est connu dans le monde entier, puisqu'il a été repris par Henry Martin Leland lorsqu'il fonda sa célèbre firme automobile à Detroit en 1902, en hommage au fondateur de la ville deux siècles plus tôt.

OBSERVATOIRE ORNITHOLOGIQUE

✆ 07 68 27 77 29
www.ssntg82.com
Ouvert toute l'année. Visite guidée.

La Société des sciences naturelles départementale gère cette réserve ornithologique. Le site est reconnu pour ses qualités d'hivernage pour les oiseaux aquatiques, pour la nidification d'espèces patrimoniales (sterne pierregarn, héron bihoreau), et le passage de migrations. La visite guidée au départ du port de la base de loisirs vous éclaire sur la biodiversité du site, sa flore et sa faune, longue vue à la clé. Un sentier balisé permet également d'accéder à l'observatoire.

POINT DE VUE DE BOUDOU

Boudou

www.tourisme-moissac-terresdesconfluences.fr

Gratuit.

Un point de vue a été aménagé avec table d'orientation et là on comprend un peu mieux la géomorphologie du département. On embrasse un vaste panorama avec à l'Est, le Quercy, qui vient mourir sur cette « petite Mésopotamie » que constitue le confluent du Tarn et de la Garonne avec ses alentours cultivés et arborés. En face, au Sud, dans la plaine, prudemment en retrait du fleuve, les quatre tours du château de Saint-Nicolas. Au Sud-Ouest, on aperçoit les premières collines de Gascogne, avec le point de vue « alter ego » de Cordes-Tolosanne.

BUREAU D'INFORMATION TOURISTIQUE DE ST-NICOLAS

Place du Château

✆ 05 32 09 69 36

www.tourisme-moissac-terresdesconfluences.fr/fr

Pour les horaires d'ouverture contactez le 05 32 09 69 36.

Vous trouverez dans ce bureau d'information tous les conseils utiles à votre séjour. Le village est une station verte dotée d'une base de loisirs animée l'été par Plage 82 : aires de jeux gonflables, de pique-nique, de quoi passer une journée très agréable à la naissance même de la Confluence. L'île aux oiseaux est une réserve ornithologique qui permet d'observer différentes espèces. C'est aussi le village natal d'Antoine Laumet, fameux chevalier de Lamothe-Cadillac.

BORDERIES €€

544, chemin De Malause

✆ 06 25 65 61 56

www.chambre-tarn-et-garonne.com

Chambre double de 52 € à 55 €.

Cette chambre d'hôtes est orientée pour les adultes mais un lit bébé peut être mis à disposition. Vous trouverez un lit en 160, une télévision, une salle de bains avec douche et WC indépendants, de la documentation avec coin lecture sur le palier, une salle à manger pour le petit déjeuner, un accès piscine et un parking. Depuis la chambre sobre mais élégante, vous aurez une belle vue sur la piscine, le parc arboré et fleuri et la campagne. Ici, les activités ne manquent pas : tennis, pêche, baignade, sports nautiques, voile, randonnée...

CAMPING DU PLAN D'EAU €€

Base de loisirs

✆ 05 63 95 50 00

www.loisirs82.fr

Du 1er juin au 30 septembre. Terrain de 1,5 ha. 42 emplacements. Emplacement + véhicule + 2 personnes à partir de 13 €.

Le camping est situé à côté de la base de loisirs, site exceptionnel ouvert à tous en accès libre. Son plan d'eau est l'un des plus importants de Midi-Pyrénées. Le camping est confortable avec tout l'équipement nécessaire à votre bien-être (labellisé Accueil vélo), les emplacements sont engazonnés et très ombragés. Petits et grands s'en donneront à cœur joie avec toutes les activités de la base de loisirs ! Vous optez pour un séjour, un week-end, vous êtes un amoureux de la nature, ce camping**, entièrement rénové, vous séduira par sa quiétude et son parc arboré.

CHAMBRES D'HÔTES AU CHÂTEAU €€

1, boulevard des Fossés-de-Raoul

✆ 05 63 95 96 82 - www.au-chateau-stn.com

5 chambres. Chambre double de 78 € à 98 € ; suite de 95 € à 150 €. Petit déjeuner inclus. Lit supplémentaire : 17 €.

Kathrin Barker s'occupe de 1 000 m² de pure harmonie et vous accueille dans cette demeure datant de 1800. Cette magnifique maison de maître du Premier Empire, avec façade de brique rouge et volets au blanc immaculé, séduit et en impose par sa sérénité. Les deux chambres et les trois suites sont agencées avec une grande maîtrise de l'équilibre entre l'ancien et le moderne. Tout ici est charmant et entre les extérieurs arborés et la piscine on prend le temps de profiter tout simplement.

AU COEUR DES ELÉMENTS €€

9, boulevard du Barry

✆ 06 17 45 23 35

www.aucoeurdeselements.com

Chambre simple de 80 à 100€. Chambre double de 95 à 135€. Table d'hôtes 35€ par personne. Plateau repas 20€.

C'est une très belle maison bourgeoise de 1820 que Séverine a magnifiquement rénovée. Les 5 chambres d'hôtes sont décorées avec sobriété et raffinement sur le thème des éléments, d'où le nom des lieux ! Le petit-déjeuner et le dîner sont servis dans la salle à manger, au coin du feu de cheminée l'hiver, et sur la terrasse couverte l'été pour profiter du jardin jusqu'à la tombée de la nuit. Entre la parc et la belle piscine, on profite de moments détente hors du temps et de l'agitation de la ville ou du quotidien pour une escapade ou des vacances agréables.

L'OUSTAL D'ADÈLE €€

lieu dit fayel
✆ 05 63 32 12 76
www.gite-oustal-adele.fr

Chambre double à partir de 50€ la nuit. Petit déjeuner 5€. Gîte de 260 à 390€ la semaine.

Gîtes et chambres d'hôtes vous attendent dans cette belle maison typique du Tarn-et-Garonne, lieu idéal pour se retrouver et pour faire une halte. Pour deux à trois personnes, tout est prévu pour que vous passiez de bons moments tout en autonomie avant de partir à la découverte de la région. Adèle, la maîtresse de maison saura vous accueillir et vous guider vers la découverte du patrimoine culturel et naturel de Saint-Nicolas de la Grave et du Sud-ouest. Et pour bien commencer la journée, elle vous propose chaque matin un copieux petit déjeuner.

ACTIVITÉS NAUTIQUES SUR LA BASE DE LOISIRS

✆ 05 63 95 50 00
www.basedeloisirs82.com

Chaque été, le plan d'eau de Saint-Nicolas-de-la-Grave reprend vie. Les rives se bordent de promeneurs, de vacanciers en camping et d'enfants en classe découverte. La baignade est malheureusement interdite mais la base de loisirs propose des bateaux à pédales, planches à voile, optimists et canoës-kayaks en location pour explorer les 400 hectares de cette étendue d'eau. La seule consigne est de ne pas approcher les îles qui abritent de nombreuses espèces d'oiseaux.

BASE DE LOISIRS DU TARN ET DE LA GARONNE

✆ 05 63 95 50 00
www.loisirs82.fr

Ouvert toute l'année. Accès libre et gratuit toute l'année. Accès «plage 82» 3 € du 4 juillet au 31 août 2020.

Le Conseil départemental du Tarn-et-Garonne a fait de ce lieu une destination de tourisme 100 % nature. Une magnifique structure d'hébergement type chalet bois, avec une capacité totale de 85 lits, accueille, tout au long de l'année, groupes scolaires, centres de loisirs, associations diverses. Des séjours pédagogiques, classes de découverte, stages sportifs... sont aussi disponibles. Vous aurez la possibilité de vous initier au catamaran, canoë-kayak, planche à voile, dériveur...

CAUSSADE ★

Surnommée La cité du chapeau, Caussade employait jusqu'à 3 000 personnes à l'âge d'or de la chapellerie, au début du XXe siècle. Qu'il soit canotier, Borsalino, casquette ou chapeau de cérémonie, le chapeau continue de tenir sa place dans l'activité de la commune (subsistent encore trois fabriques). Protestante pendant les guerres de religion, c'est aujourd'hui une petite ville très active et commerçante, réputée pour son incontournable marché du lundi matin, lieu d'échanges, de rencontres et de découvertes des saveurs du Quercy. À découvrir : la rue de la République, la tour d'Arles du XIIIe siècle, la fontaine de Thouron et le clocher d'église.

ESTIVALES DU CHAPEAU

✆ 06 35 10 27 43
www.chapeau-caussade.fashion
Du 15 au 19 juillet 2021.

Caussade est une cité chapelière. Il n'est donc guère étonnant de voir la ville se placer tous les ans sous le signe du chapeau ! Le festival a lieu en juillet et rend hommage au couvre-chef sous toutes ses formes. Des modistes internes se rassemblent à cette occasion pour montrer leur savoir-faire. Des expositions de chapeaux sont également organisées pour donner à tous l'envie de s'acheter un bibi. Ne manquez pas non plus le concours et les soirées musicales qui participent de l'évènement. L'édition 2021 aura pour thème les plumes et le spectacle !

CAUSSADE CITÉ DE PAILLE

4, place du Général de Gaulle
✆ 05 63 93 10 45
www.mairie-caussade.fr

Capitale du chapeau de paille, Caussade bénéficie d'une belle renommée de cité chapelière. On retrouve des traces de cet artisanat un peu partout dans la ville. Caussade c'est aussi un très beau marché authentique qui se tient tous les lundis autour d'une halle ouverte récemment rénovée. Dans les ruelles de la vieille ville, les stands s'étendent pour le plus grand plaisir des badauds qui retrouvent ici la saveur des marchés paysans d'autrefois. A Caussade on peut encore acheter de la volaille vivante ou encore en hiver faire son marché au gras !

PARC DE LA LÈRE

Entre Caussade et Monteils, traversé par la bretelle reliant les routes de Cahors et de Rodez, le parc de la Lère est une grande oasis de près de 60 hectares, avec cinq étangs, plusieurs kilomètres de sentiers et divers aménagements sportifs. Un grand espace ouvert qui permet la pratique de la pêche, du jogging, de la marche, ou tout simplement un petit moment de nature pour un pique-nique en famille. Un des intérêts, et non des moindres, est la présence d'espèces d'oiseaux lacustres, notamment les oies cendrées et les canards colvert.

TARN-ET-GARONNE

CHAPELLERIE WILLY'S PARIS

63, avenue Général-Leclerc
✆ 05 63 93 09 96
Adulte : 3 € (durée 1 heure). Visite organisée par l'Office de Tourisme sur réservation.

Cette chapellerie a été fondée en 1824. La visite permet de découvrir un savoir-faire qui perdure depuis six générations. Les chapeaux sont fabriqués avec des machines à coudre spécifiques pour la couture de la paille datant du début du XXe siècle, des formes en aluminium des années 1950 et des presses. L'entreprise perpétue ainsi les procédés traditionnels. L'atelier arbore le label «Entreprise du Patrimoine Vivant». Au magasin d'usine vérifiez si vous avez une tête à chapeau...

OFFICE DE TOURISME DU QUERCY CAUSSADAIS

Carré des Chapeliers ✆ 05 63 26 04 04
www.mairie-caussade.fr
Ouvert toute l'année du lundi au samedi, le dimanche en été. Visite de l'Epopée chapelière 4 € (adulte).

L'office de tourisme du Quercy Caussadais regroupe les offices de tourisme de Caussade et de Montpezat-de-Quercy. Les deux sites accueillent les touristes dans de jolies bâtisses en pierre. Celui de Caussade reflète particulièrement l'architecture locale faite de briquettes rouges. Vous y trouverez une exposition permanente autour de l'histoire du chapeau de paille. Vous en apprendrez davantage sur le patrimoine et l'histoire du Quercy Caussadais. Très instructif et interactif !

ATELIER DE FORMIER HATS BLOCKS LAFOREST

37, rue de la République
✆ 06 59 25 23 53
hatsblocks.com/

Visite guidée tous les lundis de juin à octobre à 14h. 4 €/pers. Réservation auprès de l'office de tourisme de Caussade.

Le formier est l'artisan qui sculpte des blocs de bois de tilleul servant de moule pour la réalisation de tout type de chapeau. Ce métier est rare et classé à l'Unesco. L'atelier est situé dans le centre historique de Caussade, au sein d'une maison atypique datant du XIIIe siècle. Didier Laforest y travaille le bois. Découvrez comment les formes nées de l'imagination des créateurs sont reproduites par les mains d'orfèvre du formier. Une visite unique !

LA FERME DU SAFRAN €

Lieu-dit Ferrié ✆ 05 63 28 25 37

3 chambres. Chambre double 55 €. Petit déjeuner inclus. Restauration (repas à la découverte du safran).

Trois chambres assez spartiates ont été aménagées dans l'ancienne bergerie, donnant toutes sur une belle terrasse ombragée. A l'arrière du bâtiment, on trouve une piscine naturelle avec une faune et une flore régulant naturellement l'équilibre de la composition de l'eau, éclairée la nuit. Bertrand et Régine ont vraiment le sens de l'accueil, et savent comme personne nous transmettre l'amour de leur métier. Vous pourrez découvrir leur exploitation et l'histoire du safran, mais le mieux sera de déguster leur menu spécialement dédié à la découverte de cette épice.

HÔTEL RESIDENCE LARROQUE €

16, avenue du 8-Mai-1945 ✆ 05 63 65 11 77
hotellarroque.fr

Ouvert toute l'année. Chambre à partir de 55 €. Petit déjeuner 8 €. Restauration en partenariat avec la Table d'Alice.

L'hôtel Larroque, à côté de la gare, est un établissement de centre-ville comme on les aime, avec une âme et une histoire. Depuis le XIXe siècle, 7 générations se sont succédé à sa tête. Rénové, l'hôtel propose 10 chambres et 8 appartements meublés avec confort et dotés de la climatisation et du wifi. Un appartement est aménagé pour les personnes à mobilité réduite. On peut se restaurer et piquer une tête dans la piscine à la Table d'Alice, juste de l'autre côté de la rue, un endroit sympa, les deux établissements travaillant de concert.

AUX LYS D'OR €

8, place de la Réunion - **RÉALVILLE**
✆ 05 64 28 32 21
auxlysdor-restaurant.fr

Ouvert toute l'année. Chambre à partir de 47 €, petit déjeuner 7 €. Soirée étape 69 €. Restauration.

Cette charmante maison offre sept chambres individuelles ou doubles, accueillantes, calmes et chaleureuses. Toutes ont été récemment rénovées avec goût. Le confort est total, la literie de qualité et le service agréable. Sa situation géographique, à 5 minutes de Caussade et moins de 10 minutes de Montauban, est idéale pour une halte apaisante. Bien qu'en bordure de la RN20, l'insonorisation est parfaite. Le restaurant associé à l'hôtel propose des menus de qualité et gastronomiques. Un rapport qualité-prix des plus intéressant.

LA MAISON JAUNE €€

1026, chemin de Roumieu - **RÉALVILLE**
✆ 05 63 31 86 38
www.maisonjaune.eu

Ouvert toute l'année. De 75 à 160 €. Petit déjeuner inclus. Restauration (table d'hôtes de 30 à 33 € sur réservation).

Effectivement, la maison est jaune ! Aux premières marches du Quercy, voici un joli lieu de villégiature au cœur de vallons verdoyants, avec de grandes chambres haut de gamme, qui peuvent accueillir des familles. Vous apprécierez de séjourner dans l'une de ces chambres agréables, avec accès à l'extérieur vers la piscine et le parc d'un hectare. On ne saurait trop conseiller la table d'hôtes, avec des menus qui savent se jouer des saisons, à base de produits frais et arrosés de quelques bons vins du pays. Une adresse à garder.

OTANTIC €€

233, chemin de Rivals
RÉALVILLE
✆ 05 63 31 08 88

Bienvenue à la Ferme. Réservation recommandée. 90 € la nuitée et 400 € la semaine. Chèque Vacances.

Un chalet, oui, mais à 8 m du sol dans un chêne vénérable. Georges Delcassé, personnage singulier a réalisé son rêve de cabane en bois perchée. On retrouve dans ce petit nid de quoi cuisiner, se laver (une douche), se chauffer, et bien sûr dormir, pour 2 personnes. Des toilettes sèches sont disponibles au sol. Le must reste la petite terrasse aménagée dans l'arbre, avec une vue imprenable sur les champs alentour avec au loin l'oppidum de Montalzat.La belle propriété de Georges abrite quelques hectares de truffières. Réservez à l'avance !

LE SAINT-MARCEL €€

Château Saint-Marcel - **RÉALVILLE**
✆ 05 63 67 14 27 - www.lesaintmarcel.com
Ouvert toute l'année. Pour 30 personnes. Animaux acceptés. Séminaires. Réceptions et mariages. Wifi.

Catherine et Francis Aguilera vous accueillent pour un séjour dépaysant à souhait dans leur château qui est aujourd'hui principalement dévolu aux réceptions de mariage, avec de belles salles pour recevoir des invités en nombre. Un grand gîte, trois studios et un dortoir peuvent héberger 30 personnes sur place. Le pigeonnier du château est également aménagé. Un ensemble complet et agréable pour les fêtes de famille ou les séminaires de travail, le cadre est magnifique et calme. Les hébergements sont disponibles pour une nuit, un week-end, une semaine ou plus.

VILLA BAMBOUS €€

26, chemin de Château-Vieux - **RÉALVILLE**
✆ 06 95 52 48 49
villabambous.ovh/
Ouvert toute l'année. 10 pers. (125 m², 4 ch.). 450-600 €/semaine selon saison. Possibilité location pour le week-end.

La Villa Bambous est installée au cœur du village de Réalville, à 300 mètres de la mairie. Dans cette charmante maison rénovée avec goût, vous pourrez vous réunir entre amis ou organiser une rencontre familiale. La maison peut en effet accueillir, avec ses quatre chambres, jusqu'à dix personnes. Le gîte est bien équipé (lits faits à l'arrivée, cuisine moderne, salle de bains) avec jardin, terrasse couverte et barbecue. La possibilité de louer pour le week-end est un plus pour programmer un séjour plus court. Se renseigner pour les tarifs.

LE BISTROT DE LA HALLE €

3, rue de la Solidarité
✆ 05 63 03 74 80
Ouvert toute l'année. Réservation recommandée. Plat du jour 8 € (formule 12-14 €). Terrasse.

Voilà une petite adresse comme on les aime et comme on en trouve trop peu : un établissement qui ouvre le midi tous les jours pour les travailleurs et les voyageurs qui souhaitent faire un petit détour par le centre de Caussade, près de l'Espace Bonnaïs. L'accueil est souriant et chaleureux, l'atmosphère de ce bistrot des plus conviviales avec son comptoir, la cuisine est tout aussi généreuse que goûteuse, pour un excellent rapport qualité-prix. Quelques exemples de spécialités : la blanquette de veau, le bœuf en daube, les tripes, etc.

LE CANOTIER €

32, boulevard Didier-Rey
✆ 05 63 93 05 08
Ouvert toute l'année du lundi au samedi midi et soir. Plats du jour 7,50 à 15 €. Ardoise de suggestions. Terrasse.

Le Canotier - du nom du célèbre chapeau de Caussade, emblème s'il n'en est de la ville - est un bar-brasserie situé en plein centre-ville, à quelques pas de la mairie. Il ne paye pas forcément de mine mais il vous assurera un service simple et efficace. Au menu vous y dégusterez une cuisine classique, saine et bien réalisée : sauté de veau aux olives, bavette à l'échalote, confit de canard, salades et plats du jour, et un choix de pizzas maison. L'équipe est accueillante et l'ambiance conviviale. De nombreux habitués locaux.

AUX LYS D'OR €

8, place de la Réunion - **RÉALVILLE**
✆ 05 64 28 32 21
auxlysdor-restaurant.fr
Ouvert toute l'année. Réservation recommandée. Menus 17-30 €. Terrasse.

Installés dans une bâtisse typique du Tarn-et-Garonne, Negy et son équipe proposent une cuisine de tradition qui met à l'honneur les produits locaux. Les nappes en coton blanc et les centres de table fleuris créent une ambiance cosy, à l'abri de la circulation de la nationale 20. Le foie gras truffé est maison, la croustade au ris de veau est exceptionnelle ainsi que le clafoutis de foie gras et caramel de banyuls. La partie bistrot de l'établissement propose un menu du jour. Dès les beaux jours, la terrasse fleurie est des plus accueillantes.

LA P'TITE BRETONNE €

231, route de Cahors
✆ 05 63 93 54 19
Ouvert toute l'année. Formule du midi 12 € (galette et crêpe). Jardin. Terrasse. Cheminée.

Juste après le rond-point sur la RD 820 à la sortie de la ville en allant vers Cahors, il ne faut pas hésiter à emprunter le chemin blanc qui monte sur la gauche. Magnifique corps de ferme quercynoise rénové qui abrite... une crêperie avec Gwenola aux commandes, originaire du Morbihan. La salle est intimiste mais claire. La terrasse est monumentale. Les crêpes et galettes sont à recommander, et on y travaille la véritable andouille de Guémené, comme la saucisse de Morteau, le cantal, le rocamadour, le chorizo ou le fromage à tartiflette.

RELAIS D'AUVERGNE €

RD 820

✆ 05 63 93 03 89

Ouvert toute l'année. Du lundi au vendredi le midi et le soir. Menu du jour à 14€ vin et café compris. Chèque Vacances.

C'est un restaurant très apprécié des routiers, facile d'accès car situé en bord de nationale 20 et à 1 km du péage de l'autoroute A20 de Caussade (prendre direction Cahors). Qui dit restaurant routier dit souvent pas cher, et c'est le cas mais c'est aussi copieux et très bon dans les assiettes et les plats du jour changent très régulièrement. L'ensemble comprend deux grandes salles, une salle de repos avec télévision et une petite terrasse. Pour ceux qui voudraient rester, un hôtel de 14 chambres est proposé en complément pour une halte bien et à bon prix.

LE CLOS MONTEILS €€

7, chemin du Moulin

✆ 05 63 93 03 51

Ouvert du mercredi au dimanche midi et soir. Menus env. 20-60 €. Formule du midi env. 20 €. Terrasse.

Nous sommes devant l'ancien presbytère du village de Monteils. Un panneau discret annonce les menus. Si on lève la tête, le cadran solaire au-dessus de la porte nous souffle que « la vie est trop courte pour être petite ». Intuitivement, on sent que l'on va passer un grand moment. Il faut frapper à la porte et Françoise nous accueille. Son mari Bernard prépare le piano en cuisine, et on lui laisse la totale maîtrise de notre assiette, tant cet amateur de jazz est virtuose, sublimant le terroir et les saisons. L'évidence est dans l'assiette, tout est harmonie !

Ô MIGNARDISES €€

14, cours Didier Rey

✆ 05 63 93 10 11

Ouvert toute l'année tous les midis et du jeudi au dimanche le soir. Carte 20 € environ. Formule du midi 15 €.

Ô Mignardises est un établissement qui ravit d'abord par son accueil. On apprécie la belle terrasse couverte donnant sur la rue comme en compte tant la ville, et une belle décoration tout en nuances de gris en salle, une ambiance bistrot agréable pour une carte très intéressante qui fait la part belle aux produits frais et de saison, sans cesse renouvelée. Une halte gourmande comme on les aime tant, très fréquentée le midi, qui est aussi un bar très convivial. Le restaurant fait également service traiteur pour vos réceptions.

LA TABLE D'ALICE €€

24, rue Moissagaise

✆ 09 86 26 57 79

latabledalice.com

Ouvert toute l'année 7j/7 midi et soir sauf dimanche soir en hiver. Formule du midi 15 €. Terrasse. Piscine.

La Table d'Alice est installée au cœur du village. On apprécie sa cuisine réalisée avec des produits locaux issus de l'agriculture raisonnée : cochon noir bio, tataki de thon Albacore de ligne, truite du Tarn avec ses petits légumes et sa fricassée d'oreilles de' cochon aux champignons... Tout est fait maison, de l'entrée au dessert, la cuisine est innovante et créative. Le service est des plus agréable, souriant et attentif, mais le réel plus c'est la belle terrasse très agréable l'été et la piscine qui la borde pour un moment détente complet.

BOULANGERIE PÂTISSERIE AURÉLIEN ET ALEXIA

36, Boulevard Didier Rey

✆ 05 63 93 21 43

Ouvert du jeudi au mardi de 6h30 à 19h30.

Proust avait sa madeleine, aujourd'hui grâce à Alexia et Aurélien, les Caussadais ont leur marquettone ! Un petit air d'Italie souffle dans les étals de la boulangerie pâtisserie avec cette revisite du célèbre panettone. Produit phare de l'établissement, cette savoureuse brioche est déclinée en plusieurs saveurs. Vous trouverez toute une gamme de gâteaux dont la traditionnelle caussadaise et croustade aux pommes. Côté boulangerie, le choix est large et de qualité.

Ô GOURMANDISES

7, boulevard Didier-Rey ✆ 05 63 91 57 08

o-gourmandises.com

Ouvert le lundi et du mercredi au samedi de 7h30 à 19h ; le dimanche de 8h à 13h. Pâtisserie. Traiteur. Terrasse.

Passer le pas de porte de l'établissement est déjà un petit voyage en soi. Une pâtisserie de haute voltige, mais qui ne se prend guère au sérieux, parfois décalée comme avec le burger fraise gariguette et pistache. Viennoiseries et macarons sont aussi à l'honneur, on peut les déguster en terrasse aux beaux jours. Pour les anniversaires ou les réunions de famille, Ô Gourmandises réalise des gâteaux grand format, des cocktails dînatoires salés et sucrés et des plateaux-repas. Ajoutons à cela un accueil tout sourire et un service traiteur pour tous vos événements.

LE ROYAL BODEGA

33, route départementale 820
RÉALVILLE
✆ 05 63 67 93 68

Ouvert toute l'année du vendredi au dimanche de 18h à 2h. Terrasse. Restauration. Formule resto - soirées salsa.

Enfin ! Quand on se dit : on va boire un verre quelque part ? Mais où ? Vous y êtes. Le Royal Bodega est le temple de l'amusement, l'adresse pour sortir entre amis. Une adresse bon enfant et sereine. Ici vous pouvez manger et rester boire un verre ; c'est très sympa et rigolo. Une magnifique terrasse pour les chaudes soirées d'été permet de se rafraîchir. Soirées karaoké, salsa, rock... ambiance assurée ! Du vendredi au dimanche plats à emporter : friture de poissons, acras, tortilla, hamburger, bruschetta. Carte de tapas variée.

DOMAINE D'ARIÈS

Puylaroque
✆ 05 63 64 92 52

Ouvert tous les jours. Livraison possible.

En contrebas du village perché de Puylaroque, la petite route qui nous mène au domaine d'Ariès rétrécit à vue d'œil. Après un dernier carrefour, deux ensemble viticoles se font face. A gauche, nous sommes en Tarn-et-Garonne sur la commune de Puylaroque, à droite dans le Lot sur la commune de Belfort-de-Quercy, mais partout sur le territoire de l'appellation coteaux-du-quercy. Nous tournons à gauche, et toquons au caveau. Le domaine propose une gamme resserrée, en rouge et rosé, vins délicieux en agriculture raisonnée, âpres et joyeux comme le Pays.

APPELLATION COTEAUX DU QUERCY

42, avenue Général-Leclerc
✆ 05 63 63 59 66

La signature de ce vin dominé par le cépage cabernet franc, ce sont des tanins bien marqués et des notes de fruits rouges, animales et de poivron. Mais les vins des coteaux du Quercy se déclinent aussi en rosés, agréablement fruités et en vins rouges agréables et équilibrés. Leur qualité a été récompensée par l'obtention de l'Appellation d'Origine Vin Délimité de Qualité Supérieure coteaux du Quercy qui est aujourd'hui contrôlée et défendue par un syndicat.

MARCHÉ DU LUNDI

Grand marché tous les lundis matin.

Un grand marché généraliste se tient toute l'année dans le centre-ville de Caussade. Il est connu et reconnu de tous les habitants et draine depuis des décennies une foule d'acheteurs locaux. Le marché de Caussade, c'est une véritable institution. Il reste l'un des marchés les plus authentiques de la région. Vous y trouverez les délicates saveurs des mets du Sud-Ouest, de la poule noire de Caussade au canard gras en passant par les noix et autres fruits et légumes. Vous trouverez surtout une pléiade des producteurs et de produits de saison.

CRAMBES

42, avenue Maréchal-De-Lattre-de-Tassigny
✆ 05 63 65 07 07
www.crambes-hats.com

Du lundi au vendredi de 8h à 12h. Du lundi au jeudi de 13h30 à 17h30.

Crambes, créée en 1946 à Caussade, est l'une des références françaises en matière de fabrication de chapeaux et casquettes pour homme. L'entreprise fournit ainsi de grands noms de la mode, que ce soit dans l'univers du luxe, du prêt-à-porter haut de gamme ou des jeunes créateurs. Elle produit encore ses chapeaux de manière traditionnelle, avec machines et savoir-faire d'antan, pour un résultat parfait. Chaque saison est l'occasion de redécouvrir les classiques mais aussi de voir naitre de nouvelles créations pour se faire plaisir toute l'année.

VINS SUR 20

40, cours Didier-Rey
✆ 05 63 93 04 85

Ouvert du lundi au samedi 9h30-12h30 et 14h30-19h30. Ouvert le dimanche matin 9h30-12h30 en juillet, août et décembre.

Le seuil franchi, on est tout d'abord impressionné par le volume du lieu, dédié au dieu Bacchus. 250 m² de surface de vente dans une ambiance cosy et conviviale. L'éclairage a été spécialement créé pour le lieu. Un vendredi sur deux, soirée à thème sur réservation pour une initiation à l'œnologie et une dégustation accompagnée de bouchées en accord avec les vins et alcools. Tous les crus sont français, avec une très belle sélection de vins du Sud-Ouest. On trouvera également sur place un espace torréfaction, ainsi qu'un bel assortiment de produits d'épicerie fine.

SOCIÉTÉ SPÉLÉOLOGIQUE ET ARCHÉOLOGIQUE DE CAUSSADE

5, rue Bourdelle ✆ 05 63 65 13 80
caussade-speleo.com
Club pratiquant l'initiation.

D'abord section du groupe spéléo de la Société des sciences naturelles de Montauban, c'est en 1969 que le groupe de Caussade prend son autonomie en devenant la « société spéléo-archéologique de Caussade ». Aujourd'hui, la SSAC est devenue l'un des clubs spéléo les plus importants et les plus dynamiques de Midi-Pyrénées ! Le club organise de très nombreuses manifestations toute l'année pour vous faire découvrir ce patrimoine méconnu et pourtant d'importance.

MONTPEZAT-DE-QUERCY ★

Cité médiévale du Tarn-et-Garonne, Montpezat-de-Quercy est formée d'un ensemble de vieilles maisons en pierre, étagées au-dessus des remparts, serrées contre la collégiale... Jadis ceinturée de remparts, Montpezat a été construite sur les derniers contreforts du Quercy. L'illustre famille des Prés qui succéda en 1250 à celle des Montpezat a doté la cité d'édifices et d'un trésor remarquable... Laissez-vous guider à la découverte des plus beaux monuments du village : la porte de la ville, la Collégiale Saint-Martin et son collège des chanoines, l'ancien couvent des ursulines et son cloître, le centre ancien et ses rues et ruelles pittoresques...

LA COLLEGIALE SAINT-MARTIN ★

Place de la Résistance
✆ 05 63 02 05 55
Ouvert toute l'année. Visite guidée en juillet et août le mercredi à 21h, le vendredi à 17h et le dimanche à 16h30.

La collégiale Saint-Martin est un édifice de style gothique méridional datant de la première moitié du XIVe siècle. Dans le cœur, au-dessus des vingt-six stalles, on pourra admirer cinq tapisseries flamandes du XVIe siècle représentent la vie de saint Martin de Tours. Elles furent spécialement confectionnées pour la Collégiale et sont classées Monuments historiques. Elles ont été restaurées en 2017. Dans les différentes chapelles, des vitrines mettent en valeur le Trésor.

BUREAU D'INFORMATION TOURISTIQUE

24, Boulevard des Fossés
✆ 05 63 02 05 55
Horaires variables selon les saisons, consulter le site internet.

Le bureau d'information touristique du village médiéval de Montpezat-de-Quercy est ouvert toute l'année pour vous renseigner sur le patrimoine local (églises, collégiale, couvent...), les activités à pratiquer dans les environs et bien évidemment les lieux où séjourner et où se restaurer. N'hésitez pas à les contacter par téléphone ou à rendre visite directement à cette équipe dynamique et passionnée, toujours au top pour vous donner les nouveautés et bons plans.

LE GABACHOU €

2550, route de Paris ✆ 06 03 96 44 30
www.le-gabachou.fr
Ouvert toute l'année. 5 chambres. Chambre double de 65 € à 100 €. Soirée étape à partir de 70 €.

Situé sur la D 820, au Nord de Montpezat-de-Quercy, en direction de Cahors, le Gabachou, vous ouvre ses portes au cœur d'un grand parc boisé et des vins de coteaux du Quercy. Pascal et Évelyne Le Layour vous proposent cinq chambres dont deux familiales, toutes personnalisées, à la décoration sobre. Elles sont fonctionnelles et bien équipées, indépendantes. Le matin un bon petit déjeuner est servi et pour vos autres repas le restaurant homonyme vous accueille avec plaisir. Les motards y trouveront une halte de choix car les propriétaires sont eux-mêmes passionnés.

CAMPING DU FAILLAL €€

✆ 05 63 02 07 08
www.parcdufaillal.com
Ouvert toute l'année. 22 gîtes et 2 chalets de 220 à 750 € la semaine. 46 emplacements de camping.

Le Parc du Faillal propose un complexe haut de gamme avec plus de vingt gîtes, deux chalets, 45 emplacements de camping, 2 mobil-homes, et un parc de loisirs de 4,5 ha au cœur de la cité médiévale de Montpezat. Greg et Dan vous proposent tout sur place pour passer des vacances en famille ou des week-ends détente toute l'année dans une salle de 410 m² pourvue d'une cuisine équipée. Petits et grands trouveront de quoi s'occuper avec la myriade d'activités qui sont ici proposées et la superbe piscine pour des moments inoubliables d'amusement.

LES GOUTTES D'EAU €€€

Lieu-dit Pradiès
✆ 05 63 30 39 10
www.lesgouttesdeau.com
A partir de 140 € pour deux personnes avec petit déjeuner. Si dîner en plus : 185 €.

Ces dômes surplombent les vallons du Tarn-et-Garonne. Faites l'expérience d'une nuit comme à la belle étoile avec tout le confort d'une chambre d'hôtes. Vous dormez dans une goutte d'eau sous la Voie lactée, dans un environnement sublime. Le lit central et l'emplacement à mi-pente d'un cirque sauvage vous procureront une sensation incroyable en pleine nature, pour une expérience hors du commun. Pour parfaire le tout, vous profiterez d'une autre bulle avec spa et de petits déjeuners et repas très copieux et rendant hommage aux produits frais et de saison.

LE GABACHOU €

2550, route de Paris
✆ 06 03 96 44 30
www.le-gabachou.fr
Basse saison : du lundi au vendredi le midi. Haute saison : du lundi au samedi le midi et le soir. Formule : 16 €.

C'est avec grand plaisir qu'Évelyne et Pascal Le Layour vous accueillent « comme à la maison » avec des produits de qualité. Ils donnent la priorité aux produits frais, aux fournisseurs locaux. La viande est 100 % française et même les œufs sont issus de poules élevées en plein air, la traçabilité est garantie (on connaît même le numéro de téléphone du boulanger !). Sur réservation, profitez de soirées festives, pierrades et fondues pour encore plus de convivialité dans ce restaurant qui est aussi un lieu d'accueil privilégié des motards.

LE PRÉ DE MONTPEZAT €

Lieu dit la Barraque
✆ 05 63 65 94 33
Ouvert toute l'année. Menus 25 € env. Formule du midi 15 €.

En bordure de la RD 820, au croisement qui mène au village de Montpezat-de-Quercy, cette ancienne auberge du XVIIIe siècle, aujourd'hui totalement rénovée par les jeunes propriétaires, mérite que l'on s'y arrête. La salle a su garder cette chaleur toute quercynoise, entre pierre et bois, et l'extérieur offre un grand espace pour la terrasse et le parking. La cuisine est traditionnelle, simple, avec ce qu'il faut d'originalité (ris de veau braisés, tournedos de cerf, filet de canard au cidre et miel...), et l'accueil est au diapason. Une halte à recommander.

LA CANTINA DE CARCIN €€

26, boulevard des Fossés
✆ 05 63 30 74 25
www.lacantinadecarcin.fr
Ouvert toute l'année du lundi au samedi midi et soir. Carte 25 € environ. Formule 14 €. Terrasse. Vente à emporter.

Au cœur du village, bar-brasserie familial. Ici, la star c'est le produit, le terroir. Pauline et Olivier privilégient la qualité et les circuits courts. Ils ont créé des tartines du Quercy, le foie gras mi-cuit est fait maison, les viandes sont maturées et cuites au gril. La grande spécialité reste la cave à fromages avec plus de 50 variétés à déguster à volonté. Grand amateur de vin, Olivier est ambassadeur des vins du Quercy et vous en propose 60 références. Le décor est soigné, la salle est climatisée et la terrasse ombragée est des plus agréables.

LA TABLE DU CARDINAL €€

13, rue de la République
✆ 05 63 64 47 50
latableducardinal.fr
Ouvert toute l'année du mardi au dimanche le midi ; du jeudi au samedi le soir. Menus 35/40 €. Formule 18 €. Patio.

Stéphanie et Alexandre vous reçoivent à proximité de la porte de la ville du XIVe siècle et de la place de la Mairie. La Table du Cardinal est une étape gourmande majeure. Alexandre signe une cuisine à la fois fine et de caractère. Stéphanie vous réserve un accueil chaleureux et un service attentionné dans un cadre cosy. En digne disciple d'Auguste Escoffier, Alexandre met de la fête et de la truculence dans ses assiettes, où se marient les saveurs et les couleurs d'ici et d'ailleurs dans une étonnante harmonie. Une adresse qui mérite vraiment d'être découverte.

LE DOMAINE DE GABACHOU

2895, route de Paris
✆ 05 63 02 07 44
www.gabachou.fr
Ouvert tous les jours. Livraison possible. CB non acceptée.

Au coeur de l'appellation «Coteaux du Quercy», autour du chai et des coteaux de La Madeleine, découvrez ce vignoble de 12 hectares. Depuis trois générations, les Cammas exploitent le domaine de père en fils. Guy et Geneviève obtiennent le l'AOC en 2011 et leur rosé Douteux du Palais composé de gamay, de cabernet et parfumé de muscat de Hambourg obtient deux fois la médaille d'or à Paris en 2005 et 2006. Le vin rosé est vinifié à partir des mêmes cépages complété de gamay. Le vin rouge lui se compose de 50 % de cabernet franc, 30 % de merlot et 20 % de malbec.

DOMAINE DE LAFAGE

✆ 05 63 02 06 91

Ouvert du lundi au samedi de 9h à 12h et de 14h à 19h.

Kevin Bardet est à l'écoute de son prédécesseur, Bernard Bouyssou pour continuer à pérenniser la polyculture, la biodynamie ainsi que les vins de Lafage. Passionné par le vin, Kevin a pour projet non seulement de prolonger l'histoire du vignoble mais également de développer toute une gamme de vins. Sur 12 hectares, ses vignes sont conduites en biodynamie, et produisent un vin rouge labellisé bio de haute tenue. A la boutique, vous pourrez bien sûr acheter toute une gamme de vins mais également d'autres produits de l'exploitation comme des viandes par exemple.

MARCHE

Le samedi matin place du Réduch, toute l'année.

Le marché hebdomadaire de Montpezat-de-Quercy, qui se tient chaque samedi matin tout au long de l'année, est l'occasion de découvrir les producteurs locaux de fruits et légumes, de vins, mais aussi de fromages et de viandes ou de charcuteries. Dans une ambiance agréable, on parcourt les allées dans ce village qui s'anime au son de ses vendeurs. C'est idéal pour se fournir en produits frais et pour préparer des repas équilibrés à prix raisonnable. Le marché est totalement accessible aux personnes à mobilité réduite et un point de retrait d'argent est proposé.

SYNDICAT DE L'APPELLATION COTEAUX DU QUERCY

BP8

✆ 05 63 63 59 66

www.vins-coteaux-quercy.fr

Ouvert du lundi au vendredi. Aux heures de bureau.

L'aire de production «Coteaux du Quercy» s'étend sur 400 ha du Sud de Cahors au Nord de Montauban, de part et d'autre des départements du Lot et du Tarn-et-Garonne. Chaque année, la fête des vins des Coteaux du Quercy rassemble les viticulteurs, producteurs de produits régionaux, artisans... C'est une occasion sans pareil de découvrir ces vins de terroir si divers et variés, sortis de caves de producteurs passionnés et rigoureux dans leur travail des vignes.

VIGNERONS DU QUERCY

4555, Route de Paris ✆ 05 63 02 03 50

les-vignerons-du-quercy.com

Ouvert le lundi de 14h à 19h ; du mardi au vendredi de 9h à 12h et de 14h à 19h ; le samedi de 9h à 12h et de 14h à 18h.

La Cave des Vignerons du Quercy a été créée par un groupe de producteurs désireux de valoriser le produit de leur travail. Elle vous propose aujourd'hui toute une gamme de vins rouges, blancs ou rosés qui séduisent par leur richesse, leur rondeur et leur palette aromatique. Les différentes méthodes de vinification en font des vins plaisir par nature, qu'ils soient de haute couture, d'exception, classiques ou bio. C'est une coopérative à taille humaine qui regroupe 24 producteurs pour 120 hectares de vignes repartis sur les terroirs de l'AOP Coteaux du Quercy.

PUYLAROQUE

Puylaroque « Pella Roca » est un ancien village fortifié dont l'histoire reste mal connue. En cheminant, on observe cependant de nombreux témoignages de son histoire passée mouvementée : meurtrières de la tour de guet par lesquelles on surveillait les fossés, croix de Malte sculptée sur une maison, charité et hôpital du XVe siècle (les anneaux scellés près des fenêtres et les corbeaux de pierre se trouvant en dessous recevaient des hampes de bois destinées à soutenir oriflammes, bannières, etc), maisons de style médiéval, églises, arcades, citadelles... Aujourd'hui, le village est dynamique et jeune, et le promeneur s'y sent immédiatement à l'aise.

LES CHIMÈRES €€

23, avenue Louis-Bessières

✆ 05 63 31 25 71

www.aux-chimeres.com

Chambre simple à partir de 70€ ; chambre double à partir de 80€ ; chambre triple à partir de 90€. Petit déjeuner inclus.

Les Chimères (= rêves et fantaisies, la maison était nommée ainsi en 1760) est un lieu magique car sous l'influence accueillante de sa propriétaire Lisanne Ashton, artiste peintre londonienne. Plutôt romantique ou plutôt rustique, choisissez l'ambiance de votre chambre mais les deux offrent une très belle vue sur les environs. Elles sont totalement indépendantes avec entrées privatives. Le petit déjeuner frais et maison est pris dans une belle salle à laquelle on accède par un escalier de pierre, vestige des tours de garde des anciens remparts de la ville.

RESTAURANT LES SENS €€€

2, place de la Libération
✆ 05 63 02 82 25
restaurantlessens.com
Ouvert toute l'année sur réservation. Menus de 43,50 € à 129 €. Formule du midi 28 €. Terrasse.

Le haut de gamme s'est invité à Puylaroque ! Cette maison massive au cœur du village héberge l'une des meilleures tables de la région. C'est ici que Thierry Pszonka, maître cuisinier de France a posé ses poêlons et son piano. La salle est soignée, claire et sobre, le service impeccable et souriant. Dans l'assiette qu'explose la symphonie des couleurs et des arômes, avec une carte courte mais aux belles associations de teintes et de saveurs. Spécialiste de la truffe et de l'agneau du Quercy, le Chef Pszonka est bien ce virtuose qui joue à merveille avec nos sens.

SEPTFONDS

La petite ville de 2 000 habitants, fondée au XIIIe siècle par Alphonse de Poitiers est surtout connue pour son industrie du chapeau, florissante à la fin du XIXe siècle avec pas moins de 26 manufactures. Le fameux canotier doit tout autant à Septfonds qu'à la voisine Caussade, les deux villes se partageant d'ailleurs les Estivales du Chapeau. Mais Septfonds c'est aussi la ville natale de l'aviateur Dieudonné Costes qui fut célèbre pour ses traversées de l'Atlantique sans escale à la fin des années 20, et pour le camps de Judes, camps de réfugiés espagnols au début de la seconde guerre mondiale dont subsiste aujourd'hui un petit cimetière poignant.

LA MOUNIÈRE MAISON DES MÉMOIRES

15, rue des Déportés
✆ 06 70 36 86 90
septfonds-la-mouniere.com
Ouvert toute l'année. Adulte 3 €. CB non acceptée. Visite guidée. Camp de Judes en visite libre.

A l'éclairage de la thématique du déplacement de populations, des valeurs d'accueil et d'hospitalité venez observer comment le développement de l'activité chapelière au XIXe siècle a façonné l'architecture du village et comment la présence du Camp de Judes, ouvert en 1939 pour recevoir les réfugiés espagnols de la Retirada, a fait de Septfonds un haut lieu de mémoire des conflits de la Seconde Guerre mondiale. Un espace scénographique et deux parcours vous attendent.

LE SAINT-MAMET D'EUX €€

46, avenue Marcel-Lacassagne
✆ 05 63 31 95 25
Chambre double à partir de 55 €. Petit déjeuner : 6,50 €. American Express, Chèque Vacances. Animaux acceptés.

Situé à Septfonds, ce charmant petit hôtel familial possède seulement cinq chambres. Chacune d'entre elles répond à une thématique particulière, invitant par son confort et son charme à la quiétude. Elles sont très confortables et très bien équipées, idéales pour les couples qui ont besoin d'une escapade et de repos. Le Saint-Mamet d'Eux ouvre également les portes d'un restaurant du mardi au dimanche, pour le plus grand plaisir des hôtes et des visiteurs de Septfonds. C'est donc une très bonne adresse aux tarifs accessibles, idéale pour séjourner dans la région.

LE SAINT-MAMET D'EUX €€

43, cours Sadi-Carnot
✆ 05 63 31 95 25
Ouvert du mercredi au lundi le midi et le soir ; le mardi midi. Menus de 16 € à 30 €.

Le Saint-Mamet, ce sont 2 établissements ouverts alternativement l'été et l'hiver. C'est un plaisir l'été de s'y installer. On voyage par la déco raffinée, les poteries, les azuleros en frise, espagnolades, et les peintures cubaines… influences que vous retrouvez dans l'assiette ! Saveurs du terroir et du monde sont agrémentées selon les retours de voyage du chef. Les chambres à thème, au mobilier chiné, avec leurs salles d'eau et baignoires invitent, par leur confort et leur agréable simplicité, et à leur ambiance toute particulière, à s'y reposer.

VIVA LA PIZZA €€

44, avenue Marcel Lacassagne
✆ 05 63 31 22 62
www.viva-la-pizza-82.fr
Du mardi au dimanche de 11h30 à 14h et de 16h30 à 19h.

Située à Septfonds depuis plus de 15 ans, Viva La Pizza vous propose des pizzas traditionnelles, avec une pâte fraiche garnie d'ingrédients frais rigoureusement sélectionnés et cuite au feu de bois. Avec une expérience de 5 ans, les pizzaïolos vous proposent un grand choix de pizzas à emporter ou à manger sur place, des plus classiques aux plus extravagantes et même si besoin en versions végétariennes ou sans gluten ! Sur place, l'ambiance est confortable et cosy et l'ambiance chaleureuse et familiale. En été, on profite de la terrasse.

MOLIÈRES

Cette cité fondée en 1270 par Alphonse de Poitiers est la quatorzième bastide en Quercy. Il n'en subsiste que la ville haute. Les habitations ravagées par la guerre de Cent Ans sont reconstruites puis à nouveau ruinées par les combats des guerres de religion. A découvrir, l'église et son clocher séparé, ainsi que les anciennes et jolies maisons à pans de bois. Molières compte aussi cinq autres églises dans les différents hameaux de la commune qui constituent un petit patrimoine à découvrir dans la belle campagne alentour. Molières constitue aujourd'hui un excellent lieu de villégiature, avec tous les commerces et une base de loisirs.

LA GRANGE €€

15, rue du Pays-de-Serres - **VAZERAC**

✆ 05 63 30 33 71

www.restaurant-lagrange82.fr

Ouvert toute l'année. Formule du midi : 17 € (quart de vin compris). Chèque Restaurant.

Dans le charmant petit village de Vazérac, la Grange, adresse cosy et conviviale, avec sa belle cheminée et ses couleurs vives, et invite à la détente. Le chef, de son côté, propose une cuisine inventive, qui évolue au gré du marché. La spécialité maison ce sont les grillades de bœuf de l'Aubrac, les volailles cuites à la cheminée et les poissons à la plancha. Au menu et à la carte par exemple : longe de porc grillée et pommes de terre à la cendre, faux-filet à l'os, escalope de saumon à la plancha, brochette de gambas et noix de Saint-Jacques...

CAMPING LE MALIVERT €€

✆ 05 63 67 76 37

www.ville-molieres.fr

De mi-mai à mi-octobre. Emplacement + véhicule + 2 personnes à partir de 10,50€. 5 mobil-home de 350€ à 500€ la semaine.

Le camping le Malivert est un camping de taille familiale très bien situé dans un écrin de verdure à proximité immédiate du lac de Malivert, un vaste plan d'eau de 10 hectares agrémenté d'une plage de sable fin. Avec ses 24 emplacements ombragés pour les tentes et ses 5 mobilhomes tout confort, il constitue un hébergement accueillant pour les familles. Les services et activités proposés ici sont très nombreux et chacun trouve de quoi s'occuper, dans la joie et la bonne humeur, notamment grâce à la base de loisir toute proche.

BASE DE LOISIRS DU MALIVERT

✆ 05 63 67 70 15

www.ville-molieres.fr

Label Pavillon bleu et Station Verte. Ouverture du 1er juillet au 31 août tous les jours. Enfants 1,50 €. Adultes 3 €.

La base de loisirs du Malivert a obtenu le label Station Verte de Vacances. Il s'agit dès lors d'un site de qualité, dans un environnement naturel préservé. Elle est agencée autour d'un lac de 9 ha et bénéficie d'un cadre exceptionnel de calme et de verdure de plus de 30 ha. Les activités proposées ici sont très nombreuses et variées, pour petits et grands, des plus sensationnelles aux plus calmes, sous la surveillance d'encadrants dynamiques et attentifs.

L'AUBERGE DU QUERCY BLANC €

23, avenue des Promenades

✆ 05 63 67 19 00

Logis. Ouvert toute l'année. Tous les jours le midi et le soir. Carte : 21 € environ. Accueil des groupes. Terrasse.

Voici une jolie petite adresse sur la rue principale, en balcon au-dessus des moutonnements du Quercy. Une formule brasserie le midi en toute simplicité propose une cuisine français familiale traditionnelle du Quercy, avec également une carte sympa, et une formule brasserie qui allie pizzas, burgers et kebabs. Pour le dîner, on profite de plats plus élaborés et haut de gamme mais rendant toujours hommage aux recettes et produits traditionnels de la région.

DETENTE ET DECOUVERTE DU PATRIMOINE NATUREL

✆ 05 63 04 28 92

Ouvert toute l'année. Réservation obligatoire. Horaires variables : se renseigner par téléphone.

Sylvie Delmas organise des circuits pertinents et originaux, reliant les forces vives du tourisme local (artisans, restaurateurs, producteurs, artistes, conservateurs de musée et professionnels de la santé) au curieux de la région, selon le calendrier. Les programmes de visites et de séjours sont extrêmement variés ce qui permet à tout un chacun de trouver, quelle que soit sa condition physique, de quoi satisfaire sa curiosité et ses envies de découvertes.

ORGANISER SON SÉJOUR

Un point de départ, Toulouse, et cinq départements à explorer : la Haute-Garonne, le Gers, l'Ariège, le Tarn et le Tarn-Garonne. Comment s'organiser ? Où trouver les infos, ou dénicher les bons plans ? Cette rubrique vous indique les adresses pratiques incontournables (gares, aéroports, sites Internet de tourisme régional...) pour vous permettre d'avoir toutes les infos sous la main. Elle vous propose par ailleurs une sélection d'opérateurs et de réseaux qui offrent des solutions originales d'hébergement, des bonnes idées de séjour, des circuits sur mesure... Laissez-vous inspirer par des suggestions auxquelles vous n'auriez pas pensé. Des vacances à la ferme ? Une virée en van ? Une nuit en montagne à la belle étoile ? La région toulousaine ne manque pas d'imagination ! Vous trouverez également les références des principales sources d'actualités locales, pour ne rien louper de l'agenda et des nouveautés.

S'Y RENDRE

Tous les grands axes autoroutiers du Sud-Ouest convergent vers Toulouse. Ainsi, depuis le ville rose partent en étoile l'A62 vers Montauban, l'A68 vers Albi, l'A61 vers Foix, l'A64 qui traverse le sud de la Haute-Garonne et enfin la Route Nationale 124 vers Auch. Il en va sensiblement de même pour le réseau ferré : il permet d'arriver en train au centre de Toulouse, puis de rayonner aux alentours avec le TER. Par la voie des airs, c'est bien sûr à l'aéroport international de Toulouse-Blagnac que l'on atterrira, mais il existe aussi une ligne depuis Paris-Orly qui arrive au petit aéroport de Castres-Mazamet, dans le Tarn. Dotée d'une gare routière de belle taille qui dessert de nombreuses lignes internationales, Toulouse accueille juste à côté de la gare SNCF les voyageurs qui se déplacent en autocar. Ils peuvent ainsi prendre très facilement une correspondance, par autocar ou par train, pour rejoindre les autres villes de la région.

AÉROPORT DE CASTRES-MAZAMET

Le Causse
LABRUGUIÈRE
✆ 05 63 70 34 77
aeroport81.fr
Destination : Paris Orly. Parking gratuit (250 places). Location de véhicules. Taxis.

À proximité du site Le Causse/Espace d'entreprises, cet aéroport moderne créé dans les années 1990 offre un service de vols réguliers vers Paris-Orly (trois allers-retours par jour). La liaison aérienne Castres-Mazamet-Orly Ouest est effectuée avec un ATR 400 qui relie la capitale en 1h30 seulement ! Un succès pour cet aéroport opérationnel à l'international qui accueille aujourd'hui plus de 40 000 passagers par an. Parking gratuit et navettes en sus !

AÉROPORT DE TOULOUSE-BLAGNAC

✆ 08 25 38 00 00
www.toulouse.aeroport.fr

Situé à moins de 30 minutes de route du département du Tarn, l'aéroport Toulouse-Blagnac permet de rejoindre plusieurs destinations internationales et nationales en quelques heures. Il est très facile d'accéder à la gare de Toulouse Matabiau depuis le réseau ferré tarnais. Depuis la gare, le métro toulousain ou la navette de l'aéroport vous amènera jusqu'à l'aéroport de Toulouse-Blagnac en quelques minutes. Facile d'accès et bien aménagé, c'est une solution pratique pour voyager.

GARE SNCF TOULOUSE-MATABIAU

64, boulevard Pierre-Sémard
TOULOUSE
✆ 36 35
www.gares-sncf.com/fr/gare/frxyt/toulouse-matabiau
Ouvert tous les jours et les jours fériés de 5h20 à 1h20.

Si vous arrivez à Toulouse en train, vous débarquerez à la gare Matabiau. Située à une dizaine de minutes à pied du centre-ville, elle est desservie par le métro. La gare routière est installée à proximité et il existe une connexion avec la navette aéroport. La gare propose de nombreux services : accueil des jeunes voyageurs, consignes, objets trouvés, distributeur de billets, restauration, wifi et prises de courant, photos d'identité, photocopies... et bien entendu, une billetterie !

FLIXBUS TOULOUSE

68-70, boulevard Pierre-Semard
TOULOUSE
www.flixbus.fr
Gratuit : transport fauteuil roulant pliant, accompagnant ou chien-guide. Prévenir 36 heures avant au 01 76 36 04 12.

Flixbus propose des trajets longue distance à travers la France et l'Europe. Une bonne idée pour les Toulousains qui veulent voyager à prix futé, comme pour les touristes qui organisent un circuit faisant étape dans la ville rose. Au départ de Toulouse, outre les principales villes françaises, vous pouvez rejoindre de nombreuses destinations espagnoles et portugaises pour prendre le soleil. Plus loin ? Embarquez pour Zurich, Milan, Ljubljana, Budapest... En tout, près de 90 destinations sans avoir à transiter par Paris, la solution idéale pour voir du pays.

SÉJOURS ET CIRCUITS

La région toulousaine est riche en trésors culturels, abonde de propositions d'activités de plein air, est généreuse en lieux de bien-être. Vous pourriez avoir envie d'être orienté par des professionnels pour profiter d'un séjour tout organisé ou d'un circuit de découverte. C'est la meilleure façon d'explorer les recoins que vous ne connaissez pas encore ou auxquels vous n'auriez pas pensé ! Vous souhaitez parcourir la région sur les chemins de Saint-Jacques-de-Compostelle ? Vous manquez d'inspiration pour réussir un week-end romantique ? Vous souhaitez vous ressourcer en rejoignant les sommets ? Vous voulez embarquer pour une visite inattendue et profiter des explications de guides passionnés ? Outre certains offices de tourisme, plusieurs opérateurs locaux organisent des prestations prêtes-à-réserver qui permettent de partir l'esprit libre. Certains proposent au contraire des séjours sur mesure, pour s'adapter à vos envies du moment.

VOYAGES DUCLOS

23, allées Jean-Jaurès
TOULOUSE
✆ 05 62 07 08 01
www.voyages-duclos.com
Accueil ouvert du lundi au samedi.

Les Voyages Duclos vous proposent des sorties en car à la journée pour profiter de la plage, du ski ou du patrimoine régional. Que diriez-vous d'aller rendre visite aux maîtres-chocolatiers Lindt ou d'aller voir la fête des fleurs à Luchon ? Plus loin, partez en courts séjours pour une nuit blanche à Barcelone, un week-end à Lyon pour la fête des Lumières, ou encore une semaine en Vanoise. Encore plus loin ? Duclos organise des séjours long-courriers en croisière ou en avion. À vous Vienne, Cuba, le Vietnam ! Une bonne adresse pour se changer les idées.

WWW.WEEKENDESK.FR

www.weekendesk.fr

Weekendesk est un service Internet de recherche et de réservation pour vos échappées belles. Son principal atout est de vous permettre de sélectionner le thème qui vous convient, puis de lancer la recherche dans un rayon de deux heures à partir de votre point de départ. Choisissez l'humeur de votre virée et laissez-vous inspirer ! Un week-end Spa dans un moulin du XVe siècle à Moissac ? Un hôtel de charme et une table fine à Albi ? Quelques descentes à ski à Ax-les-Thermes ? Une visite de cave en Gascogne ? Vous pouvez aussi faire votre recherche par destinations.

LA PÈLERINE

32, place Limozin
SAUGUES
✆ 04 71 74 47 40
www.lapelerine.com
Ouvert toute l'année.

C'est le spécialiste des chemins de Compostelle. Depuis plus de 25 ans, la Pèlerine guide et conseille les pèlerins sur de nombreux itinéraires, dont l'emblématique via Podiensis au départ du Puy. Chacun trace son chemin avec ces grands connaisseurs d'itinéraires de légende en France, mais aussi en Espagne, Italie, Maroc, Irlande et Portugal. Sur la voie du Puy, le chemin du Puy-en-Velay à Nasbinals à partir de 545 €, jusqu'à Conques à partir de 980 €, avec la possibilité de continuer jusqu'à Saint-Jean-Pied-de-Port et d'enchaîner sur les chemins espagnols.

LES PYRÉNÉES

7, rue des Prêtres
TOULOUSE
✆ 05 61 73 55 19
www.lespyrenees.net

La Confédération Pyrénéenne du Tourisme vous invite à faire une cure de «Pyrénéesthérapie» ! Elle vous propose des idées hiver comme été pour vous ressourcer au cœur des forces vives de ce superbe massif. Randonnée, thermalisme, ski, parapente, golf... Des séjours clés en main ont été concoctés pour varier les plaisirs, les week-ends de ski sont complétés par des séances de spa ou par l'observation des étoiles, les randonnées se concluent par un bain en source chaude... Il est aussi possible de faire appel à cette agence pour composer un séjour sur mesure.

SE LOGER

L'offre d'hébergement touristique en terre toulousaine est à l'image de ses paysages : riche et variée. Quels que soient vos envies et votre budget, tout est possible, du plus classique au plus insolite. Les gîtes, chambres d'hôtes et accueil à la ferme ont le vent en poupe : ces solutions sont très appréciées grâce au sens de l'accueil et à la convivialité des hôtes méridionaux. Si vous êtes plutôt hôtel ou location meublée, vous trouverez de bonnes adresses dans les centres urbains et dans les stations thermales. Les offres de camping sont bienvenues dans une région aussi ensoleillée qui aime entretenir ses liens avec les éléments naturels. Les cinq départements concernés par ce guide en proposent plus de 250 ! Installez-vous en fond de vallée, en bord de lac, dans la forêt, en bungalow, en chalet, en roulotte, en cabane perchée... Pour une couleur 100 % locale, il existe aussi des hébergements aménagés sur des péniches.

COUCHSURFING €€

www.couchsurfing.com

Plateforme internet pour séjourner chez l'habitant. Tarif d'adhésion : 15€ environ.

Couchsurfing est le service d'hébergement gratuit en ligne regroupant le plus d'adhérents. Il suffit de s'inscrire pour accéder aux profils des locaux ou faire sa demande d'hébergement pour quelques jours voire quelques mois. En échange, vous pouvez par exemple inviter votre hôte à manger, lui offrir quelque chose de votre pays ou bien l'accueillir chez vous. Le site Internet met en place des systèmes de contrôle : notation des membres, numéro de passeport exigé à l'inscription, etc. Les participants ont accès à des hébergements volontaires dans plus de 200 pays.

WWOOFING EN MIDI TOULOUSAIN €

17, rue de Metz

TOULOUSE

✆ 05 61 21 20 20

https://wwoof.fr

Partir à la découverte autrement, joindre l'utile à l'agréable, penser son séjour comme un échange de disponibilité contre un apprentissage : c'est le wwoofing ! Sous cet acronyme (World Wide Oppotunities on Organic Farm), il vous est proposé de bénéficier du gîte et su couvert dans une ferme bio en échange de quelques heures de votre temps pour participer aux activités de l'exploitation. La région toulousaine fait figure de championne, avec près de 200 fermes qui vous attendent !

BIENVENUE À LA FERME OCCITANIE €€

32, rue de Lisieux

TOULOUSE

✆ 05 61 10 43 01

www.bienvenue-a-la-ferme.com/occitanie

Bienvenue à la Ferme.

Le réseau Bienvenue à la Ferme est une mine de bonnes idées pour vos escapades au vert. Il réunit plus de 8 000 agriculteurs. Au programme, selon les adresses : visite de l'exploitation, vente directe, restauration et gîte. C'est une bonne idée pour un retour à la nature le temps d'un week-end ou de vacances en famille. De nombreuses solutions de logement sont proposées d'une ferme à l'autre : camping, chambre d'hôtes, hébergement insolite... À chacun ses vacances à la ferme !

WWW.TOURISME-OCCITANIE.COM €€

TOULOUSE

✆ 04 30 63 84 20

www.tourisme-occitanie.com

Le Comité Régional du Tourisme et des Loisirs Occitanie propose sur son site Internet des idées d'activités, de sorties, de visites et bien sûr de logements. Son petit «plus» très futé : il offre la possibilité de faire votre recherche en fonction de vos envies. Vous bourlinguez en van aménagé ou vous optez pour la vie de château ? Vous profitez du plein air dans un camping équipé ou vous préférez faire étape dans un refuge de montagne ? Chacun trouvera ici sa solution.

SE DÉPLACER

À partir de Toulouse, les itinéraires vers Auch, Montauban, Albi ou Foix sont aisés, que l'on souhaite se déplacer en voiture, en car ou en train. Pour faciliter les déplacements intra ou inter-départementaux, la région Occitanie a mis en place un dispositif unifié qui vous offre une vue d'ensemble sur la totalité des réseaux de transports locaux, qu'il s'agisse de bus ou de TER. Certaines lignes ont été développées pour vous amener au plus près d'activités touristiques : musées, foires, lieux de baignade... Les promenades à vélo sont particulièrement favorisées par l'aménagement du canal des Deux Mers, qui permet de progresser sur la Voie Verte V80 reliant l'océan Atlantique à la Méditerranée. Certains loueurs de vélos peuvent accompagner votre périple en vous proposant d'acheminer vos bagages d'une étape à une autre. Une autre façon de partir à l'aventure : louer un van aménagé pour bourlinguer en toute liberté au gré de vos envies !

LIO - LIGNES INTERMODALES D'OCCITANIE

TOULOUSE
✆ 05 34 33 32 31
www.laregion.fr/-liO-Service-Public-Occitanie-Transports-

LiO est le nom du service harmonisé de transports à travers la région Occitanie pour vos escapades à la découverte du patrimoine. Il gère les lignes régulières d'autocars interurbains, le transport à la demande, le TER et les pôles d'échanges intermodaux. Les offres d'abonnement permettent à chacun de profiter de la région sans voiture à prix futé. La visite de la cathédrale Sainte-Cécile d'Albi ? Un cassoulet à Castelnaudary ? Le festival du blues à Cahors ? Vous avez le choix !

VAN AWAY

27, route de Toulouse
SEILH
✆ 06 19 15 11 69
www.van-away.com
À partir de 60 € par jour.

À tous les aventuriers qui ont envie de se lancer dans un *roadtrip* à bord d'un van aménagé : Van Away est fait pour vous. Cette entreprise née dans la région toulousaine vous propose d'embarquer à bord d'un Camper équipé de couchages et d'une kitchenette. La nostalgie des *sixties*, le confort en plus : électricité, eau chaude, chauffage, douchette ! De nombreuses options sont proposées : tente-extension, porte-vélo, sanitaires, sièges enfants, cafetière... Une idée à retenir pour emmener votre tribu à la découverte des routes de France et de Navarre !

SNCF - TER OCCITANIE

9, boulevard Marengo
TOULOUSE
✆ 08 00 31 31 31
www.ter.sncf.com/occitanie
Accueil téléphonique gratuit, ouvert du lundi au vendredi de 7h à 20h et le samedi de 9h à 14h.

Envie de sillonner toute la région toulousaine de rejoindre les sentiers de montagne, les lieux de visite culturelle, tout ça sans voiture ? En partenariat avec la Région Occitanie Pyrénées-Méditerranée, le TER vous emmène visiter toute la région à petit prix grâce à son réseau de trains et de cars régionaux. Plus de quatre cents trains circulent chaque jour ! Une solution agréable pour découvrir les sites incontournables, les lieux insolites et les bonnes adresses. Que vous voyagiez seul, en famille ou en groupe, l'offre du TER propose souvent des tarifs ajustés.

LE PETIT CYCLO

Rue Jacques-Prévert - **RAMONVILLE-SAINT-AGNE**
✆ 05 31 61 91 95
https://le-petit-cyclo.com
VTC : à partir de 5 €/h. Vélo à assistance électrique : à partir de 20 €/deux heures. Tarifs dégressifs.

Le Petit Cyclo est idéal pour découvrir le calme et la beauté du chemin de halage. La maison vous propose VTC, tandems, vélos à assistance électrique, remorques... Antivols, casques, sacoches et kits de réparation sont fournis sans supplément. Promenade d'une heure ou d'une semaine, Le Petit Cyclo s'adapte à toutes vos envies. Adepte de randonnée ? Ce spécialiste de la location en itinérance vous permet de rendre votre bicyclette à Sète, Agde ou Narbonne, ou encore à Agen ou à Bordeaux pour une découverte du canal des Deux-Mers.

S'INFORMER

Au cœur de vos recherches d'informations pour vos escapades autour de Toulouse, les offices de tourisme et les bureaux d'informations touristiques sont toujours prêts à vous renseigner, à vous inspirer et à vous accompagner. Même si vous pensez déjà bien connaître votre lieu de séjour, ce sont ces lieux d'accueil qui vous communiqueront les infos les plus récentes : nouveau marché, fermeture de routes, séances de cinéma, réouverture de musées après travaux, nouvelle installation d'un artisan, visites guidées thématiques... C'est également là que l'on vous donnera l'agenda des différentes festivités et animations. Bien sûr, pour vous tenir au courant de l'actualité, pensez aux stations de radio et aux chaînes de télé locales ! Là aussi vous pourrez glaner des idées de sorties, suivre l'actualité des festivals et récupérer des bons plans : vous pouvez parfois tenter votre chance pour gagner des billets de concerts, par exemple !

HAUTE-GARONNE TOURISME

14, rue Bayard - **TOULOUSE**
✆ 05 61 99 44 00
hautegaronnetourisme.com
Ouvert du lundi au vendredi de 8h30 à 18h ; le samedi de 10h à 18h. American Express.

Située au centre de Toulouse, cette agence vous attend pour préparer vos séjours et vos escapades. Envie d'une virée gourmande dans le Lauragais ? De découvrir les villages de la vallée de Garonne ? De vous frotter aux sommets pyrénéens ? D'organiser une excursion dans les caves du Frontonnais ? De vous offrir un week-end culturel en pays de Comminges ? De naviguer sur le canal du Midi ? La Haute-Garonne, c'est tout ça et plus encore. Toute la documentation pour donner corps à vos envies est disponible à cette adresse. N'hésitez pas à y demander conseil.

CONSEIL DÉPARTEMENTAL DE LA HAUTE-GARONNE

1, boulevard de la Marquette
TOULOUSE
✆ 05 34 33 32 31
www.haute-garonne.fr

Le Conseil Départemental de la Haute-Garonne est établi à Toulouse et bénéficie d'une antenne à Saint-Gaudens. Parmi ses nombreuses missions, il prend en charge le développement de la culture, des sports et du tourisme. À ce titre, il soutient les acteurs culturels, il assure l'entretien des espaces naturels, il chapeaute les offices de tourisme intercommunaux et il accompagne l'équipement sportif des territoires, en investissant dans le matériel des stations de ski, par exemple.

AGENCE DÉVELOPPEMENT TOURISTIQUE ARIÈGE PYRÉNÉES

2, boulevard du Sud
FOIX
✆ 05 61 02 30 70
www.ariegepyrenees.com

Le site Internet qui est parfait pour aider les touristes à glaner la moindre information utile pour partir à la découverte de notre beau département à vélo, en rando... Vous pouvez ainsi télécharger toutes les brochures possibles, réserver directement en ligne un hôtel, un gîte, un camping ou une chambre d'hôtes, vous informer sur les découvertes gastronomiques et culturelles, les sports, l'aventure... Bref, une étape indispensable pour qui veut découvrir l'Ariège.

WWW.GRANDS-SITES-OCCITANIE.FR

22, boulevard du Maréchal-Juin
TOULOUSE
✆ 30 10
www.grands-sites-occitanie.fr

Le Conseil Régional d'Occitanie-Pyrénées-Méditerranée met à votre disposition ce superbe site Internet pour vous donner un aperçu de ce qui vous attend sur le territoire. C'est une bonne source d'inspiration, qui vous donnera envie de quitter vos pénates tous les week-ends pour profiter des nombreux attraits de la région. Les plus beaux sites sont représentés en grand format, présentés en quelques lignes et accompagnés de liens menant à de plus amples informations.

100% RADIO

FOIX

www.centpourcent.com

Ouvert toute l'année. Fréquence 91.6 mhz. Tous les jours.

100% RADIO est la première radio indépendante d'Occitanie et l'un des plus grands médias du sud de la France. Informer et divertir est la devise de la station, résumée par son identité « Les Tubes et l'Info ». Cela se traduit par une grille des programmes ambitieuse faite de convivialité et de personnalités fortes. Bien évidemment présente sur la FM avec 29 fréquences étalées de Pau à Perpignan et de Cahors à Font-Romeu, la marque du groupe 100% se décline désormais sur le digital : Internet, application, web radios thématiques, informations en ligne.

LA DÉPÊCHE DU MIDI

Avenue Jean-Baylet

TOULOUSE

✆ 05 62 11 33 00

www.ladepeche.fr

Quotidien. Abonnement numérique + papier : à partir de 24,75 €/mois. En kiosque : 1,20 €.

La Dépêche du Midi, c'est le quotidien régional par excellence, ouvert à tous les horizons d'Occitanie, d'Agen à Carcassonne, en passant par Foix, Cahors et Tarbes. Le premier numéro est sorti des presses de l'imprimerie Sirven en 1870. Il fallait donner des nouvelles des soldats partis au front ! Depuis, il donne les dernières informations, les résultats du Stade Toulousain et l'actualité culturelle. En édition papier ou sur Internet, *La Dépêche du Midi* fait partie du paysage toulousain. Pour en savoir plus, sachez que le site de production du journal se visite !

FRANCE 3 OCCITANIE

24, chemin de la Cépière

TOULOUSE

✆ 05 62 23 97 97

france3-regions.francetvinfo.fr/occitanie

Décrochement local.

La chaîne France 3 est depuis longtemps un acteur essentiel de l'information locale grâce à ses nombreux décrochements régionaux, et la région Occitanie ne fait pas exception. Émis depuis l'antenne toulousaine, le format Occitanie reprend les émissions nationales les plus connues et développe en parallèle des programmes entièrement dédiés à la région. C'est notamment le cas des deux journaux quotidiens d'informations locales et d'émissions plus spécialisées telles que Cap Sud-Ouest, Carnets de Vol, Viure al Païs (en occitan) ou encore Rugby Magazine.

PYRENÉES FM

99, route d'Espagne - **TOULOUSE**

✆ 05 61 44 00 00 - www.pyreneesfm.com

Fréquences : Andorre 90.7 ; Ariège 90.7 et 107.5 ; Aude 97.1, 104.1, 107.5 ; Haute-Garonne 107.5.

Conçue pour être une radio de compagnie et d'accompagnement, Pyrénées FM (ex-Montaillou Pyrénées) couvre une bonne part du territoire Pyrénées et est complémentaire des stations existantes. Le programme est composé de musiques et d'un contenu éditorial structuré autour d'une thématique : les Pyrénées. Station à vocation inter-régionale, c'est une radio FM de pays, de service et de proximité. La chanson française y occupe une place de choix, de même que les informations et les chroniques locales. Une belle station locale que l'on capte en Andorre !

TOULOUSE FM 92.6

99, route d'Espagne - **TOULOUSE**

✆ 05 62 20 30 40

www.toulouse.fm

Fréquence FM sur Toulouse 92.6.

Au programme de Toulouse FM : info de proximité, bonne humeur, le plein de hits, des jeux avec de nombreux cadeaux à gagner et tous les bons plans pour profiter de la région. Tous les soirs à 19 heures, à l'heure des tapas, c'est l'apéro latino ! Toulouse FM livre chaque semaine des chocolatines sur le lieu de travail d'un auditeur et organise chaque année la Journée Mondiale de la Chocolatine. Écoutez Toulouse FM à Pamiers 102.9, Ax-les-Thermes 95.6, St-Gaudens 93.6, Auch 88.6, via l'application mobile, le site internet et la radio numérique avec le DAB+.

SUD RADIO

✆ 08 26 30 03 00

www.sudradio.fr

Née dans les années 1960 en Andorre, la station Sud Radio n'a cessé de se développer. Allongeant ses ondes tout d'abord dans le Sud-Ouest, elle a conquis l'Ile-de-France en 2011. Sous la direction de Bruno Dubois et de Patrick Roger, Sud Radio propose un programme de débats et de libre expression. L'animation est assurée par des personnalités reconnues. Enfin, même si elle émet dorénavant exclusivement de Paris, elle conserve une journaliste correspondante à Toulouse et reste fidèle à l'Ovalie en faisant une large part aux retransmissions de matches de rugby.

INDEX

«CHEZ GABRIEL» RESTO-GUINGUETTE 271, 280
100% RADIO 358

A

À LA BONNE FRANQUETTE.... 249
ABBAYE DE BEAULIEU-EN-ROUERGUE 245
ABBAYE DE BELLEPERCHE MUSÉE DES ARTS DE LA TABLE....... 326
ABBAYE DE FLARAN 114
ABBAYE DES CAPUCINS 270
ABBAYE SAINT-MICHEL 214
ABBAYE SAINT-PIERRE ... 327, 329
ACCUEIL CHRÉTIEN DE LA COMMUNAUTÉ MÈRE DE L'ÉGLISE 327
ACTIVITÉS NAUTIQUES SUR LA BASE DE LOISIRS..... 340
ACTIVITÉS NAUTIQUES SUR LE TARN................ 335
ADODANE................... 310
AÉROCLUB MOISSAC-CASTELSARRASIN 325
AÉROPORT DE CASTRES-MAZAMET 352
AÉROPORT DE TOULOUSE-BLAGNAC.................. 352
AEROSCOPIA............... 137
AGENCE DE DÉVELOPPEMENT TOURISTIQUE DU T&G 262
AGENCE DÉVELOPPEMENT TOURISTIQUE ARIÈGE PYRÉNÉES 18, 30, 357
AGENCE INTERCOMM DU TOURISME – MAISON DE LAVELANET..... 50
AICI SEM PLA 260
AILES ANCIENNES TOULOUSE. 137
AL PAÏS.................... 288
ALBIAS 253
ALBIRONDACK LODGE ET SPA . 196
ALBI ★★★ 193
ALBY FOIE GRAS............. 198
ALCHIMY 197
ALEXANDRES 280
ALLIOT - CHOCOLATIER PÂTISSIER 280
AMBIALET............... 199
AMBROISIE 10, 197
ANCIEN CARMEL DE CONDOM.. 91
ANCIEN CARMEL DE MOISSAC. 330
ANGOLAINE................ 232
ANIMAPARC................ 143
ANTIGNAC RAFTING.......... 136
ANTOINE - RESTAURANT OMNIVORE.................. 271
AP'HACHE 163
APIDELICES................ 306
APPELLATION COTEAUX DU QUERCY.................. 345
AQUA' CAUSS................ 251
AQUALUDIA 153
AQUAVAL 225
ARAN PARK................. 130
ARBORETUM DE CARDEILHAC. 123
ARÈNES JOSEPH-FOURNIOL.. 116
ARMAGNAC COUREAU......... 93
ARMAGNAC DELORD 117
ARMAGNAC VEUVE LAFONTAN . 89
ART 27 GALERIE............. 303
ART 27 267
ARTEL HÔTEL 324
ASIE GRILL WOK............. 57
ASINERIE D'EMBAZAC......... 98
ASINERIE D'EN MANAOU 148
ASSOCIATION ARTS, TERRE, COULEURS EN SORÈZOIS..... 234
ATELIER CÉRAMIQUE.......... 257
ATELIER DE FORMIER HATS BLOCKS LAFOREST 342
ATMO'SPHÈRE 247
ATMOSPH'AIR MONTGOLFIÈRES OCCITANES 198
AU BON CÔTÉ DES CHOSES ... 244
AU BUREAU................. 273
AU CANON 18
AU CLAIR DE LA BRUNE 316
AU CLOS SAINT-GEORGES..... 147
AU COEUR DES ELÉMENTS ... 339
AU CUPIDON 308
AU FIL D'EMAUX............. 334
AU FIL DE L'EAU 139, 275
AU FIL DE L'OO 132
AU FIN GOURMET - LES BROCHETTES 169
AU GOUT'THÉ................ 170
AU GRILLADOU 36
AU JARDIN DES SAVEURS..... 214
AU MAS DES CALMETTES..... 218
AU MOULIN DU POUY.......... 96
AU P'TIT MOISSAC........... 318
AU PANIER DES SAVEURS..... 317
AU PAYS DES TRACES 75
AU PRÉSIDENT 112
AUBE NOUVELLE 312
AUBERGE ARGENTINE........ 325
AUBERGE DE FOUGARON 183
AUBERGE DE LA GIMONE 296
AUBERGE DE LA HALLE 114
AUBERGE DE LAUZINIE....... 314
AUBERGE DES BOUVIERS..... 105
AUBERGE DES CARMES 315
AUBERGE DES SENS 248
AUBERGE DU FLAMBADOU ... 188
AUBERGE DU HAUT-SALAT..... 74
AUBERGE DU LAPIN BLANC.... 60
AUBERGE DU MOULIN........ 325
AUBERGE DU PASTEL 155
AUBERGE DU POIDS PUBLIC .. 180
AUBERGE LA CASTILLE....... 245
AUBERGE LA FERME DE PRÉVILLE 127
AUBERGE LE PÉRISSÉ 66
AUBERGE LES MYRTILLES..... 31
AUBERGE LES PALMIERS..... 173
AUBERGE LION D'OR 247
AUBRAC.................... 289
AUCH ★★★ 81
AURIGNAC 123
AUTERIVE ADVENTURES...... 129
AUTERIVE.............. 127
AUVILLAR ★★.......... 299
AUX BUFFETS FUXÉENS....... 35
AUX LYS D'OR 342, 343
AUX SARRAZINES DU FAUBOURG 315
AUX VENTS D'ANGES......... 203
AVIASIM TOULOUSE 140
AX-LES-THERMES ★ 17
AZTEK' ARTISAN CHOCOLATIER............... 184

B

BAGNÈRES-DE-LUCHON ★★........ 130
BAR AUBERGE MIRANDA 35
BARBOTAN-LES-THERMES 90
BARRELLE................. 139
BASE DE CANOË-KAYAK D'AMBIALET 200
BASE DE LOISIRS DE GIMONT .. 98
BASE DE LOISIRS DE L'ISLE-JOURDAIN 102
BASE DE LOISIRS DE LA FORÊT DE BOUCONNE 144
BASE DE LOISIRS DE LA ROUCARIÉ 205
BASE DE LOISIRS DE SAINT-FÉRRÉOL.......... 172
BASE DE LOISIRS DES 3 LACS. 261
BASE DE LOISIRS DU MALIVERT 350
BASE DE LOISIRS DU TARN ET DE LA GARONNE.......... 340
BASE DE LOISIRS VÉRE GRÉSIGNE 206
BASILIQUE SAINT-GÉNY 103
BASILIQUE SAINT-JUST-DE-VALCABRÈRE 176
BASSIN DU TARN 335
BASTIDE DE DUNES.......... 301
BBT BRASSEUR TOULOUSAIN . 139
BEAUMONT-DE-LOMAGNE ★ 294
BEFFROI DE REVEL.......... 166
BEFFROI TENTATIONS 250

BELLA STORIA............... 275
BELLEGARDE............... 226
BIENVENUE À LA FERME OCCITANIE.................. 354
BISTRO DES CAPUCINS....... 275
BISTRO RÉGENT.............. 54
BISTROT CONSTANT.......... 291
BISTROT DES HALLES........ 210
BISTROT ET COMPAGNIE...... 164
BISTROT LA TOURANGELLE... 205
BISTROT SAVEURS........... 210
BLAGNAC.............. 137
BLEU DE LECTOURE......... 103
BLEU PASTEL.............. 216
BLEU RÉGLISSE............ 299
BORDERIES................ 339
BOUCHERIE DE L'ABATTOIR.... 87
BOULANGERIE HÉBRARD...... 39
BOULANGERIE MAURANES... 280
BOULANGERIE PÂTISSERIE AURÉLIEN ET ALEXIA........ 344
BOULOC SKYDIVE........... 322
BOUTIQUE DU TERROIR DES PORTES D'ARIÈGE........ 59
BOWLING MONTAUBAN....... 285
BOWS DISTILLERIE.......... 283
BRASSAC......... 200, 336
BRASSERIE BOURDELLE..... 271
BRASSERIE BREGUET........ 170
BRASSERIE DU LAC.......... 321
BRASSERIE EDGAR.......... 271
BRASSERIE FORNO VIVO...... 97
BRASSERIE GALEMYS...... 58, 58
BRASSERIE IRON............ 283
BRASSERIE L'AGORA......... 276
BRASSERIE OC'ALE..... 283, 286
BRESSOLS............. 286
BRIT HÔTEL................. 31
BROSSERIE JEAN-MARC COULOM................... 287
BRUNIQUEL, L'INATTENDUE... 255
BRUNIQUEL ★★........ 253
BUREAU D'INFORMATION TOURISTIQUE D'AURIGNAC.... 126
BUREAU D'INFORMATION TOURISTIQUE DE SORÈZE..... 236
BUREAU D'INFORMATION TOURISTIQUE DE ST-NICOLAS........ 339
BUREAU D'INFORMATION TOURISTIQUE.............. 346
BUREAU DES ACCOMPAGNATEURS DU VOLVESTRE............. 175
BUREAU DES GUIDES DE LUCHON................ 131
BUREAU DINFORMATION TOURISTIQUE DE SALIES-DU-SALAT.. 185
BUREAU TOURISTIQUE DE SAINT-FÉLIX LAURAGAIS.. 179

C

CABARET DE LA PEÑAC...... 111
CAFÉ DE FRANCE............ 96
CAFÉ DE L'HÔTEL DE VILLE................... 110
CAFÉ DE PARIS.............. 202
CAFE DU CENTRE............ 321
CAFÉ DU COMMERCE......... 35
CAFÉ GROS.................. 35
CAFÉ LE FLAMAND.......... 280
CAFÉS DI-COSTANZO......... 101
CAHUZAC-SUR-VÈRE.... 202
CALVAIRE DE RAYNAUDE...... 65
CAMPANILE................ 269
CAMPING & VILLAGE DE VACANCES DU LAC........ 126
CAMPING ARIEGE LA ROUCATEILLE............. 32
CAMPING CAMP VALLÉE DU TARN..................... 200
CAMPING D'AURIGNAC - LES PETITES PYRENÉES..... 126
CAMPING DE GOURJADE...... 209
CAMPING DE MONTMAURIN... 126
CAMPING DE PAMIERS........ 52
CAMPING DES GROTTES....... 25
CAMPING DU FAILLAL........ 346
CAMPING DU LAC DE PARISOT................. 243
CAMPING DU LAC MERCUS.... 32
CAMPING DU PLAN D'EAU.... 339
CAMPING EN SALVAN........ 168
CAMPING L'ARIZE............ 40
CAMPING LE BEAUVILLAGE... 312
CAMPING LE LAC DES 3 VALLÉES............. 104
CAMPING LE LOMAGNOL..... 294
CAMPING LE MALIVERT...... 350
CAMPING LE MOULIN........ 150
CAMPING LE PAYSSEL....... 254
CAMPING LE SOLEIL DES BASTIDES............. 203
CAMPING MUNICIPAL DE LAVIT.................. 294
CAMPING MUNICIPAL DE MONTECH............... 291
CAMPING MUNICIPAL DU PONT TOURNÉ............ 99
CAMPING MUNICIPAL L'ARGENTE.................. 92
CAMPING MUNICIPAL LE COLOMBIER.............. 259
CAMPING MUNICIPAL LE MOULIN DU ROY.......... 169
CAMPING MUNICIPAL LE PONGET................. 246
CAMPING NAMASTÉ.......... 146
CAMPING NATURISTE LES MANOQUES............. 320
CANALS............... 286
CANNELLE.................. 280
CANOË 31 - CVIFS........... 140
CAP' DÉCOUVERTE........... 204
CAP CANOË AVEYRON........ 251
CAP LOISIRS................ 163
CAP MATHALY............... 335
CARLA-BAYLE........... 64
CARMAUX ★............ 204
CARRIÈRE DE TALC DE TRIMOUNS.................21
CASA MAURICIO.............. 18
CASA NORIA................ 128
CASCARBAR................ 197
CASINO DE LACAUNE........ 222
CASINO DE SALIES-DU-SALAT. 186
CASTEL BOIS MARIE...... 11, 270
CASTEL DE LA PIQUE........ 132
CASTELNAU-DE-MONTMIRAL......... 205
CASTELSARRASIN ★.... 323
CASTILLON-EN-COUSERANS......... 72
CASTRES ★............ 206
CATHÉDRALE NOTRE-DAME... 262
CATHÉDRALE SAINT-ALAIN DE LAVAUR.................. 226
CATHÉDRALE SAINT-ANTONIN.. 51
CATHÉDRALE SAINT-GERVAIS-SAINT-PROTAIS.............. 102
CATHÉDRALE SAINT-LUPERC.. 95
CATHÉDRALE SAINT-PIERRE... 90
CATHÉDRALE SAINTE-CÉCILE............. 193
CATHÉDRALE SAINTE-MARIE...... 81, 108, 176
CAUSSADE CITÉ DE PAILLE... 341
CAUSSADE ★........... 341
CAVE DE CONDOM............ 93
CAVE DE LA FIOLE........... 333
CAVE DES VIGNERONS DE SAINT-SARDOS........... 298
CAVE PINCE MONNEREAU..... 69
CAVES DEYMIER.............. 56
CAYLUS ★............. 243
CAZAUBON............... 88
CAZES-MONDENARD.... 319
CELLES.................. 40
CENTRALE HYDRAULIQUE EDF.......... 199
CENTRALE HYDROÉLECTRIQUE DU LAC D'OÔ - ESPACE EDF ★. 131
CENTRALE NUCLÉAIRE EDF DE GOLFECH................308
CENTRE CÉRAMIQUE DE GIROUSSENS............ 218
CENTRE D'ART ET DE PHOTOGRAPHIE........ 104
CENTRE D'ART LE LAIT....... 193
CENTRE D'HISTOIRE DE LA RÉSISTANCE ET DÉPORTATION....... 60
CENTRE D'INTERPRÉTATION DU PATRIMOINE MARTRAIS... 149
CENTRE DE LOISIRS AQUALUDIQUE............... 94
CENTRE DE RECHERCHE SUR L'ART ROMAN............ 327
CENTRE DE VOL À VOILE DU TARN-ET-GARONNE....... 325
CENTRE ÉCOLE DE PARACHUTISME SPORTIF... 56

CHALET DE BEAUREGARD 74
CHAMBRES D'HÔTES AMBELS 200
CHAMBRES D'HÔTES AU CHÂTEAU 339
CHAMBRES D'HÔTES AUX CARRECS 117
CHAMBRES D'HÔTES BORDENEUVE 155
CHAMBRES D'HÔTES DE CADALEN 224
CHAMBRES D'HÔTES DES CORNIÈRES 320
CHAMBRES D'HÔTES LA PREMIÈRE VIGNE 232
CHAMBRES D'HÔTES LA RÉSIDENCE 247
CHAMBRES D'HOTES SARRAUT 300
CHAPELLE NOTRE-DAME-D'ALET 144
CHAPELLE SAINT-PIERRE 72
CHAPELLERIE WILLY'S PARIS 341
CHARCUTERIE FONTÈS 63
CHARCUTERIE ROUCH 38, 41
CHARCUTERIES- SALAISONS - OBERTI & FILS 221
CHÂTEAU-MUSÉE DE MAGRIN 233
CHÂTEAU-MUSÉE DU CAYLA .. 203
CHÂTEAU BELAYGUES 288
CHÂTEAU BELLEVUE-LA-FORÊT 142
CHÂTEAU BELLEVUE 89
CHÂTEAU BOUISSEL 287
CHÂTEAU BOUJAC 287
CHÂTEAU CLAMENS 142
CHÂTEAU DE BIOULE 258
CHÂTEAU DE CAS 245, 247
CHÂTEAU DE DRUDAS 146
CHÂTEAU DE FICHES 57
CHÂTEAU DE FOIX 30
CHATEAU DE GOUDOURVILLE . 305
CHÂTEAU DE GRAMONT 302
CHÂTEAU DE L'HOSTE 313
CHÂTEAU DE LAGARDE 44
CHÂTEAU DE LARÉOLE 144
CHÂTEAU DE MAURIAC 202
CHÂTEAU DE REYNIÈS 290
CHÂTEAU DE SEIX 73
CHÂTEAU DE TAUZIÈS 216
CHÂTEAU DE TERRIDES 324
CHÂTEAU DE THÉGRA 160
CHATEAU DE VALMIRANDE 177
CHATEAU DU CLAU 289
CHÂTEAU ET PARC DE FOUCAUD 214
CHÂTEAU ET PARC DE MERVILLE 12, 144
CHÂTEAU GARREAU - ÉCOMUSÉE DE L'ARMAGNAC ... 89
CHÂTEAU GENSAC 93
CHÂTEAU JOLIET 142
CHÂTEAU LARROZE 11, 203
CHÂTEAU LAVALADE 324
CHÂTEAU SAINT-LOUIS 289
CHÂTEAUX DE BRUNIQUEL 253
CHEMIN DE SAINT JACQUES DE COMPOSTELLE 106
CHEZ ANNE ET GASTON 185
CHEZ BÉA 271
CHEZ DANIEL 184
CHEZ ERNEST 279
CHEZ FERNAND 217
CHEZ GERMAINE 217
CHEZ JOHN 227
CHEZ LES ENFANTS DU MEUNIER 202
CHEZ LLOBET 46
CHEZ MADELEINE 281
CHEZ OLYMPE 278
CHEZ PIGASSOU 256
CHEZ TERRASSIER 260
CHEZ TITOFF RESTAURANT PIZZERIA 296
CHOCOLATERIE THURIES 198
CIAP - CENTRE D'INTERPRETATION 263
CIGALE E FOURMI 105
CIRCUIT DES TROIS LACS 219
CITY BREAK 108
CLOÎTRE ROMAN 75
CLOS DE LADREX 333
CLOS ROCAILLEUX 204
COLLÈGE DES DOCTRINAIRES 105
COLLÉGIALE SAINT-MARTIN 99
COLLÉGIALE SAINT-PIERRE DE SAINT-GAUDENS 182
COLLÉGIALE SAINT-RÉMY 222
COMPTOIR DE NOS FERMES .. 101
COMPTOIR DES VIGNES 57
CONDOM ★★ 90
CONSEIL DÉPARTEMENTAL DE LA HAUTE-GARONNE 124, 125, 357
CONSERVATOIRE D'ESPÈCES FRUITIÈRES ET DE VIGNES 232
CONSERVATOIRE DE LA VIE AGRICOLE ET RURALE 97
CONSERVERIE BARON DE ROQUETTE 180
CONSERVERIE DE PIGNOLS ... 334
CONSERVERIE DU LAURAGAIS - ATELIER-BOUTIQUE 155
CONSERVERIE LARROQUE 284
CORDES-SUR-CIEL ★★★. 211
CORDES-TOLOSANNES .. 326
CORNELIA 254
COUCHSURFING 354
COUTEAUX FOURCHETTES 20
COUTELLERIE SAVIGNAC 40
CRAMBES 345
CRÈMERIE DU COUSERANS 72
CRÊP'CHIGNON 138
CRÊPERIE DE LULU 332
CROUSTADES MARTINE
CRESPO 71
CRUMBLE TEA 281

D

D'CADEI 156
DECATHLON 39
DÉCOUVERTE DE MOISSAC À PIED 335
DELTOUR HÔTEL MONTAUBAN CITY 269
DES ROSES ET DES ORTIES 158
DESTINATION COMMINGES PYRÉNÉES 182
DETENTE ET DECOUVERTE DU PATRIMOINE NATUREL 350
DIEUPENTALE 293
DIOGO MARIE-PIERRE LA CHAMBRE D'AMIS 247
DOMAINE COUJETOU-PEYRET. 307
DOMAINE D'AILLOT 219
DOMAINE D'ARIÈS 345
DOMAINE D'ARTON 106
DOMAINE D'EN NAUDET 227
DOMAINE D'ESCAPA 112
DOMAINE DE BELAIR 152
DOMAINE DE BELCAYRE 269
DOMAINE DE L'ÎLE 323
DOMAINE DE LA VIVARIÉ 209
DOMAINE DE LAFAGE 348
DOMAINE DE LALANDE 224
DOMAINE DE MONTCAUSSON . 169
DOMAINE DE MONTELS 253, 284
DOMAINE DE PERCHES 216
DOMAINE DE PEYROLADE 147
DOMAINE DE REVEL 261
DOMAINE DE SAUSSIGNAC 295
DOMAINE DE VALENTÉES 114
DOMAINE DES OISEAUX 62
DOMAINE DU CHÂTEAU DE BEAUREGARD 68
DOMAINE DU FAGET 269
DOMAINE DU GAZANIA 326
DOMAINE DU MÉGNON 88
DOMAINE EQUESTRE DE LAUZERTE 314, 317
DOMAINE GAYRARD 214
DOMAINE LE CASTAGNE 84
DOMAINE LE CASTELET 210
DOMAINE LE ROC 142
DOMAINE LES MIQUELS 205
DOMAINE PLAGEOLES 204
DOMAINE VITICOLE DE THERMES 301
DONZAC 307
DU BRUIT EN CUISINE 276
DU GOÛT À LA TOQUE 149
DU NORD AU SUD 277
DUNES ★ 301

my petit fute
mon guide sur mesure
A CHACUN SON GUIDE !
1,99 € SEULEMENT
Le lieu exact de votre séjour
Les escapades à 20, 50 ou 100 km
Vos catégories de bons plans préférés
HONFLEUR
20 KM
TROUVILLE-SUR-MER
ESSAOUIRA
ESPELETTE
100 KM
VÉZÉNOBRES
A CE PRIX-LÀ, JE N'HÉSITE PAS !
MYPETITFUTE.FR

E

EARL EQUIZONES.............42
EAU NEUVE - LA COMPAGNIE DES PYRÉNÉES...............21
EAUZE ★................95
ÉCLUSE DE VIC..............164
ÉCOGÎTES DE BAUGNAC......160
ÉCOGOLF ARIÈGE PYRÉNÉES..................42
ÉCOMUSÉE..................40
EDF – CENTRALE HYDRAULIQUE D'ORLU........28
ÉGLISE DE BRUYÈRES.......319
ÉGLISE DE LUCHON..........130
ÉGLISE DE SAINT-LIZIER - ANCIENNE CATHÉDRALE......75
ÉGLISE GOTHIQUE SAINT-JEAN-BAPTISTE.......243
ÉGLISE NOTRE-DAME-DE-L'ASSOMPTION DE GRENADE.....145
ÉGLISE NOTRE-DAME-DU-BOURG..................233
ÉGLISE NOTRE-DAME DE L'ASSOMPTION...........205
ÉGLISE RUPESTRE DE VALS....50
EGLISE SAINT-BARTHELEMY...............309
ÉGLISE SAINT-FRANÇOIS.....225
ÉGLISE SAINT-JACQUES...............151, 263
ÉGLISE SAINT-JEAN-BAPTISTE D'ONDES..........145
ÉGLISE SAINT-JEAN-BAPTISTE..................115
ÉGLISE SAINT-MICHEL.......211
ÉGLISE SAINT-PIERRE DE PERVILLAC..............309
ÉGLISE SAINT-PIERRE.......117
ÉGLISE SAINT-SAUVEUR......323
ÉGLISE SAINT-VOLUSIEN......30
ÉGLISE SAINTE-MADELEINE..301
ÉGLISE SAINTE-MARIE.......112
EL ALMACEN DE CIRÈS.......134
EN MARGE..................153
EN PLEINE NATURE..........162
ÉQUITERRE..................49
ES PIBOUS..................177
ESCALIER MONUMENTAL......82
ESCAPADE LAURAGAISE......179
ESPACE ARISTIDE BERGÈS.....67
ESPACE CULTUREL PROSPER MERIMEE..................328
ESPACE DES SOURCES CHAUDES..................222
ESPACE NAUTIQUE JEAN-VAUCHÈRE............158
ESTIVALES DU CHAPEAU.....341
ET POURQUOI PAS ?..........36
ÉTAPE DU CHÂTEAU..........256
EUROPE HÔTEL.............209
EXPLORARÔME D'ASQUALI...166
ÉGLISE NOTRE-DAME DE VIC D'OUST................73

F

FABUL'HOUSE GITE URBAIN D'ETAPE............195
FAÏENCERIE JODRA..........150
FAÏENCERIE STÉPHANIE JOFFRE.........150
FERME-AUBERGE DE LASBOURDETTES........315
FERME AUBERGE DE LASBOURDETTES........310
FERME AUBERGE DES TROUILLES............337
FERME BIO CASSAGNE...173, 175
FERME DE CINQUANTE.......164
FERME DE LA MUDE.........297
FERME DE LACONTAL........318
FERME DE LAS CRABÈRES...101
FERME DE MOUNET..........96
FERME DES REPTILES........42
FERME MONTPLAISIR........174
FESTIVAL DEODAT DE SEVERAC................181
FESTIVAL DES CHATEAUX DE BRUNIQUEL.............253
FESTIVAL DES LANTERNES...137
FESTIVAL DU CIEL ET DU VENT................188
FÊTE DE LA COCAGNE........178
FILATURE RAMOND..........220
FINHAN.................288
FLEURONS DE LOMAGNE......94
FLIXBUS TOULOUSE..........352
FLOCONS D'ARIÈGE...........56
FLOWER CAMPING DES GORGES DE L'AVEYRON..............247
FLY SIMULATION TOULOUSE..159
FOIX ★★................30
FONTAINE DU GRIFFOUL......215
FORÊT DE BUZET............186
FORGES DE PYRÈNE - VILLAGE INOUBLIÉ ★..........31
FOUNT DE COUSTENO.........49
FRANCE 3 OCCITANIE........358
FRENCH COFFEE SHOP......281
FROMAGERIE LE MOULIS......73
FROMAGERIE LE ROGALLAIS...74
FRONTON ★............141

G

GAILLAC ★.............214
GALERIE CORTADE-ART.......268
GALERIE D'ART DU FORT......268
GALERIE DES PANIERS.......200
GARDEN ICE CAFE...........276
GARE SNCF TOULOUSE-MATABIAU.................352
GARE SNCF..................268
GEORGE HÔTEL - HÔTEL DU COMMERCE.......270
GIMONT.................97
GIROUSSENS...........218
GÎTE COMMUNAL............312
GITE D'ETAPE COMMUNAL....300
GÎTE D'ÉTAPE LES ÉTOILES...330
GÎTE D'ÉTAPE NATURE LA PETITE LUMIÈRE.........330
GÎTE DES ACACIAS...........257
GÎTE DES PÈLERINS DE SAINT-JACQUES DE COMPOSTELLE..168
GÎTE DU TOUNET..............97
GÎTE LANGELAU.............312
GÎTE SKIOURA...............132
GÎTES DES CAMPARROS......154
GLOBE TROTTER BRASSERIE...56
GOLF D'ESPALAIS...........301
GOLF DE CASTRES-GOURJADE..................211
GOLF DE MONTAUBAN L'ESTANG..................285
GOLF DE MONTAUBAN LES AIGUILLONS.............285
GOLF DE SALIES-DU-SALAT...185
GOLF DES ROUCOUS.........317
GOLF LAS MARTINES.........102
GOLFECH..............308
GORGES DE LA SAVE.........123
GOÛTER À LA FERME D'EN BARRUS..............148
GRAMONT..............302
GRAULHET.............219
GRENADE..............143
GRILL DE LA TOUR MONTAUBAN...............274
GRISOLLES............287
GROTTE DE LOMBRIVES...............12, 22
GROTTE DE NIAUX............29
GROTTE ET MUSÉE DU MAS D'AZIL...............66

H

H2O VIVES..................136
HALLE DE CADOURS.........145
HALLE DE GRENADE.........145
HALTE NAUTIQUE DE L'ABATTOIR...............306
HAUTE-GARONNE TOURISME .357
HIPPODROME DE BORDE-VIEILLE..........297
HIPPODROME DE MARCHES-CASTELSARRASIN...........326
HORIZON 117............68, 71
HORIZON VERTICAL...........67
HOSPICE DE FRANCE........131
HOSTELLERIE DE LA POSTE.............25, 74
HOSTELLERIE DES CÈDRES...183
HOSTELLERIE DU LAC........100
HÔTEL-BAR-RESTAURANT DU MIDI...............320, 321
HÔTEL-RESTAURANT DE L'HORLOGE.........300, 300

HÔTEL-RESTAURANT DE LA POSTE 234
HÔTEL-RESTAURANT DES CRETES DE PIGNOLS..... 330
HÔTEL-RESTAURANT DU LAURAGAIS 155
HÔTEL-RESTAURANT DU MIDI 169
HÔTEL-RESTAURANT LA RENAISSANCE 243, 244
HÔTEL-RESTAURANT LA RENCLUSE.............. 133
HÔTEL-RESTAURANT LE COMMERCE............... 46
HÔTEL-RESTAURANT LE D'ARTAGNAN 118
HÔTEL-RESTAURANT LE LUZERTA................. 312
HÔTEL-RESTAURANT LE RELAIS DE FUSIÈS.................. 221
HÔTEL-RESTAURANT LONS 32
HÔTEL ABSOLU.............. 324
HÔTEL AQUITAINE 133
HÔTEL BEAUSÉJOUR.......... 88
HÔTEL DE FRANCE - LA GRANDE SALLE............ 87
HÔTEL DE FRANCE - LE 9E 86
HÔTEL DE FRANCE.............. 11, 52, 84
HÔTEL DE VILLE............... 82
HÔTEL DELGA - MAISON D'HÔTES............ 216
HÔTEL DES ARTS 259
HOTEL DES COMTES DE PARDIAC................. 110
HÔTEL DES DEUX NATIONS ... 133
HÔTEL KYRIAD 270
HÔTEL LA TOUR DE CIRON 205
HOTEL LE CHAPON FIN....... 330
HÔTEL LE FLORÉAL - LE FLOR WINE 133
HÔTEL LE ROBINSON 84
HÔTEL LE VALIER............. 68
HÔTEL MARCEILLAC 324
HÔTEL MERCURE............ 271
HÔTEL PANORAMIC 133
HÔTEL PYRÈNE 32
HÔTEL RESIDENCE LARROQUE 342
HÔTEL RESTAURANT LE SAINT JEAN......... 295, 296
HÔTEL RIVIÈRE............. 208
HÔTEL TERRANOSTRA......... 25
HÔTEL VILLA LEOPOLDINE ... 147
HÔTEL VILLENOUVELLE...... 270
HÔTELLERIE DU LAC......... 169
HOURCAZET 96
HYPOCRAS 27

I

ICE AND SPICE 274
INGRÉO..................... 285
IRISH ROCK CAFÉ............. 87

J

JARDIN DE L'ÉVÊCHÉ 207
JARDIN DE L'ÉVÊQUE 263
JARDIN DE LA RIVIÈRE....... 219
JARDIN DES CARMES 263
JARDIN DU PÈLERIN......... 309
JARDIN MÉDIÉVAL ET VERGER CONSERVATOIRE.............. 51
JARDINS DES MARTELS 218
JAZZ IN MARCIAC............ 109
JEFF ENVOIE DU BOIS ! ! !..... 86

K

KARTING 2 MURET 154
KURAMA.................... 55

L

L'A TERRASSE............... 252
L'ABBAYE-ÉCOLE DE SORÈZE . 236
L'ABBAYE DE GRANDSELVE ... 292
L'ABRI-NIQUEL 254
L'ABRICOT DE POMPIGNAN.... 289
L'ACCORD DIVIN 227
L'AFFINE BOUCHE 282
L'AIR DU TEMPS 88
L'ALBINQUE................. 208
L'ALEGRIA.................. 293
L'ALIBI..................... 196
L'ALTO - LE CHÂTEAU DE LA GARRIGUE 188
L'ANCIEN PALAIS EPISCOPAL.. 206
L'APARTÉ 17, 162
L'ARBESQUENS.............. 134
L'ARCHE DES CHAPELIERS 31
L'ARDOISE 305
L'ARMATEUR 331, 332
L'ART DU TEMPS............ 337
L'ATELIER C 251
L'ATELIER D'ÉRIC 101
L'ATELIER DE LA PIZZA 152
L'ATELIER DES FÉES 178
L'ATELIER DU SABOTIER 225
L'ATELIER................... 17
L'ATLAS..................... 36
L'AUBERGE D'ANTAN 70
L'AUBERGE DE MIRAMONT 314
L'AUBERGE DU QUERCY BLANC 350
L'AUBERGE PIERRE-BAYLE..... 65
L'AUTAN EN FANFARE 181
L'AUTRE JARDIN 46
L'ÉCHAPPÉE BELLE..... 100, 101
L'ÉCHAPPÉE VERTE D'ALBI ... 198
L'ECHAUGUETTE............. 218
L'ENDROIT 128
L'ENTRACTE................ 305
L'ENVIE DES METS........... 155
L'ENVIE SAGE 140
L'ÉPICERIE PAYSANNE 184
L'ÉQUILIBRE 163
L'ESCUELLE DES CHEVALIERS 213
L'ESPRIT DU SUD-OUEST 139
L'ESTANQUET 277
L'ÉTABLE 183
L'ETNA 314
L'HEPTAMÉRON DES GOURMETS............ 135
L'ÎLOT PIRATES 263
L'IMPÉRIAL 46
L'INDUS' CAFÉ............... 305
L'INSTANT.................. 162
L'ISLE-JOURDAIN 98
L'ISPIENS.................. 217
L'ŒUF DE COQ 227
L'OGUSTE.................. 293
L'OLIVAIE ÉPICERIE FINE 284
L'OPALINE 10, 153
L'OUSTAL D'ADÈLE........... 340
L'OUSTAL DEL CARLAT......... 64
L'OUSTALET D'ANICETTE...... 305
L'OUSTALET 68
L'OUSTALOU................. 59
L'OZONE 249
LA BAGUENAUDE............ 110
LA BARBACANE 309
LA BARGUÈRE 128
LA BASCULE 54
LA BASTIDE-DE-SÉROU ... 40
LA BASTIDE................. 291
LA BELLE MONTOISE.... 295, 296
LA BODEGA 86
LA BONNE AUBERGE......... 162, 204, 304
LA BORDETTE............... 320
LA BOUCHERIE............... 54
LA BRASSERIE ARTISANALE D'ARIÈGE PYRÉNÉES 72
LA BRASSERIE DES CORNIÈRES............. 314
LA CABANE DES TERROIRS ... 135
LA CABANE DU VIGNERON.... 213
LA CAGE AUX OISEAUX 304
LA CANTINA DE CARCIN 347
LA CANTINE DE PROUST...... 273
LA CANTINE FRANÇAISE...... 138
LA CAS'A NOVA 260
LA CATHÉDRALE SAINT-BENOÎT.............. 207
LA CAVE BIO BLANC ROUGE... 283
LA CAVE CHEZ XAVIER 56
LA CAVE DE GAILLAC - CHÂTEAU VIGNÉ-LOURAC..... 217
LA CAVE LECTOUROISE....... 106
LA CAVE L 283
LA CAVE O DÉLICES.......... 276
LA CHAPELLE SUPERBAGNÈRES........... 134
LA CHARTREUSE DE DRUDAS . 147
LA CIBOULETTE 35
LA COCCINELLE 89
LA COGNÉE................. 156

LA COLLÉGIALE ET LE CLOÎTRE SAINT-SALVI 193
LA COLLEGIALE SAINT-MARTIN 346
LA COLOC.................... 219
LA CONNIVENCE............. 183
LA COQUE D'OÔ 135
LA CORNICHE............... 250
LA CÔTE ET L'ARÊTE 273
LA COULÉE DOUCE 273
LA COUR DE RECRÉE......... 188
LA CRISE DE FOI............. 165
LA CROISÉE DES SAVEURS ... 147
LA CROUSTADE MIRANDAISE.. 114
LA CUISINE, CENTRE D'ART ET DE DESIGN............... 259
LA CUISINE DES PIBOULS..... 274
LA DEMEURE DE FLAMMARENC 269
LA DÉPÊCHE DU MIDI 358
LA DOMUS DE CIEUTAT - CENTRE D'INTERPRÉTATION ... 96
LA FABRIC DE CÉDRIC........ 281
LA FABRIQUE 111
LA FERME AUX BISONS 45
LA FERME D'ESPIAU......... 134
LA FERME D'OULAN BÂT 182
LA FERME DANS L'ASSIETTE .. 224
LA FERME DE CABRIOLE 180
LA FERME DE FLARAN 116
LA FERME DE JEAN-MARIE 88
LA FERME DE L'ECUREUIL 306
LA FERME DE QUYVIE........ 252
LA FERME DES ÉTOILES...... 106
LA FERME DU LENDOU....... 316
LA FERME DU RAMIER 284
LA FERME DU ROSIER SUR LE TOIT.................. 89
LA FERME DU SAFRAN....... 342
LA FERME DU TALUS.......... 64
LA FERME EN SCÈNE 115
LA FERME Ô DELICES......... 62
LA FONTAINE AUX GRIVES 162
LA FONTAINE DE GARDES 256
LA FORÊT D'AGRE 290
LA GALERIE DES VESTIGES DU DOMAINE DE LA TERRASSE... 174
LA GAVOTTE................ 305
LA GOURMANDINE........... 227
LA GRAINERIE............... 164
LA GRANDE MINOTERIE DE LA SAVE 148
LA GRANGE AUX ÂNES 202
LA GRANGE DE TRUFFES 303
LA GRANGE DU MOULIN DE TAURAN 313, 317
LA GRANGE 319, 350
LA GRIGNOTHÈQUE 58
LA GRILLADE................ 210
LA GUINGUETTE DE CAZALS .. 248
LA GUINGUETTE DE LA PLAGE 250
LA MAISON AU PUITS......... 213
LA MAISON BLANCHE......... 68
LA MAISON DE LA CHATINE ... 170
LA MAISON DE LA MONTAGNE.. 49
LA MAISON DE MANON 270
LA MAISON DES CONSULS..... 47
LA MAISON DES MÉTIERS DU CUIR 219
LA MAISON DU CHAI 206
LA MAISON DU PONT SAINT-JACQUES............. 330
LA MAISON DU POTIER DE COX..................... 146
LA MAISON DU SAULA........ 337
LA MAISON DU VALIER 73
LA MAISON DU VIEIL ALBY 194
LA MAISON JAUNE........... 342
LA MAISON LACUBE – LE RESTAURANT DE L'ÉLEVEUR 18
LA MAISON NATALE DE PIERRE DE FERMAT....... 294
LA MAISON ROMANE......... 246
LA MAISON 196, 277
LA MANUFACTURE ROYALE ... 128
LA MAP'MONDE 277
LA MARQUISE............... 336
LA MONTAGNE NOIRE 229
LA MOUNIÈRE MAISON DES MÉMOIRES 349
LA P'TITE BRETONNE 343
LA PASSERELLE DE MAZAMET 12, 229
LA PÈLERINE 353
LA PÉNICHE 111
LA PENTE D'EAU DE MONTECH 290
LA PETITE AUBERGE DE NIAUX.................... 29
LA PETITE AUBERGE 111
LA PETITE ÉCOLE............ 110
LA PETITE FRINGALE.......... 18
LA PIERRE PLANTÉE......... 220
LA PIZZA ROYALE............. 54
LA PLACE DES CORNIÈRES ... 310
LA PLACE DES HALLES....... 224
LA PLACE JEAN-JAURÈS 208
LA PLACE NATIONALE........ 267
LA PLACE................... 291
LA PLAGE D'ARDUS, LES GARNEMENTS 278
LA PLAGE................... 129
LA PLANQUE DE L'ÉVÊQUE.... 198
LA POMMERAIE DE COULOUBRAC 221
LA PRÉFECTURE 83
LA PRESQU'ILE D'AMBIALET .. 199
LA PROMENADE............. 163
LA QUERCYNOISE 321
LA RÊVERIE................. 108
LA SCALA................... 230
LA SOURCE WAKE PARK...... 175
LA SOURCE 319
LA TABLE D'ALBA............ 275
LA TABLE D'ALICE 344
LA TABLE D'OSTE............. 87
LA TABLE DE L'OURS 71
LA TABLE DES 3 CHEVALIERS. 315
LA TABLE DES LOU PASSANTS 337
LA TABLE DES MERVILLE..... 165
LA TABLE DU BELVÉDÈRE 316
LA TABLE DU CARDINAL...... 347
LA TABLE DU CHÂTEAU...313, 315
LA TABLE DU SUD-OUEST...... 20
LA TOUR DE PIZZ'............ 338
LA TOUR DES RONDES 226
LA TOUR SAINTE-CÉCILE...... 196
LA VIA FERRATA 29
LA VIE D'UN ÉCOLIER MONTRÉJEAULAIS........... 177
LA VIE EN ROSE 97
LA VIERTA DU TZIGANE....... 261
LA VIGNERONNE 203
LA VILLA DE MAZAMET....... 230
LA VILLA MÉDITERRANÉENNE 129
LA VILLE-DIEU-DU-TEMPLE 338
LABASTIDE-DU-TEMPLE . 326
LABASTIDE-SAINT-PIERRE 288
LAC D'OÔ 130
LAC DE CARLA-BAYLE.......... 65
LAC DE LA THÉSAUQUE 156
LAC DE LENCLAS............ 179
LAC DE MONDÉLY 42
LAC DE MONTRÉJEAU.... 177, 178
LAC DE SAINT-FERRÉOL...... 168
LAC DE XERESA - RUISSEAU DE VERDURE................ 143
LAC ET VIADUC DE BOULOGNE-SUR-GESSE................. 123
LACAUNE 220
LAFON-PLACETTE VIVIANE ... 292
LAFRANÇAISE 336
LAGUÉPIE............... 252
LAPIADE.................... 318
LAROQUE-D'OLMES 49
LAURAGAIS TOURISME 154
LAUTREC ★ 222
LAUZERTE ★★ 309
LAVAUR................. 225
LAVELANET 50
LE 19ÈME..................... 34
LE 20 170
LE B DU PONT NAPOLEON 331
LE BALADIN 299
LE BALCON 93
LE BASTARD 105
LE BELLEVUE TERRA NOSTRA............... 26
LE BELLEVUE................ 233
LE BELVÉDÈRE.............. 313
LE BISTRONOME.............. 35
LE BISTROT D'ALEX 275
LE BISTROT D'EN FACE 118
LE BISTROT DE LA HALLE..... 343
LE BISTROT GOURMAND...... 331

LE BOAT 325
LE BOUCHON 68
LE CABRI'ANGE.............. 283
LE CAFÉ DES SPORTS 216
LE CAFÉ ELIA 256
LE CAFÉ PLUM 225
LE CAMPING ET LE VILLAGE DE GÎTES LE HAMEAU DU LAC.... 337
LE CANABAL 310, 317
LE CANOTIER................ 343
LE CAPHARNAÜM 248
LE CARMEL.................. 51
LE CARRÉ DE L'ANGE.......... 76
LE CARRÉ DES GOURMETS ... 250
LE CARROUSEL 162
LE CHALET 20
LE CHALET DE CHANTERAINE.. 74
LE CHAPELIER FOU - THE MAD HATTER 45
LE CHÂTEAU COMTAL ET SON DONJON............. 123
LE CHÂTEAU DE LONGPRÉ..............11, 60
LE CHÂTEAU DE LOUBÉJAC ... 269
LE CHÂTEAU DE NÈGREPELISSE 258
LE CHEMIN DU PETIT TRAIN... 221
LE CHÊNE D'HENRI IV À MERLES.................. 299
LE CHIEN FOU............... 250
LE CLOÎTRE ET LE TYMPAN DE L'ABBATIALE 327
LE CLOS CATHALA 10, 32, 36
LE CLOS LALANDE........... 257
LE CLOS MONTEILS 344
LE CLOS MONTJOVIS 303
LE CLOS SAINT-MARTIN 45
LE CLUB HOUSE - RESTAURANT 42
LE COCAGNE................ 180
LE COCHE D'EAU «LE MIREDAMES» 208
LE COMMERCE - HÔTEL RESTAURANT SPA..... 183
LE COMPTOIR DE TISTOU....... 87
LE COMPTOIR GOURMAND 273
LE COMPTOIR SOIXANTE QUATRE........... 149
LE CONSERVATOIRE DES METIERS D'AUTREFOIS................ 307
LE CONSULAT 84
LE CONTRE FILET............ 273
LE COSI FAN TUTTE 58
LE COSY ARIÉGEOIS........... 52
LE COUVENT DE NEUVIALE ... 245
LE CRI DE LA FOURCHETTE ... 233
LE DAROLES 10, 84
LE DÉLICE DES PAPILLES 254, 256
LE DÉLICE................... 321
LE DOMAINE DE GABACHOU .. 347
LE FAUCON D'OR 257
LE FESTIN DE BABETTE 249
LE FEU FOLLET.............. 293
LE FLAU.................... 296
LE FLORE................... 332
LE FLORENTIN 332
LE FORT BY LA PYRAMIDE 276
LE FRANCE 86
LE GABACHOU.......... 346, 347
LE GAZPACHO............... 250
LE GENTIANE 153
LE GÎTE DE GAUGE............ 92
LE GÎTE DES THERMES....... 248
LE GOLDFISH 308
LE GOÛT DES HÔTES 158
LE GRAIN DE SEL............. 46
LE GUARANA................. 36
LE HAMEAU DU COMTE DE FOIX 32
LE JARDIN D'EN NAOUA 295
LE JARDIN DES PARADIS 212
LE JARDIN DES PLANTES..... 263
LE JARDIN DES QUATRE SAISONS............ 197
LE JARDIN DU CONTRÔLEUR............ 304
LE JEU DE L'OIE 36
LE KIOSQUE 299
LE KIOSQUE DE L'UVARIUM ... 332
LE LAC DE BELLEVUE........ 228
LE LAUTREC 197
LE LOGIS DES CORDELIERS.... 92
LE LOUBET 100
LE LOUZAT................... 20
LE LUCERNA................ 316
LE M.1474.................. 332
LE MAJESTÉ................ 180
LE MANOIR D'AGNÈS.......... 26
LE MANOIR DU PRINCE 152
LE MANOIR SAINT-JEAN 331, 333
LE MARMITON............... 291
LE MARQUISAT 104
LE MAS-D'AZIL ★★....... 65
LE MAS SAINT-ANTONIN....... 54
LE MÉDIÉVAL 38
LE MEILLEUR RESTAURANT DE LA RUE.................. 277
LE MÉNAGIER............... 206
LE MESSIDOR............... 224
LE MOULIN À EAU DU XVIIIE... 259
LE MOULIN DE JOUENERY ET SPA........ 336
LE MOULIN DE MOISSAC - HÔTEL & SPA 331, 333
LE MOULIN DE RAMOND...... 336
LE MOULIN DE VAREN........ 252
LE MOULIN DES MARIONNETTES......... 118
LE MOULIN PASTELIER....11, 169
LE MOULIN 54
LE MUSÉE - ARTS & FIGURES DES PYRÉNÉES CENTRALES.. 181
LE MUSÉE DE LA MODE 194
LE MUSÉE LAPÉROUSE 194
LE MUSÉE POUR TOUS DE RAPHAËL CORDOBA 194
LE NAUTIC.................. 282
LE NOMADE'S LAND 175
LE NOUVEAU BISTROT........ 183
LE P'TIT MONTAGNARD 18
LE PALAIS DE LA BERBIE 194
LE PARC À HUÎTRES........... 86
LE PARC DE PÉTRARQUE 108
LE PARC DU COULOUMÉ....... 82
LE PARK AVENUE............ 185
LE PASSAGE DU 45 275
LE PATIO DE SAINT-JORY 147
LE PATIO..................... 37
LE PAVILLON DU CHÂTEAU.... 236
LE PESCADOU............... 210
LE PETIT-PARIS - PARC DE LA MINIATURE............ 259
LE PETIT CHATEAU ARGOUMBAT 295
LE PETIT CYCLO 165, 356
LE PETIT FEUILLANT 303
LE PETIT PALAIS............. 301
LE PETIT TRAIN TOURISTIQUE ALBIGEOIS.................. 195
LE PHOEBUS................. 39
LE PIC À VIANDES 55
LE PIEURÉ NOTRE-DAME DE L'ODER D'AMBIALET....... 199
LE PIGEONNIER DE GUERRE .. 100
LE PIGEONNIER DU FIGUE-HAUT 313
LE PLATEAU DU CASTELLA 52
LE PONT NAPOLÉON 331
LE PONT SAINT-ROCH 226
LE PORT CANAL - PORT FLUVIAL............... 267
LE PORT MONTAUBAN........ 282
LE POT À L'ENVERS 334
LE PRÉ DE L'ESTANG 278
LE PRÉ DE MONTPEZAT 347
LE PRÉAU SAINT-JACQUES ... 209
LE PRÉLUDE................. 46
LE PUITS DE JOUR........... 318
LE QUERCY DES ÎLES 322
LE QUERCY 312, 314
LE RATELIER................ 148
LE REFUGE AUX ÉTOILES..... 248
LE REFUGE DES TORTUES 187
LE REFUGE 278
LE RÉSERVOIR 168
LE RESTAURANT DU CLUB NAUTIQUE.......... 278
LE RESTAURANT DU LAC LES POISSONS VOLANTS 244
LE RESTAURANT LES PIEDS DANS L'EAU....... 337
LE RESTO DU LAC............. 65
LE ROC DE MONTALET........ 221
LE ROYAL BODEGA........... 345
LE SADOURNY CAFÉ GOLF DE TÉOULA 158
LE SAINT-GI................... 71
LE SAINT-JACQUES 282
LE SAINT-LAURANS HÔTEL-BAR-RESTAURANT........... 127

LE SAINT-MAMET D'EUX 349, 349
LE SAINT-MARCEL 343
LE SAINT LOUIS 325
LE SAINT MAURICE 48
LE SAINT MICHEL 62
LE SAMPA 279
LE SAPIN ROUGE 27
LE SECRET DU CHAT 213
LE SIAM 38
LE SOMMELIER DE BACCHUS 153
LE TETRAS 20
LE TOURNESOL 196
LE TOUT VA BIEN 304
LE VAL DE LA GARENNE 203
LE VENTADOUR 279
LE VERDURIER 148
LE VERTIGO 38
LE VIC DE LOMAGNE 295, 297
LE VIEUX CARRÉ 26
LE VIEUX MARCHÉ 227
LE VILLAGE GAULOIS - L'ARCHÉOSITE 174
LE VINTAGE 210
LE VOYAGE CULINAIRE 50
LE ZINC 279
LECTOURE ★★ 102
LÉGUEVIN 149
LÉOPOLD BISCUITERIE FINE .. 140
LES 1001 NUITS 34
LES 3 BUFFETS 26
LES 400 COUPS 262
LES 4 SAISONS 34
LES ACCROS DU SKI - MAISON JOSEPH 136
LES ALLEES D'ETIGNY 81
LES ANGELOTS 91
LES ARCADES 197
LES ARTISANS DES HAUTS-TOLOSANS 144
LES BAINS DU COULOUBRET 21
LES BOISSIÈRES 260, 260
LES BRUHASSES 91
LES BRUNIS 260
LES CABANES DE BRASSAC ... 336
LES CAPRICES D'ÉTIGNY 134
LES CAPUCINS 104
LES CHEMINS VERTS DU SAVÈS 173
LES CHIMÈRES 348
LES COULISSES 111
LES DANTOUS 323
LES DÉLICES D'ALIÉNOR – CROUSTAD'OC 98
LES DÉLICES DE PECOU 281
LES DÉLICES GASCON 274
LES DEUX TOQUÉS 152
LES DOLMENS 66
LES ÉGLISES DE CASTRES 207
LES ÉPICIERS D'USTOU 74
LES FIGUIERS 310
LES FRANCHOUILLES-ARTS ... 170
LES FRANGIPANES 257
LES GALERIES GOURMANDES. 135
LES GARÇONS DE CAFÉ 276
LES GITES DE MARCHET 300
LES GORGES DE L'AVEYRON 258
LES GOUTTES D'EAU 347
LES GRANGES TOURONDEL ... 256
LES HARAS DES LACS 172
LES JARDINS DE L'ÉVÊCHÉ ... 226
LES JARDINS DE LA FANETTE 291
LES JARDINS DE MAZAMET ... 230
LES JARDINS DU CHEF TOQUÉ 274
LES MARCHÉS 48
LES MARINS D'EAU DOUCE ... 165
LES MINOTIERS 48
LES MURAILLES 128
LES OLIVÉTAINS 177
LES OLIVIERS 100
LES POUSTERLES 83
LES PYRÉNÉES 353
LES RIVES DU LAC 88
LES ROBINSONADES 175
LES ROCHERS ET LA MAISON DU SIDOBRE ... 202
LES ROULOTTES D'ENCAZEAUX 100
LES ROULOTTES OCCITANES .. 173
LES SAVEURS DU MANOIR 27
LES SPIJÉOLES HÔTEL-RESTAURANT 134
LES TEMPLIERS 302
LES TEMPS MODERNES 139
LES TERRASSES DE L'EMPEREUR 279
LES TERRITOIRES DU JAZZ ... 109
LES THERMES DE LUCHON ... 136
LES TOILES DE LA MONTAGNE NOIRE 230
LES TRÉSORS DE PYRÈNE 27
LES TROIS LYS 93
LES VÉLOS D'ADRIEN 109
LES VIGNERONS DU BRULHOIS 308
LES ZINZINS DU ZINC 148
LET'S VISIT AIRBUS 137
LIO - LIGNES INTERMODALES D'OCCITANIE 356
LISLE-SUR-TARN 228
LITTLE ITALY 277
LO BOLEGASON 211
LOCABOAT HOLIDAYS - BASE DE NÉGRA 154
LOGIS SUR CIEL 213
LOMBEZ 107
LOU CANTOUN 214
LOU PAPAGAI 248
LOZE 244
LUCHON FORME & BIEN-ÊTRE 136
LUGDUNUM CONVENAE 177
LULU LA NANTAISE 281
LUZENAC 21

M

MACARON DE LAUZERTE 316
MAIRIE DE MOISSAC 328
MAIRIE DE MONTAUBAN 262
MAISON AURIAN 94
MAISON BAUDEQUIN 105
MAISON CASTET 150
MAISON CLAUDE-AUGÉ 99
MAISON DE LA MÉMOIRE PAYSANNE 67
MAISON DES ARTS 303
MAISON DES LOUPS 28
MAISON DES PEUPLIERS 302
MAISON DES VINS DE GAILLAC 217
MAISON DES VINS 141
MAISON DUCAUZE 101
MAISON GARONNE 150
MAISON HENRI IV 82
MAISON JOUGLA - LES DÉLICES DE PASCALE 76
MAISON MECOËN 333
MAISON MICOULEAU 297
MAISON NATALE DE LAMOTHE-CADILLAC 338
MAISON PIERRE-BAYLE 64
MAISON POUSSOU 254
MAISONS FORTES 115
MANEAU LES HIRONDELLES .. 300
MANIMOPARK 309
MANJOCARN CAFÉ 249
MANOIR DES CHANTERELLES. 324
MANOIR DU BOUYSSOU 128
MANOIR SAINT-CLAIR 160
MARCEL ET POIVRE 284
MARCHÉ AU GRAS DE GIMONT . 98
MARCHÉ AU GRAS 306
MARCHÉ COUVERT 284
MARCHÉ DE CAZAUBON 90
MARCHÉ DE CONDOM 94
MARCHÉ DE L'UNION 163
MARCHÉ DE LECTOURE 106
MARCHÉ DE REVEL 170
MARCHÉ DE VALENCE-SUR-BAISE 116
MARCHÉ DES POTIERS 180
MARCHÉ DU LUNDI 345
MARCHE FERMIER 306, 334
MARCHÉ HEBDOMADAIRE DU MARDI 261
MARCHÉ PAYSAN DE MONTBRUN-BOCAGE 175
MARCHÉ 63, 72, 244, 251, 348
MARCHÉS D'AUTERIVE 129
MARCHÉS DE FRONTON 142
MARCHÉS DE MURET 153
MARCHÉS FERMIERS 316
MARCHÉS 297, 338
MARCIAC ★ 109

MARIE COLLINE 246
MARIE CUBA CAFÉ 64
MARQUISAT 142
MARTRES-TOLOSANE ★ 149
MAS DE MONILLE 10, 244
MAS LES ÉTOILES 243
MAZAMET 229
MAZÈRES 62
MEALTING POTES 158
MEUBLES LATTES 172
MIAM'ZELLE FOOD 34
MICHEL LABAT CHOCOLATIER 306
MIDI PYRÉNÉES VOLTIGE 163
MIELLERIE DES SEPT MOLLES 135
MIJOTE ET PAPOTE 141
MIMA 139
MIRANDE 112
MIREDAMES HÔTEL BAR 209
MIREPOIX ET LES 40 POTIERS 44
MIREPOIX 44
MOISSAC ★★ 327
MOLIÈRES 350
MONCLAR-DE-QUERCY 261
MONESTIÉS 232
MONSIEUR POKÉ 34
MONTAIGU-DE-QUERCY ★ 320
MONTAIGU PLAGE 321, 322
MONTAUBAN ★★★ 262
MONTCALM AVENTURE 29
MONTECH 290
MONTGOLFIÈRES DE GASCOGNE 107
MONTJOI 303
MONTPEZAT-DE-QUERCY ★ 346
MONTRICOUX 257
MOULIN À SIX AILES 154
MOULIN À VENT DE LA SALETTE 224
MOULIN DE BRIGNEMONT 146
MOULIN DE RUDELLE 152
MUNDO PIZZA 296
MURET 151
MUSÉE-MINE DÉPARTEMENTAL 204
MUSÉE ART DU CHOCOLAT 228
MUSÉE CALBET 287
MUSÉE CANTONAL 97
MUSÉE CHARLES PORTAL 212
MUSÉE CLÉMENT ADER & LES GRANDS HOMMES 151
MUSÉE D'ARDOUIN 62
MUSÉE D'ART MODERNE ET CONTEMPORAIN 212
MUSÉE DE FINHAN 288
MUSÉE DE L'ABBAYE 215
MUSÉE DE L'AÉRONAUTIQUE LÉON ELISSALDE 130
MUSÉE DE L'AFFABULOSCOPE 66
MUSÉE DE L'AURIGNACIEN 124
MUSÉE DE L'AVIATION LÉGÈRE DE LA MONTAGNE NOIRE 168
MUSÉE DE L'HISTOIRE DU COSTUME 115
MUSÉE DE LA FAÏENCE ET DE LA BATELLERIE 299
MUSÉE DE LA RÉSISTANCE ET DU COMBATTANT 264
MUSÉE DES AMÉRIQUES 83
MUSÉE DES BEAUX-ARTS ET DES ARTS DECORATIFS 112
MUSÉE DES BEAUX-ARTS 215
MUSÉE DES JOUETS 264
MUSÉE DOM ROBERT ET DE LA TAPISSERIE DU XXE SIÈCLE 236
MUSÉE DU BOIS ET DE LA MARQUETERIE 168
MUSÉE DU CATHARISME 230
MUSÉE DU CIRCUIT AUTOMOBILE DU COMMINGES 182
MUSÉE DU CORBILLARD ET DE L'ATTELAGE 319
MUSÉE DU MIEL 302
MUSÉE DU PAYS DE LUCHON 130
MUSÉE DU PAYS RABASTINOIS 234
MUSÉE DU TEXTILE ET DU PEIGNE EN CORNE 50
MUSÉE DU TRÉSOR DE LA CATHÉDRALE 83
MUSÉE DU VERRE DE SORÈZE 236
MUSÉE DU VIEUX LACAUNE 220
MUSÉE ET CAMP DE CONCENTRATION DU VERNET D'ARIÈGE 52
MUSÉE EUGENE CAMOREYT 104
MUSÉE EUROPÉEN D'ART CAMPANAIRE 99
MUSÉE GOYA - MUSÉE D'ART HISPANIQUE 207
MUSÉE INGRES-BOURDELLE 264
MUSÉE LES ARTS DU SUCRE ET DU CHOCOLAT 212
MUSÉE MÉTIERS ET TRADITIONS 127
MUSÉE RAYMOND LAFAGE 228
MUSÉE TOULOUSE-LAUTREC 194
MUSEUM D'HISTOIRE NATURELLE PHILADELPHE THOMAS 215
MUSEUM D'HISTOIRE NATURELLE VICTOR BRUN 267
MUSEUM D'HISTOIRE NATURELLE 109

N

N'OUBLIEZ PAS LE GUIDE 172
NAILLOUX OUTLET VILLAGE 155
NAILLOUX 154
NAMASTHE 274, 285
NATURE CATHARE 49
NATURE ESCAPADE 251
NÈGREPELISSE ★ 258
NH TOULOUSE AIRPORT 138
NIAUX 28
NO NAME 37
NORMA 278
NOSTE COURTIU 73
NUMÉRO 55 196

O

O CABALOU 59
Ô GOURMANDISES 344
Ô MIGNARDISES 344
Ô PAISIBLE 165
Ô SAVEURS 34
O VENT D'ANGES 198
OBSERVATOIRE ORNITHOLOGIQUE 338
ÔC'COQUELIQUOT REVÉLOIS 172
OFFICE DE TOURISME CASTRES-MAZAMET 230
OFFICE DE TOURISME CAUSSES ET GORGES DE L'AVEYRON 246
OFFICE DE TOURISME COEUR SUD-OUEST 109
OFFICE DE TOURISME DE LA LOMAGNE TARN-ET-GARONNAISE 294
OFFICE DE TOURISME DE LA TÉNARÈZE 91
OFFICE DE TOURISME DE MURET 151
OFFICE DE TOURISME DES 2 RIVES - VALENCE D'AGEN 304
OFFICE DE TOURISME DES DEUX RIVES 299
OFFICE DE TOURISME DES HAUTS TOLOSANS 146
OFFICE DE TOURISME DES PORTES D'ARIÈGE PYRÉNÉES 52
OFFICE DE TOURISME DU BASSIN AUTERIVAIN 127
OFFICE DE TOURISME DU GRAND ARMAGNAC 95
OFFICE DE TOURISME DU HAUT-COUSERANS 74
OFFICE DE TOURISME DU PAYS DE MIREPOIX 44
OFFICE DE TOURISME DU QUERCY CAUSSADAIS 341
OFFICE DE TOURISME DU SAVÈS 107
OFFICE DE TOURISME GASCOGNE TOULOUSAINE 99
OFFICE DE TOURISME INTERCOMMUNAL 290
OFFICE DE TOURISME MOISSAC - TERRES DES CONFLUENCES 328
OFFICE DE TOURISME PYRÉNÉES 31 131
OFFICE DE TOURISME QUERCY SUD-OUEST 310

OFFICE DE TOURISME SORÈZE REVEL SAINT-FERRÉOL 166
OFFICE DE TOURISME VAL' AÏGO 187
OFFICE DE TOURISME ....195, ...254, 262, 265
ORGUEIL 288
ORIGINAL GREEN PARK 188
ORLU.................... 27
OT DES PYRÉNÉES ARIÉGEOISES - POINT INFO AX LES T. 17
OTANTIC..................... 342
O'TEMPLE BAR 282

P

PALAIS DES ÉVÊQUES - NOTRE-DAME-DE-LA-SÈDE 75
PAMIERS ★ 51
PAO MAGNY, ARTMAGNY TRAITEUR CRÉATEUR DE SAVEURS 70, 70
PARACHUTISME OCCITAN...... 94
PARC AVENTURE 251
PARC CLÉMENT ADER........ 151
PARC DE GOURJADE 208
PARC DE LA LÈRE 341
PARC DE LA PRÉHISTOIRE 22
PARC DE LOISIRS DE SAINT-SARDOS........... 298
PARC DES QUINZE SOLS...... 138
PARISOT 245
PÂTISSERIE MAZAS 37
PAVILLON SÉVIGNÉ 133
PAYS D'ART ET D'HISTOIRE..... 45
PÉNICHE HARICOT NOIR...... 156
PÉPITA 32 87
PEPPO'S PIZZA................ 38
PER L'AÏGA.................. 188
PETIT TRAIN DE LA PORTANELLE.......... 216
PETIT TRAIN................. 213
PETITES RANDONNEES ENTRE LES DEUX RIVES...... 307
PETR DU PAYS MIDI-QUERCY 259
PHARMACIE DU XVIIIᴱ SIÈCLE.............. 76
PIERRE BAYLE 60
PISCINE AQUALUDIQUE DE SAINT-GAUDENS 184
PISCINE D'ÉTÉ 307
PISCINE LUDIQUE DE MARCIAC 111
PIZZA GIULIANNA............. 60
PIZZERIA LA VIE EST BELLE .. 116
PIZZERIA LE DON CAMILLO 55
PLACE N° THÉ................ 135
PLAGE DE LA RAMÉE 159
PLAISANCE-DU-TOUCH .. 156
PLAN D'EAU VIVE DE LA BAÏSE 94
PLEIN CIEL 209
POINT D'ACCUEIL OFFICE DE TOURISME QUERCY SUD-OUEST................. 320
POINT DE VUE DE BOUDOU ... 339
POMPIGNAN............. 289
PONT-CANAL DU CACOR...... 328
PORT DE MOISSAC........... 335
PORT DE PLAISANCE......... 292
PORT JACQUES YVES COUSTEAU............. 326
PROMENADE BUCOLIQUE AU FIL DU CANAL DE MONTECH 12, 285
PROMENADE EN GABARRE - ALBI CROISIÈRES............ 195
PROMENADES DANS LE FRONTONNAIS...... 143
PUB SAINT-MARTIN 236
PUYCELCI............... 232
PUYLAROQUE 348
PUYLAURENS 232
PYRENÉES FM 358
PYRÉNÉES HÔ 131

Q

QUERCY PLURIEL MONTGOLFIERE............. 317
QUINT-FONSEGRIVES.... 159

R

RABASTENS............ 233
RACINE...................... 105
RADISSON BLU HÔTEL TOULOUSE AIRPORT.......... 138
RAMIER DE BIGORRE......... 146
RAMONVILLE-SAINT-AGNE............ 164
RAND'EAU LOISIRS 335
RANDO COMMINGES 184
RÉALMONT............. 234
REFUGE D'ESPINGO (FFCAM) 132
RELAI D'INFORMATION TOURISTIQUE............... 323
RELAIS D'AUVERGNE 344
RELAIS DE MIREPOIX 48
RELAIS DES GARRIGUES 287
REMPARTS GALLO-ROMAINS... 76
RENDEZ-VOUS NATURE 187
RÉSERVE NATIONALE D'ORLU...................... 28
RESTAURANT DA FULVIO 93
RESTAURANT DE L'HIPPODROME............ 86
RESTAURANT DE L'HÔTEL DE FRANCE 56
RESTAURANT DE LA RIVE..... 286
RESTAURANT DU LAC 150
RESTAURANT GRILL ESKUALDUNA............... 253
RESTAURANT L'ETINCELLE.... 315
RESTAURANT LE FROMAGE RIT 333
RESTAURANT LES GOURMANDISES 261
RESTAURANT LES SENS...... 349
RESTAURANT LES THERMES 21
RESTAURANT NOUS.......... 279
RESTAURANT YVAN QUERCY .. 319
RÊVE ET MAGIE DU RAIL....... 22
REVEL.................. 166
REYNIÈS............... 289
RIEUMES ★ 173
RIEUX-VOLVESTRE 174
RIVIÈRE SOUTERRAINE DE LABOUICHE................ 31
ROUTE DES VINS DANS LE FRONTONNAIS...... 141
RUCHER DE LAURIOL 292
RUE DES ARTS 328
RUES DES ARTS 334

S

SABOTS D'ISA 178
SAINT-ANTONIN-NOBLE-VAL ★.......... 245
SAINT-BERTRAND-DE-COMMINGES ★★..... 176
SAINT-FÉLIX-LAURAGAIS ★......... 178
SAINT-GAUDENS........ 181
SAINT-GIRONS ★......... 67
SAINT-JEAN-DU-FALGA ... 57
SAINT-LIZIER............ 75
SAINT-NICOLAS-DE-LA-GRAVE 338
SAINT-SARDOS 297
SAINT-YBARS............ 66
SALAISONS OBERTI.......... 221
SALIES-DU-SALAT....... 185
SALINEA - THERMES DE SALIES-DU-SALAT 186
SALINEA SPA................ 186
SALLE OCCITANE 302
SANCTUAIRE DE NOTRE-DAME DE LIVRON.................. 243
SAPODOUCE 322
SAVERDUN.............. 58
SAVEURS DU LIBAN 38
SAVIGNAC MAISON............ 40
SCRIPTORIUM 328
SEIX 73
SENTIER «SUR LES TRACES DE L'ENFANT SAUVAGE»...... 222
SENTIER BOTANIQUE......... 116
SENTIER DU PETIT TRAIN DE LACAUNE................ 211

EDITION
Directeurs de collection et auteurs : Dominique AUZIAS et Jean-Paul LABOURDETTE
Responsable d'édition : Christiane BOUCHE-ALBERTINI
Avec la collaboration de Sophie AYMARD, Anne DUCOS, Tristan CUCHE, Emma ESPIET
Auteurs : Sandrine PULVAR, Frédéric FONS, Frédéric CARRE, Maxime ALARD, Hélène SPRING, Olivia TEPPE, Julie DERAMOND, Christian LAGUILLE, Geneviève CASSAGNE, Rébecca LAZZERINI, Patrick MENEYROL, Jean-Paul LABOURDETTE, Dominique AUZIAS et alter
Directeur Editorial : Stéphan SZEREMETA
Rédaction France : Elisabeth COL, Tony DE SOUSA, Mélanie COTTARD, Audrey VEDOVOTTO
Rédaction Monde : Caroline MICHELOT, Morgane VESLIN, Pierre-Yves SOUCHET, Natalia COLLIER

FABRICATION
Responsable Studio : Sophie LECHERTIER assistée de Romain AUDREN
Maquette et Montage : Julie BORDES, Delphine PAGANO
Iconographie et Cartographie : Anne DIOT, Julien DOUCET

WEB ET NUMERIQUE
Directeur Web : Louis GENEAU DE LAMARLIERE
Développeurs : Adeline CAUX et Kiril PAVELEK
Intégrateur Web : Mickael LATTES
Webdesigner : Caroline LAFFAITEUR
Community Traffic Manager : Alice BARBIER, Mariana BURLAMAQUI et Vincent PHAM

DIRECTION COMMERCIALE
Directeur commercial : Guillaume VORBURGER assisté de Manon GUERIN
Responsable Régies locales : Michel GRANSEIGNE
Responsables Développement régie inter : Jean-Marc FARAGUET et Guillaume LABOUREUR
Chefs de Publicité : Camille ESMIEU
Chefs de Publicité Régie nationale : Caroline AUBRY, François BRIANCON-MARJOLLET, Perrine DE CARNE MARCEIN

DIFFUSION ET PROMOTION
Directrice des Ventes : Bénédicte MOULET assistée d'Aissatou DIOP
Responsable des ventes : Jean-Pierre GHEZ assisté de Nelly BRION
Relations Presse-Partenariats : Jean-Mary MARCHAL

ADMINISTRATION
Président : Jean-Paul LABOURDETTE
Directrice des Ressources Humaines : Dina BOURDEAU assistée de Sandra DOS REIS et Eva BAELEN
Directrice Administrative et Financière : Valérie DECOTTIGNIES
Comptabilité : Jeannine DEMIRDJIAN
Recouvrement : Fabien BONNAN assisté de Sandra BRIJLALL et Vinoth SAGUERRE
Responsable informatique : Elie NZUZI-LEBA

PETIT FUTÉ AUTOUR DE TOULOUSE
LES NOUVELLES EDITIONS DE L'UNIVERSITE
18, rue des Volontaires - 75015 Paris.
✆ 01 53 69 70 00 - Fax 01 42 73 15 24
Internet : www.petitfute.com
SAS au capital de 1 000 000 € - RC PARIS B 309 769 966
Couverture : © villedemontauban
Impression : IMPRIMERIE CHIRAT - 42540 Saint-Just-la-Pendue
Achevé d'imprimer : juin 2021
Dépôt légal : 27/07/2021
ISBN : 9782305060170

Pour nous contacter par email, indiquez le nom de famille en minuscule suivi de @petitfute.com
Pour le courrier des lecteurs : info@petitfute.com

IMPRIMÉ EN FRANCE

SEPTFONDS............349
SERRE EXOTIQUE............323
SILKO ASINUS............72
SITES ET MUSÉE ARCHÉOLOGIQUES DE MONTMAURIN............124
SNCF - TER OCCITANIE............356
SOARING............136
SOCIÉTÉ SPÉLÉOLOGIQUE ET ARCHÉOLOGIQUE DE CAUSSADE............346
SORÈZE ★★............234
SPÉLÉO CANYON ARIÈGE - RODOLPHE STURM............29
STATION DE SKI AX 3 DOMAINES............21
STRAW BALE DISTILLERY............143
SUD RADIO............350
SURF'AIR............184
SYNDICAT DE DÉFENSE DU CHASSELAS DE MOISSAC AOC............334
SYNDICAT DE L'APPELLATION COTEAUX DU QUERCY............348
SYNDICAT PRODUCTEURS DE VINS DE PAYS DE ST-SARDOS............298

T

TARASCON-SUR-ARIÈGE............22
TÉPACAP TOULOUSE............173
TERR'APIS............65
TERRE DE PASTEL............164, 165
TERRE ET MER............48
TERRES DE BARRÉJAT............45
THE BUS STOP CAFÉ............141
THE HAPPY HAMLET............313, 318
THÉATRE OLYMPE DE GOUGES............267
THOMAS FRONTEAU COUTELIER D'ART............63
TODO LOCAUX............181
TOLOS'AMOROSA............294
TOUFFAILLES............318
TOULOUSE FM 92.6............358
TOUR D'ARMAGNAC............84
TOUR DE DÉFENSE............187
TOURISME COTEAUX DU GIROU............161
TRANSPORTS MONTALBANAIS............268

U

UGOLF TOULOUSE-SEILH............140
UGOLF TOULOUSE TÉOULA............159
UN VIN DIX VINS............127

V

V&B............58
V AND B............282
VALENCE-SUR-BAÏSE............114
VALENCE............304
VALS............50
VALVITAL - THERMES DE LECTOURE............107
VAN AWAY............356
VAREN............252
VARIATION SPORTS NATURE............252
VARILHES............60
VENERQUE EAUX-VIVES............129
VERDUN-SUR-GARONNE............292
VERTE CAMPAGNE............152
VIC-FEZENSAC ★............116
VICDESSOS............29
VIGNERONS DU QUERCY............348
VILLA BAMBOUS............343
VILLA BELISAMA............76
VILLA GALLO-ROMAINE DE SEVIAC............12, 92
VILLAGE DE SAINT-JULIA............179
VILLEMUR-SUR-TARN ★............186
VINOE-TECH............292
VINOVALIE - SITE DE FRONTON............143
VINS SUR 20............345
VISITE GUIDÉE DU CENTRE HISTORIQUE............108
VIVA LA PIZZA............349
VOL À VOILE MONTAGNE NOIRE............172
VOLVESTRE TOURISME............174
VOYAGES DUCLOS............353

W

WWOOFING EN MIDI TOULOUSAIN............354
WWW.GRANDS-SITES-OCCITANIE.FR............357
WWW.TOURISME-OCCITANIE.COM............354
WWW.WEEKENDESK.FR............353

X

XPLORIA – LA FORÊT À REMONTER LE TEMPS............66

Y

YELLOH ! VILLAGE LE PRÉ LOMBARD............25

Z

ZOO AFRICAN SAFARI............156